케이트 브라운은 미국과 소련의 핵무기 복합단지의 중심에 위치한 두 도시에 관한 도발적이며 독창적인 연구를 내놓았다. 그녀가 제시하는 두 도시 사이의 충격적인 유사성은 우리에게 냉전을 새롭게 볼 수 있도록 도와주고 그렇게 할 것을 주문한다. 《플루토피아》는 아주 흥미롭고 중요한 저작이다.

—데이비드 할로웨이David Holloway(《스탈린과 핵폭탄*Stalin and the Bomb*》 저자)

눈길을 사로잡고 매혹적으로 이야기를 풀어내는 …… 케이트 브라운은 냉전적 정책 평가와 관련된 정치적 음모를 해당 장소들에서 살았고 노동했던 이들의 삶에 관한 사회학적 연구와 솜씨 좋게 섞는다. …… 《플루토피아》는 드라마의 목소리와 수사보도를 통해 전달되는 역사이다.

—《뉴욕 저널 오브 북스*New York Journal of Books*》

이 책은 두 개의 얽힌 이야기들을 들려준다. 하나는 환경 재난에 관한 소름끼치는 서사이다 …… 두 번째 서사는 마을, 마을사람들, 그리고 그 재난을 가능하게 만든 공간적으로 분할된 풍경의 창조에 관한 것이다. …… 감탄스러운 비교사 저작이다.

—칼 애벗Carl Abbott

참혹하고 …… 꼼꼼하게 연구된 …… 《플루토피아》는 오늘날 원자력 시설을 관리하는 이들에게 중요한 메시지를 던지며 주의와 투명성을 요구한다.

—《네이처*Nature*》

케이트 브라운은 철의 장막 양편에서 펼쳐진 냉전 핵정책의 결과들에 대한 한 편의 소설이자 눈길을 사로잡는 설명을 만들어냈다. 브라운의 《플루토피아》는 정부 문서고 소장 자료들 연구, 공공 기록물에 대한 검토와 수정, 시민들(가해자, 피해자, 목격자) 다수와의 개별적 인터뷰를 섞어 넣으며, 원자 시대의 인간과 환경재난의 계속되는 연대기에 영속적인 기여를 만들었다.

—피터 베이컨 헤일스Peter Bacon Hales(《원자력 공간: 맨해튼 프로젝트 살기 *Atomic Spaces: Living on the Manhattan Project*》 저자)

냉전의 더욱 충격적인 악독함 가운데 하나는 여태껏 대중에게 공개되지 않았다. ……
훌륭한 작가인 케이트 브라운은 두 원자로 부지의 건설 과정(미국의 사례는 어려운 경
우였고, 러시아의 사례는 믿을 수 없을 정도로 끔찍한 경우), 플루토피아 거주자들이 수행
한 위험한 일들, 두 장소 모두가 의도적으로 고안된 사회경제적 불평등의 거품으로
바뀌어가는 모습을 정확성을 가지고 서술했다.

—《포린 어페어스 *Foreign Affairs*》

여태껏 숨겨진 놀라운 규모의 자료들과 수다스러운 생존자들을 찾으면서 브라운은
거대한 플루토늄 공장들과 그 주변에 지어진 특권적인 도시들의 생생하고 읽는 동안
자주 머리카락이 쭈뼛해지는 역사를 서술한다. …… 독자들은 노동자들이 일상적으
로 경험한 고준위 방사선과 폐기물이 지역의 공기, 땅, 강으로 흘러들었던 일상성을
접하고 당혹해할 것이다. …… 국가안보라는 이름아래 정당화되었던(오늘날에도 여전
히 정당화되듯) 부주의, 무능력, 부당함에 관한 성난 그러나 매혹적인 서사이다.

—《키르쿠스 리뷰 *Kirkus Reviews*》

놀라운 책이다. …… 브라운은 리치랜드와 오죠르스크 사이의 수많은 유사점을 찾았
고, 그것들은 '자유세계'와 전체주의적 세계 사이에 놓인 보수적인 냉전 이분법을 파
열시킨다. 그녀의 연구는 양국에서 이전에 기밀로 분류된 문서들에 대한 폭로뿐 아니
라 오죠르스크와 리치랜드 토박이들을 추적하고 그들과의 인터뷰를 포함했다. 그녀
가 재구성한 철의 장막 양편에서 플루토늄 노동자들이 받았던 대우는 독자들을 이를
갈거나 울게 만들기에 충분하다.

—《아메리칸 히스토리컬 리뷰 *American Historical Review*》

이 책은 지난 25년 동안 핵 역사 부문의 연구와 글쓰기에서 최고의 저작일지도 모른
다. 어쩌면 가장 최고일지도. …… 지극히 인상적이다.

—로드니 칼리슬 Rodney Carlisle(《원자 시대 백과사전 *Encyclopedia of the Atomic Age*》 저자)

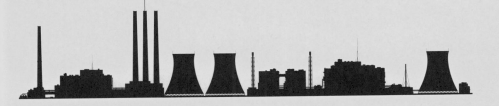

플루토피아

플루토피아

Plutopia: Nuclear Families, Atomic Cities,
and the Great Soviet and American Plutonium Disasters

핵 재난의 지구사

케이트 브라운 지음 / 우동현 옮김

푸른역사

《플루토피아》 수상 내역

- 엘리스 홀리Ellis W. Hawley상
  _미국역사학자기구Organization of American Historians 수여

- 알버트 베버리지Albert J. Beveridge상
  _미국역사협회American Historical Association 수여

- 조지 퍼킨스 마시George Perkins Marsh상
  _미국환경사학회American Society for Environmental History 수여

- 웨인 부키니치Wayne S. Vucinich 도서상
  _슬라브동유럽유라시아연구협회Association for Slavic Studies, East European, and Eurasian Studies 수여

- 슬라브/동구/유라시아연구 분야 최고도서 부문 헬트Heldt상
  _슬라브여성학협회Association of Women in Slavic Studies 수여

- 로버트 애던Robert G. Athearn상
  _서양사협회Western History Association 수여

일러두기

1. 이 책은 Kate Brown, *Plutopia: Nuclear Families, Atomic Cities, and the Great Soviet and American Plutonium Disasters*(Oxford : Oxford University Press, 2013)를 옮긴 것이다.
2. 미주는 저자주, 각주는 옮긴이주다.

한국어판 서문

핵 역사는 하나의 직물로 엮인 여러 가닥의 이야기들을 가지고 있다. 핵산업의 부산물들은 경계에서 멈추지 않는다. 전력 생산에 쓰이는 원자력은 전쟁에 쓰이는 무기로 바뀔 수 있다. 이러한 이유들로 인해 원자로를 만들고 통제하는 사람들은 여러 문제들 가운데서도 외교, 보건, 경제, 사회복지 그리고 사회적 여론 등을 염려한다. 1950년대 미국의 지도자들은 "평화를 위한 원자력" 계획을 만들었고, 국제원자력기구 IAEA(International Atomic Energy Agency)의 창설을 보증했으며, 원자로의 이미지를 전쟁warfare에서 복지welfare로 바꾸기 위해 해외에 핵 기술을 수출했다. 《플루토피아》는 바로 이 "전투적 원자"의 창설에 관한 연대기다. 이 책은 미국과 소비에트의 지도자들이 엄청난 규모의 핵탄두와 그 중핵인 플루토늄 구球를 비축하기 위해 근로 대중, 특히 사회에서 소외된 구성원들(죄수들, 병사들, 종족적 및 인종적 소수자들)을 어떻게 희생시켰는지를 보여준다. 이 책은 그 모든 비용을 치르면서도 미국과 소비에트 사회 및 풍경이 어떻게 핵무기의 생산에 맞게 재조정되었는지를 기록한다. 비용을 최소화하고 비판에 반박하고 소비적 만족이라는 어렴풋한 세상을 약속하는 일은 핵무기 노동자들을 위한 이상향적 도시인 "플루토피아"* 창설에서 가장 중요한 임무로 거듭났다. 그 결과, 원자력 도시에 살면서 높은 보수를 받는 핵가족 노동자들은 소비에트와 미국의 풍경을 수세기 동안 따라다닐 환경 재난 구역을 만들었다.

한국과 북한 또한 미국·소비에트와 마찬가지로 각각 민수용과 군사용이라는 두 가지 핵 이야기를 가지고 있지만 이에 대한 설명은 아직까지 거의 이뤄지지 않고 있다. 이 같은 상황은 《플루토피아》에서 보듯, 지도자들과 관리자들의 안보 및 경제에 대한 고려를 통해 설명할 수 있다. 히로시마와 나가사키에서 발생한 원폭 피해자의 거의 10퍼센트가 한국인들이었음에도 불구하고, 그들이 핵 체제로부터 배상을 받았는지 여부는커녕 그들의 피폭된 삶이 어떠했는지에 관해 우리는 거의 아무것도 알지 못한다. 방사성 입자들을 몸 안에 가득 짊어진 한국인 생존자들은 귀국한 후에도 사회적 차별과 고립을 피하기 위해 침묵해야만 했다.[1] 1960년대 중반 이후 한국 정부가 피폭된 한국인들에 대해 뒤늦게 알아차리고 배상을 청구했지만 일본 정부에 의해 거의 대부분 기각

---

* 플루토피아Plutopia는 저자 케이트 브라운이 만든 이 책의 핵심적 개념으로, 플루토늄 plutonium과 장소topia 또는 이상향Utopia의 합성어이다. 냉전기 미국과 소련은 군사·복지 부문에서 경쟁하면서 핵무기 원료인 플루토늄을 생산하는 공장 주변에 이상향에 가까운 복지 도시 플루토피아를 지었다. 플루토피아 주민들은 조국을 위해 플루토늄을 만들면서 풍요(소비자적 권리)를 제공받았으나, 그 대가로 건강(생물학적 권리)과 자치(정치적 권리)를 포기해야만 했다. 요컨대 미국과 소련은 플루토피아라는 측면에서 서로를 끌어안은 셈이었다.

되었다. 기각의 근거는 공업 발전과 체제 경쟁을 위해 종자돈이 필요했던 남한이 급하게 요구한 1965년도 한일청구권협정이었다.[2] 한국의 원자력 세력은 원자력 발전을 추진하는 행정부의 비호 아래 날로 번성하여, 2014년 한 해에만 20조 원에 달하는 매출액을 기록했다.[3]

북한은 어떠한가? 이 나라에 관해 우리가 의지할 수 있는 정보원은 공식 설명과 소문들뿐이지만, 《플루토피아》의 심장부에 위치한 플루토늄 도시 핸퍼드와 오죠르스크에서처럼 소문은 진실의 일단을 가지고 있을지도 모른다. 북한의 "플루토피아"에 관해 전해진 바는 거의 없다. 다만 북한의 아랫바람사람들downwinders*에 관해 단서를 얻을 수 있는 소문이 하나 존재한다. 주지하듯, 김정일과 김정은은 핵탄두 비축뿐만 아니라 이르게는 1945년에 김일성이 창안한 통치의 기예인 현지지도 등의 수단을 통해 나라를 다스리느라 분주했다. 흥미롭게도 두 지도자들이 전혀 방문하지 **않은** 곳이 한 군데 있었다. 바로 함경북도 길주군이다. 이곳에는 북한의 유일한 핵 실험장인 풍계리가 2018년 5월까지 존재했다. 한국 언론은 그곳의 "귀신병"에 관한 소문을 이야기하기 시작했다. 이 소문은 아랫바람사람들과 핵 체제의 관계에 관해 우리에게 무엇을 말해줄 수 있을까?

2016년의 한 무더운 여름날, 한국에서 가장 영향력 있는 신문인 《조

---

* 아랫바람사람들downwinders은 대기나 지하 핵실험, 핵사고로 인한 방사성 오염이나 낙진에 노출된 사람을 의미한다. 여기에서는 지하 핵실험 등으로 인해 방사능 오염에 노출된 북한 주민을 지칭한다.

선일보》에 북한의 "귀신병"에 관해 눈길을 끄는 기사가 실렸다. 서울 소재 사단법인 샌드SAND(South and North Development)가 풍계리에서 27킬로미터 떨어진 길주읍에 거주했던 13명의 북한이탈주민들을 심층 면담한 조사를 인용한 이 기사는 면담자들의 신체적 이상과 그것들의 방사성 병인病因을 암시했다. 2010년 초부터 길주 거주자들은 무기력증, 체중·모발·치아의 감소, 두통, 감각기능 저하 또는 위염을 앓기 시작했으나, 현지 의사들은 그것들을 단순히 "희귀한 질병"이라고 진단했다. 병인을 확실히 알지 못해 답답해하던 환자들은 점쟁이들을 찾았고 자신들이 앓고 있는 병이 "귀신병"이라고 들었다. 길주에 퍼진 늑막염과 급성결핵은 약도 쓰고 잘 먹어도 낫지 않는다는 소문이 돌았다. 지리적으로 길주읍은 핵 실험장이 있던 만탑산의 하류에 위치해 있고, 읍민 대부분은 풍계리에서 12킬로미터 떨어진 남석 저수지의 물을 마신다. 전하는 바에 따르면, 핵 시설을 짓기 위해 인근 군에 위치한 캠프에서 정치사범들이 동원되었다. 이러한 상황은 지도자들이 함경북도 길주군에 나타나지 않는 이유를 부분적으로 설명해주는 것처럼 보였다.[4]

오늘날 대부분의 "귀신병" 이야기는 북한이탈주민 출신이자 샌드 연구소 대표 최경희 박사가 수행한 심층면담 조사에서 비롯된다. 최 박사는 길주읍에 거주했던 면담자들이 유난히 기형아와 20대·30대의 이른 죽음에 관한 소문을 이야기하고 모발 감소와 뼈 및 관절의 통증과 같은 신체적 이상을 호소하는 점에 주목했다고 밝혔다.[5] 한국 정부는 샌드의 조사를 "상당히 합리적"이라고 평가하면서도 방사선과 소문 사이의 어떠한 연관도 부인했다.[6] 한 국제회의에서 한국의 통일부 장관이 길주 거주자들이 입은 방사선 피해에 관해 언급하자 북한은 "귀신병" 소문을 "무지무식의 극치"라고 일축했다.[7]

2019년 10월, 한국 언론과 한국 정부 사이에 "귀신병"을 둘러싸고 과학 분야에서 소규모 교전이 벌어졌다. 10월 1일, 정부가 한국원자력의학원(의학원)에 의뢰해 2018년 9월과 12월 사이 114명의 길주 출신 북한이탈주민들 가운데 10명의 희망자에 대한 피폭 검사를 수행했음이 드러났다. "평화를 위한 원자력" 계획의 한국적 현실화인 한국원자력연구원의 부설 방사선의학연구소로 출범한 의학원은 개소한 1963년부터 핵의학과 암 치료 분야에서 의심할 여지가 없는 권위적인 기관으로 자리해왔다. 이는 의학원이 방사선을 의학적 도구로 사용하는 데 전념했음을 의미한다. 의학원과 정부는 전신계수기 검사, 소변시료 분석 검사, 안정형 염색체 이상 분석을 수행한 후 소수의 염색체 이상을 제외하고 어떠한 유의미한 결과도 나오지 않았다고 발표했다.[8] 다음날, 한 국회의원이 정부가 2018년도 검사를 1년간 공개하지 않았고, 염색체 이상의 판단 기준인 250밀리시버트보다 많은 선량을 받은 5명의 검사자를 숨겼다고 비판했다. 놀랍게도, 한 여성은 몸 안에서 1,386밀리시버트가 검출됐다. 그는 또한 2017년 10월부터 12월 사이에 진행된 30명의 희망자—북한이탈주민들을 대상으로 수행된 검사에서 기준을 초과하는 4명의 검사자가 있었다고 말했다.[9] 매사추세츠공과대학MIT의 조교수인 물리학자 윌리엄 발레타William Barletta와 북한이탈주민 출신의 물리학자 조셉 한Joseph Han이 〈미국의 소리Voice of America〉를 통해 이러한 비판을 거들었다. 이들 "피폭자들" 가운데 원자력 산업에 종사하는 이는 아무도 없었다.[10] 그러나 정부는 대국민 보도를 통해 정부가 검사 결과를 비공개로 처리한 적이 없고, 250밀리시버트 이상을 받은 북한이탈주민들은 방사선 치료와 컴퓨터 단층촬영 같은 의료 피폭에 영향을 받았을 가능성이 있다고 밝혔다.[11] 2주 후, 의학원 검사에 쓰인 기준에 관해 문제가 제기되었으나 정부는 같은 관행을 반복했다.[12] 이후 북한이탈주민과 "귀신병" 관련 기사는 안타깝게도 언론에서 거의 찾아볼 수 없게 됐다. 이 작은 과학에서의 교전은 우리에게 모호한 정황만을 남겼다. 요컨대 의학원이 보고한 내용에 검토되어야 할 실질적 모순과 문제가 있었음에도 불구하고, 추가적인 조사를 위한 기회는 정부와 확립된 과학에 의해 재빨리 사라져버렸다.

2019년 말부터 인류가 다른 지구적 감염병과 조우하게 되면서, 북한인들은 보이지 않는 또 다른 "귀신병"과 싸우고 있는 것처럼 보인다.[13] 동시에 길주 출신 북한이탈주민들과 그들의 신체적 이상은 한국 언론에서 소거되었다. 그러나 남북한 정부가 "과학과 객관성"을 가지고 부인한 방사성 "귀신병"에 관한 소문이 북한의 핵확산 관련 활동, 남한의 대북 유화 정책 또는 남북한 아랫바람사람들이 자신의 몸에 대해 요구할 권리가 있다는 점을 비난하기 위해 언제든지 돌아올 수 있음은 어렵지 않게 예측 가능하다. 이러한 측면에서 "귀신병" 소문은 한반도에 거주하는 사람들을 유무형으로 따라다닌다.

독자들은《플루토피아》의 후반부에서 미국과 소비에트 관리들이 플루토늄 공장들 주변에 막대한 양의 핵폐기물이 퍼지면서 초래된 의료적이고 환경적인 충격을 얼버무리기 위해 황당한 시도를 했고 이러한 모습이

양 국가에서 유사한 양상으로 진행되었음을 목격할 것이다. 플루토늄 공장들의 아랫바람과 하류에 살았던 시베리아와 미국의 농부들은 몸을 쇠약하게 만드는 기이한 보건 문제에 광범위하게 시달렸다. 그들의 몸은 길주에서 온 망명자들의 몸처럼 방사성 동위원소들을 섭취한 징후를 보여주었다. 불행하게도 냉전의 끝자락에서 수십억 달러 규모의 소송과 관련하여 법적 책임에 불안해진 지도자들의 결연한 노력으로 인해, 보건 분야에 아무런 전문성이 없는 핵전문가들과 핵물리학자들이 보건 문제, 선천적 결함 그리고 암으로 인한 요절에 관한 노동자들 증언의 신빙성을 약화시키려고 했다. 그러한 노력은 성공적이었다. 영국, 프랑스, 러시아, 미국의 고소인들은 (체르노빌 사고로부터 나온 증거가 압도적이었기 때문에 신빙성을 없애기 어려웠던) 갑상선암 외에 다른 피해를 주장하는 소송에서 패했다. 러시아에서 보안 및 세무 관리들은 방사성 오염과 보건 문제 관련 기록 공개를 위해 일하는 활동가들을 괴롭혔다. 그들은 활동가들이 "미국의 간첩"이라는 혐의를 제기했다. 2015년에 이르자 활동가들은 러시아를 떠나거나 옥살이에 직면해야 했다. 《플루토피아》의 러시아 여주인공들은 현재 정치적 망명자 신분으로 미국과 프랑스에 있다. 희망컨대 미래의 언젠가 지구 도처에 존재하는, 장벽으로 둘러싸여 고립되어 있는 핵 생산 현장 근처에서 이러한 장면들이 반복되는 것을 더 이상 보지 않았으면 한다. 우리는 바라건대 여러 나라가 원자력에서 (아울러 핵무기에서) 탈피하여 그것들의 유산이 가진 진실이 알려졌으면 한다.

케이트 브라운·우동현

contents

02

소비에트
노동계급 원자原子와
미국의 반응

01

서부 핵변경의
감금된 공간

조금 더 시간을 쓸 수 있었던
낸시 번코프 터커Nancy Bernkopf Tucker를 위해

서론

이 책은 공포와 모방, 그리고 맹렬한 플루토늄의 생산으로 단합된 두 공동체의 수용에 관한 이야기다. 워싱턴주 동부의 리치랜드Richland와 러시아 우랄 남부의 오죠르스크Ozersk("호수 골짜기Lakedale"를 의미한다)는 냉전의 적수였으나 상당한 공통점을 지닌 도시였다. 핵무기 복합체는 탄두와 미사일보다 훨씬 더 많은 것을 생산했다. 핵무기 복합체는 새로운 핵가족의 안식처가 된, 수상 경력이 있는 모델 주택단지에서 행복한 유년기의 기억들, 저렴한 주택, 그리고 우수한 학교들을 만들어냈다. 리치랜드와 오죠르스크의 플루토늄 개척자들은 문을 잠글 필요가 없고 아이들이 자유롭게 돌아다니고 이웃들이 친근하고 실업과 가난과 범죄가 존재하지 않았음을 떠올렸다. 나는 핵 군비 경쟁의 그라운드 제로*에 위치한 도시에서의 안전과 보안에 대한 이 같은 기억들을 접하

---

* 그라운드 제로ground zero는 핵폭탄 따위가 폭발한 지표상의 지점이나 폭발 바로 아래

고 어리둥절했다. 플루토늄 도시에서 보안 요원과 의사들은 정보원 네트워크, 전화 도청, 의무적 건강 검진 등을 통해 주민들을 걱정스럽게 지켜봤다. 한편 가능한 한 많은 플루토늄을 가능한 한 빨리 생산하라는 압력을 받던 공장 기술자들은 주변 경관을 자유롭게, 아낌없이, 그리고 비참하게 오염시켰다.

플루토늄 생산은 핵무기 조립 라인의 모든 과정 중에서 가장 더러운 지점이다. 최종 제품은 킬로그램당 수십만 갤런의 방사성 폐기물을 생성한다. 리치랜드 근처의 핸퍼드 플루토늄 공장Hanford plutonium plant과 오죠르스크 옆의 마야크 공장Maiak plant은 40년 동안 가동되면서 각각 적어도 2억 퀴리의 방사능을 주변 환경으로 방출했는데, 이는 체르노빌 방사능의 두 배에 해당한다.[1] 이 공장들은 수백 제곱 마일의 사람이 살 수 없는 영토, 오염된 강, 더럽혀진 들판과 숲, 그리고 공장의 방사능 유출로 인해 아프다고 주장하는 수천 명의 사람들을 남겼다.

체르노빌은 사람들 입에 자주 오르내리는 단어다. 핸퍼드와 마야크에 대해 들어본 적 있는 사람들이 그렇게 적은 이유는 무엇일까? 주민들은 이 천천히 진행되는 재난의 현장을 어떻게 그렇게 사랑스럽고 바람직하다고 생각할 수 있을까? 리치랜드와 오죠르스크의 지도자들에게는 자신의 도시에 거주하는 박사학위 소지자들의 수를 자랑스럽게 세는 습관이 있었다. 자신들이 보유한 지식에 그렇게 만족했던 사람들

의 지표면을 의미하며, 일반적으로는 지진, 유행병 등 재난에서 피해가 가장 극심한 지점을 일컫는다.

이 주변에서 벌어지고 있는 대규모 환경오염에 대해 수십 년 동안 침묵하는 데 동의한 건 무슨 이유에서였을까?

이 책을 연구하는 과정에서 나는 세계 최초로 플루토늄 공급을 담당했던 권력자들이 흑연 더미와 화학처리공장 외에 주택, 쇼핑, 학교 및 여가 프로그램에 대해서도 많은 걱정을 했다는 점을 확인하고 놀랐다. 그들은 서민들이 중산층처럼 임금을 받고 살 수 있는 가족 중심, 소비자 중심의 공동체를 원자로 옆에 지었다. 이는 이상한 일이 아니었다. 이후 수십 년 동안, 단일 계급의 풍요에 대한 청사진은 민수용 핵개발 계획으로 옮겨갔다. 체르노빌 원자로 옆의 프리퍄티Pripiat시는 우크라이나의 가난한 시골 풍경에서 보기 드문 도시적 편리함을 갖춘 현대적 도시였다. 후쿠시마 재난 이후 언론은 일본의 전력 회사들이 안전에 대해서는 별로 신경 쓰지 않으면서 미국에서 영감을 받은 "핵 마을"에 보조금을 지급하고 중산층 번영이라는 비전을 담아 원자력 판매에 열을 올린 경위에 대해 보도했다.[2] 나는 바로 이 원자력과 고위험의 풍요 사이의 지속적인 연관성에 대해 의문을 가졌다.

오죠르스크와 리치랜드는 정부 소유였고 기업 지배인들에 의해 관리되었다. 리치랜드는 미국이라는 풍경에서는 이례적인 곳이었다. 사유재산이나 자유시장, 지방자치가 없었기 때문이다. 오죠르스크는 소련의 10개 핵 도시 중 하나였다. 지도에 표기되지 않은 채 장벽 뒤에 비밀리에 존재했다. 모든 주민들은 그곳에서 살기 위해 특별한 출입증을 가지고 있어야 했다. 이상하게도 주민들은 이러한 제한적 방식을 좋아하는 것처럼 보였다. 1950년대 리치랜드에서 치러진 두 차례의 개별 선거에서 유권자들은 통합, 자치, 자유로운 기업 활동을 거부했다. 1990년대 후반 오죠르스크에서는 투표권을 행사한 유권자들의 95퍼센트가 도시의 출입구, 경비원, 통행증 제도의 존속을 희망했다. 이 책을 쓰는 현재 오죠르스크는 장벽이 쳐졌고 경비원에 의해 보호되는 감금 상태로 남아 있다. 나는 이러한 선택들이 궁금했다. 이 플루토늄 도시 주민들이 자신들의 시민적·정치적 권리를 포기한 이유는 무엇일까? 소비에트 시민들은 선거의 정치학도 독립적인 언론도 가지지 못했지만, 리치랜드 거주자들은 번영하는 민주주의를 만끽하며 살았다. 왜 미국의 심장부에서 체르노빌을 뛰어넘는 재난이 일어날 정도로 견제와 균형이라는 저명한 원칙이 실패했던 것일까?

바로 이러한 질문들이 이 책을 구성한다. 질문들에 답하면서 나는 노동자들을 플루토늄 생산과 관련된 위험과 희생에 동의하도록 유도하기 위해 미국과 소비에트의 원자력 지도자들이 무언가 새로운 것을 만들어냈다는 사실을 발견했다. 바로 플루토피아plutopia다. 플루토피아 특유의 접근이 제한된, 열망으로 가득한 공동체들은 전후戰後* 미국과 소비에트 사회의 욕구 대부분을 충족시켰다. 플루토피아의 질서정연한 번영은 대다수 목격자들이 그들 주변에 쌓여 있는 방사성 폐기물을 간과하게 만들었다.

《플루토피아》는 미국과 소련의 플루토늄 재난의 역사를 함께 서술한 최초의 책이다. 이 책 이후 나는 두 역사를 따로 말하는 것이 더 이상

* 2차 세계대전이 종식된 1945년 이후를 일컫는 말이다.

통용되지 않기를 희망한다. 오죠르스크 사람들은 지구를 관통하는 구멍을 뚫으면 리치랜드에 가게 될 것이라고 말하곤 했다. 같은 축에 연결되어 궤도를 도는 모습, 바로 그것이 내가 두 도시를 상상한 방식이었다. 본문에서 보이겠지만, 리치랜드와 오죠르스크는 플루토늄 생산 중단을 원자력 경쟁 상대만큼이나 두려워했던 첩보 요원들과 지역사회 지지자들의 세심한 노력을 통해 계획적으로 서로의 이미지를 반영하여 만들어졌다.

이 이야기는 네 개의 무대에서 진행된다. 제1부와 제2부는 이주 노동자, 죄수, 군인들이 거대한 플루토늄 공장을 건설하는 1943년 이래 워싱턴 동부와 1946년 이래 우랄 남부에 초점을 맞춘다. 원래 미국과 소비에트의 지도자들은 병영과 같은 환경에서 군사적으로 조직된 노동력을 이용해 플루토늄을 생산할 계획이었다. 하지만 술에 취해 싸움을 벌이는 건설 노동자들에게 충격을 받은 미국과 소비에트의 공장 관리자들은 재빨리 생각을 바꿨다. 공장 관리자들은 세계 최초의 플루토늄 공장의 조작자들이 그들이 만든 제품만큼 불안정해서는 안 된다는 것을 깨달았다.

가족과 지역사회에서 해방된 무질서하고 폭력적인 이주 노동자들에 대한 대응은 플루토늄 조작자들을 부유하고 배타적인 원자력 도시에 거주하는 핵가족 내에 안전하게 수용하는 것이었다. 미국인들은 미국 민주주의의 신화적이고 목가적인 기원을 떠올리며 리치랜드를 "마을"이라고 불렀다. 소비에트인들은 가난한 마을이 없는 신화적 공산주의의 미래를 떠올리며 오죠르스크를 "사회주의 도시"라고 불렀다. 정부

관리들은 플루토피아에, 방사성 폐기물 저장고보다 학교에, 외부의 시민들보다 내부의 거주자들에게 훨씬 더 많은 비용을 지출했다. 풍요, 신분 상승, 소비의 자유라는 냉전의 약속들이 플루토피아에서 현실화되면서 불안해하던 거주자들은 그들의 지도자, 공장의 안전, 그리고 국가적 명분의 정당성을 신뢰하게 되었다. 플루토피아가 자리를 잡아가면서 주민들은 소비자로서의 권리를 위해 시민권과 생물학적 권리를 포기했다.

인구통계학적으로 플루토늄 도시는 노동자 계급의 도시였지만 풍요로움 때문에 당시 중산층 거주지로 보였고 현재도 그렇게 기억되고 있다. 미국과 소련에서 중산층 전문직 종사자들은 노동계급을 전용轉用하고 그들을 대변하고 그들을 확실한 형태가 없는 "무계급" 사회로 통합함으로써 국가적 기억을 만들어냈다.[3] 계급이 사라지면서 소비에트와 미국의 공장 노동자들은 그들에게 일터와 가정이 안전하다고 말한 중산층 감독관 및 과학자들과 자신들을 동일시하는 법을 배웠다.

플루토피아는 그 자체로 존재할 수 없었다. 역사학자 브루스 헤블리Bruce Hevly와 존 핀레이John Findlay는 핸퍼드 플루토늄 공장이 어떻게 낮은 지위의 노동자들을 위한 임시 막사 및 요새와 같은 일련의 "집결지staging grounds"를 만들었는지 서술했다.[4] 나는 우랄 남부에서 노동수용소 및 요새로 둘러싸인 부유한 거주지라는 똑같이 짜깁기된 풍경을 발견했다. 미국과 소비에트 지도자들은 플루토피아 도시들 옆으로 군인, 죄수, 소수민족, 농부, 이주 노동자들의 공동체를 세웠다. 이들 중 누구도 플루토피아의 "선택받은 자" 사이에서 살 수 있는 자격이 없었지만 그들을 위해 봉사하고 돈을 지불했다. 왜 사람들을 별개의 공동체로 분리하는 데 비용을 지출할까? 왜 쾌적하고 깨끗한 상류층 거주지와 불쾌하고 불편한 노동계급 구역을 갖춘 일반적인 대규모 공업 도시를 만들지 않을까? 도시사都市史에서 제기하는 이러한 문제들에 대한 해답은 첩보 및 핵 안보의 역사만큼이나 과학, 의학, 공중 보건의 역사와도 얽혀 있다. 또한 그것은 사람들을 계급과 인종으로 분리해서 영토가 구획되는 방법에 관한 중요한 사실을 이야기해준다. 그렇게 구획된 영토는 사람들이 얼마나 부유한지뿐만 아니라 얼마나 건강한지도 결정한다.

사람들이 분리된 공동체 안에 남아 있었지만 플루토늄과 방사성 부산물은 경계를 인식하지 못했다. 제3부에서는 공장 조작자들이 이중으로 쳐진 윤형철조망 뒤에서 수 톤의 플루토늄을 생산한 해에 대해 서술한다. 공장의 보안과 핵과 비핵 지역으로의 영토 분리는 내가 면책특구라고 부르는 곳을 만들었다. 그곳에서는 공장 관리자들이 예산을 늘리고, 횡령하고, 사고를 은폐하고, 그리고 가장 불길하게도 오염시키는 일을 자유롭게 저질렀다. 우랄의 소비에트 기술자들은 폐기물을 신속하고 저렴하게 지하와 지역의 강에 버리고 방사성 기체를 하늘 쪽으로 배출하는 미국의 경험을 따라했다. 수년간 공장 조작자들은 많은 사고로 어려움을 겪었다. 몇몇 사고는 1957년도 마야크 공장에서 발생한 폭발처럼 거대했지만, 대부분의 유출은 일상적이고 의도적인 것이었다. 조작자들이 폐기물을 버림으로써 방사성 입자들은 기류에 합류했고, 식수에 녹아들었으며, 강을 따라 흘러내려갔다.

워싱턴 동부와 우랄 남부의 과학자들은 연구 초창기에 그들이 생산하고 있는 핵분열 생성물의 위험성을 파악했다. 그들은 방사성 동위원소가 먹이 사슬을 포화시키고 식물과 동물과 인간의 체내에 들어간 뒤 장기에 박혀 세포를 파괴한다는 사실을 알게 되었다. 최초의 공장 지도자들은 인근 주민들 사이에서 눈에 띄는 단독 질병인 "유행성 전염병"이 발생하지 않을까 우려했다. 그러나 시간이 지나도 피폭된 노동자와 이웃 간의 명확한 질병 양상은 나타나지 않았다. 이는 전적으로 놀라운 사실은 아니었다. 실험실에서 동물을 대상으로 실험한 과학자들은 다양한 방사성 동위원소가 신체에 다양한 방식으로 작용하며, 방사선에 중독된 어떠한 신체도 똑같아 보이지 않는다는 사실을 이해했다.[5] 과학자들은 또한 저선량低線量에서 눈에 띄게 몸이 아프고 죽는 데 오랜 시간이 걸린다는 사실을 깨달았다. 잠복 기간이 방사성 동위원소의 유출 및 확산 문제를 해결하기 위한 과학의 진전에 필요한 시간을 벌어줄 것이라 기대했던 시설 관리자들은 노동자와 이웃을 보호하기 위해 시간이 많이 걸리고 비용이 많이 드는 설계 변경을 수행하는 데 실패했다.

방사성 동위원소는 지상의 풍경에서만큼이나 신체 내부에서도 탐지하기 어려운 것으로 판명되었다. 오염원 근처에서 확대되는 모양의 동심원들이 그려진 일반적인 지도 대신, 연구자들은 플루토늄 공장에서 수 마일 떨어진 곳에 예측 불가능한 "고방사능* 오염 지역"이 표기된

---

* 영어 형용사 "hot"은 여기서는 "방사활성放射活性이 있음"을 의미한다. 이 책에서 "뜨거운"이라는 형용사는 "방사성 활동이 활발한" 정도로 이해할 수 있다. 저자가 의도

얼룩덜룩하고 역동적인 지도를 작성했다. 지도에서 원자로 주변 지역은 비교적 깨끗할 수 있었다. 방사성 부산물과 그것이 신체에 끼치는 영향의 비밀스러운 특성, 즉 예측하고 위치를 파악하고 진단하기 어렵다는 점 때문에 미국과 소비에트 지도자들은 그것을 쉽사리 부인했다. 관리자들은 자금을 안전 및 폐기물 저장고에 쓰는 것보다 플루토피아 내의 소비재, 서비스, 더 나은 주택, 더 높은 급여에 지출하는 것으로 전환하는 편이 정치적으로 더욱 인기 있다는 사실을 깨달았고, 그렇게 했다.

비밀스럽고 새로운 환경 재난에 직면하여 지역을 플루토피아와 집결지로 분할한 것은 도움이 되었다. 젊고 부유하고 완전히 고용되어 있고 의학적으로 추적 관찰받고 있던 플루토피아 사람들은 통계적으로 건강의 화신처럼 보였다. 한편 이주 노동자, 죄수, 군인들은 오염된 땅에서 건설 노동을 수행했다. 사고 후에는 유출물을 청소하고 공장 건물을 수리했다. 그들은 비정규 노동자라 추적 관찰 대상이 아니었다. 그들은 오늘날 "임시직jumpers"으로 불리는 역할을 했다. 그들이 하나의 작업을 마친 후 섭취한 방사성 동위원소와 역학적 흔적을 남길 수 있는 모든 후속 건강 문제를 가지고 이동했기 때문이다.

농부와 토착민들은 플루토늄 공장 근처에서 거주했다. 플루토피아 주민들과 달리 그들은 멀리 떨어진 소비 시장에 의지해서만 살지 않았

한 맥락을 최대한 우리말에 맞게 옮기기 위해 번역자는 "고방사능의"라는 표현과 "뜨거운"이라는 표현을 혼용했다.

다. 그들 대부분은 방사성 동위원소가 어지럽게 흩어져 점차 증가하던 아랫바람* 지역과 강 하류에서 자급자족하며 살았다. 플루토늄 공장이 지역 개발을 불러일으킴에 따라 더 많은 사람들이 핵 완충 지대로 이동하여 피해를 입었다. 이 사람들 또한 피폭 관련 추적 관찰을 거의 받지 않았다. 달리 말해, 위험은 계급과 풍요의 선을 따라 보정되었으며 이는 우선 구역 및 부차 구역과 대략 일치했다.

제4부에서는 방사능 경계선에 살고 있다는 것을 처음 발견한 개척자들을 추적한다. 1986년 체르노빌 재난이 공장 보안 체제의 문제점을 전면에 드러낸 후, 아랫바람 지역 및 강 하류의 이웃들은 그들 지역사회에서 만성 질환과 선천성 기형, 불임, 암 발병률이 높은 원인을 플루토늄 공장에서 찾기 시작했다. 그들은 자신들의 주장을 입증하는 데 상당한 어려움을 겪었다. 플루토늄 장막의 불투명한 특성으로 인해 공장의 방사성 발자취에 대한 지식이 오랜 시간 보호받았기 때문이다. 수십 년 동안 기밀 지식으로 무장한 전문가들은 일반인들의 우려를 일축하면서 안전성과 허용 선량에 관해 확신을 가지고 말했다. 1986년 이후

---

* 아랫바람은 핵무기의 폭발 또는 공장에서의 유출 등으로 인해 방사성 동위원소가 하강 기류를 타고 지상으로 내려오는 현상을 일컫는다. 이때 아랫바람의 직접적인 영향을 받은 이들을 아랫바람사람들downwinders이라고 한다. 아랫바람사람들은 대개 미국의 주들인 애리조나와 네바다, 뉴멕시코와 유타에 더해 오리건, 워싱턴, 아이다호에 걸쳐 있으면서 캐스케이드산맥과 로키산맥 사이의 지역(이 책의 주요 무대 가운데 하나인 컬럼비아 고원이 여기에 포함된다)에 거주하는 사람들을 포함해 핵실험, 원자력 사고로 인한 방사성 오염이나 낙진에 노출된 이를 일컫는다.

지역 농부, 언론인, 활동가들은 사고 기록과 환경 및 보건 연구를 요구했다. 그들은 기업과 정부의 실세들이 자신들에게 노출시킨 위험에 관해 알길 고집했다. 이어진 법정 싸움에서는 지식, 자유, 시민권에 대한 새로운 개념을 중심으로 자칭 피해자 단체가 조직되었다.

이것은 오랫동안 정치적·시민적·소비자적 자유에 집중했던 미국과 소비에트 활동가들이 생물학적 권리를 요구하는 놀랍고 새로운 운동이었다.[6] 그들은 핵무기 생산으로 인한 막대한 이익을 사유화하면서 건강과 환경에 대한 위험은 사회화한 기업 계약자들을 상대로 난타전을 벌였다. 활동가들은 [기업에 대한] 경쟁자적인 과학적 전문성과 지역사회에 기반을 둔 보건 연구로 무장했다. 그렇게 하면서 그들은 새로운 유형의 시민 참여를 창안했다. 이는 우크라이나에서, 나중에는 일본에서도 채택되었다.

거대하고 초국가적인 핵무기의 역사가 있고 원자력 개발 계획이나 핵 시설에 대한 국가사와 지역사가 있긴 하다. 하지만 《플루토피아》는 군비 경쟁의 초국가적인 역사를 폭탄을 만든 사람들의 장소 및 삶과 통합한다.[7] 폭탄을 만든 근면한 사람들에게 그리고 지표에 부드럽게 내려앉은 핵분열 생성물과 함께 살았던 그들의 농업 종사자 이웃들에게 원자력 시대가 무엇을 의미했는지 들려주기 위해 서사는 첩보 위성이 떠있는 아주 높은 곳에서 거리의 풍경으로 내려와 핵 소멸의 교차점에 위치한 마을들에 초점을 맞춘다.

냉전 기간 동안 선전가와 전문가들은 미국과 소련을 비교하면서 한쪽 혹은 다른 쪽의 부당함이나 과오를 덮어주곤 했다. 대신 나는 플루토늄 공동체를 서로 나란히 배치하여, 플루토늄이 어떻게 냉전의 분열 가로질러 플루토늄 공동체의 삶을 묶었는지 보여준다. 나는 세계 최초의 플루토늄 도시들이 정치 이념과 민족 문화를 초월하고 핵 안보, 원자력 첩보, 방사능 위험에서 파생된 공통의 특징을 공유했다고 주장한다. 미국과 러시아 플루토피아의 주요한 차이점은 리치랜드와 그 인근의 사람들이 훨씬 더 부유한 국가에 살았다는 점이다. 이는 핵 안보에 대한 그들의 크나큰 희생을 의미했다. 하지만 오죠르스크와 그 인근에 살았던 사람들의 희생만큼 포괄적이지는 않았다. 이 차이는 건강과 질병에 결정적인 영향을 미쳤다.

문서가 이 책의 뼈대를 제공한다. 나는 미국과 러시아에 위치한 12개 이상의 문서고에서 작업했고 나보다 앞서 탐사에 나섰던 역사가들의 작업에 크게 의존했다. 관계자들이 무엇을 알았는지, 무엇을 숨기기로 했는지, 얼마나 공개하기로 결정했는지, 왜 그렇게 했는지 등을 서술한 문서 자료는 놀라운 것이었다. 과학과 정책을 만든 관료들의 말은 핵 안보 국가가 도시적 풍경 조성, 공중 보건 재난, 환경오염 확산과 얼마나 얽혀 있었는지를 보여준다.

원자력 도시에 거주하면서 공장 안팎에서 일했던 사람들이 이 책의 주인공이다. 지난 5년 동안, 나는 직업의 전환 또는 출생지의 우연으로 인해 이 드라마에서 각광을 받게 된 예상 밖의 등장인물들과 수십 차례 인터뷰를 진행했다. 많은 사람들이 그저 부정의를 인지하고 분노했기 때문에 평생 비밀을 준수할 것을 요구하는 서약서에 서명했음에도 불구하고 나와 대화하는 데 동의했다. 러시아 원자력부Russian Ministry of

Atomic Energy가 오죠르스크 방문을 허가하지 않아 나는 냉전 첩보 소설을 연상시키는 준비를 갖추고 인근 소도시와 마을에서 사람들을 만났다. 몇몇은 초조하게 속삭이면서 간접적인 화법으로 말했다. 몇몇은 인용되는 것을 거부했다. 대중에게 노출되는 일을 피하기 위해 가명을 썼다.

몇몇 사람들은 내게 그들의 신뢰성을 의심하게 만드는 허황된 이야기를 들려주었다. 하지만 그들의 설명을 확인해보니 많은 이야기들이 사실로 판명되었다. 나는 명백히 신뢰할 수 없는 화자들을 잠재적으로 풍부한 정보원으로, 자신의 주위환경을 평상시의 편협한 관점보다 더 폭넓게 응시하는 사람들로 대하는 법을 배웠다. 대개 인터뷰의 맥락이 말하는 내용을 결정하기 때문에, 나는 언제 어디서 인터뷰 대상자를 만났는지 언급한다. 또한 그들의 취약점과 나의 문화적 무감각에 대해 서술한다. 이는 문서고 연구와 같이, 인터뷰 과정이 어떻게 누락, 모순, 의도적이고 우발적인 무지로 얼룩지는지를 보여준다. 책에 쓸 자료를 조사하면서 나는 일종의 재난 관광객이 되었다. 이 때문에 인터뷰에 응한 몇몇 사람들은 의심이나 불신감을 가지고 나를 만났다. 그들에게 나는 믿을 수 없는 화자였다. 아마도 이는 내 독자들 중 일부에게도 해당될 것이고, 그것은 옳고 적절하다. 나는 진리를 밝혀냈다고 주장하지 않는다. 오히려 나는 그것의 한 모서리라도 밝혔기를 바란다. 다른 설명과 해석을 기대한다.

냉전을 부채질했던 정치적 적대행위는 일단락됐지만 세계사에서 핵에 관한 장章은 아직 끝나지 않았다. 플루토늄 공장을 둘러싼 치명적인 풍경에는 주위로 스며드는 방사성 폐기물이라는 지뢰와 그로 인해 자신들이 지속적으로 아프다고 믿는 사람들이 얽혀 있다. 미국과 일본의 핵 폐기물이 정처 없이 떠돌아다니는 상황은 수백 도까지 자가 발열하고, 금속을 부식시키고, 기다렸다는 듯이 토양으로 스며들어 식물에 의해 섭취되고, 이러한 과정을 수만 년간 반복할 불안정하고 역동적인 방사성 동위원소들을 안전하게 차단하는 일이 복잡한 문제임을 증명한다. 핵에 걸린 배당금은 높고, 보이지 않는 방사성 동위원소를 포기하고 부정하려는 충동은 크다. 체르노빌과 후쿠시마 이전에 핸퍼드와 마야크가 있었고, 그것들은 플루토피아의 실천과 공존했다. 플루토피아의 실천은 영토를 "핵"과 "청정" 구역으로 분할하기, 생산을 우선시하기 위해 안전과 폐기물 관리를 회피하기, 사고에 관한 정보를 억제하기, 안전 기록을 위조하기, 더러운 일을 하도록 단기 "임시직"을 배치하기, 아픈 노동자들과 방사성 지역에 대해 둘러대기 등이었다. 이 모든 것은 선택된 시민들에게 후한 정부 보조금을 지급하고 그들을 진정시키는 대민 홍보 프로그램을 제공하는 것과 동시에 이뤄졌다. 한편 가동이 중지된 공장의 사고와 공중 보건 문제를 대중에게 알리려고 한 내부 고발자들은 미국과 러시아 양쪽에서 냉전이 끝난 **이후**에도 감시를 받았고, 괴롭힘에 시달렸으며, 미행당하고, 겁박당했다. 이러한 장면의 대부분은 1986년 우크라이나에서 그리고 2011년 일본에서 반복되었다.

《플루토피아》는 세계 각국의 지도자들이 새로운 "원자력 르네상스"에 관해 논의하는 동안에도 핵 보유국의 많은 시민들이 아직 직면하지 않았고 어떻게 이야기해야 할지 아직 파악하지 못한 유산에 관한 책이다. 고립된 군사 지대에서 일어난 핵 재난은 은폐하기 쉽다. 이는 체르노빌과 오늘날 후쿠시마가 자주 회자되는 단어인 반면, 핸퍼드와 마야크에서 일어나 플루토늄 재난에 대해 들어본 사람은 거의 없다는 사실을 설명해준다. 세계에서 가장 방사성이 강한* 두 지역에서 살았던 사람들이 들려주는 이 이야기들을 통해 독자들이 핵 과거에 대해 다시 한번 살펴보도록 고무되었으면 한다.

---

* 책 전체에 걸쳐 "방사放射된radiated" 및 "조사照射된irradiated" 따위의 형용사가 많이 나온다. 표준국어대사전에 따르면 "방사되다"의 뜻은 "중심에서 사방으로 내뻗치게 되다"이고, "조사되다"의 뜻은 "방사선 따위가 쬐어지다"이다. 한편, "복사되다"는 "바퀴살처럼 방출되다"라는 뜻이다. 즉 "방사", "조사", "복사" 모두 원자핵의 변화로 인한 전자파의 방출과 관련이 있다. 번역자는 저자가 의도한 맥락을 최대한 우리말에 맞게 옮기기 위해 세 용어를 번갈아가며 썼다.

리치랜드 지도 / 핸퍼드 지역

프리스트
라피드호

핸퍼드 원자력
구역

코닐

메사

링올드

캐나다

워싱턴주

몬타나주

주제 지역

태평양

오리건주

아이다호주

0   100   200   300 Miles

0   100   200   300 Kilometers

리치랜드

파스코

케너윅

스네이크강

0   5   10   15   20 Miles

0   5   10   15   20 Kilometers

오죠르스크 지도 / 마야크 지역

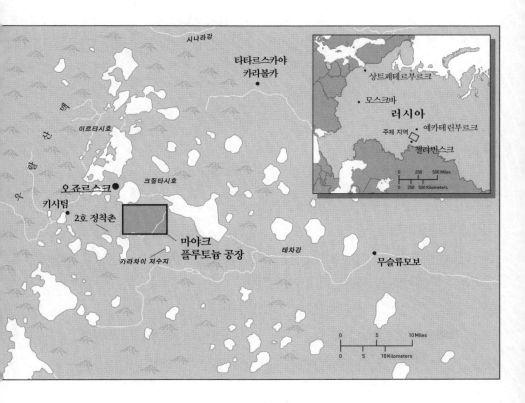

1.
서부 핵변경의
감금된 공간

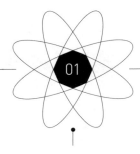

01

마티아스 씨
워싱턴으로 가다

1942년 12월, 미국 육군공병단U. S. Army Corps of Engineers 소속 프랭크 마티아스 중령은 같은 달에 미국 서부 내륙을 가로질러 접근하기 어렵고 근심걱정으로 가득한 여러 지역으로 나섰던 여정을 기록했다.[1] 마티아스는 듀폰사DuPont Corporation의 몇몇 경영자들과 일하면서 맨해튼 프로젝트Manhattan Project*를 위한 세계 최초의 산업용 플루토늄 공장을 건설할 최적의 부지를 찾고 있었다. 육군공병단이 프로젝트를 감독하고 듀폰은 공장의 주요 계약자 역할을 맡았다.

---

* 맨해튼 프로젝트Manhattan Project는 2차 세계대전 중 미국이 주도하고 영국과 캐나다가 공동으로 참여했던 핵폭탄 개발 계획으로, 미국 육군공병단 소속 장교 레슬리 그로브스 소장의 지휘 아래 1942년부터 1946년까지 진행되었다

사람들은 컬럼비아 고원Columbia Basin의 짙은 안개를 가로지르며 차를 몰았다. 그들은 그다지 넉넉해 보이지 않는 작은 가족 목장을 지나쳤다. 마른 대지 위에 세워진 잿빛의 낡아빠진 농가와 토사로 가득한 관개수로에 물을 대는 작은 양수장을 지나갔다. 빛바랜 판자가 세워진, 먼지투성이의 작은 거리가 둘 있는 "도시들"을 들락날락했다. 몹시 건조하고 드넓게 펼쳐진 지역에서 문명의 외로운 점 같은 존재였던 소도시들은 산쑥sage과 모래를 번영으로 바꿔보겠다는 이상이 담긴 내륙제국Inland Empire*의 잔재였다. 그 꿈은 산에서 흘러 컬럼비아 고원을 가로지르는 위풍당당한 강물을 거대한 댐으로 가로막아 산업 발전을 위한 전기와 농사를 위한 용수를 만들어내는 것이었다. 19세기 말 정착민들은 컬럼비아 고원을 "선하고 가난한 사람의 고장"이라고 광고했다. 이는 투자할 것을 거의 가지고 있지 않아도 열심히 일하는 사람이라면 땅에서 소득을 얻을 수 있다는 의미였다.[2] 가루 형태의 화산토火山土에는 무기물이 풍부했지만, 연간 6~8인치에 불과한 강우량으로 인해 바싹 말라 있었다. 소가 이 지역으로 오기 전에 높은 언덕과 물결 모양의 평원은 온통 무성한 풀밭으로 덮여 있었다. 소, 양, 쟁기가 사람의 손때가 묻지 않았던 풀들을 파헤쳤다. 열차와 수레가 회전초Russian thistle, 가는잎보리수Russian olive, 털빕새귀리cheatgrass 등 다른 식물의 수분을

---

* 내륙제국Inland Empire 또는 서북부 내륙Inland Northwest은 워싱턴 동부와 아이다호 북부를 포함하는 대스포캔구역Greater Spokane Area(스포캔-쾨르달렌Coeur d' Alene 광역도시권)을 중심으로 한 미국 서북부의 지역을 일컫는다.

빼앗는 "침입" 식물의 씨앗을 떨어뜨렸다. 밭갈이를 마친 후 또는 건설 프로젝트의 여파로 민들레 씨앗만큼이나 가벼운 토양이 공중으로 떠올랐다. 오래 산 사람들은 공기 중의 토양이 어떻게 모든 것에 들어갔는지, 달리 말해 어떻게 기계를 막고, 눈을 따갑게 하고, 살점을 뜯었는지를 기억한다. 가난한 사람은 에이커당 70센트라는 가격을 지불할 수 있었으나, 반사막 지대에서의 농사는 자본집약적이었다. 관개를 위한 자금을 가지고 있지 않은 농부들은 마른 대지 위에 있던 자신들의 농장이 성장하지 못하는 모습을 종종 보았다.

정부 제공 차량에 탑승한 네 명의 방문객은 메이슨 시티Mason City에서 밤을 보냈다. 다음날 그들은 울퉁불퉁하고 군데군데 움푹 패여 있는 길 위로 차를 몰았다. 마티아스는 작은 비행기에 올라 그랜드 쿨리 댐 Grand Coulee Dam과 그 너머 사막을 돌았다. 댐은 지역 신문기자 루퓌스 우즈Rufus Woods의 아이디어였다. 우즈는 정치적으로는 보수 성향이었으나 1930년대 초 소련에서 건설 중이던 거대한 댐들에서 영감을 얻었다. 우즈는 댐 건설 프로젝트를 위해 뉴딜New Deal 자금을 받았다. 1934년 루스벨트* 대통령은 해당 지역을 찾아 그랜드 쿨리 댐이 "버려진 희망의 땅"에 대한 보답이라면서 자랑스럽게 알렸다.[3]

후원자들은 댐이 지금까지 지어진 댐 가운데 가장 크고 소비에트의

---

* 프랭클린 델러노 루스벨트Franklin Delano Roosevelt(1882~1945)는 미국의 32번째 대통령으로 임기 중에 대공황과 2차 세계대전을 모두 경험했으며, 대통령직을 네 번 연임했다.

댐들보다 훨씬 크다고 콕 집어 광고했다.[4] 대기업의 강력한 힘과 대규모 목축에 수반되는 문제들을 우려했던 하원의원 호머 본Homer Bone은 이 댐을 자영농들에게 그러한 문제들을 극복하겠다고 약속하는 방안으로 보았다. 정부의 댐 건설을 통해 미국의 자영농들은 전기의 혜택을 누리고 도시의 편리함과 생산성을 얻을 수 있었다. 댐은 국가 내의 이질적인 사회를 화합시켜 내륙의 기운 빠진 농민과 해안가의 부유한 중산층을 하나로 묶을 것이다. 그랜드 쿨리는 미국의 민족주의에 호소했지만, 그렇게 함으로써 소련식 국가 지원 개발의 장점을 인정하게 되었다. 이는 뒤이은 수십 년에 걸쳐 워싱턴 동부를 변형시킬 국가 주도 자본주의였다.

비방하는 사람들은 이 댐이 필요 이상으로 크게 지어졌다고 경고했다. 그들은 대공황Great Depression이라는 불황의 한가운데에서 왜 정부가 아무도 원하지 않는 전기를 생산하고 아무도 필요로 하지 않는 200만 에이커를 개간하기 위해 댐을 짓는지 물었다.[5] 비평가들의 말에는 일리가 있었다. 댐은 후원자들이 상상한 대로 전개되지 않았다. 건설이 끝난 뒤, 컬럼비아 고원에서 서쪽으로 송전선이 신속하게 만들어져 퓨젓 사운드Puget Sound 지역의 공장과 도시에 전기를 공급했다. 한편 간척국Bureau of Reclamation은 100만 에이커에 달하는 사막을 녹지로 바꾸기 위해 양수장과 관개 운하망을 설치한다는 야심찬 계획인 컬럼비아 고원 프로젝트Columbia Basin Project를 내놓았다. 그러나 농산물이 이미 대공황기의 시장에 넘쳐났기 때문에 계획은 중단되었다.

하지만 이용자가 극히 적은 커다란 댐은 프랭크 마티아스를 윙윙거리는 터빈으로 끌어들였다. 마티아스는 댐을 알고 있었다. 1930년대 초 그는 테네시강 유역 개발 공사Tennessee Valley Authority에서 일했다. 일기에서 마티아스는 관광객처럼 그랜드 쿨리 댐의 크기 또는 협곡을 둘러싼 기이한 바위지대의 장엄함에 경탄하지 않았다. 대신 그는 송전선의 킬로와트와 방향에 주목했다. 그리고 그는 감명을 받았다.[6] 필요 이상으로 크게 지어진 댐은 마침내 마티아스와 함께 이용자를 찾았다.

마티아스는 세계 최초의 플루토늄 공장 부지를 워싱턴의 핸퍼드로 결정했다. 이곳이 그가 찾던 특징들, 즉 컬럼비아강Columbia River의 풍부하고 깨끗한 용수 공급, 확실한 전력 공급원, 높은 비율의 정부 소유 토지, 그리고 확실한 실패의 기운을 보유했기 때문이다.[7] 그는 그랜드 쿨리에 더 가까운 다른 장소는 무성한 밀밭과 더욱 번창해 보이는 농장들이 많다는 이유를 들어 거절했다. 이 온화한 토목 공학자는 엄청난 노력과 비용을 들여 관개한 대지의 수익성 높은 작물들로부터 농부들을 떼어놓는 일에 수반되는 문제를 예견할 수 있었다. 마티아스는 핸퍼드와 화이트 블러프White Bluffs가 농작물의 품질이 떨어지고 지역 내 목장의 외관이 추레하다는 점에서 "훨씬 더 유망"하다고 생각했다.[8] 마티아스는 맨해튼 프로젝트의 책임자인 레슬리 그로브스Leslie Groves 장군에게 "전체 인구가 적고 농장 대부분이 큰 가치가 없는 것으로 보여서 무척 기뻤습니다"라고 썼다.[9] 마티아스는 핸퍼드에서 그가 찾고 있던 것, 즉 필요와 부실을 발견했다. 마티아스가 지역 주민들의 가난에 대해 기뻐하는 것은 냉혹하게 들리지만 자비로운 몸짓이었다. 마티아스는 그가 제거하기로 선택한 불운한 공동체에 "역逆창시자un-founding father"로 다가왔다.

가난에 대한 마티아스의 확언에는 확실한 진실이 있었다. 프랭클린 카운티Franklin County 면적의 절반은 1920년대와 1930년대에 소유권이 박탈되거나 버려졌다. 1942년까지 인구는 정점이었던 1910년에 비해 40퍼센트나 감소했다. 핸퍼드의 최초 목장 마을은 컬럼비아 대평원Great Columbia Plain의 남동쪽으로 흐르는 컬럼비아강 굽이에 위치해 있었다. 평원은 캐스케이드산맥Cascades과 로키산맥Rocky Mountains 사이에 자리 잡은 거대한 받침그릇이었다. 컬럼비아강은 커다란 접시의 최저점인 핸퍼드 근처에서 사막의 강이 되어 회전초, 산쑥, 화산 용암지 사이로 어둡게 숨어들어간다. 이 지역의 가장 중요한 역사지리학자인 도널드 메이닉D. W. Meinig은 주변 지역을 "토양의 맨 갈비뼈에 흙이 아주 얇게

화이트 블러프, 1938년
미국 에너지부DOE(Department of Energy) 제공.

덮인 상태로 말라버린 배고프고" 굶주린 몸으로 상상했다.[10]

1943년, 댐은 당시 미국 최대 기업 중 하나였던 듀폰사가 관리하는 대규모 비밀 정부 건설 프로젝트에 전기를 보내기 시작했다. 1943년 이후에는 자영농들의 내륙제국 대신, 처음에는 주저하던 지역의 후원자들이 민간기업들의 후원과 연방 보조금의 뒷받침 덕분에 확장 중이던 군산복합체에 열정적으로 그들의 재산과 번영을 걸었다.[11]

미국 서부에 대한 이 이야기는 전에도 여러 번 서술된 바 있다. 그러나 이번에는 그랜드 쿨리 댐과 핸퍼드가 워싱턴 동부로 하여금 미국 선구자들의 자급자족하는 공동체 대신 강력한 기업들과 결합한 큰 정부를 수용하게 했다. 기업들은 원주민을 그들의 땅에서 몰아내고 수백 제곱에이커의 토지를 재구획했다.[12] 미국 서부의 역사에서 이러한 양상에 주의를 기울인 사람이라면 1942년 말 마티아스의 정부 제공 차량이 도착했을 때 다가올 강탈을 봤을지도 모른다. 명백히 아무도 그렇게 하지 않았다. 1943년 2월, 핸퍼드, 화이트 블러프, 리치랜드에 거주하는 2,000여 명의 주민들은 연방정부가 그들의 토지, 목장, 과수원, 가택, 사업을 가져갈 것이라는 서한을 받고 깜짝 놀랐다. 편지는 거주자들에게 몇 주에서 몇 달 내로 그들의 재산에서 떠나라고 통보했다. 연방 감정평가사들은 대부분의 경우 부동산의 실제 가치는 고사하고 해당 연도에 접수된 작물의 원가조차 보전할 수 없는 보상금을 제시했다. 지역 주민들에게는 그 모든 거래가 강도질처럼 느껴졌다. 리치랜드의 바넷C. J. Barnett은 사람들이 충격 속에서 불신감에 차 "그들은 이렇게 할 수 없어"라는 말을 반복했다고 회상했다.[13]

그럼에도 불구하고 컬럼비아 만곡Columbia Bend 주민들의 추방은 매우 빠르고 효율적으로 진행되었다. 수천 명의 사람들이 질서정연하게 떠났고 마티아스는 "농민들의 실질적인 반대가 없었다"며 기뻐했다.[14] 싸구려 소설에서처럼 인디언 무리가 급습해 이 목장 마을을 공격했다면, 농가의 주인들은 총을 집어 들고 맞서 싸우는 모습을 상상했을 것이다. 인디언이 아닌 자신들 정부의 침략에 직면하자 그들은 짐을 싸고 더 나은 대가를 바라며 법정에 탄원서를 제출하는 일 외에는 의지할 것이 없었다.[15] 신성한 사냥터와 낚시터가 제곱마일 구역으로 바뀜에 따라 오도 가도 못하는 처지가 된 이전의 인디언들처럼, 지역 주민들은 자신의 농장이 "연방 구역"으로 바뀌는 당혹스러운 변화 앞에서 당황할 수밖에 없었다. 맨해튼 프로젝트 관련 매입에서 두드러졌던, 실체를 알 수 없다는 특징은 싸워야 할 상대도, 주먹을 날릴 대상도 없음을 의미했다. 이는 지역 농민들이 참여자에서 내륙제국의 후속 장의 구경꾼으로 변모하면서 마비되고 수동적인 존재가 되도록 했다.

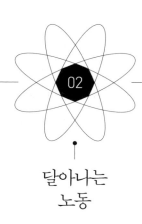

달아나는
노동

1943년 봄, 갑작스런 자연 재해처럼 워싱턴 동부에 도착한 연방 요원과 기업 관리자들이 생기 없고 조용하던 농장 마을에 불을 지폈다. 이웃의 꾸준한 감소와 농지를 느릿느릿하게 점령하는 잡초들만 목격했던 목장 주인들은 갑자기 시간이 빨라지는 것을 보았다. 핸퍼드 프로젝트에 대한 듀폰의 기밀 다큐멘터리 영화는 힘들이지 않은 변화의 이미지를 보여준다. 텅 빈 들판은 흙으로 된 기반이 되고, 그 기반은 비계들로 가득해지며, 노동자들은 완공된 건물을 도색하고, 가구들이 소나무로 만든 새로운 문들 사이로 들어오고, 사원들은 개장한 건물의 정문에서 출근 카드를 찍는다.[1] 듀폰 다큐멘터리는 엄선된 사내 시청자들에게 마음을 진정시키는 시간의 단순화를 제안했다. 영화는 신체나 얼굴을 거의 보여주지 않는다. 집게발과 기중기에 부착된 연소 기관이 흙을 옮기고, 강철을 쌓으며, 콘크리트를 모으는 등 대부분의 작업을 수행하는 것으로 보인다. 기계들은 인체의 한계를 가볍게 뛰어넘는다. 영화 제작자들은 갈등이라든가 거대한 플루토늄 공장을 짓기 위해 흘린 구슬땀이라든가 경악, 기대, 따분함, 두려움 등 거의 모든 감정을 가지고 기계를 작동시킨 사람들의 이미지를 편집실 바닥에 남겨두었다.

많은 역사적 증언과 마찬가지로 이 영화도 현실을 반영한 만큼 바람 또한 담고 있다. 기계가 핸퍼드를 만든 것이 아니다. 수만 명의 사람들이 건설한 것이다. 외진 핸퍼드 부지는 안전과 보안이라는 측면에서 봤을 땐 타당했지만, 노동력 확보라는 측면에서는 비참할 정도로 실패했다. 핸퍼드를 짓기 위해 도착했던 프랭크 마티아스 중령과 듀폰의 관리자들에게 최초이자 가장 오래 지속된 문제는 기계를 지휘하는 것이 아니라 신체를 지휘하는 데 있었다. 그리고 다른 무엇보다 가장 큰 어려움은 노동자들을 외지고 험한 곳에 모아 그곳에 머물게 하는 것이었다.

결과적으로 마티아스는 주로 플루토늄 공장뿐만 아니라 공장을 건설하고 운영하기 위해 만들어진 여러 공동체의 대규모 건설 사업의 중개인이자 조달 대리인으로 일했다. 그의 첫 번째 일은 프로젝트에 인력을 충당하는 것이었다. 처음에는 기술자와 공무원들을 배치했으나 머지않아 힘센 사람들과 숙련된 노동력이 필요해졌다. 대규모 공장을 짓는 데 필요한 인력에 대한 예상치는 첫 달에 수만 명으로 치솟았다.[2] 마티아스와 듀폰 관리자들은 노동력을 모집하기 위해 엄청난 시간과 자원을 쏟아 부었지만, 그럼에도 불구하고 충분한 인력을 현장에 투입하기까지는 1년 반의 시간이 소요되었다.[3] 중요했던 최초의 18개월 동안,

듀폰사에게는 건설에 필요한 노동자의 50~70퍼센트가 부족했다. 원자로를 적재하거나, 운반하거나, 원자로를 위한 엄청난 규모의 토대를 설치하거나, 협곡에 준하는 길이의 화학처리공장을 위해 수 마일에 걸쳐 콘크리트를 쏟아 부을 만한 충분한 인력이 없었다. 직원 수가 4만 5,000명으로 정점에 도달한 1944년 6월 이후에도 전체 직원의 20퍼센트에 달하는 이직률이 건설 현장을 괴롭혔다.[4]

노동력 부족은 현장의 가장 심각한 문제로 지속되었다. 이로 인해 건설 속도가 느려지면서 듀폰 관리자들은 마감일을 맞추기 위해 정신없이 서둘러야 했다. 그로브스 장군은 산업용 원자로와 플루토늄 처리공장을 신속하게 설치하라고 듀폰 관리들을 사정없이 압박했다. 1943년, 듀폰의 프로젝트 관리자인 크로포드 그린왈트Crawford Greenewalt는 1944년 말까지 완성된 플루토늄을 공급하겠다고 자신했다.[5] 그린왈트는 몇 달 만에 자신의 실수를 깨달았다. 1943년 여름, 대규모 공장과 원자로 건설 계획은 목수 부족으로 중단되었다. 8월에 이르러서도 듀폰 노동자들은 공장 건설에 어떠한 진척도 만들지 못했다.[6] 11월, 듀폰 경영자들은 그로브스 장군에게 시간을 더 달라고 간청했다.[7]

노동자 유치를 가로막는 가장 큰 장애물은 풍경이었다. 넬 맥그리거 Nell Macgregor는 회고록에서 핸퍼드로의 여정을 멋진 오리건 해안가를 떠나 "황무지"로 넘어가는 길이었다고 기억했다. 그녀는 "땅을 향해 쪼그려 앉아" 이글거리는 하늘이나 가로막는 것이 없는 공간에서 오는 압박감을 막아줄 어떠한 수단도 없는 황량한 산기슭에 움츠려 있었다. 카트넬T. R. Cartnell은 버스를 타고 도착했을 때 한 여성이 외치는 소리를 들었다. "여기에서 나를 내보내 테네시로 당장 돌려보내주든가, 그렇게 하지 않으면 아이들을 데리고 떠날 거야. 여기는 사람이 살 수 있는 곳이 아니야."[8] 핸퍼드의 지독한 바람은 수일간 불면서 망網으로 된 문과 타르종이 지붕과 신경을 하나같이 거슬리게 해서 개들이 짖도록 만들었고 가정주부들이 레이먼드 챈들러Raymond Chandler*의 유명한 글처럼, 남편의 목덜미를 쳐다보면서 고기 써는 칼의 가장자리를 만지작거리게 했다. 불도저가 건설 현장의 바닥을 평평하게 만들자, 거대한 돌풍이 내려앉은 흙을 덮쳐 잿빛 녹색 구름 속으로 날려 보냈다. 황진 Dust Bow**을 겪은 수많은 사람들이 일거리를 찾아 핸퍼드에 모습을 드러냈다. 하지만 다가오는 모래 폭풍의 공기에서 모래의 맛을 알아채고 하늘이 어두워지면서 가시도가 몇 피트까지 떨어지는 것을 보고는 돌아서서 마을 밖으로 나가는 다음 버스에 올라탔다. 로블리 존슨Robley Johnson은 "그들 중 많은 사람들이 하룻밤도 묵지 않았어요"라고 기억했다.[9]

2006년 여름, 나는 핸퍼드로 비슷한 순례에 나섰다. 시애틀에서 출발해 길을 따라 가는 여정은 이전에도 많이 해봤지만, 이번에도 광채가 나고 고저가 심한 땅으로 급작스럽게 변한 워싱턴 동부의 풍경에 마음

---

* 레이먼드 손턴 챈들러Raymond Thornton Chandler(1888~1959)는 미국의 범죄소설 작가로서 현대 범죄소설 분야에 거대한 영향을 끼쳤다.
** 황진黃塵(Dust Bowl)은 1930년대 미국과 캐나다의 대초원지대에서 불었던 극심한 모래폭풍으로, 생태계와 농업에 큰 피해를 입혔다.

이 끌렸다. 늦은 아침 리치랜드에 도착했을 때는 뜨거운 아스팔트가 발밑에 펼쳐져 있었고 태양이 도시의 상점 거리를 두 가지 차원으로 데친 상태였다. 나는 핸퍼드 지역의 역사학자인 미셸 거버Michelle Gerber를 만나기로 했다. 그녀는 내게 원자력 구역을 보여주겠다고 했다. 출입증을 발급받은 후 우리는 냉방 장치가 강하게 가동되던 정부 제공 대형 스포츠유틸리티차량SUV에 올라탔다. 우리는 샌드위치를 구입하기 위해 잠깐 멈췄다. 여행이 길고 둘러봐야 할 부지의 면적이 놀라울 것이라는 거버의 경고 때문이었다.

1986년 정부 관리들이 1만 쪽에 달하는 기밀 해제된 핸퍼드 관련 문서를 공개했을 때 거버는 실직 상태였고 미혼모였다. 문서들은 플루토늄 공장을 둘러싼 비밀의 벽에 생긴 첫 번째 균열이었다. 숙련된 역사학자였던 거버는 기밀 해제된 문건들의 가치를 곧바로 알아보았다. 자녀들을 학교에 데려다준 후 그녀는 자료를 읽기 위해 리치랜드에 있는 에너지부의 작고 새로운 열람실을 찾았다. 그녀는 《뉴욕타임스》가 연구자 팀과 함께 몰려와 그녀의 이야기를 게재하기를 매일같이 기대했다고 내게 말했다. 그들은 한 번도 오지 않았고, 거버는 새로운 자료를 참고해 핸퍼드에 관한 최초의 역사를 썼다.[10] 용감한 행동이었다. 그녀가 살고 있던 리치랜드는 국가 안보에 대한 기여를 자랑스럽게 여기고, 비판에 민감하며, 스스로를 공장의 영웅적 노력의 일부라고 여기는 사람들과 자신들을 공장의 범죄적 불법행위의 희생자로 보는 사람들로 나뉘어 있었다. 이러한 두 가지 입장 사이에서 중간 지점을 찾으려는 역사를 쓰는 것은 친구들을 잃을 수도 있음을 의미했다.

거버는 경비초소까지 트럭을 몰았다. 경비원이 손짓으로 우리를 들여보내주었고, 우리는 핸퍼드 원자력 구역Hanford Nuclear Reservation으로 건너갔다. 나는 구역 안으로 들어가기 위해 한 달 동안 전화를 걸고 대륙을 가로질러 여행하고 홍보팀과 만났다. 나는 이 장소의 역사적 중요성을 몸소 느낄 순간을 기다렸다.

나의 기다림은 허사였다. 원자력 구역은 그다지 인상적이지 않았다. 물론 엄청나게 거대했지만, 우리는 그저 공업 단지를 방문한 셈이었다. 경비가 삼엄한 구역 내부에는 흠 없는 아스팔트 도로로 구획된 사막 지대가 있었고, 수 마일의 윤형철조망이 둘러쳐진 거대한 콘크리트 건물들이 있었다. 사각형 모양의 도로들 사이에는 군데군데 콘크리트 그루터기가 들어서 있는 자갈밭이 철조망으로 둘러싸여 있었다. 흡사 사막 한가운데의 석화된 늪 같았다. 1,000억 달러 규모의 환경 정화 작업에 참여하는 작업자가 주변에 있는 것 같았지만 거리가 너무 넓어서 사람의 모습이 엄청나게 작아 보였다.

거버는 차를 몰아 T공장을 지났다. T공장은 오래 전에 작동을 중지한 최초의 B원자로와 노동자들이 몇 그램의 플루토늄을 증류하기 위해 로봇 공학을 이용하여 화학 욕조 안에서 조사照射된 우라늄을 세척했던 거대한 콘크리트 협곡이었다. 우리는 공장 기술자들이 방사성 폐기물을 버리던 건조한 자갈 바닥인 U처리장U Fond을 통과했다. 자갈 구역은 액체 형태의 폐기물을 위한 "여물통"이었던 다른 장소들과 하나도 다를 것이 없었고, B늪지B Swamp, U늪지U Swamp 등 약어로 명명된 방사성 습지를 만들어냈다. 거버는 콘크리트 더미 쪽으로 차를 몰면서 그

것들이 매립된 "저장고 농장들tank farms"이라고 설명했다. 그녀는 노동
자들이 어떻게 연구를 위해 샘플 저장고 농장 폐기물의 스테인리스강
"돼지"를 실험실로 옮겼는지 설명했다. 이러한 용어 사용에도 불구하
고, 핸퍼드에는 농장 같아 보이거나 자연스러워 보이는 것은 하나도 없
었다. 그곳은 외지고, 살균되고, 달 같고, 거대하고 잠재적인 변동성에
도 불구하고 이상할 정도로 조용한 옥외 공장이었다.

거버는 팔을 돌려 1943년 플루토늄 공장을 건설하는 인부들을 수용
하기 위해 세워진 옛 핸퍼드 캠프 부지를 보여주었다. 나는 무심코 고
개를 끄덕이고는 다시 바라보았다. 그녀는 허공을 가리켰다. 하늘을 향
해 힘없이 솟은 몇 그루의 나무와 증폭되는 빛의 양으로 구분되는 평면
이 펼쳐져 있었다. 그곳을 응시하면서 나는 거리의 희미한 윤곽이 직각
으로 수렴하는 것을 알아차렸다. 서부의 유령 마을에는 보통 술집이나
은행의 윤곽을 구성하는 토대인 몇 개의 벽이 세워져 있다. 이 지역은
거의 완전히 황폐화되었지만, 당시에는 6만 명의 인구가 살고 있었고
짧은 몇 달간 주州에서 다섯 번째로 많은 인구를 가진 적도 있었다.[11]
식당, 막사, 상점, 이발소, 극장, 술집, 롤러스케이트장, 무용 공연장,
수영장, 볼링장, 병원, 그리고 주에서 가장 붐비는 버스 정류장과 우체
국이 모두 이 위치에 서 있었다. 이곳은 결코 잠들지 않고 24시간 내내
근무가 진행되는 거대한 캠프였다. 혹은 오히려 폐기장 교대 근무자들
이 차양을 내리고 기계의 끊임없는 잡음 속에서 고요함을 바라던, 언제
나 잠들어 있는 곳이었다. 핸퍼드 캠프에는 1943년의 짧은 몇 달 사이
에 건물이 들어섰으며, 1945년의 짧은 몇 달 사이에 증발했다. 이 북적

대던 도시는 23개월 내내 서 있다가 반세기가 지나 다시 사막으로 사라졌다.

사람들이 거주했던 18개월 동안, 핸퍼드 캠프는 울타리와 출입통제실 시스템으로 주변 지역과 단절되어 있었다. 원래 그로브스 장군은 캠프에 가능한 한 적게 투자하려고 했다. 그는 병영, 식당, 진료소를 위한 반원형 막사quonset hut, 그리고 사무실과 집결지를 위한 올리브색의 조립식 건물 등 필수적인 것들만 명령했다.[12] 유흥을 위해 육군공병단 건축가들은 헛간 크기의 주점을 세웠다. 접근이 제한된 연방 구역 내에서 맨해튼 프로젝트 관계자들은 과거 방목장과 농장이었던 곳을 출입 보호 구역으로 세분화했다. 일부 구역은 생활공간으로, 다른 구역은 생산을 위한 곳으로 지정되었고, 세 번째 범주는 완충 지대로 사용되었다.[13] 각 구역 내부에서 영토는 더욱 세분화되었다. 건설 현장의 여성들은 남성들로부터 울타리로 분리되어 살았다. 가족들은 막사의 독신 노동자들과는 별개로 이동식 주택 주차 구역에서 살았다. 경영진은 도로에서 30마일 떨어진 리치랜드에 있던 조용한 주택 지역에서 살았다.[14] 생산 구역도 작업 현장별로 구분되었다. 노동자들이 비밀 프로젝트 전체를 알 수 없도록 하기 위해 한 현장의 노동자들에게 다른 건설 현장 출입을 제한했다.

보안 담당자는 피고용인들을 채용하기 전에 철저하게 심사했다. 관리들은 특히 미국공산당American Communist Party*이나 좌파 노조 가입

---

* 미국공산당은 러시아혁명(1917)과 코민테른 창설(1919)에 힘입어 1919년 창립된 미국

등 그늘진 정치적 배경을 주시했다. 그러한 이들은 거부되었다.[15] 그러나 노동력을 찾기 위해 서두르는 과정에서 의문의 여지가 많은 유형이 대거 유입되었다. 귀족 출신의 듀폰 경영자 크로포드 그린왈트는 괜찮은 노동자 다수 가운데 "톱을 들 수 있는 완전한 쓰레기들"이 있었다고 회상했다.[16] 1943년 3월부터 1944년 8월까지, 공장 경찰은 법망을 피해 도망 중이던 직원 217명과 병역 기피자 50명을 체포했다.[17] 제임스 파커James Parker는 자신의 나이를 18세로 부풀려 취업 원서를 거짓으로 작성했음에도 구직에 성공했을 뿐만 아니라 가장 제한된 원자로 현장에 배치된 사실에 놀랐다.[18]

어느 모로 보나 핸퍼드 캠프는 제멋대로인 개척 도시였다. 듀폰 경찰은 자살 4건, 살인 5건, 성범죄 69건, 주류 밀매 88건, 강도 177건, 중절도 450건, 빈집털이 1,124건, 중독 혐의 3,156건 등 점점 더 많은 범죄를 기록했다.[19] 범죄 목록에 성폭행이 포함되지는 않지만, 여성들에 대한 성폭행이 상당히 많이 자행된 것으로 보인다. 듀폰의 핸퍼드 공장 방호를 감독했던 로버트 버벤저Robert E. Bubenzer는 성폭행을 범죄로 치지 않고 오히려 자유 시장 교환의 일부로 간주했다. 그는 "대부분의 성폭행은 고객이 돈을 내려고 하지 않았기 때문에 발생했습니다"라고 주장했다.[20]

의 공산주의 정당이다. 20세기 전반에 노동 운동, 인종주의 비판 및 인종분리 반대 등을 의제로 하여 미국 정치에서 영향력이 상당했으나, 현재는 영향력이 거의 없는 미국의 군소 정당 가운데 하나이다.

가족도 없고 공동체도 없던 독신 노동자들은 음주가 얼마 안 되는 가용 오락거리 중 하나임을 알게 되었다. 사람들은 빈자리에 끼어 들 차례를 기다리면서 맥줏집 밖에서 줄을 섰다. 사람들로 가득한 술집이 거

핸퍼드 캠프에서 범인 호송차로 인도되는 여성
에너지부 제공.

칠어지자 버벤저는 최루탄으로 무장한 부하들을 보내 상황을 진정시켰다. "범인 호송차"라는 별명을 지닌 데이비스Davis가 차를 세웠다. 데이비스는 "문을 닫을 수 없을 때까지 그들을 던져 넣었습니다"라고 기억했다. "그러고 나서 문을 쾅 닫았지요."[21] 공장에는 기업이 운영하는 자체 법정과 교도소가 있었으나, 듀폰 관계자들은 술 취한 사람들을 기소하는 데 관심을 두지 않았다. 그들은 노동자들이 술에서 깨자마자 다시 일을 시작하기를 원했다. 더욱 성가셨던 사안은 식당에서 정치에 관해 떠들어대는 노동자들이었다. 버벤저는 그들을 조용하게 하는 것이 자신의 일이었고, 그 후 이 사람들은 프로젝트에서 "서서히 밀려나거나" 또는 "입 다물라는 말을 들었다"고 했다. 버벤저는 이러한 행동의 44가지 사례를 집계하고 "반미주의"로 분류했다.[22]

버벤저는 기업이 고용한 1,395명의 순찰경관에 더해 현장에서 근무하고 조사하고 감시하고 염탐하고 전화통화를 엿듣는 연방수사국FBI 요원과 군 정보원을 데리고 있었다.[23] 핸퍼드 군사 정보국의 빈센트 화이트헤드Vincent Whitehead 병장은 대부분 여성들로 구성된 네트워크의 정보에 의존했다고 말했다. 그는 지역의 거의 모든 뜨개질 모임에 속해 있고 쓸데없는 잡담을 가장하여 친구들과 이웃의 정보를 빨아들이는 두 명의 노파를 자주 방문했다.[24] 넬 맥그리거는 감시를 "끊임없이"라고 불렀고, 이해하기 힘든 범죄로 인해 경비원들이 젊은 간호사를 끌고 나가는 모습을 두려움에 떨며 지켜보던 것을 기억하고 있었다.[25] 어느 누구도 의심의 대상에서 벗어나지 않았다. 로블리 존슨은 공장 사진사였음에도 자신이 촬영한 사진의 원판을 보기 위해 허가를 얻어야 했

다.[26] 화이트헤드는 "모두가 감시당했습니다"라고 회상했다.[27]

듀폰 관계자들은 여성 막사의 질서를 유지하기 위해 맥그리거를 사감으로 채용했다. 막사는 8피트 높이의 강철과 가시철조망 울타리로 둘러싸여 있었다. 문은 하나만 있었고 무장한 경비원들이 순찰을 돌았다. 울타리와 경비원은 성에 굶주린 "늑대들"을 막아주는 역할을 했다.

요컨대 핸퍼드 캠프는 최소한으로 경비되는 교도소의 모든 매력을 갖추고 있었다.[28] 사회 조직으로 거듭나려는 캠프의 시도는 완전히 실패했다. 노동자들은 황량함, 울타리, 끊임없는 감시, 경계선, 싸움과 도둑질, 바퀴벌레와 벼룩(그리고 그것들을 죽이기 위해 사용된 DDT), 지루

여자 막사, 핸퍼드 캠프, 1944년
에너지부 제공.

함, 그리고 그들이 무엇을 짓고 있는지, 그들이 어떤 대의에 봉사하는지 알지 못하는 것 때문에 캠프를 좋아하지 않았다. 버벤저 경찰서장은 캠프를 다음과 같이 묘사했다. "무언가 우울하게 하는 곳이었습니다. 거의 교도소에 있는 것 같았지요. 철조망이 쳐져 있고 …… 신경쇠약에 걸린 사람들이 많았습니다. 외로움과 우울함 그 자체였고, 그들은 술을 지독하리만치 마셔댔습니다."[29] 황량함의 결과로 노동자들은 일을 그만두고 다른 곳으로 갔다. 1944년 6월과 7월, 평균 750명에서 850명의 노동자들이 매일 일을 때려치우고 떠났다.[30] 노동자들은 훈련 내용과 비밀 장소에 대한 지식을 가지고 갔다. 다시 말해서, 비밀에 부치기 위해 건설된 이 캠프는 수백 명이 일을 그만두고 시외로 가는 버스에 올라탐에 따라 매일 비밀이 유출되었다.

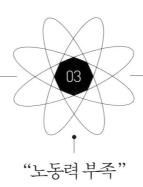

"노동력 부족"

마티아스와 듀폰 경영진은 혁신적이고 새로운 규모의 노동력을 필요로 했던 전례 없는 규모와 유형의 공장에서 혁신적인 신제품을 생산하고 자 했다. 그러나 그들은 긴급하면서도 만성적인 노동력 부족을 해결하는 데 도움을 줄 수 있었던 사회적 또는 문화적 관행에서 어떤 혁명도 수행하지 않았다. 대신 공장 관리자들은 비용이 많이 들고 비효율적인, 오랜 기간 동안 확립된 차별적인 고용 정책을 고수했다.

　"노동력 위기"에 관한 모든 이야기에도 불구하고, 공장 관리자들은 가까이에 많은 노동력을 가지고 있었다. 마티아스는 대부분 미국 내륙의 서부와 남부에서 동원되었던 엄청난 규모의 숙련 및 비숙련 노동력을 활용할 수도 있었다. 예컨대 1943년 2월, 1-A 등급*을 받은 30만 명이 지역 징병 위원회에 의해 넘겨졌다. 대부분 독신의 건장한 청년들이었던 그들은 대규모의 예비 노동력이었으나 아프리카계 미국인이고 인종 차별적인 군대에서 거의 쓸모가 없었기 때문에 거부당했다.[1] 한편 농업안정국FSA(Farm Security Administration)은 서부 내륙에서 주로 멕시코계 미국인들로 구성된 이주 노동자 캠프를 운영했는데, 이들은 일시적인 환경에서 장시간 임시직으로 일하던 숙련된 노동력으로 마티아스가 가장 필요로 하는 노동자들이었다. 심지어 FSA는 계절별 농사를 위해 현장으로 찾아가는 이동식 캠프를 후원하기도 했다.[2]

마티아스는 끊임없이 연방정부의 수많은 부서들과 상대하며 물자를 요청하고 거래를 성사시켰다.[3] 마티아스는 FSA나 전시재배치국War Relocation Authority에 요청했다면 자신의 주택, 야외 취사장, 경비원을 갖춘 수천 명의 노동자를 신속하게 확보할 수 있었다. 전시 노동력 부족이라는 인식에도 불구하고, 마티아스가 요청하기만 하면 동원됐고 불완전하게 고용된 가용 노동자들이 상당히 많았다.[4]

하지만 마티아스는 그러한 요청을 하지 않았다. 1940년대 대부분의

---

* 1940년도 선별적 훈련 및 복무 법안Selective Training and Service Act of 1940에 따른 징병 구분 가운데 "복무에 적합함"이라는 의미다. 이 법안은 미국 역사 최초의 평시 징병 제도였다. 국가 추첨을 통해 징병이 결정됐고, 징집된 남자는 12개월간 현역 복무를 수행한 뒤 10년간 또는 만 45세가 될 때까지 예비군에 소속됐다. 징집은 1940년 10월 개시됐고, 1941년 개정되어 복무 기간이 늘어났다. 1947년 3월 해당 법의 만료 시까지 징병된 미국인 남성은 1,000만 명 이상에 달했다.

미국인들은 노동을 기술과 훈련으로 순위를 매기는 교체 가능한 단위라고 생각하지 않았다. 오히려 인종적·종족적 위계가 일터와 노동 공동체 위에 가로놓여 있었고 누가 어디서 일하고 살 수 있는지를 결정하는 데 중요했다. 이 대가가 큰 차별은 전시에도, 심지어 일급비밀인 맨해튼 프로젝트에서도 계속되었다.[5] 노동자들에 대한 마티아스의 필사적인 요구에도 불구하고, 그리고 노동력 공급에 대한 그로브스의 끊임없는 요청에도 불구하고, 마티아스는 상당한 숫자의 비백인非白人 직원을 고용할 수 없었다. 그의 일기를 통해 판단컨대, 그는 처음에는 이를 고려하지도 않았고 나중에 가서야 압력에 굴복해 제한된 숫자의 비백인만을 채용했다.

1943년 6월, 적정고용실시위원회FEPC(Fair Employment Practices Committee)가 마티아스의 사무실에 나타나 연방 지원금을 받는 프로젝트가 아프리카계 미국인들을 고용하지 않았다고 불평했다. 마티아스는 흑인 노동자들을 위해 추가적인 구역을 설치하는 데 드는 엄청난 비용을 들먹이며 1년 동안 이의를 제기했다. 압박에 시달린 듀폰은 1944년 여름에 5,400명의 아프리카계 미국인들을 채용했다. 그들을 수용하기 위해 듀폰 계약자들은 핸퍼드 캠프의 철조망이 쳐진 별도의 구역에 "유색" 막사를 짓고 흑인 노동자들에게 적은 임금을 지불하는 방식으로 돈을 절약했다.[6]

1944년 초, 마티아스는 일기에 "전시인적자원위원회War Manpower Commission가 멕시코계 노동자들 외에 가용 인력이 없다는 이유를 들며 그들을 받아들이라는 극심한 압력을 가하고 있다"고 적었다.[7] 마티아스는 아프리카계 미국인들 때와 똑같은 경제적 근거를 들어 다시금 저항했다. "멕시코계가 검둥이들Negroes과 함께 살지 않을 것이고 백인들이 멕시코계와 같이 살지 않을 것이므로 이 [멕시코계] 노동자들은 캠프 시설의 세 번째 분리를 요구할 것이다."[8]

　손이 부들부들 떨릴 정도의 고심 끝에 마티아스와 그로브스는 "양호하다고 판명된 상위 유형"의 멕시코계 사무직 노동자를 고용하는 데 합의했다.[9] 이 마지막 조항은 맨해튼 프로젝트 수뇌부들이 감추고 있던 예산 관련 불안감을 보여준다. 맨해튼 프로젝트 관계자들에게 멕시코계 미국인과 아프리카계 미국인 노동자들은 잠재적으로 위험하고 충성스럽지 않았다. 그로브스는 마티아스에게 어떠한 차별도 피하라고 지시했으나, 곧바로 숨도 쉬지 않고 마티아스에게 "이 사람들을 고용하기 전에 시민권과 충성심에 대해 신중하게 점검하라"고 말했다.[10] 군정보당국은 일반적으로 이틀이 걸리는 허가 절차에 나흘을 추가했다. 멕시코계 미국인 92명을 대상으로 진행한 첫 번째 검사에서 절반도 안되는 숫자만이 보안 검사를 통과할 수 있었다.[11]

　마티아스의 우려에도 불구하고 멕시코계 미국인 노동력은 저렴했다. 세 번째 분리 구역 건설을 피하기 위해 마티아스는 파스코Pasco시에 위치한 두 개의 건물을 서둘러 개조했다. 라틴계 노동자들은 버스로 두 시간 걸리는 60마일 거리의 핸퍼드로 가기 위해 버스비를 지불했다.[12] 예산에 민감한 그로브스와 마티아스에게 저임금 소수인종을 고용하는 일은 비용 절감이 아니라면 전혀 고려 대상이 아니었다. 하지만 그들은 이마저도 거의 하지 않았다. 핸퍼드 사업Hanford Works 전체에 걸쳐 문

을 통과했던 12만 5,000명의 피고용인 가운데 멕시코계 미국인은 100명에 불과했다.[13]

맨해튼 프로젝트 관계자들은 워싱턴 동부에 인종적 분리를 도입했다. 분리의 근거는 남부 출신 백인 노동자들이었다. 마티아스와 그로브스는 그들이 비백인과 살기에는 너무나 인종 차별적이라고 생각했다.[14] 그러나 노동자들 중 3분의 1만이 남부에서 왔다. 대다수는 짐 크로Jim Crow 법*이 상대적으로 새로운 북부 주들에서 왔다.[15] 1944년 1월 아이다호에서 출발해 핸퍼드 캠프에 내린 제임스 파커는 "백인"과 "유색인"이라고 표시된 화장실을 비롯해 아프리카계 미국인을 위한 별도의 막사, 식당, 극장을 보고 충격을 받았다.[16]

차별과 분리는 비용이나 노동자들의 인종 차별 대신 듀폰과 군대의 확립된 정책 그리고 지역의 정치적 압력을 따랐다. 당시 미국의 많은 기업과 마찬가지로 듀폰은 소수인종 노동력을 고용하지 않았다. 1930년대 듀폰사는 인종 평등이라는 위협을 협박 전술로 이용해 유권자들이 민주당에서 멀어지도록 하는 반反 뉴딜 선전을 지지함으로써 특별

---

* 짐 크로 법Jim Crow laws은 1870년대 아메리카 연합국Confederate States of America(또는 남부연맹Southern Confederacy)에서 시작해 1965년까지 이어지면서 미국에서 인종적 분리와 이에 따른 차별을 합법화했던 법안을 통칭한다. 1865년, 수정헌법 제13조의 채택으로 미국에서 노예 제도는 공식적으로 폐지되었지만, 흑인이 이룩한 정치적·경제적 성취를 박탈하고 제거하려는 시도는 1964년 민권법Civil Rights Act of 1964과 1965년 선거권법Voting Rights Act of 1965 등 차별 반대를 골자로 하는 법령이 채택된 후에도 계속되었다.

히 인종 차별적이라는 명성을 얻었다.[17] 듀폰이 미 육군의 분리 정책을 따르는 육군공병단과 협력했을 때, 큰 비용을 치르더라도 건설 현장의 인력을 백인 남성과 여성으로 채우기 위해 지역을 샅샅이 뒤지는 일은 프로젝트 채용 담당자에게는 제2의 천성이었다.[18] 인종 차별은 뿌리 깊고 신뢰받았으며 의심의 여지가 없는 실천의 전제이자 너무나 당연한 사실이라 어떠한 결정을 필요로 하지 않았다. 보수가 좋은 핸퍼드 일자리에 백인 노동력을 고용하려는 것은, 당시 미국에서는 지극히 당연한 일이었다.[19] 유일한 문제는 그것이 나쁜 사업이라는 것이었다.

예컨대 소수 노동력 고용을 피하기 위해 마티아스는 컬럼비아 캠프 Camp Columbia로 불린 죄수 노동캠프를 세웠는데, 이는 비숙련 백인 노동력을 조달하는 지극히 비싼 방식으로 드러났다. 1943년 여름과 가을, 하원의원 할 홈스Hal Holmes는 마티아스의 사무실에 나타나 맨해튼 프로젝트가 압류한 땅에서 200톤의 배가 썩고 있다고 주장했다. 홈스는 마티아스가 농부들에게 과일을 수확할 수 있도록 허가를 내준다면, 정부가 저렴한 가격으로 취득한 토지에 대한 보상을 하는 데 도움이 될 것이라고 말했다. 전통적으로 가족들은 인디언과 멕시코계 미국인 이주 노동자들의 도움을 받아 작물을 수확했다. 핸퍼드 관리자들은 철조망이 쳐진 건설 구역 내부로 노동자들이 들어오는 것을 허락한다면 보안이 위협을 받을 것이라고 우려했다.[20]

그러나 썩어가는 작물은 문제를 만들었다. 지역 주민들은 전쟁이 끝난 후 과수원이 이전 소유주에게 반환되기를 바랐다. 마티아스는 이러한 허구를 기꺼이 살려두었지만, 농사짓는 내색을 보이는 데 투입할 예비 노동력이 없었다. 물을 주지 않고 가지치기를 해주지 않으면 과수원은 시들어 "무가치한 사막 지대"로 돌아가 "홍보 문제"를 일으키게 된다.[21]

한편, 연방교도소 산업 주식회사Federal Prison Industries Inc의 대표들은 마티아스와 재소자 노동캠프를 설립하는 계약을 추진했다. 마티아스는 재소자들을 이용해 과수원과 전후 배상에 대한 신화를 널리 퍼뜨릴 수 있음을 깨달았다. 그는 극비 공장 근처에서 중범죄자들이 일하는 것에 대해 의구심을 가졌던 그로브스와 상의했다. 마티아스는 그에게 죄수들이 양심적 병역 거부자와 백인 평화주의자 등 흉악범들이 아닌 정치범들이라 믿을 수 있는 유형이라고 장담했다. 그로브스는 조심스럽게 동의했다. 1943년 가을에 이르러 마티아스가 재정적인 이유를 들며 텍사스에서 온 라틴계들을 고용하지 않고 그들을 위해 핸퍼드 캠프에 별도의 시설을 짓는 것을 거부하고 있을 때, 그로브스는 맥네일 섬McNeil Island에 수감 중인 백인 죄수용 노동캠프를 건설하기 위해 연방교도소 산업 주식회사에 영토, 막사, 전기, 장비를 무료로 양도하는 협상을 진행하고 있었다.[22]

노동캠프 계약에서, 연방교도소 산업 주식회사는 재소자들을 관리하고 보호했다. 그 대가로 회사는 수확한 농산물 전체를 보유했다. 달러로 환산하면, 연방정부는 민간 계약자에게 캠프 유지를 위해 연간 평균 31만 3,000달러를 주었고, 연방교도소 산업 주식회사는 과일을 연간 15만 달러에 추가로 팔았다는 것을 의미했다. 이 거래는 몇 달 전 개별 집주인들에게서 취득한 과일을 팔기 위해 민간기업에 후한 보조금

을 지급하는 것이었다.[23]

2008년, 나는 캠프 소장의 아들인 밥 테일러Bob Taylor와 이전 죄수 캠프였던 컬럼비아 캠프를 방문했다. 1944년, 허버트 테일러Herbert Taylor는 노동캠프 건설을 감독하는 임무를 받고 맥네일 섬에서 도착했다.[24] 밥 테일러는 내게 1944년부터 1947년까지 캠프가 있던 야키마강 Yakima River을 낀 협곡의 현장을 보여주었다. 우리는 풀과 엉겅퀴를 밀어내고 캠프 막사의 콘크리트 기초를 찾아냈다. 우리는 소장과 경비원들이 작은 조립식 집에서 살던 임시로 지어진 거리를 걸었고, 수감자들이 일과 후에 경비원의 감독 하에 헤엄치던 강가로 걸어 내려갔다. 나는

재소자 노동력을 위한 컬럼비아 캠프
에너지부 제공.

테일러에게 컬럼비아 캠프가 야키마 강둑에 있었는데 어떻게 컬럼비아 캠프라는 이름을 얻었는지 물었다. 테일러는 연방교도소 산업 주식회사 요원들이 처음 도착했을 때 자신들이 컬럼비아강에 있다고 생각하여 캠프 이름을 그렇게 지었다고 했다. 우리는 그 말에 웃음을 터뜨렸다. 넓고 빠른 컬럼비아를 바위투성이의 작은 야키마로 착각하는 것은 생각하기조차 어렵다.

분명 연방교도소 산업 주식회사 요원들은 지역에 대한 지식이라고 할 만할 것을 그리 많이 보유하고 있지 않았다. 평생을 워싱턴 해안에서 교도소장으로 보낸 테일러의 부친은 지역 날씨, 상수원, 토양, 지형에 대한 농부들의 긴밀한 이해를 가지고 있지 않았다. 소장으로서 허버트 테일러는 본질적으로 농부가 아닌 경비원, 그리고 각계각층의 죄수들과 함께 대규모 농업 사업을 운영했다. 그의 서신에서 판단컨대, 테일러는 캠프를 인간적으로 운영했다. 재정 기록에 비춰봤을 때, 캠프는 비참하게 실패했다. 1947년도 원자력위원회Atomic Energy Commission의 한 보고에서는 해당 사업을 "매우 비경제적인 농업"이라고 칭했다.[25]

그러나 노동캠프의 존재는 한 가지 목적, 바로 지역 농민들이 그들의 토지와 작물에서 멀어지는 것을 원활하게 하는 데 도움이 되었다. 유죄판결을 받은 사람들은 바로 눈앞에서 썩었을 작물을 제거했다. 1945년 수감자들은 철거 작업을 수행하여 건설 노동자들을 위한 핸퍼드 캠프를 철거했다. 핸퍼드 캠프는 원자로가 공장의 방사선 방출 더미와 인접해 있었기 때문에 원자로가 가동된 후 몇 달 뒤에 폐쇄되었다. 1947년, 불도저들이 들어와 노동캠프 또한 밀어버렸다. 허버트 테일러가 캠프를 짓기 위해 하루 16시간씩 일한 지 4년 후, 그것은 역사 속으로 사라졌다.

1945년 플루토늄 공장은 "핸퍼드의 기적Hanford Miracle"으로 불렸고, 그 후 몇 년 동안 특히 하면 된다는 미국식 민주주의적 자본주의의 성취로 기억되었다. 마티아스가 1946년에 쓴 것처럼, 핸퍼드 노동자들은 "미국적 독창성의 효력을 입증해주었다. 그들은 민주주의가 재빠르고 신속하게 훌륭한 지향성을 가지고 행동할 수 있다는 증거다."[26] 그러나 노동력 측면에서 핸퍼드는 빠르지도 효율적이지도 않았다. 저렴하지도 않았다.

비백인 노동자들을 건너뛰면서 비밀 프로젝트에 배정된 예산이 급증했다. 듀폰 관계자는 백인 전문직 종사자들이 사막으로 이주하도록 하기 위해서는 정부 임금이 아닌 현행 임금보다 30퍼센트 높은 사기업 임금을 주어야 한다고 주장했다. 그들은 시간외 근무 형태로 고임금의 시간제 노동자들을 유혹했다.[27] 그들은 또한 노동자를 찾기 위해 전국을 누비고 다니는 채용 담당자 팀에도 돈을 아끼지 않았다.[28] 모집 비용과 장려금은 무려 720만 달러에 달했다.[29] 12개의 병원과 연구소를 지원했던 맨해튼 프로젝트의 전체 의료보건 부문의 연간 예산이 100만 달러 미만이었던 것을 보면 이 액수를 더 잘 이해할 수 있을 것이다.[30]

연방 기금은 노동자들이 일을 계속할 수 있도록 음식을 먹고 즐겁게 하고 행복하게 하기 위한 지역사회 건설 프로그램에도 사용되었다. 음식은 마티아스가 핸퍼드 건설 노동자들의 마음을 사기 위해 썼던 방법 중 하나였다. 그로브스는 개인적으로 핸퍼드 현장에 수 톤에 달하는 육류와 가금류 고기를 요구하는 편지를 여러 차례 썼다. 캠프의 주방에는 영양이 풍부하고 열량이 높은 음식이 잔뜩 쌓여 있었다. 오락은 노동자들을 행복하게 하는 또 다른 방법이었다. 공장 건설이 일정보다 훨씬 뒤쳐졌던 1943년 12월, 마티아스와 듀폰 관리자들은 캠프의 크리스마스 축제Yuletide Celebration를 계획하는 데 많은 시간을 할애했다. 마티아스는 크리스마스 장식을 감독했고, 100만 파운드의 냉동 닭고기를 주문했으며, 산더미 같은 냉동육을 어떻게 냉동 보관할지 걱정했다.[31] 1943년 크리스마스에는 2주 동안 눈길을 사로잡는 온갖 종류의 것들과 순회 축제의 광휘가 핸퍼드 캠프를 찾았다. 뺨이 홍옥처럼 붉은 산타가 노동자들에게 잠자코 있으라는 경고가 적힌 안내문 아래의 경비 초소 뒤편에서 눈을 찡긋거렸다. 확성기는 크리스마스 캐럴을 줄기차게 내보냈다. 사람 크기의 그리스도 성탄화聖誕畵가 물결 모양의 반원형 막사들 사이에서 사방으로 퍼졌다.[32] 백인 직원들은 깨끗이 치워진 식당에서 춤을 췄다. 흑인 얼굴을 한 연기자들과 함께하는 민스트럴쇼 minstrel show*가 새로 지어진 강당에서 진행됐다. 백인 노동자들은 스포츠 행사에 참석할 수 있었고, 백인 어린이들은 매일 쇼를 볼 수 있었다.[33] 공장 관계자들은 축제에 무척 만족하여 운영자들이 첫 번째 핸퍼드 원자로에 우라늄 슬러그slug를 적재하던 1944년, 이번에는 "유색인"을 위해 더 적은 프로그램으로 축제를 다시 열 계획을 세웠다.[34]

1945년 1월, 핸퍼드 및 리치랜드시와 파스코시 사이에 위치한 컬럼

* 민스트럴쇼는 백인이 흑인으로 분장하고 흑인 가곡 등을 부르는 쇼다.

비아강의 급커브 위를 비행하던 해군 조종사들은 23개월 만에 작고 개방된 농지에서 완전히 새롭고 감금된 지형으로 변모한 영토를 내려다보았다. 핸퍼드 사업의 울타리들은 프로젝트를 내부적으로 나누어 각각의 생산 구역 및 집결 구역을 분리했다. 울타리들은 핸퍼드 캠프를 둘러싼 장벽에 단단히 연결되어 있었다. 캠프 내부에는 더 많은 울타리들이 여성과 남성을, 백인과 흑인을, 막사의 독신 노동자와 이동식 주택 주차 구역에 사는 가족을 분리시켰다. 컬럼비아 캠프의 남쪽으로는 철조망으로 둘러싸인 구역이 죄수 노동자들을 가두었다. 컬럼비아강을 가로질러 동남쪽으로 비행하면서 조종사들은 파스코시를 횡단했다. 파스코시는 가장 강력한 울타리인 인종적 편견의 강력한 힘이 소도시를 서부와 동부, 백인과 소수자로 갈라놓았다.

차별적 관행은 노동력 부족을 유발하여 공장 건설을 지연시켰다.[35] 듀폰이 약속대로 1944년 6월이 아니라 그해 말 가을에 첫 원자로를 가동한다는 소식을 듣고 그로브스는 분노했다. 듀폰 경영진이 인력 문제를 설명하려 하자 그로브스는 최종 제품 납품 연기를 받아들이지 않겠다고 통보했다.[36] "당황한" 그는 점점 더 순응적으로 바뀐 듀폰 관리들을 압박해 안전 및 폐기물 저장과 관련하여 일련의 지름길을 택하도록 했다. 이에 따른 결과로 발생한 방사성 동위원소의 유출은 이후 몇 년 동안 풍경에, 공중 보건이라는 새로운 관념에, 특히 새롭게 재구성된 지역에 살았던 사람들의 신체에 각인될 것이었다.

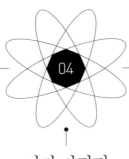

나라 지키기

핸퍼드 플루토늄 공장 건설의 마지막 사건은 1943년 수백 명의 다른 청원자들과 마찬가지로 마티아스의 문 앞에 모습을 드러냈던 33명의 와나팜 인디언Wanapam Indians들과 그들의 지도자 조니 벅Jonnie Buck에 관한 것이다. 이 사건은 마티아스와 그의 동시대 사람들이 가까운 미래에 사람의 주거지라는 영역에서 제거되고 있던 워싱턴 동부 지역에 관해 어떻게 느꼈는지 엿볼 수 있게 해준다. 땅을 희생하면 그 땅에 붙어 있는 사람들도 희생된다. 1944년 마티아스는 이 같은 불행한 결과를 막기 위해 노력을 기울였지만 허사였다.

마티아스는 인생의 종반부에 이르러 개인 문서를 듀폰사의 해글리 박물관Hagley Museum에 기증했다. 해당 문서에는 공장 관련 서신 및 전후에 원자력의 국제적 통제와 평화적 이용을 주장하면서 직접 작성한 연설문 초안들이 대부분 포함되어 있다. 학교용 공책에서 뜯은 종이에 손으로 쓴 편지 한 통은 조니 벅이 마티아스에게 보낸 것이다. 벅은 숨이 막힐 것 같은 영어로 다음과 같이 썼다.

존경하는 선생, 우리가 핸퍼드에 갈 수 없는 이유는 무엇이고 우리는 귀하께서 일요일에 와주시길 희망하는데 우리가 인디언들의 잔치를 위해 모일 것이기 때문이며 이것이 바로 우리가 귀하께서 일요일에 와주시길 바라는 이유이며 그러고 나서 귀하께서 우리를 만나주지 않으신다면 우리는 하계 거주를 위해 이동할 것이며 우리는 낚시를 하는 동안 핸퍼드와 혼Horn[라피드Rapids]을 지나갈 것이고 우리가 알고자 하는 바와 우리가 몇 주간 더 머물 것이어서 우리가 귀하께서 일요일에 와주길 원하는 이유는 귀하께 우리가 머무는 가까운 집을 보여드리기 위함입니다. 조니 벅 드림.[1]

놀랍게도, 바쁜 마티아스는 와나팜 축제에 와 달라는 벅의 초대를 받아들였다. 와나팜 축제는 와샤트Wáašat(Washat)교의 일부로서 다섯 가지 신성한 음식(물, 연어, 산딸기, 뿌리, 사냥감)을 기리는 와나팜 부족의 잔치였다. 잔치에서 마티아스는 땅바닥에 앉아 인디언들의 노래 같은 기도를 들으며 그들이 춤추는 것을 지켜보았다.[2] 사진은 벅과 마티아스가 악수하는 모습이다. 녹색 군복을 입은 협조적인 중령이 벅을 바라보고 있다. 사슴가죽을 입고 구슬로 치장한 추장은 마티아스에게서 몸을 돌려 사진기 너머를 응시하고 있다.

1943년 가을, 와나팜 부족은 매년 해왔던 화이트 블러프로의 낚시 여행을 금지 당했다. 100년 동안 와나팜 부족은 연방 인디언 보호 구역을 기피하면서 목장주와 농부들이 그들의 영토를 침범하자 계속 이동했다. 그러나 거대한 핸퍼드 구역이 정확히 와나팜 부족의 전통적인 낚시터의 한가운데에 들어선 후 그들은 경비되고 울타리가 쳐진 구역이 무수히 많아지고 그 구역을 돌아다니기 어려워졌다는 사실을 알게 되었다.[3] 벅은 그들의 가을 낚시터로 가기 위해 연방 구역에 들어갈 수 있도록 허가를 요청하고자 마티아스를 만나러 갔다.

마티아스와 조니 벅, 1944년
해글리 박물관 및 도서관 제공.

벅과 마티아스가 벅의 통역사인 찰리 무디Charlie Moody를 통해 어떤 대화를 나눴는지 궁금해졌다.[4] 두 사람은 언어적으로나 철학적으로나 서로 이해할 수 없는 언어를 사용했다. 겉보기에 벅이 성공적인 청원을 할 가능성은 무척 낮았다. 마티아스는 이미 토지 증서를 보유하고 있고 투표를 하며 세금을 납부하는 농부들에게 보안 구역 내의 압류된 토지와 작물에 대한 접근을 거절한 바 있었다. 특히 와나팜 부족이 연방 조약에 서명한 적이 없어서 이 땅에 대한 어떠한 문서상의 주장도 할 수 없었기 때문에, 그가 부족의 접근도 거부하는 것은 당연해 보였다.[5] 대신 마티아스는 놀라운 문화적 감수성을 가지고 응답했다. 그렇게 함으로써 그는 그의 통상적인 관료주의에서 멀어졌다.

처음에 마티아스는 벅에게 잃어버린 연어의 가격을 제시하라고 말했다. 그는 부족에게 물고기 값을 지불하거나, 같은 양의 물고기를 보내거나, 정부가 그들의 어업 "특권"을 살 수 있는 이듬해에 물고기를 잡을 것을 제안했다. 그러나 추장은 돈을 원한 것이 아니었다. 그는 마티아스에게 와나팜 부족은 낚시할 수 있는 권리를 가지고 있고, 그들은 화이트 블러프의 한 곳에서 항상 해왔던 것처럼 낚시길 원한다고 말했다. 바로 비밀 공장이 올라가고 있는 곳이었다. 마티아스는 일기에 이렇게 썼다. "그의[벅의] 유일한 관심사는 물고기를 잡는 것이었다."[6]

마티아스는 거의 모든 것이 협상 가격에 대량으로 사고 팔리는 세상에 살고 있었다. 그는 벅이 컬럼비아강 연어를 다른 연어와 교환하거나 물고기와 다른 음식을 구입할 수 있는 돈으로 바꾸기를 거부한 것에 당황했다. 배급, 규칙, 협상으로 이뤄진 마티아스의 일은 신성하고 협상이 불가능한 것과 거의 마주친 적이 없었다. 그리고, 분명히, 그것은 그를 간지럽혔다. 벅의 외교적 완고함에 직면한 마티아스는 마침내 와나팜 부족이 비밀 연방 보유 구역에서 낚시하는 데 동의했다. 그는 또한 군용 트럭을 징발해 매일 와나팜 부족을 데려오고 매일 밤 잡은 물고기를 수송하게 했다. 이러한 방식으로 마티아스는 인디언들이 감독받지 않은 채 돌아다니는 일을 막을 수 있었고, 와나팜 부족은 물고기를 잡을 수 있었다. 마티아스는 그 해결책에 만족했다.

비밀 구역에 진입하는 사람은 모두 신원 조회를 받아야 했다. 심지어 하원의원들도 예외가 아니었다. 소수민족들은 추가적인 신원 조회를 받았다. 그러나 마티아스는 와나팜 부족에게는 보안 절차 없이 연방 구역으로 접근할 수 있도록 허가했다. 마티아스는 추장과 그의 보조자 두 명에게 다른 부족 구성원을 보안 인가 없이 데려올 수 있는 권리를 내주었다.[7] 이는 놀랄만한 잠재적 보안 침해였다. 벅은 어떻게 마티아스를 설득해서 유례없는 접근 권한을 얻어냈던 것일까?

답을 얻기 위해 나는 조니 벅의 종손이자 현재 와나팜 부족의 영적 지도자인 렉스 벅Rex Buck을 만나러 갔다.[8] 벅은 프리스트 라피드 댐 Priest Rapids Dam과 높은 초콜릿색 절벽 사이에 끼인 땅의 작은 공동체에서 다른 와나팜 사람들과 함께 살고 있다. 폭이 두 배인 이동식 주택 열두 채와 파형波形 강철로 지은 전통 가옥 한 채로 구성된 이 작은 마을은 1961년 댐이 완공되었을 때 물에 잠긴 와나팜 부족의 신성한 섬 건너편, 댐이 드리운 그늘 아래에 자리잡고 있다.

내가 도착했을 때, 벅은 나를 위해 아침 식사를 하지 않고 기다리고 있었다. 웃음기 없이 나를 맞이한 그는 아내 안젤라Angela와 20대 딸 라일라Lila를 소개했다. 안젤라는 의심스러운 눈으로 나를 힐끗 바라봤다. 이해가 갔다. 벅은 와나팜 부족의 수석 대변인이고, 나 같은 사람들이 여럿 찾아와서 질문을 던지고 원하는 이야기를 얻은 후 떠난다. 나는 길게 늘어선 심문관들의 줄에 서 있는 또 다른 사람일 뿐이었다.

우리는 격식을 차리지 않고 아침 식사를 하기 위해 앉았다. 식탁에는 연어, 월귤나무 열매, 삶은 후 하얗게 데친 뿌리가 세 그릇 놓여 있었다. 선반에 아침용 시리얼 상자들이 있었지만, 벅은 그것들이 특별한 일요일에 "약용 식품"으로 먹는 아침 식사라고 설명했다. 벅은 각각의 그릇을 들고 각각의 음식을 부르면서 "인디언 언어"로 주문을 외웠다. 그가 한 조각 가져갔고 우리는 그를 따라 각기 한 조각씩 앞으로 가져왔다. 벅이 월귤나무 열매를 제외한 모든 음식을 부른 연후에야 우리는 식사를 했다. 벅이 말했다. 나는 질문을 던졌다.

1950년대에 태어난 벅은 와나팜 부족 중 학교에 가서 영어를 배운 1세대에 속했다. 벅은 아버지가 영어를 조금밖에 모른다고 말했다. "아버지는 내 《딕과 제인Dick and Jane》으로 연습하곤 했지만, 그렇게 많이 이해하지는 못하셨죠"라고 벅은 말했다.

나는 그릇에서 월귤나무 열매를 집어먹었다. 안젤라는 희미하게 움찔하더니 그릇을 남편에게 건넸다. 벅은 열매를 부르며 노래했다. 그리고 나서야 다른 이들이 먹기 시작했다. 벅은 월귤나무 열매가 그해 가장 늦게 채집됐기 때문에 식사 때 가장 늦게 먹는 것이라고 외교적으로 알려주었다.

벅은 와나팜 부족의 와샤트교와 컬럼비아강 및 유콘강 사이의 이 특별한 땅과의 관계에 대해 약간 설명했다. 그는 땅이 살아 있다고 말했다. 즉 땅이 말하고 듣는다는 것이다. 식량을 채집하는 일은 기도와 닮았다. 부족의 영토는 그러한 기도의 성스러운 공간을 구성한다. 예컨대 우리가 아침 식사로 먹었던 뿌리를 조용히 채집한 여성들은 그 덕분에 땅이 말하는 것을 들을 수 있었다. 벅이 말했다. '부족이 의식을 지키지 않고 적절한 방법으로 식량을 채집하지 않으면, 땅은 그들의 말을 듣지 않을뿐더러 그들을 버릴 것이다. 더 이상 그들에게 식량을 주지 않을 것이고, 와나팜 부족은 없어질 것이다.'

벅은 선조들과 과거의 각 장소들을 매년 방문하고 지켜봐야 한다고 설명했다. 부족은 그렇게 했어야 했다. 바로 그것이 종조부가 물고기를 잡고 묘지를 돌보기 위해 화이트 블러프로 들어가야만 했던 이유이다. 조니 벅은 칼로리, 시장 가치, 상품 교환에 이야기한 것이 아니라 와나팜 부족의 신성한 우주론의 본질을 전달하려고 노력했다. 다시 말해 마티아스처럼 벅도 자신이 속한 부족의 생존에 관해 걱정했던 것이다.

연방 구역에서 마티아스는 지주들로 하여금 자신들의 땅에 관심을 끄게 만들었고 독립적인 상인들과 농부들을 토지를 보유하지 않은 임금 노동자로 변화시켰지만, 영적 생존과 문화적 자율성에 대한 조니 벅의 요구는 존중했다. 마티아스는 와나팜 부족이 루이스와 클라크Lewis and Clark* 시절부터 컬럼비아강의 만곡부에 자리를 잡았고, 조약에 서

---

* 루이스 클라크 탐험Lewis and Clark Expedition은 미국의 3대 대통령 토머스 제퍼슨

명하거나 정부 자금을 받은 적이 없다는 사실에 주목했다.[9] 마티아스는 와나팜 부족의 자립심과 매 여름마다 뿌리와 산딸기를 채집하기 위해 산지로, 봄과 가을마다 연어를 잡기 위해 강으로 이주하는 결의에 감탄한 것으로 보인다. 마티아스는 벅의 인격에서 우러나오는 힘을 제외하면 자신의 확신에 대한 아무런 증거도 없는 상태에서 "대체적으로 이 인디언들은 매우 독립적이다. 그들은 독립성을 유지하고 컬럼비아강에서 낚시할 수 있는 조약상의 권리를 유지해야 한다고 주장한다. 나는 그들의 충성심에 의문의 여지가 있다고 믿지 않는다"며 스스로를 확신시켰다.[10] 아마도 마티아스는 이 인디언들이 정교한 과학과 기술에 대한 국제적 첩보 활동에 가담하기에는 너무 단순하고 지역적이라고 생각했을 것이다.

아니면 이 인디언들은 플루토늄 공장이 워싱턴 동부를 미국의 공업 경제와 연방정부 관료주의의 주류로 만들면서 빠르게 사라지고 있던 진짜 원시적인 미국인이라는 인상을 마티아스에게 주었을 것이다. 그에게 있어서, 의식 복장을 입고 통역을 통해 말하는 벅은 매일 마주쳤던 반원형 건물, 합판 막사, 덤프트럭, 공사장의 먼지 대신 그가 서부의 평원에서 볼 것이라 예상했던 초등학생이 가질 법한 이미지의 의인화

Thomas Jefferson의 명령으로 미국 육군 소속 메리웨더 루이스Meriwether Lewis 대위와 윌리엄 클라크William Clark 소위가 진행했던 탐험으로 1803년 루이지애나 매입Louisiana Purchase 직후 1804년에서 1806년 사이에 이뤄졌으며, 미국의 대륙 계선Continental Divide of the Americas을 가로질러 태평양에 이르는 경로를 따라 진행됐다.

였을지도 모른다. 어쩌면 마티아스는 자신이 사무실 창문 바로 밖에서 불도저로 밀어버리게 한, 서부 개척 이미지에 대한 향수 때문에 인디언들을 보안 절차에서 제외시켰을 것이다.

1945년 8월 핸퍼드산産 플루토늄으로 만들어진 폭탄이 나가사키 Nagasaki에 떨어지자 와나팜 부족의 연방 구역 통행증은 취소되었다. 1960년대에 부족은 다시 접근 권한을 부여받았다. 렉스 벅은 부족 구성원들이 어떻게 연방 구역으로 안내받았는지 설명했다. 군인과 기관총을 장착한 지프차가 앞에 한 대, 군인과 기관총을 장착한 지프차가 뒤에 한 대, 그 사이에 트럭을 타고 있는 인디언들. 그들은 마침내 신성한 땅에 당도했지만 의식을 치르진 않았다. 벅은 "전혀 편하지 않았어요. 종조부가 우리들 말로 "지켜보면서 모두 조심하면서 계속 가보자"라고 말하곤 했어요"라고 기억했다.

전쟁이 끝난 후 마티아스는 와나팜 부족을 잊지 않았다. 그는 토지 및 물고기에 관한 그들의 주장에 대해 문의하는 편지를 썼다.[11] 하지만 그 서신들은 아무런 효과도 없었다. 핸퍼드의 백인 수장은 원하는 만큼 인디언 추장과 그의 작은 부족을 도울 힘이 없었다. 두 지도자들은 워싱턴 동부에 원자력을 가져온 새롭고 사람을 겸손하게 만드는 힘 앞에서 무력하게 서 있을 뿐이었다.

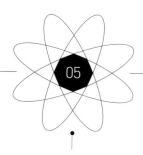

05

플루토늄이 지은 도시

육군공병단이 원래 목장 마을이었던 리치랜드를 불도저로 밀어버린 후, 공병단 장교들과 듀폰 경영자들은 리치랜드에 다시 사람들이 살게 하는 일에 착수했다. 리치랜드는 마티아스가 "보안상의 이유로 반드시 통제를 받아야 한다"고 언급한 공장 조작자들의 거처가 될 예정이었다.[1] 핸퍼드 캠프에서 술에 절어 소란을 피우는 독신 이주 노동자들을 목격한 후, 듀폰 경영진은 새로운 조작자들의 마을이 새로운 원자력 도시에서 안전하게 핵가족을 이룬 노동자들에게 제공되어야 한다고 결정했다. 듀폰 및 공병단 직원들은 이 새로운 도시가 어떤 모습이어야 하는지를 두고 논쟁을 벌였다. 그들이 마지못해 내놓은 타협안은 완전히 새로운 유형의 공동체를 만드는 것이었다. 이에 따라 독신 이주 노동자와 소수민족은 변두리로 추방되고 노동계급은 문화적 주변부로 쫓겨났다. 그들은 연방정부의 후한 보조금으로 새롭게 지어진 고소득층 전용 주택지에서 백인 중산층 가족과 안전을 동일시하는 새로운 체제를 세웠다. 새로운 리치랜드가 모양을 갖춘 후, 이곳은 "모범" 공동체로 널리 홍보되었다. 그 후 몇 년 동안 연방 보조금과 기업의 통제라는 유사한 동맹 덕분에 특권적이고 백인 전용이며 완전히 새롭게 구획한 많은 공동체들이 미국 전역에서 생겨났다. 이 모범은 실제로 매우 성공적이어서 오늘날 리치랜드를 평범하게 보이게 만든다. 개조된 리치랜드와 같은 교외 지역들이 전후 수십 년 동안 엄청나게 증가하여 1944년에 그것이 얼마나 새로운 것이었는지 간과하기 쉽다.

그로브스 장군은 몇 개의 실용적인 매점을 중심으로 번호가 매겨진 거리와 막사 형태의 숙소 및 아파트가 들어선, 울타리와 경비가 있고 소형에 격자 형태로 이루어진 군대 기지와 비슷한 마을을 염두에 두고 있었다.[2] 이는 공병단 기술자들이 이미 로스알라모스Los Alamos와 오크리지Oak Ridge에 건설하고 있던 예비용 요새 같은 소도시 형태였다.[3] 그러나 듀폰 경영진은 그로브스의 계획을 거부했다. 그들은 리치랜드 주변에 울타리를 치는 데 반대했다. 직원들이 울타리 뒤편에서 살지 않을 것이기 때문이다. 그들은 그로브스에게 이전에 기업 도시를 운영해보았고 비밀을 지키면서 노동자들을 통제하는 법을 알고 있다고 장담했다.[4] 듀폰 경영진은 리치랜드를 요새가 아니라 기업 도시 형태의 "마을"이라고 불렀다.[5] 그들은 건축가 앨빈 퍼슨G. Albin Pehrson을 고용했다. 퍼슨은 거대한 부지 위의 널찍한 단독 주택들 및 다양한 서비스와 상점을 갖춘 도심 업무 지구를 중심으로 부드럽게 곡선을 그리는 거리가 있는 도시를 그렸다.[6] 그로브스는 퍼슨의 계획 가운데 상당 부분을 가지치기했다. 판유리 창문, 두 번째 식료품점, 그리고 조경이 잘 된 학교들은 모두 사라졌다.[7] 심지어 그로브스는 사치를 내포한다는 이유로 호텔을 "호텔"이라고 부르고 싶어 하지도 않았다. 대신 그는 그것을 "단기체류용 숙소"라고 명명했다.[8]

듀폰 경영진은 그로브스의 요구를 선뜻 받아들일 수 없었다. 그들은 육군 기지보다 더욱 크고 전형적인 기업 도시보다 더욱 호화로운 정착지를 건설하길 원했다. 그들은 세계 최초의 플루토늄 공장을 위한 채용 과정에서 "신출내기들에게 기회를 줄 수 없다"고 지적했다. 그들은 새로운 공장을 운영하기 위해서는 "최고 수준의" 잘 훈련된 직원이 필요하다고 말했다.[9] 그들은 듀폰의 고위 직원과 "좋은 사람들"에게 리치랜드에 살라고 설득하는 일이 어려울 것이라고 주장했다. 듀폰 부사장인 에드워드 옌시Edward Yancey는 "여기 있는 사람들은 최소한 평범한 소도시의 기본적인 필수품이 없으면 만족하지 못할 것"이라고 주장했다.[10] 이때 "평범함"은 중산층 전문직 종사자들이 동부에서 기대했던 주택, 학교, 상점 등의 사회 기반 시설을 의미한다. 듀폰 경영진은 합리적으로 그들 자신과 엄선된 백인 직원들을 위해 편안함과 다양한 서비스를 갖춘 도시를 건설하길 원했다. 그리고 더욱 합리적이게도 그들은 정부가 그것에 대한 비용을 지불하기를 원했다.

그러나 그로브스 장군은 예산을 철저히 감시하는 양심적인 관리자였다. 이념적으로 이는 문제가 되지 말았어야 했다. 듀폰 경영진은 그들이 "패권적"인 거대 정부라고 불렀던 것에 대한 경멸을 그로브스와 공유했다. 그들은 또한 정부 주도의 계획, 사회복지 지출, 그리고 일반적으로 대부분의 뉴딜 프로그램을 싫어했다. 이레네 듀폰Irénée du Pont은 미국자유연맹American Liberty League 이사회의 영향력 있는 회원으로, 기업의 달러를 대공황에 맞서기 위한 뉴딜 지출을 반대하는 데 사용했다.[11] 미국자유연맹은 루스벨트 행정부가 순전히 공황 상태에서 자본주의와 미국식 민주주의를 파괴하고 있으며 대통령이 머지않아 공산주의 독재자가 될 것이라고 주장했다.[12] 듀폰 경영진은 유권자들의 비합리적인 열정이 주도하는 정부의 간섭 대신 명확한 생각을 가진 기업엘리트들이 주도하는 자유시장의 민간 관리를 옹호했다.[13]

그러나 자유방임주의laissez−faire 이념은 듀폰의 역사와 충돌했다. 듀폰은 1차 세계대전 기간 군사 계약자의 하나로 미국 정부를 위해 일하면서 재정적으로 강력한 집단으로 부상한 회사였다. 이때 듀폰의 연간이익은 8배로 폭등했고, 회사는 "죽음의 상인Merchant of Death"이라는 별명을 얻었다. 듀폰은 또한 새로운 전쟁에서 육군과 해군에 폭발물, 합성 고무, 살충제, 나일론 등을 공급하면서 상당한 이득을 보았다. 듀폰에게 전쟁은 매우 좋은 사업이었다. 라모트 듀폰Lammot du Pont은 1942년 9월 전미제조업자협회NAM(National Association of Manufacturers)에서 다음과 같이 언급했다. "다른 구매자들을 대하는 것처럼 정부와 거래하십시오. 만일 정부가 구매를 원한다면, 여러분이 부르는 가격으로 해야 합니다."[14]

미국 정부가 더 많은 돈을 쓸수록 듀폰은 더 많은 이익을 얻었다. 뉴딜 사회복지는 듀폰의 기업 이념과는 맞지 않았으나, 사업을 촉진시킨 정부

지출은 당사자들에게 이윤을 보게 해주었고, 암묵적인 계급 분화를 지속시켰다. 듀폰 경영진에게는 그것이 바로 바람직한 미래였다. 그들은 리치랜드시를 계획하면서 이러한 상상을 힘차게 밀어붙이고자 했다.

원래 듀폰 건축가들은 "이 구역의 직원들은 일반적인 유형보다는 높은 수준일 것"이라는 이유로 침실이 서너 개인 단독주택 설계도를 제출했다. 마티아스는 그러한 사치에 격렬히 반대하며 "전시 상황에서 임시 마을은 …… 전시 경제의 모든 원칙에 반대되며 전쟁 노력에 유해하다"고 썼다.[15] 그러나 듀폰의 옌시는 자신의 입장을 고수했다. 그는 공장 직원의 25퍼센트가 감독관과 기술진일 것이라고 예측하면서 마티아스가 이해하기 쉽도록 "군대의 장교와 같은 직급입니다"라고 바꿔 말했다. 옌시는 높은 지위를 가진 남성은 더 큰 집이 필요할 것이라고 언급했다. 전보가 왔다 갔다 했다. 마티아스와 그로브스가 듀폰에 더 작은 주택 설계도를 제출하라고 요구하면, 듀폰 관리자들은 계속해서 거절하는 양상이었다.[16] 듀폰 경영진이 우위를 점한 것처럼 보였다. 균열이 커지자 그들은 그로브스와 마티아스를 윌밍턴Wilmington으로 오도록 했는데, 마티아스는 각 여정마다 며칠 동안 여행해야 했다.[17]

그들은 무슨 생각을 하고 있었을까? 에드워드 옌시는 방대한 폭발물 부서를 담당하는 듀폰의 부사장이었다. 그로브스는 맨해튼 프로젝트 전체를 지휘했고, 마티아스는 세계 최초의 플루토늄 공장 건설을 감독했다. 국가는 전쟁 중이었고, 이 지도자들은 다른 것도 아닌 리치랜드의 규격형 주택에 두세 개의 침실이 있어야 하는지 아닌지를 놓고 싸우고 있었다. 방을 몇 개 추가하는 문제가 왜 그렇게 중요했을까?

그로브스는 전후 의회에서 맨해튼 프로젝트의 비용을 정당화하는 일에 신경이 곤두서 있었다. 당시 3개의 침실이 있는 집은 소수의 미국 엘리트들을 위한 고급 주택이었다. 듀폰은 전시戰時 배급의 한가운데서 거의 균일한 대저택 마을을 짓겠다고 제안하고 있었다. 이는 끔찍할 정도로 사치스러운 생각이었다.[18] 그러나 듀폰 경영진은 입장을 고수했다. 이는 부분적으로는 간섭하기 좋아하는 연방 관리들이 듀폰이 계약한 사업에서 손을 떼야 한다고 믿었기 때문이기도 하지만, 그들이 공장의 성공과 보안은 주택 설계와 도시 계획에 달렸다고 강력하게 주장했기 때문이기도 하다.[19] 프로젝트 설계자인 퍼슨은 이식된 노동자들의 의욕을 유지시킬 필요가 있다고 주장했다. 퍼슨은 "높은 의욕은 숙련되고 노련한 노동자들을 부적절한 주거지에 몰아넣는 것으로는 얻을 수 없다"고 썼다.[20]

프로젝트 관련 다른 사안들에서도 듀폰 경영진은 그들의 입장을 고수했다. 육군공병단의 명령에도 불구하고 리치랜드 주변에는 울타리가 쳐지지 않았다. 로스알라모스나 오크리지에서와는 달리 주민들은 집에 가기 위해 보안 패찰을 달거나 경비실을 통과하지 않았다. 그로브스는 소도시의 편의시설에서 걸어갈 수 있는 거리 내에 더 저렴하게 옹기종기 모여 있는 주택을 원했다. 퍼슨은 주택의 간격을 멀리 떨어뜨려 하수도와 전기선 비용을 증가시켰을 뿐만 아니라 도시 주민들이 자동차와 버스에 더 의존하게 만들었다.[21]

그로브스는 유형별로 특정 계층의 주택을 함께 배치해 리치랜드 주민들을 기업 흐름도에 따라 직급별로 이웃에 모여 있도록 하겠다는 듀폰의 계획에 충격을 받았다. 시민들은 평등하다는 수사가 만연한 사회에서, 이처럼 계급에 따른 공간적 극화는 너무 지나친 것이었다.[22] 그러나 듀폰은 그로브스의 반대를 뿌리치고 강을 따라 가장 살기 좋은 부지에 최고위층을 위한 최고의 주택을 배치했다.

옌시는 단 한 가지 중요한 타협을 했다. 전체 주택의 3분의 1을 저가의 조립식 주택 또는 두 세대용 주택으로 하는 데 동의한 것이다. 하지만 여전히 이 주택들 가운데 대다수는 침실이 두 개 또는 세 개여야 한다는 입장을 굽히지 않았다. 조립식 주택은 작고 비좁고 외풍이 심했으며, 합판 가구와 쉽게 얼어붙는 배관, 강렬한 사막 바람에 날아가 버리기 때문에 밧줄로 묶어야 하는 지붕으로 구성됐다.[23] 같은 가격으로 더 경제적이고 널찍하며 오래가는 아파트나 연립주택을 지을 수 있었다.

사실 1년 내내 지속된 이 논쟁에서 그로브스가 옳았다. "마을"을 일시적(미국 핵무기의 증강을 위한 장기 프로젝트로 계획된 것을 은폐하기 위해 이용된 허구)인 것으로 가정했을 때 건축 자재와 노동력의 공급이 부족한 상황에서 크고 값비싼 주택을 넓은 지역에 걸쳐 배치하는 건설은 아무 의미가 없었다. 하지만 고집 세고 거만한 "개의 자식sonavobitch"으로 명성이 자자했던 그로브스는 많은 부분에서 고집을 꺾었다.[24] 듀폰 경영진은 그들의 입장을 고수했고 당시 미국 풍경에 유일무이한 공동체를 건설했다. 그것은 연방정부에 의해 급여가 지불되는 전시戰時 기업 도시로서, 전후 민간의 고급스러운 교외 개발과 유사했다.

명백하게도 듀폰 경영진에게 독립 주택은, 심지어 전쟁 중에도 그리고 맨해튼 프로젝트에서도 실용성을 넘어서는 문화적 의미를 지니고 있었다. 듀폰 관리자들 스스로가 내놓은 타협안이 이를 잘 보여준다. 육체노동에 종사하는blue-collar 직원을 위한 저렴한 조립식 주택은 엉성했지만 제몫을 했고 노동계급의 거주지로는 보이지 않았다. 독립된 조립식 전원주택은 중산층이 살지 않더라도 중산층의 훌륭함과 평온함을 의미했다.[25] 듀폰 경영진은 공장 직원의 75퍼센트가 블루칼라 노동자들로 구성될 것이라는 사실에 대해서는 얼버무렸다.[26] 그러나 대다수 노동자들이 육체노동자들이었다면, 듀폰 관리자들은 왜 그렇게 고집스럽게 중산층 주택을 주장했을까?

듀폰 경영진은 리치랜드의 기본 설계를 추진하면서 그들이 "미국적 방식"의 생존이라고 묘사했던 것을 위해 국가적 차원에서 더 큰 이념적 싸움을 벌였다. 듀폰이 지원하는 전미제조업자협회NAM를 통해 일하는 선전가들은 미국식 사업이 뉴딜 사회 프로그램과 달리 유례없는 미국식 "풍요"를 가져다 줄 것이고, 이는 미국 고유의 자유, 즉 소비의 자유를 제공할 것이라고 주장했다. NAM 광고주들은 자유방임 경제에서 모든 미국인들에게 풍요로움이 싹트게 될 것이며, 공유되고 무계급적인 소비재의 풍요 속에서 일반 노동자와 중산층 전문직 종사자들을 하나로 뭉치게 할 것이라고 약속했다.[27]

리치랜드에서 이런 계급 없는 사회 비전에 대한 콘크리트와 벽돌담으로 구성된 해결책은 중산층처럼 **보이는** 저렴하고 대량생산된 노동계급 주택이었다. 듀폰 경영진은 중산층 주택을 고집하면서 중산층의 풍요로움으로 단합된 공동체만이 플루토늄을 안전하고 든든하게 공급할 수 있다고 주장했다. 그러나 거대한 공장을 운영하기 위해 그들은 리치랜드를 노동자들로 채워야 했다. 그래서 듀폰 경영진은 프롤레타리아 계급을 단순히 "중산층"이라 부르는 방식으로 그들을 끌어들였다.[28] 이러한 계획은 먹혀들었다. 1970년대까지 리치랜드는 노동계급이 다수인 도시였으나, 과학자들과 기술자들로 이뤄진 중산층의 소도시, 동질적인 단일계급의 사회로 보였고 그렇게 기억되고 있다.[29] 노동계급을 사라지게 하고 리치랜드를 "계급이 없는" 도시로 재조명하는 것은 노동자들의 목소리에 재갈을 물리고 노조를 탄압하는 한편, 노동자들이 국가 안보와 그들 자신의 재정 안보를 위해 그들의 관리자들과 동일시하도록 지도하는 데 도움이 되었다.[30]

듀폰과 육군공병단이 리치랜드의 설계를 주도하자 도시는 18개월도 안 되어 빠르게 들어섰다. 듀폰은 노동자에게 단순하면서도 구체적인 작업을 할당하고 한 장소에서 다른 장소로 옮겨가면서 동일한 일련의 주택들을 짓는 조립 라인 방식의 건축 기법을 완전히 습득하도록 해서 건설이 신속하게 진행되도록 관리했다. 조립식 주택은 훨씬 더 빨리 들어섰다. 그것들은 부분별로 조립된 상태로 배송됐다. 기중기들이 트럭의 짐칸에서 벽과 지붕을 들어 올려 지반에 놓으면 인부들이 벽에 빗장을 지르고 지붕을 부착했다.[31] 몇 달 만에 평평한 지형을 주거 지역으로 바꾸는 일은 전후 새로운 교외 풍경을 형성한 혁명적이고 새로운 개발 방식이었다. 레빗타운Levittown의 창시자 빌 레빗Bill Levitt은 리치랜드와 유사한 프로젝트에 전시 육군 건축업자로 종사하면서 지역사회를 대량생산하는 방법을 터득했다.[32] 조립 라인 방식의 주거 단지 개발에서도 리치랜드는 유행을 선도하는 도시였다.

듀폰 경영진은 주택 크기를 늘리면서 이에 맞게 거주할 수 있는 사람에 대한 기준도 높였다. 대형 단독주택 가격이 상승하자 증가하는 비용에 고심하던 그로브스는 비용을 줄이고 "보안상의 이유로 그곳에 거주해야 하는 사람들에게만" 주택을 제공해야 한다고 재차 강조했다. 그로브스는 비용 절감을 위해 하급 노동자들이 리치랜드에 거주하는 것을 금지하기로 결정했다.[33]

그럼 하급 노동자들은 어디에 살까? 건설 노동자들의 대규모 유입으로 인해 지역 전체에 걸쳐 주택은 찾기 불가능할 정도로 부족했고 비쌌다. 공병단과 듀폰 간부들은 리치랜드에 살 자격을 갖추지 않은 비숙련

리치랜드에서의 새로운 건설
에너지부 제공.

공장 노동자들의 경우 이웃한 농장 마을에서 출퇴근하는 것으로 결정했다. 옌시는 그들이 "주거 기준이 그리 높지 않은 사람들일 것"이기 때문에 매우 기초적인 "서비스와 하급 피고용인"들에 적합한 기존 주택이나 새로운 연방 보조(연방주택관리국FHA) 주택에서 거주할 것이라고 언급했다.[34] 그로브스와 옌시는 "비숙련공, 잡역부 및 기타 육체노동자" 중 어떤 하위직 공장 조작자가 리치랜드에서 제외될지를 지정했다.[35]

이처럼 리치랜드의 배타성을 재차 강조한 것은 전시 건설 노동자들로 인해 규모가 3배로 늘어나 부담이 가중된 인근의 작은 도시 파스코가 공공 안전에 위협이 된다는 소식이 전해진 직후였다. 1943년 12월, 마티아스는 일기에 다음과 같이 썼다. "파스코의 인구 밀집과 노동자들에 대한 전반적인 통제의 부족은 잠재적 위험을 보여주는 것이다." 파스코에는 백인이 아닌 사람들이 판잣집을 빌리거나 이동식 주택을 주차하거나 텐트를 칠 수 있는 몇 안 되는 장소 중 하나인 "게토ghetto"가 있었다. 또한 파스코에는 저렴한 식당, 술집, 매음굴 거리도 있었다. 마티아스가 기록한 "위험"이란 "무책임한 노동자들"이 "지역의 법을 노골적으로 무시"하는 것이었다. 파스코에 주州 경찰을 추가로 배치하기로 계획한 마티아스는 "지금 이 상황이 심각하다면, 이는 프로젝트가 바람직하지 않은 직원들을 해고하기 시작하는 가까운 미래에는 틀림없이 더 심각한 상황이 될 것"이라고 우려했다. 마티아스는 "파스코 지역에 바람직하지 못한 이들이 집중되는 것 그리고 사회 및 법 집행 기관들에 감당할 수 없는 부담을 지우는 것을 피하기 위해 그러한 사람들을 파스코와 이 구역에서 실제로 떠나도록 만드는" 조치가 취해져야 한다

고 말을 이었다.[36]

신생 플루토늄 공장에서 매우 가까운 곳에 위치한 파스코의 노동계급의 불안정은 국가 안보에 중대한 위협을 야기했다. 워싱턴 주지사 아서 랭글리Arthur B. Langlie는 이 문제를 걱정하며 마티아스를 찾았다. 그와 마티아스는 더 이상 필요하지 않은 노동자들, "특히 검둥이들"을 쫓아내는 데 합의했다.[37] 1944년 작업량이 줄어들자 감독관들은 건설 현장에서 아프리카계 미국인들을 가장 먼저 해고했다.[38] 마티아스는 1944년 "부랑자"와 직업 없이 전전하는 실직자들을 해산시키기 위해 파스코에 더 많은 주 경찰을 배치했다.

파스코는 리치랜드가 되지 말아야 할 하나의 위협적인 사례가 되었다. 리치랜드의 "보안" 업무 중 하나는 리치랜드를 핸퍼드 캠프와 파스코의 고함치며 요란스럽고 판잣집에 거주하는 노동계급과 소수자 노동자들로부터 격리시키는 것이었다. 여러 개의 침실을 갖춘 훌륭한 단독주택의 건설은 폭발하기 쉬운 노동계급 독신자들보다는 반듯한 백인 가족들이 공장에서 일할 수 있도록 보장했다. 듀폰 관계자들은 기본적으로 주택 문제를 보안 문제로 만듦으로써 주택 관련 논쟁에서 승리를 거뒀다. 세계 최초의 플루토늄 공장의 운영자들이 배타적인 원자력 도시의 핵가족들에 튼튼하게 뿌리내려야 한다는 그들의 주장은 성공적이었다.

전쟁이 끝난 후 기자들이 리치랜드로 몰려들었다. 그들은 문 뒤의 공장에는 거의 접근하지 못했지만 리치랜드에서는 자유롭게 이동할 수 있었고 그것을 좋아했다. 《샌프란시스코 크로니클San Francisco Chronicle》은 "자족적이고 반짝이는 새로운 마을"을 "낙원"이라고 묘사했다.[39]

《비즈니스위크*Business Week*》는 이곳을 "이상향"이라고 불렀다. 《크리스천 사이언스 모니터*Christian Science Monitor*》는 "앞으로 몇 년 동안 도시 계획가들이 주의 깊게 연구해야 하는 …… 모범 도시"라고 칭송했다.[40] 하지만 리치랜드는 미국 사회에서 곤혹스러운 창조물이었다. 즉 개인 주택, 민간기업 및 풀뿌리 조직으로 보이는 것들이 중앙에 의해 계획되고 기업이 관리하고 인종적으로 분리되고 연방 보조금을 받고 면밀히 감시받고 통제된 조직이었다.[41] 번영이 허용되는 모든 곳에 백인이 많고 보조금을 많이 받는 교외 지역이 생겨나면서 이 모델은 전후 미국에 매우 깊은 반향을 불러일으켰다.[42] 듀폰 경영진의 성공은 그들이 공동체 구축이 아니라 개인들을 회사에 충실하고 가치 있는 직원으로, 소비자로, 또한 보안과 안전과 감시의 대상으로 만드는 일에 집중했다는 사실에서 비롯됐다.

듀폰 경영진은 계급과 인종의 (보이지 않는) 구역을 풍경에 넣어 도표로 작성하고 군사 보안과 함께 재정적인 보안을 제공함으로써, 리치랜드가 고등 유형의 백인 남성 노동자들을 위한 폐쇄적 원자력 구역이라는 인상을 만들지 않고, 다른 맨해튼 프로젝트 시설에서처럼 경비 초소와 신분증과 울타리 없이 여러 목표를 달성하는 데 성공했다. 울타리가 쳐지고 순찰이 이뤄진 오크리지와 로스알라모스는 소비에트 요원들에게 핵 비밀을 유출했다. 지금까지 소비에트 문서고에서는 리치랜드에서 이뤄진 첩보 활동에 대한 어떠한 증거도 발견되지 않았다. 리치랜드에는 감금된 사람들이 없었고 단지 감금된 공간만 있었다. 이는 상당한 성과였다.

06

노동 그리고
플루토늄을 떠맡게 된 여성들

플루토늄 공장은 실험실이 아니라 매우 거대한 폭탄 공장이라는 점에서 로스알라모스와 달랐다. 그러나 핸퍼드 건설 현장의 일반 노동자 중 정규직으로 채용된 사람은 거의 없었다. 대신 듀폰 채용 담당자들은 블루칼라blue-collar 조작자와 그들에게 지시를 내리는 사무직white-collar 감독관 및 관리자라는 새로운 두 유형의 직원을 채용하기 시작했다. 방사능 위험에 대한 지식에 접근할 수 있는 권한은 차등적으로 배분되었다. 방사성 용액과 가장 가깝게 일했던 사람들은 대개 가장 미흡하게 훈련을 받았고 가장 적은 정보를 얻었다.[1] 무지와 불안은 위계를 따라 올라가면서 노동자들을 직급과 성별로 분할했다. 기업 내 위계에서 더 높은 자리에 있을수록 그 직원은 두려워할 필요가 없어졌다.

조작자들을 채용하면서 듀폰은 듀폰 가문의 전통 개신교Protestantism

에서 파생된 가치에 대한 애착을 가지고 있었다.[2] 회사가 건설을 위해 채용하도록 강요당한 흑인과 멕시코계 미국인 노동자들을 고용한다는 이야기는 나오지 않았다. 회사의 몇몇 부서에서는 비기독교인을 고용하지 않았다. 이러한 선발 과정에서 듀폰과 육군공병단 관계자들이 사용했던 용어인 "고등 유형"은 아리아인Aryan의 비중을 나타낸다. 새로운 리치랜드에서 최초로 수행된 (비밀에 부쳐진) 인구 조사는 모든 거주자들이 백인이었음을 보여주었다. 대다수는 개신교도들이었다. 15퍼센트는 가톨릭교도였다. 10명의 직원은 유대교도였다.[3]

듀폰 채용 담당자들은 직원들을 면제와 비非면제라는 두 개의 범주로 나눴다. 면제 노동자들은 월급을 받았고 듀폰의 다른 공장들에서 전직한 경향이 있었다. 그들은 고등 교육을 받았고, 관리직과 기술직에서 근무했으며, 대부분 이미 "듀폰 사람들"이었다.[4] 두 번째 범주이자 대다수를 차지했던 비면제 노동자들은 교대 근무를 하면서 주급이나 시급을 받았다. 이들은 대다수가 고등학교 졸업장 이상은 가지고 있지 않았다. 듀폰 관리자들은 이러한 노동자들을 현지에서 채용하려고 했다.

리치랜드에서 나는 1944년에 공장에 고용된 "고참"이라고 불리는 사람들을 만나러 갔다. 조 조던Joe Jordan을 1960년경의 단정하고 깔끔한 가구를 갖춘 그의 편안한 목장 주택에서 만났다. 듀폰은 조던이 조지아공과대학Georgia Tech에서 화학 전공으로 학위를 받고 졸업한 후인 1941년 그를 고용했다. 1943년, 조던은 시카고로 전근 발령을 받았다. 거기서 그는 새로운 상관에게 보고했다. 상관은 자신의 책상 위에 원자로를 가동하는 데 쓰이는 우라늄 연료 슬러그를 툭 던져놓는 인물로 전체 맨해튼 프로젝트 임무의 설계자였다. 조던의 새로운 임무는 원자로 안에서 방사선을 쬔 핵연료 슬러그를 꺼낸 뒤 화학 용기에 연속적으로 담가 몇 그램의 플루토늄을 추출하는 일이었다. 플루토늄 추출물은 매우 강력한 폭탄을 만드는 데 쓰일 예정이었다.

몇 달 동안 조던은 시카고대학University of Chicago의 금속연구소Met Lab에서 훈련을 받았다. 1944년 10월, 조던은 핸퍼드에 도착하여 자동화된 원격 제어 공장 건설 현장을 둘러보았다. 핸퍼드 T공장의 화학자로서 조던의 업무는 공장의 조립 라인을 따라 조사된 용액의 견본을 분석하는 것이었다. 조던은 방사성 용액을 수집하고, 운반 및 측정하며, 생산 공정을 거쳐 용액을 옮기는 작업을 수행하는 실험실 기술자 그룹을 감독했다.

2008년 내가 조던을 만났을 때, 그는 90세였다. 핸퍼드의 방사능 유산에 대한 이야기에 반항하고 장수한 인물들 중 한 명이었다. 조던은 등이 조금 굽었으나 발걸음은 빨랐다. 그의 머리는 윤이 나는 흰 머리카락으로 가득했고 곧잘 웃는 얼굴을 하고 있었다. 조던은 노년기를 쉬운 것처럼 보이게 했다.[5]

대학 교육을 받고 봉급생활을 하던 조던과 같은 직원은 소수였다. T공장 노동자들 대부분은 육체노동직에서 교대 근무를 위해 출근 카드를 찍었다. 듀폰은 기계를 조작할 수 있고 지시사항을 정확하게 따를 수 있는 사람들을 찾았다. 특별한 위험이 도사리고 있는 연구실에서 그들은 "평소 일에 주의를 기울이는" 사람 이상을 원했다.[6] 채용이 추진되기 시작하면서 채용 과정에 성차별이 등장했다. 듀폰 채용 담당자들은 가장 중요하면서도 위험한 작업장으로 간주되던 공장의 원자로 세기에 인력을 공급하기 위해 남자들을 고용했다. 원래 듀폰 관계자들은 공장 조작자로 여성을 고용하는 것을 전혀 고려하지 않았다. 가임기 여성의 유전적 피해를 우려했기 때문이다. 그러나 맨해튼 프로젝트 관계자들은 노동력이 부족할 것으로 추정되자 "가능한 모든 곳에서 여성들로 대체될 수 있어야 한다"고 주장했다.[7] 노동자들이 조사된 우라늄을 몇 방울의 플루토늄으로 증류하는 화학처리공장에서의 작업은 원자로 작업보다 안전하고 덜 복잡한 것으로 간주되었다.[8] 그러한 추측은 잘못된 것으로 드러났다. 화학처리공장은 원자로만큼이나 노동자들에게 위

핸퍼드에 위치한 선박 규모의 화학처리공장인 T공장
에너지부 제공.

험한 것으로 밝혀졌다.[9]

　듀폰의 기록은 왜 화학 처리 작업이 여성 위주로 편성되었는지에 대해 별다른 설명을 제공하지 않는다. 비용이 하나의 요인이었을 수 있다. 여성들이 더 적은 급여를 받고 리치랜드의 주택 보조금을 받을 자격이 없었기 때문에 여성을 고용하는 것이 더 저렴했던 것이다.[10] 많은 여성 실험실 조수들을 감독했던 조던은 듀폰이 단지 여성들이 좋은 노동자였기 때문에 채용했다고 말했다. 여성들은 시키는 대로 하고 지시를 정확히 따랐다. 그가 알고 있던 최고의 실험실 기술자는 즉석 요리사였던 여성이었다. 그녀는 똑같은 조리법을 정확히 같은 방식으로 계속해서 따라하는 데 능숙했다.

　듀폰 채용 담당자들은 21세에서 40세 사이의 고등학교 교육을 받은 백인 여성 중 "건강하고 성격이 좋고 기민하고 총명한" 여성을 찾고 있었다.[11] 1944년, 여성 지원자들은 채용 담당자에게 여러 근심 섞인 질문, 특히 비밀스러운 공장 내 작업의 위험성에 대해 질문했다. 지역 주민들은 듀폰이 화학 무기를 만들고 있다고 추측했다. 공장 안에서 사람들이 살해되고 그들의 신체가 인디언들의 묘지를 들어낸다는 구실 하에 바깥으로 이송된다는 소문이 돌았다.[12] 듀폰 경영자들은 공장 제품의 위험성을 직원들에게 공개해야 할 "도덕적" 의무가 있다고 생각했다. 그들은 비숙련 노동자들조차 어차피 추측할 수 있기 때문에 더 안전하고 더 지능적인 운영을 위해 완전한 공개가 이루어져야 한다고 주장했다.[13] 그러나 그로브스는 노동자들에게 위험을 알리는 것에 강하게 반대했다.[14]

　취업 후 여성은 건강 검진과 신원 조회를 통과해야 했다. 남성 조작

자들과 달리, 여성들은 훈련을 위해 시카고나 오크리지로 파견된 것이
아니라 과학이나 이론 없이 필수적인 기술과 절차만으로 구성된 6주간
의 견습 과정을 서둘러 거쳤다.[15]

마지 노르만 드구이어Marge Nordman DeGooyer는 듀폰이 채용한 새
로운 직원 중 한 명이었다. 드구이어는 사우스다코타의 한 쪼들리는 농
장에서 자랐다. 농장 일만으로는 적정한 생계를 유지할 수 없어 가족
구성원들이 할 수 있는 일이라면 무엇이든 부업에 나서야 했던 곳이었
다. 드구이어는 비행기 조종 기술을 배워 농약 살포 비행기를 조종한
후 택시 기사로 일했다. 1944년, 그녀는 일자리 소문을 좇던 아버지를

근무 중인 여자, 핸퍼드, 1953년
에너지부 제공.

따라 리치랜드로 갔다. 듀폰은 드구이어를 비서로 고용했지만, 한 채용 담당자는 그녀가 수학에 적성이 있다는 것을 알아차리고 그녀에게 기술 분야에서 일한다면 세계 어느 대학도 제공할 수 없는 그런 교육을 받을 수 있다고 했다. 드구이어는 그 도전을 받아들였다고 말했다.[16]

출입문을 지나 30마일 떨어진 공장까지 버스를 타고 한참을 달린 드구이어는 매끄러운 콘크리트 외관에 창문이라고는 하나도 없는 거대한 "협곡"인 화학처리공장에 도착했다. 출근 첫날, 교대 근무 관리자는 드구이어에게 요리하는 것을 좋아하는지 바느질하는 것을 좋아하는지 물었다. 질문에 당황한 드구이어는 둘 다 하기 싫지만 만일 반드시 해야 한다면 요리를 할 것이라고 대답했다.[17] 그리하여 그녀는 분석 화학 실험실로 보내져 액체 화학 물질을 연구했다. 이 화학 물질은 여자 실험실 보조원들이 정확하게 아주 적은 양을 피펫으로 비커에 옮겨 담는 녹색을 띤 "뜨거운" 용액이었다.

드구이어는 일을 어떻게 하는지에 대해서는 들었지만, 왜 그런 일을 하는지에 대해서는 듣지 못했다. 그녀의 상사는 그녀가 다루는 화학 물질이 위험하다고 설명했지만, 방사능에 대해서는 언급하지 않았다. 그는 또한 빠르고 정확하게 일하는 것을 방해한다면서 여성들이 장갑을 끼는 것을 원하지 않았다.[18] 그러나 드구이어는 감독관들의 행동을 통해 일의 위험성을 파악했다. 그녀는 "대학 학위를 가진" 화학자들이 어떻게 실험실을 찾아 감독관들에게 새로운 화학식을 전달했는지 설명했다. 드구이어는 "그들은 우리 실험실 안으로 들어오지 않았어요"라고 기억했다. "그들은 문턱에 서서 문을 통해 종이를 건네주고는 곧장 달아났지요."[19]

　대학에서 교육받은 화학자들에게 그들이 갖춘 위험에 대한 지식을 바탕으로 좀 더 신경을 썼어야 했다고 비난할 수만은 없다. 그들은 보안 규정으로 인해 실험실 기술자들과 위험 관련 지식을 공유할 수 없었다. 방사능 용액을 분석했던 조 조던 같은 화학자들은 수반되는 위험에 관해 드구이어보다 훨씬 더 많이 알고 있었다. 그들은 또한 듀폰이 공장을 건설하기 위해 노동자들을 고용하는 과정에서 맞닥뜨린 많은 문제들 때문에 플루토늄 생산이 일정보다 늦어졌음을 알고 있었다. 일정을 따라잡고 전쟁이 끝나기 전에 폭탄을 갖추기 위해 1945년 여름 그로브스는 듀폰 관리자들에게 조사된 연료 슬러그의 냉각 기간을 단축시켜 생산을 가속화하라고 명령했다. 이는 노동자들이 방사성 요소들이 안전한 수준으로 붕괴되는 데 필요한 2~3개월이 아니라 불과 몇 주 후에 고방사능 슬러그를 지하 냉각지에서 꺼낸다는 것을 의미했다. 이 "녹색" 연료는 지구가 경험해보지 못한 거대한 독성 방사성 동위원소를 내뿜었다.[20] 손실된 시간을 보충하기 위해 생산 속도를 높이기로 한 결정은 젊은 실험실 기술자들이 더 높은 농도의 방사능에 노출되었다는 것을 의미했다.

　드구이어를 비롯해 다른 실험실 기술자들은 이러한 고도의 방사성 용액들을 맨손으로 측정하고 주입했다. 유출은 드문 일이 아니었다. 드구이어는 매일 밤 퇴근하면서 손과 발을 측정기에 올려놓았다. 손이 깨끗하지 않을 경우 그녀는 실험실로 돌아가 손을 씻고 또 헹궜다. 방사성 용액은 집요한 성질을 가지고 있어서 비누칠에도 저항했다. 드구이어는

"화끈한 마지Hotfoot Marge"라는 별명을 얻었다. 방사선 감시요원이 선량계線量計를 그녀의 의류 보관함에 댔을 때 바늘이 미친 듯이 딸깍거렸기 때문이다. 드구이어의 작업화에서 고도의 방사능을 발견한 그들은 작업화를 압수하여 방사성 폐기물 하치장에 묻었다.

나와 이야기를 나누는 동안 드구이어는 분명 고통스러워하고 있었다. 그녀는 손으로 계속해서 목 오른쪽 부분을 만졌다. 코에는 반창고를 붙이고 있었다. 그녀는 자신의 몸 곳곳을 가리키며 "온몸이 암에 걸렸었죠. 다리, 손, 얼굴, 그리고 유방 절제술도 받았어요"라고 말했다. 드구이어의 남편 또한 이 공장에서 수년간 가장 많은 유출과 다른 "사고들"을 경험한 원자로인 F원자로로의 생산직 조작자로 일했다. 드구이어의 남편은 한창 젊은 나이에 심장 판막에 문제를 얻게 되었다. 수술을 받은 그의 회복은 길고 불완전했다. 이후 사다리에서 떨어져 다리가 부러졌는데, 기이하게도 다리는 전혀 회복되지 않았다. 그는 조기에 퇴직했고, 드구이어가 가족의 생계를 떠맡게 되었다. 그녀는 숫자에 아주 밝았고 실험실에서 문제를 해결하는 데 정평이 나 있었다. 과학자들은 조언을 구하기 위해 그녀를 찾았다. 감독관들은 자신의 실험실로 그녀를 데려오길 원했다. 드구이어는 착착 승진하여 결국에는 공장의 질량 분석기를 담당하게 되었다. 이 성취를 그녀는 자랑스러워했다.[21]

헤어지기 전에 드구이어는 내게 마지막 이야기를 들려주었다. 1945년 히로시마에 대한 소식이 전해진 후, 사진기자들이 공장을 둘러보러 왔다. 그들은 플루토늄을 보고 싶어 했다. 드구이어의 상관이 그녀에게 모델이 되어줄 수 있냐고 물었다. 드구이어는 어깨가 으쓱해졌다. 그녀는 화장실로 가서 전신 작업복을 벗고 화장을 새로 고쳤다. 사진기자들은 그녀를 밀폐 투명 용기glove box 앞에 세웠고, 그녀는 그 안으로 손을 넣어 유리병에 담긴 플루토늄 용액을 집었다. 그러자 두려움에 휩싸인 그녀의 상사가 기자들에게 안전을 위해 방에서 나가라고 다그쳤다. 카메라 플래시가 플루토늄 용액을 임계로 치닫게 해 치명적인 푸른색의 중성자 소나기를 방출하지 않을지 확신할 수 없다는 것이다. 사진기자들은 타이머를 맞춰놓고 서둘러 나갔다. 드구이어는 홀로 시험관을 잡은 채 심장을 쿵쾅거리면서 사진기의 플래시를 기다렸다. 몇 년 후, 드구이어는 자신의 용감한 행동이 신문 기사에 실리지 않은 데 분노했다. 사진기자들은 사진에서 그녀의 몸을 잘라내 장갑을 낀 상태로 플루토늄을 들고 있는 손만 보여주었다. 이는 맨해튼 프로젝트에 대한 수많은 역사가 가장 직접적인 위험을 감내한 노동자들의 이야기를 어떻게 기억에서 잘라냈는지를 보여주는 적절한 비유였다.

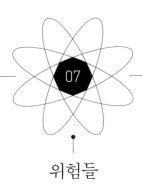

07

위험들

맨해튼 프로젝트 의료 기록을 옹호하는 사람들은 1940년대에 연구자들이 방사선이 인체에 미치는 영향에 대해 거의 알지 못했다고 주장한다. 그들은 관리자들이 마지 드구이어와 같은 노동자들을 그들도 모르게 위험에 빠뜨렸고, 전시라는 비상사태를 감안할 때 가능한 한 신중했다고 주장한다.[1] 이러한 주장을 염두에 두고 나는 맨해튼 프로젝트 의료 연구자들이 방사선에 대해 무엇을 알았으며 언제 그것들을 알게 됐는지를 알아내는 작업에 착수했다. 그에 관한 답은 관리자와 연구자들이 그들이 만들고 있던 핵분열 생성물의 치명적인 위험 대부분을 연구한 처음 몇 년 동안 어떻게 발견했는지를 보여준다. 그러나 이러한 깨달음은 공장 설계, 공장 운영 또는 가장 중요한 방사성 폐기물 처리를 거의 변화시키지 못했다.

미국 국립문서기록관리청National Archives의 애틀랜타 분관에서 나는 듀폰의 젊은 화학 기술자였던 돈 존슨Don Johnson의 수수께끼 같은 의료 파일과 마주쳤다. 이 파일은 방사성 오염 관련 기록의 사라지는 특징, 즉 원자력 산업의 안전에 대한 여러 양극화된 견해를 야기한 특징을 실증한다. 1944년 가을, 존슨은 아픔을 느끼기 시작했다. 그는 메스꺼움과 심한 위통을 느꼈다. 잇몸에서 피가 흘렀고 양다리가 쑤셨다. 피곤했고 식은땀을 흘렸고 미열이 있었다. 리치랜드 의사는 그가 창백하다고 보고했다. 다음 주에 리치랜드 의료 센터의 의사들은 급성 백혈병을 진단했다. 1년 전에 건강에 아무런 이상이 없다는 증명서를 발급받았던 존슨은 맨해튼 프로젝트를 위해 일을 시작한 지 몇 달이 채 지나지 않아 37세의 나이로 사망했다.

듀폰 관계자들은 존슨이 리치랜드에 오기 전에 시카고의 금속연구소와 오크리지에서 방사선원線源에 노출된 적이 있다는 것을 인정했지만, 그들이 언급했듯, 이는 당시 확립된 허용치보다 낮은 수준이었다. 연구자들은 30대의 경우 하루에 0.1뢴트겐을 "허용 선량"으로 설정했다. 그들은 당시 외부 선원에서 나오는 감마선(파장이 아주 짧은 전자기파)과 섭취 또는 들이마신 물질에서 나올 수 있는 베타 및 알파 입자(원자핵에서 방출)의 전리 방사선*이 세포를 손상시켜 암과 유전적 문제를

---

* 전리 방사선電離放射線은 이온화ion化 방사선으로도 불리는 방사선으로, 원자 또는 분자로부터 전자를 떼어내어 이온화시키기에 충분한 운동 에너지를 전달할 수 있는 입자들로 구성된다.

야기할 수 있음을 알고 있었다.[2] 존슨의 경우는 듀폰 그룹에 많은 불안을 불러왔다. 제3자를 통해 존슨이 알 수 없는 독소에 노출되었음을 알게 된 존슨의 아내는 보상을 위해 소송을 제기했다. 듀폰 변호사들은 법적 책임을 인정하려고 하지 않았지만, 연방정부가 그녀에게 조용히 합의금을 지불할 것을 그로브스 장군에게 권고했다.[3] 거대한 플루토늄 공장의 건설을 책임진 듀폰의 중역 로저 윌리엄스Roger Williams와 크로포드 그린왈트는 이미 작업자의 안전에 대해 긴장하고 있었다. 존슨의 사망은 그들의 근심을 고조시켰다.

듀폰 관리자들은 작업장 위험이나 아픈 노동자들을 잘 알고 있었다. 1930년대 초, 듀폰의 한 화학염색공장 노동자들이 방광암에 걸렸다. 듀폰 관계자들은 노동자들에게 암을 유발하는 것이 무엇인지 알아내기 위해 독일의 독소 전문 과학자 빌헬름 휴퍼Wilhelm Hueper를 고용했다. 휴퍼는 염료 생산에 사용되는 새로운 화학 물질인 베타나프틸아민을 분리하여 이것이 쥐에게서 방광암을 유발했다고 말했다. 듀폰 관계자들은 화학 물질을 생산 라인에서 제거하는 대신 휴퍼를 연구 프로젝트에서 떠나도록 했고, 그가 문제를 포기하지 않자 해고했다. 휴퍼가 연구 결과를 공개할 것을 두려워한 그들은 회사 소속 케터링 연구소 Kettering Lab에 있는 또 다른 과학자 로버트 케호Robert Kehoe에게 휴퍼의 연구 결과를 신뢰하지 못하게 하는 연구를 수행하도록 했다. 그 후 20년 동안 듀폰 노동자들은 베타나프틸아민을 계속 사용했는데, 이로 인해 그것에 노출된 직원 10명 중 9명이 방광암에 걸렸다.[4] 이후 20년 동안 듀폰 관계자들은 국립암연구소National Cancer Institute 환경 유발암 프로그램의 책임자로서 휴퍼가 내놓은 작업을 공격하고 검열했다.[5] 이러한 경험으로 인해 듀폰 관계자들은 작업장 독소의 장기적 결과와 법적 책임의 위협에 대해 맨해튼 프로젝트 책임자들보다 더욱 민감하게 대응했다.[6]

1943년, 윌리엄스와 그린왈트는 육군공병단 장교들에게 자신들이 설계하고 있는 원자로와 처리공장의 잠재적 위험에 대해 많은 질문을 던졌다.[7] 이 질문들은 세계 최초로 산업 규모의 인공 방사성 동위원소들을 지구 생물권으로 내보내는 것에 대한 그들의 불안을 드러낸다. 경영진은 다음과 같이 물었다. "폐경기가 지난 여성이나 나이든 남성을 고용하면 어떤 이점이 있습니까? [당시 일일 허용 선량] 0.1라드rad는 노동자들의 자손에게 유전적 변형을 야기하는 것에서 안전합니까? 인간의 자연 돌연변이율은 얼마나 됩니까? 즉 괴물의 수, 자연발생적으로 결함을 지닌 어린이가 태어날 비율과 유산流産의 비율은 얼마나 됩니까?"[8]

1942년, 그로브스는 건강과 가시성을 고려하여 맨해튼 프로젝트 내에 의료 부서Medical Section를 만들었다. 그로브스와 그의 수석 의무장교인 스태포드 워런Stafford Warren은 노동자들이 "생리적 손상을 입을" 정도로 심한 오염을 입을 것이라고 우려했다. 이는 비밀 유지와 생산 저하를 낳을 수 있는 문제였다.[9] 생산을 보장하는 일은 새로운 의료 부서의 주요 목적이자 본질적인 단점이었다. 수석 의무장교 하이머 프리델Hymer Friedell의 말처럼 "의료 기관의 서비스는 부차적 기능이다. 주요 관심사는 조작자들의 건강을 적절한 수준으로 유지시켜 운영에 어떠한 지장도 발생하지 않게 하는 것이다."[10] 즉 의료 부서는 노동자가 생산할 수 있을 그들의 정도로 건강을 유지시키기 위해 존재했지 방사성 동위원소들이 인체 건강에 미치는 충격에 관한 어마어마한 문제들을 해결하기 위해 존재하지 않았다. 꾸준히 팽창하던 맨해튼 엔지니어링 지구Manhattan Engineering District의 관료제 안에서 의학 연구 부서는 욕심 많은 새언니로서, 가장 정점일 때 총 72명의 의무장교들을 고용해 연구를 수행하고 수만 명의 피고용인들을 관찰하고 살필 뿐만 아니라 주변의 공기, 강, 호수, 농업용 가축 및 농산물의 환경 위생을 돌봤다.[11] 여분의 자원이 거의 없는 상황에서 스태포드 워런은 과학자들에게 빠른 결과를 만들어내고 부처가 법적 책임을 지지 않도록 부처를 보호할 수 있는 연구에만 참여하라고 지시했다.[12] 그러나 워런이 즉답을 주는 경우는 거의 없었다. 듀폰 경영진이 안전 선량과 유전적 결과에 대해 근심스러워하며 던진 질문에 그는 거의 같은 대답을 했다. **연구진이 이 문제들을 연구하고 있습니다. 다시 연락드리겠습니다.**[13]

듀폰의 최고위층은 이러한 무지가 만족스럽지 않았다. 1940년대까지 수십 년 동안 과학자들은 방사능이 불임, 종양, 백내장, 암, 유전자 돌연변이, 그리고 조기 노화와 조기 사망의 일반적인 증상을 유발한다는 사실을 알고 있었다. 1910년대와 1920년대 연구자들은 엑스선이 동물에 암을 일으킨다는 사실을 보여주었다.[14] 1920년대 미국 신문들은 시계의 숫자판에 라듐을 함유한 발광 페인트를 칠하는 일에 고용된 뉴저지의 젊은 여성 수백 명의 이야기*를 대서특필했다. 이 여성들은 6년 만에 고령이 된 것처럼 이상한 증상을 보였다. 머리카락은 얇아지고 희끗희끗해졌으며, 구부정해지고 지팡이에 의지해야 했고, 뼈는 갑작스러운 움직임에 금이 갔다. 잇몸이 부어 피가 나고 치아를 잃었다. 그들은 공원에서 산책을 하거나 데이트를 하거나 다른 젊은 여성들이 하는 일을 할 수 없을 정도로 피곤한 상태여서 자리에 누울 수밖에 없었다.[15]

듀폰 경영진은 바로 이 라듐 사례에 관해 우려했고, 1943년 9월 로블리 에반스Robley Evans 박사가 얼굴 아래쪽에 소프트볼 크기의 종양이 나 있는 라듐 노동자의 사진을 발표한 후 더더욱 근심했다.[16] 에반스는 부검을 마친 라듐 노동자들 중 일부의 뼛속에 적게는 1.5마이크로그램(0.0000015그램)의 라듐이 있었다고 보고했다. 이는 플루토늄 공장이 조만간 생산할 수 톤의 방사성 폐기물에 비하면 아주 적은 양이었다. 한 달 후 듀폰 경영진은 라듐 안내서를 그로브스의 사무실로 보내 우라늄과 우라늄의 방사성 부산물의 영향에 대한 답변을 다시 요구했다.[17]

천연 우라늄은 약하게 방출되며 손상을 입기 위해서는 인체가 장기간 가까이 있어야 한다. 그러나 우라늄이 원자로 내에서 폭발하면 엄청난 양의 에너지뿐만 아니라 중성자 및 새로운 방사성 원소를 방출한다. 이 에너지는 마주치는 모든 원자의 구조에 영향을 미칠 수 있다. 전쟁

---

* 이 이야기를 통해 "라듐 소녀들Radium Girls"의 존재가 세상에 드러났다. 1920년대 전후 미국 뉴저지, 일리노이, 코네티컷에 위치한 시계 공장에서 발광 눈금판을 도색하다가 방사선에 피폭된 여공들을 라듐 소녀들이라고 부른다.

이 끝난 후 원자력위원회AEC(Atomic Energy Commission) 과학자들은 태양의 광선이나 지구의 광물과 같은 원천에서 발생하는 환경의 "자연" 방사선을 강조했다.[18] 그러나 맨해튼 프로젝트의 원자로와 사이클로트론에서 만들어진 새로운 방사성 동위원소들, 즉 아이오딘−131, 스트론튬−89, 세슘−137, 플루토늄−239와 같은 방사성 동위원소에는 자연적인 것이 하나도 없었다. 새로운 플루토늄 공장은 이러한 것들과 다른 수많은 인위적이고 해로운 동위원소들을 과잉 생산하겠다고 약속했다. 1943년, 과학자들은 이러한 새로운 핵분열 생성물이 살아 있는 조직에 들어가 생명체를 지탱하는 분자, 세포 및 유전자에 엄청난 에너지로 충격을 가할 때 어떤 일이 일어날지 걱정만 할 수 있었다.[19]

공병단의 약속이 만족스럽지 않았던 듀폰의 크로포드 그린왈트는 맨해튼 프로젝트에서 유일무이했던 자신의 연구 프로그램을 컬럼비아 고원이라는 특정한 환경적인 파노라마 안에서 시작했다. 그린왈트는 방사성 폐기물을 강으로 흘려보낼 배수관을 설계하기 전에 한 어류 전문가에게 컬럼비아강의 수문과 서식지 조사를 요청했다.[20] 한 기상학자를 불러서는 공장 굴뚝을 휩쓸고 지나간 강력한 바람을 연구했다.[21] 듀폰 경영진은 자신들을 전담하는 의료 보건 직원을 요청했고 더 많고 우수한 의사들과 연구자들을 요구했다.[22] 공병단 장교들은 이러한 안전 예방 조치가 "과도하게 비싸고 정교하다"고 생각했지만 비용을 지불했다.[23] 동시에 스태포드 워런은 여러 대학의 연구자들과 계약을 맺고 다양한 방사성 동위원소가 동물과 사람에게 미치는 단기적 영향에 대한 연구를 수행했다.

캘리포니아대학University of California의 크로커 연구실Crocker Lab에서 조셉 해밀턴Joseph Hamilton 박사는 W현장(핸퍼드)에서 생성된 핵분열 생성물이 식물뿐만 아니라 동물과 인간의 신체에서 어떻게 대사代謝될 것인지, 그리고 그것들이 토양에 들어갔을 때 어떤 일이 일어날 것인지를 연구하는 일을 제안 받았다. 해밀턴은 방사선의 생물학적 영향에 대한 연구의 최첨단에 서게 되어 매우 흥분된 듯 간절한 마음으로 과제를 수락했다.[24] 해밀턴은 오랫동안 새로운 진단 도구이자 인간 질병의 치료제로서 방사성 동위원소를 열렬히 지지하는 사람들 중 한 명이었다. 1930년대에 그는 시청자들 앞에 서서 방사성 아이오딘을 삼키고는 몇 분 후 갑상선이 가이거 계수기를 격렬하게 딸깍거리게 만드는 모습을 보여주었다.[25] 1936년 그와 그의 동료 로버트 스톤Robert Stone은 자발적으로 참가한 백혈병 환자들에게 방사성 나트륨을 실험했다. 1939년 스톤은 리무진을 타고 샴페인을 마시며 도착한 부유한 암 환자들을 사이클로트론에서 중성자 목욕으로 치료했다. 이 환자들 중 거의 절반이 방사선 부작용으로 끔찍한 고통을 겪다가 6개월이 지나지 않아 사망했다. 1941년 해밀턴은 골암骨癌 환자들 중 지원자 6명에게 방사성 스트론튬을 주사했으나 실망스러운 결과만을 보았다.[26] 방사선 생물학의 선도적인 연구자이자 옹호자로 명성을 얻은 스톤과 해밀턴은 1942년 최우선 순위 맨해튼 프로젝트의 의료 부서에 참여하라는 초청을 받았다.

해밀턴은 방사성 동위원소의 신진대사를 연구하기 시작했다. 하지만 그의 연구 주제는 육군 장성이 전화를 걸어 방사성 부산물로 적군을 중독시킬 수 있는지 물어보면서 이상하게 변질되었다. 해밀턴의 연구실은 자금, 인력, 특히 시간 부족에 시달렸음에도 불구하고, 해밀턴은 1943년 바로 이 방사능의 "전술적" 사용에 관한 문제를 해결하기 위해 당혹스럽고 비용이 많이 드는 우회로를 택했다. 장군의 제안에 따라 그는 핸퍼드의 방사성 폐기물이 어떻게 "공격적 목적"으로 쓰일 수 있는지 조사했다. 해밀턴은 쥐에 방사성 용액을 주입하고 쥐가 흡입하고 섭취할 수 있도록 용액을 연기와 음식 알약으로 바꿔 쥐가 죽게 하는 가장 확실하고 신속한 방법을 찾아내려고 했다.[27]

맨해튼 프로젝트의 보안은 지식을 "알아야 할 필요"를 기준으로 분류했고, 해밀턴의 보고서는 듀폰을 우회하여 의료 부서 내의 지휘 계통을 따라 그의 상관에게 전달되었다.[28] 이 보안 장벽은 맨해튼 프로젝트 내에서 기이하게 평행을 이루는 서신 교환의 행태를 만들어냈다. 예컨대 1943년 여름 듀폰 경영진이 핸퍼드의 방사성 동위원소에 노출될 경우 노동자들의 건강에 미치는 영향에 대해 그로브스와 근심스러운 서한을 교환하는 동안, 해밀턴은 시카고의 스톤과 "24시간 내에 [적국 인구] 모두가 메스꺼워하고 구토하고 무력화"되도록 만들기 위해 핸퍼드 폐기물을 사용하는 가장 좋은 방안에 대해 논의했다.[29] 듀폰 경영진이 핸퍼드 공장 주변의 우묵한 그릇 같은 지형에서 기류가 소용돌이쳐서 생긴 역전에 의해 지역 소도시들이 방사성 먼지로 뒤덮이는 일에 관해 걱정하는 동안, 해밀턴은 방사성 먼지를 적국 도시 상공의 대기 흐름에 가두기 위해 동일한 역전 효과를 가장 잘 이용할 수 있는 방법이 무엇인지를 결정하기 위해 기상학자와 협력했다. 듀폰 관계자들이 핸퍼드 폐기물의 고방사능성에 관해 불안해하는 동안, 해밀턴은 100파운드의 동일한 폐기물의 퀴리 수를 추산하고 있었다. 그는 이러한 폐기물이 "공격적 목적"을 위해 지상에 퍼져 수원지로 스며들거나 기체로 바뀔 수 있다고 생각했다.[30] 해밀턴의 보조원들은 "[방사성] 스트론튬 연기가 가장 지독한 전쟁용 독가스보다 100만 배는 더 치명적일" 정도로 폐기물이 너무나 강력하다면서 흥분했다.[31]

해밀턴은 많은 동포들과 마찬가지로 전쟁에서 승리하는 데 몰두했지만, 그의 연구 프로그램은 공중 보건에 대한 듀폰의 우려를 부지불식간에 뒤집어버렸다. 해밀턴은 안전성을 높이기 위한 방법을 모색하는 대신 거대한 방사능 위험을 만들어내는 방법을 연구했다. 해밀턴은 생명을 보존하는 방법을 결정하는 대신 죽음을 초래하는 최선의 방안을 연구했다. 해밀턴의 부하들은 구체적으로 방사성 폐기물을 무기武器 용도로 처리하는 공장을 건설할 것을 제안했다. 핸퍼드가 곧 베수비오 Vesuvius산 정도의 방사성 폐기물을 생산할 것이라는 점을 고려하면, 이 제안은 오늘날 잔인할 정도의 냉소로 읽힌다.[32]

그러나 당시 해밀턴의 연구 결과는 군사적 관점에서 고무적인 것이었다. 해밀턴은 재래식 폭탄의 경우 투하된 후 손상을 입히고는 파괴가 중단된다고 지적했다. 반면 방사성 폭탄은 폭발한 지 한참 후에도 파괴를 보장한다. 해밀턴은 "[방사선에] 내부적으로 감염된 사람은 피폭 후 수개월 동안 체내 피폭될 것"이고, "수명이 긴 핵분열 생성물은 상당량이 폐에 장기간 유지된다"고 보고했다. 그는 핸퍼드에서 방출되는 많은 방사성 부산물(스트론튬, 바륨, 방사성 아이오딘)이 소화관에 쉽게 흡수되어 골수로 이동한다는 사실을 발견했다.[33] 다시 말해, 적에게 흡수된 방사선은 몸속 깊숙이 파묻혀 있는 째깍거리는 시한폭탄과 같았다. 해밀턴은 상대적으로 적은 양의 방사성 물질을 적절한 환경 조건에 삽입하여 전체 공동체를 무력화시키거나 심지어 살상하는 것은 무척이나 쉬운 일이라고 낙관적으로 보고했다.[34]

방사성 먼지나 연기는 기온 역전에 의해 갇히거나 소용돌이치는 기류, 강과 지하수에 살포된 핵분열 생성물, 작물에 내려앉은 방사성 입자에 의해 확산된다. 이는 안전을 의식하던 듀폰 경영진을 괴롭힌 악몽과도 같은 시나리오였다. 1944년 가동 일시가 다가옴에 따라 그들은 곧 생산할 제품의 "초超독성"에 관해 더 큰소리로 우려하기 시작했다.[35] 오크리지에 위치한 듀폰의 시험용 원자로에서 과학자들은 "극미한 양의 방사능 물질"이 "광범위한 오염"을 일으킬 수 있다는 사실에 대단히 놀랐다.[36] 1943년 말과 1944년 초, 듀폰 경영진은 맨해튼 프로젝트 현장의 다른 사람들과 함께 안전과 보건에 대해 더욱 긴급한 질문을 던졌다.[37]

다행히도 듀폰 기술자들은 방사성 폐기물의 공격적 사용에 대한 해밀턴의 무시무시한 월간 보고서를 접할 수 없었다. 하지만 그들은 세계 최초의 플루토늄 공장을 안전하게 가동하고 공장이 생산하는 수백만 갤런의 방사성 기체와 액체를 처리하는 방법에 대한 실질적인 답변 또한 의료 부서로부터 얻을 수 없었다. 긴급하다는 느낌이 만연했음에도 불구하고, 의학 연구 프로그램을 시작한 지 2년이 되었지만 해밀턴이나 로체스터Rochester, 오크리지, 시카고의 연구실에서 작업하던 그의 동료들 중 어느 누구도 유용한 답을 얻지 못했다.[38] 답변의 부재는 결코 놀라운 일이 아니었다. 맨해튼 프로젝트 연구자들은 자신들의 연구 결과를 발표하거나, 학회에서 논의하거나, 심지어 맨해튼 프로젝트의 다른 분야에서 연구 중인 동료 과학자들에게 도움을 요청할 수 없었다.[39] 그러는 동안 핸퍼드 폐기물 문제와 가장 직접적인 관련이 있는 해밀턴의 프로그램은 방사성 부산물의 군사적 응용을 연구하는 데 1년을 허비했다.

1943년 12월, 스톤은 해밀턴을 히포크라테스 선서Hippocratic Oath* 방향으로 부드럽게 선회시켰다. "우리는 공격적 방사능 전쟁을 조사할 권한은 없지만 정상적인 운영이나 사고로 인해 공장 주변에서 발생할 수도 있는 먼지의 활동에 관해 가능한 한 많이 알아내야 하는 책임이 있다."[40] 해밀턴은 전문직에서 성공을 거두는 최선의 방법에 대한 특유의 예민함을 가지고 재빨리 측정을 다시 했다. 불과 3주 후, 그는 그의 연구진이 이전에 수행했던 것과 매우 유사하지만 이제는 프로젝트 공장에서의 "사고 또는 정상적인 운영"이라는 맥락에서 방사성 연기와 먼지를 연구하겠다는 새로운 제안서를 스톤에게 보냈다.[41]

느린 방사성 사망을 유도하는 방법을 계산한 해밀턴의 1년 동안의 연구는 연구자들이 산업적 규모의 생산이 시작되기도 전에 맨해튼 프로젝트 공장들이 생산할 제품과 부산물의 살상 특징에 대해 기발한 아이디어를 가지고 있었음을 보여준다. 해밀턴의 서신은 또한 (스태포드

---

* 히포크라테스 선서Hippocratic Oath는 의사의 윤리에 대한 선서문이다.

워런과 그의 충성스러운 부관 하이머 프리델 등) 군사 의무장교들과 (스톤과 해밀턴 등) 민간 의학 연구자들 사이에 실질적인 이념적 분열이 없었다는 점도 보여준다. 모두가 전쟁이라는 대의에 가장 직접적인 방법으로 봉사하는 데 여념이 없었을 뿐이다.

방사성 무기에 관한 해밀턴의 탐구는 또한 대량살상이 이뤄지는 전쟁의 한가운데 자리한 맨해튼 프로젝트 의학 프로그램의 본질에 대해 알려준다. 죽음과 파괴에 대한 냉정한 평가, 적국 대중이 "24시간 내에 메스꺼워하고 구토하고 무력화되는" 것에 관한 상상의 과잉, 맨해튼 프로젝트 공장 인근의 미국인들에게도 똑같은 각본대로 전개될 것이라는 상상의 결핍이 바로 그것이다. 아마도 이러한 초기의 군사적인 서광은 맨해튼 프로젝트의 의학 역사에서 뒤이어 무슨 일이 벌어졌는지를 설명하는 데 도움이 될 것이다.

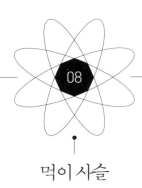

먹이 사슬

1943년, 맨해튼 프로젝트의 의료 방사선학자들은 플루토늄이 아주 위험한 물질은 아닐 것이라고 예측했다. 플루토늄이 먼 거리를 이동하며 벽, 의복, 피부를 관통해 인체로 침투할 수 있는 유형의 방사성 에너지인 감마선을 거의 방출하지 않는다는 점에서 라듐과는 달랐기 때문이다. 대신 플루토늄은 알파 방사체였다. 알파 입자는 머리카락 너비보다 더 많이 이동하지 않으며 종이 한 장으로 멈출 수 있다. 결과적으로 연구자들은 플루토늄이 라듐보다 50배는 덜 위험할 것이라고 추정했다.[1]

1944년 2월, 해밀턴은 첫 번째 할당량 중 하나인 11밀리그램의 액체 플루토늄을 수령했다. 이 새로운 동위원소가 신체에 미치는 영향에 대한 실험실 실험을 시작하기에 충분한 양이었다. 해밀턴의 연구진은 생쥐 실험을 시작한 다음 쥐, 토끼, 개, 원숭이로 실험 대상을 바꿔갔다.

연구자들은 피부에 플루토늄을 바르고 혈액과 근육 조직에 플루토늄이 함유된 용액을 주입했다. 첫 번째 실험 결과가 종합되면서 플루토늄의 형상은 점점 더 암울해졌다. 해밀턴은 플루토늄이 일단 체내에 들어가면 골격에 자리를 틀고 혈액세포를 생성하는 취약한 골수에 구멍을 뚫는다는 사실을 발견했다. 해밀턴은 신체에서 플루토늄을 제거하는 방법을 찾기를 바랐지만 운이 없었다.[2] 연구진은 플루토늄이 생체 축적에 대한 기이한 수단을 가지고 있으며 장기에 집중하고 신체가 잘 자라기 위해 사용하는 생화학적 과정에 스스로를 삽입시키는 사실을 발견했다. 예컨대 갑상선은 게걸스럽게 방사성 아이오딘을 들이마셨다. 플루토늄과 스트론튬-89는 칼슘을 모방하여 빠르게 골격으로 이동했다. 스트론튬-89 또한 태반에서 태아로, 모유에서 신생아로 빠르고 쉽게 이동했다.[3] 오크리지의 의료 책임자 존 워스John Wirth는 방사성 동위원소가 스스로를 생물학적 과정에 삽입시키는 방법에 매료되었다. 그는 "이것[방사능]이 흡사 살아 있는 생명체인 양 어디든 스스로를 쉽사리 퍼뜨리려고 하는 것 같은 모습"에 경탄했다.[4]

해밀턴의 피폭된 실험용 동물들은 몸이 나빠졌고 털이 회색으로 변했으며 간은 악화되었다. 동물들은 림프종, 골육종骨肉腫, 전암前癌세포를 얻었다.[5] 컬럼비아대학에서 연구자들은 생쥐를 고속 중성자에 노출시켰다.[6] 생쥐들은 체중, 털, 백혈구가 줄어들었다. 빈혈에 시달렸고, 불임이 되었으며, 백내장을 얻었다. 폐에 염증이 생기고 박테리아로 뒤덮였다. 이상하게도, 생쥐들은 이러한 증상들에 다양한 방식으로 시달렸으나 동일한 방식으로 시달리는 개체는 하나도 없었다. 34주 후, 대부분의 생쥐는 죽었다. 부검에서 종양, 암, 장기 부전 외에 구체적인 사인을 밝혀내지 못한 의사들은 사망을 "전반적인 손상" 때문이라고 말했다.[7] 연구진은 이러한 증상들의 무작위적이고 모호한 특성이 문제라는 점을 확인했다. 그들은 신체가 다량의 방사선에 노출되었다는 명백한 징후가 무엇인지 알아내기를 바랐다. 하지만 연구진은 특정 신체에서 여러 종류의 방사성 동위원소가 그것들만의 예외적인 방식으로 작용하고, 폐렴, 빈혈 또는 결핵처럼 일반적인 질병에 시달리는 신체의 증상과 구별하기 어려운 증상을 일으킨다는 사실을 발견했다. 즉 비교적 쉽게 방사선으로 인한 사망을 평범한 질병에 의한 사망으로 오인하거나 방사선 질환을 일반적인 불안과 병약함에서 오는 불분명한 질환으로 착각했다.

연구진이 실험에 쓴 선량은 직원이 사고나 폭발 과정에서 경험할 수 있을 정도의 높은 수치였다. 대다수의 직원과 행인들은 매일 훨씬 더 낮은 선량에 노출되지만 이러한 피폭은 몇 달, 어쩌면 몇 년 동안 계속될 수 있다. 장기간에 걸친 저선량 실험은 시간이 걸렸고 인체 내 방사성 동위원소의 미세한 수치를 측정할 수 있는 능력을 요구했는데, 이는 맨해튼 프로젝트 연구자들이 1944~45년에 아직 숙달하지 못한 기술이었다.[8] 새로운 방사성 동위원소의 장기적 영향에 대한 연구는 거의 없었다. 로체스터대학University of Rochester의 연구자들은 만성적 방사선이 생쥐, 원숭이, 쥐, 개에게 미치는 영향에 대해 2년 동안 연구했다. 동물들은 맨해튼 프로젝트의 노동자들에게 승인된 허용 선량과 동일한 선량의 엑스선에 쬐였다. 그러나 대다수의 실험이 실패했다. 전염병인

장티푸스와 결핵이 생쥐와 원숭이를 덮쳐 그들을 사망에 이르게 함으로써 결과를 왜곡시켰기 때문이다.[9] 연구진은 종양, 암, 뼈 분해 등 1920~30년대에 라듐과 엑스선에 피폭된 노동자들이 시달렸던 증상을 찾고 있었다. 그들은 흔한 질병에 대한 취약성을 유발할 수 있는 면역 장애를 찾고 있지 않았다. 만약 그랬다면, 생쥐와 원숭이를 덮친 전염병은 실험에 실패했다는 신호가 아니라 연구의 결과로 받아들여졌을 것이다.[10]

한편 유전학자팀은 초파리(초파리 속genus *Drosophila*) 7만 3,901마리에 대해 25라드(당시 노동자들에 대한 연간 허용 선량)에서 조사照射를 시작해 4,000라드까지 수준을 높였다. 1920년대부터 유전학자들은 방사선이 유전적 돌연변이에 미치는 영향을 알고 있었다. 1925년, 유전학자 허먼 뮐러H. J. Muller는 엑스선이 초파리 염색체에 손상을 입힌다는 연구로 노벨상을 수상했다. 후속 조사 결과, 모든 종에서 방사선이 돌연변이를 유발한 것으로 밝혀졌다.[11] 맨해튼 프로젝트 연구에서 연구자들은 심지어 최저 선량이라도 후손에게서 나타날 돌연변이율에 직접적인 영향을 미친다는 것을 발견했다. 연구자들은 생쥐로 옮겨갔고, 생쥐가 받은 선량이 크면 클수록 돌연변이의 가능성이 더 높다는 것을 발견했다.[12] 유전학자들은 맨해튼 프로젝트 노동자들에게 적용되는 일일 허용 한계에 의문을 제기하며 연구를 다음과 같이 결론지었다. "우리는 하루에 0.1 라드의 인간 피폭을 받아들일 수 있는지 의문을 가질 수밖에 없다." 연구진은 어느 정도의 방사선 선량이 안전한지에 대해 의문을 제기했다. 이는 염색체 손상이 가지는 무작위적 특질이 눈 색깔의 표면적 차이에

서부터 모호하지만 걱정스러운 "일반적인 활력 또는 수명의 감소"에 이르는 다양한 변화를 후손에게서 촉발시켰기 때문이다.[13]

맨해튼 프로젝트 연구자들 대부분은 전쟁에서 승리하고 미국인들의 생명 손실을 최소화하는 직접적인 목표에 초점을 맞췄다. 그들은 핵무기 공장의 잠재적 사상자를 더 큰 위험에 처한 전쟁터의 군인들 옆에 나란히 세우면서 핵 위험이 비교적 무시해도 될 정도라고 판단했다. 그러나 의료 부서의 주변부에서 연구하던 소수의 유전학자들은 사태를 다르게 보았다. 그들은 "사회와 인류의 관점에서" 원자력을 장기적으로 그리고 대규모로 배치하는 일의 영향에 대해 반성했다.[14] "의학 개요Medical Summaries"라는 제목의 거대한 문서철에 던져진 그들의 보고서는 방사성 동위원소가 신체 내에 빠르게 자리잡고 그곳에 머물며 생물학적 체계에 영향을 미치는 방식에 대한 불안함을 보여준다. 방사성 동위원소가 일단 산업적 규모로 유통되면, 더 이상 인간 존재의 외부적 요소로 남아 있지 않고 오히려 인간 진화의 길에서 영속적인 우회로(또는 막다른 골목)가 될 수 있다는 것이다.[15]

물론 인간이 방사성 동위원소와의 접촉을 최소화한다면 이러한 암울한 의학적 발견의 결과는 피할 수 있을 것이다. 맨해튼 프로젝트 연구자들은 이 목표를 염두에 두고 플루토늄과 다른 핵분열 생성물이 체내에 들어올 수 있는 경로를 찾았다. 과학자들은 이 방사성 동위원소 입자들이 야외에서 초원으로, 강으로, 기류로 이동한다는 것을 발견했다. 핸퍼드 공장을 넓게 트이고 사람이 드문드문 거주하는 컬럼비아 고원에 설립하는 아이디어는 기술자들이 이 지역을 수십만 갤런 그리고 결국에는 수십억 갤런의 방사능과 유독성 폐기물을 처리할 수 있는 거대한 싱크대로 이용하려는 데서 나왔다. 과학자들은 광대한 영토로 인해 방사성 동위원소가 대기, 토양, 수중으로 흩어져 모든 사람에게 해롭지 않은 수준으로 희석될 것이라고 생각했다. 강한 바람은 높은 굴뚝에서 나오는 방사성 기체를 날려 보낼 것이다. 컬럼비아강은 물살이 빠르고 유량이 풍부해서 액상 폐기물을 태평양으로 신속하게 운반할 것이다. 공장 주변의 수 마일에 걸친 완충 지대에 있는 흙과 공장 아래의 모래 퇴적물은 방사성 폐기물을 손쉽게 흡수하여 사라지게 할 것이다. 이러한 싱크대 관념은 산업폐기물 처리에 대한 19세기적 관념을 20세기의 쓰레기에 적용한 것이었다. 방사성 쓰레기는 감각으로 감지할 수 없기 때문에 당시에는 기발하게 들렸던 아이디어 중 하나였다. 울퉁불퉁한 컬럼비아 고원으로 시선을 돌리자 싱크대 개념을 가시적으로 이해할 수 있었다.

듀폰 기술자들은 컬럼비아 고원 파괴에 무모하게 접근하지 않았다. 그린왈트는 핸퍼드가 분지의 가장 밑바닥에 있다는 것을 재빨리 알아차렸다. 기상학자에게 자문을 구한 그린왈트는 불행히도 지역의 기류가 핸퍼드에서 유출된 기체를 고르게 분산시키지 못한다는 사실을 알게 되었다. 고원의 정상부에 부는 따뜻한 공기는 종종 아래에 차가운 공기를 가두는 천장을 형성했고, 그렇게 가둬진 공기는 지면 근처에서 액체처럼 순환하여 흐르면서 컬럼비아강을 넘어 파스코와 리치랜드를 향해 남쪽 방향으로 이동했다. 그곳에서 "고농도 방사능" 병목 현상이 일어날 수 있었다.[16] 그린왈트는 조건이 좋을 경우 안정적인 기류가 굴뚝에서 배출된 기체를 높이 들어 올려 수 마일에 걸쳐 방출했지만 그러한 방출 기체가 거의 대부분 남동쪽으로 이동하여 지역의 주요 인구 거주지인 리치랜드, 파스코, 케너윅Kennewick과 60마일 떨어진 월러월러 Walla Walla까지 가곤 한다는 사실을 알게 되었다. 어떤 때에는 하강 기류가 거의 희석되지 않은 방출 기체를 수 피트 내에 축적시키기도 했다.[17] 프랭크 마티아스는 1944년에 이런 불안한 시나리오를 알게 되었지만 그때까지 공장의 설계나 위치와 관련하여 아무것도 할 수 없었다. 대신 마티아스는 일단 공장이 지어져 가동되기 시작하면 기술자들이 좋은 기상 조건을 기다리면서 생산을 보류할 것이라는 절박하고 낙관적인 믿음을 일기에 적었다. 마티아스와 그린왈트는 생산에 적절한 날씨를 예측하기 위해 높은 탑을 지었다.[18] 한편 공장은 좋은 날씨에도 궂은 날씨에도 24시간 내내 가동됐다.

해밀턴은 오버스트리트R. Overstreet와 제이콥슨L. Jacobson이라는 두 명의 토양 전문가를 고용했다.[19] 그들은 핸퍼드 구역 아래의 토양을 실험한 결과 핸퍼드 지역의 토양이 핵분열 생성물을 유지하는 데 놀라울 정도로 높은 역량을 보여주었음을 발견했다. 오버스트리트와 제이콥슨은 수직의 유리관에 흙을 채우고는 핸퍼드에서 가져온 방사성 폐기물을 부었다. 그들은 폐기물의 80~90퍼센트가 아래로 스며들지 않고 겉흙의 최초 몇 인치에 머물렀음에 주목했다.[20] 이는 그린왈트의 기상학 연구처럼 싱크대 개념과 직접적으로 모순되기 때문에 당황스러운 결과였다. 방사성 동위원소가 핸퍼드의 흙과 쉽게 결합되고, 대부분의 방사능이 겉흙에 잔류하며, 바람이 컬럼비아 고원 내부에서 인구 거주지를 향해 순환한다면, 결과는 방사성 동위원소의 확산이 아니라 사람, 식물 및 동물군이 그것들과 접촉할 가능성이 가장 높은 곳에만 방사성 동위원소가 집중되는 것일 것이다.

해밀턴은 이 문제를 두고 고심하면서 꽃이 무척 화려한 캘리포니아 버클리에서 건조하고 먼지투성이의 파스코에 있는 한 동료에게 다음과 같이 썼다. "내가 생각하기로는 가장 중요하지만 보고서에서는 그리 강하게 강조하지 않았던 무척이나 중요한 문제가 있네. 핵분열 생성물이 대규모로 겉흙과 어떻게든 접촉하게 될 경우 달갑지 않은 상황이 벌어질 것이라는 점이네. 그런 상황에서 오염된 흙이 제대로 묻히지 않거나 다른 방법으로 처리되지 않는다면, 그 물질은 바람을 타고 엄청난 거리를 이동할 수 있네."[21]

핵분열 생성물을 겉흙과 접촉시키는 것은 해밀턴이 편지를 썼을 때 듀폰 기술자들이 하려고 했던 일이다. 듀폰 기술자들은 가장 위험한 폐기물은 배관을 통해 지하 저장고로 보내고, 저준위 폐기물은 우물물과 섞은 뒤 지면의 움푹 파인 곳에 부어서 개방된 방사성 진흙 늪지와 도랑을 만들어 건조한 공기로 증발시키고 입자를 핸퍼드의 빈번한 모래폭풍을 통해 대기로 보내는 폐기물 처리 시스템을 설계했다.[22] 늪지의 수치를 측정한 듀폰 의료진은 방사능이 높다는 것(시간당 6.5밀리렘)을 발견했다. 1945년 2월, 리치랜드를 방문한 스톤은 이러한 행위를 중단시키려 했지만 너무 늦었다. 노동자들은 수십 년 동안 저준위 폐기물을 개방된 도랑에 계속해서 버렸다.[23]

듀폰 기술자들은 또한 중준위 폐기물을 버리기 위해 다공성 지하 지층에 깊은 "역우물"* 구멍을 팠다. 이 계획에 오버스트리트와 제이콥슨도 우려를 표했고, 우물에 대해 듀폰 기술자들과 상의하기로 했다. 도움을 받은 듀폰 기술자들은 기꺼이 정보와 더 많은 토양 견본을 제공했다. 지하 대수층 근처 지대에 폐기물을 쏟아 붓는 데 많은 문제가 있음을 발견한 오버스트리트와 제이콥슨은 토양이 방사성 동위원소를 끌어들여 그것들이 붕괴될 때까지 붙잡아 둘 것이라고 예측했다.[24] 두 과학자는 오염된 겉흙에서 완두콩과 보리를 재배하는 실험을 진행했다. 그들은 식물들이 방사성 동위원소를 왕성하게 빨아들인다는 사실을 발견했다. 오버스트리트와 제이콥슨은 핵분열 생성물이 주변 토양보다 식물 뿌리에 더 많이 함유되어 있고 비교적 적은 농도로도 식물에 손상을 입힌다는 사실을 확인하고 놀랐다. 이 과학자들은 "토양은 매우 낮은 수준의 오염이라 할지라도 식용 작물에 위험한 양의 방사능을 유발할 수 있습니다"라고 경고했다.[25]

불행하게도 이 모든 뉴스가 핸퍼드의 폐기물 관리가 전제했던 확산 이론을 약화시켰지만 공장 관리자들은 설계나 관행을 변경하지 않았다. 버클리의 제이콥슨과 오버스트리트가 역우물 문제를 연구하는 동안 핸퍼드를 방문한 스톤은 그것들이 이미 설치됐음을 알게 되었다. 그는 해밀턴에게 다음과 같이 썼다. "그들은 다양한 우물의 물에 대한 수질 검사가 오염이 일어나고 있다고 보여주지 않는 이상 이[역우물 설계]를 어떤 방식으로도 변경할 의도가 없네."[26] 불과 몇 달 후, 오버스트리

---

* 역우물reverse wells은 기계 따위의 도구를 사용하지 않고 파 놓은 주입정注入井을 뜻한다.

트와 제이콥슨이 예측한 대로 식수가 방사능으로 오염되는 최초의 사고가 터졌다. 하지만 그 후에도 기술자들은 역우물에 어떠한 변경도 가하지 않았다. 핸퍼드 보건기구 부서Health Instrument Division의 책임자인 허버트 파커Herbert Parker는 그저 우물들을 더 면밀히 관찰하겠다고 약속했을 따름이었다. 이후 몇 년 동안 공장 조작자들은 방사성 폐기물을 깊은 구멍에 계속해서 버렸고, 토양 연구는 잊혔다. 10년 후, 파커는 마치 제이콥슨과 오버스트리트가 그 땅을 한 번도 걸어본 적이 없다는 듯 핸퍼드 현장을 "대량의 액체 폐기물을 지면에서 처리하는 데 감탄스러울 정도로 적합한" 곳이라고 특징지었다.[27]

상징은 때때로 복잡한 현실보다 인간의 상상에서 더 큰 역할을 한다. 멀리서 온 사람들은 컬럼비아강 유역Columbia River Basin을 떠올릴 때 첨단 오염물질을 트림하며 내뱉는 공장들을 생각하지 않았다. 오히려 그들은 연어를 떠올렸다. 거대한 컬럼비아 폭포들을 거슬러 건조한 서부 내륙 중심부 깊숙한 곳에 자리한 산란지로 나아갔던 장엄하고 단호한 물고기 말이다.[28] 연어에게 무슨 일이 생긴다면 핸퍼드 엔지니어링 사업Hanford Engineering Works, 듀폰, 육군공병단은 끝장이 날 수 있는 상황이었다.[29] 공장 설계자들은 강물을 돌려 원자로를 냉각시키는 데 필요하다면서 거대한 펌프를 요구했다. 이 물의 양은 어마어마했다. 1분당 3만 갤런의 물이 원자로 노심을 통해 흘러나갔다. 방사능 활동으로 뜨겁게 데워진 오수로 바뀐 물은 몇 시간 동안 냉각된 뒤 펌프를 통해 다시 컬럼비아강으로 보내졌다. 핸퍼드 공장이 컬럼비아강 상류의 유일한 오염원이 되리라는 점을 의식한 그린왈트는 1943년 한 어류학자를 핸퍼드로 불러 방사성 유출물이 공장 근처에서 산란하는 연어에 어떤 영향을 미치는지 연구해줄 것을 요청했다.[30] 몇 달 후, 로렌 도널드슨Lauren Donaldson은 워싱턴대학University of Washington 연구실에서 연어 알들, 알 덩어리, 다 자란 연어에게 복사輻射하는 연구 계획을 시작했다.

국립문서기록관리청의 임의 문건에서 나는 엑스선에 노출된 컬럼비아강 연어의 광택이 나는 3×5 크기 스냅 사진들을 우연히 발견했다. 난황 주머니를 뜯어먹고 사는 생후 1개월의 새끼 연어 치어들은 100라드에서 정상으로 보인다.[31] 250라드에서는 새끼 물고기들과 관련해 수상쩍은 것이 존재한다. 과학자들은 "혼란의 증거"를 보고했다. 사진들은 부풀어 오른 난황 주머니와 핼쑥해진 물고기를 보여준다.[32] 1,000라드에서 물고기의 신체는 급격하게 쪼그라들었고 복부는 종양이 난 것처럼 자랐다. 1만 라드에서 새끼 물고기들의 눈은 백내장으로 인해 하얗게 되고 얼룩져 있다. 나뭇가지 같은 몸이 부풀어 오른 난황 주머니를 붙잡고 있다. 내부에서 반짝이는 검은 생명체가 있다. 새끼 물고기는 입을 벌린 채 헤엄치고, 헐떡인다 500라드 이상의 모든 노출 수준에서 물고기는 곧 죽었다.[33]

그러나 500라드는 높은 수준의 노출로, 연어가 하류로 헤엄치는 과정에서 공장의 폐수 배관을 통해 직접 얻는 수준보다 훨씬 높다.[34] 첫 번째 결과는 보기에는 안타깝지만 물고기 연구자들에게는 희소식이었으며, 귀중한 연어에 해를 끼치기 위해서는 높은 선량의 감마선이 필요했음을 보여주었다.[35] 도널드슨이 자신의 시애틀 연구소에서 물고기가 받은 감마선을 정확히 찾아내기 위해 고안한 복잡한 홀터*를 스태포드 워런이 칭찬함에 따라, 시카고의 연구자들은 실험이라는 측면에서는 덜 우아하지만 요점에는 더 가까운 무언가를 시도했다. 그들은 핸퍼드 폐기물을 희석한 다양한 용액에 금붕어를 넣었고, 금붕어들이 아가미를 통해 폐수를 빨아들이고 수중의 미세한 조류와 플랑크톤을 먹는 모습을 관찰했다. 시카고 연구자들은 물고기들이 그들이 헤엄쳤던 물에 존재하는 양보다 충격적이게도 10~40배 높은 수준의 방사성 성분을 체내에 집중시켰음을 발견했다. 이는 받아들이기 힘든 소식이었는데, 일단 체내에 들어간 방사성 입자들은 체외에서보다 취약한 장기와 세포에 훨씬 더 많은 손상을 줄 수 있기 때문이다.[36]

도널드슨은 컬럼비아강의 송어와 연어로 같은 실험을 반복했다. 컬럼비아강 상류의 높은 둑에 있는 세 기의 원자로에는 각각 강으로 내려보내기 전에 원자로 폐수를 냉각시키는 넓은 분지가 있었다. 도널드슨은 분지 바깥에 개조된 수조**를 설치하고 폐수와 깨끗한 강물을 다양한 희석도로 혼합하여 그 안에 부었다.[37] 원자로 폐수에 곧바로 던져진 물고기는 죽었다. 그러나 희석한 물에서는 잘 자랐고 개체수를 급속히 늘리면서 어항이 감당할 수 없는 수준으로 늘어났다. 도널드슨의 조수

---

* 여기서 홀터halter는 물고기가 헤엄치는 동안 그 자리에 붙잡아 두는 저차원 기술의 끈을 의미한다.
** 여기서 수조fish trough는 소가 물을 마시는 데 쓰이는 구유를 개조한 엄청나게 큰 어항을 의미한다.

리처드 포스터Richard Foster는 연어 몇 마리를 희생시켰다. 부검 결과 물고기는 완두콩, 보리, 조류, 골수 및 갑상선과 같은 반응을 보였다. 그것들은 굶주린 듯 방사성 동위원소들을 빨아들였고, 그 결과 몸속의 방사능 농도는 그들이 헤엄쳤던 물보다 많게는 60배를 초과했다.[38]

1945년 여름, 포스터는 실험용 수조의 물고기들에서 외부 기생충과 세균성 감염증이 발생했다고 보고했다. 그리고 나서 포스터는 7월 27일과 8월 31일 이틀에 걸쳐 강물과 폐수가 각각 3대 1의 비율로 희석된

핸퍼드의 어류 실험실
에너지부 제공.

폐수 속 물고기들이 대량 "폐사"했다고 보고했다.[39] 전쟁이 끝나기 전에 플루토늄을 생산하기 위해 경쟁하던 당시, 원자로들은 하루에 최대 900퀴리를 강으로 흘려보냈다. 포스터는 생산 속도 증가와 이에 따른 강에서의 방사능 폭등에 대해 전혀 알지 못했다. 기밀 정보였기 때문이다. 그는 폐수에서 어떤 물질이 물고기에게 치명적인지를 두고 고민했다. 분명히 그는 그것을 알아내지 못했다. 아마도 포스터가 당시 오크리지에서 발생한 결핵을 치료하던 의사들과 교신하던 생쥐 및 원숭이 연구자들에게 이야기했더라면, 과학자들은 다함께 면역력 약화의 양상을 알아차렸을 것이다. 그러나 맨해튼 프로젝트의 고위 간부들 중 소수만이 각지에서 취합되는 의료 보고서 전체를 받아보았고, 이 사람들은 가장 낙관적인 관점에서 결과를 판단하는 경향이 있었다.

그 결과 포스터의 어류 보고서는 오버스트리트와 제이콥슨의 토양 보고서와 마찬가지로 문서철에 정리되었고, 초파리 유전자, 기상 조사, 그리고 생쥐와 개의 플루토늄 대사에 관한 근심스러운 연구들 옆에 나란히 묻혔다. 이 모든 보고서들은 정보가 한 번 들어가면 절대 나오지 않는 맨해튼 프로젝트의 방대한 문서를 보관해놓은 역우물에 들어갔다.[40] 몹시도 황급했던 전시의 한가운데서 그 모든 보고서들을 읽을 시간과 체력을 보유했더라면, 그나 그녀는 의학 연구 부서의 연구자들이 각자 독립적으로 방사성 동위원소가 살아 있는 유기체에 달라붙어 먹이 사슬의 위로 올라간다는 유사한 결론에 도달했음을 알아차렸을지도 모른다. 이는 먹이 사슬의 최상층에 있는 생물에게는 나쁜 소식이었다.

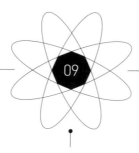

파리와 생쥐와 사람들

1945년 초에 이르러 맨해튼 프로젝트 지도자들은 최초 몇 년 동안의 연구를 통해 상당히 많은 것을 알게 되었다. 그들은 다양한 방사성 동위원소에 피폭되어 손상되는 한도와 그러한 동위원소가 체내로 유입되는 경로를 알고 있었다. 그들은 반감기가 긴 방사성 동위원소들이 가장 큰 문제를 일으킨다는 점과 그것들이 일단 토양과 살아 있는 생명체 내부에 들어가면 감지하거나 제거하기가 어렵다는 점을 알게 되었다. 연구자들은 그러한 동위원소들이 일단 체내로 들어갔을 경우, 방사능이 세포를 파괴하고 암을 유발하며 면역체계, 소화계, 순환계에 문제를 일으키고 노화와 사망을 가속화하는데 이는 모두 무작위적이고 예측할 수 없는 방식으로 진행되었음을 알게 되었다. 그들은 이 연구를 비밀리에 진행해야 한다고 판단했다. "체내의 알려지지 않은 양의 생성물"에 대해 이미 걱정한 바 있는 하청업체와 직원들이 이 연구에 대해 알게 되면 공황에 빠질 수도 있었기 때문이다.[1]

1944년 여름, 듀폰의 로저 윌리엄스는 레슬리 그로브스 장군에게 허겁지겁 서신을 보냈다. 윌리엄스는 지난 몇 개월 동안 그들이 "가장 심각한 건강상의 위험은 제품 그 자체"라는 놀라운 깨달음을 얻었다고 지적했다. 윌리엄스는 "현재 제품[플루토늄] 5마이크로그램(0.000005그램)이 입이나 코 또는 피부 흡수를 통해 신체에 들어가면 치명적인 선량이 될 것이라고 추정되고 있습니다. 제품의 독성 영향은 누적됩니다. 즉 신체에 들어간 제품은 라듐처럼 영구적으로 흡수되고 영향을 끼칩니다"라고 썼다.[2] 이 구절 옆의 여백에는 맨해튼 프로젝트의 한 의무장교(아마도 하이머 프리델)가 "틀렸음"이라고 적었다.

얼마나 많은 선량이 "치명적"이었는지는 이론의 여지가 많은 사안이었다. 윌리엄스는 맨해튼 프로젝트 연구소의 예비 연구 결과와 적어도 생쥐와 개에 대한 해밀턴의 연구, 어류에 대한 도널드슨의 내부 연구 등의 소식을 바탕으로 서한을 작성했다.[3] 윌리엄스는 플루토늄과 다른 방사성 동위원소가 골수, 갑상선, 간, 신장, 폐, 지라 등 민감한 신체 부위에 축적되면 가장 적은 선량이라도 세포를 손상시키고 암 조직이나 유전적 돌연변이의 성장을 촉발할 가능성이 있다고 결론지었다. 그러나 맨해튼 프로젝트 의료 관계자들은 같은 결과를 다른 식으로 보았다. 연구자들은 방사성 동위원소의 선량을 증가시켜 물고기, 생쥐, 개의 신체를 시들게 했고, 실험용 동물들이 아주 높은 선량을 받은 후에야 굴복했다고 지적했다. 중선량에서 과학자들은 세포 변화 및 "물질 표본"

의 특정 약점을 감지했다. 저선량에서 그들은 조직, 장기, 뼈에 방사능이 존재하는 것 외에는 어떤 변화도 감지하지 못했다.[4] 이 실험을 통해 그들은 인간과 동물이 살기에 상당히 안전한 "허용 선량"이 존재한다고 추론했다. 바로 이것이 핵무기로 전쟁에서 승리하는 행보를 변함없이 이어나가기 위해 육군공병단 장교들이 내린 유일한 결론이었다. 만일 유전학자들이 주장했던 것처럼 어떤 선량도 안전하지 않다고 결론내린다면, 핵 사업 전체는 어리석은 짓에 불과했다.[5]

실험 결과는 암울했지만, 새로운 원자력 구역에서의 경험은 그 정도로 암울하지는 않았다. 노동자들은 적어도 유행병 수준의 병은 앓지 않았다. 사산아나 기형아를 주시했지만 엄청난 폭등은 없었다.[6] 동물과 새들이 그곳에서 사라지는 일도 없었다.[7] 물고기들은 "겉보기에 우유 같은" 유난히 따뜻한 물에서도 여전히 컬럼비아강을 오르내리며 헤엄쳤다.[8] 한 번의 검사에서 다음 번 검사를 할 때까지 물고기들이 줄어든 것은 사실이지만 원인은 "설명이 불가능"했다.[9] 오크리지에서는 결핵이 발생했고 회복이 불가능한 피부 질환을 가진 노동자들의 사례도 있었다. 워런은 이러한 사건들이 오크리지 공장에서의 "작업과 확실히 관련이 있다"는 사실을 알게 되었다.[10] 몇몇 우라늄 광부들이 불가사의하게 죽었다.[11] 1945년 여름, 두 명의 군인이 신장에 병을 얻어 핸퍼드에서 월러월러 병원으로 급히 이송되었다.[12] 아울러 많은 수의 직원들에 대한 실험 보고서가 의료부서 장교들에게 배송되었다. 의료진은 그 노동자들을 더욱 안전한 작업장에 재배치할지 아니면 "가능한 배상 요구로부터 정부와 계약자들의 이익을 보호하기 위해" 해고할지에 대해 논의했다.[13] 그러나 이러한 사례는 심도 있게 정리되고 기밀 해제된 파일의 각주에 불과하며 방대한 프로젝트의 더 큰 계획에서 비교적 사소한 사건일 뿐이다.

맨해튼 프로젝트의 의사들은 확실히 하기 위해, 처음에는 오크리지와 로체스터에서, 이후에는 해밀턴의 감독 하에 샌프란시스코에서, 자신이 대상자인지 모르는 18명의 인간 피험자에게 플루토늄을 주사하고 의심하지 않는 5명의 환자에게 폴로늄을 주사했을 때, 이전에 건강하고 "정상적이던" 피험자들은 죽지 않았다.[14] 백혈구 및 적혈구 수치가 급격히 떨어지고 실험 결과 그들의 신체가 쥐와 생쥐의 신체보다 더 높은 효율로 플루토늄을 축적했지만, 인간 피험자는 계속 살아남았다. 이것 역시 희망적인 소식이었다.[15] 연구자들은 피험자들의 소변과 대변에서 방사능을 측정했지만, 피험자들이 음식에 첨가되어 소화관을 따라 혈류에 내려오는 50마이크로그램의 플루토늄-239 또는 18.5마이크로퀴리 상당의 폴로늄을 어떻게 느꼈는지는 기록하지 않았다. 증상과 치료는 중요한 것이 아니었다. 연구자들은 피험자들의 소변과 대변을 연구하여 섭취된 선량을 측정하는 방법을 배우고자 했다. 이는 피폭을 추정하여 그에 따른 작업장에서의 피해에 대해 어떤 법적 책임을 질 것인지와 관련된 "의료법적" 연구 질문이었다.[16] 가족들은 나중에 실험 이후 피험자들의 삶에 드리워졌던 극심한 통증, 나약함, 우울증, 희미한 통증, 불쾌감에 대해 이야기했지만, (해밀턴이 자신의 "실험 재료"였던 가옥 도장업자 앨버트 스티븐스Albert Stevens에 대해 "아주 평범한 개인"이라고 자랑했듯) 인간 피험자들은 삶을 이어나갔다. 그것 또

한 의학적 승리였다.[17]

맨해튼 프로젝트의 지도자들은 이러한 연구 결과를 가지고 작업장에서 무엇을 했을까? 그들은 마치 연구가 없었던 것처럼 그저 일을 지속했다. 1944년 가을, 로버트 스톤은 듀폰 의사들에게 폐경 전 여성들을 공장 일에서 완전히 배제할 것을 권고했다.[18] 그러나 육군공병단 장교들은 듀폰이 소수인종과 소수민족 고용을 우려하여 그들에게 여성을 채용하라고 규정했다.[19] 그리하여 1944년 듀폰 채용 담당자들은 젊은 여성들을 화학처리공장에서 가장 위험한 자리에 배치했다.

1944년 가을 원자로가 가동되자 듀폰 경영진은 폭발로 인해 인구가 많은 핸퍼드 캠프에 방사능이 확산될 것을 우려했다.[20] 그들은 노동자들에게 직장에서 방사선에 피폭되었다고 말하고 대피 훈련을 실시할 수 있도록 그로브스 장군에게 허가를 요청했다.[21] 그러나 그로브스는 보안과 노동자들을 붙들어 두는 일을 더 걱정했다. 그로브스는 시급 노동자들이 잠재적 위험에 대해 알게 되면 그만둘 수도 있다고 주장했다. 주장을 확실히 하기 위해 그로브스는 신뢰할 수 있는 수사적 도구를 꺼냈다. 바로 듀폰의 지역적·개인적 문제에서 국가적 문제("미국이 얻을 수 있는 최고의 이익")로 규모를 전환하는 것이었다. 규모를 가용하는 것은 맨해튼 프로젝트에서 공통적인 수단이었다. 원자력 공장의 위험은 화학 산업의 위험보다 크지 않으며 "맨해튼 지구의 전반적인 긴급성과 양립 가능한" 위험으로 묘사되었다.[22] 가장 유명한 것은 그로브스가 전쟁이 끝난 후 규모를 사용하여 히로시마와 나가사키에서 20만 명 이상의 일본 민간인들이 사망한 것이 "[미국인의] 생명을 구했다"고 주장한 것이었다.

맨해튼 프로젝트 노동자들은 정기적인 "의료 감시"의 대상이 되었다. 의사들은 질병이 방사선과 관련이 없는 경우에만 노동자들에게 의학적 이상에 대해 알려줄 수 있었다. 듀폰 관리자들은 이 지식이 신뢰할 수 있는 공장 의사 그룹 외부로 나가지 못하도록 하기 위해 리치랜드에 저렴하면서 포괄적인 편의를 제공하는 병원을 지었다.[23] 이러한 뉴딜식 의료 프로그램은 듀폰의 보수적인 철학에 정면으로 배치되었

핸퍼드 안전 박람회, 1952년
에너지부 제공.

다. 하지만 이 경우 듀폰 관리자들은 핸퍼드 직원들과 그들의 가족을 위한 보조금 지급 의료 프로그램이 공장 의료진에 대한 통제력을 유지하고 직업적 질병과 정기적 질병의 차이를 덮는 데 권장할 만하다고 주장했다. 서비스 계획은 두 가지 모두에 대한 비용을 지불하므로 "당혹스러운 상황들"과 환자들의 "과도한 공포"를 피할 수 있다. 듀폰의 한 관리자는 맨해튼 프로젝트 관료집단의 문제에 대한 암묵적인 지식을 바탕으로 "이 특징이 지닌 중요한 가치는 쉽게 이해할 수 있다"고 결론지었다.[24]

그러나 상황에 대해 알지 못하는 상태로 방치된 노동자들은 소변 분석, 혈액 검사, 안전 감시팀이 딸깍거리는 장비를 가지고 소독한 것처럼 보이는 시멘트 복도를 지나다니는 이유에 대해 "끊임없이" 걱정했다.[25] 노동자들은 비밀, 불명확성, 강박적인 청소 규제, 울타리, 문, 경보기, 경비원 때문에 무언가가 잘못되었다는 생각을 더 많이 하게 되었다. 노동자들은 그로브스가 노동자들을 아무것도 모르는 상태로 남겨두겠다고 결정했을 때 자신들의 안전을 확신할 수 있어야 했다. 이러한 방식으로 대민 홍보는 점차 공중 보건을 앞질렀다.

1944년 마티아스는 작업장 위험에 대한 교육 대신 안전 박람회Safety Exposition라고 불린 연례 특별 행사를 시작하면서 위험한 공장을 안전의 등불로 재포장했다. 안전 박람회는 엔터테인먼트와 작업 현장의 안전 증진을 위한 전시를 결합했다. 노동자들을 참석시키기 위해 박람회에서는 콘서트, 무용 공연단, 경품 행사, 안전 여왕을 뽑는 미인대회를 열었다. 그로브스는 행사의 주된 목적이 노동자들이 일을 계속할 수 있

도록 "의욕을 고취시키는 것"이라고 강조했다.[26]

듀폰 기술자들이 예정보다 6개월 늦은 1944년 가을 첫 번째 B원자로를 가동했을 때 그로브스는 매우 서두르고 있었다. 당시 독일의 패배는 분명한 상황이었다. 맨해튼 프로젝트의 첩보 또한 독일 물리학자들이 원자폭탄을 생산하지 않을 것이라고 보고했다.[27] 그럼에도 불구하고 그로브스는 전쟁이 끝나기 전에 폭탄을 만들어내려고 안간힘을 썼다. 20억 달러의 비용을 지출해놓고는 아무것도 보여줄 게 없는 상황에 처하지 않기 위해서였다. 그로브스는 서둘러서 듀폰 기술자들에게 처리 공장이 완공되기도 전에 사용후 우라늄 연료를 플루토늄으로 변환하는 작업에 착수할 것을 요구했다. 듀폰 기술자들은 위험할 정도로 방사활성이 높은 방사능 용액으로부터 노동자들을 보호하기 위해 로봇 장치, 지하실, 거대한 시멘트벽을 갖춘 안전 처리공장을 설계했다. 듀폰의 로저 윌리엄스는 처리를 일찍 시작하는 것이 "임시 실험실"에서 작업하는 것으로, "모험적인" 작업에서 노동자들을 방사능 위험에 노출시키는 것을 의미한다고 지적했다.[28]

그로브스의 긴급한 요구에 저항하는 과정에서 듀폰은 한 문제와 맞닥뜨렸다. 1943년, 크로포드 그린왈트는 그로브스에게 1944년 말까지 공장 전체를 완공하겠다고 약속했다. 그러나 앞서 살펴본 것처럼, 차별적인 채용 관행은 건설 진행 속도를 늦추었다. 1943년 여름에 이르러 그린왈트는 첫 번째 원자로의 초기 건설 목표를 달성하지 못했기 때문에 기한을 맞추지 못할 것임을 깨달았다. 듀폰 관리자들은 계속해서 완공 날짜를 늦추려고 했고, 그로브스는 이에 계속 저항했다. "나는 여전

히 그러한 차질을 받아들일 생각이 없소." 듀폰 경영진에게 공사 지연
은 그저 "당혹스러운" 일에 불과했으므로 그로브스가 안전을 희생하는
지름길을 요구했을 때 협상의 여지는 거의 없었다.[29] 결과적으로 1944
년 가을, 듀폰 경영진은 처리공장이 완공되기 전에 플루토늄을 제조하
고 임시 실험실에 젊은 여성들을 고용하고 이로 인해 발생할 수 있는
추가적인 위험도 모두 감수하는 내용에 합의했다.[30]

그로브스는 여전히 달갑지 않았다. 1945년 2월 마침내 가동을 시작
한 처리공장은 하루에 250그램의 플루토늄만을 생산했다. 폭탄에 필사
적이었던 그는 듀폰 관리자들에게 반감기가 짧은 방사성 동위원소가
붕괴되는 데 필요한 3개월이 아니라 5주 만에 냉각지에서 조사된 우라
늄 연료봉을 꺼내는 방식으로 생산을 가속화하라고 지시했다. 그 결정
은 공장이 평상시보다 4배 많은 양의 치명적인 방사성 동위원소를 방
출했다는 것을 의미했다. 이 동위원소들은 대지로, 컬럼비아강으로, 컬
럼비아강을 건너 남쪽과 동쪽으로 떠다니던 공기 덩어리로, 농지를 가
로질러 월러월러와 스포캔Spokane시로 흘러들어갔다. 가장 골칫거리인
반감기가 짧은 방사성 동위원소는 아이오딘-131로, 갑상선에 선택적
으로 축적되기 때문에 문제가 되었다.[31] 1945년 상반기 냉각 기간이 단
축되면서 1월에 월간 수백 퀴리였던 공장의 아이오딘-131 배출량이 6
월에는 월간 7만 5,000퀴리로 급증했다.[32]

핸퍼드에서 방사선 감지를 총괄하는 허버트 파커는 아이오딘 증기
가 굴뚝에서 나와 바람을 타고 표면에 쌓였음을 알아챘지만, 파커는 쉽
게 놀라는 사람은 아니었다. 그는 비정상적으로 높은 방출이 "치명적인

위험"은 아니라고 덧붙였다. 그는 "사기 진작을 위해 특정 대기 조건에서 증기가 늘어나는 것을 제한하는 편이 더 바람직할 수 있다"고 결론지었다.[33] 그리 놀랍지 않게도 파커의 온건한 권고는 묵살되었다. 아이오딘-131의 배출량은 여름 내내 상승했고 전쟁이 끝난 뒤에는 설명이 힘들 정도로 훨씬 더 높게 치솟았다. 모든 관리자들이 조사된 연료 전지를 냉각통冷却桶에서 한 달 더 보관해야 했기 때문이었다. 아마도 일본이 이미 항복했기 때문에 이는 전혀 문제가 되지 않았을 것이다.

방사성 아이오딘 기둥은 일단 방출되면 거의 희석되지 않은 상태로 먼 거리를 이동했다. 12월에 파커의 감지기는 리치랜드와 이웃한 케너윅의 관목과 나무에서 방사성 아이오딘을 측정했는데 이미 충분했던 허용 선량보다 6배나 높은 수준이었다.[34] 월러월러에서는 방사성 아이오딘으로 인한 토양 오염이 처리공장 바로 옆의 토양 오염과 같다는 것을 발견했다.[35]

방사선의 생물학적 영향에 대한 연구가 공장 운영과 별개로 수행된 것처럼 제도적 둔감성이 되풀이되었다. 결과를 그렇게 쉽게 무시할 거였으면, 맨해튼 프로젝트 관리자들은 대체 왜 연구에 신경을 썼던 것일까? 그들이 무슨 생각을 하고 있었는지에 대한 몇 가지 단서가 있다. 1960년, 마티아스는 그로브스에게 물고기 프로그램의 기원에 대해 썼다. 마티아스는 그린왈트의 물고기 프로그램을 그로브스 덕분이라고 잘못 생각했고, 이를 "아주 훌륭한 전술적 움직임"이라고 불렀다. 마티아스는 "만일 우리가 연어 문제를 심각한 문제로 간주하고 그 영향이 심각하지 않다는 것을 입증할 수 있는 많은 증거를 제시하지 못했다면,

1945년 8월 이후 우리는 어부들과 매우 불편한 시간을 보냈을 것이라 확신합니다"라고 편지를 이었다.[36]

마찬가지로 1945년 여름, 허버트 파커는 핸퍼드 노동자들에 대한 정기적인 소변 검사를 실시하길 꺼렸다. 다른 맨해튼 프로젝트 현장에서 그러한 검사가 양성 결과를 받은 사람들 사이에 "상당한 불안을 초래했기" 때문이다. 그럼에도 불구하고 핸퍼드 노동자들은 자신의 몸속에 플루토늄이 있는 것에 대해 걱정했다. 파커는 검사 프로그램을 시작하는 것이 "공장의 사기"에 도움이 되지만, 결과가 양성일 경우 그 노동자는 사기에 훨씬 더 큰 문제가 생길 것이라고 주장했다. 파커는 긴 주말이 지난 후 노동자들을 검사하는 계획을 고안함으로써 이 함정에서 빠져나왔다.[37] 노동자들이 며칠간의 휴가를 보낸 후 진행된 검사는 그들에게 각자의 자택 화장실에서 가장 방사능이 활발한 견본을 소변으로 안전하게 배출할 수 있는 시간을 주었고, 이는 또 하나의 훌륭한 전술적 움직임이었다.[38] 소변 검사를 받음으로써 노동자들은 특히 결과가 음성이었을 경우 더 안전하다고 느꼈고, 이는 사기에도 좋았다. 초기 환경 연구와 마찬가지로 의학 연구는 원자력 시대의 위험한 변경에서 불안감에 휩싸인 채 고생스럽게 일하던 노동자들을 상대할 때 유용한 대민 홍보 기능을 가지고 있음을 입증했다.

맨해튼 프로젝트 관계자들은 법적 책임에 대한 우려 때문에 의학 연구를 진행하기도 했다. 방사성 물질을 가지고 작업한 지 불과 18개월 만에 급성 백혈병에 걸린 듀폰 기술자 도널드 존슨Donald Johnson의 경우를 보자. 고용 기간 동안 존슨은 소변과 혈액 검사를 받았다. 의료 부서 소속 의사들은 존슨이 당시의 허용 선량보다 높지 않은 선량을 받았음을 자신 있게 보여줄 수 있었다. 존슨의 최초 부검 결과 심각한 방사성 오염이 나타났지만 두 번째 검사에서는 음성 반응이 나왔다. 의료 부서의 수장 스태포드 워런은 두 번째 보고서에 만족했고, 골칫거리였던 첫 번째 부검 보고서는 문서철에서 삭제하라고 지시함으로써 기록된 순간치고는 무척 드물게도 들여다보지 않겠다는 욕구를 내비쳤다. 그 보고서가 없으면 존슨의 백혈병이 방사선과 관련이 있다는 증거는 없었다.[39]

존슨의 아내가 나중에 보상금을 청구하려고 했을 때 그녀는 남편의 사건이 결코 재판에 회부될 수 없다는 것을 알지 못했다. 1943년 6월, 듀폰과 육군공병단은 워싱턴주 노동처Washington State Department of Labor 관리들과 비밀 계약을 체결했다. 공장의 보안을 위협하는 노동자들의 정보를 문서철에서 삭제하겠다는 약속이 담긴 계약이었다. 그들은 또한 노동자들의 소송은 민사 법원으로 가지 않고 연방정부와 건설업자 대표들로 구성된 특별재판소에 회부한다는 데도 동의했다.[40] 연방정부와 기업 측 변호인단은 맨해튼 프로젝트의 의학 연구 부서 덕분에 이 재판소에서 일류 대학의 명망 높은 의사들이 신중하게 선정하고 편집한 다량의 보고서를 제출하여 총알도 막을 변론을 펼쳤을 것이다.[41]

1945년 봄까지 마티아스, 그린왈트, 그리고 플루토늄을 생산하기 위해 배정된 다른 임원들과 기업 관리자들은 많은 일을 해냈다. 2년 동안 그들은 몇몇 공장과 세계 최초의 플루토늄 생산을 위한 산업용 원자로를 건설했다. 그들은 소도시 세 개를 허물고 그 자리에 두 개의 새로운 도시와 노동캠프를 지었다. 더 큰 도시인 핸퍼드 캠프는 1945년 중반까지 이미 불도저로 철거되었다. 그들은 연방 재원의 지원을 받는 새로운 종류의 백인 핵가족 공동체인 리치랜드를 설립했다. 리치랜드는 연방 재원에 의해 보조되고, 계획경제와 세심하게 통제된 접근권을 가진 기업 변호사들에 의해 관리되었다. 그들은 또한 우려스럽지만 비밀스러운 연구를 생성하는 의료 및 환경 감시 프로그램을 만들었다. 한편 공공 부문에서는 공중 보건 및 대민 홍보 프로그램이 불안해하는 노동자들을 성공적으로 진정시켰다.

불과 2년 반 만에 맨해튼 프로젝트 지도자들은 전후 미국 사회를 근본적으로 변화시킬 새로운 기술, 새로운 공동체, 새로운 삶의 방식을 맹렬히 만들었다. 그러나 그로브스 장군과 그의 참모들은 한 가지 사실을 깨닫지 못했다. 1945년에 자신들이 감추기 위해 노력했던 많은 비밀들이 이미 그 나라를 떠났다는 사실을 알지 못했던 것이다. 맨해튼 프로젝트 대스파이 활동의 주요 목표이자 연합국Allies*의 일원이었던 소비에트인들은 이미 미국의 폭탄과 그것을 만들기 위해 지어진 도시들에 대해 많은 것을 알고 있었다.

* 연합국聯合國은 2차 세계대전 동안 형성된 연합으로 독일, 이탈리아, 일본이 맺은 삼국동맹조약을 통해 형성된 추축국樞軸國에 대항했다.

2.
소비에트 노동계급 원자原子와
미국의 반응

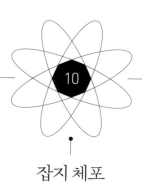

10

잡지 체포

과학 잡지 《자연기술과학의 제문제*Questions of Natural and Technical Sciences*》의 모스크바 사무실은 1992년의 어느 날, 한 노인이 "일급 비밀"이라고 표시된 두툼한 문서꾸러미를 들고 편집장실로 걸어 들어오기 전까지는 흥분되는 일을 그다지 많이 접하지 못했다. 이 남성은 자신을 전직 스파이이자 국가보안위원회KGB(Committee for State Security)의 훈장을 받은 베테랑이라고 소개했다. 그는 심지어 아나톨리 야츠코프Anatolii Iatskov라고 자신의 실명을 밝히기도 했다. 그는 2차 세계대전 당시 그가 미국 내 소비에트 첩보 조직의 보조 "거주자"였고, 핵 비밀을 소련에 넘기는 역할을 했다고 말했다.[1] 야츠코프의 방문은 1990년대 러시아 사회에 소비에트 원자폭탄의 기원에 대한 논쟁을 불러일으켰다. 주기율표의 새로운 원소인 플루토늄이 암호문을 통해 미국에서 소비에트사회주의공화국연맹USSR(Union of Soviet Socialist Republics)*으로 건너왔다는 생각은 러시아 사회에 폭탄처럼 떨어졌다.

제2부를 구성하는 장들은 소비에트 플루토피아가 어떻게 구상되고 미국 이미지로 만들어졌는지 서술한다. 미국 지도자들과 마찬가지로 소비에트 지도자들 또한 육체적인 면과 재정적인 면을 모두 충족하는 선택된 플루토늄 노동자들의 지역사회를 만들었다. 이 지역사회를 중심으로 중요성이 덜했던 노동자, 수감자, 군인으로 구성된 소규모 공동체들이 돌아가면서 플루토피아와 공장에서 흘러나오는 방사능 오염을 모두 처리했다. 스탈린주의** 체제는 핵 안보 국가가 요구하는 유형의 감시, 굴복, 복종을 위해 만들어진 것처럼 보일지도 모른다. 하지만 그렇지 않았다. 순전히 빈곤과 무질서로 인해 최초의 소비에트 플루토피아를 건설하는 데 10년이 넘게 걸렸고, 국가는 무척이나 비싼 대가를

---

* 소비에트사회주의공화국연맹Союз Советских Социалистических Республик. 한국과 일본에서는 이를 "소비에트 연방"이라고 번역해왔다. 하지만 역사가 E. H. 카가 말했듯이, 러시아어 소유즈союз는 동맹alliance과 연합union의 의미를 내포하고 있을 뿐 연방federation이라는 의미는 전혀 가지고 있지 않다. 중국이나 북한에서는 연맹으로 정확히 번역한다. 자세한 사항은 쉴라 피츠패트릭, 고광열 옮김, 《러시아혁명 1917~1938》, 사계절, 2017을 참조하라.

** 스탈린주의Stalinism는 학계에서 이오시프 스탈린Joseph Stalin과 관련된 정치적·경제적 이념 및 그에 기초한 실천을 총칭하는 말로 대개 1930~40년대의 소련 및 전후 사회주의 국가들에서 채택된 정치·사회 생활상의 고도의 집중화, 일당제, 계획경제, 계급역전, 개인숭배 등의 특징을 가리킨다. 하지만 서구 역사학계에서 "스탈린주의"는 서로 다른 논자들에 의해 다양하게 쓰이며, 따라서 그것이 정확히 무엇을 의미하는지에 관해서는 개별 논자의 학문적 주장과 성향을 참고하는 것이 바람직하다.

치러야 했다.

《제문제》지 사무실에 나타난 야츠코프의 모습은 이전에는 상상할 수도 없던 소비에트 직후의 순간들 중 하나였다. KGB 요원이 수십 년간의 침묵 끝에 가명을 떨쳐버리고 추위에서 돌아온 것이다. 야츠코프는 편집장 보리스 코즐로프Boris Kozlov에게 핵 첩보 활동에 관한 문서를 출판하고 싶은지 물었다. 코즐로프는 특종에 뛰어들었다. 그는 자신이 소련 최초의 원자폭탄 제조에 결정적 역할을 한 스파이와 과학자 사이의 분쟁 지역에 맹목적으로 진입하고 있다는 사실에 대해서는 거의 알지 못했다.

1980년대 말과 1990년대 초에 소비에트 국가와 소련공산당의 범죄가 폭로되면서 KGB의 이미지는 상당한 타격을 입었다. 소련 해체 이후의 언론은 KGB와 그 전신인 내무인민위원회NKVD(National Commissariat for Internal Affairs)를 부패하고 권력에 굶주린 공산주의 체제의 더러운 일들을 수행하는 기관으로 묘사했다. 야츠코프는 반격을 시도했다. 그가 건네준 문서들은 NKVD가 국가를 방어하기 위해 중요한 핵 정보를 수집함으로써 군비 경쟁에서 핵심적인 역할을 했다고 묘사했다. 원자력 첩보의 역사는 서구에는 잘 알려져 있었지만 소련에서는 금지된 주제였다. 원자폭탄을 연구한 소련의 최고 과학자들조차 그들의 상관이 서방세계에서 훔쳐온 기술 자료들을 참고했다는 사실을 전혀 알지 못했다.[2] 러시아에서 소비에트의 첩보 활동에 대한 이야기가 큰 반향을 불러올 것 같았던 건 이런 이유에서였다. 일반적인 소비에트 상식에 따르면 소비에트가 "원자 방패"로 신속하게 무장하지 않았을 경우 미국은 소련에 폭탄을 투하했을 것이다. 소비에트 스파이들이 확실한 핵 종 말로부터 나라를 구한 셈이었다.

잡지사 직원들은 서둘러 서류들을 인쇄할 준비를 했다. 그들은 주요 러시아 신문사에 전화를 걸어 이 특종을 알렸다. 그러자 전화가 울리기 시작했다. 저명한 물리학자 유리 하리톤Yuri Khariton은 잡지사에 국가 기밀을 위태롭게 할 수 있는 자료들을 왜 출간하는지 물었다. 러시아 과학원Russian Academy of Sciences의 "제1부First Department"(보안부서) 관계자는 코즐로프가 핵확산금지조약NPT을 위반한 민감한 정보를 공개하려 한다고 질타했다.

협박이 들어오자 코즐로프는 해당 문건들이 정말로 출간 허가를 받은 것인지 확실히 하기 위해 야츠코프를 다시 찾았다. 병원 침대에 있던 노쇠한 KGB 요원은 문서고 직원들이 문건들을 법적으로 기밀 해제했다고 확인해주었다.[3] 이러한 확인에도 불구하고, KGB가 아닌 러시아 과학원에서 코즐로프에게 특집호의 배포를 중지하라고 명령했다. 언론의 자유가 제한되지 않은 소련 해체 이후의 시기에 아무도 목격하지 못한 일이었다. 특별호의 사본이 모스크바의 한 창고에 구금된 지 2년이라는 시간이 지났다. 이 기간 동안 은퇴한 물리학자들은 최초의 소비에트 원자폭탄의 공로가 누구에게 돌아가야 하는지를 두고 은퇴한 KGB 요원들과 언론에서 전투를 벌였다.

스파이 활동이 1930~40년대 소련의 산업 발전에 중요한 역할을 했다는 것은 의심의 여지가 없다. 1933년, 미국과 소련의 외교적 승인이 이뤄진 후, 미국 내 소비에트 외교관들은 향후 필요할 때 가용할 수 있는 첩보 요원들을 유지하기 위해 "거주지"를 만들었다. 소비에트 첩보원들은 보통 외교관, 언론인, 무역 대표로 가장했다.[4] 그들은 국제정세를 알기 위해 의회와 국무부State Department에서 정보원들을 물색했고, 듀폰, 제너럴 일렉트릭GE(General Electric), 웨스팅하우스Westinghouse와 같은 기업을 표적으로 삼아 기술을 탈취했다.[5]

소비에트 지도자들은 소련이 뒤처져 있다는 사실을 잘 알고 있었기 때문에 정보에 굶주렸다. 또 다른 전쟁에 대한 두려움에 시달린 스탈린은 1928년 사회주의 경제에 국방의 토대를 제공하기 위한 산업화 운동을 시작했다. 불운하게도 그가 선택한 시기는 대공황의 시작과 겹쳤다. 소비에트 사업가들은 기계와 원자재를 조달하는 데 큰 어려움을 겪었다. 공산주의자들에게 의심의 눈초리를 보내던 유럽과 미국의 정·재계 지도자들은 소비에트 수입품에 대해 무역 장벽을 세웠고, 단기로만 높은 금리로 차관을 제공했으며, 1933년 대공황기에 국가 경제가 보호무역주의와 경제 자립주의로 침체되자 신용거래 접근권을 완전히 철회하기 시작했다.[6] 이렇듯 외부적으로 강요된 고립 속에서 소비에트 지도자들은 가용한 모든 수단과 방법을 동원해 서방으로부터 최대한 많은 정보와 기술을 흡수하려고 했다. 그들은 또한 미국의 감시 기술에 대해서도 많은 것을 배웠다.

소비에트 요원들은 이해가 무척 빠른 사람들이었다. "거물Magnate"이라는 요원은 기밀 전신을 통해 미 육군에서 자신이 수행하던, 서류가방에 숨길 수 있을 정도로 작은 소형 도청장치 연구에 대해 설명했다. 1937년 1월 고정 보고서에는 "결과가 매우 좋음"이라고 기록되어 있었다. "우리는 여기서 우리 작업에 이 장치를 사용하길 희망함. 다음 우편으로 청사진과 세부 정보를 보내겠음. 이런 종류의 서류 가방에 관심이 있다면, 조국에서 우리가 생산을 조직할 수 있음."[7] 소비에트인들은 그들만의 소형 도청장치를 제조했다.[8] 역설적이게도 소비에트 빅브라더Big Brother(항상 지켜보고 경청하는 국가)의 상징이 된 이 장치는 처음에는 미국의 수출품이었다.

소비에트 요원들은 에드거 후버J. Edgar Hoover가 지휘하는 미국 연방수사국FBI의 첩보 활동에도 매료되었다. 1937년 뉴욕 주재 요원은 첩보와 정치적 통제를 결합한 후버의 기술에 감탄하면서 다음과 같이 서술했다. "후버는 하원의원, 상원의원, 기업인들 등 거의 모든 주요 정치 인사들에 대한 비밀 자료를 보관하고 있음. 그는 모든 사람에 대한 낯 뜨거운 자료를 수집해서 협박에 사용함. FBI 자금 조달에 관한 최근의 청문회 과정에서 후버는 [FBI에 대한 전액 자금 지원에] 반대하는 하원의원들을 협박했음. …… 그는 심지어 비공식 성관계 사례도 이용했음."[9] 같은 해인 1937년, NKVD 요원들은 소비에트의 정치 및 문화 엘리트를 숙청하기 위해 정치가, 산업 및 문화 지도자, 음악가, 학자, 작가에 대한 대규모 수사를 수행했다. 이 숙청 과정에서 NKVD 요원들은 자신들이 필요할 때 들여다볼 수 있는 낯 뜨거운 자료들의 카드 목록을 보유하라는, 즉 후버와 유사한 방식으로 작업하라는 지시를 받았다. 요컨대 1940년대까지 소비에트 지도자들은 기술뿐 아니라 치안 유지와 정치적 통제를 위한 아이디어를 얻기 위해 미국을 찾았다.

1941년, 새로운 소비에트-미국 동맹은 무기대여법Lend-Lease*이라고 불린 전시 무역 협정 체결을 바탕으로 수천 명의 소비에트 시민들을 미국으로 데려왔다. 나치 독일과의 전쟁이 시작되면서 소련의 이미지는 엄청나게 개선되었고, 많은 미국인들은 미국공산당과 긴밀히 연결된 좌파 정치에 빠져들었다. 동시에 모스크바의 첩보 본부인 "센터Center"는 뉴욕과 워싱턴주재 요원들에게 군사 장비에 관한 정보를 더 긴급하게 요구하기 시작했다. 숙청으로 인해 인력이 부족했던 소비에트 요원들은 미국 공산당원들을 운반자와 취급자로 끌어들여야 했다.[10]

영국이 핵폭탄의 실현 가능성에 대해 논의하기 시작한 그해 겨울, 소련의 젊은 정보국장 파벨 피틴Pavel Fitin은 런던과 뉴욕 주재 요원들에게 이미 한창 진행 중이라고 알고 있던 핵 연구의 발전 상황을 잘 파악하고 있으라고 주문했다.[11] 9월, 런던지국장 "바딤(고르스키A. V. Gorskii)"은 영국 과학자들이 핵폭탄이 실현 가능하다는 데 동의했던 영국의 중요한 4월 회의에 대해 보고했다. "바딤"은 나중에 이를 보강하

---

* 정식 명칭은 미국 방위 촉진 법안An Act to Promote the Defense of the United States으로 1941년 제정돼 1945년까지 이어졌다. 이 법안의 골자는 미국이 연합국 일원들인 영국, 중화민국, 소련 등에 식량, 석유, 자재 등을 공급하고, 그 대가로 해당 국가의 영토에 있는 육해군 기지를 임차하는 것이었다. 소련의 경우, 미국에 군사 기지를 대여한 사례는 알려지지 않았다. 더하여 2차 세계대전에서 무기대여법을 통해 소련이 제공받은 수많은 미국 군수품이 얼마나 소련의 승리에 기여했는가는 여전히 논쟁적인 지점이다.

는 도널드 맥린Donald McLean* 및 클라우스 푹스Klaus Fuchs**의 두툼한 보고서를 전달했다.[12]

피틴은 그의 상관인 NKVD의 수장 라브렌티 베리야Lavrentii Beria에게 전달하기 전에 자신이 입수한 첩보를 확인하려고 했다. NKVD는 굴라그*** 또는 노동수용소의 방대한 네트워크를 유지했다. 일부는 샤라슈카[sharashka]****라고 불린 특별 수용소였는데, 여기엔 유죄 판결을 받은 기술자들과 과학자들이 수감되어 수용소 내 실험설과 작업장에 배치됐다. 피틴은 자료를 발렌틴 크라브첸코Valentin Kravchenko에게 건넸고, 그는 해당 자료를 재소자들 중 일부 물리학자에게 전달했다.[13] 투옥된 과학자들은 자료가 진짜라고 보고했다. 크라브첸코는 첩보에

---

* 도널드 맥린Donald Maclean(1913~1983)은 영국의 외교관이자 1940년대 소련에 영국 정부의 기밀을 빼돌린 첩자 5인을 가리키는 케임브리지 5인Cambridge Five 중 한 명이었다. 1951년 소련으로 망명했다.

** 클라우스 에밀 율리우스 푹스Klaus Emil Julius Fuchs(1911~1988)는 독일의 이론물리학자로 1933년 나치 집권의 결정적인 사건이었던 국가의회의사당 화재 사건 Reichstags -brand 이후 영국으로 망명해 브리스톨대학University of Bristol에서 박사학위를 취득했다. 이후 영국과 미국의 원자폭탄 개발 계획에 깊숙이 관여하면서 정보를 소련에 넘겼다. 1950년, 간첩임을 자백해 영국에서 14년형을 선고 받고 9년 복역했다. 석방된 후 동독으로 이주하여 학문과 정치 활동을 이어나갔다.

*** 소련 교정노동수용소총국Главное управление исправительно-трудовых лагерей의 약칭으로, 대개 스탈린 시기 국가가 자행한 강제 노동이 이뤄진 수용소를 일컫는 말이다.

**** 샤라슈카шарашка는 복역 중인 학자, 기술자, 기사가 근무하는 내무인민위원회 및 내무성 산하의 교도소 내의 연구소 또는 설계 부서를 구어체로 일컫는 말이다. 쓰레기, 협잡꾼 등을 의미하는 방언 샤란шарань에서 비롯됐다.

관한 자신의 승인 도장을 찍고 자료를 베리야에게 보내서 국방성 Ministry of Defense에 주요 과학자들로 구성된 특별 위원회를 설립하여 소비에트의 폭탄 제조 가능성을 조사할 것을 권고했다.[14]

베리야와 그의 상관 이오시프 스탈린Joseph Stalin*은 의심 많기로 유명한 사람들이었다. 베리야는 영국 핵폭탄에 대한 크라브첸코의 보고를 받고 크라브첸코에게 "만일 이것이 허위 정보라면 당신을 지하실에 던져버릴 거요!"라고 으르렁거렸다.[15] 베리야는 영국 요원들이 역정보를 심어 소비에트 지도자들로 하여금 공상 같은 "슈퍼폭탄"에 수백만 루블을 낭비하게끔 수작을 부린다고 의심했다. 베리야는 여전히 미심쩍어하면서 해당 정보를 NKVD의 과학기술 전문가인 레오니드 크바스니코프Leonid Kvasnikov라는 젊은 기술자에게 보냈다. 그는 1942년 3월 베리야가 스탈린에게 보내는 편지의 초안을 작성하여 우라늄 연구를 편성하고 소비에트 과학자들이 첩보 자료들을 익힐 수 있도록 하는 위원회의 조직을 권고한 인물이었다.[16]

그러나 베리야는 이 뜻밖의 귀중한 첩보를 지나쳤다. 그는 크바스니코프의 편지에 서명하지 않았다. 그는 스탈린에게 해외의 핵폭탄 프로

---

* 이오시프 비사리오노비치 스탈린Иосиф Виссарионович Сталин(1878~1953)은 러시아의 혁명가이자 소련의 지도자로, 프랭클린 루스벨트와 함께 20세기 전반부의 흐름에 가장 큰 영향을 끼친 인물 중 한 명이다. 1920년대 후반부터 본격적으로 추진한 강력한 농업 집산화와 공업화 정책을 통해 소련이 전후 강대국으로 발돋움할 수 있는 기틀을 닦았으나, 1930년대 후반의 대테러로 인해 수많은 희생자를 낳았고 디아스포라 등 논쟁적인 유산도 남겼다.

그램에 대해 말하지 않았다. 그는 그것을 조사할 위원회를 구성하지 않았다. 아마도 사적인 이유 때문이었던 듯하다. 혹자는 1940년 폴란드에서 벌어진 두 사람 사이의 사건 이후 베리야가 크바스니코프를 신뢰하지 않았다고 말한다.[17] 분명한 것은 베리야가 실수를 저질렀다는 점이다. 그는 뉴욕과 런던의 요원들에게 교차 검토되고 체계화된 정보를 더 많이 요구하기만 했다.[18]

한편, 소비에트 군사정보국GRU은 독자적으로 폭탄 개발 계획에 관해 알게 되었다.[19] GRU 요원들이 핵 첩보 문건을 국방성에 통지했고, 국방성은 확인을 위해 이를 우라늄 개발 계획의 수장인 비탈리 홀핀 Vitalii Khlopin*에게 보냈다. 홀핀은 전쟁이 끝나기 전에 핵폭탄이 가능하다고 생각하지 않는다고 답했고, 그래서 군 지도자들은 이 문제를 제쳐두었다.[20] 그 결과, 소비에트 정부 및 군사 지도자들은 거의 1년 동안 금세기 최고의 첩보 성과를 묵혀두고 있었다.[21]

공정하게 말하자면, 1941년 가을 소비에트 지도자들은 다른 문제에 신경쓸 여력이 없었다. 10월이 되자 붉은 군대**와 소비에트 사회의 상당 부분은 전투를 위해 우크라이나를 거쳐 진군하던 햇볕에 그을린 독일군에게 정신없이 쫓기고 있었다. 소비에트의 정·재계 지도자들은 공

* 비탈리 그리고리예비치 홀핀Виталий Григорьевич Хлопин(1890~1950)은 러시아와 소비에트의 방사화학자로 소련의 라듐 분야 연구를 선도했다. 1922년 설립된 국립라듐연구소는 홀핀이 사망한 1950년, 그를 기려 홀핀라듐연구소로 개칭했다.
** 1946년 2월 25일, 소비에트군으로 명칭이 바뀌기 이전 소비에트연맹의 군대를 지칭한다. 냉전기 동안 소련군을 일컫는 말이었다.

장, 기업, 교육기관, 과학 실험실 및 노동수용소를 소련의 유럽 지역에서 동부로 철수시키는 대규모 작전을 미친 듯이 지시했다. 소비에트 폭탄 위원회를 구성했을지도 모르는 러시아인 과학자들은 재래식 무기 연구에 배정되어 바빴다. 요컨대 베리야의 1년 동안의 망설임은 원자폭탄 제조에 지식 이상의 것이 필요함을 보여준다. 핵무기 개발은 작전할 수 있는 공간, 엄청난 노동력과 막대한 자재 비축량, 일정 수준의 보안에 달려 있다. 이 모든 것들은 "대조국전쟁Great Fatherland War" 기간 소련에서 지독하리만치 찾기 어려웠다.

베리야와 소비에트 군사 지도자들이 이 새로운 무기의 중요성을 과소평가하는 동안 파벨 피틴은 독자적으로 행동했다. 그는 1942년 8월 NKVD 첩보 자료를 소비에트 폭탄 제조에 적용할 위원회를 구성하도록 국방성에 요청했다.[22] 위원회를 구성한 후에야 국방성 관리들은 스탈린에게 1년 된 첩보를 알렸다. 스탈린은 즉시 주요 물리학자들을 사무실로 불러들여 독일이 이 끔찍한 폭탄을 만들 가능성에 대해 질문했다.[23] 그들의 의견을 듣자마자 스탈린은 소비에트도 이 폭탄을 가지고 있어야 한다고 선언했다. 스탈린은 이 프로젝트를 자신에게 서구의 첩보를 제대로 알려주지 못한 베리야가 아닌, 과학과 생산 경험이 거의 없는 몰로토프Molotov 외무상에게 맡겼다.[24] 스탈린은 젊은 물리학자인 이고르 쿠르차토프Igor Kurchatov*를 과학 책임자로 발탁했다.

---

* 이고르 바실리예비치 쿠르차토프Игорь Васильевич Курчатов(1903~1960)는 소비에트 물리학자로 소비에트 원자폭탄의 "아버지"라는 별칭을 가지고 있다. 삼중 사회주의

11월, 몰로토프는 쿠르차토프에게 방과 책상, 무장 경비원, 그리고 수백 쪽 분량의 훔친 문서를 주었다.[25] 국방성은 쿠르차토프에게 소비에트판 맨해튼 프로젝트를 시작하도록 이전에 개 사육장이었던 작은 실험실과 몇 명의 과학자, 4그램의 라듐, 그리고 보잘것없는 3만 루블을 주었다. 쿠르차토프는 원하는 만큼 많은 과학자들을 모스크바로 데려와 자신의 실험실에서 일하자고 할 수 있었지만, 주택 부족이 너무 심각해서 동료들이 살 곳이 없었고 심지어 막사조차 없었다.[26]

1943년 7월, 쿠르차토프는 런던의 클라우스 푹스로부터 새로운 정보 문건을 받았다. 이 정보에는 시간과 노력을 엄청나게 절약할 수 있는 아주 놀랄 만한 새로운 발견이 포함되어 있었다. 문서에는 미국 과학자들이 완전히 새로운 원소를 만들어내기 위해 원자로 안에서 우라늄을 포격하는 아이디어를 어떻게 떠올리게 되었는지 설명되어 있었다. 이 원소는 주기율표에서 원소 번호 94번으로 쿠르차토프는 이 원소가 "세상에서 발견되지 않은 것"이라고 썼다. 쿠르차토프는 "이러한 방향의 전망은 매우 매력적이다. …… 보다시피, 전체 문제에 대한 이 같은 해결책 덕분에 우라늄 동위원소를 분리할 필요가 없어졌다"고 썼다.[27] 쿠르차토프는 플루토늄으로 폭탄을 만들면 시간이 덜 걸리고, 결

노동영웅(1949, 1951, 1954)이자 다양한 상을 수상한 소련과학원 원사로 원자력 문제에 관한 소련 최고의 과학자였다. 오늘날 쿠르차토프연구소로 알려진, 1943년 설립된 원자력연구소의 초대 소장(1943~1960)을 지냈다. 러시아와 카자흐스탄에 각각 그의 이름을 딴 도시가 있다.

정적으로 우라늄이 덜 필요할 것이라는 점에 주목했다. 쿠르차토프는 우라늄 공급에 관해 계속 우려했다. 당시 소련은 중앙아시아에 공급처 한 곳을 보유하고 있었다. 그러나 그 광산은 오래전부터 버려져 있었고, 이를 재가동시키라는 명령은 아무 소용이 없었다.[28]

다른 훌륭한 과학자들과 마찬가지로 쿠르차토프는 미국에서 빠르게 발전하고 있는 핵개발 계획의 훔친 단서를 이용하여 국가로부터 더 많은 자원을 얻어내려 했다. 그는 독일의 침공으로 소련의 핵물리학은 중단된 반면, "해외에서는 반대 현상이 벌어졌다"고 썼다. 쿠르차토프는 "그곳에서는 중단 대신 우라늄 문제에 엄청난 수의 과학자들을 배정했다"고 말을 이었다.[29] 그 결과 "소비에트 과학은 영국과 미국의 과학자들에 비해 엄청나게 뒤처졌다."[30] 그는 그들이 얼마나 뒤처져 있는지에 관해 세어 보았다. 노동자("그들은 700명의 과학자들을 가졌고, 우리는 30명을 가졌다"), 장비("그들은 10대의 강력한 사이클로트론을 보유했고 우리에게는 오직 한 대의 작동하는 사이클로트론이 [포위되고 접근이 불가능한] 레닌그라드에 있다"), 자금("미국인들은 개발 계획에 40만 달러를 배정했고", 쿠르차토프는 3만 루블을 받았다), 우라늄("미국은 수천 톤의 우라늄을 이용할 수 있는" 반면, 국방성은 쿠르차토프에게 12톤의 우라늄을 1944년까지 제공할 것이라고 약속했다). 그는 플루토늄을 생산하기 위한 흑연 원자로는 100톤의 우라늄을 필요로 한다고 지적했다. 쿠르차토프는 이 속도대로라면 그의 연구실은 10년에서 15년 후에야 폭탄을 만들 수 있을 것이라고 계산했다.[31]

소비에트 지도자들은 미국인들에게 핵무기 개발에 참여할 기회를 주면서 구걸했다. 1943년 2월, 소비에트 구매위원회Soviet Purchasing Commission는 무기대여법을 통해 100톤의 우라늄을 요청했다. 미국인들은 700파운드의 우라늄을 보냈다. 소비에트 과학원Soviet Academy of Sciences은 과학 정보의 교환을 요청했지만 미국인들은 정중하게 거절했다.[32] 소비에트 지도자들은 동맹의 뚜렷한 분업을 알아채기 시작했다. 추축국 병력의 4분의 3과 교전하던 소비에트인들은 소비에트의 도시와 공장을 파괴하고 붉은 군대를 살상한 화력에 정면으로 맞섰다. 반면 미국과 영국은 제2전선戰線이 형성되는 것을 지연시켰다. 지연 기간 동안 국내에서 전쟁이 거의 일어나지 않아 대체로 안전했던 미국인들은 비축 무기, 무기 제조소, 과학적 전문성을 축적했고, 이 모든 요소는 전후 더 강한 국가에 기여하게 되었다.

이러한 비협조의 와중에 스탈린은 1943년 6월 윈스턴 처칠Winston Churchill에게 영국 지도자가 제2전선을 열겠다는 약속을 반복적으로 어겼다고 불평하는 분노의 편지를 보냈다. 스탈린은 이러한 연기가 소비에트의 "동맹국에 대한 신뢰, 즉 현재 엄청난 압박에 놓인 신뢰"를 위협한다고 썼다.[33] 1년 후, 한 소비에트 첩보 요원이 전후 세계질서의 양상을 숙고하는 정치 보고서를 모스크바에 보냈다. 그 요원은 전쟁 전에 독일, 프랑스, 영국이 소련을 고립시키고 유럽을 좌지우지하기 위해 노력했다고 언급했다. 그 요원은 독일이 탈락하고 프랑스와 영국이 약해지면서 소련이 유럽의 주요 강국으로 부상할 것이라고 썼다. 영국과 미국은 강력한 소련을 용납하지 않을 것이기 때문에 미국은 "세계에서 미국의 지배를 구축하려고 할 것이며 그들의 정책은 무엇보다 소련을 겨냥할 것"이라고 그 요원은 말했다.[34] 이 요원은 소비에트와 미국인 기업인 및 군사 지도자들이 다방면에서 협력하고 정치 지도자들이 전후 협력과 평화에 대해 공개적으로 이야기할 정도로 소비에트와 미국의 동맹이 절정에 달했던 시기에 이와 같이 썼다. 그러나 정보기관 내부에서는 불신이 정치적인 흐름을 역행했다.

소비에트 요원들은 1917년 혁명에 뒤이은 러시아 내전에서 백군 병사였던 허세로 가득한 러시아계 미국인 보리스 파쉬Boris Pash가 유럽 전역을 질주하고 있다는 사실을 1945년 알게 되면서 동맹인 미국인들은 더욱 경계하게 되었다. 병적인 반공주의자였던 파쉬는 독일 핵개발 계획 관련 첩보를 수집하기 위해 만들어진 그로브스 장군의 알소스 특명special Alsos Mission을 지휘했다. 파쉬는 정복된 독일을 돌아다니면서 자신이 억류한 많은 나치 과학자들을 존경하게 되었다. 그는 종이집게 작전Operation Paperclip이라는 프로그램을 설립하여 1,200여 명의 독일 과학자들을 미국으로 비밀리에 들여보냈다. 그들 중 상당수가 반인륜 범죄로 기소당한 상태였다. 소비에트 정보기관은 파쉬가 독일 과학자들을 구금하고 소비에트 점령 지역에서 비축 우라늄을 전용하자 그를 추적했다.[35] 소비에트 요원들은 알소스 특명과 영미 핵 비밀의 증거를 미국이 자신들에 대해 음모를 꾸미고 있다는 추가적인 증거로 보았다.

미국의 폭탄에 대한 첩보는 공동 승리를 눈앞에 둔 소비에트와 미국 지도자들을 전후 경쟁으로 내몰았다. 1945년 7월, 해리 트루먼Harry Truman 신임 대통령은 스탈린에게 원자폭탄 소식을 공개했다. 트루먼은 소비에트 지도자의 얼굴에서 두려움이나 새로운 존경을 보기를 바랐다. 대신 스탈린은 고개를 끄덕이고 미소를 지으며 대통령의 행운을 빌었다. 트루먼은 스탈린의 침착한 반응에 약이 올랐다. 그는 스탈린이 원자력의 중요성을 이해하지 못했다고 생각했다. 트루먼은 스탈린이 첩보 활동 덕분에 트루먼보다 2년 반 앞선 1942년부터 미국의 폭탄 개발 계획을 알고 있었다는 사실을 전혀 알지 못했다. 포츠담에 모인 미국, 영국, 소비에트 외교관들이 영원한 친선을 기원하며 샴페인 잔을 들어올리는 동안, 스탈린은 최초의 소비에트 플루토늄 공장 부지를 찾기 위해 우랄 남부의 모기로 가득한 숲속을 탐사한 지질학자 팀이 있다는 사실을 경쟁자들이 알고 있는지 의심의 눈길로 쳐다보았다.

그러나 아무리 많은 첩보도 전시 기간 동안 쿠르차토프가 폭탄을 더 빨리 만드는 데 도움이 될 수는 없었다. 극소량의 우라늄, 소수의 과학자, 제한된 자금만으로 소비에트 폭탄은 헛된 꿈이었다. 오직 미국처럼 지구적 산업 통제력을 보유하고 있고, 노동력과 원료가 풍부하고, 자국에서 전쟁이 벌어지지 않은 나라만이 핵무기 제조를 생각할 수 있었다. 자급자족 경제에 갇혀 있고 경화*가 부족하고 추축국 군대에 둘러싸인 소비에트는 의지할 곳이 없었다.

전후 핵강대국으로 거듭나기 위한 소비에트 지도자들의 열망이 깊어진 것은 이런 맥락에서였다. 소비에트 지도자들에게 고립은 구걸해야 한다는 의미였다. 즉 동맹국들이 소비에트를 배제시키고 자신들의 비밀을 지키는 것을 의미했다. 고립은 또한 후진성을 의미했다. 스탈

---

* 경화hard currency는 달러처럼 국제적으로 널리 통용되는 통화를 뜻한다.

린이 지적했던 것처럼, 후진성은 승리하더라도 패배했음을 의미했다. 당시 첩보 활동은 스탈린주의 사회의 은둔에서 벗어나는 중요한 통로였다.

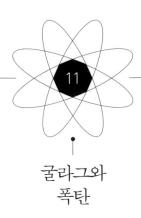

11

굴라그와
폭탄

나가사키 일주일 후, 스탈린은 우랄 산맥 바로 동쪽에 위치한 첼랴빈스크시에서 자신의 탄약 생산 책임자 보리스 반니코프Boris Vannikov 장군을 호출했다. 스탈린과 반니코프는 복잡한 역사를 가지고 있었다. 1941년 6월, NKVD 장교들은 당시 국방상이었던 반니코프에 대한 체포 영장을 발부하고 그를 모스크바 중심부에 위치한 모두가 두려워하는 루뱐카 감옥Lubianka Prison*으로 데려왔다. 그곳에서 간수들은 반니코프

---

* 외관을 신바로크Neo-baroque 양식으로 노란 벽돌로 지은 건물로 모스크바의 중심부에 위치해 있다. 1917년 창설된 대對반혁명 방해공작 전러시아 특수위원회(이른바 체카)의 본부로 출발해 소련과 러시아의 비밀 보안기구의 본부로 쓰였다. 현재는 러시아 연방 보안국FSB의 본부이기도 하다.

의 장군 계급장을 떼어내고 벨트를 빼앗고 바지 단추를 잘라낸 다음 질질 끌리도록 그의 바지를 붙들고 지하 통로를 지나 지하 감방으로 그를 조용히 안내했다.

유대인 노동자 집안에서 태어나 오랜 시간 공산주의자로 활동한 장군이 저질렀다고 제기된 범죄는 나치 정부를 위한 스파이 활동이라는 믿기 어려운 혐의였다. 자백을 거부한 반니코프는 3주간의 야간 신문을 견뎌냈다.

역설적이게도, 1939년부터 41년까지의 숙청 기간 동안 체포된 수천 명의 다른 붉은 군대 장교들과 운명을 같이하지 않도록 반니코프를 구한 이는 바로 독일인들이었다. 1941년 6월 22일 추축국의 소련 공격은 붉은 군대를 당황하게 만들었다. 첩자, 공작원, 반역자로 체포되어 처형된 수백 명의 장군들이 결정을 내리는 것을 두려워하는 경험이 없는 젊은이들로 대체되었기 때문이다. 이 사건들은 반니코프에게 유리하게 작용했다. 갑작스럽게 전쟁이 터지면서, 반니코프는 무죄로 판명되었고 금빛 계급장이 복구되었으며 감옥문을 박차고 나와 서둘러 스탈린의 집무실이 있는 크렘린Kremlin*으로 발길을 옮겼다. 스탈린은 투옥에서 얻은 악취와 타박상을 알아차리지 못한 듯 반니코프를 반겼고, 국가의 전쟁 노력을 위해 그에게 예의고 뭐고 없이 군수품을 맡겼다.[1]

* 크렘린Кремль은 "도시 안의 성채"라는 의미로, 여기서는 모스크바 크렘린을 지칭한다. 모스크바 크렘린은 대한민국의 청와대와 같이 러시아 정부를 지칭할 때 쓰는 고유명사로 확립되었다.

루뱐카에 있으면서 병들어 불구가 된 반니코프는 시간을 낭비하지 않았다. 그는 공장 책임자에게 폭탄이 떨어지는 동안 기계를 포장하여 동쪽으로 이동할 대기 열차에 실으라고 명령했다. 반니코프는 서둘러 첼랴빈스크로 철수했고, 혁명 광장Revolution Square에 자신의 부처를 설치했다. 그곳에서 그는 군사 투자와 강제 노동으로 뒷받침되는 산업용 무기고를 건설했다.

1945년 8월, 스탈린은 반니코프에게 라브렌티 베리야가 소비에트 핵개발 계획을 "자신의 부처" 안에 배정하길 원한다고 말했다.[2] 스탈린은 그 생각이 어느 정도 장점이 있다고 언급했다. 베리야의 NKVD는 국내에서 가장 거대한 건설 및 설계 사안들을 도맡았다. NKVD 장성들은 소련에서 가장 강력한 산업 대장들이기도 했다. 그들은 어떤 일이든 할 준비가 되어 있는 수백만 명의 무급 육체노동자와 교육을 받은 전문가들이 노동수용소에 가득차 있는 나라에서 전국의 공장, 발전소, 트럭 회사, 제재소, 광산, 농업 기업 및 철도 노선을 관할했다. 이러한 수직적 통합은 NKVD 지휘관들이 적절한 장소로 물자와 인력을 조달하여 신속하고 비밀리에 설계하고 건설하고 생산할 수 있음을 의미했거나, 혹은 베리야가 그렇게 주장했다.[3]

반니코프의 회고록에 따르면, 베리야에게 너무 많은 권한을 부여하는 것을 경계했던 스탈린이 자신에게 그 생각에 대해 어떻게 생각하는지 물었다고 한다. 반니코프는 신중한 자세를 유지하면서 독재자에게 유보적인 입장을 표명했다. 반니코프는 원자폭탄 관련 작업이 아주 어렵고 복잡하며 NKVD처럼 거대한 기관도 감당할 수 없을 정도로 대규모 공정이 필요할 것이라 예상했다. 반니코프는 스탈린에게 원자폭탄은 국가적 통제가 필요하며 자유로운 과학자들과 기술자들이 죄수들과 잘 협력할 수 있을지 의심스럽다고 말했다. 스탈린은 "그럼 당신은 무엇을 추천하는 거요?"라고 물었다. 반니코프는 스탈린에게 미국인들이 무엇을 했는지 알아내는 것이 유용할 것이라고 말했다. 그러고 나서 반니코프는 개발 계획을 감독할 특별 민간 위원회를 제안했다.[4]

스탈린은 베리야를 호출했고, 몇 분 만에 그는 부관인 NKVD 장군 아브라미 자베냐긴Avraamii Zaveniagin*과 함께 도착했다. 반니코프에 따르면, 스탈린은 반니코프의 아이디어를 전용해 베리야에게 NKVD 외부에 특별 민간 위원회를 구성할 필요가 있다고 말했다. 그는 베리야를 새로운 위원회의 책임자로 임명했다. 스탈린은 베리야에게 "위원회 명칭은 당신이 생각해내시오"라고 말했다고 한다. "위원회는 국가의 통제 하에 있어야 하고 일급비밀이어야 하오." 스탈린은 베리야에게 (나중에 베리야가 특별 위원회Special Committee**로 불렀던) 이 특별 위원

---

* 아브라미 파블로비치 자베냐긴Авраамий Павлович Завенягин(1901~1956)은 소련의 야금 기술자 출신 공업 관료로 1945년 당시 내무인민위원회(1946년에 국가보안성으로 명칭 변경) 소속 중장이었다. 1917년 공산당에 가입했고, 1933년부터 1937년까지 마그니토고르스크 철강 종합기업소 책임자, 1938년부터 노릴스크 광업야금 종합기업소의 건설을 지휘했으며, 1941년부터 내무인민위원회 및 국가보안성의 부위원장 및 부상을 지냈다. 이중 사회주의 노동영웅(1949, 1954)과 스탈린상(1951)을 수상했으며, 심장마비로 사망하기 직전 당 중앙위원회 위원(1956)을 역임했다.

** 특별 위원회Специальный комитет는 전후 미국과의 대등한 핵능력을 유지할 수 있도록 소련 최초의 핵무기를 최단 기간에 만들기 위해 1945년 8월 20일 자 국방위원

회의 부위원장으로 누구를 지명할 것인지 물었다. 베리야는 자신의 두 부관인 자베냐긴과 바실리 체르니셰프Vasilii Chernyshev를 제안했다.

반니코프는 스탈린이 "그건 안 되오"라고 말했다고 기억한다. "그 둘은 이미 NKVD에서 많은 일을 하고 있소." 스탈린은 반니코프에게로 몸을 돌려 그를 특별 위원회의 부위원장으로 임명했다.[5] 며칠 후, 베리야의 집무실은 계획 초안을 발표했다.[6] 특별 위원회는 미국의 맨해튼 프로젝트와 마찬가지로 우라늄 광산, 핵 공장, 연구기관의 상황을 매일 감독하는 새로운 제1총국First Main Department을 감독할 예정이었다. NKVD의 건설 부서가 맨해튼 프로젝트 건설을 감독한 미국 육군공병단과 비슷한 방식으로 핵 시설들의 건설을 감독할 것이었다. 제1총국은 지역 NKVD 건설업체를 주계약자로 고용했다.

계획 수립 과정에서 소비에트 지도자들이 1945년 봄 소비에트 요원들에 의해 비밀리에 입수된 미국 정부의 맨해튼 프로젝트 공식 역사인 스미스 보고서Smyth Report를 연구한 것은 분명하다.[7] 소비에트 프로그램의 다른 특징들도 미국인들의 편제를 반영했다. 소비에트 지도자들은 바네바 부시Vannevar Bush가 총괄한 미국 과학연구개발실OSRD (American Office of Scientific and Research Development)과 유사한 과학기술협의회Scientific-Technical Council를 창설하고 반니코프를 책임자로 임명했다. 베리야는 레슬리 그로브스 장군과 마찬가지로 이 프로젝트의

회 명령으로 창설된 국가기구이다. 1953년 6월 해체되어 중기계건설성으로 대체되기 전까지 소련 원자력 산업의 중추로 기능했다.

배후에 있는 그림자 세력으로, 궁극적으로 모든 지부를 조정하고 폭탄을 만드는 역할을 담당했다. 소비에트 맨해튼 프로젝트의 체계가 마련되면서 스탈린은 베리야에게 미국보다 1년 짧은 2년의 기한을 주었다.

폭탄 개발 계획에 대한 베리야의 통제를 약화시키려는 스탈린의 움직임에도 불구하고 소비에트 폭탄은 대부분 NKVD의 성과였다. 특별위원회의 월례 회의에서 남성들, 즉 루뱐카에서 얻은 상흔이 가시지 않았던 반니코프, 북극권Arctic Circle 위의 굴라그 수용소를 지휘하면서 극도로 냉담해진 자베냐긴,* 후일 소련을 배신한 혐의로 총살형 집행부대 앞에서 죽음을 맞이하게 될 NKVD의 모두가 두려워하고 증오했던 수장 베리야가 테이블에 둘러앉았다.[8] 그들과 함께 형벌 및 유형 제도를 만들고 굴라그 환경에 익숙해져 있던, 보안부대를 거쳐 올라온 동료들이 앉았다. 전쟁이 끝날 무렵, 이들 대부분은 대규모의 체포, 처형, 테러 작전을 통해 반反소비에트 저항이 있던 해방된 영토를 정화한 공로로 훈장을 받았다.[9] 그들은 모두 스탈린에게 답했다. 스탈린은 유죄를 선고받은 테러리스트이자 제정기에 감옥에서 시간을 보낸 전과자였다. 굴라그의 그리고 굴라그에서 온 이 사람들은 어떤 희생을 치르더라도 목표에 도달하는 데 익숙했다. 그들은 다른 사람들의 고통 앞에서 눈 하나 깜빡하지 않는 태연함을 지녔다. 그들은 비계 위를 완만한 지형의 공동묘지 를 오르는 것처럼 쉽사리 지나갈 수 있는 사람들임이 확실했다. 바로 이들이 여러 과학자들의 도움을 받아 소비에트 원자 방패

---

* 전해지는 바에 따르면, 그는 굴라그 지휘 이후 몸을 덥힐 수 없었다고 한다.

를 구축한 사람들이었다.

굴라그를 핵개발 계획의 핵심에 배치하는 것은 이상한 선택이었다. 일반적인 상식에 따르면 노예제는 기술 진보와 양립할 수 없으며, 강제 노동은 기계화, 기술, 혁신을 지연시킨다.[10] 스탈린이 조언을 구하자 반니코프는 이 문제를 넌지시 언급하면서 과학자와 기술자들은 죄수들과 함께 일하는 것을 어려워할 것이라고 말했다. 거의 교육을 받지 못한 간수장들이 상황을 더욱 난처하게 할 것이라고 덧붙였을지도 모른다. 아울러 굴라그 수감자들은 노동력으로 복무해야 했지만, 반역과 국가에 대한 범죄로 체포된 사람들이 거의 대부분이었다. 핵 비밀에 대해 가장 신뢰하고 싶지 않은 부류의 사람들이었던 것이다. NKVD가 좋은 선택으로 보인 것은 1945년 후반의 만신창이가 된 경제 상황이라는 오직 하나의 이유 때문이었다.

사실 소비에트 지도자들은 전후 잔해 속에서 핵무기 복합체를 지을 능력이 없었다. 황폐화라는 측면에서 추축국은 소비에트 경제를 철저하게 무너뜨렸다. 2,700만 명의 소비에트 시민들이 전쟁에서 사망했다. 2,500만 명 이상이 집을 잃었고, 추축국 폭격기들은 3만 개의 기업소와 2만 5,000개의 마을을 파괴했다. 패배한 독일과 달리 소비에트인들은 해외 원조 없이 스스로 조국을 재건해야 했다. 전쟁이 끝나기 전에 트루먼은 소련에 절실히 필요한 기계와 식량 재고를 공급했던 무기대여법을 종료했다. 소비에트 외교관들이 1946년 미국 국무부에 전후 재건을 위한 차관을 요청했지만 답변이 없었다. 한편 1945년 당시 NKVD는 소비에트 국가의 최대 기업체였다. 굴라그 자체 통계에 따르면, 굴라그는 자유로운 소비에트 기업체들보다 더 저렴하고 효율적으로 생산했다.[11] 가장 중요한 것은 굴라그에 노동력이 있었다는 것이다. 1945년, 산업 관리자들은 무엇보다 노동자들을 갈망했고, 굴라그는 국가의 비농업 노동력의 23퍼센트를 차지했다.[12] 굴라그는 수백만 명의 육체노동자뿐만 아니라 특수 화이트칼라 감옥에 수감되어 있는 물리학자, 화학자, 기술자 및 설계자 등 국가의 지적 자본을 가진 보고이기도 했다. 스탈린과 베리야가 원자로, 화학처리공장, 실험실을 건설하기 위해 굴라그로 눈길을 돌리는 것은 합리적인 모습이었다.

하지만 그것은 1945년의 일이었다. 1년 후 지표에 따르면 조직의 붕괴와 놀랍도록 급증한 감옥 봉기로 인해 굴라그의 생산성은 급격히 감소했다. 1947년에 이르러, NKVD 수용소장들이 굴라그에 대한 통제력을 상실하고 있다는 것이 명백해졌다.[13] 굴라그에 의지해 핵 마차를 모는 일은 골치 아프고 고비용에 오래 지속되는 결과를 남겼다.

12

원자 시대의
청동기

누가 소비에트 폭탄을 만들 것인지 결정한 후, 반니코프와 베리야는 어디에서 그것을 만들 것인지를 결정해야 했다. 미국처럼 멀리 떨어진 지역을 플루토늄 공장 부지로 지정하면 건설 노동자를 조달하고 유지하고 보유하는 데 문제가 발생했다. 그 결과 지연된 공사는 성급하고 조잡한 건설로 이어졌고, 건설 책임자들은 주택, 임금, 안전, 심지어 보안과 비밀 등 모든 것을 절약해야 했다.

도로 부족으로 인해 첫 번째 공장 정찰대는 도보로 이동했다. 그들은 공업 도시인 첼랴빈스크와 스베르들로프스크Sverdlovsk 사이의 독일군 포로수용소를 둘러싸고 있는 폐쇄된 굴라그 지역의 남부 우랄 산맥 기슭을 정찰했다. 마티아스가 미국 서부에 끌린 것과 상당히 흡사하게 정찰대는 희박한 인구, 자유롭게 흐르는 강들, 정부의 상당한 존재감으로 인해 우랄에 매혹되었다. 우랄은 또한 엄폐를 위한 나무들이 많고, 적 비행기의 접근으로부터 안전한 대륙 내륙 깊숙이 자리잡고 있었다.

정찰대는 이곳이 아주 멋진 지역이라고 합의했다. 호수는 급하게 움직이는 뭉게구름 아래서 반짝였다. 노란 겨자와 초록 토끼풀로 뒤덮인 벌판이 소나무와 자작나무 숲과 맞닿아 있었다. 낮은 산들은 저 멀리 보랏빛 멍이 든 것처럼 솟아 있었다. 남자들은 크질타시 호수Lake Kyzyltash에서 19세기 제분소 폐허 옆에 자리한 집단농장을 우연히 발견했다. 선조보다 더 원시적으로 사는 20세기의 주민들은 쪽배를 타고 풀로 엮은 그물로 낚시를 했다.[1] 바로 이곳이 정찰대가 모스크바에 보고한 장소였다.[2]

이것이 바로 소비에트 원자의 청동기 시대가 시작되는 모습이었다.

반니코프는 NKVD 장군 야코프 라포포르트Yakov Rapoport*를 플루토늄 공장 건설 책임자로 임명했다. 라포포르트는 1930년대에 스탈린이 애지중지하던 프로젝트 가운데 하나인 백해−발트해 운하Baltic−White Sea Canal를 시작으로 경력을 쌓았다.[3] 운하는 막대한 인명의 희생을 치러야 했고 엄청난 실패였다. 하지만 언론상의 성공이었고 굴라그 형벌 시스템이 어떻게 지리, 인간, 사회 그 자체를 사회주의에 복무

---

* 야코프 다비도비치 라포포르트Яков Давыдович Рапопорт(1898~1962)는 전략적 기반 시설, 에너지 및 원자력 산업 분야의 건설을 도맡았던 소비에트 정치인이다. 리가의 유대인 가정에서 태어났고, 1917년 공산당에 가입했다. 1918년부터 보안기구에서 활동했으며, 1932년 후반부에 교정노동수용소총국 부국장을 맡은 후 소련의 다양한 수력 발전 건설 현장에서 여러 직책을 맡았다.

하도록 변형시켰는지 보여주는 상징이었다.[4] 첼랴빈스크에서 라포포르트는 4만 명의 노동자가 있는 대규모 첼랴빈스크 야금건설 연합기업소 Cheliabinsk Metallurgical Construction Trust를 지휘했는데 노동자의 대부분은 죄수였다. 노동자 중 절반은 전시戰時에 노동군Labor Army이라 불렸던 이동 노동 분대에 강제로 배치된, 추방된 독일계 민족이었다.[5] 라포르트는 수천 명의 다른 유배된 죄수들도 동원했다. 소비에트 정부는 1930년대부터 수십만 명의 재소자와 유형수를 우랄로 실어 날라 중공업과 자원 채굴에 종사하게 했다.[6]

1945년 11월, 라포포르트는 "숲속의 두 오솔길이 교차하는 외딴 지점인 T교차로"에 새로운 건설 부서 11호를 만들라는 모호한 명령을 다급하게 내렸다.[7] 1945년에는 대大우랄 남부 지역에 포장도로가 없었다. 공장 부지로 선정된 지역에는 도로가 전혀 없었다. 도로의 부족은 인구가 희박한 이유를 알려주었다. 스탈린주의 러시아에서 공급선이 단절된 지역에 산다는 것은 끊임없이 일하고 때로는 음식 없이 지내며 한파와 굶주림에 대한 두려움 속에서 영원히 사는 것을 의미했다. 옛 소련의 도로 지도에서 도로와 정착촌이 없는 광활한 영토는 종종 감금이라는 풍경을 시사했다. 러시아 역사와 문학에서 변경은 흔히 독립과 자유의 장소가 아닌, 사슬에 묶였거나 철조망과 법적 규제에 갇힌 사람들을 감금하기 위한 영토, 즉 죄수, 전과자, 유형수, 도망자의 장소로 묘사된다.[8]

1월에 라포포르트 장군은 T현장으로 최초의 노동자—죄수 100명을 보냈다.[9] 건설 인부들은 어두워진 지 한참 만에 눈이 심하게 내리던 키시팀Kyshtym에 선 기차에서 내린 뒤 숲을 지나 크질타시 호수의 남쪽

제방으로 이동했다. 그들은 호수의 가장자리 늪지에 정신 사납게 세워진 헛간으로 둘러싸인 외진 곳에 있던 악수Handshake라는 이름을 가진 집단농장에서 멈췄다. 네 채의 작은 오두막으로 구성된 이 집단농장의 몇몇 마을 어르신들과 어린이들은 졸린 듯 보였다. 그들이 마을에 남은 유일한 사람들이었다. 노동 적령 성인들은 전시에 농장에서 징집되어 공장에서 일하거나 군대에서 복무했다.[10]

정찰대가 도로 없는 외딴 지역을 선택했다는 사실은 마야크 플루토늄 공장을 만드는 데 두 가지 핵심적인 요인을 결정했다. 첫째, 라포포르트는 공장을 짓기 전에 건설 현장에 편의를 제공하기 위한 기반 시설 전체를 조잡한 도구들로 지어야 했다. 둘째, 부족한 인구 때문에 라포포르트는 징집 노동에 의지해야 했다. 이는 그가 대개 잔인한 환경에서 사는 미숙하고 굶주린 노동자들을 데리고 건설했음을 의미했다. 요컨대 라포포르트는 소련 최초의 산업용 원자로를 굴라그의 무딘 도구들과 당장에라도 폭발할 것 같은 무례함으로 지어야 하는 운명이었다.

블라디미르 벨랴브스키Vladimir Beliavskii는 1945년 가을 어느 날, 근처에서 새로운 건설 프로젝트가 진행되고 있다는 소식을 처음 들었을 때를 기억한다. 벨랴브스키는 라포포르트의 굴라그에 의해 돌아가는 대규모 건설 연합기업소의 기술자였지만 관리직이었음에도 불구하고 임금은 낮았다. 음식과 물품을 구하는 일은 무척 어려웠다. 그의 젖먹이 아들은 판지 상자에서 잤다. 벨랴브스키는 더 나은 배급을 기대하며 최우선 순위 비밀 건설 프로젝트에 지원했다. 그는 일자리를 얻었고 즉시 쪼들리는 소도시 키시팀에 위치한 본부에 배치되었다.[11]

전후 소련에서 건설직은 특히 보수가 적고 대개 야외에서 일하는 직업을 의미했다. 이러한 일들을 아무도 원하지 않았기 때문에, 대부분의 이주 건설 노동자들은 죄수이거나 유형자였다.[12] 벨랴브스키에게 죄수들과 일하는 것은 새로운 일이 아니었다. 그는 유형자, 추방자, 억류된 소수민족, 노동훈련소의 10대들, 포로를 포함하여 굴라그 재소자들 전체를 감독했다. 이들은 모두 스탈린 시기 말기* 러시아의 노동계급제의 일부였다. 벨랴브스키와 같이 자유롭게 고용되고 훈련된 노동자들은 브라만이었다.

첫 번째 일은 현장에 도로를 건설하는 것이었다. 도로 건설 인부들의 수장은 억류된 독일계 민족인 오토 고르스트Otto Gorst였다. 고르스트는 나치 포로수용소에서 송환된 붉은 군대 병사들을 감독했다.[13] 스탈린은 포로가 되는 것을 허락한 군인은 (자신의 아들을 포함해) 누구라도 반역자로 간주했다. NKVD 보안 요원들은 귀환하는 포로들을 걸러내서 심문했다. 송환 병사들 대부분은 충성 심사를 통과하지 못했고 굴라그에서의 중노동 10년형을 선고받았다.[14] 고르스트는 다음과 같이 기억했다. "이른바 이 "귀환자"들은 대부분 45세의 성인 남성으로 일부는 나이가 좀 더 많았다. 가벼운 피코트, 많이 손상되고 새까맣게 된 외투, 더러운 발싸개가 달린 닳아빠진 군화 등 그들의 차림새가 아직도 기억에 남는다. 마지막 실 한 올까지 모든 것이 너덜너덜했다."[15]

* 스탈린 시기는 이오시프 스탈린이 소련을 통치하던 시기를 일컫는 말로, 특별한 수식어가 붙지 않을 경우 대개 1930년대를 가리키고, 여기서는 전후를 지칭한다.

험한 지형 위로 건축 자재를 운반하기 위해 건설대는 퇴역 중전차 세 대를 보급 받았다. 하지만 전차는 전혀 좋지 않았다. 그것들은 눈 아래 숨겨져 있는 늪지에 빠졌다. 병사들은 조종하는 데 어려움을 겪었고, 때때로 전차는 길가의 도랑으로 미끄러졌다. 값비싼 기계를 손상시킨 대가로 병사들은 영창에 던져졌다.[16] 건설대는 결국 전차를 버리고 유럽 최초의 플루토늄 공장으로 향하는 길에 원시적인 통나무 도로를 건설하기 위해 결코 실수하지 않을 말과 수레를 이용하게 되었다.[17]

새로운 도로 위로 운반할 물자를 확보하는 것 또한 주요 사업이었다. 라포포르트는 현장에 필요한 모든 물자를 공급해야 했다. 물자는 대부분 건설사가 자체적으로 생산했다.[18] 연합기업소는 소유하고 있던 제철소, 광산, 채석장, 벌목 업체를 통해 원자재를 공급했다. 이 원자재는 현장에 설치된 기계 작업장에서 외바퀴 손수레, 망치, 큰 망치로 만들어졌다. 노동자들을 먹여 살리기 위해 이 기업은 두 곳의 지역 집단농장을 인수하고 유형자들을 인력으로 채워넣었다. 시멘트와 벽돌은 전후 재건에 필요한 귀한 물품이었다. 결과적으로 라포포르트는 재소자들이 주택(막사와 조립식 오두막), 비계, 운반대,* 큰 통, 배수관, 기둥, 인도, 가구, 실험실 장비를 만드는 제재소를 시작했다. 1946년 여름에는 전기가 들어오지 않았다. 열을 만들기 위해 나무와 숯이, 빛을 내기 위해 양초와 소나무 장작이 사용되었다.

---

* 여기서 운반대litter는 외바퀴 손수레wheelbarrow에서 바퀴가 없는 모습과 유사하고, 부피가 크고 육중한 물건을 사람들이 손수 옮길 때 쓰는 도구를 말한다.

거의 모든 것을 현장에서 만드는 데는 엄청난 노동력이 필요했다. 굴라그는 수천 명의 노동력을 제공할 수 있었으나, 라포포르트에게는 그들을 거주시킬 장소가 거의 없었다. 1946년 죄수와 병사들은 늘어나는 수감자 노동력, 즉 1만 명의 징집병, 1만 6,000명의 독일계 억류자, 8,900명의 굴라그 재소자를 위해 군사 주둔지 5개와 교정 노동수용소 11개를 급하게 건설했다.[19] 그러나 라포포르트의 상관 세르게이 크루글로프Sergei Kruglov 장군은 이 새로운 수용소에 대해 알게 되자 격분했다. 크루글로프는 2년만 있으면 되고 그 이상은 필요치 않은 임시 주택에 왜 그렇게 많은 돈을 쓰냐고 물었다. 크루글로프는 아마도 군인이 담당하게 될 것이라 상상했던 미래의 공장 조작자들을 위해 작은 정착지 두 곳을 짓는 데 집중하라고 명령했다. 그렇지 않으면 인부와 물자들이 주택이 아닌 산업 건설에 투입되어야 한다고 지시했다.

크루글로프의 인색함은 라포포르트를 실패의 악순환에 빠트렸다. 형편없는 주택과 빈약한 식량 배급으로 라포포르트는 병사들과 죄수들을 천막 및 움막에 살게 해야 했기 때문에 그들의 건강을 유지시키면서 목표 생산량을 달성하는 데 엄청난 어려움을 겪었다. 나라의 최우선 순위 현장의 책임을 맡은 라포포르트는 노동자들을 따뜻하게 해줄 막사와 외투를 구할 수 없었다. 국가의 고질적인 빈곤을 피해갈 방법은 어디에도 없었다.

병사들의 주둔지와 죄수들의 수용소는 종종 상호 교환이 가능했다. 라포포르트는 둘 사이에 구별이 없다는 듯 죄수들을 병사 숙소로, 병사들을 죄수 막사로 옮겼다.[20] 둘 다 참혹한 상태였다. 병사와 죄수들은 따뜻한 음식을 먹지 못했다. 그들은 양동이에서 썩은 감자를 배급받았다. 그들은 막사, 초막, 원형 천막yurt 등에서 살았고 침구는 거의 없거나 아예 없었다.[21] 난방이 잘 되지 않는 막사의 벽은 겨울에는 얼음으로, 다른 계절에는 곰팡이로 뒤덮였다. 라포포르트의 관점에서 죄수와 병사들은 하나이며 동일했다. 바로 "동원된 노동력"으로 말이다.[22]

라포포르트는 현장에서 일하는 건장한 몸이 필요했고 건강한 신체는 그의 건설 연합기업소에서 통계적으로 소수였다. 도착한 인부들 중 절반 이상이 일하기에 적합하지 않았다.[23] 1946년 7월, 수천 명의 수척한 노동자들 무리가 소비에트 최초의 산업용 원자로의 기초를 닦는 작업에 착수했다. 소비에트 기술자들은 이를 지하 깊은 곳에 숨기기로 결정했다. 그렇게 함으로써 이 건물은 소비에트의 문화궁전 또는 공산당 당사 같은 스탈린 시기의 여느 다른 공식적인 건물처럼 보일 것이었다.[24] 이 기초는 인간과 환경 간 엄청난 투쟁이 벌어지는 무대가 되었다. 원래 6개월이 걸릴 것으로 예상되었던 이 프로젝트는 죄수와 병사들이 지하 175피트 깊이로 땅을 파느라 18개월 동안 계속되었다. 그렇게 넓거나 깊게 건물의 기초를 파본 사람은 아무도 없었다.

1946년의 8월은 특히 비가 많이 내린 달이었다. 병사와 죄수들은 계속되는 차가운 빗속에서 땅을 팠다. 지하수가 구덩이의 바닥을 통해 흘러나왔다. 죄수와 병사들은 기계의 도움을 거의 받지 못한 채 작업했다. 처음 2년 동안 현장에는 불도저, 굴착기, 토공土工 기계는 하나도 없었고, 미국의 스튜드베이커Studebaker 트럭 여섯 대, 퇴역 전차 몇 대, 그리고 통증과 추위에 시달리는 근육들뿐이었다. 남자들은 기반암 석판을 마구 내려쳤다. 노후화된 컨베이어 벨트가 파손된 후, 인부들은 외바퀴 손수레에 흠뻑 젖은 흙을 실어 경사면으로 날랐다. 쇠약해진 인부들은 일일 목표의 14~37퍼센트를 달성했다.[25] 가장 강하고 건강한 남성은 부스럼, 지속적인 기침, 결핵에 굴복하기 전까지 이러한 조건에서 몇 달을 버텼다.[26] 한 굴라그 관리는 "노동자들이 부서졌다"고 보고했다.[27]

일정에 뒤처진 감독관들은 씩씩대며 사방에서 다그쳤다. 원래 1947년 1월이었던 마감일이 계속해서 연기되었다. 1947년 3월, 라포포르트는 전문직 노동자들이 건강 상태에 상관없이 일일 생산 할당량을 채워야 한다는 법령을 발표했다. 일을 끝내지 못한 노동자는 남성이든 여성이든 빈약한 수용소의 배급조차 받지 못했다. 쉬는 날 없이 10시간에서 12시간 교대로 근무하던 사람들에게 이는 치명적이었다. 이 규칙이 통과된 후 죄수와 유형수들은 탈출하려고 했다.[28] 그들은 대개 다시 잡히거나 죽고 얼어붙은 채로 발견됐고 다시 돌아와 전시되어 나머지 사람들에게 공포를 선사했다.

1946년 10월, 다가오는 겨울에 기근이 들 것이라는 소문을 걱정하던 라포포르트는 새롭고 잔인한 아이디어를 떠올렸다. 그는 죄수들이 집에서 생필품 꾸러미를 받는 것에 대한 규제를 완화했다. 라포포르트의 부관들은 굴라그의 실력자들에게 읽고 쓰는 수업을 시작해서 죄수들에게 집으로 음식과 의복을 요구하는 편지를 쓰는 방법을 가르치라고 명령했다. 라포포르트는 가족들이 수감된 친족에게 직접 물품을 전달할 수 있도록 고속버스 운행과 따뜻한 대기실을 요청했다.[29] 이는 무정한 계획이었다. 평균적으로 소비에트 가정은 매년 가죽 신발 한 켤레와 1인당 양

말 한 켤레와 속옷 4분의 1을 구입했다. 1946~47년의 기근으로 약 150만 명의 소비에트 시민들이 기아 관련 질병으로 사망했다.[30]

꾸러미에 관한 규정 중 편지를 검열하거나 금지품을 수색하라는 지시는 없었다. 가족 구성원을 비밀 수용소로 초대하자는 호소는 보안에는 좋지 않았지만, 당시 건설 현장에서는 어느 누구도 보안에 대해 그다지 신경을 쓰지 않았다. 1940년대 미국에서 전문가들은 스탈린주의 러시아를 공포 때문에 시민들이 비밀을 지키고 무조건적으로 복종하는 매우 비밀스러운 "전체주의적 질서"라고 묘사하고 있었다. 미국 평론가들이 이해하지 못한 것은 질서와 안보가 핸퍼드에서는 아주 쉬웠지만 스탈린주의 우랄에서는 마련되기까지 수년이 걸린 사치품이었다는 사실이다.

비밀 지키기

이상적으로, 굴라그 수용소는 철조망으로 덮인 이중의 윤형 울타리와 간간히 설치된 감시탑 및 투광 조명으로 둘러싸여 있었다. 규정에 따르면 출입증 없이는 누구도 수용소에 들어가거나 떠날 수 없었다. 러시아 역사가들은 소비에트 원자력 시설이 굴라그의 이러한 특징들을 자연스럽게 차용했다고 주장해왔다.[1] 그들은 폐쇄된 원자력 도시를 굴라그의 가장 큰 업적, 즉 규율되고 징벌적이며 강압적인 스탈린주의 경찰국가의 바로 그 요새로 묘사한다. 굴라그 실력자들 외에 그 누가 수년 동안 특별한 도시를 건설하고 울타리로 둘러싸고 몇 년 동안 자유로운 시민을 가두겠는가?

그러나 원숙하고 폐쇄된 원자력 도시와 굴라그를 동일시하는 것에는 두 가지 문제가 존재한다. 첫째, 소비에트 지도자들 및 라포포르트 장군과 같은 건설 책임자들은 처음 2년 동안 전후의 폐허 속에서 거대한 원자력 기반 시설을 세우는 데 너무 몰두해 있었기 때문에 보안과 비밀에 관해서는 대부분 잊어버렸다. 둘째, 소비에트 노동수용소가 죄수들이 간수와 소장의 권력에 온순하게 복종하는 전체주의적 질서와 통제의 장소라는 대중적 이미지에도 불구하고, 이러한 명성은 대단히 신화적이다. 1947년의 굴라그 시설에 대해 잘 알고 있는 사람은 아무도 그것들을 안전, 보안, 질서, 또는 효율성의 전범典範으로 받아들이지 않았을 것이다.

라포르트는 보안을 보장하기 위해 엄격한 요구사항을 지키며 플루토늄 공장을 건설하라는 명령을 받았다. 베리야는 라포르트가 가장 신임 받는 죄수들만 고용하고, 독일계, 포로, 재범자, 상습범, 정치범은 물론이고 전쟁 중에 독일이 점령한 영토에 살았던 사람들은 단 한 명도 고용하지 말라고 명령했다.[2] 소비에트 지도자들은 배신이 의심되는 종족적 집단인 "반역적 민족들", 특히 피비린내 나는 내전에서 소비에트 권력의 집권에 맞서 싸웠던 우크라이나인과 발트인에 대해 우려했다.[3]

그러나 라포르트는 이러한 보안 명령을 수행하는 것이 불가능하다는 것을 알고 있었다. 건설 노동자의 절반은 독일계 민족이었고, 그들은 대개 가장 숙련된 사람들이었다.[4] 그 결과 라포르트는 독일계 민족을 굴라그의 형벌 체계에서 최상위에 있던 "특별 정착민"으로 승격시킴으로써 베리야의 칙령을 회피했다.[5] 라포르트는 또한 건강하고 "노동할 준비가 된" 수감자들만을 원했지만 가장 건강한 수감자들은 약한 수감자들을 괴롭혀 배급을 빼앗고 그들에게 자신들의 일을 하도록 강요한 상습범들이었다. 보안 규정의 결과로, 처음 도착한 수감자의 절반은 노동력으로는 하등의 쓸모도 없는 병약자들이었다.[6] 그래서 라포르트는 보안 명령을 어기고 상습범들을 받아들였다.[7] 굴라그 규정에 따르면, 위험한 범죄자들은 상시 경비를 받아야 했지만, 라포르트에게는 경비원이 충분하지 않았기 때문에 최고 경비 수감자들의 대다수는 일하지 않고 하루 종일 수용소에 앉아 있었다.[8] 라포르트는 이 문제 또한 해결했다. 그는 최고 경비 수감자들을 경비 없이 일할 수 있도록 최소 경비 대상으로 재분류하라는 명령을 내렸다.[9]

라포르트가 맞닥뜨린 노동 위기는 굴라그의 고질적인 문제에서 비롯되었고, 이는 결국 라포르트가 맡은 임무를 숨 막힐 정도로 거대하게 만들었다. 그는 굴라그가 부실 관리로 무너지고 있던 바로 그 순간 굴라그 노동력으로 거대한 산업적 풍경을 조성하는 임무를 부여받았다. 전후 몇 년 동안 굴라그는 어느 때보다 죄수와 유형수들로 넘쳐나 전체 재소자 수가 525만 명에 달했다. 만성적인 교도소 직원 부족으로 인해 자신의 갱단을 운영하는 재소자 두목들이 수용소의 일상적인 관리를 도맡게 되었다. 두목들은 강하고 위험한 사람들이었다. 패거리들 간의 경쟁은 종종 폭력적인 싸움으로 폭발했다. 교도관들이 제멋대로 구는 "불한당" 분자들에 대한 권력을 재확보하려 하자 죄수들은 교도관들에 맞서 싸우며 폭동을 일으켰고 진압하기까지 수개월이 걸린 교전을 벌이기도 했다.

이반 부트리모비치Ivan Butrimovich는 원자로 기반 공사를 수행하는 민간인 감독관이었다. 그는 굴라그 속어로 **어버이**[pakhan]라고 불리고 기초 구덩이foundation pit*를 지배했던 한 재소자 두목을 기억했다. **어버이**는 수용소에서 지급한 일반적인 패딩 재킷과 바지 대신 크롬색 부츠와 작은 단추들이 달린 신사복을 입었다. 그는 아침이면 거대한 구멍의 바닥에 펠트 깔개를 펼쳐 놓고 수감자들이 주변에서 작업하는 동안 하루 종일 그곳에 앉아 있었다. **어버이**에게는 그와 카드놀이를 하는 부하 한 명과 명령을 전달하는 부하 한 명이 있었다. **어버이**는 아무런 일도 하지 않았지만, 자신의 무리가 게으름을 피운다는 소식을 들으면 즉각 조치를 취했다. 그는 대원을 불러 막대기로 그의 등을 따뜻하게 해 주곤 했다. 때로는 단지 몇 마디 말하는 것만으로도 건설대의 작업 속도를 높일 수 있었다.[10]

부트리모비치는 **어버이**가 민간인 감독관에게는 한 번도 말을 걸지 않았다고 회상했다. 그러나 감독관들이 **어버이**를 행복하게 하고 그가 부하들에게 나눠줄 수 있도록 음식, 의복 및 보드카를 제공하면 감독관은 훈육 문제를 겪지 않았고 재소자들은 좋은 작업 속도를 유지했다.

부트리모비치는 종종 한 번에 2~3일씩 기초 구덩이에 머물렀다. 그는 작은 헛간에 겨울 코트를 펼쳐놓고 잠을 자곤 했다. 어느 날 저녁, 산책을 하던 중 한 죄수가 부트리모비치의 팔을 잡고 절벽의 바위 쪽으

---

* 기초 구덩이foundation pit는 안드레이 플라토노프Andrei Platonov의 우울한, 상징적이고 반풍자적인 소설의 제목이기도 하다. 소설은 초기 소비에트연맹의 노동자 그룹에 관해 이야기한다. 그들은 프롤레타리아트를 위한 거대한 집이 건설될 토대 위에 거대한 기초 구덩이를 파려 한다. 노동자들은 매일 땅을 파지만 일의 의미를 이해하지 못한다. 거대한 기초 구덩이가 그들의 육체적·정신적 에너지를 모두 빨아들인 것이다.

로 끌고 가 그의 기록 관리에 관해 불평했다. 건설 속도를 높이기 위해 라포포르트는 완수된 일일 노동 할당량에 대해 더 짧은 형량을 부여하는 명령을 내린 바 있었다.[11] 보상 시스템은 복잡하고 자의적인 과정인 작업을 추적하기 위해 감독관에게 의존했다. 죄수들은 종종 감독관과 기록을 가지고 맞붙었다.

부트리모비치는 "몸집이 크고 건강한 친구"인 죄수가 그를 돌출부의 모서리로 밀면서 질문하기 시작했다고 회상했다. "여기서 얼마나 많은 사고가 일어났는지 알아? 몰라? 그래, 내가 알려줄게. 많이. 기록을 바로잡겠다고 약속해주면 그런 사고는 일어나지 않을 거야."

부트리모비치는 재빨리 생각하면서 죄수의 패딩 재킷을 움켜쥐고는 그와 함께 추락할 것이라고 약속했다. 그 말에 죄수는 "훌륭해. 넌 겁쟁이가 아니야"라고 말하며 그를 놓아준 뒤 모닥불 쪽으로 돌아갔다.[12] 벼랑 끝에 서서 부트리모비치는 자신이 운이 좋았음을 이해했다. 그는 죄수들이 마음에 들지 않는 감독관들과 시간을 낭비하지 않는다는 것을 알고 있었다. 그는 실종된 한 감독관이 1년 후에 시멘트 기초 안에 갇힌 채로 발견되었다는 소식을 들은 바 있었다.[13]

알렉산드르 솔제니친Alexander Solzhenitsyn*은 고된 노동으로 보낸 하

---

* 알렉산드르 이사예비치 솔제니친Александр Исаевич Солженицын(1918~2008)은 러시아의 소설가 및 극작가로, 2차 세계대전에서 소련군 장교로 근무하던 도중, 오랜 친구에게 스탈린에 대한 비판을 담은 편지를 보냈다가 적발되어 1945년 루뱐카에 수감됐고, 이후 강제 노동수용소에서 8년형을 선고 받았으며, 1953년 출소, 1957년 복권되었다. 이후 교육자 및 소설가로 활동하다가 비공식 출간물(사미즈다트самиздат) 형태

루의 끝자락에서 추가적인 빵 배급에 행복해하는, 굶주리고 허둥지둥 움직이는 수감자 이반 데니소비치Ivan Denisovich의 모습을 대중화했다.[14] 반대로 부트리모비치의 이야기는 굴라그 수용소와 죄수들이 어떻게 점점 더 무질서해지고 통제할 수 없게 되었는지를 보여준다. 1946년 3월에 실시된 플루토늄 현장의 노동수용소에 대한 조사 결과 울타리가 없어지고 부서진 것으로 드러났으며 투광 조명등도 없었고 전력도 공급되지 않은 것으로 나타났다. 일조 및 일석점호는 형식적으로만 수행되었는데, 이는 전혀 수행되지 않았음을 의미했다. 일일 수감자 수는 자주 바뀌었고 기록 관리자는 수감자와 유형수의 수를 추적하지 못했다. 죄수들은 사라져 마을로 들어갔다가 며칠이 지나서야 다시 나타났다. 1947년 3월, 두 명의 죄수가 한 유치원의 식료품 저장소에서 도둑질을 했다가 잡히자 꽤나 잘 싸웠다. 수용소 내에서 죄수들은 싸우고, 훔치고, 마시고, 밀수품을 팔았다. 650명의 죄수가 머무는 수용소를 수색한 결과 101개의 무기가 발견되었다. 조사관들은 수용소에서 매일매일 기준으로 감독하는 인력이 없다고 보고했다. 그들은 모두 마을에서 잤다. 죄수들은 이 최우선 순위의 일급비밀 장소에서 대부분 스스로 감독 없이 수용소를 운영했다.[15]

1947년 초, 흉년이 들면서 좀도둑질로 체포되어 홍수처럼 밀려드는 여성들을 수용하기 위해 건설 현장에 여성 수용소가 문을 열었다.[16] 굴

로 출간한 여러 소설들이 사회적 반향을 일으켰고, 정치국 결정에 의해 1974년 소련에서 추방되었다.

라그는 남성과 여성 수감자 간 친교를 금지했지만 규칙은 무시되었다. 남성과 여성은 합의에 의한 성관계를 가졌고 남성은 여성을 성폭행했다. 문제가 심각해지면서 라포포르트는 민간인 여성용 막사를 경계할 경비를 세웠다.[17] 1947년 한 해에만 1,300명의 교도소 아기들이 태어났다. 직원 담당의사 두 명은 임시 산부인과 병동과 보육원을 신속하게 마련해야 했다.[18]

죄수들도 제멋대로이고 폭력적이었지만 건설 대대의 병사들 또한 마찬가지였다. 병사들은 죄수처럼 입었고 죄수처럼 살았고 노천에서 양동이에 담긴 출렁대는 음식을 죄수처럼 먹었다. 춥고 배고팠던 병사들은 음식을 찾아 나섰다. 한 병사는 "그들은 우리를 '정말로 잘' 먹입니다. 수프가 어찌나 '진한지' 밤마다 나는 6킬로미터를 걷고 때로는 감자를 찾기 위해 더 많이 걷습니다. 안 그랬으면 배가 고팠을 겁니다. 나는 사려고(그러기엔 내게 돈이 없습니다) 가는 게 아니라 돈을 안 내고 가져갈 수 있는 걸 가지러 갑니다. 아무도 보지 않을 정도로만요"라고 집으로 보내는 편지에 썼다.[19] 조사관들은 병사와 장교들이 인근 마을을 약탈하기 위해 대규모로 탈영해 주둔지를 떠난다고 보고했다. 추수기에 장교들은 병사들에게 농작물과 사료를 훔쳐오라고 지시했다. 그들을 붙잡은 농부들이 반격하거나 저항하려 했지만 장교들 중 일부가 농부 몇 명을 살해했다.[20]

병사들도 서로에게서 훔치고 막사에서 싸움을 벌였다. 한 병사는 집으로 보내는 편지에 "지휘관들은 이런 싸움에서 아무런 힘도 없습니다"라고 썼다. "그들은 아무것도 하려고 하지 않아요."[21] 병사들은 죄수들처럼 술 마시고 성폭행하고 싸우고 주둔지를 떠돌아다녔다. 최초의 플루토늄 정착지는 질서정연한 경찰국가라기보다는, 혼란스럽고, 위험하고, 거의 감독을 받지 않고, 비참할 정도로 비효율적이고, 굴라그 구역의 밖에서 쏟아져 나오는 굴라그의 모든 면모를 너무 잘 반영하고 있었다.

민간 노동자들을 위한 보안 체계 또한 형편없기는 마찬가지였다. 1946년 봄, 건설 계획이 진행되면서 베리야는 라포포르트에게 경비가 서 있는 방어벽, 탐조등, 통행증을 포함하는 "특별 체제 구역"을 설정하여 현장을 확보하라는 명령을 내렸다.[22] 이 명령은 위험한 죄수들을 금지했던 명령과 마찬가지로 무시되었다. 블라디미르 벨랴브스키는 건설을 시작하고 첫 1년 반 동안 현장에는 공식적인 보안 규제가 전혀 없었다고 기억했다.

그는 "원하는 사람은 누구라도 그곳에 아무 문제없이 갈 수 있었다"고 회상했다.[23] 첼랴빈스크에서 출발한 열차는 매일 공사장에서 몇 마일 떨어진 곳까지 운행했다. 그곳에 모습을 드러낸 대부분의 신체 건강한 사람들은 신원 조회 없이 그 자리에서 고용되었다. 인근 소도시 키시팀의 사람들은 숲속에서 지어지던 "비밀 원자 공장"에 관해 공공연하게 이야기했다. 키시팀에 도착한 한 노동자는 한 노파에게 인사과로 가는 방법을 물어본 것을 기억했다. 그녀는 "원자력船을 만들고 있는 이르탸시 호수Lake Irtiash에 가야 한다면, 눈앞에 있는 저 언덕으로 가세요. 노동자들을 지하 공장으로 데려가는 트럭들을 볼 수 있을 거요"라고 대답했다.[24]

고용된 노동자들을 위한 주택 배치도 마찬가지로 마구잡이식에 비계획적이었다. 기술자와 감독관은 방, 다락, 지하실을 임대한 키시팀에서 날마다 6마일을 이동했다.[25] 고용된 노동자들은 스스로를 위해 거의 대부분 빌렸거나 찾은 물건들을 이리저리 조합해 삶을 꾸려나갔다. 유형수들은 가족들에게 함께 지내자고 요청하는 편지를 썼고 오두막과 움막을 짓기 위해 목재와 판금 조각을 긁어모았다.[26] 돈이 있는 사람들은 소, 닭, 염소를 사서 정원을 가꾸기 시작했다. 민간인과 장교들은 불법적으로 죄수들을 자신들의 정원과 가축을 돌보고 요리하고 청소하는 가사도우미로 일하게 했다.[27]

이 최초의 소비에트 플루토늄 정착지는 리치랜드가 아니었다. 그곳에는 기본 계획도, 믿을 수 없는 죄수와 병사를 국가 기밀을 위임받은 강직하고 훈련된 직원과 분리시키려는 계획도 없었다.[28] 징집된 노동자들은 주변 시골에서 흥청망청 생활하면서 숲속에서 벌어지던 "비밀" 시설의 확장에 관한 소문을 퍼뜨렸다. 당대의 증언에 따르면, 플루토늄 현장은 보안상의 재난이었다.[29] 요컨대 굴라그는 소비에트 핵개발 계획을 불복종, 폭력, 절도, 비효율성을 지닌 초라하고 전염성 있는 무질서로 낙인찍었다. 굴라그는 소비에트 플루토늄 프로젝트를 특정한 방식으로 각인시켜 미래의 재난으로 이끌었다. 건설 현장을 책임졌던 안경 쓴 신랄한 굴라그 장군 야코프 라포포르트 또한 불운하긴 마찬가지였다. 나는 그가 하루 종일 책상 앞에 앉아 점점 더 많은 명령을 내리고, 모스크바의 불길한 요청들을 처리하고, 보안 규정을 위반하고, 기한을 지키지 못했기에 야기될 자신의 몰락을 미연에 방지하려고 애쓰는 비극적인 인물이었다고 상상한다.

소비에트 지도자들에게, 폭탄을 만들기 위해 굴라그를 배치하는 것은 핵무기를 얻기 위한 아주 작은 투자를 의미했다. 이는 소비에트의 다른 산업화 프로그램과 마찬가지로 소비보다 산업을, 도시보다 공장을, 버터보다 폭탄을 우선시하는 것을 의미했다. 다시 말해서, 원자력 굴라그는 스탈린주의 국가의 일상적인 사업이었다. 굴라그의 분열로 인해 탄생한 준민간/준감옥 정착지는 미래의 플루토피아의 흔적을 거의 담고 있지 않았다. 대신 질서정연하고 고도로 통제되고 면밀히 감시되고 격리된 원자력 도시의 기원은 또 다른 예상 밖의 사람, 즉 자유세계의 지도자에게서 유래된 것으로 보인다.

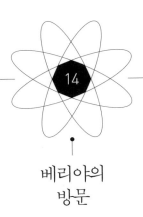

베리야의
방문

1950년대에 물리학자 이고르 쿠르차토프는 소비에트 폭탄의 기원을 회상하면서 이렇게 말했다. "우리는 완전한 외톨이였습니다. 과학에서 앞서 있던 미국과 영국은 우리에게 아무런 도움도 주지 않았습니다."[1] 쿠르차토프는 소비에트 핵개발 계획의 과학 책임자로서 미국과 영국에서 훔친 1만여 쪽에 달하는 문건을 읽었다.[2] 그의 과학위원회는 서구에서 핵 첩보 활동을 하는 요원들과 정기적으로 만났다. 쿠르차토프는 원자폭탄 제조에 많은 도움을 얻었지만 연합국이 소비에트인들을 버렸다는 감정은 사라지지 않았다. 배신감은 외교 관계를 악화시키는 데 크게 기여했다.[3]

1946년 2월 윈스턴 처칠이 "철의 장막Iron Curtain" 연설을 한 후, 러시아의 구매자들은 공포에 질린 채 식료품점으로 달려갔다.[4] 1947년 3

월, 해리 트루먼 대통령은 새롭게 부상하는 냉전의 윤곽을 더욱 분명하게 밝히면서, 미국이 전 세계를 예속시키는 "전체주의 체제"로부터 "자유민들"을 지키겠다고 언급했다. 소비에트 지도자들에게 트루먼 독트린Truman Doctrine은 도전장으로 비쳐졌다. 특히 FBI 요원들이 미국의 연구소와 대학에서 소비에트 스파이들을 색출하기 위해 수색에 돌입할 때 그러했다.

이러한 긴장에도 불구하고 스탈린과 다른 소비에트 최고 지도자들은 소비에트가 동부전선에서 치른 희생에 대한 호의의 표시로 미국이 원조할 것이라는 희망을 부여잡고 있었다. 떠오르는 정치국Politburo* 당원인 안드레이 즈다노프Andrei Zhdanov는 소련이 전후 미국의 흑자 시장이 되기를 꿈꿨다. 그는 이 무역이 소비에트와 미국의 관계를 강화할 것이라 기대했다.[5] 그의 희망은 1947년 6월 조지 마셜George Marshall 장군이 공산주의의 전염병으로부터 경제적으로 안전하게 만들기 위해 장차 서유럽으로 거듭나는 지역을 재건하기 위한 대규모 원조 계획을 발표했을 때 산산조각 났다. 마셜 플랜Marshall Plan의 세부 내용은 미국의 넉넉한 원조 프로그램에 소련이 포함되지 않을 것임을 명백히 했다. 1947년 여름, 소비에트 지도자들은 세계가 두 진영으로 나뉘고 한쪽은

---

* 소련공산당 중앙위원회를 구성하는 여러 집단적 지도기관들 가운데 최상위의 권력기관을 일컫는다. 주로 대내외 정책과 소련공산당 및 소련 국가를 지탱하는 최고위 간부들의 인사 문제를 담당했다. 안드레이 란코프가 편집한 《소련공산당과 북한 문제: 소련공산당 정치국 결정서(1945~1952)》(전현수 옮김, 경북대학교출판부, 2014)를 참조하라.

멸망해야 한다는 것을 이해하게 되었다.[6]

마셜 플랜이 공개된 후 소비에트의 공식 선전에서 신중함은 모두 사라졌다. 스탈린은 미국과 영국을 겨냥한 "반反세계주의" 운동을 명령했다. 소비에트 신문에서 전문가들은 "서구의 과학과 문화 앞에 노예처럼 아첨 떨며 굽신거리는" 소비에트 지식인들을 질책했다.[7] 이러한 외국인 혐오 운동은 7월, 스탈린이 두 명의 소련 연구자가 미국 과학자들에게 기적의 암 치료법을 전수했다는 소식을 들은 후 탄력을 받았다. 스탈린은 과학자들을 체포하라고 명령했고, 인파로 가득찬 모스크바의 한 강당에서 검사들은 세간의 이목을 끄는 재판을 이용해 소비에트 지식인들에게 서방과의 접촉이라는 독성에 대해 훈계했다.

그 사이 원자력과 관련된 비밀에 싸인 제1총국을 책임지는 라브렌티 베리야는 스탈린에게 미국의 핵개발 계획에 대해 수시로 보고했다. 그는 소비에트 요원들이 50곳의 소비에트 도시에 대한 미 공군의 핵공격 계획 사본을 입수했다고 보고했다.[8] 런던에서 클라우스 푹스는 미국이 소련을 쓸어버릴 만큼 충분한 폭탄을 생산할 1949년까지는 소비에트가 시간을 벌었다고 추정했다. 소비에트 지도자들은 피할 수 없는 미국의 공격을 방어하기 위한 무기의 필요성에 대해 끊임없이 우려했다.[9] 스탈린은 수시로 계획 1호Program No. 1를 가속화하라고 베리야를 들들 볶았다.

그러나 소비에트의 원폭 진행은 모든 건설 기한이 수개월이나 지연된 우랄의 플루토늄 공장에 의해 제동이 걸렸다.[10] 초조해진 베리야는 1947년 1월 현장에 자신의 수석 부관인 세르게이 크루글로프를 보냈고, 그는 라포포르트의 수용소 지휘관들이 월간 목표 생산량의 절반도 채우지 못했음을 알게 되었다.[11] 플루토늄 부지뿐만 아니라 주州의 다른 모든 굴라그 건설 계획을 진행하던 라포포르트는 압박에 시달렸다.[12] 점호 때, 크루글로프는 부하를 괴롭히면서 라포포르트에게 죄수들이 깨끗한 속옷을 입었는지 물었다. 라포포르트는 급히 대열로 뛰어가 불안에 떨며 죄수들이 입은 외투의 단추를 풀기 시작했다. 나중에 죄수들은 대장의 손이 얼마나 떨렸는지 비웃었다.[13]

라포포르트에게는 겁에 질릴 이유가 많았다. 그는 불과 11개월 후인 11월 7일까지 가동되는 플루토늄 공장을 인도하기로 되어 있었지만 5개의 주요 시설들 가운데 어느 것도 완공되지 않았다. 어떤 것들은 설계조차 되지 않았다. 라포포르트의 집무실 사진은 없지만, 그의 책상 위 벽에 걸린 크고 실용적인 시계가 떠오른다. 시계는 다른 무엇보다 집무실과 광대한 건설 현장을 지배했다. 시계는 라포포르트의 근무, 수면, 그리고 시간이 무심하게 흘러감에 따라 커져가는 그의 불안을 좌우했고, 시계 방향으로 라포포르트를 이끌어 종말로 향하게 했다. 라포포르트는 플루토늄 공장을 짓기 전에 산업 제국을 건설해야 했고 외딴 숲에서 강제 노동에 의지해 그것을 해야 했기 때문에 시간 전에 임무를 마칠 수 있는 방법은 없었다.

7월 초 조바심이 고조되자 베리야는 특수 장갑 열차에 올라 895호 비밀 현장으로 향했다. 몸집이 작고 머리가 벗겨지기 시작한 각료평의회 부주석은 진흙투성이의 통나무집 도시 키시팀에서 내렸다. 병사들은 건설 현장까지 마지막 몇 마일을 운전하기 위해 전리품인 시멘트로 마감된 캐딜락을 내렸다. 무거운 캐딜락은 이끼 낀 통나무 길 위에서 미끄러져 휘청대다가 몇 마일 후 진흙에 빠졌다. 분노한 베리야는 가벼운 소비에트제 자동차로 바꿔 탔다. 도중에 베리야는 도로에서 흙탕물을 뒤집어쓰고 지친 기색이 역력한 다른 여행자들이 수렁에서 차를 미는 모습을 보았다.[14]

도로 때문에 노동자들은 현장으로 보급품과 중장비들을 운반하는 데 어려움을 겪었다. 베리야는 병사와 죄수들이 수공구, 인력거, 곡괭이, 그리고 엄청난 수의 말 떼와 함께 작업하는 모습을 보았다. 베리야는 소련 최초의 산업용 원자로가 아직까지 숲속의 물이 새는 구덩이에 불과할 뿐만 아니라 다른 계획된 건물들도 여전히 도면으로 남아 있다는 사실을 확인하고 더욱 동요했다. 연구실과 작업장은 대충 만든 막사와 헛간을 개조한 것이었다. 새로운 공장에서 작업하기 위해 데려온 훈련받은 화학자와 기술자들은 공장이 완공되기를 기다리는 동안 사소한 일들을 수행했다. 요컨대 건설 계획이 시작된 지 2년이 지났지만 보여줄 수 있는 것은 거의 없었다.[15] 스탈린이 전화기에 대고 식식거리는 상황에서 베리야는 이집트의 파라오 때나 쓰였던 도구와 기술로 소비에트 최초의 플루토늄 공장을 건설할 시간이 없었다.

베리야는 또한 건설 캠프Camp Construction라고 불렸던 노동자들의 거주 구역을 시찰했다. 베리야가 미국 잡지에 실린 질서정연한 핸퍼드 캠프의 항공사진을 놓치지는 않았을 것이다. 사진에는 군용 녹색 합판에 기하학과 대칭이 수 마일이나 그려져 있었다.[16] 이와 대조적으로 건설 캠프는 자연재해의 여파처럼 보였다. 정착지는 흡사 사이클론의 소용돌이에서 튀어 나온 것처럼 여기저기 흩어져 있었다. 막사, 천막, 옥외 화장실, 식당 사이로 난 미끄러운 널빤지 통로를 쓰레기와 배설물이 뒤따랐다. 소들은 악취가 진동하는 마당에서 짧은 밧줄에 묶여 신음했고 파리가 떼를 지어 날아다녔다. 굶주린 각다귀 떼가 어스름한 장막을 이루며 발밑을 쪼고 있는 염소와 닭 위를 맴돌았다. 창백하고 뼈가 드러날 정도로 마른 죄수들은 모닥불 근처에 널브러져 있었다. 죄수들은 악취를 풍겼다. 그들이 먹은 귀리죽은 쓴 맛이 났다. 좋은 정장을 입은 부주석과 불안해하며 그를 뒤따르는 장군 무리를 바라보는 그들의 표정 또한 씁쓸했다.

현장을 돌아본 베리야의 불쾌감은 소리 없이 정맥을 부풀어오르게 하는 분노로 폭발해 유명한 물리학자 이고르 쿠르차토프의 손까지 떨리게 만들었다.[17] 베리야는 아주 의심이 많은 사람이었다. 그는 일찍이 과학자들이 어떻게 비밀을 양손에 가득 쥔 채 맨해튼 프로젝트 현장을 빠져나갔는지 보았다. 미국 과학자들이 그렇게 위험한 존재라면 그는 어떻게 자신의 사람들을 믿을 수 있었을까? 베리야는 미국인들이 어떻게 구소련 시민들을 무장시키고 훈련시켜 다시 소련으로 돌아가 스파이 활동을 하고 방해 공작을 하도록 했는지에 관한 첩보를 입수한 바 있었다.[18] 만일 그들 중 일부가 비밀 플루토늄 현장에 들어왔다면 어떠했겠는가?

베리야는 노동자들이 출입문이 없는 단지를 자유롭게 드나들고 허가도 받지 않은 온갖 사람들이 주변을 돌아다니는 것을 발견하고 소스라치게 놀랐다.[19] 지역의 법무를 담당하는 지방 검사는 농민 토지의

"고의적 전용"을 이유로 라포포르트를 법정에 세웠다.[20] "비밀에 싸인" 원자력 공장에 관해 잘 알고 있던 키시팀 인근 마을 사람들은 상품을 거래하고 배달하기 위해 왔다 갔다 했다. 베리야가 발견한 가장 나쁜 사실은, 노동자들의 대다수가 부역, 반역, 파괴 공작, 간첩 혐의로 형을 선고받은 소비에트 국가의 적으로 판명된 이들, 즉 위험한 죄수들과 민족 추방자들이라는 점이었다. 베리야는 이 반역자들이 독사처럼 사방으로 기어 다니고 직원 및 도시 주민들과 자유롭게 어울린다는 사실에 분노했다. 이 모든 일은 종식되어야 했다.

베리야는 무엇을 기대했던 것일까? 그는 우랄에 도착하기 전에 어떠한 종류의 보안 체제를 염두에 두고 있었을까? 확실히 그는 굴라그를 질서와 보안의 모델로 상상하지는 않았다. NKVD의 전 수장으로서 베리야는 죄수들과 함께 일하는 것이 무엇을 의미하는지 이해했다. 그는 죄수들이 얼마나 변덕스럽고 위험한지, 그들이 얼마나 자주 무장하고 위협적이고 반항적이고 절망적인지 알고 있었다.[21] 무정부 상태의 전후 굴라그는 최초의 플루토늄 성채의 모델이 아니었으며, 그럴 수도 없었다.

베리야는 대규모 핵시설을 위한 훨씬 더 성공적인 보안 및 노동 관리 모델을 마음대로 사용할 수 있었다. NKVD의 전시 해외첩보 부서의 수장으로서 맨해튼 프로젝트에 대한 첩보 보고서에 접근할 수 있는 소수의 소비에트 지도자들 중 한 명이었던 베리야는 이 프로젝트에 대해 매우 관심이 많았다.[22] 소비에트 지도자들은 할 수 있는 모든 곳에서 맨해튼 프로젝트를 면밀히 모방했다. 예컨대 베리야와 반니코프는 소비에트 과학자들에게 그들이 고안한 자체적인 (때때로 더 나은) 설계를 포기하고 미국의 폭탄과 원자로 설계도를 정확하게 복제하라고 명령했다.[23]

전쟁 기간 동안 베리야는 NKVD가 정보원들을 보유하고 있던 폐쇄된 원자력 도시 로스알라모스와 오크리지의 보안 체계에 관해 여러 번 문의했다.[24] 그는 미국의 안보 체제를 뚫기 위한 정보를 찾았지만, 조직에 관한 아이디어도 찾고 있었다. 테드 홀Ted Hall, 데이비드 그린글래스David Greenglass, 클라우스 푹스는 답장을 보내 로스알라모스가 세상과 단절한 방법을 설명했다. 1944년 홀은 다음과 같이 썼다. "Y연구소 Center Y[로스알라모스]는 철조망과 경비원과 초소로 외부 세계와 차단되어 있습니다. 노동자들은 울타리 안에 살고 있습니다. 우편물은 엄격히 검열됩니다. 최근에야 연구소에서 75마일 이상 떨어진 곳까지 이동할 수 있었지만, 이를 위해서는 군 당국의 특별 허가를 받아야 합니다."[25] 소비에트 요원들은 해리 골드Harry Gold로부터 정보를 얻어 직원의 신원 조회와 산타페의 출입국관리 요원들이 연구소 주변의 완충 지대를 순찰하면서 버스 정류장에서 승객들의 신원을 확인하는 방법에 대해 보고했다.[26]

1947년 우랄에서 돌아온 베리야는 소비에트 플루토늄 공장에 미국식 보안 체계를 요구했다. 로스알라모스와 마찬가지로, 그는 충직하고 선별된 공장 조작자들을 제멋대로이고 신뢰할 수 없는 건설 노동자들로부터 분리할 별도의 마을을 원했다. 그리고 그는 전체 구역, 생산 지역 및 전용 주거지를 감시탑과 경비실이 설치된 이중의 울타리로 둘러싸길 원했다. 그는 핵 시설 주위로 더욱더 크고 확실한 완충 지대를 명령했는데, 이를 두고 미국인들은 "통제 구역"이라고 불렀고 베리야는 "체제 지대regime zone"라고 불렀다. 그는 미국인들처럼 신원 조회가 완료된, 선별된 노동자들만 플루토늄 공장에 고용되길 원했다. 그는 그들에게 신분증을 소지하길 요구했고, 폐쇄 구역을 드나드는 그들의 이동을 통제할 것을 주문했다.[27] 베리야는 덜 중요한 다른 노동계급 건설 노동자들을 그들만의 분리되고 구획화된 지역에서 지내도록 구역을 설정

고가高架 감시 초소, 리치랜드, 1944년
에너지부 제공.

하려고 했다. 다시 말해 베리야는 미국의 방식을 원하는 듯 보였다.[28]

비밀스럽기로 악명 높은 NKVD의 수장 베리야가 보안 모델을 위해 미국이라는 열린사회로 눈을 돌릴 것이라는 것은 직관에 어긋난다. 그러나 서구를 모방하는 소비에트 지식인들에 대한 비난에도 불구하고, 소비에트 지도자들은 오랫동안 미국의 산업 발전, 관리, 그리고 도시 건축에 대해 연구해왔다. 사실 모방과 지적인 해적 행위는 소비에트 산업화에 혹독한 시련으로 작용했다. 예컨대 산업화 추진 초기에 소비에트 기술자들은 인디애나의 기업 도시 게리Gary를 우랄의 철강 도시 마그니토고르스크Magnitogorsk의 모델로 삼았고, 소비에트 지도자들은 공장 계획, 기계, 그리고 그것들을 운영하는 외국인 관리자 측면에서 포드Ford, 제너럴 일렉트릭, 듀폰과 같은 미국 제조업체에 아주 많이 의지했다.[29]

보안 체계는 상당한 정도의 풍족함과 부유함을 필요로 하기 때문에, 미국은 이 영역에서도 쪼들리는 전후 소련을 거침없이 앞질렀다. 전기 탐조등, 경보 시스템, 수 마일의 울타리, 정보원 심기, 우편 검열, 신원 조회, 그리고 이 모든 것을 실현하기 위한 인력 등 라포포르트가 엄두도 낼 수 없던 보안 기술들이 1940년대 중반 미국 육군공병단과 기업 계약자들에게는 아주 쉬운 것들이었다. 번영은 미국의 핵 안보 체제를 은혜롭게 떠받치고 있었다.

베리야는 스탈린이 플루토늄 공장의 건설 지연에 대해 자신을 질책할까봐 걱정하여 우랄로 긴 개인적인 여행을 떠났다. 그는 건설 지연에 대해 책임을 질 다른 사람을 찾고 싶어 안달이었다. 이는 훌륭한 소비에트 실력자가 다른 이에게 책임을 뒤집어씌움으로써 정상에 머물 수 있었던 방식이었다.[30] 베리야는 그의 오랜 지인인 라포르트 장군을 지목했고, 이는 1947년 여름 라포르트 장군의 신속한 종말을 불러왔다.

라포르트가 떠난 후, 변화는 빠르게 찾아왔다. 베리야가 우랄에서 돌아온 지 몇 주 만에 제1총국은 플루토늄 공장을 세상과 단절시키기 위한 몇 가지 명령을 내렸다. 베리야는 보안 부서를 만들었고, 평생을 NKVD에 바친 또 다른 장군인 이반 트카첸코Ivan Tkachenko를 책임자로 임명해 자신에게 직접 보고하게 했다.[31] 트카첸코는 장군이라기엔 (아직 불혹이 안 된) 젊고, 까무잡잡하고 잘생겼으며, 경계심이 강하고 조심스러웠다. 전쟁 기간 동안 트카첸코는 체첸과 잉구시Ingush 사람들을 카프카스Caucasus에서 카자흐스탄으로 추방하는 일에 간여했다. 전쟁이 끝난 후 그는 전후 라트비아를 숙청한 보안 기구에서 복무했는데, 이때 무자비한 대규모 체포와 대규모 처형이 벌어졌다. NKVD 지도부는 라트비아에서 트카첸코가 보인 열성에 주목했고, 그는 모스크바로 불려가 제1총국에서 일하게 되었다.[32]

우랄에 도착한 트카첸코는 시간을 거의 낭비하지 않았다. 그는 99개의 마을과 부락을 포함하는 22마일의 확장된 체제 지대를 설정했다. 그는 출입증과 여권 없이는 누구도 체제 지대에 들어갈 수 없다고 선언하고, 현장에서 3마일 이내에 거주하는 모든 주민들을 쫓아냈다. 그는 마을 사이 도로의 일반 차량 통행을 금지했다. 머리 위의 항공 교통도 금지되었다. 트카첸코는 전 직원이 신원 조회를 받아야 한다는 새로운 규정을 제정하고 항시 소지해야 하는 출입증도 발급했다.

체제 지대를 유효하게 만들기 위해 트카첸코는 해당 지역 주변에 이

중의 철조망을 치라고 명령했다. 그러고 나서 1947년 10월 어느 날, 트카첸코는 아무런 사전 경고 없이 그 지대를 폐쇄했다. 노동자들은 교대 근무 후에 가족에게 돌아갈 것을 기대하며 아침에 출근했지만 돌아오지 않았다. 회고록 집필자들이 기억하는대로, 그날 밤도, 그다음날 밤도, 향후 5년에서 10년 동안 이어진 밤에도 돌아오지 않았다.[33] 장벽이 올라간 후, 직원들과 그 가족들은 허가를 받아야만 오고 갈 수 있었다.

트카첸코는 우편물 검열을 위한 사무실을 열었다. 그는 정보원을 모집하고 현장 보안 점검 시스템을 구축했다.[34] 그러고 나서 트카첸코는 새로운 보안 구역의 주민들을 분리했다. 그는 죄수와 병사를 위한 일종의 장벽이 쳐진 게토를 만들라고 명령했다. 그는 민간인이 공식 허가 없이 죄수와 병사들에게 말을 거는 것을 금지했다.[35] 트카첸코는 차등적인 자유를 따라 구획된 새로운 풍경을 만들었다. 민간인들은 한 줄짜리 울타리로 둘러싸인 두 개의 정착촌에서 거주해야 했고, 병사들은 장벽이 쳐진 자신들의 요새에서, 죄수들은 철조망이 쳐진 수용소에서 따로 생활해야 했다.

모스크바에서 베리야는 노동하는 죄수들의 간부들 중에서 정치적으로 바람직하지 않은 이들을 숙청하라고 명령했다. 베리야는 특히 본국으로 송환된 병사들과 독일계 민족들이 비밀 현장에서 제거되길 원했다.[36] 그러나 트카첸코는 그렇게 할 수 없었다. 건설 현장은 유형수, 송환된 병사, 죄수들의 노동에 크게 의존하고 있었다. 대신 그는 주택 건설 및 기계 공장의 민감하지 않은 작업에 죄수를 배정하는 법령을 발포했다. 트카첸코는 또한 산업 건설 지역을 울타리로 막아서 비밀 개발 계획에 관한 노동자들의 지식을 구분했다. 트카첸코는 보안 구역을 벽으로 둘러싸인 일종의 수용소와 복합 시설로 상상한 레슬리 그로브스 장군의 시스템을 주로 도입했고, 그렇게 함으로써 노동자들을 계급과 법적 범주에 따라 나누고 작업도 기능과 보안 등급에 따라 분리했다.

새로운 보안 법령을 읽으면 돌이킬 수 없다는 느낌이 든다. 구역들은 침투가 불가능해야 했다. 위반에 대한 체포 위협은 절대 복종을 전제한다. 트카첸코의 새로운 보안 체계는 스탈린주의가 아니라면 아무것도 아닌, 비밀주의적이고 불침투적이며 전체적인 것으로 보인다. 효과가 있었을까? 소비에트 지도자들이 충분한 울타리와 경비대, 통행증을 만들기에 충분한 종이와 탐조등을 위한 전기를 마련할 수 있었을까? 첼랴빈스크의 공산당 문서고에는 공장 조작자들을 위해 새로 봉쇄된 정착지인 10호 기지Base 10의 한 통나무집에서 62명의 공산주의자들이 가졌던 초기 회의의 녹취록이 보관되어 있다. 이 기록은 울타리가 올라간 직후, 여전히 건설 중이던 공장에서 최초의 플루토늄 몇 그램을 처리하기 시작했을 때의 삶을 엿볼 수 있는 드문 기회를 제공한다. 1948년 1월의 매서운 추위가 닥친 어느 저녁, 트카첸코 장군은 현장 보안과 경계에 대해 강의했다. 녹취록에는 이후의 토론이 기록되어 있다. 다음은 몇 가지 발췌 내용이다.

차플리기나Chaplygina 동지는 새로 도착한 직원들을 만나는 절차가 제대로 정리되지 않았다고 말했다. 새로운 직원들은 키시팀이나 검문소에서 오랜 시간을 기다리게 되는데, 이는 사람들에게 불만을 품게 하고 불필요한 대화를 유발한다. 그녀는 사람들이 나타나서 경비원을 찾아야 하는 경우가 있었기 때문에 검문소를 조사해 달라고 요청했다.

보츠코프Bochkov 동지는 "경계"라는 문제가 적절한 시기에 제기되었지만 우리 작업장이 완전히 무질서하고 정상적인 작업을 불가능하게 만든다는 사실이 반드시 덧붙여져야 한다고 말했다. 예컨대 중앙회계 사무실은 [일급비밀 플루토늄 처리 연구실] 위에 있으며, 많은 사람들이 급여를 받기 위해 줄을 서서 업무를 방해한다.

콘드라티예바Kondrat'eva 동지는 우리가 열차 관련 문서, 장부, 재고를 보관하는 방법에 주의할 필요가 있다고 말한다. 열차에서 짐을 부릴 때 하역 노동자들이 감독을 받지 않는 죄수이며 때로는 독일인이라는 사실, 그들이 화물에 대한 추가적인 말을 주워들을 수 있다는 사실을 우리는 항상 기억해야 한다.

포쥐다예바Pozhidaeva 동지: 나는 개인적으로 국가기밀에 대한 문제가 제때 제기되었다고 생각한다. 오래전에 공장에 도착한 많은 공산주의자들이 실수를 저지르기 때문에 더욱 그러하다. 이러한 실수 중 일부는 그들의 잘못이 아니다. 예컨대 우리 부서의 책상은 닫히지 않는다. 우리에겐 금고가 없다. 사무실 문에는 자물쇠가 없다. 이밖에도 우리는 단기 방문을 위해 도착하는 친척들을 최소한으로 유지할 필요가 있다. 이러한 작업 환경에서는 비밀을 지키기가 어렵다.[37]

트카첸코나 베리야와 같은 강력한 지도자들이 내린 법령을 읽고, 이러한 명령을 현실과 혼동하는 일은 무척 쉽다. 당 회의를 엿보면 봉쇄된 체제 지대, 민감하지 않은 작업에서 죄수와 유형수들의 분리, 잠금 장치가 설치된 사무실과 실험실, 노동자들의 신속하고 효율적인 작업이 1948년 초에는 환상이었음을 알 수 있다. 가족들이 왔다 갔다 했다. 직원들은 급여를 받기 위해 비밀 실험실 밖에 줄을 섰고, 노동자들은 친구 및 가족과의 전화통화에서 엿들은 비밀을 누설했다. 그러는 동안, 원래 마을 주민들은 거듭되는 소개 명령에도 불구하고 체제 지대에서 삶을 이어나갔다. 의심스러운 죄수들의 숫자는 줄어들지 않았고, 작업에 속도를 내기 위해 1947년 여름에만 16만 명의 기결수들이 도착했다. 금지된 범주의 죄수들은 이전과 마찬가지로 민감한 산업 현장에서 작업을 계속했다.[38]

스탈린주의적 정치문화가 비밀을 지키기 위해 순종적으로 길들여진 밀고자 문화라고 가정하는 것은 자연스러운 일이지만, 1948년 당원들은 여전히 특별 체제 지대의 거주자들 사이에 공포와 경계심이 내면화되어야 한다고 불평했다. 실력자들에게는 작업을 느리게 하고 복잡하게 만드는 보안 규정보다 편의성과 일정에 따라 생산을 수행해야 할 필요성이 훨씬 더 중요했다. 굴라그가 뒤죽박죽 남긴 흔적은 떨쳐내기 어려웠다. 메시지를 전달하는 데 몇 년, 많은 위협, 체포, 반복되는 숙청, 긴 회의, 그리고 경계에 대한 수많은 강의가 필요했다. 그러나 위협은 증가할 뿐이었다. 종국에는 플루토늄 노동자들의 충성심을 사기 위해 주택, 소비재, 지역사회 프로그램에 대한 엄청난 투자가 필요했고, 그러한 투자는 10년 후에나 이뤄졌다. 트카첸코에게 그것은 중력을 거스르는 길고 느린 투쟁이었다.

임무를 보고하기

트카첸코가 1947년에 만든 체제 지대는 토착 마을, 숲, 농장의 기존 영토를 차지해 사람들이 어디에 살고 무엇을 했으며 미래에 어떤 기회를 가질지를 규정하는 새로운 공간적 체제를 구축했다. 1947년 이후 우랄 남부 지역에서 사람들의 삶을 지배한 것은 한 명의 지도자나 장군이 아니라 감금된 공간의 요구였다.

나탈리아 만주로바Natalia Manzurova는 내게 자신이 어떻게 폐쇄 도시 오죠르스크에서 자라게 되었는지 그녀의 인생사를 재빨리, 단번에 말해주었다. 그녀는 1947년 그녀의 부모가 우연히 체제 지대에 도착한 일이 어떻게 그녀의 운명을 결정했는지 들려주었고, 자신의 성인 생활을 둘러싼 비극과 실망에 대해 설명했다. 만주로바의 어머니는 전쟁이 갓 끝났을 때 스베르들로프스크(현 예카테린부르크Yekaterinburg) 근처의 변전소에서 기사로 일하고 있었다. 1947년의 어느 날, 그녀는 다음날 출발하는 기차표를 받았다. 그녀에게 누구도 그녀가 어디로 가는지, 어떤 이유로 가는지 말해주지 않았다. 그녀는 고분고분하게 남쪽으로 향하는 열차에 올라탔다.

만주로바의 아버지는 스베르들로프스크 근처에 살고 있던 운전사였다. 어느 날 길이 막혀 그는 지체되었다. 그가 차고로 돌아오자 그의 상사가 호통을 쳤다. "대체 어디 있었소? 그들이 당신을 기다렸단 말이오!" 만주로바의 아버지는 소지품을 챙기라는 말을 들었다. 그는 한 시간 내에 새 직장에 대해 보고해야 했다. 모집인은 그에게 암호화된 목적지까지 가는 기차표를 건넸다. 만주로프Manzurov는 짐을 싸기 위해 부리나케 달렸다.

모집인들이 "우편함"*이라고 부른, 군사적으로 중요한 비밀 장소를 의미하는 곳에 가는 것을 거부하는 일은 거의 불가능했다. 망설이는 사람들에게 모집인들은 그들의 여권(이것이 없으면 소비에트 시민은 유형에 처해지거나 체포되기 쉬운 부랑자가 되었다), 배급표 또는 노동 장부(임금을 받기 위해 필요했다)를 가져가겠다고 위협했다.[1]

1940년대 후반의 로맨틱 코미디에 나오는 등장인물들처럼, 젊은 트럭 운전수와 여성 기술자였던 만주로바의 부모는 키시팀으로 향하는 열차에서 만났다. 그들은 다른 사람들이 기다리고 있던 호숫가 요양원

---

* "우편함post office box"은 해당 우편함이 대표하는 기관, 예컨대 군부대나 공장 등을 간접적으로 지칭하는 말이다.

으로 보내졌다. 당시에는 식량이 부족했으나, 요양원 관계자들은 신입 사원들에게 후한 선불과 아주 훌륭한 무료 식사를 제공했다. 그러한 특전에 대해 아무도 질문하지 않았다.

만주로바의 부모는 플루토늄 공장에 직원을 충원하는 주요 활동의 일부였다. 1947년 초, 모집인들은 운전사, 기계 조작자, 전기 기사, 배관공, 위생 직원, 청소부, 목수, 실험실 작업자, 기술자 등 최소한 5년 이상의 업무 경험을 보유한, 즉 몇 년간 교육을 받고 전과가 없는 숙련된 노동자를 찾기 위해 주변 도시를 여러 번 방문했다.[2]

신입사원들은 긴 질문지에 자신과 가까운 친척들에 대해 아주 자세하게 서술할 것을 요구받았다. 그들은 자신이나 가족이 형을 받았거나 기소된 적이 있는지, 공산당의 총노선에서 이탈한 적이 있는지, 트로츠키파 조직에 몸담은 적이 있는지 등을 공개해야 했다. 보안 관리인 알렉산드르 사란스키Alexander Saranskii가 인력 부서를 맡았다. 사란스키는 "도착하는 신입들이 작성한 각 전기傳記의 순수성을 내가 개인적으로 확인했다"라고 회상했다. "우리는 장기간의 신원 조사를 거쳐야만 보안 출입증을 발급했다. 우리는 개별 인물들의 서류를 검토했고, 수사를 위해 특별 요원들도 파견했다. 전과가 있거나 점령지에 머문 적이 있던 사람은 없는지 확인했다. 8촌이 독일에 있었다고 해도 우리는 그들을 거절했다." 사란스키는 자신의 업무를 애틋하게 기억했다. "내 일은 정말로 흥미진진했다. 나는 모든 사람들의 개인 서류를 읽었다. 나는 사람들이 자신에 대해 알지 못했던 것도 알고 있었다."[3]

회고록 작가들에게 체제 지대에 도착한 날은 그들의 인생에서 가장 중요한 순간이었다. 공장에서 오래 일한 한 직원은 기차를 타고 도착하여 "철조망에 뒤덮여 길게 뻗은" 장벽을 본 것을 기억했다. 동료 승객이 몸을 숙여 "저기가 바로 원자폭탄을 만드는 장소겠지"라고 음모를 꾸미는 듯 말했다.[4] 다른 이들은 기차 정거장에서 만난 승객들이 갈피를 못 잡게끔 창을 가린 트럭 뒤쪽으로 호송되었던 것을 기억했다. 목적지에 도착해서 장벽과 감시탑을 보았을 때 그들은 자신들이 체포된 채 굴라그에 도착했다고 확신했다.[5] 의사였던 앙겔리나 구시코바 Angelina Gus'kova는 그녀의 어머니가 딸에게서 아무런 소식을 듣지 못해 딸이 체포되었다고 확신하고는 지방 검사에게 석방을 청원하는 편지를 쓰기 시작했다고 말했다.[6] 니콜라이 라보트노프Nikolai Rabotnov는 폐쇄 도시에 들어가는 법을 찾기조차 두려워한 그의 부모가 어떻게 그들의 모든 사적인 편지와 일기를 불태웠는지 이야기했다. 나중에 그의 어머니는 잃어버린 편지를 무척이나 후회했다.[7]

대부분의 사람들은 그 지대에 들어가는 것과 관련해 그들의 비이동성을 강조했다. 새로운 기술 노동자들은 트카첸코 장군의 허락 없이 체제 지대를 떠날 수 없었다. 많은 직원들에게 이는 다른 곳에서 열리는 가족의 결혼식이나 장례식에 가지 못하고, 휴가나 병가 내내 가만히 있어야 한다는 것을 의미했다. 심지어 시신이 되더라도 노동자들은 새로운 정착지의 공동묘지에 묻혔다. 만주로바는 그녀의 부모가 도착한 후 어떻게 결혼하고 아이를 낳고 이혼했는지, 어떻게 이혼한 후에도 10년 동안이나 그 지대를 떠나지 않고 지냈는지에 대해 설명했다. 5년 동안 그들은 밖에 있는 친척들과 연락을 주고받을 수 없었다. 그들이 도착

직후 친척들에게 말할 수 있었던 것은 그들이 잘 지내고 있고 일을 하고 있으며 나중에 연락하겠다는 것뿐이었다. 연락하겠다는 나중은 시간이 한참 흐른 후였다.[8]

수년간 도착 관련 이야기가 회자되면서, 마치 성벽으로 둘러싸인 도시의 문이 내는 철커덕하는 소리가 기억 속에서 여전히 메아리치는 것처럼, 도착의 최종적인 성질은 과장되었다. 그러나 직원들이 개인적·직업적 이유로 또는 불법적으로 거래를 하거나 친척을 방문하기 위해 도시를 떠났다는 증거가 꽤나 많다. 그럼에도 불구하고 모든 회고록 집필자들은 마치 무기징역을 선고받은 죄수처럼 거의 10년 가까이 머물렀다는 사실을 기억한다.[9] 이 함정에 빠진 것 같은 감정은 실제 사실만큼이나 기억에 각인된 것이었다.

장벽뿐만 아니라 처음 몇 년 동안 있었던 비밀 정착지에 관한 많은 부분은 교도소를 연상케 했다. 생활여건은 감옥 같았다. 채용 당시 직원들은 훌륭한 주택과 급여를 약속받았지만, 처음에는 이 약속이 지켜지지 않았다.[10] 도착한 노동자들은 막사에 배정되어 나무판자 위에서 잠을 잤고, 한 방에 최대 80명이 머물렀다. 상관들은 직원들을 보호할 천막을 달라고 애원했다.[11] 몇몇 상관들은 10월 첫눈을 맞을 때 땔감을 확보하지 못하거나 바람이 숭숭 들어올 정도로 얇은 벽의 막사를 짓는 등 특히 태만했다.[12] 막사와 천막에는 욕실, 주방, 세탁실 등 기본적인 시설이 부족했다. 구내식당은 질 낮은 음식을 높은 가격에 제공했다. 이 때문에 젊은이들은 막사의 장작 난로에서 조리를 했다. 그들은 자신들의 방에서 씻었고, 침상과 복도와 출입구에서 빨래를 말렸다.[13] 다시 말해서, 자유노동자들이 처한 환경은 인근 수용소와 주둔지의 수감자와 병사들의 환경보다 결코 더 낮지 않았다.

압박이 증가하자 대장들은 생산 목표를 달성하는 데 관심과 자원을 집중했다. 감독관들은 새로운 보안 체계가 건설 일정을 더 지연시켰기 때문에 극심한 압박을 받았다. 1947년 가을, 베리야는 더욱 조급해져서 더 많은 장군들을 보냈고, 그 뒤를 이어 더 높은 직급의 장관들과 최고 과학자들이 모두 숲속의 캠프로 향했다. 1947년 가을, 베리야는 핵 개발 계획의 최고 책임자인 보리스 반니코프를 보냈다. 반니코프는 당시 심장마비를 겪어 회복 중이었지만, 베리야는 공장이 완공될 때까지 현장에 머무르라고 명령했다. 방사선 피폭으로 병든 이고르 쿠르차토프도 그와 합류했다.[14] 반니코프와 쿠르차토프는 원자로 기반 근처의 추운 화물차 안으로 이동했다. 베리야의 오른팔 자베냐긴은 수시로 점검했다.

베리야는 또한 미하일 트사레브스키Mikhail Tsarevskii라는 새로운 장군을 임명해 공사를 지휘하게 했다. 트사레브스키는 전임자인 라포포르트만큼 교육을 받지 못했다. 그는 기술자 교육을 받은 적이 없었고 집무실에 앉아서 보고서를 읽는 것을 좋아하지 않았다. 트사레브스키는 현장에 있는 것을 선호했다. 그의 첫 번째 행동은 건설 본부를 키시팀에서 원자로 토대 바로 옆에 있는 자작나무 숲으로 옮기는 것이었다. 그곳에서 그는 병사들을 시켜 집무실과 아파트용 녹색 조립식 건물 다수를 짓게 했다.[15] 거기서 트사레브스키는 원자로 현장을 바라보면서 본격적으로 일에 착수했다.

트사레브스키는 심을 댄 외투를 입은 수천 명의 노동자들이 깊은 구덩이에서 기어 다니고 고함치고 안간힘을 쓰는 이 거대한 토대가 마치 거액의 예산으로 만들어진 영화 촬영장처럼 보이는 것을 보고 실망했다. 그는 기술자들이 컨베이어 벨트나 다른 노동력 절감 장치를 설치하는 데 신경을 쓰지 않았다는 사실에 소름이 끼쳤다. 굴라그 상관들은 어깨를 으쓱했다. 그들은 "왜 기계에 신경을 쓰십니까?"라고 물었다. "죄수가 더 필요하면 명령만 내리면 됩니다." 트사레브스키가 처음 한 행동 중 하나는 죄수들이 젖은 시멘트를 운반할 때 사용하던 나뭇조각들을 태워 달라고 요청하는 것이었다. 그것들이 없어지자 기술자들은 컨베이어 벨트를 만들어야 했다. 이 작업에 며칠이 걸렸지만 노동자들은 다른 작업에 투입될 수 있었고 생산성은 올라갔다.[16]

그러한 변화들은 분명 도움이 되었지만 속도가 극적으로 올라가지는 않았다. 한 명의 장군이 할 수 있는 일은 제한적이었다. 건설 공사는 불도저나 굴착기 없이 계속되었다.[17] 죄수의 노동력에 의존하는 시멘트 공장은 수요를 따라가지 못했다. 죄수와 병사들은 작업 현장까지 걸어갔고, 현장이 멀면 늦게 도착해서 피곤해하는 경우가 많았다.[18] 새로운 문과 경비원들은 구역 간 재화와 노동력의 이동을 지연시켰다.

11월, 눈이 내리고 온도가 내려가자 베리야는 키시팀으로 돌아왔다. 그는 계속되는 차질에 대한 답을 얻기 위해, 시찰하고 압력을 가하기 위해, 음모나 방해 공작을 탐지하기 위해 그곳을 찾았다.[19] 그의 존재는 그의 일상의 필요를 채워야 하는 부하들에게는 고문이었다. 그는 쿠르차토프와 반니코프의 화물차 안에서 그들과 머무르길 거부했다. 따라서 그는 특별히 그를 위해 갖춰지고 물자가 공급된 키시팀의 한 호텔에 머무르다가 얼음으로 뒤덮인 통나무 길 위로 옮겨졌다. 베리야는 상황을 냉정하게 조사한 후 몇 달 동안 일하던 공장장 슬라브스키Slavskii를 전쟁 중 신속하고 강력한 T-34 전차를 생산한 대형 우랄 기계 공장의 책임자 보리스 무즈루코프Boris Muzrukov로 교체하기로 결정했다. 베리야는 무즈루코프가 성공적으로 공장을 운영한 경험이 있을 뿐만 아니라 스탈린을 개인적으로 알았고 그것이 긴장한 베리야에게 어느 정도 보호를 제공했기 때문에 그를 선택했다.

40대의 무즈루코프는 건강이 좋지 않았다. 전쟁이 끝난 후 결핵으로 고생했던 무즈루코프는 1947년에도 여전히 허약하고 폐가 하나밖에 없었다. 베리야는 무즈루코프든 트사레브스키든 둘 중 한 명이 밤낮으로 일에 매진해서 A현장Site A의 원자로와 B현장Site B의 플루토늄 처리 공장 건설을 감독하라고 명령했다.[20] 그는 새로운 마감일을 두 사람이 개인적으로 책임지게 했고, 그렇게 함으로써 인간의 노력과 고통이 쌓여 만들어진 진흙투성이 개미집을 유럽 최초의 플루토늄 공장으로 변화시킬 수 있는 행정상의 엔진을 가동시켰다. 베리야는 공장의 운명을 자신의 지도력이라는 개인적 운명과 결부시킴으로써 그렇게 했다. 그는 공장이 실패하면 그들 또한 같은 처지에 놓이게 될 것임을 분명히 했다. 체포를 두려워한 큰 우두머리들은 서둘러서 어찌할 바를 모르던 그의 부하들에게 같은 결과를 결부시켰다. 그들은 제재소, 공구공장, 정수 처리장, 원자로, 처리공장 등 별개의 건설 계획에 전담 감독을 배치하고 기한을 지키지 못하거나 실수 혹은 사고가 발생하면 형사 고발할 것임을 분명히 했다.

이러한 개인 책임 시스템은 각각의 건설 계획이 책임을 맡은 상사의 이름을 따서 명명되었기 때문에 언어로 제도화되었다. "데미아노비치의 시설Dem'ianovich's Establishment"은 방사화학공장이었다. "알렉세예프의 시설Alexeev's Establishment"은 야금 작업장이었다. 벨랴브스키의 시설Beliavskii's은 시멘트 공장이었다. 이것이 나중에 전화번호부가 출판되었을 때 이 사업체들이 등재된 방식이다. 각 상사에게는 숙련된 민간인, 보안 요원, 유형수와 죄수가 있는 수용소 한두 곳을 포함한 노동력이 주어졌다. 상사는 자신이 적합하다고 생각하는 대로 노동자와 죄수를 다룰 수 있었다. 그는 그들에게 상을 줄 수도 있고 벌을 줄 수도 있었다.[21] 한 시설의 수장은 주택, 식품, 의복, 생필품에 대한 할당과 일간 및 월간 목표가 담긴 생산 일정을 받았다. 어떻게 물품을 분배하고 할당량을 설정할지는 상사에게 달려 있었지만 생산 마감일은 지켜야 했다.[22]

대장들은 개인적 책임을 작업소와 실험실 감독관들에게 전가했고, 그들은 차례대로 교대 감독관들에게 책임을 물었으며, 각각의 하급 대장들은 불안한 하향식 지휘 계통에서 각자의 수하들에게 목표 생산량을 맞추게 했다. 한 교대 근무에서 하루의 작업이 완료되지 않으면, 감독자들은 직원들을 남게 해서 밤을 새워 마무리를 했다. 대장들이 채찍을 휘두르자 직원들은 지쳐갔다. 그들의 대장들은 그들이 세계를 파괴하기 위해 혈안이 된 자본가들로부터 나라를 지키는 최전선에 있었기 때문에 장시간 노동이 옳고 적절하다고 말했다. 이 전쟁에서 개인적인

삶이나 신체적 한계가 들어설 공간은 없었다.[23]

트카첸코와 반니코프 두 사람 모두 이 개인 책임 체제를 크게 두려워했다. 1941년 굴라그에서 가까스로 탈출했던 반니코프는 공포를 개인화하는 데 특별한 재주가 있었다. 실험실을 둘러보면서 그는 직원에게 정중하게 아이가 있는지 묻곤 했다. 노동자가 있다고 답하면, 반니코프는 고개를 끄덕이고 미소를 지으며 "임무를 끝내지 못하면 아이들을 더 이상 볼 수 없을 거요"라고 말했다.[24] 한번은 반니코프가 설계상의 중대한 실수를 저지른 아브람손Abramson(러시아어로는 "아브람-존Abram-zone"으로 발음되는)이라는 기술자에게로 방향을 돌렸다. 소문에 의하면 반니코프는 그의 체포 명령을 넘기면서 "당신은 더 이상 아브람손이 아니라 지대 안의 아브람Abram in the zone이네"라고 농담을 건넸다고 한다.[25] 나는 양옆에 반니코프의 개인 집행관 두 명에 의해 범인 호송차로 향하는 아브람손을 보면서 반니코프 외에는 아무도 그것을 매우 재미있다고 생각하지 않았을 것이라고 생각한다. 이 이야기는 곧바로 번져나가 사람들에게 실수의 결과를 일깨워주었다.

한편, 트카첸코는 경계심, 첩자들, 순수성에 사로잡힌 시시포스Sisyphus*처럼 일했다. 그의 임무는 첩자와 파괴 공작원들을 뿌리 뽑는 것이었다. 임무의 성패는 첩자들과 파괴 공작원들에 대한 소문을 퍼뜨리는 데 달려 있었다. 예컨대 그는 보안을 새로운 차원으로 끌어올리

---

* 시시포스Sisyphus는 고대 그리스 신화의 인물이다. 시지푸스로도 표기되며, 코린토스 시를 건설한 왕이자 영원한 죄수의 화신으로 알려져 있다.

면서 노동자들이 전통적인 명절 퍼레이드를 개최하는 것을 자제해야 한다고 주장했다. 그는 노동자들이 모두 퍼레이드에 참석한다면, 잠재적 첩자가 극비 사항인 건설 프로젝트 노동자의 수를 셀 수 있을 것이라고 추론했다. 아무도 그와 논쟁을 벌이지 않았다. 누구도 베리야의 대리인과 충돌하고 싶어 하지 않았다.[26]

1948년, 트카첸코는 보안 구역에서 "세계주의자들", 즉 서구와 깊은 사랑에 빠진 사람들을 숙청하라는 명령을 받았다. 이 명령은 소련 전역의 보안 대장들에게 전달되었지만 플루토늄 공장에서는 특히 명령을 실행하기가 어려웠다. 소비에트 과학자들은 미국의 원자폭탄을 정확히 복제하라는 명령을 균형 있게 따라야 했다. 예컨대 수석 물리학자 이고르 쿠르차토프는 맨해튼 프로젝트에서 빼돌린 설계도를 열심히 모방하고 있었고, 훔친 자료들을 열람할 수 있도록 허가해 달라고 정기적으로 요청했다. 그러면서도 그들은 서구에 대한 맹목적인 몰두를 드러내지 않아야 했다.[27] 이러한 도전에 대한 답은 소수민족, 특히 유대인을 목표로 하는 것이었다.

예컨대 근면한 목재소의 책임자 모이셰 푸드Moishe Pud는 뜻밖에도 뉴욕의 한 삼촌으로부터 수천 달러를 상속받았다. 푸드는 재빨리 이 유산을 포기하고 소비에트 정부에 기부했지만, 트카첸코에게는 충분하지 않았다. 그는 푸드를 해고하고 현장에서 내보냈다.[28] 그 후 몇 년 동안 유대인들은 해외에 친척이 있다는 이유로, 혹은 단지 "우리의 주변을 어지럽히는 유형"이라는 이유로 보안 구역에서 서서히 사라졌다.[29] 다른 사람들도 깨끗이 치워졌다. 블라디미르 벨랴브스키는 이바노프Ivanov

라는 동료와 함께 식당에 앉아 있던 것을 기억했다. 금발 여성이 들어와서 그들 쪽을 바라보았다. 그 여성을 알아챈 이바노프는 벨랴브스키에게 몸을 돌려 자신이 당장 일을 그만둘 것이라고 알렸다. 정말로 다음날 이바노프는 사라졌다. 이바노프는 독일 혈통인 슐츠Schultz였기에 극비 업무에 적합하지 않은 것으로 밝혀졌다. 그 금발 여성이 트카첸코에게 슐츠를 고발한 것이 분명했다.[30]

공장 관리자들은 또한 공장 주변의 소도시와 마을 인구의 대부분을 차지하는 이슬람 소수민족인 타타르인과 바슈키르인도 거의 고용하지 않았다. 그들이 엄격한 보안 요건을 통과할 수 없었기 때문이다. 나중에 채용된 사람들은 공장 경영진이 주택과 업무를 배분하는 과정에서 자신들을 차별했다고 고발했다.[31] 일반적으로 트카첸코와 그의 수하들은 충성심과 신뢰성을 민족적인 측면에서 해석했고, 이는 대개 러시아인 또는 때때로 우크라이나인을 의미했다.[32]

보안 조치는 지속적이고 교육적이었다. 직원들을 지도하고 협박하여 규칙을 따르고 사심 없이 일하도록 하는 일종의 공중극장이었던 것이다. 사람들은 "지대 안의 아브람"과 범인 호송차로 사라진 동료들의 이야기를 듣고는 주변에 전했다. 도시 신문이나 라디오 방송국은 하나도 없었다. 언론을 대신했던 소문이 사람들에게 체제 지대에서 굴라그 지대까지 엎어지면 코 닿을 거리라는 점을 알려주었다.

노동자들은 규제와 공포를 참고 견뎠다. 부분적으로는 그들이 갇혀 있었기 때문이지만, 작업에 대한 보상으로 더 나은 배급을 받았기 때문이기도 했다. 이것이 플루토피아를 향한 첫걸음이었다. 트카첸코는 육체노동자(수감자와 군인)가 일일 할당량을 채우면 50그램의 보드카를 받는 보너스 시스템을 도입했다. 체제 지대 장벽이 올라가고 얼마 지나지 않아 트사레브스키는 과학자와 감독관들을 위한 특별 카페를 차렸다. 카페에서는 배급표 없이 사탕, 과일, 와인, 고기를 1인이 먹을 수 있는 양만큼 제공했다.[33] 정규직 노동자들은 빵이나 소시지, 캐비아, 초콜릿과 같은 희귀하고 칼로리가 높은 음식이 부족하지 않았다. 사실 초콜릿과 캐비아는 그 지대에서 채소나 우유보다 훨씬 더 구하기 쉬웠다. 노동자들은 값진 초콜릿을 우유와 당근과 교환하기 위해 폐쇄 구역을 너무자주 빠져나갔고, 지역 주민들은 체제 지대의 사람들을 "초콜릿 인민"이라고 불렀다.[34] 추가 배급에 대한 소문이 돌았고 지역 주민들은 현장에서 일자리를 구하기 위해 최선을 다했다. 거주자들을 가두던 "특별체제 지대"는 비록 철조망에 둘러싸여 있었지만 이 지역에서 노동자가 굶주림에 대한 두려움 없이 살 수 있는 몇 안 되는 안식처가 되었다.

폐쇄 도시 외곽, 석면Asbestos 및 노동Labor과 같은 실용적인 이름을 가진 인근의 산업 정착지들에서 노동자들은 교대 근무를 마치고 회색 마카로니를 사기 위해 기다렸다가 구부정한 자세로 움막 안으로 사라졌다. 1948년 첼랴빈스크에서는 매일 200~300명의 사람들이 동이 트기 전에 빵을 사기 위해 줄을 섰고, 그 줄은 다음날 새벽 3시까지 이어졌다. 7년 후에도 바뀐 것은 거의 없었다. 누렇게 뜬 아이들은 수 마일을 걸어 초등학교의 두 번째 또는 세 번째 교대 수업에 참석했다.[35] 굶주림, 질병, 범죄가 잘 먹는 10호 기지 주변의 마을과 도시를 괴롭혔다.

폐쇄 도시 덕분에 지대 바깥의 삶은 악화일로를 걸었다. 1948년 봄,

트카첸코는 공장 주변으로 15마일의 완충 지대를 만들 것을 명령했다. 그러고 나서 그는 이 새로운 지대에서 "바람직하지 않은 사람들, 즉 전과자, 유형수, 외국 점령 아래 살았던 사람들"을 소탕할 것을 명령했다.[36] 우랄은 추방된 부농들kulaks,* 독일계 민족, 송환된 시민들의 주요 행선지였기 때문에 사람이 드문 완충 지대 인구의 무려 3퍼센트가 추방 명단에 이름을 올렸다.[37] 추방 후 트카첸코는 외부인이 지대 내부로 들어와 무언가를 알게 되는 일이 없도록 하길 원했다. 그는 완충 지대 주민들에게 모든 유숙객을 경찰에 신고하라고 명령했다. 부적절한 손님을 숨겨두다 적발된 사람들은 국가 기밀 누설 혐의로 기소되었다.

공식 업무를 위해 지대에 사람들이 들어오는 것을 막기 위해 트카첸코는 명령을 하나 더 내렸다. 키시팀을 비롯해 인근 마을과 도시에 있는 광산 연구소, 교사훈련 기관, 간호학원, 여러 고아원, 양로원, 휴양소, 요양소 등 지역의 문화기관을 폐쇄하라고 지시한 것이다. 트카첸코는 또한 시와 마을 정부가 스포츠나 문화 행사를 개최하는 것을 금지했다.[38]

시민들이 스탈린과 소비에트 정부를 존경했던 이유는 국가가 교육기관, 병원, 도서관, 극장의 형태로 시골에 진보를 가져왔기 때문인 경

---

* 쿨라크kulak는 "주먹" 또는 "주먹을 꽉 쥔"이라는 의미의 러시아어로, 제정러시아 말기 부유한 농부를 일컫는 용어였다. 러시아혁명 이후, 소비에트 국가의 식량 징발에 대한 농촌의 강력한 반대를 겪은 볼셰비키들은 부농과 중농을 포함해 "쿨라크-착취자들"이라는 적대 계급을 설정했다. 이후 1920년대 말, 스탈린 주도의 강력한 집산화가 추진되면서 부농들은 농촌에 남은 자본주의적 요소로 취급되어 엄청난 탄압을 받았다.

우가 많았다. 스탈린주의가 부과한 수많은 어려움에도 불구하고, 스탈린의 수많은 추종자들은 그 보상이 계몽과 기회라고 보았다. 결과적으로 완충 지대의 교육과 문화를 폐쇄하라는 트카첸코의 명령은 스탈린주의적 진보의 개념과 너무나 상반되는 것이었기 때문에 한 지역 당 지도자는 용기를 내서 항의 편지를 썼다. "만약 우리가 초등학교에서 가르칠 교사들을 준비시키지 못한다면 어떻게 초등학교를 계속 운영할 수 있겠습니까? 고아원에 있는 아이들은 어떻게 하죠? 광산학교는 키시팀의 공장에서 일하는 노동자들을 훈련시킵니다. 그들은 누가 가르칩니까? 간호학원은 체제 지대 안에서 일할 간호사들을 준비시킵니다. ······ 결핵 요양소에는 **환자 160명**이 있습니다. 그들은 어디로 가야 합니까?"[39]

어렵게 얻은 문화 및 교육 기관들을 허용치 않음으로써, 키시팀은 소비에트 용어로 더 이상 "도시"가 아니라 크고 악취가 나는 진흙투성이의 마을이 되었다. 트카첸코는 키시팀에 직접 나타나 모든 명령을 무시하고 합창단을 도시 안으로 들어오게 한 뒤 대낮에 마을 광장에서 바로 공연할 수 있도록 한 시당市黨위원회를 호되게 질책하는 방식으로 서한에 답했다.[40] 트카첸코는 잔소리를 늘어놓고 노려보면서, 체제 지대와 이에 수반되는 완충 지대가 어떻게 선별된 사람과 버림받은 사람들 사이의 경계선이 되었는지, 팽창하는 군산복합체의 신흥 수혜자와 막대한 비용을 지불한 사람들 사이의 경계선이 되었는지 강조했다. 1930년대 초 소비에트 지도자들은 공급이 잘 이뤄지는 진열장 도시인 모스크바, 레닌그라드, 몇몇 공화국 수도에는 여권과 등록증을 가진 사람들만 거주할 수 있다고 명령함으로써 불공평한 분배 체계를 현실 속에 구분 지었다.[41] 여권을 발급받지 않은 집단농장 농부들은 밀과 사탕무로, 극심한 노동과 절박한 빈곤으로 소비에트의 산업화와 도시화를 지원했다. 이는 계획의 일환이었다. 지도자들은 농부들이 제자리에서 노동하고 생산하도록 만들기 위해 그들의 여권뿐만 아니라 교육과 좋은 임금을 받을 수 있는 공급이 더 잘 이뤄지는 도시로 합법적으로 이주할 기회까지 박탈했다. 1948년, 트카첸코는 번영과 빈곤을 구분하는 이러한 보이지 않는 선을 이용했다. 이후 수십 년 동안 공장을 둘러싼 소도시와 마을들은 체제 지대에 노동자, 식량, 기계를 공급하여 점점 더 부유해지는 공장 조작자와 경찰서장의 공동체를 지원하게 될 것이고, 반면 완충 지대 사람들은 더욱더 적은 것들만 가지고 살게 될 것이다.

이 불공평한 교환은 21세기까지 지속되는 엄청난 분노를 불러일으켰다. 2007년, 오죠르스크 신문의 편집자 엘레나 뱌트키나Elena Viatkina는 폐쇄 도시의 몇몇 주요 문화계 인사들과의 모임에 나를 초청했다. 이 모임은 1940년대에 도착한 신규 노동자들을 수용하기 위해 처음 사용되었던 키시팀의 리조트에서 열렸다. 2007년에도 이 리조트는 여전히 오죠르스크에 속해 있었으며 휴양을 즐기는 공장 노동자들이 자주 찾았다.

리조트는 작고 잡초가 무성한 호수를 따라 길고 낮은 바우하우스Bauhaus 양식의 건물 10개로 조성되어 있었다. 병원용 덧옷 차림의 직원들이 햇살을 받으며 느릿느릿하게 담배를 피웠다. 휴가객들은 팔짱을 끼고 주변을 거닐었다. 나이든 부부들은 댄스관에서 아코디언 소리에 맞춰 탱고를 연습했다. 호수에는 박판으로 된 작은 탈의실, 테니스 코트, 작은 강변이 있었다. 테니스 코트에는 네트가 없었지만 꽉 끼는 스피도Speedo를 입은 중년 부부가 어쨌든 테니스를 치고 있었다. 두 사람은 천천히 공을 향해 움직였고, 공은 천천히 그들 쪽으로 움직였다. 소련이 해체된 지 20년 가까이 흘렀다. 하지만 그 여름날 나는 소련으로 돌아간 것 같은 느낌이 들었다. 붕괴되기 전의 순수함과 푸근한 소비에트식 나른함을 느끼면서 말이다.

리조트에서의 모임을 주선하기 위해 첼랴빈스크의 내 친구는 한 달 동안 네트워킹과 전화통화를 해야 했다. 문화계 주요 인사들이 내가 방문할 수 없었던 폐쇄 도시에 대해 깨우쳐줄 것이라 생각하면서 기대하고 있었다. 도착하자마자 뱌트키나는 차가 준비된 회의실로 나를 안내했다. 그녀는 내 앞에 크림처럼 보이는 케이크를 내놓았다. 그녀는 격려하듯 고개를 끄덕이며 "칼로리가 없어요"라고 말했다. 중요한 문화계 인사들은 고개를 끄덕이지도 웃지도 않았다. 그들은 내게 대리석 기념물과 기념비적인 아파트 건물이 담긴 화려한 책자 몇 권을 보여주었다. 그것은 아니나 다를까 대부분의 소비에트 시기 도시에서 볼 수 있는 것과 비슷하게 생긴 것이었다. 또한 그들은 별다른 열의 없이 오죠르스크의 극장과 음악 프로그램에 대해 알려주었다. 그들은 그들의 도시가 성장하기에 좋은 곳이었다고 말했다. "문을 잠글 필요가 전혀 없었지요." "모두들 열심히 일했어요." "안전했답니다." "그곳에 먼저 온 사람들은 장수했어요." 나는 이 모든 것들을 전에도 들은 적이 있었다.

우리는 케이크를 먹었고, 그게 전부였다. 중요한 문화 인사들은 이내

자리를 떴고, 내가 헛고생을 했다는 것이 분명해졌다. 나는 이 하급 공직자들과의 만남보다 폐쇄 도시에 가까이 다가간 적이 없었고, 중요한 것은 하나도 배우지 못했다.

바로 그때 열쇠와 대걸레를 든 청소부 노인이 들어왔다. 그는 바슈키르인처럼 보였다. 그에게 오죠르스크에 대해 어떻게 생각하는지 물었다. 그는 어깨를 으쓱였다. **별로**라는 뜻이었다. 중요한 문화계 인사 중 한 명이 오죠르스크와 키시팀 사이의 관계는 항상 좋은, 사실 "훌륭한" 관계였다고 말하며 빠르게 청소부의 의견을 바로잡았다.[42]

내게 미안한 기분을 느낀 뱌트키나는 휴양소의 호수에서 수영하자고 제안했다. 뱌트키나는 이 호수가 "깨끗하다"고 장담했는데, 이는 방사선이 없다는 의미였다. 하지만 그녀의 "칼로리가 없는" 케이크를 생각하면서 나는 차가운 갈색의 수면 위로 머리를 유지하기 위해 평영을 했다. 나중에 버스 정류장에서 나를 배웅하던 뱌트키나는 혼자가 되자 조금 더 터놓고 이야기했다. 그녀는 자신이 폐쇄 도시가 아니라 첼랴빈스크 출신이라고 말했다. 그녀의 남편이 오죠르스크에서 자랐고, 그것이 그녀가 현재 그곳에 사는 이유라는 것이다.

대부분의 주민들과 마찬가지로 뱌트키나는 폐쇄 도시에 처음 들어왔을 때를 묘사했다. 때는 1987년, 그녀는 임신 8개월이었고 첼랴빈스크에 살고 있었는데 남편이 오죠르스크에 사는 부모님을 방문하던 중 심각한 교통사고를 당했다. 어려움이 있었으나 연줄을 이용해 그녀는 입원한 남편을 병문안 가기 위해 폐쇄 도시에 들어갈 수 있는 출입증을 얻었다. 그러나 그녀는 그곳에 어떻게 가야 하는지 몰랐다. 그녀는 첼랴빈스크 기차역으로 가서 우편 거리Postal Street에 있는 한 창고 뒤편의 버스 정류장을 찾으라는 말을 들었다. 해가 진 후 뱌트키나는 우편 거리는 찾았지만 버스 정류장은 볼 수 없었다. 그녀는 지나가는 사람들에게 어느 정류장이 오죠르스크로 가는 것인지 물었다. 사람들은 그녀가 비밀 도시의 이름을 내뱉는 것을 듣고는 급히 그녀를 피했다. 그들은 아기를 가져 몸이 무겁고 눈물이 그렁그렁한 여성에게서 등을 돌렸고, 어려움에 처한 낯선 사람들을 도우라는 러시아의 강력한 사회적 도의를 저버렸다. 기진맥진한 뱌트키나는 어둠속을 헤매다가 아무런 표식이 없는 건물과 마주쳤다. 그 앞에는 아무런 표식이 없는 버스 한 대가 엔진을 공회전하고 있었다. 벌써 영리해진 뱌트키나는 버스가 "그 도시"로 가는지 물었다. 운전사는 고개를 끄덕였다. 뱌트키나는 탑승한 후 자리에 앉아 다른 승객들을 바라보았다. 잘 차려입고 잘 먹고 차분히 책을 읽고 있던 다른 승객들을 보며 그녀는 울음을 터뜨렸다.

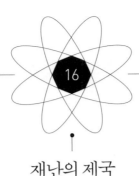

재난의 제국

1948년 6월, 이고르 쿠르차토프는 아A 또는 "아누슈카Annushka"*라는 애칭으로 불렸던 최초의 소비에트 생산용 원자로의 제어실에 앉아 있었다. 마침내 예정보다 1년 늦은 6월 10일, 쿠르차토프는 개폐기를 당겨 원자로 면reactor face에서 제어봉을 들어올렸다.[1] 남자들은 급상승하는 전력량 계기판을 보며 환호했다. 과학자들에게 이 눈금판은 소비에트가 "원자 방패"로 가는 길을 밝혀주었다. 이 사실을 알게 된 전 세계 사람들에게는 비용이 많이 들고 위험한 소련-미국 군비 경쟁의 첫 번째 불빛이었다. 후세를 위해, 아누슈카의 윙윙거리는 터빈은 방사성 동

---

* 하나의 러시아어 이름은 여러 애칭을 가질 수 있다. 아누슈카는 안나Anna의 애칭 가운데 하나이다. 한편 러시아어로 원자로의 머리글자는 영어와 동일하게 아A이다.

위원소들의 간헐천을 뿜어냈다. 이는 소비에트의 고질적인 빈곤에 묶여 있던 핵 기술의 산물이었다.

6월 19일 원자로는 완전히 적재되었고, 나중에 자신이 서둘렀다고 인정한 쿠르차토프는 최대 전력으로 가동하라는 명령을 내렸다.[2] 그날 저녁 쿠르차토프는 베리야에게 전화를 걸어 아누슈카가 완전히 가동 중이라고 보고했지만 전화는 시기상조였다. 아누슈카는 원자로에서 쏟아져 나오는 물이 허용치보다 30배나 많은 방사능을 가지고 있다는 것을 운영자가 알아차리기 전까지 24시간도 채 안 되는 시간 동안 가동됐을 뿐이다. 분명히 몇몇 관들에서 냉각수 수위가 너무 낮아져 우라늄 연료 슬러그가 과열되고 파열되고 방사성 증기가 분출되었다. 폭발을 두려워한 쿠르차토프는 제어봉을 흑연 원자로 안으로 다시 집어넣었다. 그는 베리야에게 전화를 걸어 나쁜 소식을 전했다. 베리야는 간결하게, 다시 가동하기까지 시간이 얼마나 걸릴지 물었다.

그 후 3주 동안 과학자들은 조사된 우라늄이 유해한 감마선을 방출하는 사이에 24시간 내내 작업하면서 파열된 슬러그를 수리하는 방법에 대해 고민했다.[3] 베리야는 노동자들의 건강에 대해서는 걱정하지 않았다. 일반적으로 핵개발 계획의 지도자들은 방사선의 위험에 대해 무신경한 태도를 보였다. 자베냐긴 장군은 나들이옷 차림으로 원자로실 내부의 의자에 앉아 주머니에서 귤을 꺼내 먹었다. 공장 책임자 보리스 무즈루코프는 위험을 알고 있었지만 장군 곁을 떠나는 것을 두려워하며 그의 옆에 서 있었다. 나중에 무즈루코프 자택의 선량을 측정한 결과 허용 기준보다 10배 더 많은 피폭을 기록했다.[4] 스스로를 방사성 오염에 노출시키는 것은 공장이 가진 불문율의 일부였다. 1948년 6월, 트카첸코는 쿠르차토프를 향해 근심에 찬 비난을 보냈다. "과학원 원사 이고르 바실리예비치 쿠르차토프는 때때로 모든 안전 규칙을 무시한다. 그는 허용 기준보다 활동이 예외적으로 높은 부지에 개인적으로 들어간다. 예핌 파블로비치 슬라브스키 동지는 더 부주의하게 행동한다." [5] 트카첸코는 계속해서 비난을 이어갔다. 쿠르차토프는 경보기가 허용치보다 150배 높은 방사능 신호를 보내고 있음에도 원자로실로 내려갔다. 그의 경호원들은 그를 멈추게 할 수 없었다.

7월 중순 쿠르차토프는 연료 슬러그의 균열 문제가 그대로 남아 있었지만 다시 한 번 원자로를 최대로 가동했다.[6] 10일 후 원자로에 있던 더 많은 슬러그에 기포가 난 뒤 터지면서 또 다른 위기가 발생했으며 모스크바에 더 많은 전보가 날아왔다. 그러나 이때 쿠르차토프가 병든 원자로를 계속 가동시켜 방사성 동위원소가 계속 유출되었다. 남자들은 금이 가고 방사되는 연료 전지를 "염소"라고 불렀다.[7] 그들은 이 같은 가정에서 쓰는 속어로 "긴급 상황"에 적응하고 그 위험성을 일상적인 작업 순서로 길들였다. 쿠르차토프는 1949년 1월까지 이 위험하고 공해를 내뿜는 원자로를 가동했다. 그때 소비에트 과학자들은 이 원자로가 정확히 폭탄 한 개를 만드는 데 충분한 양의 플루토늄을 가지고 있다고 추정했다. 그제야 쿠르차토프는 아누슈카를 정지시켰다. 기술자들은 고장난 원자로를 해체하고 수리하는 데 1년이 걸릴 것이라고 계산했다. 베리야는 그들에게 두 달을 주었다.

직원들은 손상된 연료 전지를 원자로에서 어떻게 꺼낼지 결정해야 했다. 원자로가 정상적으로 작동하고 있었다면, 그들은 조사된 슬러그를 원자로 뒤편의 냉각지에 떨어뜨려 냉각시켰을 것이다. 그러나 소련의 우라늄 비축분은 모두 아누슈카에 장입되었다. 조작자들이 모든 슬러그를 냉각지에 떨어뜨리면 그들은 나쁜 슬러그와 좋은 슬러그를 모두 잃게 되고 두 번째와 세 번째 폭탄을 만들 플루토늄을 생산할 연료가 없게 된다. 베리야와 반니코프는 귀중한 우라늄을 낭비하는 대신 노동자들에게 손으로 원자로를 내리고 손상되지 않은 슬러그를 금이 간 것과 분류하여 원자로에 다시 장입하라고 명령했다.[8]

중앙 원자로실에 들어가 직접 손으로 원자로에서 조사된 슬러그를 빼낼 용기를 낸다는 것이 무엇을 의미했는지 상상하기 어렵다. 죄수, 유형수, 병사, 조작자, 감독관, 과학자 등 모두가 교대로 일했다. 쿠르차토프조차도 방독면을 낚아채서 뛰어들어갔다. 원자로에서 돌아온 남자들은 어지럽고 구역질나는 느낌을 참으면서 보드카 한잔을 꿀꺽 삼켰다.[9]

1949년의 첫 34일 동안 쿠르차토프와 그의 직원들은 3만 9,000천 개의 조사된 우라늄 슬러그를 빼내고 다시 장입했다. 수백 명의 남성들이 메스꺼움과 코피에 이어 강렬한 통증과 무릎을 풀리게 하는 피로에 시달렸다. 당시 공식적인 연간 허용 선량은 30렘이었다. 아누슈카를 청소하면서 노동자들은 100~400렘의 선량에 피폭되었다.[10] 400렘이면 만성피로, 관절통, 뼈가 부서지는 조기 "방사선 노화"를 일으키기에 충분한 양이었으며, 심장과 간의 암과 질병으로 귀결된다.

분류 후 첫 번째로 조사된 우라늄이 물속에서 냉각되었다. 공장 기술자들은 방사성 아이오딘을 비롯해 반감기가 짧고 해로운 다른 동위원소들을 1,000배 이상 줄이기 위해서는 슬러그를 120일 동안 냉각시키는 것이 최선임을 알고 있었다. 그러나 공장 지도자들은 급하게 냉각 기간을 30일로 단축하여 "녹색", 즉 고방사성 연료를 처리하라고 강요했다.[11] 그들은 방사성 기체를 대기권 높은 곳으로 보내기 위해 500피트에 달하는 굴뚝을 지었고, 이것이 오염물을 넓은 지역에 안전하게 확산시키기를 바랐다. 바람은 오염 물질을 대부분 화살표 모양의 경로로 동쪽 방향의 벌판, 초원, 호수, 늪, 개천 위를 통과하게 했다.[12]

냉각 후 조사된 슬러그는 처리될 준비가 되었고 B구역Area B으로 옮겨져 질산에서 용해되어 그 결과물로 생성된 독성 혼합물을 플루토늄으로 증류했다. 그러나 새로운 처리공장인 25호 공장Factory No. 25은 아직 처리를 시작할 준비가 되지 않았다. 기술자들은 여전히 공장을 설계 중이고 장비를 들여오던 중이었다. 원래 실험실 기술자였던 파이나 쿠즈네초바Faina Kuznetsova는 보안 요원들이 어떻게 그녀의 상관에게 일을 더 빨리 끝내라고 압력을 가했는지 기억했다. 그들은 그의 출입증을 받아서 공장이 준비될 때까지 경비를 들이고 그를 가둬두었다. "그가 혼자서 무엇을 할 수 있었겠어요?" 쿠즈네초바가 회상했다. "물론 우리 모두는 그를 돕기 위해 남았죠." 직원들은 12일 동안 밤낮으로 공장에 남아 작업장 준비를 서두르고 있었다.[13]

1940년대 후반 소비에트 생물물리학자들은 플루토늄과 플루토늄의 오래 지속되는 부산물이 감마선을 방출하지 않고 피부를 투과할 수 없는 훨씬 더 약한 알파 및 감마 방사선을 방출하기 때문에 화학처리장에 종사하는 작업자가 안전하다고 믿었다. 이와 대조적으로 그들은 원자로가 위험하고 피부를 관통하고 한 사람의 중요한 장기를 직접적으로 조사할 정도로 강력한 감마선을 방출한다는 것을 알고 있었다. 감마선과 건강 사이의 관계는 직접적이었다. 강한 감마선을 받은 사람은 즉시 몸이 좋지 않다고 느꼈고, 소비에트 연구자들은 더 많은 양의 감마선이 실험실 생쥐, 쥐, 개를 죽게 만든다는 것을 알게 되었다.[14] 소비에트 연구자들이 방사성 물질을 섭취했을 때의 폐해를 파악하는 데 몇 년이 걸렸고, 이를 파악하기 전에 그들은 대개 고등학교를 갓 졸업한 젊은 여성들을 화학처리공장 직원으로 고용했다.[15]

기존 화학공장에서 일하며 화재, 연기, 유해 냄새로 위험을 해석하는 방법을 배운 여성들에게 화학처리공장은 안전해 보였다. 선반旋盤에 의한 손가락 부상, 기중기에 의한 골절상, 흔들리는 칼날 등 공장 노동자의 삶에서 흔히 볼 수 있는 위험 요소도 없었다. 한편, 젊은 여성들은 좋은 일꾼이 되었다. 그들은 대개 독신이었다. 그들은 단지 20분 늦게 직장에 도착하는 것이 범죄였던 전시의 노동 환경에서 자라났다. 그들은 훈련받고 정확하고 책임감이 있었다.[16] 더 중요한 것은 그들이 이용 가능한 존재였다는 것이다.

1948년 12월, 특별히 건설된 새로운 25호 공장은 플루토늄 처리를 위한 준비가 되어 있었다. 소비에트 설계자들은 공중 탐지로부터 공장을 숨기려고 했기 때문에 핸퍼드에 위치한 선박 크기의 T공장 설계를 모방하기보다는 공장을 수직으로 건설하여 설치 공간을 줄였다. 그 결과 처리실은 하나 위에 또 하나가 쌓이게 되었고, 방사성 용액을 흘려

보내는 배관과 방사성 가스가 벽과 천장을 가로질러 흐르는 환기구도 서로의 위에 쌓이게 되었다. 이러한 설계상의 특징은 한 구역에서 누출이나 유출이 발생하면 방사성 물질이 아래의 작업장으로 흘러내려 오염이 광범위하게 확산될 수 있음을 의미했다.

공장이 개장한 날부터 많은 유출이 있었다. 수많은 과학자, 보안 요원, 군인들이 어마어마한 증류기에서 최초의 플루토늄 용액이 나오는 것을 보기 위해 최종 처리장에 모였을 때였다. 정해진 시간에는 아무것도 여과되어 나오지 않았다. 그들은 오래도록 기다렸고, 과학자들은 초조하게 기술적 공정에 대해 논의했다. 교대 근무 감독관인 조야 즈베르코바Zoya Zverkova는 뒤에서 장군들이 위협적으로 서 있는 동안 장치를 점검하고 다시 점검했다. 당시에는 모두가 실패가 사고나 계산착오가 아니라 적과 파괴 공작의 결과라고 알고 있었다.

마침내 누군가가 천장의 환기구에서 남자들 쪽으로 노랗고 걸쭉한 용액이 방울방울 떨어지고 있음을 알아차렸다. 조사 결과 플루토늄 용액의 방울들이 모아져 거품이 형성됐고, 이것이 공장 환기 시스템으로 빨려 들어간 것으로 밝혀졌다. 노동자들은 플루토늄을 찾기 위해 천장으로 올라가 귀중한 잔여물을 긁어모았다. 과학자들은 변화를 주고 공정을 다시 실행했으며 침전물이 여과기로 떨어지는 모습을 보면서 기뻐했다. 그러나 성분을 확인해보니 용액에는 플루토늄이 들어 있지 않았다.[17] 마침내 세 번째 용기가 증류기에 플루토늄을 떨어트렸다. 그러나 처음 두 번의 시도가 실패했다는 것은 플루토늄이 온 사방에, 즉 실내, 환기구, 장비, 용기들, 통제실 내부와 심지어 장군들의 고무 덧신에

까지 퍼졌음을 의미했다.[18]

공장을 가로지르는 것은 방사성 용액이 원격으로 제어되는 컨베이어 벨트를 따라 한 장소에서 다른 장소로 이동하는, 시멘트로 된 커다란 "협곡"이었다. 공장이 지어졌을 때, 협곡은 두꺼운 안전문인 "돌"로 봉쇄되었다. 이 문은 가동 후 제자리에 영구적으로 남아 있어야 했다. 그러나 소비에트 기술자들은 방사성 용액의 열과 부식을 일으키는 성질을 견딜 수 있는 금속을 만드는 방법을 알지 못했다. 그들은 비커, 컵, 장비를 금, 은, 백금으로 도금하여 방사성 독소를 견딜 수 있기를 바랐다. 그러나 귀금속은 고무마개, 개스킷*과 마찬가지로 방사성 용액의 강력한 열기, 독성 화학물질, 알파 입자 앞에서 부식되었다.[19] 공장 가동 한 달 만에 플루토늄 용액이 들어 있는 파이프에 금이 가서 문에 있던 경비원에게 누출되었다. 곧 공장 전체에 누출이 일어났다.[20]

밀폐된 협곡 안에서 많은 유출이 일어났다. 유출물에는 귀중한 플루토늄이 함유되어 있었기 때문에, 대장들은 직원들에게 안으로 들어가 걸레 같은 도구로 용액을 닦아낼 것을 요구했다. 방사능이 매우 높은 협곡에 들어가는 것은 가장 기본적인 안전수칙을 위반하는 것이었지만, 노동자들은 돌을 옆으로 치우고 좌우간 협곡으로 내려갔다. 한 번 옆으로 밀쳐진 돌들은 그 상태로 남았다.

파이나 쿠즈네초바는 "모두가 협곡에 여러 번 들어갔어요"라고 회상

---

* 개스킷gasket은 가스나 기름 따위가 새어나오지 않도록 배관 등의 사이에 끼우는 마개이다.

했다. "지금은 이상하게 보이지만, 아무도 유출물을 치울 계획을 세우지 않았지요. 유출된 용액을 안전하게 수거할 방법도 없었답니다. 우리가 가진 것이라곤 수건과 양동이, 때때로 고무장갑뿐이었지요. 우리는 유출물을 걸레질한 뒤 커다란 유리병에 부었습니다. 그것은 아주 비싼 화합물이었고, 우리는 모든 방울들을 회수하라는 요구를 받았지요. 유출량은 50~100리터로 그리 많지는 않았지만 처리 초기 단계에서 일어난 유출로 인해 2~3톤에 달하는 용액이 손실되었습니다. 그 유출물을 걸레로 모으는 것은 불가능했어요. 그건 정말 재난이었지요."[21]

드보랸킨I. Dvorankin은 협곡에 들어가는 모습을 다음과 같이 설명했다. "우리는 방독면 외에는 아무런 보호 장비 없이 작업했습니다. 우리는 한 명씩 협곡으로 내려갔습니다. 코에서 피가 쏟아지기 시작했을 때 우리는 위로 올라가기 위해 밧줄을 잡아당겼지요. 우리는 극도로 많은 양의 방사선을 받았지만, 우리의 작업 덕분에 공장은 멈추지 않았습니다."[22]

왜 그렇게 많은 유출이 있었을까? 쿠즈네초바는 성급함을 비롯해 비밀과 공포의 엄격한 체제를 비난했다. 보안 요원들은 젊은 노동자들을 예의주시하며 귀중한 금도금 도구와 완제품의 행방을 기록했다. 규정을 어기거나 실수를 하다 적발된 젊고 미숙한 기사들은 구역의 노동수용소로 이송되어 2~5년 동안 중노동을 해야 했다.[23] 쿠즈네초바는 다음과 같이 이야기했다. "마야크에서 일하도록 고용되었을 때 방사능에 대한 경고는 받지 못했습니다. 우린 그게 뭔지도 몰랐어요. 그랬기 때문에 바로 우리가 방사성 용액을 다뤘던 겁니다. 우리는 KGB[NKVD의 후신만을 두려워했지요. 모든 것은 라브렌티 파블로비치 베리야L. P. Beria와 그가 파견한 사람들의 개인적 통제 아래 이루어졌고 그들은 어떠한 실수라도 유죄로 판결하곤 했습니다. 그렇게 공포를 이용하는 방식으로 사람들을 밀어붙여 사고로 이어지는 움직임을 취하게 만들었어요. 게다가 우리는 아주 비싼 장비와 화학물질을 가지고 작업했습니다. 그들은 기계를 비롯해 금이나 은으로 된 실험실 용기들을 면밀하게 감시했어요." 쿠즈네초바는 "그들은 사람들보다 장비와 최종 제품에 대해 더 많은 관심을 가졌습니다"라고 씁쓸하게 회상했다.[24]

베리야는 평범한 노동자인 데이비드 그린글래스가 로스알라모스에서 기술 문건을 복제해 소비에트 담당자에게 전달한 방법에 주목했다. 그는 소비에트 직원들이 비슷한 방식으로 설계도와 제조법을 가지고 떠나는 것을 원치 않았다. 그 결과, 그는 노동자들을 안내하는 도표나 지침서가 있을 수 없고, 복사해서 훔칠 수 있는 어떤 것도 있을 수 없다는 칙령을 내렸다. 작업을 위한 훈련을 받는 동안 직원들은 자신들의 구역 내에 위치한 배관, 전기 배선, 기계의 복잡한 네트워크를 외워야 했다. 그들은 또한 작업일의 절차를 기억해야 했다. 쿠즈네초바는 "사람들은 스트레스가 끊이지 않는 상태였어요. 중요한 것을 잊을까봐 두려웠죠. 그리고 종종 잊어버렸어요. 특히 초기에요"라고 말했다.[25]

사고가 잦은 데는 다른 이유들도 있었다. 소비에트 선전가들은 건물 측면에 다음과 같은 구호를 붙이곤 했다. "간부들이 차이를 만든다." 이 구호는 수감된 노동자, 문맹 경비원, 요리학교에서 학위를 취득한 화학자, 값비싼 기계를 수리하기 위해 큰 망치를 사용했던 기술자들과 함께 소비에트 플루토늄 공장을 최초로 건설한 데서 비롯된 내재적인 문제점을 지적하고 있다.[26] 마야크 플루토늄 공장의 공식 역사에는 40년 동안의 운영 중 단 3건의 사고만 기록되어 있다.[27] 그러나 실제로 사고는 가동된 첫날부터 충성스러운 개처럼 소비에트 플루토늄 생산을 졸졸 따라다녔다.

우라늄에서 플루토늄을 분리하는 공정이 끝난 후 플루토늄 용액은 제5구역Area V으로 전달되었다. 이 구역에서 노동자들은 액체 형태의 플루토늄을 금속 주괴로, 그리고 마침내 폭탄의 중핵부中核部를 위해 절실히 필요한 소프트볼 크기의 무기급* 플루토늄 구체로 변형시켰다. 1949년 2월, 플라스크들에 담긴 최초의 플루토늄 농축액이 금속으로 최종 가공될 준비를 마쳤지만, 특수 설계된 화학야금공장은 여전히 건설 중이었다. 공장 책임자는 지체하는 대신 건설 노동자들에게 인근 마을에 있는 몇 개의 오래된 해군 창고를 임시 야금공장으로 재단장하라

---

* 무기급이란 핵무기에 쓸 수 있는 순수한 농도로 농축된 핵분열 물질fissionable material을 가리킨다. 오직 특정한 원소들의 동위원소들만이 핵분열하는fissile 성질을 가지는데, 우라늄-235와 플루토늄-239가 대표적이다. 천연 우라늄 원자에는 우라늄-238이 99퍼센트 이상 함유되어 있고, 우라늄-235의 함유량은 대개 1퍼센트 미만이다. 따라서 원자력 발전 및 핵폭탄 제조에 쓰기 위한 우라늄-235는 동위원소 분리를 통한 농축 과정을 거쳐 확보한다. 플루토늄은 극미한 양의 천연 플루토늄을 제외하고 거의 대부분 원자로에서 생성되는데, 우라늄-238이 중성자를 흡수해 우라늄-239가 되고 이는 넵투늄-239를 거쳐 플루토늄-239로 변한다. 이후 플루토늄-239는 재처리reprocessing 과정을 통해 사용후 핵연료spent nuclear fuel에서 분리하는 방식으로 확보한다. 무기급보다 낮은 품위의 핵분열 물질은 대개 원자로급reactor-grade이라고 불린다.

고 명령했다.[28]

4호와 9호 작업장은 나무 테이블, 유리 보관함, 비커, 스테인리스 싱크대가 있는 다른 화학 실험실과 똑같아 보였다. 이 작업장에서 대부분 젊은 여성이었던 직원들은 통풍이 잘 되는 보관함이나 테이블 위에서 손으로 간단히 방사성 용액을 처리했다. 실험실 기사들은 의자가 부족하여 방사성 폐기물이 들어 있는 나무통 위에서 휴식을 취했다. 그들은 통에서 비커로, 비커에서 실험관으로 용액을 부었다. 그들은 응고된 찐득찐득한 물질을 백금 컵에 넣고 저었다. 그들은 높은 실험대에서 방사성 가루를 빻았다. 그들은 용액을 가지고 복도를 따라 화덕과 오븐으로 걸어가 석회화하고, 굽고, 건조시켰다. 그들은 똑같은 복도를 통해 화장실, 구내식당, 사무실을 지나치며 방사성 폐기물이 담긴 양동이를 운반했다.

이 직원들은 어렸을 때부터 노동을 알고 있었고, 공장이나 농장에서처럼 열심히 일했다. 25호 공장에서 4호 작업장으로 갓 복사輻射된 용액이 담긴 유리 플라스크들을 운반하는 것은 한 청년의 몫이었다. 그는 플라스크에 담긴 플루토늄을 양동이 한 개에 모아 운반하다가 엎질렀다. 폐기물 처리반은 방사성 용액이 담긴 통들을 공장에서 멀지 않은 숲으로 운반했고, 다른 쓰레기처럼 응고된 교질을 태우는 식으로 처리했다. 그들은 불 위에 서서 석탄을 긁어모은 다음 재를 얕은 구덩이에 던져 넣었다.[29] 육체노동직 종사자들은 자신이 방사성 용액을 가지고 작업한다는 사실을 알지 못했다. 그들은 원소를 암호화된 숫자로만 알고 있었다. 젊은 여성들에게는 젓고 가열하고 붓는 가장 기초적인 지시만 내려졌다. 옅은 파란색의 생산 지침서는 금고 안에 보관되었고, 특수 인가를 받은 감독관들만 접근할 수 있었다.[30] 그러나 노동자들 상당수는 소문을 통해 그들이 원자폭탄을 만들고 있다는 사실을 짐작했다.[31]

실험실 기술자들이 자신들이 다루는 물건에 대해 불안해하기 시작하자 상사들은 그들의 두려움을 일축했다. 9호 작업장 책임자인 쿠지마 체르니쇼프Kuz'ma Chernyshov는 직원들에게 아무것도 걱정할 것 없다고 말했다. 그들을 안심시키기 위해 그는 플라스크를 집어 들고 "한번 핥아볼래?"라고 묻곤 했다. 그가 그 농담을 너무 자주 반복해서 직원들은 그를 "핥아볼래Wanna-Lick"라고 부르기 시작했다. 또 다른 상사는 직원들에게 더 빨리 일하라고 다그치면서 "엉클 샘Uncle Sam*은 기다려주지 않습니다. 서두르세요!"라고 말했다. 설령 그들이 위험을 충분히 알고 있었다 하더라도, 젊은 노동자들은 애국적 의무에서 어쨌든 작업을 계속했을 것이다. 대장들은 노동자들에게 국가가 여전히 전쟁 중이라고 언급했다. 그들은 "사람들이 전선에서 죽었다. 이곳 또한 전선이다"라고 말했다.[32]

플루토늄 생산 라인의 모든 단계에서 소비에트 노동자들은 솔선하는 감독관들과 함께 방사성 및 기타 독성 오염 물질에 외부적으로 그리고 내부적으로 노출되었다. 적은 예산으로 바쁘고 피곤하고 성급한 작업자들이 만든 많은 복잡한 장치와 최첨단 기술은 실패하거나 고장나거나 처음부터 제대로 작동하지 않았다. 방사성 용액을 화학처리공장

* 미국 정부를 지칭한다.

으로 운반하는 자동화된 수레가 작동을 멈췄고, 노동자들은 방사성 선로 아래로 내려가서 그것들을 수리해야 했다. 방사성 폐수로 가득찬 배관은 좁고 구부러진 구간에서 막혔고, 인부들은 강철 막대를 이용해 치명적인 용액을 밀어내는 방식으로 정기적으로 뚫어야 했다.[33] 설계 결함 때문에 직원들은 종종 밀폐 투명 용기에 머리를 집어넣고 독성 물질을 직접 흡입해야 했다. 결국 직원들은 밀폐 투명 용기들을 치워버리고 플루토늄을 공공연히 증발시켰다.[34] 노동자들은 플루토늄 먼지를 찾아 환기구로 올라갔다. 여과기가 막혀서 손으로 닦아내야 했다. 고무마개가 떨어져 배관을 막으면 배관공이 잘라서 열고 청소하고 다시 용접해야 했다. 방사성 폐기물과 방사성 장비들은 부주의하게 분배되거나 사람들이 일하는 방에 방치되었다. 이러한 방 중 일부에서는 방사능이 초당 100마이크로뢴트겐에 달했는데, 이는 추가 사고 없이 직원들이 그 당시 이미 관대했던 허용 한도의 10배를 받았음을 의미한다.[35] 첫 1년 반 동안 전체 노동자의 85퍼센트가 허용 선량 이상을 받았다. 피폭이 너무 심해져서 1949년 5월 공장 의사인 예고로바A. P. Egorova는 대담하게도 베리야에게 서한을 보내 "노동자들이 피폭되고 있다는 사실에 대해 시설Object 지도자들이 과소평가하고 있다"고 불평했다.[36]

이러한 기술적 난관과 씨름하면서 짧은 기간 훈련받았던 젊은 직원들은 기한을 맞추기 위해 서둘렀다. 그러다가 비커가 돌바닥에 떨어져 깨지거나, 양동이가 발에 차여 넘어지거나, 손이 용액 속으로 미끄러지거나, 밸브가 열린 채로 남겨지거나, 너무 가깝게 놓여 있던 두 개의 통이 임계로 치달아 결국 폭발하기도 했다.[37] 직원들은 이러한 비밀에 부쳐지지 않은 유출을 은밀한 방식으로, 즉 "유출[utechki]", "부스러기[possypi]", "확산[vybrosy]", "온상[ochagi]" 또는 "철썩 때리기[khlopki]" 등으로 부르는 경향이 있었다. 이 사건들 중 다수는 검은 차량과 무자비한 수사를 동반하는 보안 요원들을 피하기 위해 감시받지 않고, 측정되지 않고, 보고되지 않은 채 벌어졌다. 이러한 주목받지 못한 사건은 공장 노동이 가진 위험한 현실의 일반적인 대가였지만, 이 사건들이 세계의 두 번째 플루토늄 공장에서 발생하면서 점차 위험하고 보이지 않는 지형도의 일부가 되었다.

젊은 노동자들은 손도 씻지 않은 채 작업복 차림으로 식사를 하기 위해 만나서 웃고 떠들었다. 대부분의 직원들은 작업복을 입고 집으로 돌아가면서 방사성 오염 물질을 퍼뜨렸다. 25호 공장의 노동자들은 신흥 플루토늄 도시에 살았다. 20호 공장Factory No. 20의 운영자들은 주요 정착지에서 9마일 떨어진 타티시Tatysh라고 불리는 자신들만의 정착지에서 거주했다. 그들은 직장에서 도보로 불과 10분 거리에 살았다. 그곳에서는 공장 굴뚝의 보기 흉한 노란 연기 기둥을 볼 수 있었다.

라리사 소키나Larisa Sokhina는 타티시의 풍요로움과 아름다움을 애틋하게 기억했다. "마을은 여러 호수들을 비롯해 버섯과 산딸기로 가득한 숲으로 둘러싸여 있었죠. 산업용 크질타시 호수에 물고기가 가장 많았답니다. 어부들은 그 호수를 좋아했지만 낚시를 오래 할 수는 없었어요."38 스모그로 가득찬 우랄의 많은 산업 도시와 달리, 보안을 위해 만들어진 도시 주변의 15마일 완충 지대는 우연적인 자연 보호 구역을 만들었다. 소키나는 "우리가 우울하고 의기소침하고 겁에 질려 있었다는 인상은 잘못된 거예요"라고 회상했다. "우리는 공장에서 주로 젊은 사람들이었지요. 우리는 활기차고 즐거웠고 생동감이 넘쳤어요." 수년 간의 참혹한 전쟁이 끝난 후, 젊은 직원들은 배구와 농구를 즐겼고, 스키 대회와 등산 여행, 야외 취사 준비를 했다. 그들은 관악합주단을 꾸렸고 파티와 춤을 즐겼고 토요일 밤에는 인사불성이 되어 빙글빙글 돌았다. 친척과 단절된 젊은 직원들은 가장 즉각적이고 핵가족적인 방식

비밀 교회 결혼식을 치른 플루토늄 공장 노동자들, 1948년
국립합동 첼랴빈스크주州 문서고OGAChO 제공.

으로 가족을 재창조했다. 연인들은 소박한 소규모 결혼식을 통해 결혼했고, 젊은 신부가 임신하면서 그들은 계속 일했으며, 그들의 배는 실험실 테이블 위로 부풀어 올랐다.

"녹색"의 고방사성 연료처리공장 인근의 마을, 안전장치 없이 세워진 임시 실험실, 복사輻射된 옷차림으로 귀가하여 오염 경로를 확산시키는 노동자, 방사성 저수지로 바뀐 크질타시 호수에서의 상업용 낚시, 감마선이 일렁이는 마을의 자작나무 잎사귀들이 담긴 이러한 전경은 무지와 성급함, 개인의 안전을 위한 여지를 허용치 않았던 사명감이 낳은 재난이었다. 비용을 절약하기 위해 공장 지도자들은 방사선 감시를 위한 예산을 삭감했다. 그 결과 그들을 둘러싼 위험을 파악한 사람은 거의 없었다.[39] 눈 덮인 러시아 숲의 적막에 둘러싸인 작은 마을의 젊은 직원들은 그들의 운명이 이미 피폭되는 방향으로 들어섰음을 알지 못했다.

17

아메리카의 영구전쟁경제를 추구하는 "소수의 좋은 사람들"

1946년, 리치랜드 《빌리져_Villager_》의 편집자 폴 니센Paul Nissen은 리치랜드를 "불안해하고 궁금해하는 공동체"라고 썼다. 주민들은 자신들이 세계에서 가장 위험하고 불안정한 물질을 생산하는 공장을 끼고 살고 있었다거나 적의 공격 또는 공장 폭발에 취약하다는 것을 발견했기 때문에 불안해했던 것이 아니다. 그들의 두려움은 일자리와 도시의 생존에 대한 불안과 같은 더 평범한 종류였다. 니센은 전쟁이 끝난 후 리치랜드의 "존재 목적[이] 전쟁 시기의 그것으로부터 갑작스럽게 내던져졌고, [사람들은] 무엇이, 언제, 어떻게, 또 다른 유령 도시로 만들 타격이 닥칠지를 걱정했다"라고 썼다.[1]

실제로 빛나는 새로운 원자력 도시의 미래는 밝아 보이지 않았다. 전승 축하연 후 핸퍼드의 직원 수는 절반으로 줄었고, 노동자들은 조립식 주택으로 구성된 동네를 해체했으며, 수많은 지역 사업체들이 문을 닫았다.[2] 공장에서 기술자들은 첫 번째 원자로들의 상태를 걱정했다. 더 미들은 흑연 슬러그들이 부풀어 오르면서 우라늄 연료실을 막아서 "흑연 크리프"*라는 상태로 수축되었다. 강력한 화학물질이 방사성 동위원소와 결합하여 배관을 부식시키고 우라늄 보관용기를 터뜨렸다. AEC 관계자들은 원자로가 "어느 때고" 고장날 수 있고 공장을 폐쇄해야 할지도 모른다고 우려했다.[3]

미국의 국가적 상상에서 유령 도시는 서부와 관련이 있다. 호황기에 서둘러 건설된 서부의 많은 소도시들이 광업 및 농업 사업이 실패하면서 무너졌기 때문이다. 니센은 리치랜드의 미래를 플루토늄과 연결시키기 위해 사막 한가운데 예쁜 교외 거주지의 푸른 잔디밭과 속삭이는 스프링클러를 강조했다. 플루토늄 생산이 매우 특별한 경제적 관계를 형성했기 때문이다. 리치랜드는 오직 하나의 생산물을 바탕으로 존재했다. 정부는 플루토늄의 생산과 소비를 독점했다.[4] 워싱턴 D.C.의 정부 관리들은 시장의 힘과는 무관하게, 비공개로, 대중에게 알려지지 않은 이유로, 계획에 바탕을 두고 플루토늄에 대한 결정을 내렸다. 정치학자 로드니 칼리슬Rodney Carlisle이 말했듯, 이 모든 과정은 소련의 계획경제와 유사했다.[5] 1946년 니센은 물을 퍼올리고 임대료를 대신 내주고 6,900만 달러의 급여가 흘러나오게 하는 플루토늄에 대한 연방

---

* 크리프creep는 공학에서 일정한 응력stress에 대한 변형률strain의 지속적인 증가로 정의된다.

자금 투입이 없으면 리치랜드의 지역 경제가 회전초가 무성한 지경으로 굴러 떨어질 것이라는 사실을 잘 알고 있었다.[6]

니센만 조바심이 난 게 아니었다. 랄프 미릭Ralph Myrick은 1940년대 리치랜드에서 자랐다. 미릭의 가족은 텍사스의 한 궁핍한 탄광촌 출신으로, 앞문과 뒷문 사이에 내부 장벽이 없는 작은 집, 광산, 회사 상점, 돌 찌꺼기 더미, 통통거리는 트럭 등 마을 안의 모든 것을 소유했던 석탄 회사의 이름을 따서 가머코Gamerco라는 딱딱한 이름으로 불린 곳이었다. 그의 부모는 아들이 마을 반대편에서 멕시코 소년들과 싸우다가 멍들고 찰과상을 입어 집으로 돌아왔을 때 걱정했다. 워싱턴 동부에서 정부 프로젝트 일자리에 관해 알게 된 미릭의 부모는 《분노의 포도 Grapes of Wrath》의 한 장면처럼 재산을 구식 포드 자동차의 지붕에 묶고 북쪽으로 탈출하면서 무척 기뻐했다.

미릭의 아버지는 플루토늄 공장의 전기개폐소에 취직했다. 그는 좋은 급여를 받았고 일은 안정적이었다. 인생 대부분에 걸쳐 해고와 공과금 체납을 걱정해야 했지만 리치랜드에서는 처음으로 저축을 할 수 있었다. 미릭의 아버지는 월세 35달러에 공과금, 유지보수, 가구가 포함된 리치랜드의 방 두 개짜리 조립식 합판 주택을 배정받았다. 미릭의 어머니는 새집에 처음 들어갔을 때 울음을 터뜨렸다. 그녀는 전에 어디에서도 그렇게 좋은 가정의 아이들로 가득찬 좋은 학교가 있는 쾌적한 도시에서, 가전제품과 배관 설비가 있는 새롭고 깨끗한 곳에서 살아본 적이 없었다.

미릭은 아버지가 전쟁이 끝난 후 공장이 문을 닫지는 않을지, 플루토늙의 필요성이 사라지지는 않을지, 자신이나 그의 자녀들이 무언가 잘못해서 그가 실직당하지는 않을지 걱정을 많이 했던 것을 기억했다. 직원이 공장에서 해고되면 리치랜드에서 한 달 안에 이사해야 한다는 사실은 모두가 알고 있었다.[7] 미릭의 아버지는 고등학교를 졸업한 적이 없었고, 자신의 기술과 교육으로 가족을 잘 부양할 수 있는 곳이 어디에도 없다는 것을 알고 있었다.

리치랜드 조립식 건물
에너지부 제공.

미릭은 초조해할 필요가 없었다. 높은 자리에 있던 사람들이 나머지 세기 동안 리치랜드 및 리치랜드와 비슷한 지역사회를 지탱할 미국의 영구전쟁경제를 위한 활동을 벌이고 있었기 때문이다. 1944년 제너럴 일렉트릭의 카리스마 넘치는 최고경영자 찰스 윌슨Charles E. Wilson은 월도프 아스토리아Waldorf-Astoria의 프레스코화가 그려진 연회장에서 군 최고 지도자들과 이야기를 나눴다.[8] 핵무기 개발을 넌지시 비추면서 윌슨은 "파괴력이 크게 확대될 것"이며 예고 없이 신속하게 도래할 것이라고 덧붙였다. 윌슨은 전후 새로운 무기 개발 연구 프로그램을 요구했는데, 이 프로그램은 "최종적이고, 비상 상황의 산물이 아닌 **지속되는 프로그램**"이었다.[9]

전시생산국War Production Board의 책임자로 일하면서 GE에서 급여를 받던 윌슨은 정부 관료의 입장 못지않게 기업 간부의 입장에서 많은 이야기를 했다. 그는 군인들에게 "산업계의 지도자는 장군, 제독, 입법자, 국가 원수 못지않게 나라의 지도자"라고 강연했다. 윌슨은 1차 세계대전 당시 듀폰과 같은 무기 제조업자들이 거둔 엄청난 이익을 조사한 상원의 나이위원회Nye Committee*를 언급하면서 다음과 같이 경고

---

* 정식 명칭은 군수 산업 조사를 위한 특별 위원회Special Committee on Investigation of the Munitions Industry로 1934년에서 1936년까지 2년간, 상원의원 제럴드 나이|Gerald Nye가 위원장을 맡았던 위원회였다. 1차 세계대전 당시 미국의 참전을 통해 군수 산업체들이 거둔 재정적이고 경제적인 이해관계를 조사했고, 그 결과 미국이 민주주의 정책이나 이념상의 이유보다 금전적 이익을 위해 참전했음이 공론화되면서 1930년대 미국의 중립 원칙을 강화하는 결과를 낳았다.

했다. "산업은 정치적 마녀사냥에 의해 방해를 받거나 광적인 고립주의의 변방에 던져져 '죽음의 상인'이라는 꼬리표가 붙어서는 안 됩니다." 윌슨은 산업을 장려하기 위해서는 기업가들에게 "의회를 비롯해 정기적으로 계획되고 지속되는 세출을 통해 지원되는" 재정적 보장이 필요하다고 말했다.[10]

윌슨은 추종자들을 깃대 주변으로 결집시켜 〈믿는 사람들은 군병 같으니Onward Christian Soldiers〉를 부르며 행진하게 할 수 있는 카리스마 넘치는 지도자였다.[11] 도자기들이 부딪히며 내는 소리와 종업원들의 속삭임이 뒤섞인 한가운데에서 윌슨은 기업의 거대과학에 의해 뒷받침되는 전후 미국의 힘이라는 지구적으로 야심찬 미래를 그렸다. 해군 준장 톰킨스W. F. Tompkins는 윌슨의 비전에 너무 매료되어 연설문 사본을 입수해 과학연구개발실OSRD(Office of Scientific Research and Development)의 배너바 부시 국장에게 보냈다. 톰킨스는 부시에게 그러한 협의회에 관한 아이디어를 논의하기 위해 공회당 형식의 회의를 열어야 한다고 썼다. 부시는 연방정부가 이미 국립과학원National Academy of Sciences, 국립항공자문위원회National Advisory Committee for Aeronautics, OSRD를 비롯해 과학과 산업을 군軍과 연결하는 다른 정부 기관들을 이미 보유하고 있다고 답변했다. 톰킨스는 끈질겼다. 그는 부시에게 윌슨 연설의 두 번째 사본을 보냈다. 부시는 마침내 회의에 동의했고, 그 회의에서 남성들은 윌슨이 제안했던 노선을 따라 위원회를 구성하기로 결정했다. 그들은 이를 윌슨위원회Wilson Committee라고 불렀고, 톰킨슨 준장은 윌슨에게 위원장을 맡아줄 것을 제안했다.[12]

월슨위원회는 신속하게 작업을 해나가면서 1944년 8월까지 연방정부가 자금을 지원하는 대규모 연구소를 감독할 새로운 국가안보연구이사회Research Board for National Security를 제안했다. 이때 기업 계약자들은 무기 연구를 수행하는 한편 공적 재정 지원을 받은 연구에서 파생된 특허 및 상업적 활용에서 생기는 이익을 보유할 것이다.[13] 특허 보유에 관한 조항은 정부 계약을 맺는 미국 기업에 잠재적으로 매우 높은 수익성을 보장해주는 것이었다.

그러나 월슨은 비밀 무기 사업이 교육받은 직원들에게 "너무 적은 매력"을 제공한다고 우려했다.[14] 월슨은 그들이 "충분한 효모"로 "좋은 사람들"을 능동적으로 양성할 필요가 있다고 결정했다. 돈, 지위, 연속성이 발효제로 작용할 것이었다. "급여 체계는 일반 과학직 및 기술직에 비해 덜 매력적인 업무에 대해 충분히 보상해야 한다." 보고서는 평균 대학 졸업자 임금의 두 배에 달하는 "고도로 매력적인" 급여 체계 견본을 제시하면서 이렇게 높은 급여는 오직 "높은 능력과 장래성이 있는 젊은이들"만을 위한 것이라고 밝혔다. "못한 개인들"은 "매력이라는 점에서 차등을 둔 더 적은" 임금을 받게 될 것이다.[15] 월슨위원회의 보고서는 "좋은 사람"을 끌어들이고 유지하기 위한 인센티브에 집착하여, 그들을 "못한 사람"과 너무 많이 구별하면서 더 큰 목표인 국방은 상실됐다. "좋은 사람들"이라는 수사는 또한 기업 연구에 자금을 지원하기 위한 연방정부의 영구 보조금이라는 월슨의 계획이 지닌 복지상의 특질을 가려버렸다.

군산복합체를 위한 청사진을 만드는 것은 월슨위원회 의장직을 맡은 후 GE로 복귀하기 위해 공직을 떠난 찰스 윌슨에게는 전혀 궂은 일이 아니었다.[16] 1946년 GE는 미래의 민수용 원자력 산업에 대한 특허 창출을 희망하며 문제가 많은 핸퍼드 플루토늄 공장의 경영을 인수했다. GE 경영진은 공장의 대규모 확장을 감독했으며, 그 후 몇 년 동안 GE가 보유한 유가증권은 하늘로 치솟았다.[17] 윌슨은 국방동원실Office of Defense Mobilization을 총괄하라는 해리 트루먼 대통령의 요청을 받고 1950년 공직에 복귀했다. 그곳에서 윌슨은 더욱더 많은 군산軍産 연구 개발 계약을 민간기업에 넘기는 협상을 주도하면서 미국의 국방 예산을 엄청나게 늘렸다.

윌슨은 단순히 자신과 주주의 재산에 봉사하는 것 이상의 일을 했다. 윌슨의 말은 은으로 도금된 월도프 아스토리아의 서비스에 반향을 일으켜 금도금된 미래로 울려 퍼졌다. 그는 미국 역사를 근본적으로 바꾼 국방 부문에서 기업과 과학의 역할에 대한 사고의 혁명을 반영했다.[18] 윌슨의 비전은 리치랜드를 일시적인 전시 건설 계획에서 기술, 기업 관리, 정부의 자금 지원의 교차로에서 번창하는 영구적인 대도시로 변모시키는 데 일조했다. 이후 10년 동안 리치랜드의 기업 경영진이 급여를 받는 직원들에게 매우 후한 보상을 해주고 임시 "마을"을 견고하게 지어주어서 리치랜드는 주민들 사이에서 설립자가 원래 의도하지 않았던 영속성을 얻게 되었다.

리치랜드는 또한 소비에트의 도움으로 버림받는 것을 면했다. 1947년, 새로 구성된 원자력위원회 관리들은 소비에트의 정치적 영향력이 동독, 폴란드, 체코슬로바키아 등 AEC 관리들이 우라늄 광상鑛床을 가졌다고 알고 있던 곳에서 권력을 공고히 하던 바로 그때 자신들에게는 아무런 핵무기 비축분이 없음을 갑작스럽게 발견했다. 당황한 AEC 지도자들은 5년 안에 플루토늄 생산을 두 배로 늘리기로 결의했다.[19] 5년은 중요한 기간이었다. 소비에트인들이 폭탄을 만드는 데 얼마나 걸릴지에 대한 미국의 추정 가운데 가장 짧은 기간이었기 때문이다. AEC 위원장 데이비드 릴리언솔David Lilienthal은 "전시적 긴급성"을 촉구하면서 3기의 대체 원자로와 새로운 처리공장, 리치랜드에 1,000채의 새로운 목장 주택을 건설하기 위해 8,500만 달러를 GE에 할당했다.[20] 그 결과 건설 호황이 리치랜드의 경제를 구원했다.

계획가들은 1만 5,000명에서 2만 4,000명 사이의 건설 노동자가 필요할 것으로 추산했는데, 이들 중 아무도 리치랜드에서 살 수 없었다. 임시 노동자들에게 주택을 공급하기 위해 GE 기획자들은 노스 리치랜드North Richland라고 불리는 리치랜드 외곽의 모래사장에 단기 건설 캠프를 지었다. 그들은 더 이상 사용되지 않는 핸퍼드 캠프와 재소자들을 위한 컬럼비아 캠프에서 그곳으로 막사를 옮기고 인종적으로 분리된 조립식 주택, 막사, 이동식 주택 주차 구역, 교대로 운영되는 비좁은 반원형 학교를 세웠다.[21] 노스 리치랜드는 독신 남성, 이주 건설 노동자들의 가족, 소수인종을 수용했다. 노스 리치랜드는 또한 선술집, 싸움, 범죄의 본거지이기도 했다. 이 모든 것은 GE가 운영하는 경찰력인 리치랜드 순찰대Richland Patrol에 의해 리치랜드의 핵가족과 조심스럽게 분리되었다.[22]

AEC 관계자들은 위원회 프로젝트가 "완전한 책임감과 권위"를 가지고 행동할 수 있는 광범위한 권한을 가진 엄선된 개인들인 "좋은 사람"에게 넘겨져야 한다고 믿었다. 그들은 "완전한 탈집중화" 없이는 "혼돈, 혼란, 성취 부족만이 초래될 수 있다"는 이론을 제시했다.[23] 그리하여 AEC 관계자들은 확장 프로젝트에서 GE 경영진에게 광범위한 재량권과 독립성을 부여했다. 뉴욕의 GE 임원들도 분권화를 믿었고 핸퍼드 관리자에게 많은 권한과 자율성을 건넸다.

그것은 실수로 판명되었다. GE 기술자들은 "핵공학" 분야에서의 검증을 거치지 않았다. 그들은 그렇게 크고 복잡한 건설 프로젝트를 감독해본 적이 없었다.[24] 설계 지원을 제안받았을 때 GE 경영진은 이를 거부했지만 자체 설계도를 작성하고 건설 계획을 시작하는 데는 시간이 걸렸다. 몇 달 지나지 않아 핸퍼드의 GE 관리자들은 예정보다 늦어졌고 AEC 관리들은 GE의 역량과 신뢰성에 관해 공개적으로 걱정하기 시작했다.[25]

1949년 1월 GE 회계사들이 AEC 관계자들에게 퉁명스러운 서한을 보내 새로운 234-5 처리공장의 비용이 670만 달러에서 2,500만 달러라는 놀랄 만한 금액으로 3배 인상됐다고 발표하면서 상황은 어두워졌다. 리치랜드의 한 중학교는 원래 170만 달러라는 거액의 비용이 들 것으로 추산되었으나 두 배인 330만 달러로 늘었다.[26] 어떤 미국 공립학교도 그렇게 많은 비용이 들어가지 않았다.[27] 깜짝 놀란 AEC 관리들은 관련 기록들을 열람하길 요청했고 GE 회계사들이 1,700만 달러의 추가 비용을 "간접비", "우발사태 비용" 및 "설계공학 비용" 등에 할당했음을 깨달았다.[28]

기업에게 부당 회계, 비용 초과, 그리고 부실 경영은 훌륭한 사업이었다. GE는 연방정부와 원가 가산 계약을 맺었는데, 이는 회사가 계약 총액에 대해 협상된 비율을 얻었다는 사실을 의미한다. 최종 가격이 높게 올라갈수록 이익은 그만큼 커졌다.[29] GE의 건설 프로그램을 검토한 AEC의 총무 로이 스냅Roy Snapp은 GE가 8,500만 달러 프로젝트에서 4,100만 달러를 "간접비와 유통비distributives"로 청구했다고 보고했다. 이는 위험과 투자가 필요 없는 회사의 노력에 대한 거의 50퍼센트의 수익이었다. 한편, AEC의 극단적 탈집중화 원칙 때문에 리치랜드의 AEC 관리들은 하릴없이 서서 계산서가 급증하는 속에서도 GE 관리자들을 통제할 수 없었다고 말할 뿐이었다.[30]

언론이 이 이야기를 알게 된 후 AEC의 자금 관리 부실에 대한 의회 조사가 시작되었고, 하원은 AEC의 지출에 대한 상한선을 제정했다. 이렇듯 폭풍이 몰아치는 가운데 GE는 소비에트인들에 의해 다시 한 번 구원을 받았다. 그들이 카자흐스탄 대초원에서 소비에트 최초의 원자폭탄 실험을 위한 최종 준비를 하고 있었던 것이다. 1949년 9월 미국 언론이 이 실험을 보도했을 때, GE의 낭비는 금세 용서받았다. 상원의원 브라이언 맥마흔Brien McMahon은 막대한 예산은 미국이 안보를 위해 지불해야 하는 대가라고 주장했다. 그는 "초과가 존재한다는 사실은 나를 전혀 거슬리게 하지 않습니다"라고 말했다. "이 사업에는 초과가 있어야 한다고 생각합니다."[31] 10월에 미국 분석가들은 소비에트인들이 우랄에 있는 그들의 비밀 플루토늄 공장에서 한 달에 두 개의 폭탄을 만들 것이라고 예측했고, 트루먼 대통령은 AEC에 원자폭탄 생산을 두 배로 늘려 달라고 요청했다.[32] 상원은 AEC에 부과된 지출 제한을 철회했다. AEC는 GE에 핸퍼드와 리치랜드 건설을 위해 2,500만 달러를 추가로 지원했는데, 이는 초과 비용을 지불하기에 충분한 금액이었다.

비즈니스에 밝은 지역 신문지《트라이시티 헤럴드*Tri-City Herald*》는 지역을 풍요롭게 할 새로운 일자리 수와 급여를 계산하면서 환호했다.[33] 헤드라인은 리치랜드의 학교 예산이 1인당 전국 평균의 두 배로 가장 많다며 자랑스럽게 보도했고, 새로운 주택, 새로운 급여, 새로운 사업체의 수를 집계했다.[34] 찰스 윌슨이 자기 회사의 재산을 영구 방위 사업에 끌어들인 것처럼, 지역 경제 지도자와 정치인들은 플루토늄의 가능성을 오랫동안 소외된 워싱턴주의 외진 구석에 지역적 성장을 불러올 원동력으로 이해했다.[35] 하원의원 할 홈스와 헨리 잭슨Henry Jackson, 그리고 상원의원 워런 매그너슨Warren Magnuson은 자신들의 주로 흘러들어오는 지속적인 연방 달러의 흐름을 정당화하기 위해 핸퍼드를 열심히 이용했다. 그들은 혼자가 아니었다. 서부 전역에서 전후 기간의 도시화 광풍이 국방비에 의해 추진되었다.[36] 핵 문제에서 서부는 역사가 패트리샤 라이메릭Patricia Limerick이 "무게 중심"이라고 부르는 존재가 되었다.[37]

이 경쟁에서 워싱턴 동부만큼 손쉽게 승리한 지역은 거의 없었다. 1950년에 재정 보수주의자였던 공화당의 할 홈스는 워싱턴주의 제4하원의원 선거구Fourth Congressional District가 미국의 다른 어떤 선거구보다 더 많은 연방 보조금을 받았다고 자랑했다.[38] 이 자금은 플루토늄을 제조하기 위해서뿐만 아니라 플루토늄을 만든 지역사회를 지원하도록 고안된 전체 기반 시설을 유지하기 위해 들어왔다. 지역 후원자들이 오랫동안 로비해온 지역의 여러 숙원 사업이 공산주의와의 갈등에 의해 정당화되면서 갑작스럽게 승인되었다. 1950년대에는 연방정부가 (홍수 조절 및 병기 공장들에 전력을 대기 위한) 일련의 댐들, (긴급 대피를 위한) "국방" 고속도로 및 교량, (공격 시 공장을 방어하기 위한) 지역 육군과 해군 기지를 잇달아 건설하고, (전쟁 시 국가 자급자족을 위한) 대규모 관개 사업과 농업 보조금을 시행했다.[39] 모든 지역 정치인, 사업가, 구직자들이 이 믿을 수 없는 공공의 관대함에서 각자의 몫을 얻기 위해 해야 했던 것은 장벽이 쳐져 있고 경비가 삼엄한 570제곱마일 규모의 원자력 구역을 못 본 체하는 것이었다. 이는 동시대의 B급 영화로 표현하면, 사막 안에 도사리고 있는 고질라Godzilla를 망각하는 일이었다.

그것은 어려운 일이 아니었다. 핵가족의 번영을 위한 핵무기였다. 1950년대 초, 스파이 스캔들과 소비에트 병력과의 지구적 교전에 대한 소식이 흘러나오면서 원자폭탄의 필요성에 의문을 제기하는 미국인은 거의 없었다.[40] 특히 소비에트에 노출되어 있는 목표물이었던 리치랜드는 원자폭탄을 축하했다.[41] 사람들은 핵무기에 두려움을 느끼며 접근하기보다는 폭탄을 지역사회의 일부로 환영했다. 리치랜드 주민들은 원자 볼링장Atomic Lanes에서 볼링을 쳤고, 핵분열 튀김Fission Chips에서 간식을 먹었으며, 교외쇼핑센터Uptown Shopping Center에서 윙윙거리는 중성자 아이콘 아래를 거닐었다. 리치랜드의 10대들은 버섯구름을 컬럼비아 고등학교 폭격기들Columbia High Bombers의 마스코트로 채택했다. 응원 대회에서 그들은 3피트 높이의 녹색과 금색 로켓 주변에서 춤을 췄고, 도시 지도자들은 시민 축하 행사에서 즐겁게 모의 "꼬맹이들Little Boys"*을 터뜨리기도 했다.[42] 연기가 걷히자 어른들은 일터로 돌아가 평화롭게 대량살상무기를 생산했다.

납득시키기 어려웠던 것은 반공주의가 절정에 달했을 때 서부 내륙과 GE사의 내부 복도의 보수적인 정치 풍토에서 일상생활의 조건을 정부 보조금과 규제가 정한다는 관념이었다. 지역 신문 사설은 공산주의식 거대 정부, 높은 세금, 사회 복지 프로그램 및 정부 통제에 대해 맹비난했다. 사유재산과 자유기업의 해방적 특질에 대한 설명은 마치 주문처럼 도시의 커피숍, 지역사회 회의, 사설 등을 통해 울려 퍼졌다. GE 관리자들은 의무적인 연례 교육 세션에 참석하여 "더 나은 기업 환경"과 "노동권right-to-work"** 법안의 메시지를 받아들이는 한편, 자유기업 체제로 정의되는 미국 민주주의의 미덕과 억압적인 세금 및 간섭하는 정부 프로그램으로부터의 자유를 찬양했다.[43]

워싱턴 동부가 빠르게 1인당 연방 기금을 가장 많이 받는 지역이 되

---

* 꼬맹이Little Boy는 1945년 8월 6일, 일본 히로시마에 투하된 핵폭탄에 부여된 암호명이다.

** 미국의 노동정책 맥락에서 "노동권법right-to-work laws"은 고용인과 노조 사이의 노조보장협정union security agreements을 금지하는 국가 법안들을 지칭한다. 이들 법안에 따르면, 노조가 설립된 작업장의 피고용인들에게는 조합 규약union contract의 혜택을 입는 모든 조합원들에게 노조 대의union representation에 관한 비용을 일정하게 지불하라는 요구가 금지된다. 실상 이들 법안은 모든 이들의 고용을 보장하기 위한 것이라기보다는, 노조의 힘을 약화시키기 위한 것으로 볼 수 있다.

고 있다는 사실과 작은 정부라는 정치적 보수주의의 모순을 해소하기 위해 GE 관리자들은 냉전이라는 눈부신 빛을 이용했다. 지구적 공산주의의 불길한 여명에 직면한 미국인들은 발을 높이 들며 나아가는 러시아인들이 한국인,* 중국인, 헝가리인, 폴란드인을 이끌고 세계를 점령

* 북한의 국가 형성과 이에 끼친 소련의 영향에 관한 가장 권위 있는 우리말 저작으로는 기광서의《북한 국가의 형성과 소련》(선인, 2018)을 참조하라.

원자력 개척의 나날들Atomic Frontier Days, XM 로켓 장식 차량
에너지부 제공.

하는 임무를 수행하는 모습을 지켜보면서 폭탄 제조에 드는 비용을 애국적 희생으로 보기 시작했다. 리치랜드 중산층의 안락을 위한 보조금은 이 편안한 주택지를 "중요 방위 구역Critical Defense Area"이라고 칭함으로써 정당화되었다.[44] 《트라이시티 헤럴드》는 핸퍼드 운영자들을 인디언과 맞서 싸우던 용기 있고 대담한 선조에 비유하면서 플루토늄 사업을 미화했다.[45] 이 미국 서부 개척 시대의 변경 관련 비유는 연방 보조금과 기업의 감독에 대한 지역의 의존도가 높아지고 있다는 사실을 숨겼다.

의존에는 대가가 따랐다. 호황기에도 리치랜드 사람들은 연방의 후한 자금이 증발할 것이고 그들의 아름다운 도시가 서부의 다른 유령 도시들의 전철을 밟을 것이라는 우려를 멈추지 않았다. GE의 첫 번째 건설 호황 이후, 해고가 뒤따랐다. 노동자들은 맥내리 댐McNary Dam 프로젝트에 참여하거나 관개망을 건설하는 토지관리국Bureau of Land Management에 고용을 요청했다. 1952년 AEC는 GE에게 두 기의 추가적인 원자로와 또 다른 처리공장 퓨렉스PUREX*의 건설을 의뢰했고, 다시 수천 명의 노동자들이 일자리를 찾아 몰려들었지만 18개월 후에 해고되었다. 나머지 세기 동안 리치랜드와 주변 지역사회는 대규모 정

---

* 퓨렉스PUREX는 플루토늄 우라늄 환원 추출plutonium uranium reduction extraction의 머리글자로, 원자로 또는 핵무기에 사용하는 핵연료의 농도를 높이는 화학적 방법을 일컫는다. 용제 추출liquid-liquid extraction 이온 교환에 기반을 둔 방식으로 사용후 핵연료나 조사照射된 핵연료에서 우라늄과 플루토늄을 습식으로 추출하는 표준적인 방법이다.

부 건설 계획으로 인한 호황과 뒤따른 구조조정으로 인한 불황으로 어려움을 겪었고 그 뒤로는 규모 축소와 걱정의 시기가 이어졌다.[46]

그리고 그것이 바로 물집이 생긴 지점이었다. 대규모 정부 건설 계획이 진행되지 않았을 때, 컬럼비아 고원의 희박한 생태 및 경제 지형에서 비대해진 지역 노동력을 유지할 수 있는 방법은 거의 없었다. 민족주의와 "애국적 합의" 외에도 실업, 불황, 해고, 경기 침체에 대한 두려움으로 인해 워싱턴 동부의 재계 지도자, 정치 대표, 주민들은 폭탄을 비롯해 도로, 다리, 댐, 학교, 공항, 제방, 관개망 등 국방을 지원하는 것으로 보일 수 있는 모든 기반 시설들을 수용해야 했다.[47] 아마도 그것이 리치랜드 사람들이 외부인에게 충격을 안겨준 무모한 방종과 무감각으로 폭탄을 축하한 이유일 것이다. 정부에 의해 활성화된 지역사회를 유지하려는 열망으로 인해 주민들은 갈수록 커지는 번영의 확실성과 방사능 오염의 위험을 분별없이 교환했다. 확대되는 연방정부의 자금 지원을 받고 그에 대한 의존도가 높아지면서 그들은 정치적으로 이를 조소했다.

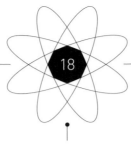

스탈린의 로켓 엔진
: 플루토늄 인민에게 보상하기

2007년 모스크바에서 열린 소비에트 원자폭탄 60주년 기념 소규모 전시회에서 1949년 소비에트 핵실험 관련 희귀한 영상이 벽면에 상영됐다. 기밀 해제된 영상에서 폭발에는 방사성 기체의 다발 위로 하늘을 향해 퍼지던 미국 최초의 폭탄 트리니티Trinity의 악명 높고 다부진 연기 기둥이 없었다. 대신 소비에트 폭탄은 하늘을 향해 주먹을 펼치듯 카자흐스탄 땅의 가늘고 뒤틀린 손가락을 들어올렸고, 시간을 초월해 대지를 하늘로 휙 날려 보냈다.

최초의 소비에트 핵실험은 극비리에 진행됐지만 핵폭발을 숨기기는 어렵다. 카자흐스탄 농부들은 자신들의 오두막에서 나와 폭발을 지켜보면서 불꽃놀이와 기이한 열기, 그리고 강력한 바람을 즐겼다. 유럽의 과학자들은 지진 활동을 감지했다. 소비에트 주변을 순회하던 미 공군 조종사들은 만일의 사태에 대비하기 위해 비행기에 설치된 여과기에서 눈에 띄는 방사성 찌꺼기를 발견했다.[1] 그러나 오죠르스크에서는 아무도 첫 번째 실험에 대해 발표하거나 플루토늄 노동자들을 축하하지 않았다. 일반적으로 모스크바의 선전가들은 버섯구름에 대한 숭배를 미국인들에게 맡기고 대신 "평화적 원자peaceful atom"를 외쳤다. 1950년대 초, 소비에트 물리학자들은 쿠르차토프가 특히 좋아한 프로젝트였던 세계 최초의 "민수용" 원자로를 설계하기 시작했다. 기자들은 자본주의의 창조적 폭력과 사회주의의 평화적 기술 사이의 엄청난 차이를 강조했다.[2] 소비에트 시민들은 그들의 폭탄이 파괴의 무기가 아니라 자본주의의 침공에 대항하는 "원자 방패"라고 믿었다. 오죠르스크에서 주민들은 핵무기를 개발하기 위해 들어간 막대한 노력을 개인의 희생적인 행동으로 보았다. 그들은 핵종말의 공포로부터 지구를 지키는 최전선이었다.

첫 번째 실험 이후에도 소련의 몇 안 되는 폐쇄된 원자력 도시의 상태에는 아무런 변화가 없었다. 그들은 격리되었고 아무런 표식도 없이 지냈다. 오죠르스크는 5만 명의 유령 거주자가 있는 유령 도시로 존재했다. 하지만 급속 폭탄 제조 프로그램의 중요한 특징은 약속된 보상이었다. 소비에트 문화는 시민들이 국가에 대한 헌신을 외부적으로 드러내고 정부는 그들의 봉사에 대해 공개적으로 보상하는 매우 공적인 특성을 가지고 있었다. 인민들은 엄청난 자부심을 가지고 훈장을 패용했다. 그들은 옷깃에 리본이 달려 있어 버스의 앞좌석에 앉거나 줄 맨 앞자리를 얻는 등 많은 존경을 받았다. 오죠르스크에서의 문제는 바로 어떻게 유령 영웅들에게 보상할지에 관한 것이었다.

베리야는 이 개발 계획의 주요 과학자들을 위해 훈장과 현금 목록을 준비했다. 하지만 폐쇄 도시에 사는 소비에트 시민이 현금으로 무엇을 살 수 있었겠는가? 가슴에 달 수 없는 기밀 훈장이 무슨 소용이 있었겠는가? 과학자들은 자신들의 발견을 발표할 수 없었고 기술자들은 발명에 대한 특허를 낼 수 없었다. 한 과학자는 베리야에게 자동차와 다차 dacha*가 현금보다 더 나은 상이 될 것이라고 제안했다.[3] 베리야는 폐쇄 지대 안에 주요 과학자들을 위한 특별 다차를 짓는 데 동의했고 다른 특전도 추가했다.[4] 이 과학자들의 자녀들은 소비에트의 어느 대학에나 다닐 수 있었고 소련 전역의 대중교통을 무료로 이용할 수 있었다. 그러나 이것 역시 지대에 갇힌 사람들에게는 그림의 떡에 지나지 않았다.

많은 주민들은 해방이 보상으로 지급되어야 한다고 느꼈다. 폭탄이 완성되자 젊은 직원들은 자신이 봉사를 마쳤고, 수년에 걸친 억류 끝에 금방이라도 무너질 것 같은 숲속의 벽지 소도시를 떠나 각종 편의와 기회가 있는 도시에서의 삶을 누릴 자격이 있다고 생각했다.[5] 신분 상승을 열망하는 러시아인들의 꿈은 권력, 문화, 계몽이 반짝이고 어른어른 거리는 모스크바의 거주증을 얻는 것이었다.[6]

소련에서 사회적 이동성은 공간적이었다. 권리, 자유, 기회가 출생지와 거주지에 연결되어 있었기 때문이다. 성공한 사람은 마을에서 정착지로, 정착지에서 도시로, 도시에서 주도州都를 거쳐 마침내 모스크바

* 러시아어로 별장을 일컫는 말이다.

에 도착했다. 1949년 10호 기지라고 불린 황폐한 정착지 오죠르스크는 출세 도상에서의 막다른 길이었고 수많은 이들이 떠나고 싶어 했다.[7] 그러나 대규모 출발 같은 것은 없으리라는 점이 분명해졌다. 두 기의 새로운 원자로 건설이 한창 진행 중이었고, 모스크바의 지도자들은 더 많은 플루토늄을 요구하면서 국민 소득의 4분의 1에 해당하는 수십억 루블을 국방비로 지출했다.[8] 그곳에는 플루토늄 정착촌이 있었고 주민들도 그곳에 머물렀다.

주민들에게 보상하고 그들을 행복하게 해줄 다른 방법이 있어야 했다. 1946년 스탈린은 자신이 폭탄에 대한 대가로 쿠르차토프에게 편안한 삶을 제공할 수 있다고 처음으로 제안했다. 스탈린은 쿠르차토프에게 "우리나라는 실로 엄청난 고통을 겪었지만, 수천 명의 인민들은 잘 살 수 있고, 수천 명의 인민들이 자신의 다차와 자가용을 가지고 아주 잘 살 수 있다는 것을 확실히 보장하는 일은 가능하오"라고 말했다.[9]

소수의 사람에게만 좋은 삶을 제공하겠다는 이 약속은 반혁명적으로 들린다. 볼셰비키Bolsheviks는 1917년 혁명으로 러시아 엘리트층의 특권과 자격을 없애고 계급 없는 사회를 건설하기 위해 기존 질서를 뒤집었다. 스탈린이 소수의 선량한 사람들에게 다차, 자동차, 풍요로써 축성을 해준 것은 혁명의 목표에 대한 개입을 의미했다. 스탈린은 이러한 이유로 부분적으로 칭송받았다. 그가 급진적인 평등주의적 혁명을 능력주의로 정상화했기 때문이다. 문학평론가 베라 던햄Vera Dunham은 이러한 변화를 "빅딜Big Deal"이라고 불렀다. 이는 중산층에게 충성과 복종에 대한 대가로 평화롭고 풍요로운 사생활을 제공하고 개인적

소비, 문화적 취미, 교육 기회, 상향 이동을 풍부하게 부여한다는 무언의 계약이었다.[10]

스탈린은 고위 과학자들과 가장 중요한 책임자들에 대한 보상을 구상했다. 플루토늄을 계속 생산하기 위해 그는 2,000명의 군인으로 구성된 소규모 요새를 상상했다.[11] 그러나 쿠르차토프는 플루토늄에 대한 보상으로 새로운 특별 도시를 요청하면서 이 계획을 근본적으로 변경했다. 1948년에 그는 10호 기지에서 다음과 같이 연설했다.

> 그리고 그들[해외에 있는 우리의 적들]을 괴롭히기 위해 [하나의 소도시가] 세워질 것입니다. 머지않아 여러분과 나의 소도시는 유치원, 고급 상점, 극장, 그리고 원한다면 교향악단까지 모든 것을 갖추게 될 것입니다! 그리고 30년 후에 이곳에서 태어난 여러분의 자녀들이 우리가 이룬 모든 것을 물려받아 이어나갈 것이고, 우리의 성공은 그들의 성공 앞에 빛이 바랠 것입니다. 우리 노동의 범위는 그들 노동의 범위 앞에 무색해질 것입니다. 그리고 그때에 가서 인민들의 머리 위로 하나의 우라늄 폭탄도 터지지 않는다면, 여러분과 나는 행복할 수 있습니다![12]

쿠르차토프의 연설은 폐쇄된 정착지를 플루토피아로 탈바꿈시키기 위한 창립 선언문 역할을 했다. 그는 다름 아닌 원자력 빅딜, 즉 플루토늄 생산의 위험에 대한 대가로 노동계급 조작자들에게 중산층 도시의 풍요를 제공하는 것을 제안했다. 베라 던햄이 관찰한 바와 같이, 1930

년대의 빅딜에서 소비에트 노동계급은 제외되어 밑바닥 일거리들에 이르게 되었고, 그들의 자녀들 역시 교육에서 농장, 공장, 또는 연한年限 계약 노동자indentured servants와 흡사한 견습생으로 밀려났다. 1940년대 후반 쿠르차토프는 놀랍게도 이러한 빅딜을 재구성했다. 그는 새로운 도시의 혜택이 모두에게 돌아가 노동계급이 중산층처럼 살 수 있다고 선언했다.

그런데 왜 노동계급을 매수하는가? 숙련된 관리자와 전문가는 부족하고 대체하기 어려웠다. 반면 정규직은 소모품이나 다름없었다. 로켓, 항공, 무기 등 중요한 방위 산업들이 많이 있었는데, 이 산업에서는 경영진만 보상을 받았다.[13] 그렇다면 왜 무지렁이 공장 조작자들을 풍요롭게 하는 것인가?

1948년 소련 검찰총장 사포노프G. Safonov*는 소련이 무계급 사회의 완성에 가까워지고 있다고 발표했다. 대부분의 소련 시민들은 공식 성명의 진실성을 스스로 판단할 수 있었지만, 오죠르스크의 거주자들은 여타 소비에트 사회와 단절되었기 때문에 공식적인 부정 행위를 인정하지 않았거나 최소한 모른 척했다. 1949년 경제 계획가들이 전후 공급 문제가 끝났다고 발표하자 오죠르스크의 한 당원은 "이제 나라에

---

* 그리고리 니콜라예비치 사포노프Григорий Николаевич Сафонов(1904~1972)는 로스토프Rostov 출신으로 대장장이를 거쳐 1925년 국립레닌그라드대학교 법학부를 졸업했고, 1929년 공산당에 가입했다. 이후 법조계에서 근무했고, 뉘른베르크 재판에도 참여했으며, 1948년 2월부터 소련 검찰총장으로 봉직했다.

소비재가 풍족해지고 있기 때문에 우리 도시 내의 불만족스러운 거래 및 공급 상황은 견딜 수 없다"고 불평했다. 그러고 나서 그는 마치 체스판에 있는 것처럼 다음 수를 두었다. "거래 문제는 정치적 성격을 포함하고 있다. 그것은 기지의 노동자들 사이에 불건전한 정치적 분위기를 조성한다."[14] 누군가는 이를, 즉 불행하고 동요하는 플루토늄 조작자들이 나타날 것이라는 전망을 말할 수밖에 없었다. 공중에서 움직임이 지연된 곤봉처럼, 화자는 보안에 민감하고 극도로 불안정한 공장에 노동 불안의 위협을 아주 가볍게 떨어트렸다.

위협은 효과가 없지 않았다. 소비에트 사회에서 노동자들은 저임금과 과로에 고분고분하지 않았다.[15] 소비에트 관리자들은 부하 직원들, 즉 공장 문에서 나오는 어두운 얼굴들, 분노로 끓어오르며 티격태격하는 여성들 옆에서 침을 뱉고 중얼거리는 남성들, 어린 시절부터 거의 쉬지 않고 일하며 신경만큼이나 팽팽한 근육을 가진 사람들을 걱정스럽게 주시했다. 전후 몇 년은 특히 조마조마한 시간이었다. 노동하는 사람들은 벌금을 부과하고 일일 목표치를 높이고 속도를 높인 책임자들에게 부가 재분배되었음을 알아차렸다. 그들은 전쟁을 위해 자신들을 희생했으나 여전히 배고프게 지낸다는 사실에 씁쓸해했다. 몇몇은 지도자들에게 지역 엘리트들이 어떻게 자동차와 아파트를 징발했는지, 그들의 아내가 어떻게 줄을 서서 기다리지 않고 기사를 보내 물자를 구했는지에 대해 불평하는 분노어린 편지를 보냈다. 그들은 기아 수준의 급여, 숨을 조이는 세금들, 그리고 "아홉 살의 나이에 노동으로 쫓겨난" 자신들의 자녀들을 묘사했다. 몇몇은 자신들의 분노를 "미국과 영국의 자칼들"에게, 몇몇은 유대인들("미국의 청부업자들")에게 돌렸다. 많은 이들은 가까이 있던 "대장들"을 경멸했다.[16]

이렇게 끓어오르던 불만은 무작위로 점화됐다. 1948년 봄, 인근 첼랴빈스크에서는 수천 명의 노동자들이 교대 근무를 포기하고 빵을 사기 위해 줄을 섰다. 그들은 자신들이 재배했지만 소유가 허락되지 않았던 곡물을 다시 사기 위해 도시로 들어온 수천 명의 농부들을 걱정했다. 시골사람들과 도시사람들은 주먹다짐을 했다. 싸움은 구내식당의 식사 시간에 벌어졌다. 선명한 3월의 산들바람을 타고 소문이 돌았다. 몇몇은 러시아의 곡물이 헝가리, 루마니아, 핀란드로 가기 때문에 부족해졌다고 말했다. 다른 이들은 이것이 "대장들이 자기들만 생각하는" 또 다른 신호일 뿐이라고 말했다.[17] 폐쇄 도시 바로 밖에서 삽, 칼, 창으로 무장한 굶주린 농부 무리가 집단농장을 공격했다. 그들은 몇몇 당 지도자들을 죽이고, 음식 자루를 훔쳐 사라졌다.[18] 전후 몇 년 동안 급증한 국가에 대한 범죄를 의미하는 "도적질"은 4,500만 가구에 대한 무작위 수색을 포함해 수많은 추가적인 치안 유지 활동이 있은 후에야 진정되었다.[19] 노동자들의 국가에서 노동자 계급은 공식적으로는 찬양받았다. 하지만 거친 도시 빈민가와 부글거리는 마을에서 노동자들은 그들의 불안정함 때문에 종종 두려움의 대상이 되었고 적으로 취급되었다.

고방사성 폐기물로 가득찬 원자로나 방사화학공장의 복도에서 분노하여 경련을 일으키고 있는 노동자 계급을 떠올려보라. 화가 난 몇몇 노동자들이 입힐 수 있는 피해를 상상해보라. 공장을 운영했던 군인들

은 상상할 필요가 없었다. 그들은 더 큰 공동체에서 벗어난 독신 남녀
의 흥분한 모습을 직접 목도했다. 그들은 공장의 다루기 어려운 굴라그
수용소와 병사들의 주둔지에서 그런 모습을 매일 목격했다. 대량살상
무기를 생산하는 전투로 다져진 참전 용사와 재소자들의 위협에 대한
군인들의 대답은 그들을 더욱 안전하고 더더욱 확실하며 안정적인 핵
가족으로 바꾸는 것이었다.

1948년 쿠르차토프의 훌륭한 상점과 극장에 대한 약속은 환상처럼
들렸지만, 1년 만에 이 먼지투성이 거주지는 실제로 재즈관현악단과
합창단, 공연장과 영화관, 그리고 소비에트의 시각 문화에서 "도시"를

공장 노동자들의 가족, 1959년 성탄절
OGAChO 제공.

나타내는 새로운 벽돌 아파트 건물을 자랑했다. 모피와 부츠를 파는 상점도 있었다. 그러나 사람들은 (이전 막사에 자리한) 훌륭한 상점으로 가기 위해 웰링턴Wellington 고무장화를 신고 진흙 속을 걸어야 했고, 영화관의 좌석 일부는 뒤쪽으로 기울어져 마지막 줄의 관람객들은 화면을 보기 위해 일어서야 했다. 새 극장은 "밋밋하고 형식적이며 예술성이 부족한" 연극을 제작했다.[20] 새 아파트 건물은 물이 새고, 벽이 기울어지고, 벗겨지기 시작한 쪽모이 세공 마룻바닥 아래로 곰팡이가 퍼지고, 수도관이 털털거리고, 전기 불꽃이 튀었다. 몇몇 새 건물은 너무 부실하게 지어져 들어가기가 위험했다.[21]

공장이 폭탄의 중핵부를 처음 제조한 직후, 주민들 사이에서 비참한 생활여건에 대한 불평이 꾸준히 제기되었다. 한 당원은 "주택과 주거 건설 문제가 위기 수준에 이르렀다"고 불평했다.[22] 주민들은 정착지가 늘어나는 인구를 수용할 기본 계획도 없이 되는대로 확장되었다고 투덜거렸다. 판잣집과 조립식 소나무 오두막집의 구부러진 작은 길들은 살짝 술에 취한 운전수가 비틀거리는 것처럼 구불구불했다. 마을 가장자리의 늪은 커다란 모기떼와 배설물 웅덩이를 담는 역할을 했다. 하수관, 전기, 수도관은 몇 개의 건물에만 들어왔다. 번영을 위한 플루토늄의 대가로 도시 지도자들은 사업을 더욱 잘해야 했다.

도시 지도자들은 더 많은 건설 자금을 요청하기 위해 전술적으로 첫 번째 핵 실험 이후 몇 달을 선택했다. 1949년 12월, 베리야의 제1총국은 암울하고 감옥 같은 10호 기지를 그들이 계획한 일류 "사회주의적 도시"로 만들기 위해 정부 보조금을 승인했다.[23] 소비에트 장성들은 듀폰 경영진이 리치랜드라고 불렀던 것처럼 오죠르스크를 "마을"이라고 부를 생각은 하지 않았다. 소비에트 말에서 "마을"은 낭만적인 의미를 담고 있지 않았다. 그것은 진흙, 무지, 빈곤을 의미했다. 소비에트 지도자들은 대신 길이 닦이고, 전기가 들어오고, 계몽되고, 깨끗하고, 편리한 새롭고 현대적인 도시를 건설하려고 했다. 그러나 멀리 외진 곳에 사회주의 도시를 만드는 일은 시간이 걸렸다.

그리고 그 사이 "초콜릿 인민"은 점점 더 목소리를 높여갔다. 빠르게 자라나는 아기들을 위한 유아학교와 유치원은 충분하지 않았다. 초등학교에는 교사와 교과서가 부족했다. 학생의 4분의 1이 수학과 러시아

오죠르스크 최초의 영화관
OGAChO 제공.

어 같은 기초 과목에서 낙제했다.[24] 고등학교가 없는 상황에서 교육은 7학년 때 끝났다.[25] 도시에는 공원이나 놀이터가 없었고, 여가 시설이 거의 없었으며, 치과 의사, 제빵사, 제화공, 도살업자, 재단사도 충분하지 않았다. 노동력 부족이 계속되는 가운데 오죠르스크에는 각종 서비스와 청소 작업에 필요한 노동자 수가 절반으로 줄었다. 새로 문을 연 병원에서는 간호사와 의사들이 수술 후 직접 병상을 정리하고 청소를 해야 했다.[26] 정비사 6명이 도시의 공공건물을 관리하기 위해 바쁘게 움직였지만 40명이 필요했다. 공공장소, 뜰, 거리엔 쓰레기, 깨진 유리, 썩어가는 음식이 즐비했다. 건설 잔해, 흙더미, 아무것도 덮여 있지 않은 도랑, 버려진 건물 건축자재 등이 사방에 흩어져 달빛 없는 밤에는 특히 위험했다.

탁아 시설 부족으로 인해 맞벌이 부모들은 자녀를 집에 혼자 남겨두어야 했다. 소비에트 러시아의 다른 곳에서는 대가족 구성원들이 아이들을 돌보았지만 일반적으로 10호 기지에는 조부모가 들어갈 수 없었다. 학교가 끝난 후 아이들과 10대들은 어울리고, 장난칠 생각을 하고, 맥주를 손에 넣고, 문제를 일으켰다. 때로는 과로한 부모가 자신들의 꼬맹이들이 실종되거나 병원에 입원한 사실을 알아차리는 데 며칠이 걸리기도 했다.[27] 걸음마를 배우는 아이들 또한 자유롭게 돌아다녔다. 그들은 도랑에 빠지거나, 개를 피해 도망치거나, 늪에서 길을 잃고 헤맸다.[28] 어린 소년 유리 호르스Yuri Khors는 혼자 돌아다니다가 도랑으로 굴러 떨어져 한쪽 어깨가 부러졌고, 육중한 문에 끼어 손가락이 절단되었다. 그렇게 그는 방치된 아이들의 상징이 되었다.[29] 오죠르스크에서 온 한 여성은 1950년대 초에 트럭이 그녀의 네 살짜리 아들을 치여 죽였다고 지나가는 말로 내게 말해주었다. 나는 어떻게 그런 일이 일어났는지 물었다.

"거리에서 놀고 있었는데 운전사가 그를 못 본 거죠."

"혼자 밖에서요?"라고 나는 20세기 반대편의 감성을 담아 물었다.

"네, 그렇죠. 그때 아들은 네 살이었어요. 벌써 다 자란 셈[uzh bol' shoi] 이었죠."

오죠르스크를 비롯해 다른 폐쇄된 원자력 도시들은 핵가족을 위한 소련 최초의 공동체였다. 문제는 소비에트 핵가족이 나오라는 신호도 못 받고 무대에 올랐다는 점이다. 러시아의 대가족이 스스로를 돌보는 반면, 핵가족은 절대적으로 궁핍했다. 새로운 도시에는 대가족을 대체할 서비스, 가전제품, 쇼핑 편의 시설 등이 부족했다. 도시의 주택 및 공급 위기는 고립된 핵가족을 돕기 위해 가까운 친척으로서 개입하는 국가의 적절한 역할에 대한 높아진 기대와 맞물려 있었다. 오죠르스크 주민들은 이를 "소비에트 인민들의 증가하는 요구"라고 불렀다.[30] 핵가족의 요구는 육체적인 동시에 감정적인 것이었다. 더 많은 재화와 서비스를 요구하면서 사람들은 그 지대에서 고아처럼 고립된 삶의 의존성과 외로움에서 벗어나기 위한 나름의 방법을 모색했다.

더 나은 서비스 요구의 정당성을 주장하기 위해 학부모와 교육자들은 아이들을 걱정의 대상으로 전면에 내세웠다. 그들은 보호자가 없는 미성년자가 새로운 불량배가 될까봐 걱정했다. 더욱 불안했던 점은 그들이 노동으로부터 자유로운 첫 번째 러시아 노동계급의 자녀 세대로,

그들의 어린 시절이 갑자기 10년 더 길어졌다는 것이다. 그들은 어린이들이 아무것도 할 게 없었기 때문에 문제를 일으켰다고 말했다. 한 교사는 감독 받지 않는 꼬맹이들이 "우리 소비에트 사회와는 어울리지 않는 범죄들"을 저질렀다고 주장했다.[31] 학부모와 교육자들은 방과 후 프로그램, 체육 교육, 무용과 음악 교육, 보육 시설, 놀이터, 체육관, 수영장, 그리고 더 나은 학교들을 더 많이 요구했다. 그들은 이 모든 것이 결국 "제품"을 만들 수 있는 훌륭한 시민을 배출하기 위함이라고 말했다. 이러한 요구가 있은 후 의기양양하고 화려하며 권리를 지녔으나 이에 합당한 대우는 받지 못하리라는 불안 속에서 새로운 아동 중심의 사회가 대두했다.

도시가 자급자족해야 했기 때문에 이러한 요구에 부응하는 것은 결코 쉬운 일이 아니었다. 실력자뿐만 아니라 누구에게나 열려 있는 제빵 공장, 화력발전소, 낙농장, 육류 가공 공장, 백화점, 카페, 레스토랑을 짓기 위해 연맹 기금이 쏟아져 들어왔다. 주민들은 미국 정찰기들의 염탐을 막기 위해 묘목을 심는 도시 미화 프로그램에 자원했다. 침엽수 지붕 아래 경기장이 생겼다. 건설 노동자들은 몇몇 신축 아파트, 학교, 유치원, 보건소를 열심히 지었다. 망치질의 맥박과 꾸준한 울림 속에서, 도시의 첫 번째 불도저의 우르릉거리는 소리에서, 도시의 첫 번째 포장도로를 보기 위해 달려가는 군중의 흥분 속에서 진보의 폭을 들을 수 있고 감지할 수 있었다.[32] 석공들은 도시 거주자들이 저녁 산책을 할 수 있도록 실제 산책로인 호수를 따라 대리석 제방을 만들었다. 기술자들은 늪에서 물을 빼 도시 공원을 만들었다. 도시에는 관현악단과 경가극단

輕歌劇團이 있었다. (트카첸코는 극장의 책임자가 "지방적"이라고 불평했지만) 모스크바와 레닌그라드에서 일류 배우와 음악가들이 도착했다.[33] 최고의 대학을 졸업한 이들이 학교에서 가르치기 위해 모습을 드러냈다.

소수를 위한 훈장과 상보다 훨씬 더 중요했던 이 급속 건설 계획은 모든 주민들의 삶을 향상시켰다. 그 후 수십 년 동안 모스크바, 레닌그라드, 첼랴빈스크에서 훈련을 받은 과학자와 기술자들은 오랫동안 진흙과 먼지로 점철된 마을에서의 삶에서 벗어나기를 꿈꿨던 노동계급 주민들과 함께 소비에트 사회에서 그들이 갖는 중요성에 걸맞은 방식으로 살기 시작했다. 쿠르차토프가 만든 문화와 풍요의 도시는 우랄로의 유배를 애통해한 사람들에게, 자신의 건강을 위험에 빠뜨린 사람들에게, 불확실한 계약의 미래에 동의한 사람들에게 엄청난 의미를 갖게되었다. 이러한 원자력 거래는 단지 싸구려 뇌물, 즉 위험한 노동에 대한 대가로 받는 주택 공간과 소시지만은 아니었다. 쿠르차토프의 도시는 주민들이 지키기 위해 일했던 더 큰 사회와 국가적 계획, 즉 사회주의의 건설을 대변하게 되었다. 10년이 걸렸지만 쿠르차토프의 비전이 실현되면서 플루토늄 도시의 주민들은 비밀리에, 지도에 표기되지 않고, 오직 하나의 도시에서 마침내 사회주의를 달성할 수 있었다.

미국 중심부의 빅브라더

리치랜드가 계속 지속될 것처럼 보이자, 외부 관찰자들에게 리치랜드가 가진 영속성은 미국의 풍경에 문제를 일으키는 종양으로 드러났다. 《시카고 트리뷴*Chicago Tribune*》의 시모어 코먼Seymour Korman은 1949년, 300만 달러 규모의 중학교 건설을 조사하기 위해 리치랜드를 찾았다. 그는 리치랜드를 "경찰국가"라고 묘사한 신랄한 기사를 썼다. 겁에 질린 주민들이 누가 엿들을까봐 호텔 객실에서 코먼에게 속삭일 정도였다.[1] 《타임*Time*》 또한 GE사의 "선의의 독재"에 맞서 저항하는 시장을 묘사하면서 이러한 합창에 합류했다.[2] 이곳을 방문한 사회학자 팀은 리치랜드를 "돌연변이" 공동체라고 불렀다.[3]

비평가들은 요점을 짚었다. GE 관리자와 AEC 계획자들은 주민들의 삶에 대해 빅브라더와 같은 인상적인 통제를 행사했고, 이는 소비에트라는 적에 대한 매카시즘*의 이미지를 불편하게 상기시켰다. 미국 정부는 AEC를 통해 공동묘지를 제외한 리치랜드의 모든 토지를 보유했다. 주택과 상점, 거리, 병원, 학교, 공원, 전화와 전기 시스템, 경찰과 소방 시설을 소유했다. GE 변호사들은 AEC를 대행하면서 거의 통제되지 않는 힘을 가지고 도시를 관리했다.[4] 예컨대 GE 지역사회 관계 관리자들은 마음대로 주택을 배정하거나 몰수했다. 이러한 상황으로 인해 리치랜드에서 일을 얻기 위해서는 고용관리처Employment Office에, 주택을 빌리기 위해서는 주택관리처Housing Office에 줄이 닿아 있는 편이 도움이 되었다. 이러한 연줄은 주효했다. 리치랜드에서의 임대 계약은 거액의 보너스와 같았다. 주민들은 가구, 가전제품, 유지보수, 공과금이 포함된 현대 주택에 시장 가치보다 훨씬 낮은 임대료를 지불했다.[5] 주민들은 그릇의 포장을 풀거나 깔개를 깔거나 아이를 돌보는 데 도움이 필요할 경우 마을 봉사처Village Service에 전화만 걸면 됐다.

리치랜드에는 자유 기업이 없었다. 기업 설계자들은 공공의 참여 없이 이 도시의 기본 경제 계획을 작성하여 비밀에 부쳤다. 이전의 듀폰 관리자와 마찬가지로 GE 회계사들은 상품과 서비스에 대한 1인당 수요를 계산한 뒤 유형별로 기업을 선정하여 그들의 재정 및 정치 안정성을 점검했다.[6] 사업을 시작하면 소유주는 GE 회계사들에게 월별 명세서

---

* 매카시즘McCarthysim은 위스콘신의 상원의원이었던 조시프 레이먼드 맥카시Joseph Raymond McCarthy(1908~1957)에 의해 주도된 정적을 공산주의와 엮어 탄압하는 실천을 일컫는 말로, 1950년대 초중반 미국 사회를 휩쓸며 많은 피해자를 낳았다.

를 제출하고 수익의 일정 비율을 넘겨야 했다.[7] 사업자들은 임대차 계약이 철회되지 않도록 계약에 대해 불평하는 것을 두려워했다.[8]

리치랜드에는 언론의 자유가 없었다. 전직 육군 검열관이었던 폴 니센은 듀폰이 만들고 GE가 계속해온 《빌리저》를 경영했다. 니센은 나중에 "최고위층"이 원하는 종류의 소식을 알고 있으며, "'언론의 자유'에 대해 미친 듯이 외치며 돌아다니지" 않겠다고 약속하면서 그들에게 모든 기사에 대한 거부권을 주었다고 말했다.[9] 유순한 제4지구에 대한 대가로 GE는 니센에게 무료 사무 공간, 자재, 인쇄물, 소모품을 제공했다.[10]

리치랜드에 사는 모든 주민들은 구독을 했든 안 했든 상관없이 무료 신문을 받았다. 프로젝트 관계자들은 GE에 신세를 지고 있는 상업 계약자들에게 광고지면을 사라고 압력을 가했다. 니센은 "그들에게는 선택의 여지가 없었다"고 썼다. 그들이 저항하면 "그들은 그것에 대해 들었다."[11] 한 상인은 이렇게 말했다. "내 머릿속에 구멍이 나길 원한 만큼 광고를 원했지만, 다른 사람이 내가 비협조적이라는 인상을 받는 것을 원치 않았습니다." 광고 수입이 엄청나게 쏟아져 들어오자 니센은 곧 광고료를 낮췄다.[12] 니센은 자신이 쓴 비용을 충당한 후 신문의 수익금을 지역 단체인 마을사람들 주식회사Villagers, Inc에 지원했고, 이 단체는 리치랜드 주민들만을 위한 스포츠, 레크리에이션, 오락 프로그램에 비용을 지불했다.

이것은 사랑스러운 합의 방식이었다. 고액의 보조금을 받는 마을사람들 주식회사는 기업 지도자들이 주장하는 것처럼 자발적인 풀뿌리 단체로 보였지만 회원들은 모금을 위해 땀 흘리며 빵을 굽는 수고를 하지 않아도 됐다. 지역사회의 프로그램 비용은 니센이 "이 나라에서 가장 부유한 곳 중 하나"라고 주장한 지역에서 사업을 할 수 있는 독점권을 부여받은 부유한 상인들이 지불했다. 명백히, 상인들은 비용을 치르는 것을 개의치 않았다. 한 남자는 니센에게 "나는 사업을 너무 많이 해서 은행에 현금을 들고 가느라 등이 펴질 날이 없어요"라고 농담했다.[13] 니센은 편집자로서 너무 열심히 일할 필요가 없었다고 인정했다. 시의 기업 관리자들이 신문의 광고 계좌와 장부를 관리했고, 기업의 대민 홍보 담당자들이 신문의 "뉴스" 대부분을 작성했다.

지역 단체는 다른 용도로도 쓰였다. GE는 지역사회를 감시하기 위해 직원들을 마을사람들 주식회사의 이사회에 배치했다. 리치랜드의 한 정보원은 레크리에이션 프로그램 책임자와 그의 직원들이 리치랜드의 기업 관리 경찰에게 소문, 의심스러운 행동, 선동적인 발언에 대해 보고했다고 비밀리에 내게 말했다. 나는 이에 대해 아네트 헤리포드Annette Heriford에게 물었다. 그녀는 경력의 대부분을 리치랜드 레크리에이션 프로그램을 위해 보냈다. 그녀는 화난 듯이 혐의를 부인했고, 자신의 고향에 관한 오웰*식 묘사를 거부했다.[14] 그러나 보안 파일을 통

---

* 조지 오웰George Orwell이라는 필명으로 널리 알려진 에릭 아서 블레어Eric Arthur Blair(1903~1950)는 영국 작가이자 언론인이다. 전체주의에 대한 비판을 담은 작품들을 펴냈으며, 사회에 의한 개인의 통제가 철저하게 관철된 암울한 미래를 묘사한 1949년도 작품 《1984년Nineteen Eighty-Four》은 반이상향dystopian 소설의 최고봉이라는 평가를 받는다.

해 나는 기업 경찰이 리치랜드의 노조들을 면밀히 감시하고 있었음을 알게 되었다.[15] 그리고 그것은 그다지 놀라운 일이 아니었다. 미국 기업들은 오랫동안 청원 경찰을 이용했고 정보원들을 고용하여 공장들과 기업 소도시를 통제했다.[16] 리치랜드 순찰대의 경관들은 GE 직원이었다.[17] 주민들은 국가기밀을 유포하면 엄중한 처벌을 받는다고 지속적으로 경고를 받았다. 기업 발행지는 직원들에게는 지역 단체에 가입하라고 권장했지만, 시민들에게는 "정치" 단체, 특히 시민의 자유와 국제적 대의에 종사하는 단체에는 소속되지 말라고 경고했다. 어떤 선의의 단체라도 공산주의 전선이 될 수 있기 때문이다. 순회 FBI 요원들은 현장 보안을 관리했다. 보안 부서는 예산의 거의 4분의 1을 직원과 주민을 감시하는 데 썼다. 이 예산에는 "기술적 감시"(도청 장치)와 "물리적 감시"(미행하기)에 대한 항목이 포함되어 있었다.[18] 요원들은 일상적으로 문을 두드려 주민들에게 이웃에 대해 무엇을 알고 있는지, 의심스러운 행동을 보았는지 물었다. 그것은 사람들을 불안하게 만들었다. 아내가 도를 넘어선 질문을 많이 하면 FBI가 하룻밤 사이에 그 가족을 없앤다는 소문이 돌았다.

이곳을 방문한 언론인, 국회의원, 사회학자들은 리치랜드를 두고 머리를 쥐어짰다. 민주적인 기관, 자유언론, 자유시장, 사유재산이 없는 상황에서 리치랜드의 어떤 점이 미국적이었는가? 사회학자 팀은 "이것은 사회주의인가 아니면 파시즘인가?"라고 물었다.[19] 리치랜드가 소비에트 전체주의와 유사한 특징을 가지고 있다는 우려는 심각한 불안을 유발했고, 국가 안보에 대한 걱정도 야기했다. 파시즘과 전체주의는 뉴딜을 통한 연방정부의 확대를 걱정하는 많은 사람들이 유념하는 것이었다. 인기 칼럼니스트 웨스트브룩 페글러Westbrook Pegler는 행정부의 확대가 미국에 파시스트 국가의 탄생이라는 위협을 제기한다고 미국인들에게 경고했다.[20] 경제학자 프리드리히 하이에크Friedrich Hayek는 국가 계획이 사회를 직접적으로 노예의 길로 인도한다고 이론화했다. 하이에크는 국가 계획이 나치 독일이 우회한 지점이라고 주장했다.[21] 미국 보수주의자들은 정부가 자금을 지원하는 프로그램을 지연시키거나 중단시키기 위해 사회주의라는 비난을 정기적으로 이용했다. 리치랜드를 사회주의적이라고 낙인찍는 것은 보조금을 받는 도시의 풍요에 암울한 위협이 되었다. 이에 대응하여 도시 지도자들은 선택된 지역사회에 대한 국가의 후원을 정당화하기 위해 시민권과 민주주의의 개념을 열심히 재구성하려 했다.

1949년, 비평가들의 비난을 받은 GE 관리자들은 형식적인 대표 기관으로 공동체자문협의회Advisory Community Council와 교육위원회를 설립했다. 첫 번째 회의에서 협의회는 미국 시민으로서 리치랜드 주민들이 정부 설립, 자치, 자유시장에 대한 권리를 가진다는 대담한 결의안을 통과시켰다. GE 관리자들은 지체하지 않고 협의회 구성원들을 불러 대화를 함으로써 민주주의에 대한 포부를 한껏 담은 이 전투를 진압했다. 그 후 GE 변호사들은 협의회 회의에 참석했다. 어떠한 사안도 기업의 감시 하에서는 결코 사소하지 않았다. 애견 산책과 주차 조례도 GE 경영진의 승인을 받아야 법이 되었다.[22]

협의회 구성원 대부분이 GE 직원이었기 때문에, GE 관리자들이 협의회에서 직권을 행사하거나 학교 감독관을 해고하거나 반항적인 교육위원회 위원을 해임할 때 GE 관리자에게 저항할 수 있다고 생각한 사람은 거의 없었다.[23] 한 구성원은 공동체자문협의회를 "꼭두각시 단체"라고 불렀다. 그 결과 지방선거는 지지부진했다. 후보자들은 종종 반대 없이 출마했고 공청회는 참석률이 저조했다. 정치적 무관심에 대한 질문에 주민들은 "왜 그 사람들을 위해 투표하는 수고를 한답니까? 어차피 그들은 아무것도 할 수 없어요"라고 답했다.[24]

왜 미국인들은 시민권과 민주적 자유에 대한 이러한 제한을 만들었을까? 폴 니센은 다음과 같이 설명했다. "문제는 다음의 질문들처럼 아주 간단해요." "여러분의 현재 직업에 만족하십니까?" "저 근사한 주택과 이 작고 예쁜 도시에서 더 오래 살고 싶지 않으세요?" "최소한 공개적으로 GE 또는 AEC에 빠르게 설명해야 할 상황에 놓이게 될 무언가를 하고 싶으십니까?"[25]

보조금에 대한 부정적인 여론의 표류를 막기 위해 AEC와 GE 관리자들은 1949년에 대대적인 임대료 인상을 제안했다. 그들은 리치랜드 주민들에게 임대료 인상이 궁극적인 사유화와 정부 설립에 대비하기 위한 조치라고 주장했지만, 당시 그들은 이 연방 도시에 대한 통제를 포기할 생각이 전혀 없었다.[26] 대신 임대료 인상은 긴축 재정의 성과인 공공소비를 위한 것이었다. 이는 훌륭한 공중극장이었다. 지역 주민들이 특히 공적 보조금을 받는 주택을 이념적으로 불신했기 때문이다. 이웃한 파스코와 케너윅에서는 시민들이 낮은 임대료의 공공주택을 "사회주의를 완성하기 위한 첫걸음"이라며 목소리를 높여 거부했다.[27] 리치랜드에서 임대료 인상에 관해 AEC 관계자들은 자신들이 "과도하다"고 인정했던 주거 및 지역사회 서비스에 대한 실제 비용을 주민들이 지불하는 부담을 떠맡는 하나의 진전이라고 홍보하려고 했다.[28]

언론에서 선거권을 박탈당하고 겁에 질려 있고 소심하다고 묘사된 리치랜드 주민들은 그들의 재정 안보에 대한 위협에 직면했을 때는 결코 그렇지 않았던 것으로 드러났다. 임대료 인상이 발표된 후 그들은 민원을 조직하고, 편집자에게 서한을 보내고, 상원의원들에게 로비하고, 회의에 나타나 고위 간부들에게 야유를 보냈다.[29] 그들은 임대료 인상이 통과되면 그들이 건설 노동자들이 노스 리치랜드에서 했던 것처럼 직장을 그만둘 수도 있다고 시사했다. 노조원들은 "동요"와 "직원들 사이의 불안" 같은 문구들을 만들어냈다. 플루토늄 공장에서의 파업 또는 "작업 수행에서의 의욕 감소"를 시사하자 관리자들은 매우 긴장했다. 그들은 모인 군중들에게 어떤 경솔한 행동도 취하지 말아 달라고 간청했다. 마침내 AEC 관계자들은 임대료 인상을 "무기한" 연기하면서 한발 물러났다.[30] 집단적 항의를 통해 수천 명의 리치랜드 주민들은 수년간 임대료 인상을 철회하거나 연기하거나 줄였다.[31]

리치랜드에서의 임대료 인상에 관한 논쟁과 항의는 인근 소도시들의 관심을 끌었다. 핸퍼드 노동자들이 평균보다 15퍼센트 더 벌고, 보조금을 지원받는 월세에 살며, 지방세를 전혀 내지 않는다는 사실에 대해 많은 사람들은 불공평하다고 느꼈다. 스스로를 "농부 납세자"로 밝힌 한 사람은 《트라이시티 헤럴드》에 다음과 같이 썼다. "우리 모두가 알다시피 [리치랜드의] 그들은 최고 수준의 급여를 받는다. 그들은 GE

에서 일함으로써 우리에게 엄청난 호의를 베풀고 있다고 생각할 것이다. 글쎄, 나는 우리가 그들의 과일과 채소를 키우고 그들의 세금 부담을 짐으로써 그들에게 더 큰 도움을 주고 있다고 본다."[32]

리치랜드 주민들이 시민적 임무를 수행하지 않는다는 암시는 신문에 대한 폭발적인 반응을 불러왔다. 길고 문학적인 불길 속에서 글쓴이들은 리치랜드가 없으면 이웃한 파스코와 케너윅은 "농부들이 말과 마차를 함께 모는" 건조 지대의 유령 도시들에 불과하다고 주장했다. 리치랜드의 글쓴이들은 이 "벽촌"에서 생계를 꾸려온 희생 때문에 자신들이 낮은 임대료를 내야 마땅하다고 주장했다. 그들은 자신들이 전쟁에서 승리했고 또 다른 전쟁이 올 수도 있기 때문에 보조금을 받았다고 썼다. 가장 놀랍게도, 모든 글쓴이들은 농부가 선택권이 있다면 리치랜드로 이사할 것이지만, 그가 "Q인가를 받을 수 있는 정신적 소양"이 부족하거나 다른 사람이 농담처럼 말했듯이 "아마도 정말로 늙었기" 때문에 그렇게 하지 않았다고 추정했다.[33]

이러한 언쟁은 공간을 계급, 인종, 직업에 따라 구분하는 힘을 보여준다. 리치랜드에는 정규직을, 다른 구역에는 비정규직 및 저임금 노동자를 지정하는 구획은 마치 리치랜드 외부의 사람들은 본질적으로 "우둔"하고 리치랜드 내부의 사람들은 재능이 있고 밝은 사람들인 양 차이를 자연스러운 것처럼 보이는 방식으로 영토를 변화시켰다. 이런 우월감은 리치랜드의 이웃사람들로서는 받아들일 수 없는 것이었다.

실제로 리치랜드 주민들은 교육받고 도시적이며 세계적인 과학자와 기술자들로 구성된 공동체라는 자아상을 받아들였다. 이는 리치랜드를 둘러싼 블루칼라 농촌 지역사회들과는 대조를 이루었다. 그러나 1950 년대에 대부분의 핸퍼드 직원들은 노동계급이었고, 고등학교 졸업장 이상은 가지지 않았으며, 교대 근무를 하고 있었다.[34] 이러한 인구통계 학적 현실에도 불구하고 리치랜드 주민들, GE 선전가들, 그리고 후대 의 역사가들은 리치랜드가 사실상 중산층이었다고 추정했다.

공산주의 노동자 국가에 대한 냉전 초기의 선동 속에서 미국 노동계 급은 정치적·안보적 위협이라는 평판을 얻었다. 오랫동안 "노동권" 옹 호 회사였던 GE는 노조를 기계적으로 불신했다. 회사는 노조 활동가들 에게 빨갱이이고, 기만적이며, 불성실하다는 이미지를 심기 위해 FBI 요원들과 협력하기도 했다.[35] 노조에 대한 맹공격은 유용할 수 있었다. 1952년 두 번째 비용 초과 스캔들이 GE를 위협했을 때 핸퍼드 관리자 들은 정부 계약에서 기업이 부풀리고 부당 이득을 취한다는 인상을 불 식시키기 위해 100만 달러 지연을 노조의 "질질 끌기"와 "과잉 고용 요 구" 탓으로 돌리며 서둘러 비난했다.[36]

노동계급을 사라지게 하는 것은 노동자와 조직화된 노동에 맞서 싸 우는 또 다른, 훨씬 더 효과적인 방법이었다. 노동계급 리치랜드를 중 산층이라고 부르고, 이 집단이 중산층처럼 살 수 있도록 임대료를 책정 하고, 깔끔하고 질서정연한 중산층의 모습을 의무화하는 규정을 통과 시키는 것은 모두 리치랜드의 노동계급을 사라지게 하는 데 기여했고, 이 신기루는 오늘날까지 이어진다.

유일한 문제는 많은 사람들이 여전히 평범한 노동자처럼 행동했다 는 것이었고 이 때문에 GE 경영진은 그들의 품행을 바꾸려고 노력했다. 그들은 관리자와 감독자에게 지역 조직의 커뮤니티 리더가 되어 GE 메시지 등을 퍼뜨리라고 지시했다. 회사 안내서는 시간제 직원들에게 일을 하는 동안 "오래 잡담을 나누지" 말고, "경청하고 조용히" 하라고 가르쳤다. 그들은 노동자들에게 자주 목욕하고, 비듬과 구취에 주의하며, 인사할 때 우렁찬 "안녕허세요!" 대신 품위 있는 "안녕하십니까?"로 하라고 상기시켰다.[37] 요컨대 직원 안내서는 보통 사람에 대한 경멸을 숨기지 않았다.

이러한 정서는 이전 교대 근무자들이 언급한 바와 같이 리치랜드를 가로지르는 단층선을 만들었다. 한 남성은 부모가 경영진이 거주하는 동네의 더욱 커다란 임대 주택으로 이사할 기회가 있었지만 어머니가 거부했다고 회상했다. "어머니는 그 사람들과 살기를 원치 않으셨죠." 전직 노조 간부는 GE 경영진을 특징지으면서 한숨을 내뱉고 웃었다. "그들은 정말 오만했지요." 은퇴한 전기 기사는 임금을 받는 직원들이 경영 회관에서 췄던 춤을 기억했다. 내가 한 번이라도 참석해본 적이 있느냐고 묻자, 그는 싱긋 웃으며 전기 시스템을 수리하기 위해 몇 번 간 적이 있다고 말했다. 그러나 이러한 언급들은 단합되고 건전한 미국 공동체라는 훨씬 거대한 기억의 균열일 뿐이다. 대부분의 사람들은 사회적 조화, 공동체 의식, 어떻게 "모든 사람이 똑같았는지"를 기억한다.[38]

역사가 잭 메츠거Jack Metzgar는 미국의 국가적 기억이 노동계급을 전용하고, 그들을 대변하고, 그들을 무정형의 무계급 미국 사회에 포섭된 중산층 전문직 종사자들에 의해 만들어지고 형성되었다고 주장한다.[39] 리치랜드에서는 노동자들이 자신들을 중산층 상사와 동일시하고 교육 및 사회적 이동에 대한 열망을 느끼기 시작하면서 리치랜드 외부의 노동자들을 친족으로 여기거나, 계급으로 동원하거나, 저항하거나 문제를 제기하거나, 직장 안전이나 건강 문제를 놓고 파업할 가능성이 줄어들었다. 노동자들이 다른 AEC 현장에서 파업에 돌입하고 GE 경영진이 1940년대 후반과 1950년대에 파업 노동자들에 의해 비방을 받았지만, GE는 전쟁 기간 단 한 명의 첩자도 없었고 이후 수십 년 동안 단 한 명의 내부 고발자도 없었던 것처럼 리치랜드에서 역시 단 한 차례의 파업도 겪지 않았다. 1952년 리치랜드에서 설문조사를 수행한 한 사회학자는 "지배적인 만족의 경험 세계"를 발견하고 경탄했다.[40] 주민들은 자신들의 도시가 주변 도시보다 더 안전하고 더 훌륭하고 더 번영했다고 생각했다. 그들은 도시의 계획된 거리와 질서정연한 기업 관리를 좋아했다. 그들은 자신들의 동질성을 좋아했다. 한 주민은 모든 부모가 "같은 액수의 돈을 벌었고, 그래서 우리는 모두 같은 품질의 주택에 살았고, 같은 품질의 음식을 먹었으며, 거의 같은 옷을 입을 수 있었다"는 점이 얼마나 위안이 되었는지를 기억했다.[41] 대부분의 주민들은 쇼핑할 곳이 더 많아지는 것 정도를 제외하면 자신들의 무계급 사회에서 아무것도 바뀌지 않기를 원했다.

리치랜드 주민들은 자가용을 소유한 공동체였다. 리치랜드에서 자동차는 뜨거운 태양이나 날카로운 바람 아래 펼쳐진 잔디밭과 넓은 거리들 사이의 먼 거리를 이동하는 데 도움이 되었다. 주민들은 어디로든 차를 몰길 원했지만 주차와 교통이 문제였다. 1948년 리치랜드 상공회의소Richland Chamber of Commerce는 GE에 로비를 하여 미국 최초의 스트립 쇼핑몰 중 하나이며 충분한 주차 공간을 갖춘 새로운 쇼핑센터를 얻어냈다.[42] 새로운 교외쇼핑센터는 구도심을 대신해서 지역사회 모임 장소가 되었다. 도심 상인들은 경쟁하는 쇼핑센터의 출현에 화가 나서 GE 관리자들에게 전전戰前 마을 광장에 있는 희귀한 차광遮光 나무를 벌목해 도심 상점들 옆에 주차장을 위한 공간을 마련하라고 요구했다. "사람들이 쇼핑을 하러 걸어오지는 않을 것"이었기 때문이다.[43] GE 관리자들은 처음에는 반발하고 질려 했으나 시민들은 청원을 조직했다. 몇 달 만에 민주주의를 위한 전통적인 열린 공간이었던 마을의 공용 공간은 포장도로로 덮였다.[44]

도심 및 교외쇼핑센터의 새로운 주차장은 다른 용도로도 사용되었다. 쇼핑몰의 커다란 상자 모양의 시멘트 블록 건물은 방공호로도 이용되었다. 주변의 아스팔트 평야는 불길이 번질 경우에 대비하여 방화용으로 만들어졌다. 둥글게 둘러싼 5차선 도로는 비상대피를 위한 것이었다. 1950년대에 민방위적 고려는 미국의 건축에 알아차릴 수 없게 스며들어왔다.[45]

리치랜드 주변에는 수 마일의 공터와 개울이 있었지만 주민들은 조직적이고 지도감독을 받는 놀이를 위한 공원, 수영장, 놀이터를 원했다. 당시 수많은 미국 소도시에서와 마찬가지로 주민들은 청소년 비행, 특히 불안한 방식으로 드래그레이스*를 하고 술을 마시고 춤을 출 시

---

* 드래그레이스drag-race는 개조된 자동차나 이륜차를 이용해 가장 먼저 결승선을 통과하는 쪽이 이기는 경주를 의미한다.

간이 있는 10대 청소년들을 걱정했다.[46] 그들은 리치랜드에 특별히 비행 청소년들 관련 문제가 있다고 믿었다. 리치랜드에는 부모들이 오후 교대 근무로 일하는 동안 아이들을 돌봐줄 조부모가 거의 없었기 때문이다. 이에 대한 보상으로 부모들은 "우수한" 학교들에 더해 과학·자연 동아리, 댄스 교실, 방과후 레크리에이션 프로그램을 갖춘 아동 중심 공동체를 요구했고 얻어냈다.[47] 제멋대로인 아이들을 막기 위해 시 지도자들은 만화책을 파는 도시 상점들을 검열하고 통행금지령을 내렸고, 리치랜드 순찰대원들은 주일학교 수업을 방문했다. 행실이 나쁜 아이들은 목사들에게 상담을 받기 위해 보고되었고, 정말 나쁜 청소년들은 도시에서 비행 청소년들을 위한 소년원으로 보내졌다.[48]

그럼에도 불구하고 비평가들은 리치랜드에 대한 연방−기업의 통제가 "정상"이 아니라고 불평했다.[49] 주택 소유가 1950년대 미국 전역으로 확산되면서 보수가 좋은 GE 직원들이 낮은 임대료의 공공주택이라는 혜택을 누렸다는 사실은 불편하고 심지어 의심스럽기까지 했다. 대다수 미국인들에게 민주주의와 자택 소유는 한 쌍이었다. 레빗타운 설립자인 윌리엄 레빗William J. Levitt이 말한 대로 "자신의 집을 소유한 사람은 공산주의자가 될 수 없다. 그에겐 해야 할 일이 너무 많다."[50] 1950년대 초 하원은 AEC 관계자들에게 리치랜드를 통합하고 상주 직원들에게 주택을 판매해 "정상적인" 공동체로 만들라고 압력을 가했다. 그러나 AEC 관계자들은 저항했다. 주민들이 집을 소유한다면 AEC와 GE 관리자들은 리치랜드에 사는 사람들을 더 이상 통제할 수 없을 것이다. 노동자들을 쉽사리 감시할 수도 없었다. 직원들이 집으로 방사성 오염을 가져오면 GE 경영진은 임대 주택을 징발해 철거하고 청소하고 가족을 다른 곳으로 옮기는 일을 하루도 안 걸려 모두 처리할 수 있었다.[51] 통합 대신, AEC 관리자들은 리치랜드를 수년에 걸쳐 점진적으로 "처분"하거나 민영화하는 계획을 발표했다.[52]

주민들은 재정적 안정에 대한 이러한 위협에 또다시 주저했다. 1952년과 1955년의 설문조사에서 유권자들은 3대 1의 차이로 "민영화", "처분", "자치 정부"에 반대했다.[53] 그들은 임대가 더 저렴하다고 주장했고, 만약 그들이 집을 샀는데 공장이 문을 닫으면 일자리도 없고 부동산 투자 시장도 없어질 것이라고 두려워했다. 그들은 본질적으로 사유재산, 자유시장, 지역 민주주의보다 정부 소유와 기업 경영의 편리함에 더해 특히 경제를 위해 투표했다. 통합을 거부하면서 주민들은 자치, 언론의 자유, 집회의 자유, 검열 없는 언론에 대한 권리도 거부했다. 누구도 이것이 보안 규정을 위반할 것이기 때문이라고 말하지 않았지만 리치랜드에 살면서 사람들은 또한 자신들의 신체에 대한 권리도 포기하고 아침에 소변 샘플을 현관에 내놓고 의무적인 연례 건강 검진을 받았다.

자치에 대한 리치랜드 주민들의 저항은 영문 모를 일이었다. 미국식 민주주의와 자본주의를 지키기 위해 플루토늄을 만든 사람들이 왜 자신들의 공동체에서는 반대할까? 한 남자는 이를 다음과 같이 설명했다. "우리는 미국인이기 때문에 임대료 인상에 관해 목소리를 높인다."[54]

이 말은 언뜻 보면 당혹스럽다. 개인 소유의 단독주택에 대한 연방 보조금을 요구하는 것이 어떻게 미국적인 것인가? 리치랜드의 임대료 보조금을 둘러싼 이러한 논쟁의 배경에는 잡지 삽화에서 미국의 도시들이 핵 불덩어리의 섬뜩한 빛으로 묘사되는 등 더 이상 안전하지 않다는 것을 깨닫게 되면서, 더 많은 핵무기를 얻기 위해 박차를 가하던 광란의 쟁탈전이 자리잡고 있었다.[55] 리치랜드에서 빨갱이 사냥꾼 알 캔웰Al Canwell은 독자들에게 공산주의자들은 어디에든 있으며, 아마도 자신들의 도시에도 있을 것이니 경계를 늦춰선 안 된다고 경고했다.[56] 이런 상황에 맞서 임대료와 쇼핑센터를 두고 벌어진 리치랜드에서의 싸움은 사소해 보이지만 이를 무시하는 것은 요점을 놓치는 것이다.

미국과 소련 사이의 이념적 대립이 첨예해짐에 따라, 미국의 논객들은 공산주의에 결함이 있다는 증거로 소련의 빈곤과 결핍을 꼽았다. 평균적인 미국인의 우월한 소비가 이 점을 입증하는 자료였다. 미국 노동자들은 논쟁을 따라가면서 높아지는 생활수준을 시민의 중요한 권리로 보게 되었다. 이 메시지는 민주주의의 초석으로서 자유기업 체제와 소비자 자유에 대한 오래된 보수적 주장과 맞물려 있다. 리치랜드는 역사학자 리자베스 코헨Lizabeth Cohen이 "소비자 공화국Consumers' Republic"이라고 부르는 이 이념의 전형이었다. 여기서 쇼핑에 시민의 의무와 민주주의적 자유가 있다고 들은 소비자적 시민이 활동가적 소비자를 대체했다. 당시 리치랜드에서 주민들이 재정적 안정을 위해 신체적 안전을 현금화하고, 시민적 권리를 소비자적 권리와 교환하고, 언론의 자유를 번영을 추구할 자유로 바꾸길 원한 것은 논리적이었다.[57]

이런 점에서 리치랜드 주민들은 예외적이지 않았다. 전국적으로 백인 남성은 제대자원호법GI bill과 FHA 대출을 통해 연방 보조금을 받았다. 풍경 전체에 걸쳐 점점 더 분리되던 교외 지역은 도로, 학교 및 기반 시설에 대한 연방 정부의 지원으로 증가한 반면, 도심은 쇠퇴했다. 소비가 미국식 자유를 정의하게 되면서 리치랜드와 주변의 가난한 소도시들은 전후 미국의 불평등, 공간적 배제, 위계를 보여주는 전형적인 사례가 되었다. 리치랜드에서 임대료에 대해 들고 일어서는 일은 중요했다. 소비자로서의 역할을 떠맡은 리치랜드의 거주자들이 잃어버린 목소리와 권력을 조금이나마 되찾을 수 있었기 때문이다. 선거권을 박탈당하고, 감시당하고, 침묵을 강요당한 리치랜드 주민들은 주차, 애견 산책, 쇼핑과 같은 사안들에 대해서만 자신들의 의견을 안전하게 표출할 수 있었다. 겉보기에는 그다지 중요하지 않아 보이지만 이러한 논란은 매우 중요했다. 그것들은 리치랜드 사람들이 목숨 걸고 있는 미국식 민주주의의 움직임을 모방했기 때문이다.

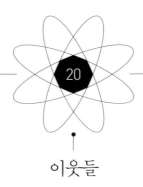

이웃들

미첼C. J. Mitchell은 1947년 텍사스 동부에서 좋은 일자리가 있다는 소문을 좇아 트라이시티Tri-Cities*로 왔다. 미첼은 인종적으로 분리된 남부를 떠났으나 워싱턴 동부에서도 짐 크로 법이 그를 좇아 북쪽으로 올라왔음을 발견했다. 미첼의 첫 번째 일은 노스 리치랜드에서 건설 노동자들을 위한 막사를 짓는 것이었다. 흑인 남성으로서 미첼은 파스코 빈민가에서만 살 곳을 찾을 수 있었다. 철로와 2번가Second Street 사이에 판잣집과 이동식 주택들이 마주치는 곳, 진흙투성이의 마당과 도시 노

* 트라이시티는 워싱턴 동부 컬럼비아 고원에 위치한 야키마강, 스네이크Snake강, 컬럼비아강의 합류 지점에 있는 세 개의 도시인 리치랜드, 파스코, 케너웍을 통칭하는 말이다.

동자들이 수거하지 못한 쓰레기 더미들로 가득한 곳이었다. 정착촌에는 그늘도, 잔디밭도 없었다. 밤에는 바람이 세차게 불어 문을 두드렸다. 몇 개의 화장실과 수도꼭지가 공동체 전체를 담당했다. 80명당 한 개꼴이었다. 미첼은 그의 삼촌들이 한 달에 100달러에 빌린 이동식 주택 밖에 있는 소형 천막에서 머물렀다. 리치랜드의 방 두 개짜리 집값의 3배에 달하는 금액이었다. 미첼은 자신은 살 수 없는 리치랜드에 새로운 목장 주택을 건설하는 일을 했다.[1]

핸퍼드 공장은 주변에 살았던 사람들에게 매우 다른 운명을 가져다주었다. 리치랜드가 연방정부의 지원을 받으면서 주변 지역사회는 종종 손해를 보았다. 서부에 대한 연방 할당액은 계급과 마찬가지로 인종이 눈에 보이지 않게, 그러나 강력하고 지속적으로 영향을 미치도록 아로새겨진 지형을 창출했다.

야심찬 발행인 글렌 리Glenn Lee는 1947년 파스코에서 신문《트라이시티 헤럴드》를 창간했을 때 세 개의 통합된 공동체라는 이미지를 홍보했지만 신문의 제호는 실제로는 결코 일어나지 않았다. 농장 소도시 케너윅, 철도 소도시 파스코, 원자력 도시 리치랜드의 사람들은 서로를 원망하고 두려워하며 때로는 증오했다. 고등학교들의 스포츠 경쟁은 엄청났다. 긴장이 너무 심해 GE 지역사회 관계 부서가 인근 소도시 주민들을 다독이기 위해 리치랜드에서 "안녕 이웃의 날Hello Neighbor Day"을 시작할 정도였다.[2]

그러나 음악과 놀이로 구성된 하루로 마찰의 주요 원인을 해결할 수는 없었다. 리치랜드가 핸퍼드에 주요 건설 호황이 있을 때마다 이웃 지역사회를 해양 폐기물처럼 흘러들어온 임시직 노동자들을 위한 쓰레기 처리장으로 이용했기 때문이다. 이주 노동자들은 술을 마시고, 싸우고, 침을 뱉고, 욕지거리를 날렸다. 그들은 더럽고, 악취를 풍겼으며, 범죄를 저지르고, 계속 움직였다. 적어도 지역 주민들은 그렇게 보았다. 인종은 이러한 인식에 중요한 역할을 했다. GE의 건설 하청업체인 앳킨슨 존스Atkinson Jones가 고용한 인부들의 약 70퍼센트가 아프리카계 미국인이었다.[3]

흑인 노동자들이 케너윅에 정착하는 것을 막기 위해 시 지도자들은 야간 통행금지를 제정하여 어두워진 후 아프리카계 미국인의 통행을 금지했다. 보안관 워드 러프Ward Rupp는 통금에 대해 진지했다. 한번은 해 질 녘에 케너윅에서 흑인을 붙잡은 후 그를 기둥에 묶고 파스코 경찰에 전화를 걸어 그를 데려가라고 했다.[4] 리치랜드에서는 도시 지도자들이 최남부Deep South*의 전술에 의존할 필요가 없었다. 그들은 좀 더 고상하고 비인간적인 해결책을 가지고 있었다. 그들은 리치랜드가 모든 인종에게 열려 있다고 말했다. 리치랜드에는 유색인종이 살지 않았다. GE와 AEC에는 리치랜드에 거주할 자격을 갖춘 높은 직급의 직원이 없었기 때문이다. 그들은 이것이 교육과 직위의 문제일 뿐 인종 차

---

* 미국 역사 초창기에 문화적·지리적으로 대규모 농장업과 노예를 재산시하는 제도에 의존한 공통의 특성을 띠는 미국 남부 지역을 통틀어 일컫는 말이다. 앨라배마, 조지아, 루이지애나, 미시시피, 사우스캐롤라이나 등이 포함되며, 이 주들은 1945년 이전에는 종종 목화주들Cotton States이라고도 불렸다.

• 수도꼭지 근처의 소년
제임스 와일리 주니어James T. Wiley Jr 촬영.

•• 파스코 게토의 판잣집들, 1948년
제임스 와일리 주니어 촬영.

별은 아니라고 말했다.[5]

케너윅과 리치랜드가 제한되면서 이 지역의 흑인 거주자 2,000여 명 대부분은 파스코에 거주했다. 1948년 대법원이 인종별 주택 계약을 기 각하자 미국시민자유연맹ACLU(American Civil Liberties Union)은 조사관 두어 명을 파스코에 보냈다. 조사관들은 도시의 동부 변두리에 있는 5 에이커의 "잡초가 무성하고 먼지로 숨이 막히는" 땅에 사는 흑인 공동 체의 실태를 기록했다. 그들은 악취가 나는 옥외 화장실과 얼음이 덮인 수도꼭지들을 서술했다. 그들은 시 지도자들이 어떻게 상하수관을 연 결하지 않았는지를 기록했다. 시 지도자들이 흑인 공동체가 5,000달러 를 마련하여 지불하길 원했던 것이다. 조사관들은 높은 임대료에 주목 했고 비참한 곡예단용 이동식 주택과 판잣집의 사진을 찍었다.[6]

흑인 거주자들은 조사관들에게 자신들이 집을 짓고 싶지만 재정적 자격을 갖추기에는 너무 위험한 파스코의 동쪽에서만 살 수 있었기 때 문에 정부가 후원하는 FHA 대출을 받을 수 없었다고 말했다. 흑인들은 일주일에 4달러에 이동식 주택 공간을 빌릴 수 있는 노스 리치랜드에 살 수 있었지만 그곳에 살기 위해서는 이동식 주택이 있어야 했다. 이 동식 주택을 구하려면 자금이 필요했고 …… 그래서 이런 식으로 진행 됐다. 파스코에는 흑인 아이들을 위한 학교가 있었고, 새로 문을 연 공 공 실내수영장에서는 누구라도 수영할 수 있었다. 그러나 아프리카계 미국인들을 치료해줄 치과 의사는 없었고, 시애틀 출신의 한 아프리카 계 미국인 치과 의사는 파스코에서 사무실 공간을 구할 수 없었다. 파 스코의 음식점, 술집, 호텔, 하숙집 대부분에는 백인 전용 간판이 붙어 있었다. 호텔이 없었기 때문에 지나가던 사람들은 밤새 거리를 서성이거나, 출입구에 누워 있거나 주차된 차 안에서 잠을 자야 했다.[7]

구분지어진 소수자 공동체는 자신들만의 방식으로 행동했다. 임시 숙소가 필요한 사람들은 침례교회의 신도석에서 하룻밤에 1달러를 내고 자거나 퀴니Queenie라는 이름의 여성이 소유한 이동식 주택에서 잤다. 어떤 판잣집에서는 여성들이 저녁 요리를 하고 점심 도시락을 쌌다. 땅거미가 진 후 술집 역할을 하기 위해 알전구로 장식된 이동식 주택들에서 연기, 음악, 병들의 쨍그랑거리는 소리가 힘차게 울려퍼졌다.

파스코 동쪽은 규제받지 않는 특성으로 인해 술독에 빠졌다. 경찰은 이스트 파스코East Pasco를 그리 자주 찾지 않았고, 이는 어떤 것이든 가능하게 했다. 주말이면 노동자들은 술집, 도박장, 매음굴의 홍등가로 몰려갔다. 술 마시고 흥청대는 사람들에게 음주운전, 싸움, 절도, 가정폭력, 언어폭력 같은 범죄가 뒤따랐다.[8] 그곳에 살았을 때 겨우 열여섯 살에 불과했던 미첼은 거의 대부분 겁에 질렸었다고 기억한다. 시 지도자들은 파스코의 악행과 범죄를 소수민족 탓으로 돌렸다. 일부 주민들은 이스트 파스코를 나눠 별도의 소도시를 만들자는 의견을 내기도 했다. 다른 사람들은 큐 클럭스 클랜Ku Klux Klan*의 지부를 열어야 한다고 언급했다. 몇몇 지역사회 지도자들은 짐 크로 법을 끝내고 빈민가를 안전하고 깨끗한 공공주택으로 교체하려고 했다.[9] 《트라이시티 헤럴

---

* KKK단. 사회 변화와 흑인의 동등한 권리를 반대하며 폭력을 휘두르는, 미국의 백인 지상주의 비밀 단체이다.

드》발행인인 글렌 리는 다른 계획을 가지고 있었다. 그는 그가 "노름 꾼", "뚜쟁이", "도망자"라고 다양하게 칭했던 사람들을 정리하기 위해 위생 위반으로 파스코의 이동식 주택 주차 구역을 폐지하자는 운동을 전개했다. 리는 부랑, 불법 동거, "조사"를 비롯해 모호하게 정의된 범죄로 흑인 거주자들에 대한 야간 일제 단속을 위해 경찰서장과 협력하기도 했다.[10] 감옥이 가득차자 지방검사 윌리엄 개프니William Gaffney 는 보안관의 대규모 급습으로 체포된 시민들을 범죄의 증거가 없다고 주장하며 기소를 거부했다. 리는 개프니를 겨냥해 분노 서린 사설을 써서 보복했다. 그는 개프니에게 방치와 무능이라는 혐의를 씌웠고 결국 그를 파스코에서 쫓아냈다.[11]

리가 인종주의자였을지 모르지만, 무엇보다 그는 성공한 사업가였다. 그는 파스코에 흑인 거주자들이 들어오면서 백인 거주자들이 떠나는 모습을 보았고, 도시에 황폐해졌다는 꼬리표가 붙고 부동산이 바닥을 치기 전에 그가 파스코에서 투자한 부동산의 가치를 지키기 위해 필사적으로 노력하고 있었다. 일부 지역을 재정적으로 불안정한 지역으로 지정하는 것은 투자 증권에 따라 도시 영토를 묘사한 비밀 "주택 담보 지도Residental Security Maps"에서 비롯되었다. 연방주택관리국Federal Housing Authority 지침서는 일단 바람직하지 않은 요소들, 즉 소수민족, 특히 아프리카계 미국인들이 동네에 "침입하면" 그 구역들은 적색 지대로 분류되고 가치가 하락한다고 알려줬다.[12] 리처럼 신중한 소유주는 자연스럽게 그러한 적자를 불러오는 침략에 맞서 싸웠다.

공간적 실천이 가진 자연스럽게 만드는 특징은 빈곤과 위생 부족이 아니라 문화와 유전학이 왜 파스코의 흑인과 현지 인디언이 "더럽고 냄새가 났는지", 왜 그들이 "야심이 부족했으며" 불결한 생활에 만족한 것처럼 보였는지를 설명해주는 것 같았다.[13] 공간 배치의 파악하기 힘든 특성 또한 불평등을 정확하게 파악하고 경쟁하기 어렵게 만들었다. 시민들은 법에 맞서 싸우거나 규제를 해체할 수 있지만, 공개되지 않은 지도에서 관습적 경계나 금융 보안 구역에 맞서 싸우려면 어떻게 해야 할까?

예컨대 파스코의 아프리카계 미국인들은 ACLU 조사관에 대한 케너윅 보안관 러프의 다음과 같은 발표에 어떻게 반박할 수 있었을까? "말씀드리는데, 이 마을에 있는 누군가가 깜둥이에게 부동산을 팔면 그는 소도시 바깥으로 도망칠 가능성이 있소."[14] 조사관들이 AEC의 핸퍼드 책임자 데이비드 쇼David Shaw에게 왜 AEC와 GE가 아프리카계 미국인을 정규직으로 한 명도 고용하지 않았는지를 물었을 때, 그는 미안한 기색이라곤 하나도 없이 다음과 같이 답변했다. "여기에 정규직으로 고용된 흑인이 없다는 사실이 이에 관해 말해줍니다. 그렇지 않습니까?"[15]

영향력 있고 강력한 발행인 리조차도 트라이시티에 핸퍼드의 도착과 함께 설정된 인종 차별적인 구역들에 맞서 싸울 수 없었다. 리치랜드가 "중요 방위 구역"으로 서임된 반면, 파스코는 재정적으로 "황폐하고 위험하다"는 명칭을 얻었다. 결국 리는 그의 신문사를 케너윅으로 옮겼다.

공간적 배치의 가시성이 낮기 때문에 트라이시티의 백인 미국인들은 그들 자신을 인종차별주의자로 보지 않았다. 설문조사에서 상점 창에 있는 개와 검둥이 출입 금지 간판을 표지판을 지나던 대부분의 백인들은 흑인들이 공정하게 대우받는다고 생각했다고 말했다. 지역 백인들의 70퍼센트는 공정한 고용과 주택법에 동의하지만, 동시에 거의 절반은 흑인과 함께 일하거나 옆에 살고 싶지 않다고 말했다.[16] 응답자들은 평등을 보장하면서도 평등을 불가능하게 만드는 구역제를 지지하는 법률들을 응원했다. 이는 어리둥절한 사태였다. 1963년 한 청문회에서 워싱턴주 차별 방지 위원회Washington State Board Against Discrimination는 케너윅에서 어떠한 불법적 차별도 발견하지 못했다. "그러나 우리는 케너윅의 분위기가 이상하고, 흑인들이 자신들이 이곳에 와서 살 수 없다는 사실을 알고 있다는 것을 계속해서 들었다"고 위원장 켄 맥도널드Ken MacDonald는 말했다.[17] 1944년, 1948년, 1954년, 1964년, 1965년, 1968년에 미국 법에서 기회균등의 원칙이 거듭 확인되면서, 백인 미국인들은 빈민가에서, 감옥에서 또는 실업 수당을 받으며 사는 사람들이 순전히 그들의 도덕적 결함 때문에 그렇게 했다고 계속해서 믿을 수 있었다. 대중의 인식에 따르면, 민권을 위한 보다 가시적이고 영웅적인 싸움은 "황폐해진" 도시 빈민가를 희생시키면서 대부분 백인들만의 전원 지대를 만드는 데 연방정부가 수행한 역할을 무색하게 했다.

트라이시티 지역이라는 천체에서 서로 궤도 회전하는 가운데 파스코는 천저天底였고 범죄, 빈곤, 실업, 인종 문제들로부터 보호된 리치랜드는 천정天頂이었다. 파스코는 선택의 여지가 있는 사람들은 떠나고 그렇지 못한 사람들은 남게 되면서 빈곤과 인종적 긴장의 위기가 심화되어 고통을 겪었다. 수십 년 동안 파스코는 소수자들을 위한 장소로 남게 되었다. 이곳은 21세기까지 계속해서 백인과 중산층이 압도적으

로 많았던 케너웍과 리치랜드보다 더욱 가난하고 어두운 지역으로 남게 되었다.[18]

미첼이 빈민가에서 일용직 노동자로 일생을 보내지 않도록 구해준 이는 부분적으로는 소비에트인들이었다. 소비에트 선전가들은 아프리카계 미국인들이 가장 노골적인 미국 인종 차별 제도에 맞서 싸울 수 있도록 도왔다. 소비에트 언론이 짐 크로와 큐 클럭스 클랜KKK에 관해 집요할 정도로 자세히 설명함에 따라 민권은 미국 관료집단이 더 이상 간과할 수 없는 것이 되었다. 소비에트의 도전에 대한 직접적인 대응으로 미 국무부는 미국의 관용을 보여주기 위해 흑인 연예인들을 해외로 파견했다. 하지만 파스코 버스 정류장 식당에서 식사를 거부당한 가수 헤이즐 스캇Hazel Scott에게 일어난 일처럼, 아프리카계 미국인들이 미국 대중음식점에서 쫓겨나는 상황에서 그들을 해외에서 홍보하는 것은 당황스러운 일이었다. 하원의원 애덤 클레이튼 파웰Adam Clayton Powell과 결혼한 스캇은 파스코 영업주들을 성공적으로 고소하여 핸퍼드와 트라이시티에 대한 국가 여론을 환기하고 나쁜 평판을 만들었다.[19] 이에 대한 대응으로 글렌 리는 폴 로비슨Paul Robeson이 소비에트인들과 협력하여 미국을 약화시키기 위해 분열을 일으켰다고 공격했다.[20]

그럼에도 불구하고 소비에트는 미국인들이 인종차별주의자였다는 비난을 퍼부었다. 정부가 자금을 지원하는 이 프로젝트에서 AEC와 GE 관리자들은 차별 혐의와 백합처럼 하얀 리치랜드라는 사실을 해결해야 했다. 1950년대 초반 시애틀 도시연맹Seattle Urban League과 전미유색인지위향상협회NAACP는 이 사건을 추적하면서 공장에서 무언의 유색인

금기를 깼다. AEC와 GE 관리자들은 NAACP가 찾은 흑인 직원을 다수 채용하는 데 합의했지만 활동가들은 이를 "할당 제도"라고 비판했다.[21] 그러나 이러한 양보 덕분에 미첼은 1955년 핸퍼드에서 일자리를 구할 수 있었고, 연료 준비 조작자로 근무했다. 미첼과 그의 가족이 마침내 리치랜드에서 침실 3개짜리 집을 빌릴 수 있는 좋은 기회였다.

미첼은 내게 그들이 이사했던 날을 묘사했다. 승합차가 그들의 새 집 앞에 멈춰 섰을 때 미첼은 인도를 따라 자신에게 빠르게 걸어오는 백인 여성을 보았다. 여러 세대에 걸친 모욕과 욕설의 흔적을 간직한 텍사스 동부 출신의 젊은이였던 미첼은 그의 자녀들 앞에서 펼쳐질 추한 장면을 생각하며 얼어붙었다. 그때 미첼은 그 여성이 손에 쿠키가 가득한 쟁반을 들고 있다는 것을 알아차렸다. 미첼은 그 행동에 여전히 감사해 한다. 그 여성의 이름은 폴리 캐드Polly Cadd였다. 그녀는 더 이상 살아 있지 않지만, 그는 내가 그녀의 이름을 수첩에 확실히 적어두길 원했다.

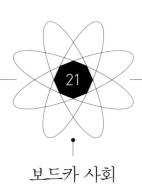

보드카 사회

보안상의 이유로 오죠르스크에서 공공 행진은 금지되었지만, 이 도시는 어떤 식으로든 매일 가두 행진을 선보였다. 니콜라이 라보트노프는 어렸을 때 멈춰 서서 그 모습을 봤던 기억을 떠올렸다.

아침이 되자 건설 지대가 가득 찼다. 자동소총으로 무장한 경비원들의 감시를 받는 죄수들의 끝없는 줄이 스탈린 대로Prospect Stalin를 따라 도심을 가로질러 베리야 대로Prospect Beria로 돌아 철조망이 쳐진 문으로 향했다. 때때로 그들은 일찍 도착했고, 철조망 안쪽에 여러 줄로 서서 거리를 바라봤다. 그러면 나는 그들을 지나쳐야 했다. 나는 특히 그게 싫었다. 나는 매일같이 무관심하게 바라보곤 했던 그 모습을 이제는 부끄러움을 가지고 기억한다.[1]

사슬에 묶인 죄수들의 고통에 대한 남학생의 무관심은 1950년대 오죠르스크에서 죄수들의 일상과 그들의 수척한 얼굴에 담긴 따분함을 말해준다. 오죠르스크에서 수감자들은 신문보다 더 평범했고 판매되는 채소보다 더 믿을 만했으며 버스보다 더 시간을 잘 지켰다. 도착한 병사들은 학교든 아파트든 극장이든 새로운 민간 건설 계획의 시작을, 행진한 뒤 "지대"라고 불렸던 철조망의 우리를 세우는 것으로 알리곤 했다. 그 뒤를 죄수들이 따랐다. 그들은 파고, 짓고, 회반죽을 바르고, 도색을 했다. 인부들이 건설 계획을 마칠 때면, 병사들은 되돌아가서 울타리를 다른 현장에 세우기 위해 제거하곤 했다. 라보트노프는 "지대는 이 도시에서 가장 많이 반복되는 단어였지요. 철조망이 쳐진 울타리는 도시의 풍경에서 집이나 나무만큼 흔했습니다."[2]

오죠르스크에서 죄수, 징집병, 전과자들이 새로운 폐쇄 도시를 건설했다. 그러나 강제 노동은 10년 이상 플루토피아를 괴롭힌 대가를 치르게 되었다. 오죠르스크는 경제적 어려움, 범죄, 소비에트 지방 생활의 불확실성이 들어올 수 없도록 밀폐된 장소로 설계되었지만 수감자들은 최하층으로서의 고통 및 분노와 함께 굴라그의 폭력과 잔혹성을 가져왔다.

이는 불편한 배치였다. 자유시민과 그렇지 않은 시민은 지대 구분과 규칙을 통해 분리되어야 했지만, 도시 거주자들은 자신들에게 서비스를 제공하는 계층과의 위험하면서도 친근한 근접성 속에서 살았다. 이러한 배치는 절박한 불평등을 통해 보수가 좋은 공장 조작자들을 죄수, 병사 및 전과자에게 속박하는 것이었다. 수감자들이 복역한 후 보안 요원들은 종종 전과자들에게 성장하는 도시의 민간 서비스 직업에 대해 상세히 설명하면서 이 지대에서 계속 일하도록 요구했다. 사실상 전과자들이 사회주의 도시의 대중적인 얼굴이 되었다. 자유 주민들은 그들을 정말이지 싫어했다. 그들은 전과자 종업원, 점원, 잡역부들이 거칠게 행동하고 그들을 속이고 국가 재산을 훔쳤다고 말했다.[3]

트카첸코 장군, 시市 검사 쿠지멘코Kuz'menko, 경찰서장 솔로비예프Soloviev는 도시의 높은 범죄율을 죄수와 전과자들의 탓으로 돌렸다. 쿠지멘코는 기결수와 전과자가 절도, 살인, 성폭행, 폭행 등 가장 위중한 범죄를 저질렀음을 보여주는 범죄 통계를 발표했다. 더 심각한 것은, 범행 분자들이 도시의 청년들에게 부정적인 영향을 끼치고 그것이 25세 미만 육체노동직 종사자들의 범죄가 두 배로 늘어난 원인이라는 것이라고 주장했다.[4]

예컨대 전과자와 친해져 그와 결혼하고 임신한 스크랴비나Skriabina라는 여성이 있었다. 임신한 후 그녀는 청년 공산주의자 동맹Young Communist League* 모임에 참석하지 않았고 회비도 내지 않았다.[5] 트카첸코 장군은 그녀의 관계를 "내통"이라고 불렀고 요원들에게 직원들이 죄수, 전과자, 병사들과 너무 친해지지 않도록 감시하게 했다. 여직원

---

* 전연맹 레닌주의 청년 공산주의자 동맹Всесоюзный ленинский коммунистический союз молодёжи. 1918년에 창설된 소련의 청년 정치 조직으로, 1991년 해체될 때까지 소련 청년들에 대한 공산주의 교양 교육과 사회 참여를 고취시켰다. "청년 공산주의자 동맹"의 앞 글자를 따 "콤소몰"이라고 불렸다.

들이 특히 문제였다. 전쟁에서 젊은 소비에트 남성들이 너무 많이 사망함에 따라 생긴 인구학적 공백 때문에 독신 여성들은 가석방된 사람들 및 죄수들과 교제했다. 하지만 그 이유로 그들은 해고될 수도 있었다.[6]

트카첸코는 자신이 가장 잘 알고 있는 것을 함으로써 문제를 해결하겠다고 약속했다. 트카첸코는 1951년 한 공산주의자 모임에서 다음과 같이 말했다. "우리는 도시에서 이전에 형을 선고받았던 모든 이들과 그런 부류의 모든 범행 분자들을 숙청하기 위해 조치를 취하고 있소. 우리는 [전과자들 및 죄수들로 구성된] 두 개 제대梯隊를 방금 추방한 참이오. 연말이면 우리 도시에서 모든 독일인들은 사라질 것이오."[7] 두 달 후, 의사 부부의 아들인 에르빈 폴레Ervin Polle는 어느 날 아침 일어나 그의 부모가 짐을 싸는 모습을 보았다. 독일계 민족이었기 때문에 가족은 1951년 6월 소련에서 가장 악명 높은 굴라그 영토인 콜리마Kolyma로 이송되었다.[8] 이후 3년 동안 트카첸코의 병력은 총 1만 2,000명의 유형수, 전과자, 기결수들을 오죠르스크에서 극동*으로 추방했다. 하지만 트카첸코의 보안 병력은 도시에서 과거 수감자나 독일계 민족을 모두 숙청하지는 않았다.[9] 그들의 노동과 훈련은 고립되고 인력이 부족한 도시에서 너무 소중했다.[10]

---

* 러시아의 동쪽에 해당되는 곳으로, 사하 공화국을 제외한 극동 연방관구 전역이 러시아의 극동에 해당되며 아무르주, 축치 자치구, 유대인 자치주, 캄차카 변경주, 하바롭스크 변경주, 마가단주, 프리모르스키 변경주(또는 연해주), 사할린주를 포함한다. 20세기 전반에는 "원동遠東"으로도 불렸으며, 오늘날 러시아계 한인인 고려 사람이나 북한에서는 원동을 주로 쓴다.

도시의 높은 범죄 수준을 두고 전과자들을 비난하는 일은 편리했지만, 트카첸코의 숙청이 진행된 후에도 범죄는 줄어들지 않고 계속되었다. 경찰서장 솔로비예프는 배후에 미국인들이 있다고 막연하게 가정했다. "여러분은 우리 도시의 노동자들이 그들에게 영향을 끼치는 이러저러한 적의 도발 가능성에서 동떨어져 있다고 믿을지도 모릅니다.

에르빈 폴레와 가족들, 1950년 오죠르스크
에르빈 폴레 제공.

몇몇 동지들은 여기에 '체제 지대'가 있어 모두가 신중하게 선택되고 점검되므로 깨우침을 주는 작업이 필요하지 않다고 스스로를 위로합니다. 그러나 그런 주장을 하는 것은 심각한 정치적 실수입니다. 미 제국주의자들이 우리 소비에트 인민들의 의식 속에 부르주아 이념을 심으려고 시도한다는 사실은 잘 알려져 있습니다."[11] 솔로비예프는 정착촌의 "일시적인 느낌"을 없애고 "사람들에게 도시가 낯설지 않고 멋진 도시이자 환상적인 공장이라는 것을 가르치기 위한" "홍보 캠페인"을 제안했다. 그다지 설득되지 않은 보안대장 트카첸코는 솔로비예프의 말을 끊었다. 트카첸코는 "우리는 우리 도시에 치안문란자들과 주정뱅이들이 있을 자리가 없다는 메시지를 보내야 하오"라고 선언했다.[12]

1950년까지 오죠르스크의 주민들은 매년 1인당 13쿼트* 이상의 보드카와 포도주를 마셨는데 이는 전국 평균의 두 배가 넘는 양이었다.[13] 당 관리들은 주민들이 술값으로 사용한 돈이 오락과 문화에 비해 세 배나 더 많은 것으로 계산했다.[14] 1951년의 처음 몇 달 동안 300건의 결근 위반 중 거의 대부분이 음주 때문이었다.[15] 사람들은 근무 전에, 근무 중에, 그리고 근무 후에 술을 마셨다. 사람들은 술을 마시고 운전했다. 10대들도 마셨다. 아이들도 마셨다. 부모는 자녀와 함께 마셨다. 시민들은 집에서, 카페에서, 공원에서, 거리에서, 버스에서, 호수에서, 마을 광장에서 마셨다. 직원들은 며칠에 걸쳐 진탕 마셨다.[16] 술에 취해 자정에 상관의 자택에 불쑥 들이닥치고 한 여성의 아파트에 침입해 아

---

* 액량의 단위로 1쿼트는 약 0.94리터(미국)이다.

이들 앞에서 욕설을 퍼붓고 상점에서 난동을 부린 방첩대 장교 소콜로프Sokolov 동지처럼 주민들은 당 모임에서 기립해 폭음을 자인해야 하는 일이 종종 있었다. 소콜로프는 "너무 많이 취했기 때문에" 이 사건들을 하나도 기억하지 못한다고 말했다.[17]

한 관리는 "음주는 자본주의의 유물이었고, 착취계급과 함께 생겨났다"라고 선언했다.[18] 그러나 술은 오죠르스크에서 유물 그 이상이었다. 이는 급여 체계의 요소였고 의료보험의 일부였다. 1947년, 트카첸코는 일일 목표를 달성한 병사, 죄수, 노동자들에게 보드카로 보상하는 정책을 내놓았다.[19] 공장 의사들은 스탈린주의 러시아에서 매우 사랑받고 구하기 어려운 세 가지 물품이 몸에서 방사성 동위원소를 정화하는 작용을 한다고 믿었다. 바로 초콜릿, 붉은 고기 그리고 보드카였다. 일터에서 피폭되면 의료적 목적으로 보드카를 지급받았다. 아내들은 이 정책을 싫어했다.[20] 그들의 남편들은 얼굴을 붉게 물들인 채 더 마실 준비를 하고 공장에서 가장 가까운 버스 정류장 주변의 많은 술집과 노점으로 향하곤 했다. 당 간부들이 공공장소에서의 음주 사례를 도표화했을 때, 가장 오염이 심한 방사화학공장 및 야금공장 노동자들의 알코올 남용 위반이 가장 많았다.[21] 대부분의 소비에트 도시에서는 보드카를 구하기 어려웠지만, 오죠르스크에서는 보드카, 맥주, 심지어 수입 포도주와 코냑도 자유롭게 판매되었다. 근무시간이 지나면 상인들은 진열장에서 술을 팔았다.

1950년대에 공장의 중앙 실험실에서 실험실 기사로 일했던 한 여성은 흰색 외투를 입고 스카프를 머리에 두른 채 실험실 탁자에 둘러앉아 있는 그녀의 동료들 모습이 찍힌 희귀한 사진을 보여주었다. 페트루바 Petruva는 한 여성을 가리키며 그녀가 실험실에서 소독용 알코올을 훔쳐 마시곤 했다고 말했다. 그러고 나서 그녀는 "술로 신세를 망치다"라는 뜻의 특별한 러시아어 동사 스핏샤[*spit'sya*]를 사용했다. 페트루바는 그 기억을 떠올리며 동료가 한 일이라면서 눈을 크게 떴다.[22]

러시아에서 음주는 오랫동안 노동계급과 마을의 오락으로 기능했다. 도시 엘리트들은 교향곡, 합창단, 연극과 오페라 극장 등 더욱 교양 있는 기분 전환을 위한 서비스를 구축하는 데 많은 시간과 돈을 들였지만, 좌석의 절반가량은 비어 있었다. 한 당원은 다음과 같이 불평했다. "오직 상류층과 중류층만 공연장에 갑니다. 평범한 직장인들은 우리 극장을 찾지 않습니다. 관심이 없어요." 그러나 문화당국은 젊은이들을 각자의 방식으로 살게 놔두는 것은 대안이 아니라고 주장했다. "사람들은 젊은이들이 자신만의 진취성을 발휘하고 자체적인 동호회를 시작해야 한다고 말합니다. 그들에게 어떤 진취성이 있는지 말씀드리겠습니다. 월급날, 그들은 각자 술을 마시기 시작합니다!"[23]

음주를 퇴치하기 위해 경찰은 주정뱅이 유치장을 세웠고, 주말이면 이는 꽉 찼다.[24] 대장들은 취한 상태로 나타나거나 흥청망청 마시느라 결근한 노동자들의 급여를 일정하게 감했다. 당원들은 과도한 음주로 질책을 받고 당원증을 상실했다. 일상적으로 술을 남용하고 문제를 일으킨 10대들은 도시 바깥의 소년원으로 보내졌고 다시는 돌아오지 않았다. 이러한 조치에도 불구하고 문제는 지속되었다. 수십 년 동안 시 회의에서 가장 꾸준했던 주제는 알코올 중독이었다.[25] 내가 인터뷰한 처음 몇 해부터 오죠르스크에 살았던 12명의 나이든 여성들은 한 명만 빼고는 모두 남편의 음주로 인해 결혼이 깨졌다고 말했다. 어쩌다 보니 특별히 선별된 공장 조작자들의 부유한 도시 오죠르스크는 보드카 사회를 배양했다.

술을 마셔야 할 이유는 많았다. 무엇보다도 주민들은 마실 수 있기 때문에 술을 마셨다. 다른 소비에트 소도시들에서는 술을 구하기 어려웠다. 참전용사를 비롯해 아프고 부상당한 공장 조작자들은 병마의 통증으로부터 스스로를 치료하고 마취시키기 위해 알코올을 이용했다.[26] 더 많은 스포츠 프로그램과 오락의 필요성을 논의한 횟수로 판단컨대, 보드카는 고향에서 멀리 떨어진 지대에 갇혀 매 주말과 휴일을 보내야 했던 사람들의 지루함과 외로움을 덜어주는 데 도움이 되었다. 마지막으로, 음주는 위험한 여건에서 더 빨리 일하라고 말하는 대장과 책을 읽고 극장에 가라고 지시한 당 지도부에 대한 일종의 반항이었다.

소비에트 선전가들은 소비에트 사회를 계급이 없는 사회로 묘사했지만, 공산주의자들이 알코올 남용에 대해 이야기할 때는 계급에 대해서도 이야기했다. 공장 조작자, 전과자, 병사들과 폐쇄된 거주 구역을 공유하면서, 교육받은 엘리트들은 나머지 절반이 사는 방식에 경악했다. 어느 날 밤, 조사관들은 여성 기숙사를 불시 점검했다. 조사관들은 여자 침대에 있는 남자들, 술에 취한 여자들, 썩어가는 감자, 구토, 침, 담배꽁초로 뒤덮인 바닥, 포도주 병과 더러운 접시로 어수선한 탁자 등 구체적인 사실들에서 넌더리를 쳤다.[27] 그들은 공장 조작자들이 "사회주의 사회에 합당한" 방식으로 좀 더 잘 행동해야 한다고 말했다.[28]

소비에트 엘리트에게 폐쇄 도시에서 생활하는 어려움의 일부는 하급 계층들, 마을과 도시 빈민가에서 갓 도착한 사람들과 함께 갇혀 있는 데서 왔다. 시 지도부는 폐쇄 도시에서 충분히 쉽게 술 판매를 금지할 수 있었지만, 이 중요한 소비자적 자유를 제한하지 않기로 결정했다. 오히려 당원들은 그들의 블루칼라 이웃들을 개선하기 위해 수년간 노력했다. 당원들에게 무계급 사회는 중산층 사회를 뜻했고, 노동계급의 습관, 표현 방식, 가치관의 의도적인 제거를 의미했다.

기억 속에서 이러한 분리와 축출은 잊혔다. 이전 거주자들은 정직하고 선별된 시민들의 긴밀한 공동체를 묘사한다. 세월이 흐르면서 이웃들은 이 도시에 누가 고용된 직원으로 왔고 누가 재소자의 신분으로 왔는지 더 이상 기억나지 않는다고 주장했다. 그러나 1990년대 스탈린주의 억압이 폭로된 이후 굴라그 죄수들과 함께 살았던 기억이 오죠르스크의 옛 주민들을 괴롭히기 시작했다.[29] 2000년 오죠르스크에서 보낸 어린 시절에 관해 쓰면서 라보트노프는 다음과 같이 의문을 가졌다. "우리는 거대한 집단수용소에서 생활하면서 어떻게 평화롭고 행복한 삶을 영위할 수 있었을까? 굴라그의 공포가 어떻게 우리 삶에 그림자를 드리우지 않을 수 있었을까?"[30]

1990년대에 수많은 러시아인들은 스탈린주의 범죄의 가해자보다는 피해자의 역할에 자신을 위치시키기 위해 죄수 이미지를 적절히 활용함으로써 과거를 재창조하게 되었다. 돌이켜보면, 심을 댄 외투를 입은 죄수 숫자의 증가는 이전 거주자들에게 자신들이 폐쇄 도시에 감금된 사실을 암시했다. 한 작가는 지대 안에 있는 재소자들이 그를 조롱하곤 했던 것을 다음과 같이 회상했다. "우리는 여기 물건을 털기 위해 있지. 당신은 뭐하려고?"[31]

그러나 오죠르스크의 엘리트는 그곳에 살면서 재소자들과 어떠한 유형의 동류의식도 가지지 않았다고 생각했다. 주의 깊게 걸러진 오죠르스크 거주자들에겐 굴라그 재소자들과 공감할 어떠한 이유도 없었다. 그들은 굴라그 재소자들과 아무런 관련도 없고 아무런 관계도 아닌 사람들로서 선택되었기 때문이다.[32] 소련이 세계에서 가장 자유롭고 가장 민주적인 나라라고 주장하는 소비에트 이념은 특히 주민들이 공식적인 주장을 현실에 비춰 확인해볼 기회가 없었던 폐쇄 지대에서 정치적 순수함이라는 관념을 강화했다. 요컨대 구분하고 제거했던 공간적 위계는 소비에트 정체正體에 대한 자신감도 불러일으켰다. 라보트노프는 자신이 세계 최고의 나라에 살고 있다는 젊은 시절의 확신을 떠올렸다. "나는 철조망이 쳐진 우리의 미로 안에서 자유의 공기를 들이마셨다고 확신한다!"

10ᵗʰ Anniversary
start up of
first Hanford Reactor
1944-1954

WES GREETS THE NEW

3.
플루토늄 재난

위험 사회 관리하기

고국인 영국에서 멀리 떨어진 컬럼비아 고원의 황량한 언덕에 당도한 평균 이상의 능력을 가진 허버트 파커 박사는 1940년대 후반 불가능한 임무에 직면했다. 보건물리학 부서Health Physics Division의 수장으로서 그의 임무는 핸퍼드 공장이 공중 보건과 환경 복지에 미치는 위험을 관리하는 것이었다. 파커는 무엇을 해야 하는지 알고 있었다. 바로 위험을 최소화하기 위해 공장과 주변 지역을 감시해 방사선을 안전한 "허용" 수준으로 관리하는 것이었다. 그는 위험요소가 도표로 작성되고 주민과 기업이 공동으로 책임을 지는 체계에 의해 통제될 수 있었던 원자력 이전 시대의 위험 관리 모델에 의존했다. 파커는 합리적인 안전 관리라는 원자력 이전 시대의 개념과 자신과 동료들이 인식하기 시작한 방사능 오염의 의도치 않은 결과에 대한 엄청난 불가지성不可知性을 조화시키기 위해 고군분투했다. 두 시대 사이에 끼어 있던 이 보건물리학이라는 새로운 분야의 파커와 같은 과학자들은 새롭게 댐이 설치된 컬럼비아강을 헤엄쳐 오르는 연어처럼 기존 위험 관리의 한계와 원자력 안전성에 대한 통제력 약화 및 지속적인 혼란이라는 새롭게 만들어진 벽 사이에서 휘청거리고 있었다.

불가능한 임무 앞에서 파커를 진정시킨 것은 당시 대부분의 교육받은 남성들처럼 그가 추상적인 것들을 믿었다는 사실이다. 그는 인류와 방사성 동위원소의 공존이 점점 더 위험해지는 상황에 대한 해결책을 마련하기 위해 과학과 진보를 믿었다.[1] 종국에 가서 진보는 파커를 실패로 몰아넣었다. 파커와 그의 동료들이 생명을 보호하는 기술을 만들어내기 위해 열심히 노력할수록 그러한 기술이 인간과 그들의 지속에 끼치는 위험은 더욱 커져만 갔다.[2] 보건물리학 책임자로서 파커는 엄청난 책임을 짊어지고 있었지만 권한과 권력은 거의 없었다. 그는 필요한 모든 인간애와 용기를 가졌지만 어느 것도 충분하지 않았다. 다가오는 위험을 피하기 위해서는 사회규범과 비밀유지 규정을 위반할 수 있는 영웅적 자질이 필요했을 것이다. 불만을 내뱉었지만 결국 파커 혼자서 플루토늄 재난을 막을 수는 없었다.

좀 더 구체적으로 파커가 가졌던 딜레마에 대해 설명하겠다. 1945년 파커는 핸퍼드 공장에서 쏟아져 나오는 가스와 폐수에 있는 방사성 입자의 확산에 대해 무척 우려했다.[3] 일본이 항복한 후 공장 굴뚝에서 매달 7,000퀴리의 방사능이 분출되었다. 공장이 여전히 전시 특급 일정에 맞춰 녹색 연료를 처리하고 있었기 때문이다. 과도한 오염이 쌓여갔다. 파커는 빗물에 허용치보다 3배 더 많은 방사능이 포함되어 있다고 지적했다.[4] 이를 걱정하던 파커는 고농도의 방사성 아이오딘이 인근 가축에 미치는 영향을 발견하길 원했다. 그러나 AEC 관계자들이 지역 주민들에게 공장이 안전하다고 확언했기 때문에 파커는 실험복을 입고 전자 장비를 휘두르는 감시 요원들의 달갑지 않은 관심을 끌지 않을까 두려워했다.

파커는 기발한 생각을 떠올렸다. 직원들에게 카우보이처럼 입고, 방사성 아이오딘을 측정하기 위해 근처 목장의 양들과 "슬그머니" 씨름을 벌이게 한 것이다.[5] 결과는 놀라웠다. 동물들의 갑상선은 허용치의 1,000배 이상 피폭되어 있었다. 당시 과학자들은 고선량 방사성 아이오딘이 갑상선을 손상시켜 갑상선 질환과 암을 유발한다는 사실을 알고 있었다. 파커는 이러한 연구를 통해 굴뚝에서 나오는 고농축 물질들이 "식품 공급원에 대한 잠재적 위험"이라고 주장했다.[6]

식량 공급에 대한 경계는 주효했다. 파커는 1946년 공장 기술자들이 방사성 연료의 냉각 기간을 두 배인 60일로 늘렸다가 1947년에는 90일로 늘리도록 했다. 그 후 몇 달 동안 아이오딘 오염의 수준은 꾸준히 감소했다.[7] 그러나 공장의 폭발적인 생산으로 인해 긴 냉각 기간은 무시되었다. 1948년까지 4기의 원자로가 가동되었으며, 과도한 작업량을 처리하기 위해 2개의 공장이 지원했다. 생산량이 늘어나고 원자로가 많아지면서 방사능 수치가 다시 높아졌다. 감시 요원들은 50마일 떨어진 곳에서 허용 선량의 2.5배 수준으로 방사능 활동이 활발한 장소들을 발견했다.[8] 파커는 GE 관리자에게 반감기가 짧은 방사성 동위원소가 붕괴되기까지 더 많은 시간이 필요하므로 냉각 기간을 125일로 늘려 달라고 요청했다.[9] 파커의 GE 상사는 자신의 일을 낯설어했고, 원자력 산업의 신참이었으며, 거대한 공장을 운영하는 일에 압도되었다. 처음 몇 년 동안 그들은 듀폰 시절부터 그 일을 맡아 하던 직원들에게 종종 일을 부탁했다. 파커는 자신이 안전하다고 느낀 냉각 기간을 얻었으며 이는 공중 보건의 진정한 승리였다.

곧 파커는 또 다른 위기에 직면했다. 1948년, 감시 요원들은 T공장 근처의 땅에서 방사능 활동이 맹렬한 (밀리그램 크기의) "거대한" 입자들을 발견했다. 아랫바람을 찾는 과정에서 그들은 제곱피트당 평균 한 개에 달하는 더 많은 입자들을 발견했다. 실험실 과학자들은 방사능과 화학 독소가 처리공장 내부의 부식된 배관에서 나온 것이며 그곳에서 금속을 먹어 치웠고 슈퍼히어로의 힘을 가지게 되었다고 결론지었다. 인부들이 부식된 대형 배관 몇 개를 교체했지만 수많은 조각이 계속해서 쏟아져 나왔다. 감시 요원들은 100마일 떨어진 스포캔까지 그것들을 추적했다.[10] 파커는 8억 개의 조각들이 있다고 추정했다. 노동자들의 폐로 빨려 들어가거나 리치랜드의 하이스폿 자동차식당Hi-Spot Drive-In에서 감자튀김과 함께 먹힐 경우 부드러운 장기에 박혀 체내에 몇 년 동안 남아 있을 수 있다. 파커는 그것이 암을 유발할 수 있는 작은 시한폭탄이라고 우려했다.[11] 파커는 이 문제를 GE 관리자들과 하원 의원들에게 제출했다. 파커가 이 문제에 대해 밀도 있게 브리핑을 하는 도중에 상원의원 히켄루퍼Hickenlooper가 그의 말을 가로막았다. 상원의원은 "귀하의 아드님이 200구역[화학 처리]에서 일하게 두실 겁니까?"

"아니오"라고 파커는 단호하게 외쳤다.

이렇듯 위험이 개인적인 측면에서 제기되자 히켄루퍼와 GE 경영진은 위험의 본질을 재빨리 파악했다. 1948년 10월 6일, 그들은 입자 문제가 해결될 때까지 용해 공정을 중단하라는 명령을 내렸다. 노동자들의 안전과 방사성 입자들이 서북부로 확산되는 것을 방지하기 위한 조치였다.[12]

만약 이야기가 여기에서 끝났다면 행복한 결말이었을 것이다. 이는 일단 전시라는 비상 상황이 끝나자, 미국 관료집단이 과학자들의 경고에 귀를 기울이고 핵무기 생산보다 공중 보건에 미치는 명백한 위험의 완화를 우선시했음을 의미했을 것이다. 그러한 결론은 플루토늄 생산을 늦추거나 일시적으로 중단해야 하는 경우에도 안전 수준을 보장하기 위해 환경을 감시하는 파커의 보건기구 부서가 수행한 임무의 유효성을 보여줬을 것이다.

그러나 이야기는 거기서 끝나지 않았다. 1948년 10월, AEC 감사관은 냉각 기간이 125일로 더 늘어났다는 것을 눈치챘고, 로스알라모스에 플루토늄을 공급하는 속도를 늦췄다는 이유로 GE 경영진을 호되게 질책했다.[13] GE 기술자들이 입자 문제로 공장을 폐쇄하고 이틀이 지난 후, AEC의 생명의학자문위원회ACBM(Advisory Committee for Biology and Medicine)가 리치랜드의 사막 여관Desert Inn에서 만났다. 그 자리에서 파커는 자신의 자료를 제시했다. 회의록에 따르면, "철저한" 논의 끝에 과학자들은 입자가 "허용되지 않은 위험"을 제시했다고 믿을 만한 증거가 없다고 판결했다. 과학자들은 공장이 용해를 재개하는 한편, 노동자들이 굴뚝 아래에 여과기를 설치할 것을 권고했다. 위원회 임원들은 또한 파커와 그의 감시 프로그램을 무시하면서 핸퍼드 실험실이 "기본적으로 생산 장소이며, 생물학과 의학 연구는 지역 문제에 직접적으로 적용되어야 한다"고 알려주었다.[14]

파커는 공중 보건에 위험한 생산을 재개하기로 한 결정에 맞서 싸우지는 않았던 것으로 보인다. 그렇게 하려면 자문위원회를 넘어 상부에 호소해야 했을 것이다. 이는 그가 자신의 전문 지식을 활용하여 정부 내에서 정책에 대해 논쟁을 벌이는, "정치 활동을 하는" 인물이 되어야 했음을 의미했다. 예나 지금이나, 대부분의 과학자들은 "정치 활동을 하는" 것을 독립적이고 객관적인 과학자로서의 신뢰성을 저버리는 일로 간주한다. 1940년대 후반의 냉랭한 반공 풍토에서 그렇게 하는 것은 위험했다. 파커는 틀림없이 레오 실라르드Leo Szilard와 해럴드 유리Harold Urey 같은 과학자들이 핵무기의 국제적 통제를 옹호했다가 AEC 내에서 어떻게 소외되었는지에 대해 들었을 것이다. 분명히 파커는 그런 종류의 싸움을 할 준비가 되지 않았다. 사막 여관에서 퇴짜를 맞은 후 파커는 미리 정해진 일정을 지켰고, 방문 중이던 위원회 위원들을 저녁 식사를 위해 그의 자택으로 안내했다.[15]

이후 AEC 관리들은 파커가 공장을 폐쇄하고 국가 안보를 위태롭게 한다고 비난했다. 기세가 누그러진 파커는 노동자들과 주변 주민들을 "감히" 오염시키지 않았다고 쓰면서 자신의 결정을 정당화하려 했다.[16] 방사성 폐기물에 대해 우려하던 사람은 파커만이 아니었다. 1948년 과학자 시드니 윌리엄스Sidney Williams는 AEC에 정례 검사 결과를 보고하면서 "현재의 양과 현재의 방법으로 오염된 폐수를 처리하는 일이 수십 년 동안 계속된다면 매우 심각한 문제가 야기된다"고 발표했다.[17] 케네스 스캇Kenneth Scott 박사는 핸퍼드의 폐기물 처리 관행을 감찰하면서 전쟁이 급물살을 탈 때 고안된 부적절한 미봉책들을 비판했다. 스캇은 더 많은 원자로가 가동되면 델 정도로 뜨거운 오수가 더 많이 폐기될 것이고, 컬럼비아강의 상태와 1,000만 달러 규모의 연어 산업이 "가뜩이나 좁은 안전 한도를 초과할 수 있는" 위험에 직면하게 될 것이라고 우려했다.[18] 또 다른 과학자는 방사성 폐기물에 만성적으로 노출되면 암, 장기 기능 저하 또는 "활력 감소"를 유발할 수 있다고 지적했다.[19] 파커가 배출에 대해 걱정하자, 국립방사선방호심의회National Committee on Radiation Protection and Measurements는 방사성 아이오딘에 대한 인간 피폭의 허용 수준을 10분의 1로 줄였다.[20] 그러나 그 수치조차 추측이었다. 스캇은 1949년에 "안전 허용은 사실이라기보다는 과학적 견해의 문제"라고 썼다.

공장이 더 빠른 속도로 재개되면서 파커는 공장이 더 이상 전시를 기반으로 작동하지는 않지만 생산이 여전히 공중 보건보다 중요하다는 메시지를 지울 수 없었다.[21] 나아가 그는 AEC 관리들이 의심과 불확실성을 편하게 생각한다는 사실을 파악했다. AEC 관리들은 핸퍼드 공장이 역사상 유례없는 양과 유형의 유해 폐기물을 쏟아내고 있다는 사실을 알고 있었지만 의학적 영향을 연구하는 데는 거의 자금을 투입하지 않았다. 파커의 연구실은 AEC가 리치랜드의 학교에 제공한 보조금보다 적은 최소 예산으로 운영되었다.[22] 결과적으로, 핸퍼드 과학자들은 수십 년 동안 공장을 괴롭히는 문제였지만 폐와 소화계에 입자가 침적되는 것을 발견하는 데는 거의 성과를 내지 못했다.[23] 파커는 상관의 낮은 수준의 과학 및 안전 기준을 떠맡게 되었다.

아마도 그런 이유로 파커는 굴을 파는 사향쥐들이 폐기물 처리장을 막고 있던 흙벽을 훼손하여 1,600만 갤런의 방사성 유출물이 급속도로 컬럼비아강으로 밀려들었다는 사실을 방문 과학자들에게 굳이 알리지 않았다. 얼마 지나지 않아 같은 문제가 발생한 300구역에서 붕괴된 방사성 처리장과 위험할 정도로 가깝게 위치한 식수정이 오염된 것으로 밝혀졌고 트럭 운전사는 깨끗한 물을 들여와야 했다. 오염이 너무 광범위하게 퍼져서 파커의 실험실을 포함한 300구역의 노동자들은 일상 업무를 수행하기 위해 안전 장비를 완전히 착용해야 했다.[24]

1949년, 파커는 보건물리학 프로그램에서 가장 위험했던 사업을 멈출 수도 없었다. 핵 위험은 도박과 같아서, 첫 번째 주사위가 던져지면 더 높은 판돈을 걸고 다시 도박하는 것이 더 쉬워진다. 소련이 첫 원자폭탄을 실험하고 3개월 후, 군부와 AEC 지도자들이 공황에 빠진 가운데 핸퍼드 과학자들은 나중에 "그린 런Green Run"이라는 악명 높은 이름으로 알려진 실험을 강행하는 위험을 무릅썼다. 핸퍼드의 보건물리학자들은 12월 초 미 공군과 협력하여 실험을 실시했다. 이 실험은 20일의 냉각을 거친 "녹색" 연료 1톤을 처리하고 그것이 컬럼비아 고원 어디에 분포되어 있는지를 추적한다는 것이었다.[25] 이는 파커가 작년에 반대했던 것과 정확히 같은, 고도로 오염시키는 절차였다. 실험의 목적은 분명하지 않지만, 파커의 부서에 속했던 한 과학자는 1988년 기자에게 그들이 거의 냉각되지 않은 연료를 처리할 때 방사성 동위원소의 측정 가능한 수준을 알아내려고 노력하는 중이었다고 말했다. 그것은 그들이 정확히 추측했던, 소비에트가 우랄에서 처리한 방식이기도 했다. 공군 장교들이 1톤의 녹색 연료에서 반감기가 짧은 방사성 아이오딘이 얼마나 많이 나오는지 알아낼 수 있다면, 소련 국경의 대기를 감시하는 방식으로 소비에트가 얼마나 많은 플루토늄을 만들고 있는지 추정할 수 있었을 것이다.[26]

그린 런에는 "녹색"이 하나도 없었다. 그것은 아스팔트 같은 잿빛 하늘 아래 적갈색 풍경을 향해하는 황달에 걸린 연기 기둥이었다. 처음부터 많은 것이 잘못되었다. 과학자들은 기체에 (방사성 아이오딘에서 나온) 4,000퀴리의 방사능이 포함되어 있을 것으로 예상했지만 기체가 굴뚝을 떠나면서 과학자들은 약 1만 1,000퀴리를 측정했다. 이는 공장의 모든 기록을 뛰어넘는 엄청난 수치였다. 연구자들은 안정적이고 건조한 날씨를 기다렸지만, 한 과학자가 불평했듯, 그 주는 "최악의 기상학적 조건"을 제공했다.[27] 실험이 시작된 직후, 바람이 불어와서 굴뚝의 유출물이 지면을 따라 튀어올랐다. 이후 기온이 절반으로 떨어졌고, 비가 내려 고농도의 방사성 아이오딘을 스포캔과 월러월러 위에 쏟아 부었다. 기상학자들은 예측된 경로를 따라 방사성 연기 기둥을 추적할 수 있을 것이라고 예상했지만, 바람은 방향을 바꾸고 소용돌이치다가 정체되고 다시 급격히 방향을 바꿨다. 조종사들은 그린 런의 흔적을 잃었지만 예상치 못한 곳에서 다시 발견할 수 있었다. 감시 요원들은 케너윅의 초목에서 허용 한계보다 1,000배나 높은 방사성 아이오딘-131 수치를 기록했다.[28] 그러나 연구자들은 측정값을 확신하지 못했다. 장비가 오염으로 막혀서 잘못된 수치를 가리키거나 어떤 수치도 가리키지 않았기 때문이다. 뜻밖에도 유독성 구름의 대부분은 과학자 가족이 살았던 남쪽 리치랜드로 흘러갔다.[29] 방사성 소용돌이가 그들의 자택 위를 휘감으면서 연구자들은 위험한 실험의 집행자에서 어느새 피해자가 되었다.

실험에서 나온 유일한 좋은 소식은 과학자들이 좋은 기상 조건에서는 연도기체煙道氣體를 최대 1,000마일까지 추적할 수 있고 따라서 소비에트의 방사성 찌꺼기도 추적할 수 있을 것이라고 예측했다는 점이었다. 기본적으로, 이 실험은 핵 감시라는 새로운 분야에 대한 길을 열었다. 은유적으로 말하면, 그린 런은 핸퍼드 과학자들이 지구를 관통해 오죠르스크의 폐쇄 도시로 가는 구멍을 뚫은 첫 번째 시도였다. 그리고 그것은 이상한 역설이다. 리치랜드와 오죠르스크의 거주자들 대부분은 그들의 공장에서 얼마나 많은 플루토늄이 생산되고 있는지 전혀 몰랐지만 지구 반대편의 적 과학자들은 플루토늄의 양을 정교하고 상세하게 알게 되었다.

그린 런 이후 몇 년 동안 허용 선량은 감소한 반면, 방사성 폐기물의 양은 엄청나게 증가했다. 1951년, 공장에서 전에 없을 정도로 많은 양의 조사된 우라늄을 용해하면서, 아이오딘-131의 방사능 배출량은 하루 평균 181퀴리로 증가했지만 안전 목표는 하루에 1퀴리로 떨어졌다. 1955년, 조작자들은 8기의 원자로와 3개의 처리공장을 관리하고 있었다. 2차 세계대전 중 이 공장은 하루에 최대 400퀴리를 컬럼비아강으로 배출했다. 1951년에서 1953년까지, 저수조들은 하루 평균 7,000퀴

리를 강에 버렸다. 1959년, 강으로 배출되는 양은 하루에 2만 퀴리로 최고조에 달했다.[30]

이 폐기물의 대부분은 절약의 산물이었다. AEC 관리들은 방사성 폐기물을 차단하기 위해 값비싼 기술을 이용하는 것보다 버리는 것이 더 저렴하다는 사실을 발견했다. 1950년대에 폐기물 관리를 위한 연간 예산은 리치랜드의 연간 학교 운영 예산인 150만 달러와 비교되는 20만 달러였다.[31] 불충분한 예산으로 인해 수백만 갤런의 폐수는 여물통, 도랑, 저장고, 처리장, 강에 저렴하게 맡겨졌고, 가장 위험한 폐기물은 임시 지하 격납용기에 보관되었다.

한편, GE는 1948년부터 1955년까지 5기의 원자로를 새로 건설하는 과정에서 설계를 대폭 축소하고 기본적으로 듀폰의 기존 원자로를 다시 내놓으면서 위험한 특징을 복제했다. 새로운 원자로는 폭발에 대비한 격납용기 껍질이 없었다. 또한 강물이 원자로를 통해 쏟아져 들어왔다가 유역으로 빠져나갈 때 방사성 동위원소로 오염된 폐수가 이 물을 따라 컬럼비아강으로 흘러드는 단일 경로 체계를 갖췄다.[32] 설계자들은 강물을 재활용하는 원자로 건설을 고려했고 방사성 오염수가 더 오랜 시간 동안 붕괴될 수 있도록 더 큰 보류 저장고를 생각했지만, 이러한 계획은 너무 "정밀하다", 즉 비싸다는 이유로 일축되었다.[33]

공장 지대에 엄청난 양의 폐기물들이 축적되면서, 과학자들은 아직 심각한 사고가 발생하지 않았기 때문에 오염의 위험을 관리할 수 있다고 확신하게 되었다. 예컨대 1940년대 후반, 핸퍼드의 방사생물학자 칼 허드Karl Herde는 공장 인근의 꿩에 대한 연구를 수행했다. 그는 화학처리공장에서 70마일을 돌아다니면서 꿩을 쏘고 해부한 뒤 갑상선에서 방사성 아이오딘을 측정했다. 허드는 자신이 발견한 것에 만족했다. 1947년, 그가 덫을 놓아 잡은 모든 새들은 방사성 아이오딘 양성 반응을 보였지만, 1년 후 극소수의 새들에서만 미량 검출되었다. 허드는 "새들에게서 보이는 극히 낮은 수준은 오늘날 대기오염에 대한 통제가 충분히 효과적이라는 것을 보여준다"고 결론지었다.[34] 허드의 명백한 결론을 고려할 때, 나는 그의 연구에 수백 마리의 새들이 포함되어 있다고 추측했다. 나는 허드의 연구가 사용한 데이터베이스를 찾아보았다.

허드는 수컷 꿩 10마리를 쏘았다.

AEC 검토자들은 방사성 폐기물의 관리 가능성에 대한 허드의 꾸며진 자신감을 반영했다. "보건물리학 단체의 놀라운 기록으로 인해, [방사성 폐기물의] 위험성은 이제 잘 이해되고 있다."[35] 이후 핸퍼드 관리자들은 방사성 폐기물에 관한 우려를 대부분 제쳐두었다. 수십 년 후, 환경 운동이 성장하면서 원자력 안전성에 의문을 제기했을 때, 검토자들은 AEC가 폐기물에 대한 위원회 차원의 정책도, 폐기물 관리를 감독할 사무실도 없었음을 발견했다. AEC 관리들은 방사성 폐기물 관리를 계약자에게 대부분 맡겼고, 계약자들은 이를 하위 부서들에 떠넘겼다. 중앙에서 방사성 폐기물이 얼마나 있는지, 어디로 갔는지, 어떻게 안전하게 막을 수 있는지 아무도 잘 알지 못했다.[36] 요컨대 1940년대 후반과 1950년대에 초반에 내린 비용절감 설계, 관리, 연구에 관한 결정들은 결코 저렴하지 않았다. 그것들은 수천억 달러의 정화 자금과 미래의 건강 문제 측면에서 후대에 막대한 비용을 치르게 했다.

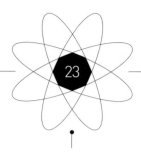

23

걸어 다니는 부상자

앙겔리나 구시코바는 1949년 마야크 공장의 굴라그 의료부대에서 죄수와 병사를 치료하는 보잘것없는 일에 배정되면서 젊은 의사로 방사선 의학에 첫발을 내디뎠다. 당시 정착지에는 병원이 없었고 막사 진료소 하나가 전부였다. 1951년 어느 날, 12명의 죄수들이 메스꺼움과 구토를 호소하며 진료소를 찾았다. 구시코바는 그들을 식중독으로 보고 치료했고, 다시 일터로 돌려보냈다. 나중에 죄수들은 체중 감소, 열, 내출혈 등을 호소하며 다시 왔다. 이번에 구시코바는 급성 방사능 중독 진단을 내렸다. 분명히 그 남성들은 방사화학 25호 공장 근처의 고방사성 토양에서 도랑을 팠다. 감시 요원들이 수치를 재기 위해 현장으로 갔다. 그들은 그 남성들 중 3명이 대부분의 사람들에게 치명적인 약 600렘을 받은 것으로 추정했다.[1]

구시코바는 그 죄수들이 특별히 처방된 음식, 비타민, 깨끗한 침구, 수혈, 항감염제 등 최상의 진료를 받았다고 회상했다. 이는 굴라그 재소자들에게는 매우 이례적인 치료였지만 구시코바와 그녀의 동료들은 급성 방사능 중독과의 첫 만남이었던 터라 이 환자들에 관심을 보였다. 가장 높은 선량에 피폭된 3명 중 1명은 사망했지만 다른 2명은 몇 달 후 퇴원했다. 구시코바는 그 성취를 자랑스럽게 기억한다. 그녀와 그녀의 동료들이 방사능 중독을 치료하는 방법을 알아낼 수 있다면, 그들은 공장이 계속 가동되도록 그들의 역할을 다할 수 있을 것이다. 그것은 인류뿐만 아니라 국가 안보를 위해서도 가치 있는 일이기도 했다.

구시코바가 처음으로 병사와 죄수들을 치료했다는 사실은 말이 된다. 공장 감독관들은 가장 소모적이고 지식이 부족한 작업자에게 가장 위험한 작업을 할당했다.[2] 정말 위험한 일을 진행해야 하는 상황이 되자 감독관들은 형기를 단축시켜주겠다면서 죄수들에게 자원할 것을 요청했다. 대개 종신형을 선고받은 이들이 새는 배관 밑에서 선로를 수리하거나 유출물을 치우는 일에 자원했다. 25호 공장에서 죄수들은 "특수 장치 팀"에 자원했다. 팀은 플루토늄 침전물로 막힌 여과기를 제거하여 상여금을 받았다. 남자들은 그 일을 오래하지 못했다. "사람들이 그 일을 하다가 기침을 하면서 피를 토하는 모습을 봤어요"라고 인나 라마호바Inna Ramahova는 회상했다. "2~3개월에 한 번씩 사람들이 바뀌었는데 다시는 못 봤어요."[3] 방사성 폐기물을 태우고 묻은 남자들은 눈에 띌 정도로 쇠약해지고 창백해지더니 이내 사라졌다.[4]

생산의 관점에서 보면 보건 위기는 숙련된 직원들이 질병에 걸렸을 때만 시작되었다. 타이사 그로모바Taisa Gromova는 25호 공장에서 일했다. 그녀는 종종 일터에 가장 먼저 도착했고, 가장 열의에 넘쳤으며, 근면하게 일했다. 생산에 배치된 다른 모든 직원들과 마찬가지로 그녀는 채용 전에 건강에 아무런 이상이 없다는 증명서를 발급받았다.[5] 1950년 그로모바는 두통, 뼈의 날카로운 통증, 지속적인 피로를 호소하기 시작했다. 그녀는 살이 빠졌다. 그녀의 걸음걸이는 느려졌다. 친구들이 춤추고 수영하는 동안 그녀는 벤치에서 지켜보았다. 1953년 그녀는 심하게 쌕쌕거리는 소리를 내며 심장병의 징후를 보이기 시작했다. 공장 의사들은 결핵 진단을 내리고 그녀를 결핵 병동으로 보냈으며, 그곳에서 의사들은 아무런 결핵을 발견하지 못해 그녀를 퇴원시켰다. 곧이어 샬리기나Shalygina, 시마넨코Simanenko, 나기나Nagina, 모데노바Modenova, 클로츠코바Klochkova, 그리브코바Gribkova, 드로노바Dronova를 포함한 다른 이들도 병에 걸렸다. 모두 25호 공장의 화학 공학 기술자들로 20대 초반이었다.[6] 사람들은 구내식당에 조용히 앉아 검은 빵을 힘없이 씹고 있는 25호 공장에서 온 창백한 소녀들, 갑자기 늙어 보이는 젊은 여성들에 관해 주목하기 시작했다.

그 여성들을 검사한 공장 의사들은 어리둥절해졌다. 이 젊은 노동자들이 외부 선원에서 받은 감마선 선량은 놀라울 정도로 높지 않았다. 그들은 왜 아팠던 것일까?

마야크 공장 바로 아래로 길을 따라 가면 있는 한 비밀 실험실이 이 문제에 대한 답을 줬을지도 모른다. 1946년 자베냐긴 장군은 생물물리학 연구소인 B실험실Lab B을 설립하고 점령 하의 독일에서 데려온 독일인 과학자들로 인력을 충원했다. 독일인 과학자들은 마야크 공장에서 방사성 폐기물을 토양과 실험용 동물에 주입하고 연무제와 혼합하는 실험을 했다. 실험실의 책임자인 니콜라이 티모페예프리소브스키 Nikolai Timofeev-Risovskii는 방사성 동위원소가 생물학적 형태에 미치는 영향에 가장 관심이 많았다. 그는 방사성 폐기물을 사용하여 더 크고 더 나은 식물을 키울 수 있기를 바랐다. 다른 과학자들은 생물학적 형태에서 방사성 동위원소들을 정화하는 용제를 발명하려고 했다.[7] 독일 과학자들은 죄수였기 때문에 방사능 수치를 측정하기 위해 플루토늄 공장 내부로 진입하는 것은 허락되지 않았다.

1949년 말, 보안 책임자 이반 트카첸코는 오죠르스크에서 약 20마일 떨어진 실험실을 시찰했다. 그는 독일 과학자들이 편안한 주택과 잘 갖춰진 실험실에 적응했음을 알게 되었지만, 그들이 거의 아무런 결과도 만들어내지 못했다고 불평했다. 트카첸코는 베리야에게 보낸 편지에서 문제는 실험실이 전적으로 죄수들로 구성됐으며, 이들은 "모두 반反소비에트 활동으로 형을 선고받았습니다. 그들은 단절되어 있기 때문에 제대로 된 과학을 할 수 없습니다. 그들은 최신의 발견에 대해 알지 못하며 그들의 분야에서 진행되는 작업들로부터 철저히 고립되어 있습니다"라고 썼다.[8]

철조망 뒤에서 과학에 대한 굴라그 장군의 비판을 읽는 것은 이상한 일이다. 트카첸코는 실험실 책임자를 외부 세계와의 관계를 유지하고 과학이 융성해지도록 정보 교환을 시작할 수 있는 자유로운 민간인으로 임명할 것을 권고했다. 그러나 때는 이미 늦었다. A원자로는 걷잡을 수 없이 누출을 일으키면서, 방사성 폐기물을 거대한 어업 회사가 상업적 판매를 위해 수 톤의 흰살 생선을 채취하고 가공하는 크질타시 호수로 보냈다. 수감자와 병사들은 핵분열 생성물로 포화된 토양에서 고생스럽게 일했으며, 방사화학공장의 소녀들은 매일같이 방사성 먼지와 증기를 섭취하고 흡입했다. 이 모든 정보는 수감된 생물물리학자들에게는 금지되었다.

즉 서구 과학자들로 충원된 최첨단 실험실은 기회를 놓친 것이었다. 1946년부터 1953년까지 방사성 동위원소의 생물학적 영향에 대한 소비에트의 연구는 별다른 진전을 보이지 않았다. 한편, 맨해튼 프로젝트에서 훔친 1만여 쪽 분량의 문건에서 소비에트 요원들은 방사성 동위원소 섭취의 위험성에 대해 설명하는 의학 연구에는 손을 대지 않았다.[9] 구시코바와 그녀의 동료들은 외부 선원의 선량에 초점을 맞춘 감시 절차가 쓰이는 상태에서, 먼지 입자에 붙은 극미한 양의 방사성 동위원소가 식도를 타고 폐의 연조직으로 내려가거나 피부에 난 찰과상을 통해 혈류를 타고 중요한 장기에 자리를 잡는 경로를 따라갈 때 발생하는 위험성에 대해 고려하지 않았다.

25호 공장의 여성 노동자 중 그로모바가 서른의 나이로 가장 먼저 사망했다. 부검 결과, 그녀의 혈액에 "허용 규준"보다 230배나 많은 플루토늄이 있었음이 드러났다. 곧이어 8명의 동료들이 그녀를 따라 시립 묘지로 갔다.[10] 블라디미르 벨랴브스키는 채석장 근처의 묘지를 기억하며 "그렇게 [이른] 시기에도 묘지의 경계는 빠르게 부족해졌다"고 썼다.[11]

소련 전역에서 핵화학에 대한 훈련을 받은 전문가는 극소수에 불과했다. 병약하고 젊은 화학 공학 기술자들은 대체가 불가능했고, 그들의 질병은 비록 기밀로 분류됐지만 날카로운 경보를 울렸다. 모스크바 지도자들은 오죠르스크에 있는 두 개의 새로운 병원, 여러 개의 진료소, 선량 측정 장치, 확대된 의료 인력을 위한 급여, 모스크바 생물물리학 연구소 Moscow Institute of Biophysics의 분원에 자금을 배정했다.[12] 곧 이 소도시는 우랄의 다른 도시보다 1인당 의사를 더 많이 보유하게 되었다.[13]

구시코바와 그녀의 동료들은 의료 시설, 실험실, 더 많은 인력과 함께 작업에 착수했다. 생쥐와 토끼에 대한 실험 연구를 통해 방사성 동위원소 섭취의 폐해를 발견하기보다 환자를 치료하면서 방사성 입자와 건강 영향 사이의 연관성을 밝혀냈다. 1950년에 의사들은 만성방사선증후군CRS(Chronic Radiation Syndrome)이라는 새로운 질병을 찾아냈다. 당시 러시아 우랄에서만 진단된 이 질병은 낮은 선량의 방사성 동위원소에 장기간 노출되어 발생했다. 한 회고록 작성자는 CRS의 끔찍한 통증을 "벽을 기어 올라가고 싶게" 만들었던 고통으로 묘사했다.[14] 의사들은 흔히 심한 빈혈로 신호를 보내는 혈액의 변화를 통해 이 불가사의한 새로운 질병의 발병을 예측하는 법을 배웠다.[15] 의사들은 생산 작업에 종사하는 직원들로부터 몇 달에 한 번씩 혈액을 채취했다. 피폭된 직원들은 안색과 기분이 좋아보일지 모르나, 혈액 세포의 변화는 확연히 알 수 있다. 한 임상의는 임계 사고, 즉 자동으로 계속되는 중성자의 연쇄 반응에서 피폭된 한 여성의 혈액 도말 표본을 들여다보았던 일을 기억했다. 그녀는 수많은 백혈구 대신 오직 외로운 림프구 한 개만이

유리 위에서 헤엄치고 있는 것을 발견하고 간담이 서늘해졌다.[16] 의사들은 노동자의 걱정스러운 세포 변화를 기록하면서 노동자들을 오염된 작업 현장에서 철수시킬 것을 요청했다. 생산 압박을 받고 있는 어떤 대장도 의사들에게 훈련받은, 매우 부족한 인력을 철수시킨다는 말을 듣고 싶어 하지 않았다. "우리는 감독관들과 아주 힘든 대화를 몇 번 나눴지요"라고 구시코바는 회상했다.[17]

공장 의사들은 만일 젊은 사람들이 공장에서 불과 몇 년 안에 장애인이 된다면, 대장들이 충분한 인력 공급을 유지하는 데 어려움을 겪을 것이라고 주장했다. 그들은 이미 자격을 갖춘 직원과 과학자들을 생산직으로 끌어들이기 어렵다는 점을 지적했다.[18] 의사들은 마침내 지도자들, 즉 생물학적 방호를 보장하지 못하고 방사선 감시 예산을 삭감하고 더 짧고 위험한 냉각 기간을 주문한 남자들에게 중요하고 훈련된 직원들이 중병에 걸리기 전에 방사성 환경에서 벗어날 수 있도록 내보내야 한다고 설득했다. 생산직에서 회수된다는 것은 최대 50퍼센트의 급격한 임금 삭감 또는 최악의 경우 해고를 의미했다. 해고된 직원들은 공급도 풍부하고 점점 더 풍요로워지는 작은 도시를 떠나 그들이 거주지를 둘러싼 암울한 풍경을 일컬었던 "큰 세상"으로 나가야 했다. 많은 사람들은 추방이나 강제 재정착의 형태로 해고를 경험했다. 이는 사회적 이동이라는 약속을 뒤집는 것이었다.[19]

구시코바는 만성방사선증후군 증상이 나타나기 전에 노동자들을 내보냄으로써 수천 명의 목숨을 구했다고 이야기했다. 1954년 한 해에만 의료진은 805명의 노동자들을 생산직에서 재배치했다. 구시코바는 결국 CRS로 진단을 받았던 2,300명의 노동자 중 19명만이 노출된 지 10년 이내에 사망했다고 주장한다.[20] 그러나 이 환자들 중 상당수가 30대, 40대, 50대에 사망했다. 25호 공장에서 일했던 젊은 여성들 중 절반 이상이 50세가 되었을 때 암으로 쓰러졌다.[21]

구시코바에게 죽음은 고통스러웠지만 그럼에도 불구하고 의학이 승리했음을 보여주는 것이었다. 그녀는 자신과 그녀의 동료들이 적시에 CRS를 진단하고 대부분의 근로자가 완전히 회복할 수 있도록 치료하는 방법을 배웠다고 주장했다. 놀라울 정도로 높은 300렘을 받았던 2,000명 이상의 직원들 중 절반은 40년에서 50년이 지난 후에도 여전히 살아 있었다. 사실, 그녀는 이 CRS 환자군이 소비에트 인구보다 평균적으로 더 오래 살았다고 주장한다.[22] 이러한 통계에서 구시코바는 허용 선량보다 높은 방사선에 장기간 피폭되더라도 살아남을 수 있고, 신중한 의료적 감시, 훌륭한 건강관리 체계, 건전한 생활환경과 결합할 경우 악성 방사성 동위원소라도 위험하지 않다고 주장했다. 이러한 메시지는 원자력의 미래를 계획하던 모스크바의 실력자들에게 따뜻하게 받아들여졌다. 구시코바의 경력은 그녀의 연구 결과의 성공과 호소력과 함께 높아졌다. 1950년대 말 그녀는 모스크바로 승진했다. 이 분야에서 드물게 여성이었던 그녀는 그곳에서 생물물리학 연구소의 연구책임자가 되었다. 1986년 체르노빌 참사 이후, 그녀는 방사선과 건강관련 논의의 대중적인 얼굴이 되었다. 텔레비전 카메라 앞에서 구시코바는 우려하는 대중을 달래고 방사성 오염이 억제될 수 있다고 확신시키기 위해 노력했다.[23]

그러나 구시코바의 통계는 몇 가지 의문을 제기한다. 폐쇄 도시 오죠르스크에는 매우 젊고 비교적 부유한 거주자들이 있었고, 이들은 우수한 보편 의료 서비스를 누렸다. 도시에서 노인은 한 명뿐이었고 가난하거나 궁핍하거나 만성적으로 아픈 사람은 없었다. 이와는 대조적으로, 전후 소비에트 내륙 지역은 영양실조, 수많은 전염병, 부실하고 열악한 의료 서비스, 전시 정신적 외상으로 인한 심리적·신체적 질병에 시달리는 사람들, 그리고 대다수가 빈곤한 삶을 살고 있는 것으로 나타났다. 이러한 조건들은 공중 보건에 큰 영향을 끼쳤다. 일부 지역에서는 전체 유아의 25퍼센트가 질병과 영양실조로 사망했다. 건강과 젊음을 위해 미리 선택된 오죠르스크 주민들의 역학 상황은 확실히 소비에트 평균보다 훨씬 좋아 보였어야 했다.

의학적 진단은 복잡한 의료 현실을 드러내는 만큼 모호하게 하기도 한다. CRS 진단을 통해 공장 의사는 공장으로 인해 몇몇은 아프다고, 다른 이들은 공장에 의해 해를 입지 않았다고 지정할 수 있었다. 이후 수십 년 동안 업무 관련 질병으로 진단받은 사람들의 수를 제한함으로써 노동자들의 보상금으로 지출되는 수백만 루블을 절약할 수 있었다. 달리 말해, 제한된 수의 노동자들에 대한 경미한 보건 영향만을 설명하는 의료 데이터를 마련해야 한다는 실질적인 경제적·정치적 압력이 있었다.[24] 내가 주장하는 바는 구시코바의 통계가 과학적으로 검증된 사실처럼 들리지만 의미가 거의 없다는 것이다. 구시코바가 작성한 CRS 환자 도표는 공장에서 피폭되거나 병에 걸리거나 때아닌 죽음을 맞이한 사람들의 합계를 반영하지 못한다. 그 숫자들은 역사 속으로 사라졌다. 지금 우리가 할 수 있는 일은 더 큰 그림의 일부를 살짝 보는 것뿐이다.

구시코바의 기록에는 의료 감시를 받고 생산직을 그만둔 후에도 오죠르스크에 남았던, 주요 생산 공정에 배치된 유급 직원만 나열되어 있는데, 이는 전체 직원의 10퍼센트도 안 된다. CRS에 걸린 직원 중 나중에 해고되고 오죠르스크에서 쫓겨난 이들은 공장의 의료 레이더에서 떨어져나갔다. 이 사람들의 의료 기록은 증가하는 암 발병률과 더 짧아진 수명을 기록한 소비에트 인구의 더욱 거대한 통계적 흐름에 합류했다.[25] 구시코바는 감시받지 않은 노동자, 죄수, 병사들도 포함시키지 않았다.[26] 이 "임시직들" 중 약 10만 명이 가동 첫 10년 동안 마야크 공장을 거쳐 갔다.[27] 구시코바의 기록에는 더러운 실험실 앞이나 굴뚝에서 불어오는 바람을 맞으며 경계를 섰던 경비원도 기록되어 있지 않다. 거기에는 요리사, 배관공, 전기 기사, 청소 인력, 오염된 공장 건물에서 일하는 사무원 또는 방사선에 피폭된 지역에 새로운 원자로와 공장을 건설한 건설 노동자도 포함되지 않는다.[28]

그러한 남성과 여성들에게 일어난 일은 추측의 대상이다. 병사들은 몇 년간 복무했고 동원 해제되었다. CRS 증상이 나타나기까지는 1~2년이 걸렸다. 혈액순환 장애나 종양이 생기는 데는 10여 년이 걸렸다. 얼마나 많은 병사들이 공장에서 피폭돼 사망했는지 알 수 있는 방법이 없다. CRS 증상은 영양실조, 스트레스, 피로로 인해 발생할 수 있는 전염병 및 질병의 긴 목록과 유사했다. 만성적으로 병약한 죄수들은 결국 "장애인들"로 분류되어 지대 밖의 수용소로 보내졌다.[29] 이 죄수들이 방사능 중독으로 죽거나 살아남았을 경우 아무도 그 사실을 기록하지 않았다.

새로운 질병, 아픈 젊은이들, 공장 직원들의 사망 원인은 국가 기밀로 분류되었다. 건강 검진 후 노동자들은 그들의 선량이나 진단에 대해 아무것도 듣지 못했다. 그러나 교대 후 코피를 흘리는 죄수들, 식료품 가게를 돌아다니는 창백한 젊은 여성들, 새로운 도시로 모여드는 점점 더 많은 의사와 의료진, 이 모든 것은 눈에 보이는 비밀이었다. 주민들은 그들 공장의 위험성에 대해 이해하기 시작했다. 공장의 남성들이 불임이고 남편들이 병사들에게 돈을 주고 아내를 임신시켰다는 소문이 돌았다.[30] "수다쟁이"라고 불린 한 여성 판매원은 1951년 1월 아픈 가족을 방문하기 위해 마그니토고로스크의 집으로 향했다. 거기서 그녀는 오죠르스크가 가상의 교도소였다고 말했다. 그녀는 공장에서 더 높은 보수를 받는 일을 제안 받았지만 거절했다고 말했다. 전하는 바에 따르면 그녀는 정보원이 들을 수 있는 거리에서 "그곳[플루토늄 공장]에 가서 일하는 건 스스로를 매장시키는 거예요"라고 말했다. 트카첸코 장군은 이 여성을 "국가 기밀 유포" 혐의로 체포했다.[31] 그럼에도 불구하고 그녀의 감정은 문제였다.

아픈 노동자들과 위험한 근무환경에 대한 소문은 사기에 좋지 않았다. 트카첸코는 사람들이 "더럽다"는 평판을 가진 작업장을 기피한다는 사실을 인정해야 했다. 실력자들은 많은 사람들이 폐쇄 도시에 도착한 후 당비 납부를 중단하고 의무적 회의 참석을 그만뒀다고 언급했다. 당원은 위험한 구역에서 일하라는 지시를 받으면 복종해야 했다. 반면,

당원이 아닌 사람들은 거부할 수 있었고 그렇게 했다.[32]

병사와 죄수들은 지역사회의 경제적 건강뿐만 아니라 신체적 건강을 위해서도 중요한 존재로 거듭났다. 공장이 더욱더 많은 폐기물을 흘려보내면서, 그들은 오염된 땅에서 소모성 노동력의 역할을 했다. 현대 국가의 여러 기능들 중 하나는 부를 재분배하는 것뿐만 아니라 위험을 재분배하는 것이다.[33] 오죠르스크에서는 임시직 노동자들이 위험의 가장 큰 몫을 짊어졌다. 이는 위험하고 부적절하게 설계되고 유출되는 공장을 그것을 운영하는 숙련된 엘리트 정규직 직원의 입맛에 맞게 만드는 데 도움이 되었다. 플루토늄 노동자들을 그들이 만들고 있던 플루토늄 재해로 인한 위험과 건강 결과로부터 격리시켰던 존재는 주둔지와 수용소의 비정규 노동자들이었다.

24

두 차례의 부검

1952년, AEC는 이례적으로 탁월한 안전을 기록하여 수많은 상들 중 하나를 받았다.[1] 수십 년이 지난 후, 핸퍼드 공장이 운영된 40년 동안 방사능으로 인한 사고 사망자가 한 명도 없었다는 것이 공식적인 설명이다.

나는 시체 한 구에 대한 두 차례의 부검을 발견했을 때, 이 설명을 의심하기 시작했다. 1952년 6월 9일, 관리 감독 어니스트 존슨Ernest Johnson은 타는 느낌이 들고 목이 따갑다고 불평하며 일찍 퇴근했다. 그는 집에 가서 소파에 누웠다가 사망했다. 존슨의 아내 마리Marie는 GE가 운영하는 리치랜드의 카들레츠 병원Kadlec Hospital에 전화를 걸었다. 윌리엄 러셀William Russel 박사가 20분 만에 도착했다. 러셀은 이후 첫 번째 부검을 수행했고, 48세의 직원이 동맥류로 사망했다고 밝혔다.[2]

존슨 부인은 남편의 죽음에 대해 의심하고 있었다. 장의사는 남편의 팔에 설명할 수 없는 화상 자국이 있다고 지적했다.[3] 한편, 존슨의 동료들이 방문하여 마리에게 귓속말로 존슨이 "선량을 받고 있었다"고 전해주었다. 또한 FBI는 리치랜드 주변에서 마리를 미행했다. 마리 존슨은 장례식을 위해 남편의 시신을 시카고의 집으로 운구했다. 그 후 그녀는 쿡 카운티Cook County 검시관 토머스 카터Thomas Carter의 사무실에 시신을 맡겼다. 카터는 두 번째 부검을 수행했다. 그는 죽음이 방사성 물질과의 접촉으로 인한 동맥류 때문이고, 그것이 화상 자국을 설명해준다고 말했다. 그는 마리 존슨에게 "나는 그의 죽음이 방사선 피폭 때문이고, 보험이나 보상 청구를 입증하는 데 어려움이 없을 것이라고 확신합니다"라고 썼다. 그리고 나서 카터는 골치 아픈 구절을 덧붙였다. "시신에서 중요한 증거 일부가 제거되었기" 때문에 부검이 불완전하다는 것이다.[4]

마리 존슨은 남편의 죽음에 대한 보상을 요구하면서 카터의 부검을 GE에 보냈다. 이에 놀란 핸퍼드 보건물리학 부서의 2인자 필립 푸쿠아 Philip Fuqua 박사는 시카고로 날아가 카터에게 결론을 철회해 달라고 요청했다. 푸쿠아는 카터에게 상반된 의견들을 고려할 때 방사선 의학 전문가들을 불러 이 사건을 검토할 수 있다고 제안했다.[5] 이는 쉬운 해결책이었다. 푸쿠아가 제안한 전문가들, 즉 로버트 스톤, 쉴즈 워런 Shields Warren, 시미온 캔트릴S. T. Cantril은 모두 냉철한 AEC의 내부자였다. 이전에 스톤과 워런은 야전 핵실험에서 현역 미군 수천 명의 실험적 피폭을 승인했다. 푸쿠아는 이 의사들이 AEC가 원하는 종류의 의

학적 증언을 할 수 있다는 것을 알고 있었다.[6]

자신의 사무실을 방문한 푸쿠아 앞에서 카터는 동의했지만, 일주일 후 마음을 바꿔 원래 결론을 철회하길 거부하고 마리 존슨에게 전화를 걸어 GE가 자신을 압박하고 있다고 말했다.[7] 그러자 GE 변호사들은 전술을 바꿔 워싱턴주 노동위원회Washington State Labor Board에 존슨의 두 번째 부검 기록에서 방사선 피폭에 관한 정보를 삭제하고 마리 존슨의 주장을 부인할 것을 요청했다. 워싱턴주 관리들은 이에 응했으며, 심지어 더욱 도움이 되게끔 GE 변호사들에게 존슨이 노동위원회를 믿고 전화로 이야기한 내용을 알려주었다.[8]

불가사의한 죽음, 상충하는 부검들, 서둘러 시카고로 날아갔던 푸쿠아, 사라진 시신의 일부 등 이 모든 것이 의심스럽게 들린다. 나는 전임 핸퍼드 보건물리학자에게 존슨의 사건에 대해 물었다. 그는 당시 장기를 적출하는 것이 일반적인 관행이었고, 향후 연구를 위해 자료를 수집한 것이지 증거를 숨기는 것과는 그다지 관련이 없었을 것이라고 지적했다. 보건물리학자는 또한 검시관의 두 번째 부검을 폄하했다. "대체 가정의가 방사선에 관해 무엇을 알았겠습니까?"라고 그는 과장된 표현으로 물었다. "가족이 그가 원자력 시설에서 일했다는 말만 하면 의사들은 성급하게 결론을 내리곤 했지요."[9] 그러나 쿡 카운티 검시관은 가정의가 아니라 주요 도시의 훈련받은 병리학자였다.

존슨이 사망한 지 60년이 지난 지금, 나는 누가 옳았는지 곰곰이 생각했다. 존슨은 방사선 관련 부상 때문에 사망했던 것일까, 아니면 관련 없는 상태로 사망했던 것일까? 나는 기밀 해제된 수만 쪽의 핸퍼드

문서에서 존슨의 운명을 찾아내기 위해 문서고 데이터베이스 검색을 실행했다. 존슨을 다시 찾아내지는 못했지만 몇 가지 단서를 발견했다. 1952년 6월 핸퍼드 월간 보고서는 존슨이 사망한 날 그가 일했던 구역에서 발생한, 직업 설명이 존슨과 동일한 남성들이 포함되어 있던 "1급 Class I" 방사선 사고에 대해 서술했다. 그러나 이 사건은 보고된 사망으로 끝나지 않았으며 노동자들이 자신도 모르는 사이에 방사성 통들을 다뤘다는 것과 연관이 있을 뿐 사건 자체는 위험하지 않았다고 설명한다.[10] 그 남성들이 감시를 받지 않았기 때문에 그들이 받은 선량은 기록되지 않았다.[11]

그게 전부다. 나는 이 방사선 사고가 존슨과 관련된 것인지 확신할 수 없었다. 규정에 따르면, 일찍 일을 그만두고 갑작스럽게 사망한 사실을 기록한 존슨 관련 다른 문건이 있어야 했다. 하지만 그러한 문서들은 더 이상 존재하지 않았다. 애초에 작성된 적이 없을 수도 있다. 나는 몇몇 사고가 공식 기록에 오르지 못했다는 증거를 발견했다. 예컨대 200만 갤런의 방사성 폐수가 컬럼비아강으로 유출된 어느 날, 한 감시 요원은 메모지에 줄을 그었다. "우리는 이를 비공식적인 것으로 남겨둘 것이다."[12] 알 수 없는 양의 고준위 폐기물 배출을 기술한 또 다른 사고에 대해 한 관계자는 "우리는 이 사건을 보고할 만한 사건으로 보지 않는다"라고 썼다.[13] 1955년 12월, 워싱턴의 AEC 관리들은 핸퍼드 노동자 한 명이 사고로 사망했다는 것을 단 한 문장으로 언급했다. 작업 보고서를 확인한 결과 그 달에 공장에서 이런 사망이나 부상에 대한 어떠한 흔적도 찾을 수 없었다.[14] 아마도 이러한 사고 기록은 6년과 15년 후에 AEC 파일에서 정기적으로 삭제되는 대부분의 문서들 중 하나였을 것이다. 아니면 1952년 말 GE 변호사들이 마리 존슨의 전화에 대해 걱정했을 때 존슨의 문건은 그들이 불렀던 것처럼 의도적으로 "위생 처리"됐을 수도 있다. 이 사건에 대해 고민하다 보니 그것은 기억의 소용돌이 속에서 빙빙 도는 망각을 상기시키면서 나를 괴롭혔다.

존슨을 죽였을 수도 있는 종류의 사건을 걸러내기 위해 사고 보고서들을 뒤적거리면서, 나는 부상을 당할 수 있는 수많은 방법들에 놀랐다. 존슨은 튀어오른 저류지 오수에 맞았을 수도 있다. 원자로 아래로부터 쏟아지는 중성자 샤워에 맞았을지도 모른다.[15] 환풍기가 작동하지 않았을 때 타오르는 산화 우라늄을 들이마셨을 수도 있다.[16] 엄청나게 뜨거운 방사성 용액이 흐르는 배관 근처에서 작업하기 위해 기중기에 기어오르는 작업을 맡았을지도 모른다. 유출되는 폐기물 저장고 관에 지나치게 가깝게 다가갔을 수도 있었다.[17] 제어봉을 수리하는 과정에서 팔에 방사성 조각이 박혔을지도 모른다. 막힌 배관을 교체하거나 파열된 슬러그를 제거하거나 원자로 후면에서 고속의 방사성 분말을 피하는 동안 방사성 용액에 화상을 입었을 수도 있다.[18]

핸퍼드 공장의 일상적인 하루에는 파멸에 가까울 정도로 잘못될 수 있는 것들이 정말 많았다. AEC 전문가들은 설계, 규정, 노동자 교육을 통해 사고를 방지할 수 있다고 냉정하게 주장했다. 그러나 스리마일 섬 Three Mile Island 사고를 연구한 사회학자 찰스 페로Charles Perrow는 고위험 원자력 산업의 복잡성이 "모든 통제를 뛰어넘는다"고 지적했다. 그는 이러한 정교한 시스템에서는 전원 고장과 같은 단순한 문제도 참사로 이어질 수 있다고 주장한다. 페로는 이러한 사건들을 "정상 사고"라고 부른다. 예상할 수 없고 따라서 예방할 수 없기 때문이다.[19] 게다가 원자력발전소는 부식성이 강한 화학물질 및 방사성 독소의 먹이가 되어 빠르게 노후화된다. 파커는 핸퍼드 공장이 겨우 4년이 되었을 때 "공장이 낡아가고 있다. 이는 유지보수 작업에 얼마간의 어려움을 제공한다"고 썼다.[20]

수리할 수 있는 시간은 많지 않았다. 1950년대에 조작자들은 러시아인들보다 앞서기 위해 생산을 계속 유지해야 한다는 압박에 시달렸다. 노동자들은 플루토늄을 가능한 한 신속하고 저렴하게 생산해야 한다는 압력을 받았다. 1947년부터 1951년까지 공장은 생산을 3배로 늘렸다. 드와이트 아이젠하워Dwight Eisenhower 대통령이 1955년 핵무기를 국방 전략의 초석으로 삼은 이후 3년 동안 생산량은 매해 30~40퍼센트 증가했다.[21] 불행히도 생산량이 두 배로 늘면서 폐수의 양은 세 배로 늘어났다. 더 높은 출력으로 공장이 가동되면서 슬러그가 한 달에 10~20개의 비율로 파열되었다. 슬러그가 쪼개져 열리면 조작자들은 가동을 중지하고 슬러그를 제거하고 오작동하는 장비를 수리하고 다시 가동을 시작해야 했는데, 이는 귀중한 생산 시간의 손실을 동반했다. 잃어버린 시간을 만회하기 위해 그들은 다시 서둘렀다.[22] 서두르는 조사관들에게 오래된 자재를 검사하고 장비를 점검할 시간은 거의 없었다. 폐기물 배관이 무너지고, 조사된 페인트가 벗겨지고, 양수기가 고장나고, 고무 개스킷이 말라서 새어나왔다.[23] 플루토늄 공장에서의 일상적인 마모는 크고 작은 방사선 사고로 이어졌다. 월간 보고서를 읽다 보면 공장이 통제 불능 상태가 된 것 같다는 사실을 알 수 있다. 1955년, 아이젠하워가 특별한 "핵 방위 자재 계획"을 선언했던 바로 그 해에, 이 무질서는 최고조에 달했다.

11월에 연료 소자가 점화되었고 폭발로 인해 오염된 입자가 5제곱마일에 퍼졌다.[24] 12월에 F원자로의 수조*에 금이 가 하루 170만 갤런의 폐수가 컬럼비아강으로 유출되었다. 하지만 아무도 이 방사성 간헐천을 고치려고 서두르지 않았다. 맥과이어A. R. McGuire는 방사선학 부서에서 유출 사실을 알고 있었지만 보고서를 제출하지 않았다고 썼다. 맥과이어는 "나는 그들이 지금 어떤 진술도 기록하지 않는 것을 더 선호한다고 생각한다"고 썼다. "나는 기다릴 의향이 있다. 지금 그들의 대답을 강요한다면 수조 수리가 필요할 수 있기 때문이다."[25]

맥과이어는 훨씬 더 큰 문제가 있었기 때문에 강으로 쏟아지는 폐수를 그냥 지나칠 수밖에 없었다. 나는 300쪽 분량의 보고서에서 다음과 같은 기록을 발견했다. "12월 22일, 최대 시속 80마일의 돌풍을 동반한 폭풍이 100구역[원자로들]에 광범위한 피해를 입혔다. 사각형 콘크리트 구조물이 지붕에서 떨어져나가 대략 3만 5,000제곱피트의 지붕이 피해를 입은 경우도 있었다."[26]

나는 내가 제대로 이해했는지 확인하기 위해 그 구절을 여러 번 읽어

---

* 여기서 수조basin는 F원자로 옆에 위치한 시멘트 바닥과 벽으로 구성된 냉각지를 의미한다. 이곳에서 방사성 폐수는 안전하다고 여겨질 때까지 냉각(온도 하락 및 내부 방사성 동위원소들의 붕괴)되어 강으로 폐기되었다.

야 했다. 너무 간결해서 해당 문구는 귀가 먹먹할 정도로 요란한 바람소리, 소리로 선명한 대기, 그리고 그 사이로 총알처럼 철근 계류봉에서 떨어져나가 무시무시한 소리를 내며 원자로에서 솟아오르는 거대한 사각형 콘크리트 구조물의 지속적인 충돌 등 많은 것을 상상에 맡긴다. 구조물들이 벽, 울타리, 저수조에 부딪히면서 산산이 부서지고 조각들이 트럭과 도망가는 사람들 위로 비처럼 쏟아졌다. 그 후 방사선 감지기를 든 노동자들이 시멘트 파편 위를 기어가는 동안 오염된 증기와 물이 뿜어져 나왔고 조작자들은 원자로를 정지시키기 위해 달려들었다.

노동자들이 원자로 지붕을 고치는 데는 6개월이 걸렸다.[27] 그러는 동안에도 원자로들은 계속 가동되었다. 폭풍이 몰아친 후 몇 주 동안 "지붕이 없어진" 세 기의 손상된 원자로는 바람, 눈, 비를 맞으며 작동했다. 전쟁이 없는데도 이처럼 험난했던 전시 환경에서 몇몇 노동자들의 피폭, 손과 얼굴의 방사선 조사는 달걀을 깨지 않고는 오믈렛을 못 만든다는 속담*과 유사할 뿐이었다.

생산이 방사성 방출물의 양과 함께 증가하면서, 구역 내의 건설 프로젝트가 빠르게 진행되었다. 1951년, 목공연합회United Brotherhood of Carpenters의 호프마스터J. Hofmaster는 워싱턴 하원의원 헨리 잭슨에게

---

* 중요한 일을 하는 데는 어쩔 수 없이 사소한 문제들이 생기므로 다른 이에게 피해가 갈까 봐 주저한다면 얻고자 하는 것을 얻을 수 없다는 의미의 속담이다. 특히 리더십을 발휘해야 하는 사람의 경우 일부 부작용과 피해를 감수하고라도 밀어붙여야 할 땐 밀어붙여야 한다는 의미로 쓰인다. 하지만 목적 달성을 위해 그 과정에서 나타나는 부작용을 합리화하기 위해 사용하기도 한다. 《매일경제》 2017년 8월 4일.

편지를 보내 공장 건설 노동자들의 위험한 여건에 관해 극비로 말했다. 목수들은 설계자들이 돈을 절약하기 위해 오래된 원자로와 매우 가깝게 배치한 새 원자로에서 "굴뚝에서 땅으로" 직접 부는 우세풍優勢風을 받으며 힘들게 작업했다.[28] 그들은 방사선 감지기가 굴뚝에서 나와 빠르게 이동하는 눈송이 크기의 방사성 입자와 방사성 아이오딘 수치가 치솟는 것을 기록하는 기간 동안 일했다. 피폭이 매우 높을 수 있었다.[29] 건설 노동자들은 방사선 구역에서 작업하는 훈련을 받지 않았기 때문에 가이거 계수기가 분당 1,000계수*에서 딸깍거렸을 정도로 오염된 호스를 수도전에 연결하기 위해 빌렸을 때 어떠한 위험도 인식하지 못했다.[30] 노동자들은 방호복이나 개인 감지기를 가지고 있지 않았다. 그들은 감시 요원들이 앉아 있는 동안 위생 검사선을 통과했다. 점심을 먹기 전에 씻을 물이 없어 오염된 손으로 밥을 먹었다. 두어 명의 남자들은 팔과 얼굴에 설명할 수 없는 상처가 생겼다. 핸퍼드 의사들은 그들에게 "암이 아닙니다"라며 걱정하지 말라고 말했다.[31]

건설 노동자의 존재는 일시적이었다. 노동자는 하도급업체에 고용되었기 때문에 공장에서 GE 직원에게 적용되는 안전 규칙의 적용을 받을 자격이 없었고 하여 그들의 피폭은 누구도 책임지지 않았으며 그들의

---

* 가이거 계수기에는 기본적으로 계수 측정 방식과 방사선량 측정 방식인 두 가지 계측 방법이 있다. 계수 측정 방식은 알파 또는 베타 입자를 검출할 때 이용된다. 전리 방사선의 측정은 계수기에 표현된 단위당 계수율로 나타내는데, 분당 계수율cpm과 초당 계수율cps이 흔히 이용된다.

건강은 감시되지 않았다. 작업이 완료되면 그 남자들은 건강에 영향을 미칠 수 있는 것들을 가지고 다른 곳으로 이동했다. 한 건설 노동자는 1970년대에 핸퍼드 운영진에게 불가사의한 피폭을 묘사한 뒤 자신의 위가 "썩어 들어가고"* 폐에 구멍이 나고 시야가 흐려졌다고 비난하는 내용의 편지를 썼다. 그는 공장을 떠난 후 위의 절반을 제거해야 했고 평생 동안 의학적 통증을 가지게 되었다고 썼다. 그는 같이 작업한 노동자 중 5명이 이미 사망했다고 주장했다. 아무런 조사 결과도 나오지 않았다. 한 관리는 이 남성의 고용 기록이 없다고 답신을 보냈다.[32]

공장에서 노동자들은 자신들만의 방식으로 사고를 묘사하게 되었다. 그들은 집으로 가는 버스에서 서로에게 자신들이 어떻게 "망가졌는지", "극도로 피로해졌는지" 또는 "새까매졌는지" 또는 어떻게 "귀염둥이 cutie pie", "큰 흡입관big sucker", "부유물 제거장치skimmer", "돼지pig", "문버팀쇠doorstop", "트롬본trombone" 또는 "장승totem pole"에 피폭되었는지를 이야기했다. 이 용어는 입회자를 제외한 모두에게 이해하기 힘든 것이었다. 한 노동자는 내게 늦게 귀가한 한 남자의 이야기를 들려주었다. 아내가 무엇 때문에 늦었냐고 묻자 그는 다음과 같이 답했다. "오염 제거decon** 일을 하고 있는데 손에서 돼지가 미끄러져서 내 하얀

---

* 원어는 pulferated이나, 이는 표준 영어 단어가 아니다. 저자는 이에 대해 소화계가 정상적으로 작동하지 않고, 출혈과 파열을 겪는 모습을 해당 노동자가 "부패하는"을 의미하는 형용사 putrid를 동사처럼 사용해 표현한 데서 비롯된 것으로 이해한다.
** 원어는 decon으로, 이는 제독을 뜻하는 decontamination의 축약어이다.

것들whites*을 망쳤어. 알엠RM**이 내 팔을 풀어주는 데 시간이 좀 걸렸지." 그의 아내는 "맥주 몇 잔 마시고 싶어서 잠깐 술집에 들른 거라면 거짓말할 필요는 없잖아!"라고 투덜거렸다.[33]

특히 외부에서 작업하면서 공기 중 먼지, 표시되지 않은 고방사능 구역, 매장지, 유출되는 폐수, 비서들의 나일론 스타킹을 부식시켰던 기름기가 있는 노란 안개를 내뿜던 굴뚝에서 내려오는 하류풍에 그대로 노출된 사람들이 취약했다. 조작자들만 노출된 것이 아니다. 바람, 물, 발걸음의 경로를 따라 방사성 동위원소가 구역 전체로 뻗어나갔다. 트럭 운전수들은 출렁이는 화물을 운반했다. 경비들은 산들바람과 후두두 내리는 보슬비의 먹잇감이 되었다. 시간이 지남에 따라 경비실의 매트리스에 너무 많은 방사능이 축적되어 폐기해야 했다.[34]

보건물리학자들은 핵분열 생성물들이 환경 및 인간 생물학과 구별되는 것으로 언급했다. 방사성 동위원소는 중화시킬 방법이 없는 것으로 알려져 있지만, 그들은 "차단하다", "제독하다", "정화하다"와 같은 동사를 사용했다. 그들은 핵분열 생성물을 한 곳에서 다른 곳으로 옮겨 동위원소가 붕괴할 때까지 기다릴 수밖에 없었다. 창공이 핵분열 생성물들로 포화되면서, 감시 요원들은 핸퍼드의 부산물을 네바다와 태평양의 실험장에서, 그리고 소비에트인들이 메가톤급 실험을 실시한 카자흐스탄, 러시아 북극에서 부유하던 대기오염과 구분하는 데 훨씬 더 어려움을 겪

* 원어는 whites로, 이는 PPE, 즉 개인 보호 장구를 의미한다.
** 의료 인력에 대한 속어로, 저자는 이를 간호사로 추측한다.

었다. 1950년대 후반 과학자들은 내부 방사능 수준을 측정하기 위해 전신 계측기로 직원들을 조사했다. 감시 요원들은 계수가 높았다고 밝혔다. 피험자의 머리카락이 핵분열 생성물로 더럽혀져 측정치가 부풀어 올랐기 때문이다. 연구자들이 피험자들의 머리를 감게 했을 때, 계수는 상승했을 뿐이었는데, 유출수가 많은 컬럼비아강에서 끌어온 지역의 상수시설에 방사능이 포함되어 있었기 때문이다.[35] 이런 식으로 상황이 흘러갔다. 방사성 동위원소는 생물학적 형태와 쉽게 결합하여 별도의 경계가 없었다. 시간이 흐르면서 그것들은 더 이상 지역 환경, 과학자의 몸, 인간의 진화와 구별되지 않았다.

방사선 감시 요원들은 핵분열 생성물이 너무 변덕스럽고 집요하며 감시가 정확한 과학이 아니라는 점을 들어 규정과 주의를 고집했다.[36] 노동자들은 안전 규정이 그들을 미치게 만들었다고 기억한다.[37] 훈련, 보고, 반복 연습, 감시, 경보는 반복적이고 업무 시간을 마비시켰다.[38] 그러나 직원들은 자신들을 둘러싼 방사선장放射線場의 크기를 거의 알지 못했다.[39] 그들은 보통 앞가슴 주머니에 개인 감지기를 착용했다. 등, 발, 손에 피폭을 입게 될 경우, 감지기는 묵묵부답이었다. 게다가 개인 감지기는 감마선만 측정했고, 몸속으로 들어온 방사성 입자의 베타 및 알파 방사선에 의한 체내 피폭은 측정하지 못했다. 분석가들은 체내 피폭을 추정하기 위해 소변 견본을 채취했지만, 그것 역시 대개 어림짐작이었다.[40] 고선량에 피폭된 노동자는 위험한 일에서 핸퍼드 고참들이 말하는 "종신직"으로 조용히 재배치되었다. "종신직"은 한 노동자가 다시 일하든 안 하든 급여를 받는다는 것을 의미한다. 하지만

그 노동자에게는 기록에 관련 내용이 들어갈 공식적인 산재보상이 주어지지 않았다.[41]

1958년, AEC 경영자들은 원자력 산업의 안전 기록에 대해 의회에 보고했다. AEC 관계자에 따르면, 1944년부터 1958년까지 원자력 개척에 구슬땀을 흘린 핸퍼드 공장의 1만 8,000명 노동자들 중 방사선 관련 부상자는 단 1명뿐이었다. AEC 본부의 이 장밋빛 그림을 방사선 사건을 묘사하는 수백 건의 사고 보고서에 일치시키는 일은 어렵다. 나는 AEC 경영진이 합동원자력위원회Joint Committee on Atomic Energy 위원들에게 의도적으로 잘못된 정보를 제공했다고 말하는 것이 아니다. 오히려 그들이 제시한 자료는 그들이 알고 있던 것을 정직하게 반영한 것이었다. 정보는 작업장에서 감독자로, 감시 요원에서 부서장으로, 핸퍼드의 GE에서 워싱턴의 AEC로 지휘 계통을 따라 올라가면서 많은 여과기를 통과했다. 사실은 공장 현장을 떠나면서 세부사항이 걸러진 채 간소화되었다. 일부 사건들은 "비공식"으로 지정되었다. 개인 건강에 관한 주요 사건들은 통계적 평균으로 계산되었다. 그 결과 워싱턴 D.C.에서는 핵 기술을 완벽하게 숙달하여 잘 운영되고 질서정연하고 점점 더 효율적인 플루토늄 공장의 이미지가 나타났다. 이는 희망적인 서사이며 자연스러운 미국적 이야기이다. 분명한 이유로 AEC 경영진은 이 정보를 하원의 지도자들에게 제공한다는 데 끌렸고, 그들은 그 소식을 듣고 기뻐했다.

그러나 이 이야기는 추가적인 부검을 막고, 주요 방사선 사건을 긴 보고서들 속에 묻고, 이후 수년간 마리 존슨을 따라 GE의 사무실로 가서 보상금을 청구했던 다른 미망인에 대한 보상을 거부하기 위해 충분한 감시, 차단, 지속적인 사찰을 요구했다.[42] 사실과 세부사항에 대한 이 같은 억압은 미국 국민을 속이려는 음모에서 비롯된 것이 아니다. 오히려 보고하는 과정은 그보다 더 습관적이었다. 이는 선의와 낙관주의, 충성 맹세와 보안 규정에서 비롯되었고, 흡사 원자력 여정에 나선 볼테르Voltaire*의 팡글로스Pangloss처럼 미국의 노하우와 기술이 최선의 방향으로 아주 잘 작동할 것이라는 믿음과 함께 번창했다.

---

* 프랑수아마리 아루에François-Marie Arouet(1694~1778)는 볼테르Voltaire라는 필명을 썼던 프랑스의 계몽주의 작가이다. 볼테르에 관한 우리말로 된 최근 저작으로는 니컬러스 크룽크, 김민철 옮김, 《인간 볼테르: 계몽의 시인, 관용의 투사》, 후마니타스, 2020을 참조하라.

왈루케 경사지: 위해危害로의 길

프리츠 마티아스Fritz Matthias 중령이 핸퍼드 부지를 선택한 이유는 인구가 드문드문 거주했기 때문이다. 그러나 플루토늄은 일자리, 전력망 확산, 농산물 시장으로서의 소도시 증가, 그리고 생산물을 옮길 수 있는 고속도로와 다리 등의 형태로 이 지역에 경제 호황을 가져왔다. 또한 연방정부는 워싱턴 동부에서 전국 최대의 관개망인 컬럼비아 고원 프로젝트에 자금을 지원했다. 이 프로젝트는 컬럼비아강 댐의 전력을 사용하여 강물을 100만 에이커의 마른 땅으로 끌어올려 녹지로 만들기 위한 계획이었다. 핸퍼드 구역의 새로운 번영으로 관개 프로젝트는 더욱 의미가 있었지만 한 가지 문제가 있었다. AEC 관리들은 연방 구역 근처의 왈루케 경사지Wahluke Slope라고 불린 17만 3,000에이커를 부차적인 "통제 지대"로 지정했다. 소수의 목장주들이 이 땅을 소유하고 경작했지만 AEC 관리들은 컬럼비아 고원 프로젝트가 통제 지대에 물을 대고 새로운 농장을 플루토늄 공장으로 인한 위험에 처하게 하는 것을 원하지 않았다.[1]

AEC 관리들은 특히 원자로 폭발에 대해 걱정했다. 1950년대 초, 핸퍼드 관리자들은 더 많은 원자로를 건설했고 흑연 노심이 부풀어 오르는 것을 방지하기 위해 설계 용량보다 훨씬 높은 출력 수준에서 원자로를 가동했다. AEC 자문위원들은 폭발 위험이 무시해도 될 수준에서 "거의 환상적인 수준"까지 다양하다고 우려했다.[2] 사고가 나면 직경 20~100마일 지역을 소개疏開시켜야 할지도 모른다고 가정했다.[3] 소음이 심하고 방사선이 쏟아지는 대참사의 위험은 AEC 관리들을 가장 우려하게 만들었다. 부분적으로 그것이 일반 대중이 가장 "감지할 수 있는" 종류의 사건이었기 때문이다.[4]

그러나 왈루케 경사지는 관개되지 않을 경우 몇몇 대지주들에게 엄청난 재정적 손실을 안겨주었다. 그들 중에는 대공황기에 폭락한 가격으로 경사지의 땅 수만 에이커를 사들였던 레온 베일리Leon Bailie와 올슨N. D. Olson도 포함되어 있었다. 그들은 자신들의 건조한 땅이 공공 비용으로 관개되면 자신들의 투자를 현금화할 수 있을 것으로 기대했다. 컬럼비아 고원 프로젝트는 원래 베일리나 올슨과 같은 투기꾼들의 횡재가 아니라 미국식 민주주의의 이념적 초석으로 여겨지는 소규모 자작농을 돕기 위해 고안되었다. 그러나 서부의 수많은 연방 공공사업 프로그램과 마찬가지로 컬럼비아 고원 프로젝트의 사회 복지 목표는 강력한 특수 이익 단체와 대기업에 취약했다.[5] 레온 베일리는 AEC가 관개 프로젝트에서 자신이 소유한 토지를 유보할 경우 많은 돈을 잃을 처지에 놓인 사업가 중 한 명이었다. 베일리는 지역 사업가들을 하나의 패거리로 조직하여 "풀뿌리 운동"이라고 불렀고 소장 하원의원 헨리 "스쿱Scoop" 잭슨의 도움도 얻어냈다.[6] 잭슨은 1949년 AEC 위원장 데이비드 릴리언솔이 리치랜드를 방문했을 때 그를 접견할 수 있었다. 회의 녹취록은 위험과 보안이라는 관념이 어떻게 슬쩍 넘겨지고 회피되었는지를 보여준다.

릴리언솔은 한데 모인 사업가들과 목장주들에게 보안 규정 때문에 그들에게 많은 것을 말해줄 수 없으며 "말할 경우 감옥에 갈 위험을 무릅써야 한다"고 말했다. 하지만 고위 과학자들 모두 공장의 동북쪽 지역은 원자력 안전성이 개선될 때까지는 부차적인 완충 지대로 남아 있어야 한다는 데 동의했다고 말했다. 부차적인 지대에 거주하는 세 명의 농부 중 한 명인 올슨은 이 설명에 만족하지 못한 채 자신의 농장이 안전한지 릴리언솔에게 물었다.

개인적으로 이 추가 통제 지대에 사는 사람들의 보안에 대한 언급에 관심이 있고, 관개하는 것이 안전하지 않다면 현재 거주하는 것도 안전하지 않을 것이라고 말하고 싶습니다. 이것이 그들이 관개를 보류하고 있는 이유 중 하나라고 보도된 바 있습니다. 내 보안이 지켜지지 않으면 그곳에 살고 싶지 않다고 생각합니다. …… 나는 이 프로젝트에서 공장에 가장 가까이 사는 사람 중 한 명이라고 짐작합니다.[7]

릴리언솔은 올슨의 질문을 회피했지만 나중에 또 다른 농부가 위험에 대해 질의했다. "당신이 걱정하는 것은 프로젝트에 참여하는 사람들의 수인가요? 그들을 보호할 수 없나요?"

릴리언솔은 "우리가 안전각*에 관해 더 많은 것을 알기 전까지 그 지역에 추가적으로 사람들이 들어가서는 안 된다고 생각합니다"라고 답변했다.

세 번째 농부가 뒤이어 질문했다. "배출되는 연기가 무서운 건가요? 방사선? 공장 폭발?"

"그것은 진짜 문제가 아닙니다"라고 릴리언솔이 말했다. "아주 근접한 거리에서는 그것에 대해 약간의 우려가 있을 수 있지만 부차적인 지대에 대해 언급할 때는 재난의 가능성이 희박하다고 굳게 믿는 것에 대해서만 이야기할 따름입니다."

겟세마네 동산의 베드로처럼, 농부들은 릴리언솔에게 공장의 위험에 관해 세 번 물었고, 그는 AEC가 주변 100마일에 걸쳐 고원을 오염시킬 수 있는 파멸적 사고에 관해 두려워하고 있지 않다고 세 번 부인했다. 그는 더 많은 원자로를 더 높은 출력으로 가동할수록 원자로를 제어하기가 더 어려워지고 폭발하면 더 강하게 날아갈 것이라고 남성들에게 알리지 않았다. 그는 원자로를 두 배로 늘리는 비용을 절약함으

---

* 안전각safety angle은 포탄이나 비행 물체가 아군 부대의 위를 안전하게 지나갈 수 있도록 설정한 최소 허용 각도를 뜻한다. 여기에서는 원자력 안전성을 담보할 수 있는 최소한의 기준을 의미한다.

로써 공장 설계자들이 사고로 인한 피폭 가능성도 두 배로 증가시켰다고 그들에게 말하지 않았다. 그는 원자로 주변 차단의 부재나 뜨겁고 끄르륵 거리는 폐기물 처리장에 대해서도 언급하지 않았다. 그는 공장 과학자들이 방사성 아이오딘-131을 측정하기 위해 경사지에서 풀을 뜯는 양을 비밀리에 실험하고 있다는 사실을 그들에게 말하지 않았다.[8]

왈루케 경사지는 AEC 관리들이 주의를 과감히 던져버린 또 다른 사건이 되었다. 그들은 기밀 보고서에서 부차적인 지대의 경계가 "임의적"이었다고 판단했다. 상당히 많은 양의 방사성 아이오딘이 예기치 않게 방출되고 더 많은 시설이 가동되면서 위험은 증가할 뿐이었다. 바람이 위험을 "변덕스럽게" 분산시켰기 때문에 50마일 반경 내의 모든 지역사회가 위험 지역에 포함되었다.[9] 즉 부차적인 지대만 유일하게 위험에 처한 것이 아니었다. 관리들은 리치랜드와 케너윅이 재난 발생 시 더 안전하지는 않을 것이라며 합리화했다.[10] 사실, 연구에 따르면 우세풍은 주로 논란이 되고 있는 왈루케 경사지를 피해 메사Mesa와 파스코를 향해 불었다.[11] 그러나 이러한 일반화된 위험을 인정하는 것은 안전에 대한 AEC의 확언을 약화시켰을 것이다. AEC 관리들은 비밀리에 걱정하면서도, 마치 장벽이 방사성 동위원소를 차단할 수 있는 것처럼 어떠한 잠재적인 재난이라도 장벽으로 둘러싸인 원자력 구역 내에 국한될 것이라고 공개적으로 주장했다.

사업가와 목장주들은 AEC의 공식 성명에서 자신들의 위험이 핵 공격 가능성에 직면한 모든 미국인의 위험보다 크지 않다는 확신을 얻었다. 그들은 AEC 자문 위원들이 경사지를 개방하지 말라고 반복적으로 조언을 했고, 그렇게 하여 그들이 관개, 농사, 주거를 위해 1953년에는 8만 7,000에이커, 그리고 1958년에는 10만 5,800에이커의 토지를 획득할 때까지 부차적인 지대의 해제 압력을 유지시켰다는 사실에 관해서는 전혀 몰랐다.[12] 이는 특별 이익 단체들에게는 승리였으나, 위험에 관해 "완전히 무지하다"고 인정한 다른 사람들을 대신하여 위험을 평가했던 AEC 위험 중개인들에게는 심각한 타협이었다.[13] AEC 관계자들은 재난 발생 시 비상 계획이 없었다.[14] 그들이 할 수 있는 일은 다시는 그것이 일어나지 않기를 기도하는 것뿐이었다.

이 농지가 해제되었을 때, 누가 이 전략적으로 민감하고 새롭게 관개된 농지를 얻을 것인가? 토지관리국 관리들은 이 땅이 재정적·정치적 신원 조회를 통과한 미국 참전용사들에게 돌아가야 한다고 판단했다. 그들은 추첨을 했고, 검증된 참전용사들에게 컬럼비아 고원 프로젝트 대지를 구입할 기회를 주었다. 그러나 대부분의 토지는 대지주들이 영농 사업을 위해 보유하거나 큰 이윤을 남기고 팔렸다.[15] 레온 베일리는 토지 가치가 엄청나게 상승하여 부자가 되었다.[16]

새로 이주한 사람들은 공장의 동쪽과 북쪽의 높은 절벽에 젊은 가족들의 보금자리를 만들었다. 처음에 가족들은 경제적으로 어려움을 겪었다. 그들은 이동식 주택과 오두막에서 살았고, 자신들이 기른 것을 먹으면서 식료품에 쓰는 돈을 아꼈다.[17] 많은 영세농들이 파산했지만 자본과 인내심을 갖춘 농민들에게는 그 모험이 성공을 가져다주었다. 관을 타고 흘러드는 물이 강렬한 사막의 태양 아래에서 곡물들을 적시고, 근면한 노동과 정부 보조 융자의 좋은 조건을 갖춘 이 가족은 내륙

제국에서 그들 이전의 어떠한 농부들과도 비교할 수 없을 정도로 번창하기 시작했다. 그들은 새 집을 짓고 차를 사고 아이들을 지역 학교에 보냈다.[18] 가족들은 저리 금융과 상하수도 보조금으로 인해 가능해진 저축으로 비료와 농약을 구입하여 농작물에 뿌렸고 농작물이 자라는 것을 보고 놀라움을 금치 못했다. 이 녹색혁명*은 기업 과학자들의 독창성과 대규모 연방 기관들의 후원에 의해 미국 농촌에 전해졌다.

공장 주변의 완충 지대를 농가에 풀어주는 것은 도박이었다. 농장, 소도시, 학교, 가족들이 공장 주변에 몰려들면서 대규모 방사성 사고의 잠재적 결과는 기하급수적으로 증가했지만, 이러한 위험은 미국식 번영에 대한 익숙한 이야기에 가려져 있었기 때문에 명확하지 않았다.

사실, 컬럼비아 고원 프로젝트의 풍경에 대한 공간적 재편성은 위험에 대한 계산을 주변으로 몰아내는 데 일조했다. 원자력 구역 통제 지대 내부의 토지는 갈색이었고 바위투성이였으며 인구가 적고 척박했다. 윤형철조망 장벽으로 둘러싸여 있고 군데군데 핵 위험 표지판이 붙은 이 구역은 실제로 위험을 의미했다. 그러나 통제 지대 바로 밖에서는 새로운 관개망이 농작물과 아늑한 촌락으로 이루어진 풍요로운 풍경을 만들어냈다. 이는 건강과 번영의 이미지 그 자체였다. AEC는 이

---

* 녹색혁명green revolution은 1968년 미국 국제개발처United States Agency for International Development의 수장 윌리엄 가우드William Steen Gaud(1907~1977)가 사용한 용어로, 다수확 품종, 화학 물질, 기계의 이용을 강화해 식용 및 섬유 작물 재배의 효율성을 높이는 "혁명"을 일컫는다.

공장의 위협이 지대 내에 안전하게 차단되어 있다고 주장하면서 두 개의 양극화된 풍경을 가시적으로 이해할 수 있도록 했다. 세월이 흐르고 원자로가 폭발하지 않자, 이 사실은 플루토늄 공장 직원들과 이웃 사람들의 자신감도 키웠다. 그곳에 체류가 허락된 이들은 주변 공기, 땅, 물로 꾸준히 방출되던 방사성 동위원소를 망각하고 있었다.

미국의 노하우와 진보에 대한 자신감은 다른 방식으로 안일함을 가능하게 했다. 허버트 파커가 처음으로 방사성 폐기물에 관해 우려했을 때, 그는 핵무기를 아주 신속하게 생산했던 과학자들이 방사성 유출물을 안전하게 차단하는 방법에 대해서도 유사하게 놀랄만한 발견을 할 것이라는 믿음에서 그렇게 했다. 그러나 1930년대의 빠르게 폭발하던 창의성은 전후 몇 년 동안 기밀 실험실에 격리된 과학자들 사이에서 주춤했다.[19] 냉전 기간 동안 기술자들은 방사성 폐기물을 안전하고 영구적으로 저장하는 방법을 알아내지 못했다.[20] 그들은 아직 해결책을 찾지 못했다.

핸퍼드 과학자들과 그들의 상관들은 공장이라는 그늘 아래 정착한 새로운 참전용사—농부들을 포함하여 지역민들에 대한 아무런 비상 계획도, 보호할 방법도 없다는 점을 인정할 수 없었다. 그렇게 하는 것은 곧 폐쇄를 의미했을 것이고, 플루토늄 생산의 중단은 국가 안보상의 위험이었기 때문에 선택지가 아니었다. 대신 유명 인사들과 기업 과학자들은 마치 핵 기술이 위기 관리에 대한 계산을 돌이킬 수 없는 방식으로 변경하지 않은 것처럼 계속 행동했고 핵 문제에 있어서 공공안전이라는 관념을 무의미하게 만들었다.

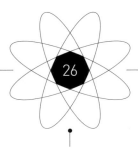

테차강은 고요히 흐른다

마야크 플루토늄 공장 주변 지역의 지도는 전쟁 전에는 드물었고 1947년 6월 이후에는 기밀로 분류되었다. 첼랴빈스크 문서고에 소장된 얇은 반투명 용지에 손으로 그린 지도는 공장 주변 지역에 대해 내가 본 유일한 역사적 묘사다. 파란 색연필로 그린 테차강Techa River이 지도를 가로질러 부드러운 선으로 흐른다. 강은 이르탸시 호수에서 크질탸시 호수까지 구불구불하게 흐르고, 크질탸시 호수의 말단에서 둘로 갈라진다. 두 지류가 다시 만난 후 강은 동쪽을 향해 지도 바깥으로 나가기 전까지 메틀리노 연못Metlino Pond을 향해 흐른다.[1]

이 지도는 매혹적이다. 외딴 지역이 소규모 농업과 어업에서 지구적 중요성을 지닌 원자력 생산 지역으로 이행하는 순간을 포착하고 있기 때문이다. 지도의 작성 일시는 1947년 5월로, 이 지역이 산업화를 위해 멈춘 적이 한 번도 없는 상태에서 산업화 이후의 원자력 시대로 던져지기 바로 직전이었다. 이는 놀라운 변화였고, 아마도 산업 발전 역사상 유일할 것이다. 이후 10년 동안 지도에 담긴 지역을 첩보 위성의 시선으로 살펴보면, 분석가는 처음에는 플루토늄 공장을 위한 공간을 마련하기 위해 그리고 나중에는 오염된 영토를 정화하기 위해 인구가 줄어들고 소개되면서 원자력 풍경의 자연화가 증가하는 것을 볼 수 있을 것이다. 저속 촬영 사진들은 작은 마을이 사라지고 들판이 숲으로 변하고 도로가 수풀과 늪으로 뒤덮인 모습, 즉 자연이 쉽게 이기는 모습 또는 적어도 유령처럼 보이는 원자력 이후 자연의 모습을 보여준다. 50년 동안 원자력을 생산하고 방사성 폐기물을 규제 없이 버린 후, 플루토늄 공장을 둘러싼 호수 지역은 1945년 최초의 정찰대가 이곳을 발견했을 때처럼 거의 훼손되지 않은 듯 보인다. 그러나 1990년에 바람이 부는 카라차이 호수Lake Karachai의 갈대밭에서 한 시간 동안 서 있는 것은 치사량을 받는 행위였다.[2] 1947년과의 차이점은 여전히 아름다운 풍경이 이제는 횡단하기에 위험하다는 점이다.

마야크 공장에서 테차강 아래로 몇 마일 떨어진 연못을 끼고 있는 예쁜 마을인 메틀리노Metlino의 방사능 수준을 누가 처음 측정하기로 결정했는지는 분명하지 않다. 아마도 공장 과학자들에게 인근 집단농장 방목지의 불임 가축과 계분鷄糞에 관한 소식이 전해졌을 것이다.[3] 척추에 궤양이 있고 백내장으로 흐릿해진 눈동자를 가진 채 강둑을 맹목적으로 쿡쿡 찌르듯이 헤엄치던 10파운드짜리 강꼬치고기들 소식이 전해졌을 수도 있다.[4] 아니면 메틀리노의 아기들이 비정상적으로 많은 수의 선천적 기형을 가지고 있다는 소식이 퍼졌을 수도 있다.[5] 아마도 5년간 정신없이 서둘러 진행됐던 건설과 생산 이후 첫 번째 휴식기였던 1951년의 잠잠한 시기에 소비에트 과학자들이 마침내 주변 농장과 숲으로 쏟아져 나오는 공장 폐기물의 영향에 대해 의문을 가질 시간이 생겼던 것이었을 수도 있다.[6]

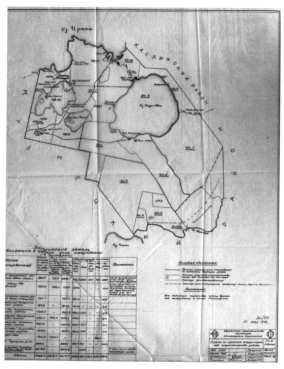

토지 소유 지도, 쿠즈네츠키Kuznetskii 지역 내무성Ministry of Internal Affairs OGAChO 제공.

마야크의 기체 폐기물은 여과되지 않은 채 높은 굴뚝을 통해 방출되었고 쉽사리 잊혔다. 마야크의 액체 폐기물은 함유된 방사성 동위원소의 양에 따라 등급(고, 중, 저)이 매겨졌다. 고수준 폐기물은 무척 위험했고, 지금도 그러하다. 회의장에서 그런 폐기물 한 컵Dixie cup이면 그 안에 있는 모든 사람이 죽을 것이다.[7] 이런 유해 폐기물은 어떻게 처리해야 했을까? 과학의 거침없는 진보에 대한 굳건한 믿음 속에서, 소비에트 기술자들은 머지않아 공장의 폐기물에 대한 해결책을 고안하고 사용후 핵연료를 농업 비료와 같은 유용한 목적을 위해 회수할 수 있을 것이라고 생각했다.[8]

미국의 사례를 따라 소비에트 기술자들은 방사성 폐기물을 처리하기 위한 임시 해결책을 선택했다. 소비에트 기술자들은 더 영구적인 해결책을 찾을 때까지 고준위 방사성 폐수를 보관하기 위한 지하 저장고를 몇 개 만들었다. 그들은 중저준위 폐기물을 테차강에 바로 버렸다.[9] 소비에트 과학자들은 그들이 폐기하는 액체가 개방형 수로 체계의 허용 농도를 초과한다는 것을 알고 있었지만, 미국인들이 핸퍼드의 방사성 폐기물을 컬럼비아강에 버렸다는 사실도 알고 있었다.[10] 그러나 컬럼비아강은 유속이 빠르고 유량이 많고 바닥이 바위투성이인 산을 흐르는 산악 강이었고 태평양으로 곧장 흘렀다. 테차강은 느리게 흐르고 물이 불어났다.[11]

테차강으로의 중저준위 폐기물 배출은 순식간에 문제가 되었다. 1949년 7월, 공장 책임자 보리스 무즈루코프는 6개월간의 무단 폐기 후 테차가 "엄청나게 오염됐다"는 내용의 메모를 작성했다.[12] 하지만 머지않아 더욱 큰 차질이 이 문제를 앞지르게 되었다. 1949년 말, 무즈루코프는 고준위 폐기물이 값비싼 지하 격납용기의 위쪽 끝부분까지 찼다는 소식을 들었다. 무즈루코프는 준비되지 않은 채 매일 공장에서 배출되는 수백 갤런의 고방사능 유출물을 안전하게 저장할 장소를 가지고 있지 않았다. 무즈루코프는 더 많은 격납용기를 만들 때까지 플루토늄 생산을 중단하거나 운영을 계속하면서 폐기할 다른 장소를 찾아야 하는 결정에 직면했다.[13]

선택의 여지가 전혀 없었다. 1950년 초 소비에트와 미국 지도자들이 한국과 중국에 휘말리면서* 미국과의 "불가피한" 핵 충돌에 관한 수많은 이야기가 돌았다.[14] 냉전 초기의 위협적인 상황에서 생산 중단은 불가능했다. 강에 유기하는 것은 그 당시 말이 되는 해결책 중 하나였다. 강물의 아름다움은 쓰레기를 다른 곳으로 쉽게 운반한다는 것이다. 그것이 수세기 동안 인간의 폐기물 저장소로 강이 선택받은 이유였다. 누가 알아채겠는가? 방사성 폐기물은 만져도 알 수 없고 보이지도 않아 수백만 갤런을 테차로 흘려보내도 공장 보안에 아무런 문제가 없었다. 1950년 1월, 무즈루코프는 감독관들에게 저준위, 중준위, 고준위 할 것

---

* 한반도에서 미소 양군이 철수한 직후인 1949년 38선을 중심으로 한 남한과 북한의 교전은 끊이지 않았고, 1950년에 초에 가서는 김일성의 거듭된 남침 요청에 스탈린이 조건부로 동의하면서 그해 6월 한국전쟁이 터지게 되었다. 한편 중국에서는 중국국민당과 중국공산당 사이에서 벌어진 2차 국공내전國共內戰에서 마오쩌둥毛澤東(1893~1976)이 이끄는 중국공산당이 패권을 잡은 뒤, 1949년 10월 중화인민공화국의 건국을 선포하여 미국 사회에 큰 충격을 안겨주었다.

없이 하루 평균 4,300퀴리에 달하는 공장의 모든 폐수를 크질타시 호수의 얼음 밑에 폐기하라고 명령했고, 이곳에서 폐수는 테차강으로 조용히 흘러들어갔다.[15]

테차를 "강"이라고 부르는 것은 일반화이다. 테차는 거대하고 편평한 해면 위를 흐르는 변화무쌍한 수로 체계에 더욱 가깝다. 강의 경로에 위치한 땅 대부분에서 배수가 거의 이뤄지지 않았다. 지하수는 포화된 표층 바로 아래에서 거품을 일으키며 비가 오거나 눈이 녹으면 빠르게 늪으로 변했다. 테차는 북쪽으로 또는 남쪽으로 흘렀으며 호수, 연못, 늪으로 녹아들기 전까지 느릿느릿하게 계속 굽이쳤다. 만물이 소생하는 봄이 되면 강은 기름진 범람원에 널찍하게 퍼졌고, 무기물이 풍부한 강바닥의 침전물들로 숲과 들판의 생기를 북돋았다. 우랄의 여름은 건조한 경향이 있다. 비옥함과 달콤하고 맑은 물을 퍼뜨리는 테차 덕분에 이 지역의 농장 대부분은 강과 호수, 지류를 따라 자리했다.

플루토늄 공장의 배관이 이 하천 체계로 흘러 들어가기 시작하면서 폐수는 빠르게 강을 엄습했다. 1949년부터 1951년까지 강물의 20퍼센트를 공장 폐수가 차지했다. 2년 동안 강은 320만 퀴리의 방사능이 함유된 약 780만 세제곱야드 규모의 독성 화학물질의 타격을 받았다.[16] 이 거대한 양은 늪이 많은 하천 체계와 결합되어 방사성 풍경을 만들었다.

목걸이에 진주처럼 테차강을 따라 41개의 정착지들이 늘어서 있었다. 그 마을들에는 12만 4,000명이 살고 있었다. 대다수는 터키어를 사용하는 이슬람 소수민족인 타타르인과 바시키르인이었다. 타타르 역사가들에 따르면, 그들은 수세기 동안 이 지역에 거주해왔다고 한다.[17] 메틀리노는 공장에서 4마일 조금 넘게 떨어진 곳에 있던 최초의 하류 공동체였다. 그곳은 돌절구, 보기 좋고 오래된 교회, 버터 공장, 공장의 러시아인 직원들과 농사짓는 타타르인 및 바쉬키르인을 포함해 1,200명의 주민들이 사는 오래되고 견고한 마을이었다.[18] 1946년, NKVD의 대장들은 메틀리노를 둘러싼 집단농장을 징발하고 폐쇄 도시를 위한 생산을 담당시키고자 유형수들을 보냈지만 관리들은 원래 거주자들이 남아 공장에서 일하도록 허용했다.[19] 오죠르스크를 위해 일하는 노동자와 농부들이 메틀리노에 살았기 때문에 오죠르스크의 당 지도부는 이 마을에 관심을 가졌다.[20] 1951년, 방사선 감시 요원과 의사로 구성된 소규모 팀이 측정을 위해 이 마을에 도착했다. 그들은 메틀리노 연못이 시간당 5라드를 방사한다는 사실을 발견했다. 인근 마을의 계량기에는 3.5라드가 표시되었다.[21]

이것은 끔찍한 뉴스였다. 이 정도 수준이면 사람은 일주일도 안 되어 평생 체외 선량을 받을 수 있었다. 설상가상으로 과학자들은 마을 사람들이 연못과 강을 식수, 요리, 목욕, 농작물과 가축용 물 공급원으로 사용하면서 방사성 폐기물을 섭취하고 있었다는 사실을 알고 충격을 받았다. 마을 사람들의 집에 있던 침대, 탁자, 의자, 냄비, 특히 찻주전자 등 모든 가정용품이 자연방사선보다 수백 배 높은 수준으로 방사선을 방출했다. 마을 사람들의 신체 또한 감지기의 바늘을 재빨리 움직이게 만들었다. 몇몇 신체들은 격리해야 할 정도의 방사선원이었다.[22]

공장 책임자들은 신속하게 작업하면서 제복을 입은 한 무리의 남성들을 파견했다. 남성들은 한마디도 하지 않았다. 그들은 조용히 마을 사람들의 거위와 오리를 모아 꽥꽥거리는 그 새들을 트럭에 밀어 넣고는 차를 몰아 떠났다. 며칠 후, 그 남성들은 돌아왔고, 다시 아무것도 설명하지 않은 채 연못가에 사는 스물아홉 가구를 내쫓았다. 병사들은 혼란스러워하는 남성들과 여성들, 아이들을 대기하고 있던 헬리콥터의 승강구로 밀어 넣었다. 아무도 그 사람들을 다시 보지 못했다. 그 이후로 아무도 그들에게 무슨 일이 일어났는지 알아내지 못했다.[23]

병사들은 세 번째로 돌아와 메틀리노에서 우물을 파기 시작했다. 그들은 남아 있는 마을 사람들에게 국가가 연못과 강의 이용을 금지했다고 말했다. 이유는 설명해주지 않았다. 남성들이 급히 판 우물은 얕았고, 물에서는 유황과 소금 맛이 났다. 그래서 마을 사람들은 양동이를 들고 철조망과 경고 표지판이 달린 울타리 기둥 밑으로 미끄러져 들어가 연못으로 돌아갔다. 이 금지령을 시행하기 위해 공장 관리자들은 경비원을 임명해 마을 사람들의 출입을 막았다. 아이들은 특히 경비원이 뒤로 돌았을 때 울타리 밑으로 달려들어 물속으로 뛰어드는 것이 재미있다고 생각했다. 무즈루코프는 공장의 중앙 실험실에 정기적으로 견본을 채취하라고 명령하여 강에 대한 최초의 환경감시 업무를 마련했지만 주민들의 건강검진을 요청하지는 않았다.[24]

이는 공장 의료 당국이 눈앞에서 펼쳐지는 참사를 얼마만큼 심각하게 봤는지를 보여주는 신호로, 그들은 1951년 여름의 대홍수 직후 소비에트의 저명한 물리학자 아나톨리 알렉산드로프Anatolii Alexandrov에게 조사단을 꾸려 하류의 19개 마을이 메틀리노로부터 입은 오염을 조사하라는 임무를 맡겼다.[25] 하류로 가는 일은 쉽지 않다. 의학 연구자와 방사선 감시 요원 팀은 표시가 없는 길과 진흙길을 헤치며 강변 마을로 향했다. 그들은 물, 물고기, 새, 식물, 동물의 견본을 채취했다. 분석 결과 강변의 거의 모든 지점에서 방사성 퇴적물이 발견되었다. 소비자 네트워크에서 멀리 떨어진 외딴 마을에서 그들은 마을 사람들이 자신들이 생산한 농산물로 생계를 꾸리는 광경을 보았다. 그들은 사냥하고 낚시를 하고 농사를 짓고 숲에서 채집했다. 그들은 방사성 테차에서 나온 물을 마시고 씻고 가축에게 먹이기도 했다. 과학자들은 여행하고 측정하면서 비극의 정도를 파악했다.

강은 식물, 동물, 인간에게 감마선을 반사시키는 강력한 거울 역할을 했다. 마을 사람들은 또한 농산물을 통해 방사성 동위원소들을 섭취했다.[26] 혈액 견본은 마을 사람들이 장기와 골수에 축적된 세슘-137, 루테늄-106, 스트론튬-90, 아이오딘-131로부터 방사선의 체외 피폭과 체내 피폭을 모두 받았음을 보여주었다.[27] 마을 사람들은 관절과 뼈의 통증, 모호한 질병, 이상한 알레르기, 극심한 피로, 기분과 수면 장애, 체중 감소, 심잡음, 고혈압 증가를 호소했다.[28] 마을 사람들의 혈구 수치는 낮았고 면역 체계는 약화되었다. 산모들은 유산을 했고 정상보다 최대 3배나 높은 비율로 선천적 결함을 가진 유아들을 출산했다.[29]

알렉산드로프의 조사단은 몇 개의 중요한 권고를 했다. 첫 번째는 방사성 폐기물을 강에 버리는 일을 중단하는 것이었다. 기술자들은 지체하지 않고 유출구가 없는 늪이자 그들이 9호 저수지Reservoir No. 9로 개명한 카라차이 호수로 폐기물을 돌리기 위해 수로를 파는 계획을 세웠다. 그들은 또한 오염된 침전물의 확산을 막기 위해 테차 상류를 댐으로 봉쇄하는 계획도 세웠다.[30] 계약자들은 방사성 방출물을 위해 더 많은 지하 폐기물 저장고를 건설하기 시작했다. 조사단은 또한 테차 강물의 이용 금지를 제안했다. 그들은 20개의 강변 마을에 우물을 파고 강을 막는 울타리를 설치하자고 제안했다.

한편, 무즈루코프는 메틀리노 집단농장에서 나온 오염된 농산물을 오죠르스크 창고로 수송하는 것을 중단시켰다.[31] 그는 테차강에 무단 폐기한 당사자를 찾기 위해 조사를 명령했다.[32] 그러나 조사관들은 어떠한 혐의도 제기하지 않았다. 1949년 무즈루코프 자신이 폐기를 시작하도록 명령했고 생산 라인에 있는 모든 공장 실력자들이 참여했기 때문이다. 분명히 고준위 방사성 폐기물을 개방된 수로에 폐기하는 것은 범죄가 아니었다. 공장의 폐기물 공학 책임자는 "1960년대까지만 해도 [폐기에 대한] 어떠한 제한도, 처리된 폐기물에 대한 어떠한 믿을 수 있는 수치도 없었습니다. 필요하다고 생각되는 것은 무엇이든 버려졌습니다. 아무도 어떠한 처벌도 두려워하지 않았습니다"라고 기억했다.[33]

조사단의 권고에 따라 모스크바는 20개의 테차강 마을에 우물을 파라는 명령을 내렸다. 이 명령은 주州 차원에서 다시 내려졌고, 지역과 마을들에서 다시금 내려졌다.[34] 사건이 종결되었다. 분명히 잘 처리되었다. 원자력 분야의 미국인들은 때때로 소비에트 지도자들을 부러워했다. 중앙집권적인 권위주의 국가를 가진 소비에트인들이 민주주의의 소란과 비효율성 없이 큰 문제들을 신속하게 해결할 수 있다고 상상했기 때문이다.[35] 그러나 명령이 내려진 후, 오죠르스크와 모스크바의 지도자들은 마을 사람들이 우물을 파라는 이상한 명령을 긴급하게 수행해야 한다고 느끼지 않았다는 것을 알지 못했다. 공장은 국가 기밀이었다. 방사성 폐기물도 마찬가지였다. 농부들은 "역학적 이유로" 달콤한 강물 대신 불쾌한 맛이 나는 우물물을 마셔야 한다고 들었다. 당연하게도 집단농장장들은 그 지시를 무시했다. 지방 당 간부들도 마찬가지였다. 주도州都에서 내려오는 수많은 다른 법령, 특히 말이 안 되는 법령을 무시했던 것처럼 말이다. 한편, 첼랴빈스크의 관리들은 새로운 우물에 대한 비용을 지불하기 위해 필요한 서류를 작성하는 작업을 느리게 진행했다. 그들이 서류 작업을 마쳤을 때에도 마을 이장들은 자금을 사용하지 않았다. 우물을 파야 했던 당사자들인 지역 농부들이 농사일로 바빴기 때문이다.[36] 땅을 파게 되면 그들은 추수 이후인 11월에 시작했다. 눈이 대지를 뒤덮고 서리선*이 꾸준히 깊어지던 때였다. 얼어붙은 땅을 파서인지 그들의 진척 속도는 느렸고, 우물은 얕았다.

18개월이 지났다. 이 기간 동안 주州 관리들은 더 많은 사람들을 위험에 빠뜨리는 프로그램을 수행했다. 1951년부터 1953년까지 추가적으로 1,600명 이상의 사람들이 공장 근처의 조사照射된 테차 상류에 위치한 두 개의 새로운 지질연구기지로 이동했다. 같은 해, 수천 에이커의 목초지와 경지에 물을 대기 위해 테차에 펌프와 수송관을 연결하는 몇 가지 새로운 관개 프로젝트가 진행되었다.[37]

* 서리선frost line은 토양 내에서 수분이 동결될 수 있는 깊이를 말한다. 지역의 기후조건과 토양 및 주변 물질의 열전도성, 그리고 주변에 존재하는 열원에 따라서 다르게 나타난다.

조사照射된 땅에 더 많은 사람들을 밀어 넣고 더 많은 농지를 조사하는 것은 고의적이고 악의적인 계획의 일부가 아니었다. 핵 안보는 정부의 한 손이 하는 일을 다른 손이 모르게 하게끔 명령했다. 강을 따라 농학자들은 (방사성) 농수를 공급함으로써 농작물을 개량했고, 지질학자들은 광물 매장지를 찾기 위해 (조사照射된) 테차에 기지를 설치했고, 농부들은 (오염된) 우유, 버터, 곡물을 첼랴빈스크의 창고로 배달했다. 모두 자신의 일을 유능하게 수행하고 있었지만, 그렇게 함으로써 오염의 궤적은 확산되었다.[38]

마침내 1952년 말, 국가방사선방호국State Service of Radiological Protection 국장 아베틱 부르나쟌A. Burnazian*은 제안된 89개의 테차 우물 중 어느 것도 만들어지지 않았다는 내용의 서한을 발송했다.[39] 공장 책임자 무즈루코프는 조사관으로 그리고리 마르코프Grigorii Markov를 임명하고, 그에게 우물 공사를 감독하기 위해 말을 타고 이동하는 힘든 여정을 지시했다.[40] 마르코프는 자신이 발견한 것에 경악했다. 공장에서 가장 가까운 마을들에는 사용 중인 우물이 하나도 없었다. 마을 사람들은 여전히 강물을 길어다가 마셨다. 언짢아진 마르코프는 지역 실력자들이 "우물 파기 사업을 구경꾼으로 보기만 하고 참여는 전혀 하

---

* 아베틱 이그나치예비치 부르나쟌Avetik Ignatyevich Burnazyan(1906~1981)은 오늘날 아르메니아의 마을 노르-바야제트 출신으로 조실부모했으나, 아르메니아국립대학, 키로프군사의학학교, 프룬제군사학교를 거쳐 붉은 군대의 의무 장교로 복무했으며, 오늘날 러시아 연방의학생물학청FMBA의 전신인 소련 보건성 산하 제3총국의 창설에 막대한 기여를 했다.

지 않는다"고 썼다.[41] 동시에, 가금류가 왜 소와 염소처럼 놀라운 숫자로 떼죽음을 당하는지 아무도 알 수 없었다. 몇몇 농장에서는 모든 동물들이 숨을 거두었다.[42]

1953년 8월, 모스크바와 오죠르스크의 의학 연구자들이 피폭과 손상의 경계를 파악하기 위해 만났다. 의사들은 피폭된 마을 주민 2만 8,000명 중 578명을 검진했다. 그들은 200명이 명백한 방사능 중독 사례이고 54명은 잠재적 사례라고 확정했다. 다시 말해, 검사를 받은 피폭된 사람들 중 작은 부분의 거의 절반이 방사능 중독으로 고통 받았다. 이는 검사를 아직 받지 않은 2만 7,400명에게는 불길한 결과였다. 연구자들은 또한 공장이 강에 더 이상 폐기하지 않았음에도 불구하고 마을 사람들의 체내 피폭은 여전히 증가하고 있었다고 결론지었다.[43]

위원회는 우물을 두 배 더 많이 파고, 사용하지 않는 기존 우물을 보수하고 더 깊게 만들 것을 권고했다.[44] 그들은 또한 외진 마을에 진료소를 열고 지역 병원에 병상을 추가할 것을 권장했다.[45] 그러나 과학자들은 이러한 조치들이 피해를 억제하지 못할 것이라는 점을 인정했다. 주민들이 가진 증상은 너무 광범위했고 과학자들은 강과 오염된 풍경을 청소할 기술적 수단을 가지고 있지 않았다. 새로운 질병을 피하고 아픈 사람들을 치료하는 유일한 방법은 강에 위치한 공동체들을 대피시키고 주변에 5마일의 완충 지대를 설정하는 것이었다. 그들은 이 해결책이 "급진적"이지만 필요하다고 인정했다.[46] 실제로 이 권고는 16개의 마을을 옮기고 우랄 남부에 230제곱마일의 차단 지대를 마련하는 것을 의미했다.

강가에 있는 16개 마을을 비우는 이 "급진적인" 해결책은 비주류 환경 이익 단체가 아니라 과장하지 않는 충성스러운 소비에트 과학자들에 의해 제안되었다. 당시 소비에트 과학자들은 방사성 동위원소가 인간의 건강에 미치는 영향을 전반적으로 과소평가했다. 하지만 세계 최초의 원자력 풍경 목격자였던 조사단의 과학자들은 과감하고 공개적이며 비용이 많이 드는 소개를 권고했다. 그러나 모스크바에서 멀리 떨어진 관리들은 1억 루블이라는 가격표에 주저했다. 그들은 해결책이 너무 급진적이라고 보았고, 목록을 10개 마을로 줄였다.

명령이 내려진 후 재정착 프로그램은 천천히 진행됐다. 처음에 공장 직원들은 오염을 우려해 테차에서의 업무에 대한 보고를 거부했다.[47] 그곳에 갔을 때, 그들은 숲과 늪지대를 거쳐 표시가 없는 오솔길을 따라 난 외진 마을들을 찾는 데 여간 애를 먹은 것이 아니었다.[48] 결국 테차에서 10개 마을을 재정착시키는 데는 10년 이상이 걸렸다. 이 비상사태에 대한 무기력한 반응은 대부분 테차 마을 사람들이 오쵸르스크의 공장 관리자와 의료 인력들의 궤도에서 훨씬 벗어난 곳에 존재했기 때문에 발생했다. 두 집단은 엄격히 통제된 공간적 구역뿐만 아니라 계급, 민족성, 도보 또는 말을 타고 천천히 이동하는 장거리로 구분되었다. 이러한 문화적이고 공간적인 거리는 매우 중요한 것으로 판명되었다.

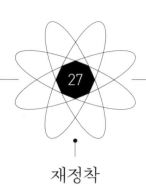

재정착

테차 유역Techa Basin에 대한 최초의 비정부 방사생물학적 검사는 공장 책임자들이 고방사성 폐기물을 강에 폐기하는 행위를 중단한 지 39년 후인 1990년에 이루어졌다. 소비에트 관리들이 1954년에 폐쇄되었던 이 지역을 처음으로 재개방했을 때, 자원 과학자들로 구성된 팀이 테차 상류 지역으로의 여정을 위한 기금을 마련하려고 했다. 이는 쉽지 않았다. 1990년, 소비에트 경제는 막 절벽에서 뛰어내린 상태였다. 물가는 치솟았고 인플레이션은 사람들의 노후 대비 저축을 가지고 달아나버렸다. 연구팀은 기증자를 찾을 수 없었다. 그래서 소규모의 방사생물학자 그룹은 장비와 차 한 대를 대여했고, 각자 돈을 갹출했다. 그럼에도 불구하고 그들은 해당 구역으로 가는 70마일을 주행할 충분한 휘발유를 구하는 데 애를 먹었다. 그들은 텐트를 가지고 있지 않았고, 모기를 쫓으며 야외에서 여러 밤을 보냈다. 그들은 먹을 것이 거의 없었다. 시골의 상점 선반은 텅텅 비어 있었고 오염된 토양에서 재배된 것으로 의심되는 감자를 사기 위해 농부들과 협상했다. 씻을 곳이 없어 땀에 젖고 벌레에 물린 과학자들은 조사照射된 테차에 뛰어들었다.

원정대의 대원인 리토브스키V. Litovskii는 일기를 썼다.[1] 그는 그들이 테차를 따라 범람원을 측정하던 도중 한 농부가 말이 끄는 수레를 어떻게 멈추게 했는지 묘사했다. 그는 지적 장애로 보이는 열 살짜리 아들과 함께 있었다. 리토브스키는 농부에게 제한되었어야 할 범람원이었던 들판을 사람들이 쓰고 있는지 물었다. 농부는 그 땅이 자신의 땅이라고 말했다. 그는 지방 의회에서 개인적 연줄을 통해 목초지를 얻었다고 설명했다. 그는 풍부한 목초지를 사료로 사용했다. 리토브스키가 풀을 측정한 결과 시간당 820마이크로뢴트겐이 나왔다. 이는 폭발한 체르노빌 발전소 인근보다 높은 수치였다. 리토브스키는 방사성 사료의 문제를 설명하려 했고 농부에게 가이거 계수기의 흔들리는 바늘을 보여주었다. 농부는 리토브스키에게 자신이 이 땅을 경작하기 위해 얼마나 많은 노력을 기울였는지 말하려 했고, 화가 나서 리토브스키에게 들고 있던 쇠스랑의 날카로운 갈퀴를 보여주었다. 리토브스키는 자신이 잘못된 장소에서 이런 논의를 하고 있었다는 사실을 깨달았다. 그는 일기에 "이것은 권력의 전당을 위한 대화였다"고 썼다.[2]

이 독립적인 원정은 미하일 고르바초프Mikhail Gorbachev가 소비에트인들에게 시민사회를 건설하고 정부에 참여하도록 독려했기 때문에 가능했다. 1990년 원정대는 오랫동안 강력한 보안 병력이 통제해온 우랄의 핵 군도群島에 있던 시민사회의 첫 번째 기간요원 중 하나였다. 리토브스키는 이러한 자체 자금 조달 연구 활동이 포괄적인 것과는 거리가 멀었고 "애처로웠다"고 인정했다. 몇 안 되는 과학자들은 학교 공책에다가 그들의 발견을 적었고, 지도도 없어 손으로 직접 그렸다. 그러나 이러한 결점에도 불구하고 소규모 원정대의 독립성은 매우 소중하게 여겨졌다. 1990년에 이르러 소비에트의 관료집단이 중고차 판매원 못지않게 신뢰를 받고 있었기 때문이다.

자원했던 과학자들은 자신들의 발견을 새롭게 선출된 소비에트 의회에 제출했다. 그들은 강을 따라 늘어선 삼각주, 다리 밑, 공장에서 60

테차강 지역의 소년
로버트 크노스Robert Knoth 제공.

마일이나 떨어진 범람원 등에서 무작위로 머리카락이 쭈뼛해지는 계측치를 마주쳤고 이를 보고했다. 그들은 세슘과 스트론튬 동위원소에서 방출되는 약 60만 퀴리의 방사능 추정치가 기록된 아사노보 늪Asanovo Swamp이 개방되어 있고 지역 주민들이 접근할 수 있다고 지적했다. 그들은 원전 종사자 한 명의 최대 연간 선량이 5렘인데 비해 수년에 걸친 통제되지 않는 폐기로 인해 테차 지역의 약 2만 8,000천여 명이 3.5~200렘의 선량을 받았던 비사祕史를 설명했다. 이 사람들은 나가사키와 히로시마에 이어 백혈병 발병률이 세 번째로 높았고 장암, 간암, 담낭암, 자궁암, 자궁경부암의 발생률이 눈에 띄게 높았으며 강변에서 살지 않는 이웃에 비해 일반적인 사망률이 17~23퍼센트 높았다.[3] 이 뉴스는 전국에 중계되었다. 보리스 옐친Boris Yeltsin과 같은 떠오르는 전국구 정치인들은 테차의 참사를 숨을 거두기 직전이던 소비에트 국가의 묘를 짓기 위한 추가 구조물 중 하나로 이용했다.

우랄에서 뉴스 헤드라인은 더 개인적인 의미를 가지고 있었다. 사람들은 자신의 삶이 테차를 비롯해 공장 주변의 복사輻射된 구역들과 접촉했는지 여부를 확인하기 위해 기억을 더듬기 시작했다. 많은 사람들에게 비밀 플루토늄 공장과 방사능 오염에 대한 긴급 속보들은 장막처럼 떨어져 그들의 삶을 별개의 막幕들로 분리시켰다. 1막은 관련성이 없는 질병, 불임 문제, 그리고 아픈 어린이들로 구성되었다. 2막은 한 개인의 모든 문제가 국가의 고의적인 대량 중독에서 직접적으로 이어지는 비극의 오염으로 인해 발생했다는 두려움을 특징으로 했다.[4]

2010년 여름, 나는 키시팀 외곽의 원시적인 오두막에서 살고 있었다. 그 오두막은 내가 테차 주변의 전직 공장 직원과 거주자들과 인터뷰를 하기 위해 폐쇄 도시 오죠르스크에 갈 수 있는 가장 가까운 곳이었다. 휴대 전화기가 울렸을 때, 나는 우물에서 물이 담긴 양동이가 매달린 무거운 멍에를 메고 움직이다가 샌들 끈이 끊어져 짜증이 난 상태였다. 전화는 오죠르스크의 인권 변호사 나제즈다 쿠테포바Nadezhda Kutepova에게서 온 것이었다. 그녀는 나를 위해 키시팀에서 한 여성과의 만남을 주선했다고 말했다. 주소를 적고 샌들을 끈으로 묶은 뒤, 택시를 불렀다.

한낮에 갈리나 우스티노바Galina Ustinova의 자택에 도착했다. 그녀는 나를 기다리고 있었고, 커다랗고 사나운 독일종 셰퍼드가 뜰에 묶여 있었다. 그녀는 나를 맞이하러 나왔다. 새로 바른 붉은 립스틱에 목소리가 크고 빨랐다. 그녀는 내 억양에 대해 물었다. 쿠테포바가 그녀에게 내가 미국인이라고 말하지 않았다는 것에 놀랐다. 우스티노바가 그 정보를 듣고 자리에 앉아서 급격하게 부채질했을 때 이유를 깨달았다. 1947년부터 1990년까지 우랄 남부에서는 보안상의 이유로 외국인들은 출입이 금지되어 있었기 때문에 여전히 드문 존재였다. 우스티노바에게 부엌에서 미국인을 맞는 일은 뒷골목에서 은밀하게 마이크로필름이 담긴 통을 건네받는 일과 같은 느낌이었을 것이다. 그럼에도 불구하고 그녀는 찻주전자를 내왔고, 감자를 데우기 시작했으며, 내게 앉으라고 했다.

우스티노바는 곧바로 내게 교육을 받지 않았다고 말했다. 그녀는 사과의 의미이자 부인의 의미로 그 사실을 여러 번 말했다. 항상 학교 선생님이 되는 것을 꿈꿔왔지만, 자신은 시골 마을의 소녀였고 마을 학교는 그다지 좋지 않았다고 말했다. 그녀는 수학 시험을 통과하지 못해서 사범대학에 들어가지 못했다. 대신 그녀는 영화 영사기사가 되기 위해 1년 동안 훈련을 받았다. 그녀는 키시팀의 유일한 영화관에서 27년 동안 그 일을 했다. 우스티노바는 "아마도 방사선 때문에 내가 수학을 못하게 된 것은 아닐까요?"라고 궁금해했다.[5]

우스티노바는 1954년 나드례프 모스트Nadryev Most에서 태어났다. 그녀의 부모는 벨로루시 출신이었다. 전쟁이 끝난 후, 그녀의 아버지는 테차 강둑에 위치한 마을에 본부를 둔 한 지질조사팀에서 일자리를 얻었다. 그들은 방사생물학자들이 강이 위험할 정도로 오염되었다고 확정한 지 1년 후인 1952년에 테차 상류로 이사했다.

1954년은 테차 상류에서 태어나기에는 그다지 좋은 해가 아니었다. 바로 그해 모스크바의 지도자들은 그 지역이 거주하기에는 너무 위험하다고 결정하고 지도에서 나드례프 모스트와 다른 9개 마을을 삭제하라는 명령을 내렸다.[6] 나는 우스티노바에게 테차 상류를 조사한 첫 번째 원정대였던 1990년도 원정대로부터 얻은 사진 한 장을 보여주었다. 과학자들은 나드례프 모스트를 거쳐 갔고, 테차를 가로지르는 다리 밑에서 "경고-방사선! 시간당 1,500마이크로뢴트겐"이라고 적힌 오래된 표지판을 발견했다.

"저 강에서 처음으로 목욕을 했어요!"라고 우스티노바는 말했다. "나는 강에서 난 것들을 먹었죠. 강은 내 빵이었어요."

내가 좀 더 자세히 말해 달라고 부탁하자 우스티노바는 나드례프 모스트의 처음 몇 년간에 대해서는 아무것도 기억하지 못한다고 말했다. 대신 그녀는 항상 부모에게 처음에는 벨로루시에서 우랄로, 그 다음에는 나드레프 모스트에서 다른 곳으로 왜 그렇게 자주 이사했는지 묻곤 했다고 말했다. 부모님의 대답이 너무 모호하고 불완전해서 우스티노바는 계속 같은 질문을 했다. 우스티노바는 부모가 세상을 떠난 지 한참 뒤인 1997년에야 부모님이 고향을 떠난 이유를 알게 되었다.

1956년, 병사들이 예고도 없이 나드레프 모스트에 나타났다. 그들은 즉시 재정착하라는 명령을 낭독했다. 이미 여러 번 이 작업을 수행했던 그들은 빠르고 효율적이었다. 병사들이 가축을 모으는 동안, 소비에트 시골의 교육받은 엘리트인 젊은 농학자들로 구성된 팀이 집집마다 돌아다니며 물품 목록을 만들었고 밖에 있는 닭, 돼지, 염소의 수와 안에 있는 냄비, 프라이팬, 셔츠, 신발의 수를 집계했다.[7] 그 목록들을 읽는 것은 슬픈 일이었다. 대부분의 가족들은 셀 수 있는 것이 별로 없었다. 한 가구의 물품 전부를 루블화로 환산해도 마야크 공장에서 일하는 감독관의 월급에도 미치지 못하는 액수였다.[8] 한 장교가 가장들을 모아 새로운 정착지로 이사를 간다고 말했다. 그곳에서 그들은 새 자택을 얻고 소지품에 대한 배상을 받게 될 것이었다. 그 장교는 만일 그들이 이 소개에 대해 언급하면 20년형에 처해질 것이라고 말했다. 혼란스럽고 고민에 빠진 어른들은 그러한 취지의 종이에 서명을 해야 했다. 지역민 대부분은 우랄에 무리지어 살았던 부농들 또는 독일계 민족이 이전에 추방되었다는 사실을 알고 있었다. 마을 사람들은 자신들도 법을 어겨 벌을 받는 것이 분명하다고 생각했지만 무엇 때문인지는 확신하지 못

했다.[9]

그러고 나서 병사들은 마치 맞지 않은 제복을 입은 착한 소년들이 전쟁의 손아귀에 사로잡힌 적군인 것처럼 잊을 수 없는 행동을 했다. 나무 쟁기와 마구, 선반, 린넨, 신부용 레이스, 양모, 누비이불 등 마을 사람들이 손수 만든 100년치 소유물들을 모아 공동 장작더미에서 태워버린 것이다. 다음으로, 징집병들이 가축을 들판으로 몰고 가서 총을 쏘기 시작했다. 캔버스 천으로 덮인 녹색 트럭들이 도로에 줄지어 서 있었고 엔진은 공회전하고 있었다. 차를 처음 타보고 신이 난 아이들이 서로에게 소리를 질렀지만, 그들의 어머니들은 흐느꼈고 남자들은 겁에 질린 농장 동물들의 울음소리에 탄식했다. 들판에서 병사들은 쏘고 또 쏘았다. 운전수들은 엔진을 고속으로 회전시켜 울퉁불퉁하고 얼어붙은 길 위로 트럭을 내몰았다.[10] 첫 번째 트럭이 출발하면서 음성과 소리들은 강변 마을에 대한 진혼곡과 자연스럽게 합쳐졌다.

마지막 주민들이 떠나자 불도저들이 그들 뒤에서 뒤뚱거리며 들어왔다. 그것들은 도랑을 판 뒤 작은 집들을 밀어붙여 거대한 무덤에 파묻었다. 며칠 사이에 나드례프 모스트는 흔적을 감추었다.

이것은 결코 그에 걸맞게 다뤄지지 않았던 비상상황이었다. 1953년 8월, 공장 과학자들은 테차에 위치한 16개의 정착지를 없앨 것을 권고했다. 모스크바에서 지도자들은 차일피일 미루다가 14개월이 지난 1954년 10월에 10개 마을에 대한 재정착 명령을 내렸다. 내무성MVD (Ministry of Internal Affairs)에서 파견된 보안 병력이 소개疏開를, 공장의 247호 건설부서Construction Division No. 247는 새로운 정착지에서 주택, 학교, 진료소, 우물, 도로를 건설하고 강가에 남아 있는 마을에 우물을 파고 울타리를 세우는 임무를 맡았다. 명령에는 이 계획에 "주요 시설에서 원자로 및 처리공장을 건설하는 작업과 동일한" 최우선 순위가 부여되어야 한다고 명시되어 있었다.[11]

그러나 나드레프 모스트는 모스크바로부터 명령이 내려진 지 2년 후이자 강의 오염이 발견된 지 만 5년 후인 1956년에 가서야 재정착되었다. 재난에 대한 극단적으로 느린 최초 대응과 이후 새로운 정착지 건설의 느긋한 속도가 이러한 지체를 야기했다. 이 같은 의식과 행동이 이어진 수년 동안, 마을 사람들은 해로운 방사성 동위원소를 더 많이 섭취했고 더 많은 아이들이 태어났다.[12] 빠르게 성장하는 10대들이 가장 많은 선량을 흡수했다. 자궁 내에서 피폭된 태아들, 젖먹이들, 우스티노바와 같은 어린이들은 방사성 동위원소의 유해한 영향으로 인해 가장 큰 위험에 노출되었다.

모스크바의 지도부와 오죠르스크의 건설 대장들이 보다 신속하게 행동했다면, 우스티노바의 삶은 달라졌을 것이다. 우스티노바의 부모는 그녀가 스물다섯 살이었을 때 사망했다. 그녀는 20대 중반이 되자 혈압이 너무 높아져 침대에서 거의 일어날 수 없었다. 의사들은 그녀에게 심장병을 진단하고 약을 처방했다. 그녀가 서른이 되었을 때, 의사들은 갑상선 질병을 진단했다. 우스티노바는 자신의 가슴팍을 가리키며 "이해가 안 됐어요"라고 말했다. "날 보세요. 난 크고 건강해 보이지만 속은 무척 약해요." 우스티노바의 첫 번째 아이는 조산아로 태어나잘 자라지 못하고 태어났을 때와 같은 크기로 생후 1년 만에 죽었다.

그녀의 두 번째 아이인 딸은 스물다섯 살부터 질병을 앓기 시작했다. 그녀는 여러 차례 수술을 받았고 지금은 휠체어를 타고 다닌다. 지난 10년 동안 우스티노바는 간에서 낭종을 제거했고 일시적으로 신체의 왼쪽을 마비시키는 뇌졸중을 앓았다. 최근 의사들은 그녀의 갑상선에서 종양을 발견하기도 했다. 그녀의 딸은 결혼도 하지 않았고 아이도 없다. 우스티노바와 그녀의 딸은 그들의 가계家系에서 마지막이다.

갈리나 우스티노바는 나를 그녀가 자란 재정착 마을로 데려갔다. 거의 전부가 테차에서 소개된 사람들로 구성된 슬루도루드니크Sludorudnik라는 예쁜 강변 마을이었다. 소개자 정착지는 미국에서 대량 생산된 레빗타운의 이상한 패러디이다. 얇은 합판으로 된 동일한 조립식 주택들이 일렬로 늘어서 있다. 한 설계도에는 학교들이 그대로 찍혀 나왔고, 다른 설계도에는 진료소들이 나왔다. 거리는 단풍나무Maple, 즐거운Pleasant, 햇빛골짜기Sunnydale 대신 마르크스, 레닌, 5월 1일* 같은 동일하고 반복적인 방식으로 명명되었다. 소개자인 다샤 아르부가Dasha Arbuga는 정착지에 도착했을 때 입고 있던 오염된 옷가지들을 건네주고 모두가 새 옷을 지급받아야 했다고 말해주었다. 아르부가는 다음과 같이 말했다. "여자아이들이 똑같은 치마, 셔츠, 신발을 입고 돌아다니고,

---

* 5월 1일 노동절은 소련의 중요한 명절 가운데 하나로, 정식 명칭은 국제노동자연대의 날, 5월 1일День международной солидарности трудящихся, Первое Мая이다. 노동자들이 참여하는 가두 행진과 이에 동반된 정치 음악, 당 지도자들의 축하 인사, 정치 구호의 방송 등이 주요 행사였으며, 이는 지역 텔레비전과 라디오를 통해 보도되었다. 가장 주요한 행사는 모스크바의 붉은 광장에서 진행되었다.

엄마들은 똑같지만 조금 더 큰 옷을 입고 다니고, 남자아이들은 단추까지 아버지와 똑같은 그런 소도시를 상상해보세요."[13]

사람들은 새로운 정착지, 특히 조립식 주택의 빈 벽을 통해 들어오는 시베리아의 바람을 좋아하지 않았다. 그들은 튼튼하고 오래된 통나무 집을 돌려 달라고 계속해서 요청했다. 그들은 소개된 지역의 도로에서 오늘날 볼 수 있는 물결 모양의 땅에 자신들의 집이 묻혀 있다는 사실을 몰랐다.

우스티노바는 슬루도루드니크의 집들 중 한 곳 앞에서 택시를 세웠다. 한 남자가 으르렁거리는 독일종 셰퍼드 두 마리를 사슬로 묶기 위해 달려갔다. 우스티노바는 "착하고 영리한 개들"이라고 말하며 인정하듯 고개를 끄덕였다. 우스티노바는 내게 자신의 도희적 옷차림과 극명하게 대조되는 긴 치마와 머리 스카프를 두른 마을 복장 차림의 안나Anna와 두샤Dusia라는 두 나이든 여성을 소개해주었다. 우리는 앉아 차를 마셨다. 안나와 두샤는 그들이 슬루도루드니크에 재정착한 일을 무미건조하게 묘사했다. 새로운 정착지는 석영 광산 바로 옆에 자리했고, 소개 후 이전에 농부였던 사람들은 광부가 되었다. 안나는 많은 광부들이 규폐증硅肺症을 얻었다고 말했다. 그녀는 자신이 컨베이어 벨트에서 하루에 15톤의 암석을 들어올리는 일을 했다고 설명했다. 나는 키가 5피트,* 몸무게가 120파운드** 정도 되는 왜소한 안나를 바라보면서 그

---

* 대략 152센티미터.
** 대략 54킬로그램.

것이 어떻게 가능했는지 궁금했다. 안나와 다른 사람들은 방사성 프라이팬에서 뛰어내려 더 평범하지만 여전히 불안정한 위험을 안고 있는 단단한 암석 채굴의 불길 속으로 뛰어든 것 같았다. 20세기의 노동은 대다수의 사람들에게 위험했고, 21세기에도 이는 여전하다.

안나와 두샤는 50세가 되기 전에 사망하여 더 이상 함께 있지 않은 이웃의 명단을 작성했다. 그들은 성姓을 복수형으로 나열하면서 유전적 혈통이 만료된 가족들을 죽 훑었다. "크라소프Krasov네 없음, 쿱치츠키Kupchitski네 없음, 카나발로프Kanavalov네 없음, 벨카노프Belkanov네 없음, 이바노프Ivanov네 없음……."[14]

안나는 내가 플루토늄 공장 주변의 지역사회에서 여러 번 들었던 또 다른 종류의 명단을 읊기 시작했다. 그녀의 형제는 암에 걸렸다. 그녀의 조카는 장애인이다. 그녀의 두 딸은 갑상선에 문제가 있다. 안나의 뼈는 안쪽에서부터 쑤신다. 그녀의 조카는 정신 질환을 앓았고 목을 매 자살했다.

나는 거기서 그녀를 멈추게 했다. 정신의학적인 문제는 방사선과 어떠한 연관이 있었을까? 여자들은 나의 무지에 고개를 저었다. 그들은 방사선이 정신에 작용한다고 설명했다. 몇몇 가족은 다른 가족보다 더 심하게 앓았다. 그들은 한 이웃에 관해 말했다. 그녀의 아들 중 네 명은 자살했고, 홀로 살아남은 아들은 살인죄로 감옥에 있었다.

나는 이 논의를 의학이나 물리학에 대한 교육을 받지 않은 사람들이 모든 질병을 방사선 탓으로 돌리는 방사선 공포증의 사례 중 하나로 받아들였다. 그러나 나중에 돌이켜보니 몇몇 체르노빌 연구자들이 방사선 피폭이 중추신경계를 손상시켜 신경 질환과 정신 신경 장애를 유발한다는 결론을 내렸다는 사실을 알게 되었다. 연구자들은 테차강 주민 중 선천적 결함을 가지고 태어난 아이들의 70퍼센트가 뇌 손상의 징후를 보인다는 것을 발견했다.[15]

마을 사람들의 관찰에 대한 나의 무시에서 나는 무언가를 배웠다. 의학·역사 연구자들은 슬루도루드니크와 같은 정착지를 빠르게 통과하고 자료를 수집하고 집으로 돌아간다. 왜 나는 사람들이 그들 자신의 환경과 공동체를 매일 가까이서 연구한다고 가정하지 않았던 것일까? 왜 아마도 길고 고통스러운 검사에서 나온 그들의 통찰이 타당할지도 모른다고 생각하지 않았을까? 그 후, 나는 좀 더 주의 깊게 듣기 시작했다.

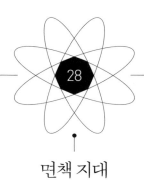

28

면책 지대

테차강을 따라 조사照射된 마을들을 소개시키기 위한 긴급함은 왜 없었
을까? 공장을 돌렸던 장군들이 공동체를 뿌리 뽑고 재정착시키는 방법
을 몰랐던 것은 아니다. 지난 20년 동안 소비에트 보안 요원들은 집단
행동을 통해 수백만의 인민을 추방했다.[1] 핵개발 프로젝트에 참여했던
군부의 거물급 지도자들 거의 대부분이 대량 축출로 자신들의 손을 더
럽혔다. 이 작전들은 대체로 며칠밖에 걸리지 않았지만, 1만 명에 불과
한 테차 지역의 10개 마을을 재정착시키는 데는 꼬박 10년이 걸렸다.
플루토늄 공장을 2년 반 만에 지었다는 사실을 그토록 자랑스러워하던
건설 분야의 실력자들은 수십 개의 마을을 건설하는 데 왜 10년이나 걸
렸을까?

소개 명령은 스탈린이 사망한 해인 1953년에 내려졌다. 오죠르스크

에서는 스탈린 사후의 권력 투쟁으로 인해 5년간의 권력 공백이 발생했다. 그 기간 동안 기업소 지도자들은 도시를 관할하던 보안 지도자들을 서서히 몰아냈다. 이 바쁜 경영자들은 테차강 마을들을 소개하라는 모스크바의 명령에 복종할 그 어떠한 긴급함도 느끼지 못했다. 1950년대 미국에서 전문가들은 스탈린주의를 비대하고 집중화된 관료제가 삶의 모든 측면을 계획하고 통제하는 과도하게 팽창된 국가로 규정했다. 그러나 오죠르스크에서는 공장과 도시의 관리가 탈집중화되어 대부분 지역의 실력자들에게 맡겨졌다. 주민들은 지도자들의 "무법" 행위와 특히 기업소 책임자들의 부패를 비난했다. 스탈린이 사망하기 전부터 그들은 더 많은 치안, 더 많은 계획, 그리고 도시가 제공하는 서비스, 주택, 건설에 대한 감독 강화를 요구했다. 요컨대 그들은 더 적은 정부가 아닌 더 많은 정부를 원했다.

오죠르스크에는 일반적인 정부나 시 행정부가 없었다. 소비에트연맹의 대부분의 소도시와 도시에서는 당원들이 지역 당위원회를 선출했다. 위원회는 정기적으로 회의를 열어 지역사회 관련 사안을 논의하고, 지역 문제를 해결하며, 공중도덕을 감독하고, 공적 자금을 배분했다. 당위원회는 민주주의 체제의 지방 거버넌스처럼 제한된 방식으로 행동했다. 그러나 오죠르스크에는 도시에 정부가 설립되지 않았기 때문에 그러한 "사회주의적 민주주의"가 존재하지 않았다.[2] 이 기이한 기업 소도시를 지도하는 단체나 법률은 없었다. 이반 트카첸코 장군의 지휘 아래 9명의 군 장교로 구성된 정치부Political Department가 그날그날의 도시 운영을 감독하는 한편, 개별 "시설"(공장과 작업장)의 대장들은 직원들의 근무와 생활여건에 대한 재정적이고 사법적인 통제력을 행사했다. 이는 기업 관리자들이 리치랜드를 운영했던 방식과 매우 흡사했다. 주민들은 "공장 지도부"에 자금을 청원하고 정치부에 남용과 부당 경영을 시정해 달라고 호소했다. 과중한 부담을 떠안은 소수의 산업 관리자와 보안 관리들이 점차 커지던 인구 5만 도시의 행정을 감독했다.[3] 그 결과, 도시는 임의적이고 개인적인 방식을 통해 고도로 과소통치됐고 이는 부패의 문을 활짝 열어 놓았다.

1952년, 한 남성은 최근 믿기 힘든 액수인 100만 루블을 횡령한 혐의로 11명의 상점 관리자가 체포된 범죄의 원인으로 자치의 부재를 꼽았다. "내가 보기에 이 사안과 관련하여 더 많은 사회적 통제가 요구된다. 시의회가 없는 우리 도시는 특히 그러하다. 산소가 필요한 것처럼 사회적 통제가 필요하다."[4]

시市 검사 쿠지멘코도 이에 동의하면서 공장 실력자들이 노동자에게 휘두르는 "무정부적인 권력"을 비판했다. 그는 법적 근거도 없이 직원들을 처벌하는 대장들에 대해 불평했다. "우리는 매우 중요한 한 시설에서 인민 53명이 노동규율 위반, 즉 음주, 이웃과의 대립, 교양 없는 행동으로 형을 선고 받았다는 사실을 발견했다." 쿠지멘코는 격분하며 말을 이었다. "'교양 없는 행동'은 이현령비현령과 같은 개념이다. 어떻게 그런 혐의를 적용할 수 있는가?"[5]

쿠지멘코는 또한 자유 거래의 부재는 보안 구역 책임이라며 불평했다. 쿠지멘코는 "상점에서는 언제나 보드카를 살 수 있다. 이것이 상점 지배인들이 판매 할당량을 맞추는 방식이다. 하지만 고기와 감자는 사기 어렵다. 큰 세상에서는 다르다. 평범한 도시에서는 공장 상점에 물품이 부족해지면 노동자들은 농민 시장에 가서 원하는 것을 찾을 수 있다. 여기서는 그렇게 할 수 없다"라고 분명히 말했다.[6]

1952년, 오죠르스크 주민들은 모스크바에 자신들이 스스로 통치할 수 있도록 당위원회를 승인해 달라고 청원했다. 제1총국의 베리야는 요청을 거부했지만, 트카첸코는 이러한 불만을 해결하기 위해 전형적인 소비에트 시의회의 여러 기능을 수행하는 자문위원회를 구성했다. 그는 교육, 문화, 무역 및 공공식사 위원단을 설립하고 공중 보건을 위한 위원단에 대해 이야기했다.[7] 이런 식으로 그는 커피 대용품처럼 쓸 수 있고 진품보다 덜 만족스러운 대리 시 정부를 만들었다.

1952년, 눈에 띄게 늙어가고 군복 아래로 배가 불룩하게 튀어나온 트카첸코는 예전처럼 질서와 복종을 명령할 수 없었다.[8] 그해 이 구역의 대규모 쿠즈네츠키Kuznetskii 노동수용소에서 죄수들은 3일 동안 "대규모 소동"을 피웠다. 재소자들은 간수들을 무장해제하고 살해했으며, 수용소를 점령하고, 노동을 거부했다.[9] 반란을 진압할 수 없었던 트카첸코의 병력은 결국 군대를 소집해야 했다. 폭도들은 체포되었지만 반란은 지속됐다. 목격자들은 죄수들과 간수들 사이, 그리고 라이벌 감옥 갱단과 민족 집단들 사이의 격렬한 충돌을 묘사했다. 1953년의 한 난투극으로 의사들은 3일 동안 임시 수술 컨베이어 벨트에서 칼에 의한 부상을 꿰매고, 총알을 빼내고, 망치 타격으로 함몰된 가슴을 복구했다. 스탈린 이후 몇 년 동안 굴라그에서의 반란은 거세졌다. 내무성은 소련 전역의 요새와 교도소에서 질서를 유지하는 데 어려움을 겪었지만, 1952년 무질서라는 측면에서 플루토늄 공장의 247호 건설 부서와 견줄 만한 시설은 거의 없었다.[10]

그해 봄, 트카첸코는 시의 공산당원들 앞에 서서 오죠르스크에서 신령스러운 치료자를 자처한 한 여성을 고발했다. 그는 그녀가 부적과 십자가를 팔았으며 돈을 받고 아기들에게 세례명을 지어주었으며 많은 손님들이 있었다고 말했다. 트카첸코는 우크라이나 출신의 침례교도이자 이전 포로가 비밀 기도 모임을 열고 3차 세계대전이 다가오고 있으며 거기서 "백마", 즉 미국이 승리할 것이라고 설교했다고 말을 이었다. 트카첸코는 이러한 종교적 광신도들이 생산 현장에 적을 심고 공장을 파괴하려는 음모를 꾸미고 있다고 의심했다.

트카첸코는 두려움과 의심을 조심스럽게 배양하면서 오죠르스크를 통치했다. 하지만 1952년에 무언가 이상한 일이 벌어졌다. 인민들이 자본주의의 포위라는 트카첸코의 상상을 거부하기 시작한 것이다. 트카첸코의 연설 도중 청중 가운데 한 명은 자신이 "십자가를 파는 나이든 아줌마"를 그다지 두려워하지 않는다고 소리쳤다. 두 번째 방해자는 이에 동의하며 트카첸코가 서점의 책 부족에 대해 조치를 취해야 한다고 선언했다.[11] 이러한 목소리들은 더 많은 정부와 더 적은 감시를 요구하면서 트카첸코의 권력을 약화시켰다.

1953년 초 트카첸코는 오죠르스크에서의 마지막 몇 개월 동안의 근무에서 공포를 통해 권력을 다시 확고히 하고자 했다. 모스크바에서 유대인 의사들이 소비에트 최고 지도자들을 중독시키고 살해한 혐의를 받고 있는 스캔들을 긴밀히 따라가면서 트카첸코는 당 활동가들의 비공개 회의에서 미국 정보부가 이끄는 "유대인 민족주의자들"이 폐쇄 도시에 침투했다고 발표했다. 트카첸코는 "외국 스파이가 우리 시설의 비밀 자료를 원합니다"라고 말했다. 그는 체코슬로바키아에서 열린 "시온주의자들"의 재판과 첼랴빈스크 인근에서 벌어진 "의사-살인자들"의 체포를 지적했다. 트카첸코는 씩씩대며 "그들은 모두 유대인 민족주의자들이었고, 모스크바의 숨겨진 시온주의 조직에서 내려오는 명령에 복종합니다. 그들은 아마 다른 음모를 꾸미고 있을 겁니다. 모두 비밀스러운 미국 공작원들이 조직한 것이지요"라고 말했다. 트카첸코는 공장에 남아 있는 많은 유대인 직원들을 나열하면서 그들을 파괴 공작원이라고 비난했는데, 일부는 방사능 중독으로 건강에 이상이 생겨 훈장을 받은 과학자들이었다. 그러나 트카첸코는 자신이 이러한 유대인 요원들을 체포하려고 하자 공장 실력자들이 과학자들이 감금하기엔 너무나 중요한 사람들이라고 주장하면서 그들을 구해주었다고 불평했다. "이 얼마나 무례한 짓입니까. 이 얼마나 나쁜 짓입니까!"라고 트카첸코는 격노했다.[12]

트카첸코가 이보다 더 미친 소리를 한 적은 없었다. 미쳐 날뛰는 그의 모습은 트카첸코에 대한 군중들의 야유, 죄수들 사이에서의 반란, 그가 고발했던 직원들을 넘겨주기를 거부한 공장 실력자들과 마찬가지로 무너져 내리는 스탈린주의 체제의 먼 소란을 예고했다. 심지어 스탈린이 사망하기도 전에 그가 수립한 공포, 증오, 사회적 배제의 정치, 그리고 무엇보다 가장 근본적으로 신성하고 집단적인 사명감으로 뒷받침된 질서는 이미 해체되기 시작했다.[13]

의사들의 음모*에 대한 트카첸코의 연설은 그의 마지막 무대였다. 다음번 당 회동이 열리기 전인 3월 5일, 이오시프 스탈린은 사망했다. 전국의 당원들과 충성스러운 시민들은 그의 죽음을 애도하고 미래를 걱정했다. 인민들은 눈물을 흘렸다. 스탈린의 이미지가 나라 곳곳에서 부족했던 질서를 가져왔기 때문이다. 스탈린이라는 존재가 사라지자 국가는 좀 더 방향성을 상실하게 되었다. 굴라그 죄수들은 들고 일어났고, 노동자들은 태업했으며, 집단농장 농부들은 그들의 대장을 조금 덜 두려워했고, 유형수들은 짐을 싸서 집으로 돌아갈 생각을 하기 시작했다.

라브렌티 베리야는 일련의 개혁을 단행함으로써 자라나던 이 같은 감각에 허가증을 부여했다. 굴라그 노동의 비효율성과 조잡함에 오랫동안 짜증이 났던 베리야는 "사회주의적 합법성"으로의 복귀를 촉구했다. 그는 경찰 조사에서 고문을 종식시켰고, 의사들의 음모로 인해 기소당한 용의자들을 석방했다. 베리야는 낭비적인 굴라그 건설 계획들을 종식시켰고, 한국에서의 전쟁을 끝내기 위한 협상에 착수했으며, 동유럽 국가들을 완화시키기 위한 조치를 취했다.[14] 오죠르스크에 가장 중요했던 것은 베리야가 스탈린이 세상을 떠난 지 3주 만에 굴라그 인구의 절반 이상을 집단 사면했다는 것이다.[15] 4월, 베리야의 사면 덕분

* 의사들의 음모Doctor's Plot는 내무인민위원회NKVD의 후신이자 국가보안위원회KGB의 전신인 국가보안성이 조사하던 시온주의 음모 관련 형사 사건 중 하나로, 그 핵심은 소비에트 유대인 의사들이 다수의 소비에트 지도자들의 살해를 꾀했다는 것이다. 그러나 이는 근거 없는 날조로 드러났고, 1953년 3월 스탈린 사망 직후 체포된 의사들은 전부 사면·복권되었다. 전후 소련의 반反세계주의 및 반유대주의 운동의 일환이었다.

에 수천 명의 죄수들이 오죠르스크 노동수용소를 떠났다.

수감자가 적다는 것은 동시에 진행 중이던 몇 가지 주요 건설 계획의 건설 노동자도 줄어들었다는 것을 의미했다. 새로운 열핵 무기*를 생산하기 위해 소비에트 군수 개발자들은 마야크에서 새로운 원자로와 처리공장을 주문했다. 동시에 공장 건설 기업소들은 테차강에서 소개된 이들을 위한 10개의 새로운 마을을 건설하는 임무도 맡았다.[16] 죄수의 손실을 보충하기 위해 베리야는 원자력 건설 계획을 MVD가 운영하는 굴라그에서 원자력 건설에 배정된 새로운 민간부처**로 이관시켰다. 노동력 부족을 해결하기 위해 국방성은 원자력 산업에 10만 명의 병사를 배정했다. 이 가운데 1만 7,000명이 1,000명의 장교와 함께 오죠르스크로 갔다.[17]

범죄자 두목들이 이끄는 제멋대로이고 반항적인 죄수들이 줄지어 나가고, 붉은 군대 장교들의 지휘를 받는 규율 잡힌 병사들이 행진해 들어왔다. 징벌 노동을 군대로, 그리고 교도소 관리를 민간인으로 맞바꾼 것은 진전처럼 보였어야 했다. 그러나 베리야의 개혁이 실시된 지 한 달 만에 제멋대로인 죄수들에 대한 우려 섞인 메시지는 폭동을 일으키는 병사들에 관한 근심스러운 공식 발표로 바뀌었고 플루토늄 공장의 몇몇 주요 건설 프로젝트는 노동력 부족으로 인해 심각하게 뒤처졌다.

---

* 수소폭탄을 의미한다.
** 1953년 창설된 중기계건설성Министерство среднего машиностроения을 가리킨다.

도착한 병사들은 막 비워진 굴라그의 죄수용 막사에 이, 해충, 치워지지 않은 쓰레기 및 수용소의 다른 특징적인 요소들과 함께 수용되었다. 막사는 처음 지어진 것 중 일부였고 배관이나 식당이 없었다. 병사들에게는 방한복이나 교체용 아마포 이불이 지급되지 않았다. 목욕탕은 고장난 지 오래였다. 젊은이들은 교대 근무를 한 후 벽으로 둘러싸인 막사와 누더기 텐트로 이루어진 자신의 구역으로 다시 보내졌다. 그곳엔 젊은이들의 주의를 끌 만한 클럽도, 책도, 영화도, 놀이도, 신문도, 라디오도 없었다.[18] 장교들마저 부족해서 불행하고 지루해진 병사들은 술을 마시며 흥청댔다. 6월, 주州당 실력자는 모스크바의 니키타 흐루쇼프Nikita Khrushchev*에게 젊은 징집병들이 한 달 만에 891건의 범죄를 저질렀다고 보고했다.[19]

누군가가 이 문제를 조사한 결과 대부분의 병사들이 전쟁 기간 동안 소비에트 정부에 의해 병합되고 여전히 반대가 심했던 발트해 연안 지

---

* 니키타 세르게예비치 흐루쇼프Никита Сергеевич Хрущёв(1894~1971)는 러시아의 혁명가이자 소련의 지도자로 모스크바 주당위원회 제1서기(1935~1938 및 1949~1953), 우크라이나 제1서기(1938~1947 및 1947~1949) 등을 거치면서 당내 실력자로 부상했으며 스탈린의 뒤를 이어 소련공산당 제1서기(1953~1964)와 각료평의회 주석(1958~1964)을 겸임했다. 1956년 소련공산당 제20차 당 대회에서 스탈린과 스탈린주의를 비판하여 소련 사회에 부분적인 긴장 완화를 가져다주었다. 아울러 서방과의 공존 정책을 추진함으로써 사회주의진영 전반에 광범한 반향을 일으켰다. 세계 최초의 인공위성 스푸트니크Спутник(1957)와 유인 우주선 보스토크Восток(1961) 발사 성공으로 소련의 기술적 우위를 선보였으나, 농업 정책에서의 한계와 중·소 분쟁에서 "수정주의"라는 낙인, 쿠바미사일위기에서 미국에 대한 양보 등으로 결국 실각됐다.

역, 우크라이나, 벨로루시에서 왔다는 사실을 알아냈다. 그 집단에서 1,000명 이상의 병사들이 전과를 가지고 있었다. 도착한 병사 중에는 이란인, 그리스인, 불가리아인 등 소수민족도 포함되어 있었다. 많은 병사들이 뉴욕에서 출판된 종교 소책자를 돌렸고 교회에 가기 위해 기지를 몰래 빠져나갔다.[20] 이들 종교 신자, 전과자, 외국 태생 군인 또는 병합된 영토에서 온 징집병 중 누구도 특별 체제 지대에서의 복무는 불가능했다. 보안 병력들이 최악의 말썽꾼들을 모아 돌려보내기 위해 인근 키시팀과 카슬리Kasli의 철도역으로 데려가자 병사들은 자신들의 출발을 축하하며 보드카를 들었고, 싸움을 시작했으며, 그들이 할 수 있는 모든 사람과 모든 것을 박살냈다.[21]

한편, 1953년도의 사면은 경범죄로 유죄판결을 받은 죄수들을 석방했고, 수용소에 남겨진 상습범과 강력범은 사면이 자신들을 비껴간 것에 대해 비통해했다. 오죠르스크에서 굴라그 관리들은 이러한 파렴치범의 집중이 심해질 것을 우려하며 향후 몇 년 동안 수감자 수가 더 불안정해질 것이라고 예측했다. 그들은 위반, 노동 거부, 도주의 증가를 계산했고, 범죄자 두목들이 "다른 죄수들과 굴라그 직원을 공포에 떨게" 하고 있음을 확인했다. 관리들은 또한 거의 교육을 받지 않은 굴라그 경비원들이 수감자들만 있는 외진 수용소에서 수감자들과 너무 오랫동안 지내며 일한 후 "그들처럼 행동하려고 하는 것"을 두려워했다. 그들은 일부 경비원들이 교도소 갱단의 동맹이 되었다고 의심했다. 몇 건의 탈주 사례에서 의심스럽게도 경비견은 짖지 않았고 경비원들은 잠을 잤다. 1954년 수용소가 반란을 일으켰을 때, 근무하던 경비원들

은 이에 대해 아무런 경고도 하지 않았다.[22]

베리야의 개혁은 지역적으로 오죠르스크에서 그랬던 것처럼 국제적으로도 격렬한 역효과를 불러왔다. 동독에서는 노동자들이 낮은 임금과 만성적인 소비재 부족을 이유로 파업에 돌입했다. 드와이트 아이젠하워 미국 대통령이 말했듯이 소비에트 전차와 대치한 젊은이들의 사진은 "공산주의의 의미에 대한 훌륭한 교훈"을 제공하는 것처럼 보였다.[23]

니키타 흐루쇼프는 인상적인 속도와 정치적 통찰력으로 이러한 사건들을 경쟁자들에게 안 좋은 쪽으로 돌리기 위해 일했다. 베를린봉기*가 일어난 지 몇 주 후인 6월 26일, 우랄에서 건설 지연과 반항하는 병사들에 관한 우려스러운 소식이 들려오는 가운데 흐루쇼프는 베리야를 상대로 전복을 기도했다. 소비에트 원자폭탄 개발 계획을 지휘했던 베리야와 그의 특별 위원회를 기리는 기념식이 있기 불과 몇 시간 전에 흐루쇼프는 베리야를 체포했다.[24]

흐루쇼프는 굴라그의 작고 어두운 그림자 총독에 대한 사건을 만들었다. 그는 전시에 원자력 비밀을 강탈한 배후인물이자 소비에트 폭탄을 지휘했던 위대한 지휘자 베리야가 사실 미국 요원이었고 "러시아에

---

* 1953년 베를린 봉기는 1953년 6월 16일 동베를린에서 일어난 시위를 뜻하는 말로, 노동 할당량에 반대하는 건설 노동자들의 파업으로 시작됐다. 이는 다음날인 17일, 동독 정부와 집권당인 독일사회주의통일당을 반대하는 전국적인 봉기로 변모했다. 봉기는 곧바로 주독 소련점령 집단군과 동독 국가인민군의 전신인 병영인민경찰에 의해 진압되었다. 이후 6월 17일은 베를린 봉기를 기념하는 날이 되어 1954년부터 서독에서 독일통일절로 1990년까지 기념되었다.

자본주의를 복구하기 위해 매수된" 반역자였다고 폭로했다.[25] 게다가 정치국원 라자르 카가노비치Lazar Kaganovich*는 베리야가 원자력 사업에 제멋대로 돈을 쓰며 "도시가 아니라 온천"을 건설했다고 비난했다.[26]

이 소식은 믿기 어려웠다. 특별 위원회 위원장으로서 베리야는 특히 원자력 관련자들 내에서 엄청난 권력과 위신을 가지고 있었다. 호숫가 별장과 그의 이름을 딴 대로가 있는 오죠르스크에서 베리야는 현명하고 자애로운 후원자로 여겨졌다. 그러나 원자력 산업 외부의 사람들 중 베리야가 원자폭탄 개발에서 어떤 역할을 했는지 아는 사람은 거의 없었다. 흐루쇼프는 체포 당일 베리야의 권력 기반을 약화시키기 위해 베리야의 특별 위원회를 해산하고 중기계건설성MSM(Ministry of Medium Machine Building)이라는 모호한 이름의 새로운 민간기관을 설립하여 핵무기 시설 지휘를 맡겼다.[27] 그는 뱌체슬라프 말리셰프Viacheslav Malyshev를 책임자로 임명하여 자신에게 직접 보고하도록 했다. 베리야의 오랜 부관인 아브라미 자베냐긴은 승진하여 새 부처의 제1부서를 감독하게 되었다. 트카첸코를 포함해 베리야의 측근 가운데 수십 명의

---

* 라자르 모이세예비치 카가노비치Лазарь Моисеевич Каганович(1893~1991)는 우크라이나의 유대인 가정 출신 볼셰비키 혁명가로 초기부터 스탈린의 신임을 받아 당내 조직 업무를 총괄했으며, 1930년대에는 대숙청에 적극 가담해 "철의 라자르"라는 별칭을 얻게 됐다. 2차 세계대전 당시에는 카프카스 지역의 정치위원을 역임했고 내각평의회 부의장을 오래 역임(1938~1944, 1946~1947, 1947~1953 및 1953~1957)했으나 흐루쇼프에 대항한 쿠데타의 실패로 인해 실각하고 1961년 당에서 제명됐다. 이후 30년간 연금생활을 하다가 소련 해체 5달 전에 사망했다.

장교들이 해고되었다.

베리야의 전 동료들은 스탈린주의적인 방식으로 그의 사형을 정당화하기 위해 "사실들"을 추가했다. 특별 위원회의 축하연에서 말리셰프는 베리야를 "인민의 적"이라고 비방했다. 15년 동안 베리야의 충직한 부하였던 자베냐긴은 베리야가 어리석고 "우둔했다"고 증언했다. 이고르 쿠르차토프 혼자 베리야에 대한 증언을 거부했다. 증언을 요청받았을 때 그는 "베리야가 아니었다면 폭탄은 없었을 것입니다"라고 답했다.[28]

그런 강력한 장관을 무너뜨리기 위해 흐루쇼프는 그의 혐의를 터무니없고 용서할 수 없는 것으로 만들어야 했다. 그래서 그는 스탈린 시절의 과잉행위에 대한 희생양으로 베리야를 이용했다. 위험천만한 술책이었지만 효과가 있었다. 베리야의 대규모 죄수 사면 조치는 굴라그에서 돌아온 죄수들이 범죄와 무작위적 폭력을 자행하지 않을까 우려하던 소비에트 시민들 사이에 공황을 촉발시켰다. 소비에트 시민들은 베리야가 체포되어 처형되었을 때 환호했다. 그가 악명 높은 굴라그의 장관이나 스탈린의 "심복"이었기 때문이 아니라 그가 범죄에 미온적으로 대처하고, 죄수들을 석방하고, 의사들의 음모에서 기소된 용의자들을 풀어주는 등 반역죄를 저질렀다고 의심했기 때문이다.[29]

그러나 베리야가 처형된 후에도 오죠르스크에는 평화가 찾아오지 않았다. 1954년, 오죠르스크에서 병사들의 15퍼센트가 범죄를 저지르다가 붙잡혔다. 젊은 징집병들은 요새에서 빠져나와 인근 소도시와 마을로 가서 마시고, 욕지거리를 하고, 싸움을 걸고, 소란을 피우고, 훔쳤다.[30] 마을 사람들은 그 소년들이 성폭력, 아동 구타, 살인 등 더욱 악랄한 행동을 했다고 비난했다.[31] 큰 소동을 일으킨 뒤, 소년들은 폐쇄 구역으로 갈 수 있는 통행권이 없어 추격하던 마을 경찰들이 더 이상 따라올 수 없던 체제 지대로 몰래 돌아왔다.[32] 기소를 면한 병사들은 다음 날 밤 다시 바깥으로 나가 큰 소동을 일으켰다.[33]

경험이 부족한 젊은이들은 일을 더디게 하고 기계를 망가뜨리고 트럭 사고를 일으켰다. 몇몇 병사들은 아예 일을 거부했다. 소비에트 산업에서는 할당 생산량을 초과 달성했다고 거짓으로 보고하는 것이 일반적이었지만, 오죠르스크의 건설 부서들의 경우 실적이 너무 좋지 않아 감독관들은 목표의 절반의 3분의 1만 완료했다는 것을 인정해야 했다.[34] 병사들이 너무 반항적이어서 1954년에 계약자들은 병사들을 노동자로 쓰길 거부하고 대신 죄수들을 요청했다.[35] 굴라그에서 수년간 고생한 파렴치범들은 적어도 직업 훈련은 받았었다.

징집병들의 도덕적 실패에 대해 책임을 져야 했던 사람들은 정치부의 지도자들이었다. 이 군인들은 정보를 수집해 보고서를 작성하고, 병사들을 위한 강연 일정을 짜고, 각 기지와 수용소에서 발생한 사고, 구타, 성폭행 횟수를 기입하기 위해 빈칸이 있는 질문지를 작성하느라 분주했다.[36] 이것은 문제를 관료화했지만 정작 해결하지는 못했다. 베리야와 트카첸코가 떠난 후, 정치부는 거의 힘을 잃었다.

보안의 관점에서 이는 모두 나빴다. 지역 소도시에서 싸움을 일삼았던 병사들은 플루토늄 지대에서 자신들이 어떤 비밀 업무를 하고 있는지 그 성격과 위치를 노출시켰다. 공중 보건의 관점에서 반항하는 병사들은 두 개의 중요한 건설 계획들, 즉 오염도가 높은 원래의 공장을 대체하기 위해 필요했던 새로운 처리공장인 베베BB와 테차강 소개자들을 위한 새로운 마을들의 건설을 엄청나게 지연시켰다.[37]

재정착 마을 건설을 직접 담당한 사람은 247호 건설 부서의 책임자 슈테판P. T. Shtefan 대령이었다.[38] 슈테판은 오죠르스크에서 비난받는 사람이었다. 그의 인부들이 모든 주요 건설 프로젝트에서 뒤처져 있었기 때문이다. 슈테판은 건설 목표를 놓친 이유로 병사와 재소자들의 노동력을 꼽았다.[39] 징집 노동에 관한 불만은 몇 년 동안 이 지역에서 들끓었다.[40] 한 건설업자는 "그들이 오면 우리가 그들을 훈련시키고, 그들은 떠난다. 우리는 직업학교에 불과하다"고 불만을 토로했다. 그는 "비밀 유지의 관점에서 보면 10만 명의 다양한 사람들이 이곳에서 일하고 떠나서 지금은 지구를 돌아다니고 있다. 이것이 가당키나 한 일인가?"라고 덧붙였다.[41] 1954년, 내무성의 수장 세르게이 크루글로프는 원자력 시설에서 강제 노동을 단계적으로 폐지하고 시간제 건설 노동자로 바꾸라고 명령했다. 그는 동원 해제된 병사들과 석방된 죄수들을 고용하고, 그들의 가족들이 그들과 같이 지낼 수 있도록 우랄 남부로 이사하는 데 필요한 보조금을 지급할 것을 제안했다. 이는 달리 말해, 다루기 힘든 독신 죄수들과 병사들을 가족이 있는 남자들로 대체하라는 제안이었다.[42] 이 계획은 일리가 있었다. 핵가족에 뿌리를 둔 직원들은 오죠르스크에서 플루토늄을 생산하는 비교적 안정적인 노동력이 되었다.

문제는 고용된 건설 노동자들이 다른 집결지인 건설자의 마을Constru-ctors' Hamlet이라는 자신들만의 소도시에 살고 있다는 것이었다. 벽이 둘러쳐진 작은 마을의 기숙사는 지저분했고 목욕탕과 세탁실은 사용이 불가했다. 마을의 한 상점에서는 점원들이 종종 훔쳐간 탓에 빵, 우유, 고기가 선반에 진열되기도 전에 사라져버렸다. 구내식당은 벽이 샜고, 목재 보도는 썩어들어갔으며, 공원도, 쓰레기 수거도, 라디오 방송도 없었다. 제대로 된 산부인과 병동이 없어 여성들은 분만을 위해 움푹 팬 길을 걸어 카슬리로 가야 했고, 몇몇은 길 위에서 신생아를 분만해야 했다.[43] 건설 감독들은 숙련된 노동자들이 마을을 떠나지 않도록 하기 위해 필사적이었지만, 거주지가 너무 비참하고 문화 서비스가 너무 암울해서 사람들은 도망치거나 사기를 잃어갔다.[44] 왜 직원들을 위해 제대로 된 주택을 짓지 못했느냐는 질문에 슈테판은 돈과 물자가 부족하고 변덕스러운 노동자들에게 시달렸기 때문이라고 한탄했다.[45] 실제로 1955년 7월, 병사들은 회관에서 마을 주민들을 폭행하고 공포에 떨게 하면서 다른 마을을 약탈했고, 죄수들은 또 다른 수용소 반란에서 폭발했다.[46]

그러나 당 회동에서 암시된 또 다른 무언가가 벌어지고 있었다. 슈테판과 다른 건설 실력자들은 연간 건설 계획에 그들이 건설할 의도가 전혀 없었던 프로젝트를 포함시켰다. 예산이 많을수록 슈테판과 그의 동료들이 국고에서 더 많은 것을 가져갈 수 있었기 때문이다.[47] 한 비판자는 슈테판의 창의적인 회계가 "연간 [건설] 계획을 순전한 허구"로 만들었다고 비난했다.[48] 병사들이 빈둥거린 이유는 잘못된 행동이나 도덕적 결함 때문이 아니라 그들이 작업 현장에 앉아서 구체화되지 않은 지시와 물자를 기다리고 있었기 때문이다. 그들이 더 느리게 일할수록 건설 계획은 더 오래 지속되었고, 슈텐판은 "지연"으로 인한 비용 초과에

대해 후속 기간에 더 많은 자금을 요청할 수 있었다.[49]

자금과 물자 횡령으로 인해 소개자를 위한 마을을 건설하고 건설 노동자를 위한 주택을 짓거나 썩어가는 막사를 수리하는 데 필요한 자원은 거의 남아 있지 않았다. 슈테판이 마침내 그것들을 지었을 때, 그는 지나치게 인색하게 굴었다. 그는 설계도에 들어가 있던 목욕탕, 진료실, 유치원, 헛간 또는 낙농장이 없는 새로운 마을을 승인했다. 그는 높은 가격의 조립식 주택을 지었는데 너무 부실하게 지어져서 거주자들 위로 무너져 내렸다. 한 집단농장 위원장은 "그 주택은 한 채당 4만 3,000루블이지만 쓸모가 없습니다. 그것들은 무너져 내리죠. 어떻게 그들이 사방에서 돈을 훔칠 수 있었는지, 어떻게 정치부는 낌새도 채지 못했는지 이해가 가지 않습니다."[50]

대부분의 소비에트 도시에서는 주州 당위원회 서기가 지방 산업 대표들의 부패를 감독하고 처벌하지만, 비밀 체제 때문에 첼랴빈스크주州 당위원회 서기는 조사를 위해 오조르스크에 출입하거나 플루토늄 공장 근처 어디에도 갈 수 없었다.[51] 트카첸코 장군이 해임되자 정치부는 지방 통치의 구색을 갖춘 관료제적 창구로 거듭났다. 모스크바의 관리들은 자신들의 명령이 이행되고 있는지 확인하기 위한 후속 조치를 거의 취하지 않았다. 그들은 플루토늄 배송이 제시간에 이루어지기만 하면 플루토늄 대장들에게 상당한 독립성을 부여했다.[52]

요컨대 이 지대에서는 실력자들이 비용 추가 계약을 즐길 수 있는, 알 수 없는 편리한 거품이 풍성하게 일어났다. 공장의 예산이 많을수록 실력자들이 비용 추가 계약을 통해 개인적으로 더 많은 부를 소유할 수 있도록 한 것이다. 슈테판은 이 여분의 돈으로 우아한 강변 동네에 플루토늄 대장들의 주택을 지었다. 그는 위임받은 건설 프로젝트에서 병사들을 전용하여 차고와 별장을 세우도록 했다.[53] 슈테판은 플루토늄 대장들에게 매우 잘해줬기 때문에 여러 건의 횡령 혐의에도 불구하고 수십 년 동안 자리를 지킬 수 있었다. 대장들은 또한 배를 빌리고 파티를 열고 공공 편의 시설을 자신들의 소유인 것처럼 전용했다.[54] 그리고 아무도 그들을 막을 수 없었다.

역사가들과 회고록 작가들은 종종 원자력 체제 지대를 주민들을 가두고 통제하고 훈육하는 감옥으로 묘사한다. 하지만 이 구역은 내부 사람들에게 법을 어기고 고발을 피할 수 있는 이례적인 자유를 주기도 했다. 슈테판은 단순히 많은 사람들이 자신들의 작은 영역에서 하던 행동을 대규모로 했을 뿐이었다. 병사들은 이 지대의 장점을 이용하여 이웃 마을을 약탈했다. 상점 지배인들은 이 지대를 이용하여 훔친 식량을 담장 밖에서 팔았고 요새 지휘관들은 훔친 건설 자재들을 판매해 엄청난 이익을 보았다. 지휘관의 부인들은 특수하게 공급되는, 사회주의 도시에서 부족한 상품을 구매한 뒤 투기 목적으로 "큰 세상"의 친구들과 거래했다.[55] 보안 규정을 엄격히 준수하기 위해 만들어진 원자력 체제 지대는 충격적인 부패를 가능케 했다. 동시에 이 면책 지대는 테차강 거주자들과 오염된 화학처리공장의 젊은 노동자들을 수년간 쇠약하게 만들었다.

29

사회주의 소비자들의 공화국

나는 오죠르스크의 만연한 부패에 대해 어느 정도 알고 있다. 당원들이 흐루쇼프의 해빙Khrushchev's Thaw*이 타오르던 분위기 속에서 산업 실력자들을 횡령으로 고발했기 때문이다. 1956년 3월, 니키타 흐루쇼프는 8시간 동안 연설을 통해 사랑받던 스탈린이 개인숭배의 중심임을 폭로했다. 흐루쇼프는 스탈린이 1917년 사회주의 혁명의 평등주의적이고 민주적인 가치들을 파괴한 독재자였다고 말했다. 그 후 몇 달 동

---

* 흐루쇼프의 해빙Хрущёвская оттепель은 소련 작가 일리야 예렌부르크Ilya Ehrenburg
  (1891~1967)의 1954년도 작품 《해빙Оттепель》의 제목을 따서 1950년대 중반부터 흐루
  쇼프가 실각하는 1960년대 중반까지 전개된 소련 사회의 긴장 완화 및 제한적 자유화를
  지칭하는 말이다.

안 흐루쇼프는 검열을 완화했고, 서구와의 평화적 공존을 약속했으며, 400만 명의 죄수들을 추가로 사면했고, 동유럽의 공산주의가 수많은 민족적 형태를 취할 수 있다고 주장했다. 1956년 봄과 여름, 처음에는 폴란드인, 그 다음에는 헝가리인 노동자들과 지식인들이 흐루쇼프의 말을 믿었다. 그들은 스탈린의 동상을 무너뜨리고 민족적 형태의 사회주의와 더욱 불길하게는 민족 주권의 이름 아래 들고 일어섰다. 8월 말, 헝가리인들은 독립을 선언했고, 서구의 사진기자들은 부다페스트 거리에서 바르샤바 조약기구* 전차들이 시민들을 밀어내는 모습을 의기양양하게 사진에 담았다.

오죠르스크에서도 해빙은 마찬가지로 결정적이었다. 탈스탈린주의의 물결을 타고 플루토피아의 사람들은 도시를 떠날 권리, 예컨대 아픈 어머니를 방문하거나 다른 곳에서 일자리를 찾을 수 있는 권리를 얻었다. 거의 10년에 가까운 감금 이후, 이 주요 개혁은 오죠르스크에서 삶의 본질을 근본적으로 변화시켰다. 공장 실력자들은 더 이상 노동자들을 강제로 붙잡을 수 없었다. 그들은 외딴 요새에서 위험한 작업을 계속하도록 노동자들을 열심히 설득해야 했다. 1956년, 오죠르스크 주민들은 소련 지방자치의 주요 현장인 시市당위원회를 가질 수 있는 권리도 획득했

---

* 바르샤바 조약기구Организация Варшавского договора는 1955년 5월 14일 폴란드 바르샤바에 모인 동유럽 국가 8개국(소련, 폴란드, 체코슬로바키아, 동독, 헝가리, 루마니아, 불가리아, 알바니아)이 흐루쇼프의 제안을 받아들여 결성한 군사동맹으로, 조약의 정식 명칭은 우호협력상호원조조약이다. 1991년 해체 때까지 미국 주도의 북대서양 조약기구에 대응하면서 동유럽에서 소련의 군사적 영향력과 우세를 확보했다.

다. 자기 대표를 위해 수년간 로비를 벌인 오죠르스크 당원들은 이를 거절하지 않았다.[1] 공산주의자들은 도시 전역에서 무리지어 만나 행복하게 자신들의 새로운 "사회주의적 민주주의"를 사용했다. 처음에 주민들은 안전 문제와 공장 경영의 전제적이고 부패한 지배에 대해 비난했다. 그러나 수년에 걸쳐 시민들은 방사성 동위원소가 아닌 범죄자와 주정뱅이들로부터 안전을 확보하기 위해 새로운 목소리를 사용하게 되었고, 원자력 사고가 아닌 물질적 복지 측면에서 보안을 추구하게 되었다.

오죠르스크에서 자치가 시작된 첫날, 시민들은 자신들이 본 도시의 잘못된 점에 대해 대담하게 발언했다. 그들은 산업 실력자들의 "전제적 지배"를 비판했고, 시 정치부의 이전 지도자들을 약하고 무능한 존재라고 비난했으며, 도시 계획과 거래에서 목소리를 낼 것을 요구했다. 지역 민주주의를 촉진하기 위해 그들은 보안상의 이유로 오랫동안 금지되었던 도시 신문을 원했다.[2]

가장 대담했던 것은 당원들이 공장의 안전성에 의문을 제기했다는 것이다. 그들은 상당한 건수의 사고들을 나열했다. 한 노조* 대표는 "사고에 대해 지배인들은 자동적으로 규칙을 위반한 노동자들의 탓으

---

* 소련에서 집단농장원과 같은 일부 직종을 제외한 모든 직종의 노동자들은 직능별로 노조에 자동적으로 가입됐고, 전연맹노조중앙평의회가 이러한 개별 노조들을 포괄했다. 소련 초기 노조의 전개에 관한 가장 권위 있는 우리말 저작으로는 조준배, 〈스탈린 체제의 등장과 소련 노동조합의 재편, 1928~31〉, 《역사학보》 201, 2009, 267~310쪽 등 조준배의 논문을 참조하라. 한편, 소련의 영향을 지대하게 받았던 북한의 경우, 노동조합 대신 직업동맹이라는 단어를 쓴다.

로 돌린다. 하지만 우리가 25호 공장에서 그들에게 질문했을 때, 그들은 "무슨 규칙?"이라 되물으며 어떠한 구체적인 위반도 생각해내지 못했다. …… 오히려 경영진이 노동자들에게 안전 수칙을 무시하라고 압력을 가한다."[3] 한 기술자는 방사성 폐기물 부서가 어떻게 오랫동안 자금을 거의 지원받지 못한 채 방치되어왔는지를 설명했다. 그는 피폭을 기록하는 데 필요한 패찰을 달지 않은 노동자들이 트럭의 짐칸에 폐기물을 실은 뒤 손으로 꺼내 격납용기에 넣었다고 말했다. "이른바 이 같은 '기술'은 부끄러운 일이지만, 과학자들은 걸어가면서 이를 보고도 전혀 관심을 두지 않았습니다."[4]

공장의 수석 기술자 미셴코프G. V. Mishenkov는 부실한 안전 관행이 노동 위기를 야기했음을 인정해야 했다. 노동자들이 폐쇄 지대를 떠날 수 있도록 허용한 규정은 사표의 물꼬를 텄다. 1956년에는 매달 100명 이상의 직원이 떠났는데, 그들 중 다수는 기술자들과 기술직 종사자들이었다. "그들이 왜 떠나는지 몇 명에게 물었습니다"라고 미셴코프는 말했다. "그들은 작업이 스트레스가 많고 위험하다고 대답했습니다." 숙련된 노동자들은 이미 공급이 부족했다. 10년간의 생산 후 사람들이 방사성 근무 환경과 관련된 수많은 질병에 굴복하고 있었기 때문이다.[5] 이러한 노동 위기는 플루토늄 노동자들에 대한 새로운 고려를 고무시켰다. 미셴코프는 "우리는 명령에 의해 노동자들을 생산에 묶어둘 수 있도록 했던 이전의 법령을 잊어야 합니다"라고 주장했다. "지금은 상황이 달라졌고 우리가 더 나은 생활과 근무 환경을 조성하지 못하면 동지들은 우리를 떠날 것입니다."[6]

당 지도자들은 직원들을 머무르게 하는 가장 좋은 방법이 도시의 장엄함으로 그들을 유혹하는 것이라는 데 동의했다. 1956년, 실력자들을 위한 상류층 특유의 동네와 멋진 교외가 몇 군데 있었지만, 오죠르스크의 대부분은 판잣집과 움막으로 구성되어 있었다. 1년에 1,500명의 아기가 태어나면서 인구는 빠르게 증가하고 있었다. 가족들은 공동 아파트와 막사에서 한 방에 다섯 명이 모여 살았다. 주택위원회는 도시에 40만 제곱피트 이상의 새로운 거주공간이 필요하다고 결정했다.[7]

당원들은 건설 대장인 슈테판에게 수년 동안 오죠르스크에서 어떠한 주택 건설 계획도 완료하지 못한 데 대한 책임을 질 것을 요구했다. 이러한 불만을 잠재우고 부패를 고발한 새 유권자들을 기쁘게 하기 위해 슈테판은 빠르게 생각했다. 그의 인부들은 오죠르스크에서 아파트 건물을 완공하지 못했다. 슈테판이 그들에게 배정된 돈을 빼돌리거나 도시 엘리트를 위한 사치품에 썼기 때문이다. 슈테판은 베베 공장과 테차강 소개자들을 위한 새로운 마을 건설 예산을 삭감하여 부족분을 메우겠다고 약속했다. 그는 이 프로젝트들의 전체 예산 중 20퍼센트를 오죠르스크의 주택 건설로 전환했다.[8] 이러한 조치는 향후 몇 년 동안 오죠르스크의 주택 문제를 상당히 완화시키겠지만, 노동자들의 건강과 하류 마을 주민들의 건강을 대가로 한 것이었다. 새로운 인기영합주의 분위기에서 주택과 물질적 복지는 인기가 높았던 반면, 눈에 보이지 않는 오염 물질로 인한 안전 문제는 덜 분명했다.

오죠르스크 주민들은 이미 지대 밖의 이웃보다 훨씬 더 잘 살았다. 젊은 여성 타이쉬나Taishina는 당 회의에서 이렇게 지적했다. "우리는 마르크스에 관한 강연을 듣기 위해 누가 쫓기라도 하듯 모였습니다. 하지만 나는 큰 세상에 있었고 그곳 인민들은 그렇게 잘 살지 않습니다. 그곳엔 빈곤이 있습니다. 왜 우리에게 그것에 대해 강연하지 않나요?"[9] 당 지도자들은 폐쇄 도시의 주민들이 노동과 희생을 통해 국가를 지켰기 때문에 큰 찬사를 받을 자격이 있으며, 국가는 조건 없이 그들을 지원해야 한다고 타이쉬나에게 공개적으로 말했다. 타이쉬나는 질문 후 잠재적 보안 위협이 되었고 보안 요원들은 은밀하게 그녀에 대한 파일을 작성하기 시작했다. 사회주의적 평등주의는 "큰 세상"과 관련되어 있기 때문에 설 자리가 거의 없었다. 중요한 것은 오죠르스크라는 작은 세상 안의 평등과 민주주의였다.

교통 혼잡을 완화하기 위한 광범한 교통망, 넓은 녹색 공간, 대중 행진을 위한 드넓은 광장을 갖춘 "사회주의적 도시"로 오죠르스크를 재설계하기 위해 레닌그라드로부터 건축가팀이 도착했다. 소비에트 건축가들은 1920년대부터 서류상으로 사회주의 도시들을 설계해왔다.[10] 광범위한 건설 예산과 소비재에 대한 정부의 우선순위가 높았던 오죠르스크는 사회주의 도시가 3차원으로 부상하는 것을 볼 수 있는 유일무이한 기회를 제공했다. 지역 주민들은 이 도시를 빚는 과정에서 나름의 역할을 하기를 원했다. "왜 그들은 우리와 상의하지 않습니까?"라고 사람들이 물었다. "시체 안치소를 학교와 자동차 정비소 옆에 두어 이것이 병원을 훈증 소독하게 하는 것은 전혀 타당하지 않습니다."[11] 임대 및 수리를 맡은 느리고 서투른 정비 부서와 씨름하는 데 지친 오죠르스크 주민들은 자기 집을 소유하고 싶어 했다. 그들은 부지를 임대할

수 있는 허가와 개인 주택 건설을 위한 자금 조달을 요청했다.[12]

사유재산? 경제적 불평등? 자유언론? 사회주의를 쇄신하라는 흐루쇼프의 요청에 고무된 오죠르스크 당위원회는 소비에트 사회주의의 원칙으로부터 먼 곳으로 도시를 이끌고 있었지만, 플루토피아는 그 원칙을 지키기 위해 만들어졌다. 학구적인 서른 살의 기술자 아나톨리 라닌 Anatolii Lanin이 이를 정확히 지적하기 전까지는 아무도 이러한 경향을 눈치채지 못했던 것으로 보인다. 10년차 공장 베테랑인 라닌은 자신의 실험실에서 열린 회의에서 도시의 주택 문제, 실력자들의 부패, 빈번한 공장 사고들을 오죠르스크에서의 "개인숭배"의 결과로 해석했다. 그는 왜 집단농장들이 해마다 국가에 대한 식량 공급에 실패했는지 알고 싶어 했다. 그는 폴란드와 헝가리에서의 사건에 대한 더 많은 정보를 원했다. 라닌은 과학 잡지에서는 과학자들이 서로 논쟁을 벌이지만 소비에트 언론에서는 정치적 문제에 대해 "합의만 있을 뿐"이라고 지적했다. 라닌은 왜 소비에트 언론이 현실, 특히 경제적 사실에 대해 "옻칠"을 하는지 물었다. "왜 우리 강연자들은 미국과 소련 중 어느 나라의 생활수준이 더 높은지 알려주지 않는가?"[13]

라닌의 동료들은 그의 말을 듣고 어안이 벙벙해졌다. 그는 〈미국의 소리〉 방송의 보수적인 논평가처럼 들렸다. 그러나 라닌은 마르크스와 레닌을 읽었다. 그는 박식한 방식으로 두 사람의 말을 인용했고 동료 당원들은 꿀 먹은 벙어리가 되었다. 몇몇은 심지어 그의 말에 동의하기 시작했다.[14]

라닌의 상관들은 긴급회의를 열어 "라닌 사건"을 논의했다. 시 지도자들은 라닌을 선동과 금지된 해외 방송 청취 혐의로 기소했다. 그들은 그가 현실적인 문제들을 해결하기 위해서가 아니라 시 지도부에 대한 존경심을 실추시키려는 의도에서 동료들 사이에 이견을 심기 위해 질문을 던졌다고 비난했다. 주당州黨의 실력자인 라프테프Laptev 동지는 라닌이 더 많은 음모를 꾸미고 있다고 시사했다. "타이가Taiga에서 자란 촌뜨기가 아니라 과학자인 **당신**이 정치를 이해할 수 없다는 말이요? 당신이 던진 질문과 헝가리 쿠데타 음모자들이 제기한 질문 사이에 아무런 차이가 없다는 것을 모르겠소? 스탈린주의자라는 이유로 공장 책임자와 시市당위원회 위원장을 통에 실어 던져버리는 게 당신이 원하는 거요?"[15]

그것이 핵심이었다. 만약 라닌이 흐루쇼프의 1956년도 연설의 사상과 이념을 끌어와 계속 나아갔다면 공적 자금의 엄청난 낭비, 부패, 횡령, 공장 부실 경영에 대한 비난은 쉽게 받아들여졌을지도 모르고, 오랜 실력자였던 "스탈린주의자들"은 일자리를 잃을 수도 있었다.[16] 오죠르스크의 기성 산업 엘리트들 중 누구도 그런 일이 일어나도록 내버려두지 않았다. 헝가리 침공 후 소비에트 보안 관리들은 흐루쇼프를 너무 진지하게 받아들였던 사람들에 대한 체포 공세를 벌였다. 오죠르스크에서는 실력자들이 그 뒤를 따랐다. 라닌은 체포되지 않았지만, 그의 상관은 그를 작업 현장으로 강등시키고 당에서 내쫓았다.[17]

라닌이 강등된 후 소수의 사람들만이 소비에트의 정치 질서에 공개적으로 의문을 제기했다. 하지만 오죠르스크의 공산당원들에게는 주민들이 "당내 민주주의"라고 불렀던 결점 찾기가 여전히 주요 오락으로 남아 있었다.[18] 베리야가 축출되자 소비에트 시민들은 더 많은 치안 유지 활동과 사회 질서를 원했고, 흐루쇼프는 그것들을 그들에게 주었다. 그는 드루쥐니druzhiny*라고 불렸던 자원봉사로 운영되는 지역사회 치안 유지 활동을 부활시켰다. 오죠르스크에서는 범죄를 예방하고 부적절한 행동을 교정하기 위해 거리를 순찰하는 자원봉사 풍기 사범 단속반에 수천 명이 참여했다. 역사적 기억에서 이 자경단원들은 "쓰레기 같은" 음악에 맞춰 춤을 추고 꽉 끼는 아수라장 같은 색깔의 옷을 입은 젊은이들을 겨냥한 것으로 악명을 떨친다. 하지만 풍기 사범 단속반들은 절도 피해자들을 돕고, 가정 싸움을 말리고, 술 취한 사람들을 집으로 돌려보내고, 미아를 되찾는 데에도 일조했다.[19]

흐루쇼프의 다른 개혁들은 공장, 요새, 심지어 노동수용소에 작업장 및 지역사회 중재 프로그램을 만들었다. 흐루쇼프는 당원들이 만연한 사회 문제의 근원을 파악하기 위해 작업을 가정 영역으로 확장하도록 독려했다.[20] 오죠르스크에서는 당 간부들이 동료 당원들의 사적인 문제 (알코올 중독, 바람피우기, 가정폭력, 성범죄)를 조사하고 공개하는 데 관여했다. 여성 단체는 특히 매 맞는 아내들과 방치된 자녀들에 초점을 맞춰 문제가 있는 가정과 함께 일하기 위해 조직되었다. 여성위원회는 가정을 방문했고, 실직 부모들이 일자리를 찾도록 도왔으며, 가족의 안전을 해칠 정도로 술을 마시는 남편들을 설득하려고 노력했다.[21] 교사들도 가정 방문을 통해 문제 학생들의 가정 문제를 조사했다. 지역 의사

* 무리, 분대라는 의미의 러시아어이다.

와 간호사들은 육아 관련 강좌를 열었다.[22]

흐루쇼프 시기를 연구하는 다수의 역사학자들은 국가가 "일상생활의 사소한 것들"로 확장됨에 따라 스탈린주의적 감금 대유행에서 지역사회 자체의 치안 유지 활동으로 바뀐 이 같은 전환을 "침습적"이고 "침입적인 행동 공학"이라고 불렀다.[23] 이 역사가들은 공산주의 "체제"를 소비에트 인민에게 "부과"된 것으로 특징지은 서구 언론인들과 학자들의 오랜 전통을 따르고 있다.[24] 그리고 그것은 꽤 사실이다. 근대 국가가 구식 사회적 통제를 찬탈하는 것은 많은 사람들에게 원치 않는 간섭처럼 느껴졌을 것이다. 그러나 이러한 전개는 특별히 소비에트적인 것이 아니라 국가가 산업화된 사회에서 고아가 된 핵가족을 관리하기 위해 개입함에 따라 더욱 보편적으로 발생했던 하나의 추세에 불과했다.

사회복지사, 교사, 의사, 가석방관, 상담사, 치료사, 그리고 자원봉사자들이 가장, 마을 노인, 공장 실력자들로부터 사회적 행태를 교정하고 처벌하는 일을 인계받았다. 새롭게 교육받은 이 전문직 종사자들은 20세기 중반에 핵가족이 어떻게 그들의 개인적 삶을 영위해야 하는지, 즉 어떻게 아이들을 양육할지, 어떻게 결혼 생활을 유지할지, 어떻게 먹고 마시며 성관계를 갖는지에 대해 많은 말을 했다. 소련을 연구하는 역사가들은 종종 수갑 찬 대중을 가정하면서 근대화하는 소비에트 국가가 개인의 자유를 강탈하는 데 예외적으로 열중한 것으로 보는 경우가 많다. 그러나 소비에트 지역사회의 치안 유지 노력이 국가가 개인들의 삶 속으로 더욱 깊숙이 파고들려는 시도라고 추정하는 것은 소비에트 시민들이 전쟁이 끝난 후 범죄와 사회 무질서를 걱정해왔고 수백만 명의 자원자들이 개혁이 그들에게 힘을 실어주었기 때문에 기꺼이 새로운 프로그램에 참여했다는 사실을 간과하는 것이다. 괴롭힘을 당한 죄수들은 동료들을 심판할 기회가 있었다. 오죠르스크의 여성들은 처음으로 남성이 운영하는 기업 도시에서 지역 권력을 일정 부분 획득하기 위한 방법으로 지역사회 조직을 이용했다.[25] 여성들은 대개 그들 자신이 피해자였기 때문에 사회적 행태를 감시하는 일에 특히 관심을 기울였다.[26] 남편들은 술로 급여를 탕진하고, 여자친구를 집에 데려오고, 교통사고로 다른 사람을 다치게 하고, 거리에서 여자들에게 동침을 제안하거나 폭력을 휘두르고, 술에 취해 유치장에 갇혔다. 많은 남성들은 이러한 행동이 그들의 권리라고 믿었다.[27] 한 남자는 그가 아내를 형편없이 대우한다는 이웃 사람들의 지적에 이렇게 대답했다. "그녀는 내 아내요. 나는 그녀에게 내가 원하는 것을 합니다. 내가 그녀를 두들겨 패거나 더럽히고 싶으면, 난 그렇게 할 거요."[28]

오죠르스크에서 새로운 지역사회 프로그램은 성공을 알려왔다. 전문직 종사자와 자원자들은 사법제도가 다루기엔 너무 사소한 사건들을 처리했다. 그들은 스탈린주의적 검사가 "반역적" 행동이라고 부르던 것을 범죄 대상에서 제외시키고 사회적 제재의 직무로 만드는 데 일조했다. 이는 좀도둑질이나 무단결석과 같은 비행으로 감옥에 가는 사람들이 훨씬 적다는 것을 의미했지만, 사회 규범을 어기고 치안을 어지럽혔던 더 많은 사람들이 책임을 지게 되었고 때로는 도움을 받기도 했다. 동료들이 주도하는 재판은 처벌하고 교정하기 위해 공개적인 수치심 주기, 경고, 감독을 이용했다. 죄수들의 동지 재판은 선행을 이유로 더 많은 재소자들을 석방시켰다. 치안 유지를 담당한 자원 단체들은 알코올 소비를 술집과 맥주를 파는 노점으로 유도함으로써 공원을 더 안전하고 쾌적하게 만들었다. 여성 단체들은 결손가정과 함께 일하면서 이혼과 가정 폭력을 막는 한편, 남편들에게 아내를 구타하지 말도록 설득했다.[29] 멀리 떨어져 있고 강력하며 책임을 지지 않는 실력자들에 의해 운영되는 소도시에서 지역사회 치안 유지 활동과 조정은 사람들이 자신의 지역사회를 통제하고 더 안전하게 느낄 수 있는 중요한 방법이었다.

요컨대 젊은 기술자 라닌이 강등된 후 10년 동안 당원들은 그들의 새로운 목소리를 정치에 의문을 제기하기 위해서가 아니라 도시의 질서, 특히 가족과 10대들의 클럽 내 사회 질서에 더해 식료품점 내 계산대의 질서, 어린이 극장의 공연 목록, 빵과 유제품의 종류, 구내식당의 서비스 등에 의문을 제기하기 위해 이용했다.[30] 수년에 걸쳐 오죠르스크의 시市당위원회는 가족 및 소비와 관련된 문제에 대해 가장 많이 논의했다. 공산당의 충실한 지지자들이 오죠르스크 주민들은 그들의 지역사회에 관심을 갖지 않고 "일시적인" 느낌으로 고통 받고 있다고 말한다면서 불평했던 10년 후, 개혁은 주민들이 어느 정도 자치권을 행사할 수 있게 해주었고 결과적으로 철조망으로 둘러싸인 도시를 조금 더 집처럼 느낄 수 있게 만들었다.

지역사회에 대한 우려로, 오죠르스크에서 운동을 전개한 시민들은 당 대회를 통해 3마일 떨어진 오염 구역에서 괴로워하는 마을 사람들에 관해 듣긴 했지만 그들의 고통을 알아차리지는 못했다.[31] 플루토늄 조작자를 그들을 지원하는 농부들 및 건설 노동자들과 분리하는 지대는 별개의 지식 영역과 뚜렷이 다른 현실 영역을 만들었다. 하나는 질병과 빈곤으로 저주받은 혼란스럽고 탈구된 지역사회였고, 다른 하나는 선택적이고 솔직한 공장 직원 및 그들이 사회에서 갖는 가치를 나타내는 기표로서 그들의 증가하던 풍요가 있는 현실이었다.

1957년 3월, 보건성Ministry of Health에서 파견된 연구자들은 테차에 남은 마을 사람들이 병에 걸리고 있으며 그들의 피폭이 상당히 높은 수준이라고 보고했다. 이에 대한 대응으로 각료평의회Soviet of Ministers는 추가적으로 8개 마을에 더해 완전한 소개가 예정되어 있지 않은 3개 정착촌의 856가구와 여러 고아원 및 학교에 대한 소개 명령을 내렸다.[32] 슈테판의 건설 기업소는 이러한 새로운 명령들에 더욱더 느리게 대응하여 완료하는 데 꼬박 5년이 걸렸다.[33] 1960년이 되어서야 건설 실력자들이 새 건물들을 승인했지만 그것들은 "무법적인 고장" 상태였다.[34]

수년 동안 단 한 명의 관리만이 소개되고 피폭되고 말 못 하던 테차 마을 주민들을 돌보았다. 바로 첼랴빈스크州 집행위원회Executive Committee 위원장이었다. 주 집행위원회는 소비에트 지방 통치 기구 중 가장 약한 기관이었다. 그의 직원들은 모스크바에 불평하고 "T강"을 지칭하는 암호 문구를 으스대듯 사용하면서 퉁명스럽고 무시하는 답신을 썼던 슈테판과 다른 건설 실력자들을 회유하기 위해 편지를 보내고 또 보냈다.[35] 집행위원회 일꾼들은 소개 과정에서 인부들이 어떻게 몇몇 가족을 놓쳤는지, 다른 사람들은 어떻게 가기를 거부했는지 기록했다.[36] 늦게는 1961년 강가에 남겨진 60가구를 조사한 결과 "모든 개인 소유물이 허용 수준 이상으로 오염되었다"는 것을 발견했다.[37] 위원장은 마을 사람들 사이에 만연한 질병들을 기록했다. 질병이 문제가 되어 처음에는 이주하기를 꺼리던 마을 사람들이 자신들에 대한 추방을 요구하기 시작했다.[38]

1958년까지 오죠르스크의 모든 남성과 여성과 아이들은 평균적으로 자신의 것이라고 부를 수 있는 넓은 방을 갖게 되었는데, 이는 당시 소련에서 놀라운 부유함의 징표였다.[39] 그러나 방사放射된 테차의 마을 사람들은 아무도 이름으로 부르지 않은 위기 속에서 살고 있었다. 그들은 조사照射된 집을 떠나 외풍이 있는 조립식 건물로 이주할 때까지 최대 10년을 기다려야 했다. 인부들은 특히 오염된 강에서 고아원과 학교들을 옮기는 작업을 느리게 진행했다.[40] 자연적으로 발생하는 자연방사선보다 5배나 높은 방사능이 있던 한 기숙학교는 1980년대에 가서야 재정착했다.[41]

세월이 흐르면서 이 구역은 시민들을 보호받는 사람들과 그렇지 않은 사람들로 나누었다. 1960년대 초까지 대부분의 다른 폐쇄된 원자력 도시들은 폭발적이고 비효율적이라는 이유로 죄수 노동을 단계적으로 폐지했지만, 오죠르스크 관리자들은 공장 폐기물을 방사성 테차강에서 다른 곳으로 돌리기 위한 수로와 댐 건설 계획에 죄수들을 계속 배치했다. 이러한 건설 계획들은 재소자들과 병사들에게 오염된 풍경 안에서 파고 짓고 나르길 요구했다. 이는 임금 노동자들에게 너무나 지저분한 것으로 간주되는 작업이었다.[42] 죄수들은 과거 늪지였던 곳으로 이어지는 댐과 수로망을 만들었다. 이 늪지는 수백만 갤런의 방사성 폐기물이 추가되면서 카라차이 호수가 되었다. 호수는 두 가지 측면에서 "뜨거웠다." 거대한 배관들은 델 정도로 뜨겁고 강력한 방사능을 내뿜는 물을 내보냈다. 호수가 얼지 않았기 때문에 병사들은 그것을 목욕과 세탁에 사용했다. 제방에서 병사들은 단 한 시간 만에 1년 치의 방사선 선량을 받았다.[43]

1962년, 지역 KGB 사무소장은 마야크 공장의 여과되지 않은 방사성 기체가 플루토늄 도시를 지원했던 병사들과 노동자들이 거주하는 두 개의 아랫바람 지역사회를 완전히 오염시키고 있다고 불평했다. KGB 장교는 상황이 위험하며 더 악화될 것이라고 경고했다. 그는 농부들과 병사들을 이 방사성 바람 아래에서 옮겨줄 것을 요청했다. 공장 관리자들은 조사를 일축했고, 어떠한 위법 행위도 부인했다. 그들은 측정 결과가 "허용 한계 이하의" 수치를 보였다고 말했다. 그들은 공장 굴뚝에 여과기를 설치하겠다고 약속했다.[44] 하지만 설치는 느렸다. 2년이 지난 후에도 공장 인부들은 여전히 여과기를 설치하지 못했다.[45]

단순한 공간적 배치에 불과한 "지대"가 역사적 주체성을 가질 수 있다면, 그 체제 지대는 우선 테차로의 불법 폐기를 조장하고, 이후 마을 주민, 죄수, 병사들이 피폭되지 않도록 보호하는 데 실패하게끔 방조한 부분에서 적지 않은 역할을 수행한 셈이었다. 처음에는 감금이라는 오명을 들었던 그 지대는 수년간 안락한 은둔을 제공했다. 문으로 둘러싸인 도시 안에서 주민들은 자신들의 영역이 그들이 "작은 세상"이라고 부르는 벽을 막는 경계 지대들에서 끝나는 것으로 생각하게 되었다. 동시에 "큰 세상"은 그들의 시야에서, 책임의 영역에서, 행동의 범위에서 멀어져갔다.

열린사회 사용법

"진보는 우리의 가장 중요한 상품입니다." 이는 〈GE 극장GE Theater〉 진행자 로널드 레이건Ronald Reagan이 자주 반복했던 문구였다. 1950년대에 GE 공장을 둘러보면서 레이건은 리치랜드에도 모습을 드러냈다. 반짝이는 검은 머리에 회색 두 줄 단추식 정장을 입은 그는 잘생겨 보였고, 그의 패션은 그를 고용한 GE 경영진의 패션과 매우 흡사했다. 지역 농부들과 도시 거주자들이 레이건과 그가 대표하는 경영진을 신뢰하는 것은 쉬운 일이었다. 그 경영진이 자신들을 위해 많은 일을 했기 때문이다. 나이든 목장주들은 주위를 둘러보면서 연방 재개발 계획이 컬럼비아 고원의 척박하고 "물기가 쏙 빠진" 화산 용암지를 어떻게 생산과 이윤을 위해 갈고 닦아 농작물이 풍부하고 산업이 주도하는 풍경으로 재탄생시켰는지 알 수 있었다. 리치랜드 주민들은 질서정연한 중산층 주택을 둘러싸고 있는 푸른 잔디를 보면서 GE가 한때 "시골" 목장 소도시였던 곳을 안락한 전원도시로 얼마나 잘 꾸몄는지 쉽게 이해했다.

미국 노동계급 개개인이 풍요로워짐에 따라 확대되던 서부의 산업적 부는 과학, 기술 및 문화가 서로를 강화하여 역량, 전문성 및 신뢰의 메시지를 보내는 지점에 합류했다. 그곳이 바로 리치랜드의 값비싼 문화단지와 많은 보조금을 받고 산업화된 전원 지대가 결실을 맺은 지점이다. 리치랜드와 그 주변은 서부 내륙의 새롭고 활력 넘치며 역동적인 것을 대표했다. 교육과 전문 지식, 위계질서, 규정 및 계획을 존중하는 도시의 지배적인 문화는 의심을 잠재우고 두려움을 무시하며 소문과 명백한 사실을 모두 억누르는 힘을 가지고 있었다. 나는 AEC와 GE 회계사들이 어떻게 공장의 폐기물 관리, 공중 보건 감시 또는 과학 연구보다 리치랜드의 학교 시스템에 더 많은 자금을 할당했는지 지적해왔다. 나는 리치랜드를 강화했던 문화적 기둥들이 투자할 가치가 충분했다고 말하려고 한다. 그것은 사람들이 무엇을 가져왔는지에 상관없이 과학 및 진보에 대한 믿음을 갖도록 하는 데 일조했다.

레이건은 자신의 가장 인기 있는 텔레비전 쇼에서 GE 램프, 냉장고, 제트 엔진, 배기 과급기, 그리고 원자력 안전장치를 판매했다.[1] 광고 시간 동안 레이건은 시청자들에게 자신의 집을 보여주며 리치랜드의 한 전시실에서 직원 할인가로 살 수 있는 "완전한 전기 주방"을 선보였다. 가전제품은 결핍, 빈곤, 질병을 주변부로 밀쳐내고 가족과 여가를 위한 시간을 보호하면서 인간의 삶을 훨씬 더 걱정 없이 만들었던 산업기술의 성취를 상징했다. 그 가전제품들은 특히 리치랜드에서 많은 의미가 있다. 잘 작동하는 주방 기기는 주민들이 동네 방사선 감시소, 도로를 따라 늘어선 대공 로켓, 매달 울리는 공습 사이렌, 지루한 대피 훈련 동안 녹색 버스에서 땀 흘리며 보낸 잃어버린 시간을 받아들이는 데 도움이 되었다. 리치랜드의 한 1964년도 졸업생은 1999년에 자신의 고향을 이렇게 회상했다.

리치랜드에서 태양은 1년에 300일 동안 빛난다. 모퉁이의 약국과 식료품점, 작은 야구장과 주유소는 모든 거주지에서 몇 블록만 가면 있었다. 훌륭한 의사들이 우리를 건강하게 지켜주었다. 모든 잔디는 단장되었다. 모든 주택은 도색되었다. 따뜻한 감자도넛spudnut[도넛], 앤더슨 잡화점에서 쇼핑, 봄버 볼Bomber Bowl에서의 축하 행사는 리치랜드의 모든 어린이들이 소중히 생각하는 기억들이다. 왜 그때는 그렇게 훌륭했는가? 답은 보호이다. 부모들은 유해물, 도시 황폐화, 사회의 타락으로부터 멀리 떨어진 원자력 도시에서 아이들을 길렀다. 그것은 갈등 없는 평온함이었고 훌륭함이었다.[2]

이 사람에게 안전은 널찍하게 구획된 주택단지, 신중하게 계획된 쇼핑망, 독점적인 거주 요건이 포함된 공간적인 것이었다. 핸퍼드 공장이 대부분의 관찰자들에게는 출입이 금지된 곳이었기 때문에 리치랜드는 플루토늄 생산의 공식 얼굴이 되었다. 이것은 마음을 진정시키는 이미지였다. 깔끔한 녹색 잔디밭, 부드럽게 굽이진 길, 재고가 갖춰진 상점, 성적이 우수한 아이들로 가득찬 으리으리한 학교들은 자신감과 보호의 감각을 스며들게 했다. GE 순찰대와 보건물리학자 모두가 이 소도시를 살펴보고 있다는 사실 또한 위안이 되었다. 신문은 리치랜드가 전국 교통안전상을 수상했으며 과학자들이 저온 살균과 위생 검사를 위해 매달 우유와 식수 견본 265개를 채취했다고 보도했다.[3] 한 리치랜드 거주자는 "리치랜드에서 사는 것은 이상적입니다. 우리가 검증된 공기만 호흡하기 때문입니다"라고 말했다.[4] GE 공장 의사들은 정기적으로 주변 사람들에게 가전제품과 의료용 엑스선이 플루토늄 생산보다 더 위

대부분의 사람들은 리치랜드에서 자란 것을 이상적으로 기억한다.
에너지부 제공.

험하다고 확언했다. 그들은 불안정한 플루토늄은 공장의 장벽 뒤에 안전하게 차단되어 있다고 주장했다.[5] GE 홍보 담당자들은 리치랜드가 전국에서 출산율이 가장 높고 사망률이 가장 낮으며 유아 사망률과 임산부 사망률이 평균보다 낮다는 점을 언급했다.[6] 이러한 통계는 직원들이 건강검진을 통과하여 고용되고 보편적인 의료 서비스를 누리고 노인이 거의 없고 가난하거나 빈곤한 사람이 없는 지역사회에서는 그다지 놀라운 일이 아니었다.[7]

놀라운 것은 보건 통계가 몇몇 불길한 수치를 만들어내기 시작했을 때였다. 1952년부터 1953년까지 리치랜드에서 태아와 영유아 사망자 수는 전국 평균의 거의 두 배로 치솟았다. 1952년에서 1959년까지 리치랜드, 파스코, 케너윅에서는 전국 평균보다 높은 수의 선천성 기형이 발생했다. 세 도시 모두, 특히 리치랜드는 인구에서 유아 사망률이 매우 높았다. 1951년부터 1959년까지 리치랜드에서 사망한 사람의 20~25퍼센트는 아기였다. 같은 기간 전국 평균은 꾸준히 7퍼센트를 기록했다.[8] 1958년까지 리치랜드의 1인당 태아 사망률은 전국의 다른 곳보다 4배나 더 높았다.[9] 1952년, 의사들은 살아남은 아이들 중 25퍼센트의 유치원생에게 "결손증"의 교정을 추천했다.[10] 지역 기자들이 종종 리치랜드에 대한 보건 통계 기사를 게재했지만, 그들은 매년 주州 보건국에 제출되는 이러한 통계를 놓쳤다. 제너럴 일렉트릭 의사들도 그것들을 지적하지 못했다. 원자력 도시에서 나쁜 소식은 종종 무소식이었다.

트라이시티는 소규모 통계 표본이 되었고 리치랜드에서는 비정상적으로 많은 아기가 태어나 통계를 왜곡했지만 영아 사망이라는 문제는 트라이시티 너머로 확대되었다. 스포캔의 한 장의사는 몇 년 후 1953년에 아기 사망이 비슷하게 증가했음을 발견했다. 그가 묻은 사람들의 16퍼센트는 평소에는 5퍼센트였던 신생아였다. 월러월러와 스포캔 카운티에서 유아 사망률은 1950년대 초반에 급증했으며 1950년대 말까지 평균보다 높은 수준을 유지했다. 1993년 스포캔의 한 기자는 총 680기基의 무덤이 있는 100년 된 묘지를 발견했는데, 그중 261기는 1951년에서 1959년 사이에 출생 직후 사망한 아기들의 무덤이었다. 조앤 휴즈Joan Hughes는 1956년에 아기들 중 한 명을 잃었다. 산부인과 의사가 그녀에게 아기가 여러 선천성 기형으로 죽었다고 말했고 그녀는 시신을 보여 달라고 요청했지만 그는 거절했다.[11] 워싱턴 동부가 수십 년에 걸친 빈곤에서 벗어나 안정적인 번영을 누렸을 때 유아 사망률은 증가했다. 무슨 일이 벌어지고 있었던 것일까?

이러한 골치 아픈 통계의 이면에는 몇 가지 가능한 원인이 있다. 1950년대 초 풍진이 워싱턴주를 휩쓸었다. 자궁에서 풍진 바이러스에 노출된 아기들은 선천성 풍진에 걸릴 수 있는데, 이 병은 사망을 유발할 수 있는 증후군(백내장, 소두小頭증, 심장병, 간과 비장 또는 골수에 생기는 문제들)을 가지고 있다. 또한 1950년대에는 전쟁에 쓰이는 화학 물질이 새롭게 산업화된 미국 국내의 풍경으로 퍼져나갔다. 전쟁이 벌어지는 동안 화학공장들은 폭발물에 쓰이는 암모니아와 미군이 열대 기후에서 모기와 맞서 싸울 수 있도록 DDT를 생산했다. 1950년대에 화학 회사들은 남아도는 전시 화학제품을 일상용으로 국내 시장에서 판매하기 위해 대대적인 마케팅을 벌였다.[12] 미국인들은 그것들의 기적적인 속성에 기뻐하며 신제품을 구입했다.

리치랜드에서는 주민들에게 풀씨가 든 포대를 나눠주고는 잔디를 심고 물을 줘서 (방사성) 먼지를 억제하도록 했다. 시 사회 단체들은 사막 정착지를 녹지로 바꾸기 위해 수천 그루의 나무를 심는 일에 자원했다.[13] 물 대기, 물 뿌리기, 과도한 물 공급으로 인해 반건조 초원 지대에 태양 아래서 따뜻해지는 물웅덩이들이 생겼다. 교과서적인 모기의 번식지였다. 이에 대응하여 핸퍼드 의료 서비스 책임자인 노우드W. D. Norwood는 모기 퇴치 캠페인에 착수했다. 그는 동력 분무기가 장착된 비행기와 지프를 보내 리치랜드의 푸른 잔디 위를 맴도는 모기뿐만 아니라 집주인들이 질소 비료를 준 곳 위에도 매년 1톤의 DDT를 분사하게 했다.[14]

듀폰 및 다른 전시 군사 계약자들이 리치랜드와 핸퍼드를 건설했다는 사실은 잘 알려져 있지만, 전시 계약자들과 그들의 기술이 일반적으로 리치랜드와 미국 교외의 다른 특징을 만들어낸 정도에 대해서는 잘 알려져 있지 않다. 초원 지대를 푸르고 벌레가 없는 상태로 유지하기 위해서는 지프, 비행기, 불도저를 포함한 엄청난 양의 군용 기계와 전투용 석유 및 화학 약품, 즉 널리 보급되어 어린 시절에 아로새겨진 기술이 필요했다. 리치랜드 주민들은 DDT의 달콤하고 풍성한 냄새를 들이마시기 위해 안개 같은 연기를 뿜어내는 지프를 뒤쫓아 달리던 일을 기억한다. 농장 어린이들은 부모의 들판에서 흘러나오는 살충제와 비료로 잔물결을 일으키는 관개용 도랑에서 픽업트럭에 연결한 수상 스키를 타며 웃었다. 아이들이 뛰어놀면서 잡초와 모기와의 전쟁은 새로운 전쟁, 즉 암과의 전쟁으로 변했다. 이 전쟁은 처음에 적과 싸우기 위해 고안된 겨자가스와 다른 화학 시약들로 만든 화학 약품을 이용해 치렀다.[15] 외부와의 전쟁을 위한 기술은 눈에 띄지 않게 외국 땅에서 국내 전선으로 옮겨 갔고, 그곳에서 미국인들의 몸 안에 스며들었다.

1972년에 금지된 DDT는 선천적 결함을 유발하고 임신 합병증을 증가시키고 생식력을 감소시켜 생식에 악영향을 미치는 내분비 교란 화학물질이다. 일부 연구에서 DDT는 인간과 동물에 염색체 돌연변이를 유발하기도 했다. DDT는 또한 림프성 백혈병, 간암, 림프종과도 관련이 있다.[16] 식수에 높은 농도의 질산염이 함유되면 선천적 기형, 암, 신경계 장애, 그리고 젖먹이들이 혈류 내 낮은 산소 함유량으로 고통 받는 "청색아青色兒" 증후군을 일으킬 수도 있다.[17] 요컨대 트라이시티의 사람들은 건조한 풍경 안에서 농업적 비옥함과 녹색의 전원 지대를 추구하면서 스스로를 중독시켰을지도 모른다. 그러나 만약 풍진, DDT 또는 질산염으로 인해 유아 사망이 증가했다면, 왜 그러한 급증이 워싱턴주의 동남쪽 구석에서만 일어났으며 DDT와 다른 화학 독소의 사용이 중단되기 훨씬 전에 끝난 것일까?

1951년에서 1959년까지는 플루토늄 생산이 정점에 이르렀던 기간이었다. 이 시기 핸퍼드 공장은 가장 많은 양의 방사성 폐기물을 생산했다. 1945~1952년 동안, 예비 부모들은 공장의 여과되지 않은 굴뚝과 그린 런과 같은 의도적인 방출을 통해 엄청난 양의 아이오딘-131, 크세논-135, 스트론튬-90 구름에 노출되었다. 의학 연구에 따르면 낮은 수준에서 피폭된 부모는 뚜렷한 방사선 유발 손상이 없는 경우 돌연변이 유전자를 자손에게 전달할 수 있다고 한다.[18] 다른 연구에서는 태아기에 전리 방사선에 피폭되는 것이 일본에서 생존자 자손들의 분만기 손실을 어떻게 크게 증가시켰는지 보여주었다.[19] 방사성 동위원소가 DDT와 같은 화학 독소와 상승 작용하여 건강 문제를 악화시킨다는 증거가 존재한다.[20]

복잡한 풍경에서 질병을 조사하는 과학인 역학은 무딘 도구이다. 워싱턴주 남동부에서 유아 사망이 크게 급증한 원인을 소급하여 결정하는 것은 매우 어렵다. 나의 호기심을 자극한 것은 왜 핸퍼드 보건 공동체 내부에서 이러한 통계들에 대해 아무런 경보도 없었는가 하는 것이었다.

명백한 이 위기를 놓친 데에는 여러 가지 이유가 있다. 주된 설명은 진부하고 제도적이다. 첫째, 핸퍼드 공장 의사들은 유전학이나 여러 방사성 환경 오염 물질이 인체에 미치는 영향에 대한 연구에 참여할 권한이나 자금을 가지고 있지 않았다. 전후 의학 연구는 환경에서 다양한 위험 요소의 상호 작용을 살펴보는 역학보다 모든 요소를 제어할 수 있는 실험실 작업을 우선시했다.[21] 예컨대 조셉 해밀턴은 방사선으로 인해 요절하면서 조수였던 케네스 스캇이 그의 자리를 이어받기 전까지 캘리포니아대학에서 "방사선과 인간"에 대한 실험실 연구를 수행했다. 이러한 배치는 이상한 노동 분업을 만들었다. 버클리에는 방사선 방출이 거의 없었고, 핸퍼드는 점점 더 많은 주변 대중을 장기간의 저선량에 피폭시킨 세계의 지도자였다. 핸퍼드의 최고 보건물리학자인 허버트 파커는 컬럼비아 고원에 퍼진 방사성 폐기물을 추적하는 임무를 맡았지만, 그의 연구자들이 기록한 선량 증가가 피폭된 사람들에게 어떤 영향을 미쳤는지를 결정할 수 있는 긍정적인 근거는 가지고 있지 않았다. 그 누락된 연결고리는 플루토늄 생산량이 최고조에 달했던 수십 년 동안 워싱턴 동부에서 일어나지 않았던 일을 이해하는 데 필수적이다.

둘째, 보건물리학자들은 지역 환경을 감시하는 일을 독점했다. 감시요원만이 값비싼 기기를 사용하여 보이지 않는 조용한 방사성 동위원소를 일으켜 세어볼 수 있는 힘을 가지고 있었다. 그들은 개인과 지역사회로부터 위험을 알아내는 일을 넘겨받았다. 이는 국가적인 경향의 일부였다. 점점 더 많은 미국 국민들이 자신들에게 위험과 위험 요소를 알려주는 기상청, 미국 공중보건국U.S. Public Health Service, 뉴스 매체 등 관료집단에 의존하게 되었다.[22] 워싱턴 동부에서 보건물리학자들은 보호를 위한 대사제들로 거듭났다. 공장 과학자들은 공기, 물, 음식, 토양, 식물, 야생 토끼, 가금류를 점검했다. 공장 의사들은 정기적으로 소변 견본을 채취했고 직원들의 방사선 피폭을 관찰했다. 그러나 그들은 단지 감시만 할 뿐 통보는 할 수 없었다. 공장 연구자들은 "파스코와 케너윅 상수도 시스템의 식수는 과거 이 지역들에서 측정된 것보다 더 많은 방사성 물질을 함유하고 있다"는 내용의 보고서를 작성했다. 그들은 특정 유출 후에 물고기를 먹지 말라는 내용의 기밀 메모를 용수 구역 직원들에게 보냈지만, 무작위적이고 예측 불가능한 분출로 공장에서 쏟아져 나온 허용 수준 이상의 오염에 대해서는 대중에게 알리지 않았고 알릴 수도 없었다.[23]

1950년대가 엘리트와 전문가들에 대한 침묵의 순응과 존경의 특징적인 10년이었음을 암시하려는 것이 아니다. 반대로 원자력이 10년도 채 되지 않았을 때 미국, 일본, 유럽인들은 핵무기의 안전성과 AEC 성명의 진실성에 의문을 갖기 시작했다. 1954년, 비키니 군도Bikini Islands 에서의 핵폭탄 실험은 너무나 많은 낙진을 만들어 군 병력이 마셜 군도 사람들을 섬에서 소개시켜야 했다. 폭발 지점에서 80마일 떨어진 곳에 있던 일본인 어부들이 방사능 중독에 걸려 1명이 사망했다.[24] 이러한 사건들로 인해 낙진과 다른 선원에서 나오는 방사선의 위험에 대한 대중의 관심이 높아졌다. 얼마 지나지 않아 3,000만 명의 일본인들이 핵무기 반대 청원서에 서명했다.[25] 미국에서는 여성 단체들이 낙진으로 오염된 식품 공급원의 안전성에 의문을 제기했고, 맨해튼 프로젝트에 참여했던 몇몇 참전용사들은 AEC 관계자들이 공중 보건에 대해 "무모하거나 근거 없는 진술"을 했다고 비난했다.[26] 전 맨해튼 프로젝트 물리학자 조지프 로트블랫Joseph Rotblat은 비키니에서의 폭발로 AEC가 인정한 것보다 훨씬 더 많은 핵분열 생성물이 방출되었다고 계산했다. 우려한 시민들이 결성한 단체들은 워싱턴의 AEC 본부에 서한과 청원을 보내기 시작했다.[27] 1954년부터 AEC 관리자들은 결코 진정되지 않는 대민 홍보 문제를 겪게 되었다. 그들이 회의적으로 "환경 위기"라고 언급한 것에 대응하여 대변인들은 만성적 저선량이 인간에게 미치는 영향에 대해 거의 알지 못한다는 사실을 인정해야 했다. AEC가 후원하는 대부분의 연구는 핵폭발이나 공장 사고에서 한 개인이 당하는 것과 같은 종류의 대폭발에 관한 것이었다.[28]

공개 조사에 직면한 AEC 관계자들은 위원단의 생물학적·의학적 연구에 대한 보안을 강화하는 한편, 핵무기의 상대적 안전성을 대중에게 확신시키기 위한 노력을 시작했다.[29] 그렇게 하는 하나의 방법은 대중들을 진정시키고 안심시킬 수 있는 결과를 보증할 연구를 후원하는 것이었다. 예컨대 1955년 AEC는 전후 일본 의사들이 시작한 원자폭탄상해연구Atomic Bomb Casualty Study를 인수했다. 한 비공개 회의에서 AEC의 생물학 및 의학 부문 수장인 찰스 던햄Charles Dunham은 "나가사키와 히로시마에서 뿜어져 나오는 방사선이 사람에게 미치는 영향에 대한 오해의 소지가 있고 부적절한 보고를 최소화"하기 위해 AEC의 자금이 필요하다고 설명했다. 던햄은 "미국이 [연구에서] 손을 뗀다면, 그 공백은 분명히 나쁜 것, 심지어 때때로 빨갱이의 기미를 띠는 것으로 채워질 것"이라고 말을 이었다.[30] 던햄의 계획은 성공했다. 이후 수십 년 동안 일본에서 AEC의 자금을 받은 과학자들은 원자폭탄의 유전적 영향이 크지 않다고 결론지었다. 원자폭탄상해연구는 20세기의 나머지 기간 동안 원자력 공장에서 일하는 미국 노동자들의 보건 연구에 대한 기준을 정했으며, 지금도 자주 인용되고 있다.[31]

리치랜드에서 대중이 핵 낙진에 대해 걱정하자 파커는 공장에서 대중 노출이라는 새로운 위험을 확인하기 시작했다. 1954년, 산화환원공장Redox Plant에서 방사성 루테늄 입자가 또 한 번 방출되어 주변 환경을 뒤덮었다. 그 작은 조각들 중 일부는 놀랍게도 시간당 40라드를 생성했다. 심지어 밀리라드 수준에서도 알갱이들은 피부 조직을 붉게 만들고 파괴했다. 파커는 오염된 지역을 차단하고 구역 외부에서 양들을 검사하길 원했지만, "너무나 많은 논평을 불러일으키고 지나친 불안"

을 촉발시킬 "위험" 때문에 그러지 않기로 결정했다.[32]

입자들은 먼지에 달라붙어 바람과 함께 퍼져나갔다. 그것들은 원자력 구역 내부를 심하게 오염시켰지만, 감시 요원들은 리치랜드, 파스코, 그리고 새롭게 관개된 이전의 부차적인 지대 농장 공동체들에서도 입자를 발견했다. 그곳은 1954년 농부들이 관개용 수레바퀴를 위해 땅을 평평하게 만들고 고운 화산토양을 긁어내고 쟁기질하여 거대한 먼지 구름을 일으켰던 곳이다. 농부들은 먼지가 얼마나 그들을 괴롭혔는지 기억한다. "힘들었어요"라고 후아니타 앤드류제스키Juanita Andrew-jeski는 회상했다. "남자들은 모두 먼지와 작업했죠."[33]

1948년, 최초의 입자 사건이 벌어지는 동안 파커는 섭취된 조각이 폐암을 일으키는 것을 우려했다. 6년 후, 그는 전문가들이 안전 문제를 부인하는 분위기 속에서 폐에 있는 입자의 위험을 최소화했다. 자신을 뒷받침할 연구가 전혀 없는 상태에서 그는 입자들이 "아마도" 몇 시간 만에 폐에서 쓸려 나갈 것이라고 추측했다. 그는 대신 훨씬 덜 심각한 위험인 피부 접촉에 집중했다. 파커는 지역 환경에 대한 연구를 수행할 수 없다고 느꼈기 때문에 대신 사고思考 문제에 몰두했다. "리치랜드의 전체 주민이 옷을 입지 않은 채 하루 동안 땅 위에 누워 있는 광경을 상상할 수 있다. 피부와 접촉하는 약 25개의 식별 가능한 입자가 있을 것이다. 상당한 효과를 낼 **수 있는** 활동 유형 범위 안의 입자는 3개를 넘지 않을 것이다. 효과를 낼 수 있는 입자는 아마도 한 개 이상은 안 될 것이다."[34]

이 구절은 흥미로운 사실을 드러낸다. 그것은 파커가 과학을 추측과 교환하면서 어떻게 정치적으로 변했는지 보여준다. 그는 1948년도의 최초 사건 이후 방사성 루테늄 입자에 대한 연구가 거의 이루어지지 않았다는 것을 인정했다.[35] 그럼에도 불구하고 파커는 자신의 산문에 "아마도", "어쩌면", 그리고 "합리적으로 기대되는"이라는 말을 덧붙이면서도 자신의 주장을 뒷받침할 과학 없이 아주 강력한 입자들의 위험성을 부인했다. 10년의 종반부에 가서 핸퍼드 관리자들은 입자 문제를 해당 10년간 벌어졌던 사고 가운데 두 번째로 심각한 사고라고 인정할 것이다.[36] 1954년, 한때 조심스러웠던 파커는 상사에게 이 사건을 "위험이라기보다는 골칫거리"에 더욱 가까운 것으로 묘사했다.[37]

위기를 골칫거리로 격하시키자 대응의 질 또한 하향 조정되었다. 파커는 감시 요원을 보내 모든 입자를 발견하고 안전하게 처리하는 데 드는 노동 시간을 계산하고는 이 계획을 "엄두를 못 낼 만큼 비싸다"고 일축했다.[38] AEC 관계자들은 입자를 제자리에 그냥 두기로 결정하고 대신 원자력 구역을 재구획하는 프로그램을 마련했다. 파커는 입자들이 위치한 지점에 1만 1,000개의 "오염 지대" 표지판을 붙이기를 원했지만, 워싱턴의 AEC 생산 책임자 에드워드 블로흐Edward Bloch는 전체 구역을 "방사선 통제 지대"로 설정하는 것이 "덜 흥분되는" 일이 될 것이라고 판단했다. 블로흐는 이렇게 하면 입자가 연방 구역 주위로 이동하면서 오염 지대가 바뀌거나 확장되어도 직원들이 놀라지 않을 것이라고 생각했다.[39] 파커와 블로흐는 강하고 변덕스러운 분지의 바람을 타고 입자들이 하늘로 떠올라 표지가 설치된 지형 밖의 지역으로 떠날 것임을 알고 있었다. 이 남자들은 관할권 밖에 있는 리치랜드나 파스코의 오염된 입자들에 대해 자신들이 아무것도 할 수 없다고 결정했다.

1954년에 이르러 파커가 "위험"과 "위험 요소들"에 대해 말했을 때, 그는 더 이상 단순히 공중 보건만을 염두에 두지 않았다. 파커에게 "위협"은 그가 "홍보 상황"이라고 부르는 것에서 점점 더 많이 나왔다.[40] 예컨대 1951년에 핸퍼드 과학자들은 컬럼비아강의 건강을 감시하기 위해 미국 공중보건국 관리들과 협력하기 시작했다.[41] 처음에는 협력으로 생각되었지만, 공중보건국 관리들은 수년에 걸쳐 핸퍼드 실험실의 자료

핸퍼드 실험 농장Hanford Experimental Farm에서의 동물 실험
에너지부 제공.

해석과 통제에 이의를 제기하기 시작했다. 프로젝트가 시작된 지 3년 후 AEC 위원장 루이스 스트라우스Lewis Strauss는 파커에게 컬럼비아강의 오염에 대한 보고서를 준비해줄 것을 요청했다. 파커는 자신이 알고 있던 것을 설명했다. 즉 강에 고도로 오염된 지점들이 있고, 식수원과 물고기 서식지는 선별적으로 오염되었으며, 공장에서 더 많은 원자로가 가동됨에 따라 방사성 동위원소 측정치가 증가하고 있다는 것이었다.

스포츠 낚시의 중심지로서 컬럼비아강의 가치를 알고 있던 파커는 보고서의 많은 부분을 홍보에 할애했다. 그는 공중보건국이 핸퍼드로부터 컬럼비아강 하류에 대한 독자적인 조사를 수행했다고 썼다. 파커는 "전문 위생 기사와 같은 기술직에 종사하는 유명한 개인들이 방사학적 위해의 적용을 아마도 최근의 피폭에 국한시켜 이 복잡한 문제에 관한 불리한 해석을 할 수 있기" 때문에 강을 검사하는 주州 보건국 관리들이 실제적인 "위협"이라고 썼다.[42]

파커는 자신이 어떻게 공장을 "방어"했는지 설명했다. 첫째, 그는 AEC가 강의 건강을 감독하는 독자적인 기관처럼 행동하기 위해 컬럼비아강 자문단Columbia River Advisory Group을 편성했다고 썼으나, 실제로는 AEC 관리들이 자문단원을 선정하고 통제했다. "미국 공중보건국은 1951년부터 1953년까지 강에 대한 독자적인 조사를 수행했습니다"라고 파커는 썼다. "이 보고서의 초안에는 홍보에 매우 해로울 수 있는 몇 가지 진술이 포함되어 있습니다. 원자력위원회 HOO*[핸퍼드], 컬럼

* 핸퍼드 운영 사무실Hanford Operation Office의 약어이다.

비아강 자문단, 그리고 제너럴 일렉트릭 등 단체들의 합동 노력은 현 상태를 유지하려는 경향이 있는 개정으로 이어졌습니다. [출간된] 최종 보고서는 강의 상태에 대한 귀중한 독립적 평가가 될 것입니다."[43]

최초의 공중보건국 보고서는 플루토늄 생산이 시작된 이래 강에 대한 최초의 진정한 독립적 평가였지만, 핸퍼드 "단체들"은 압력을 가해 최초 보고서에서 불안을 조성하는 진술을 삭제했다. 정리된 최종 원고로 파커는 미국에서 가장 사랑받는 강 중 하나가 안전하다는 것을 미국 대중들에게 확신시켜주는 "귀중한 독립적 평가"라고 부르는 것을 얻었다. 공개 토론이라는 의식과 외양을 이용해 파커는 독립적인 검토자들을 차단하고 핸퍼드에 대해 상당한 신뢰를 확보했다.

1956년 유타 목장주들이 네바다 원자폭탄 폭발이 양들을 병들게 하고 죽였다는 혐의로 AEC를 상대로 첫 소송을 제기했을 때에도 공개 정보를 신중하게 통제하고 걸핏하면 자료를 비밀로 분류하는 행위 또한 유용하다는 것이 입증되었다. 핸퍼드의 직원들 중에는 방사성 양¥에 대한 세계적 전문가인 파커 부서의 수의사 레오 버스타드Leo Bustad가 있었다. 1950년 이후 버스타드는 핸퍼드의 실험 농장에서 양들에게 플루토늄이 첨가된 알약을 먹였다. 버스타드의 기밀 실험에 따르면 이러한 사료를 먹은 양들은 피곤해지고, 어리석어졌으며, 쇠약해졌고, 방향 감각을 상실했다. 양들은 움직이는 데 어려움을 겪었고, 궤양을 얻었으며, 사산된 어린 양을 낳았다. 낮은 축적 선량에서도 동물에서 종양이 발생했다. 버스타드는 또한 피폭이 끝난 후에도 양들의 갑상선이 재생되지 않는다는 것을 발견했다. 그 피해는 영구적이었다.[44]

유타 법원에서 버스타드는 다른 이야기를 했다. 그는 목장주들의 양이 손상을 입기에는 너무 낮은 수준의 방사능에 피폭되었다고 증언했다. 그는 동물들이 영양실조에 걸려 죽은 것이라고 가정했다. 다시 말해서 목장주들이 가축을 돌보는 법을 몰랐기 때문에 죽었다는 것이다.[45] 요점을 명확히 하고자 버스타드는 1957년 《네이쳐》지에 그의 기밀 연구와 정면으로 모순되는 한 편의 논문을 발표했다. 여기에서 그는 매우 높은 수준(3만 라드) 이하의 아이오딘-131 일일 선량은 전혀 해가 되지 않는다고 주장했다.[46] 얼마 지나지 않아 버스타드는 핸퍼드를 떠나 워싱턴주립대학Washington State University의 저명한 수의학대 학장이 되었다. 그는 인생의 후반부를 동물 권리, 아이들을 향한 연민, 그리고 역설적이게도 언론의 진실을 대변하는 목소리로 보냈다.[47]

GE와 AEC 관계자들은 방사능 오염과 같은 불안정한 주제에 대한 침묵이 의심스러울 것이라는 점을 이해했다. 일찍이 1947년에 AEC 관계자들은 모든 과학적 자료를 기밀로 분류하는 행위를 금지하고 "과학 발전에 필수적인 아이디어와 비판의 자유로운 교환을 제공할 것"이라고 맹세했다.[48] 소비에트 사회와 대조적으로 미국에서는 방사선, 플루토늄, 그리고 그것들의 위험 가능성에 대해 많은 대화가 있었고, 위험을 최소화하고 일축하고 자연스럽게 하는 권위 있는 전문가들의 풍부한 논의가 있었다. 이러한 정보의 "자유로운 교환"은 열린사회라는 강력할 정도로 확신을 주는 무대를 상연했던 미국의 원자력 전문가들에 대한 신뢰, 자신감, 믿음으로 이어졌다.

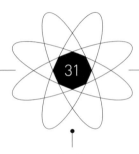

1957년 키시팀의 트림

내가 갈리나 페트루바Galina Petruva를 만났을 때 그녀는 80대 초반이었다. 그녀는 지팡이를 짚고 걸었고 앞니 두 개를 빼고는 모두 빠져 있었다. 그녀에게서는 노인 냄새와 병 냄새가 났다. 그녀는 당국이 우리의 대화를 알까봐 내게 말하는 것이 두렵다고 말했다. "내가 말하려는 것을 말하기 위해 평생을 기다렸어요"라고 그녀는 반쯤 속삭였다. 페트루바는 자신이 감시당하고 있다고 확신했다. 그녀는 오죠르스크에 노인에게 몰래 접근하여 살해한 사람들이 있었다고 말했다.[1] 그런 취지의 이야기는 현지 뉴스에도 몇 차례 보도되었다. 그녀는 이 모든 것을 우리 만남의 처음 몇 분 동안 말했다. 나는 그녀가 고전적인 의미의 믿을 수 없는 화자로 보였음을 깨달았다.

페트루바는 1957년 1월 어떻게 오죠르스크에서 살게 되었는지를 설명했다. 그녀는 자신이 마을이 아니라 정착지 출신이라는 점을 강조했다. 그 차이는 그녀에게 중요했다. 2년 동안 간호사 교육을 받은 후 그녀는 한 마을로 파견되어 근무했다. 그 마을은 페트루바에게 엄청난 사회적 퇴보였다. "정착지에 살다 보니 마을, 사방의 숲, 다른 두 부부와 함께 사는 오두막에서의 생활을 견딜 수 없었지요." 군대에 있는 그녀의 남편도 마찬가지였다. 그들은 둘 다 비밀 목적지에 새로운 업무를 배정받은 것을 기쁘게 생각했다.

오죠르스크는 그들의 모든 기대를 뛰어넘었다. 그곳은 정착지가 아니라 도시였고, 단순한 여느 도시가 아니라 예쁘고 질서정연하며 재고가 잘 갖춰진 도시였다. 그들은 별다른 기다림 없이 전기와 냉온수가 갖춰진 그들 소유의 아파트를 받았다. 페트루바와 그녀의 남편은 우아한 상점에서 쇼핑을 하고 영화관에서 잘 차려입은 커플들과 나란히 서서 자신들이 소비에트 중산층을 향해 가고 있다고 느꼈다.

그들이 중산층이었던 것은 아니다. 페트루바의 남편은 죄수들을 감독하는 일을 했다. 페트루바는 중앙공장실험실Central Factory Lab에서 암세포의 생체 검사를 분석하는 실험실 기사로 일했다. 1957년까지 공장 가동 시 고선량에 피폭된 노동자들의 10년에서 12년의 잠복기가 지났고, 많은 직원들이 분석돼야 할 응어리와 혹을 가지게 되었다. 페트루바는 "일이 엄청 많았어요"라고 회상했다. "우리는 빠른 속도를 유지해야 했지요." 페트루바에게는 항시 착용해야 하는 필름 배지*가 지급

---

* 필름 배지film badge 또는 필름 배지 선량계는 전리 방사선에 의한 방사선 축적을 확인

되었다. 그러나 다른 젊은 여성 실험실 보조원들은 그녀가 "더러운" 작업을 할 때 배지를 떼라고 말했다. 그녀가 허용 선량보다 더 많은 선량을 받는다면, 같은 교대조에 있는 모든 여성들은 월간 안전 보너스를 잃게 된다. 페트루바는 시키는 대로 했지만 뭔가 이상한 일이 벌어지고 있다고 의심하기 시작했다.

방사선 감시 요원이 페트루바에게 그녀의 상관이 자신의 실험실 목재 보관함에 플루토늄-239, 플루토늄-238, 아메리슘을 보관하고 있다고 말해주었다. 페트루바가 자신의 실험실 가운에 용액을 쏟자 방사선 감시 요원은 그녀에게 "당신의 상관에게 그 병들 전부를 실험실에서 치우라고 말해야 하오"라고 말했다. 하지만 너무 늦었다. 페트루바의 동료들 중 한 명은 이미 갑상선 질환을 앓고 있었는데, 실험실 의사들은 실험용 약으로 치료하고 있었다. "그것 때문에 그녀는 점점 더 아파졌어요. 나는 그녀에게 그 약을 그만 먹으라고 말했지요"라고 페트루바는 말했다. "나는 그녀에게 실험용 쥐가 될 필요가 없다고 말했어요." 페트루바는 상관들과 과학자들이 보안에 민감한 지식의 위계를 이용하여 그녀와 같은 하급 직원들을 위험으로 몰아 넣는 위험의 위계를 만드는 방식에 대한 분노를 숨기지 않았다.

공장의 안전 기록은 좋았던 적이 한 번도 없었다. 원자력은 소련에서 희망의 과학이었고, 전후 폐허의 잿더미에서 솟아오른 불사조였다. 소비에트 선전가들은 의료용 동위원소와 무한 에너지와 같은 원자력의

하는 개인용 장치이다.

혜택에 대해 고심했다. 세계 최초의 민수용 원자로를 가동한 후 그들은 소련을 치명적인 미국식 원자가 아닌 평화로운 원자의 창조자로 홍보했다.[2] 그 결과 잠재적인 핵 재난에 초점을 맞추게 할 문화적 자극제는 거의 없었다. 그러나 공장이 확장되면서 더 많은 플루토늄이 생산되었고 과잉 피폭된 노동자와 사망자의 수는 증가했다. 예컨대 1957년 상반기에 공장에서 23건의 사고가 발생했다. 각 사고에서 방사성 물질이 유출되어 작업장을 더욱더 위험하게 만들었다.[3] 사고가 비공개 당 회의와 일급비밀 안전 보고 등을 통해 논의되긴 했지만 대부분의 주민들은 전혀 알지 못했다. 사고가 장벽이 둘러쳐진 생산 구역의 보안을 유지하기 위해 비밀을 지킨다고 서약한 직원들 사이에서 터졌기 때문이다. 1957년 공장의 범위 내에서 차단될 수 없던 규모의 사고가 발생하자 상황이 바뀌었다. 몇 달 동안, 도시의 부유한 겉치장은 주저앉아 도시의 심장부에서 고동치던 치명적이고 폭력적인 제품을 노출시켰다.

9월 29일, 햇살 가득하고 따뜻한 멋진 날이었다. 많은 관중이 축구 경기장에 모여 경기를 관전하고 있었다. 오후 4시 20분, 폭발음이 경기장을 뒤흔들었다. 아무도 당황하지 않았다. 몇 명만 고개를 들었다. 관중들은 죄수들이 공업 지대에서 기초 공사를 위해 암석을 폭파하고 있다고 생각했다. 메가톤급의 핵폭발이 일어난 가운데 군중들은 경기로 돌아갔고, 선수들은 계속 경기를 했고, 바텐더는 계속해서 맥주를 따랐다.[4]

폭발의 원인은 지하 저장고에 보관되어 있던 고방사성 폐기물이었다. 폐기물은 과열된 뒤 폭발하여 지하 24피트에 묻힌 160톤의 시멘트 덮개를 내뿜어 75피트 공중으로 날려버렸다. 폭발로 인근 막사의 창문이

깨지고 주변 장벽의 금속 문이 찢어졌다. 방사능 먼지와 연기 기둥이 상공으로 반마일 치솟아 뚜렷한 버섯 모양으로 피어올랐다. 멍한 상태로 피를 흘리던 일부 죄수와 병사들은 비틀거리며 밖으로 나가 잿빛 연기가 공장 지대를 넘어 도시에서 떠내려가는 것을 지켜보았다. 한 시간이 채 지나지 않아 이상하고 거무스름한 비가 내리기 시작했다.[5] 누군가는 파괴 공작이라고 투덜거렸고, 다른 사람들은 미국의 공격이라고 추측했다. 요새의 장교들은 전투태세를 갖추라고 명령했다. 그들은 체제 지대 주변의 경계를 강화하고 병사와 죄수들을 막사에 가두었다. 그들이 아군 포격의 희생자였음을 즉각적으로 이해한 사람은 거의 없었다.[6]

아무도 무엇을 해야 할지 몰랐다. 핵폭발에 대비한 비상 계획은 없었다. 점검표, 버스, 구급차, 위생 시설도 없었다. 병사와 죄수들은 자신들이 방사성 물질을 취급하고 있다는 사실을 공식적으로 알지 못했기 때문에 방사성 비상사태에 대비한 계획서, 선량계, 아이오딘 알약이나 호흡기를 가지고 있지 않았다.[7] 공장 관리자들은 모스크바에 출장 중이었다. 여러 시간 동안의 필사적인 수색 끝에, 공장장과 그의 조수가 마침내 모스크바의 곡예단에서 발견되었다.[8]

지도부나 비상 계획이 없는 상황에서 비상사태는 느리게 진행되었다. 수천 명의 사람들이 계속 피폭되는 와중에도 이를 알지 못한 채 우두커니 서 있었다. 6시간 후, 방사선 감시 요원들이 영토와 장비 측정을 위해 도착했지만 병사들을 검사하지는 못했다.[9] 10시간 후, 폭발 근처에 있던 병사와 노동자들을 소개하라는 명령이 내려왔다. 그때쯤 수 인치 두께의 방사성 재와 잔해가 모든 표면을 뒤덮었다. 부대에는 방사성 먼지를 씻어낼 수 있는 위생 시설이 없었기 때문에 병사들은 목욕탕으로 몰려가 일반 비누로 샤워를 했지만 소용이 없었다. 많은 양의 세탁비누와 더 많은 샤워가 가이거 계수기의 바늘을 낮추는 데 도움이 되었다.

갈리나 페트루바는 그날 자신이 어떻게 구급차 서비스에 불려갔는지 말해주었다. 요새로 부리나케 달려가면서 그녀는 회색 그을음이 도시의 식수원인 이르탸시 호수로 떨어지는 것을 보았다. 병사들의 모습에 페트루바는 깜짝 놀랐다. 그 젊은이들은 창백하고 구토를 했으며 피를 흘리며 떨고 있었고, 이미 머리카락이 빠지고 있었다. 그녀는 우크라이나에 있는 한 어머니에게 전화를 걸어 이곳으로 와서 그녀의 아들과 같이 있어 달라고 말하는 임무를 맡았다. "적어도 그녀는 제시간에 도착했어요"라고 페트루바는 회상했다. "그래서 그는 혼자 죽지 않았지요."[10]

간과된 것이 분명한 죄수들은 첫날밤에 소개되지 않았다. 구내식당이 수리 중이라 재소자들은 그날 밤 거친 목재 널빤지에 담긴 저녁을 먹으러 나왔다. 죄수들은 2~3인치의 재로 덮인 식사를 소맷동으로 털어냈다. 다음날, 재소자들은 모여 앉아 병사들이 인근 요새에서 총과 중포를 빼내는 것을 지켜보았다.

게오르기 아파나시예프George Afanasiev는 직장에 20분 지각한 죄로 1947년 체포된 젊은 재소자였다. 그는 1993년 암으로 사망하기 직전에 자신의 이야기를 《모스크바 뉴스》에 다음과 같이 말했다. "다음날, [10월 1일] 새벽 2시를 조금 넘었을 때, 우리는 깨워졌고 우리 수용소가 오염 지대에 있기 때문에 대피할 준비를 하라고 들었습니다. 우리에겐 15~20분이 주어졌고, 아무것도(심지어 돈이나 보석조차도) 가지고 가지 말라는 명령이 내려졌지요. 그게 공황을 불러일으켰습니다. 우리는 무개차에 실린 뒤 숲으로 이송됐습니다. 널찍한 공터에는 새로운 옷가지와 속옷들이 쌓인 탁자들이 줄지어 늘어서 있었지요." 방사선 감시요원들이 죄수들의 수치를 측정했다. 방사선이 아파나시예프의 금니와 머리카락에서 측정됐고, 바늘은 800마이크로뢴트겐으로 치솟았다. 이는 아파나시예프가 위험한 감염원이 되었다는 의미였다. 한 대령은 확성기를 통해 죄수들에게 방사선이 그들의 병을 치료하는 데 도움이 될 것이라고 말했다. 그러고 나서 그는 남자들에게 옷을 벗고 목욕탕으로 행진하라고 말했다.[11] 오염된 의복, 책, 하모니카 더미가 몇 주 동안 곰팡이를 피워대며 남아 있었지만 아무도 감히 근처에 갈 엄두를 내지 못했다.[12]

공장 책임자인 미하일 데미야노비치Mikhail Dem'ianovich가 모스크바에서 돌아왔을 때 본능적으로 수행한 첫 번째 일은 폐쇄된 산업 구역을 이용하여 주민들에게 사고에 대한 정보를 숨기고 공장을 계속 가동하면서 아무 일도 없었던 것처럼 플루토늄을 대량으로 생산하는 것이었다.[13] 건설 책임자인 슈테판은 폭발과 가장 가까운 곳에 위치했으며 오랫동안 기다려왔고 엄청나게 지연된 방사화학공장인 베베의 지연을 우려했다. 그는 건설 현장이 방사성 잔해로 뒤덮여 있어 인부들이 일을 할 수 없다고 불평했다.[14] 폭발 3일 후, 이 지역의 방사능은 허용 선량의 수백 배인 초당 4,000~6,000마이크로뢴트겐으로 측정되었다.[15] 옥상은 1만 마이크로뢴트겐으로 최대치를 기록했다. 분화구의 가장자리는 10만을 기록했다. 현장은 방사능이 1,800만 퀴리에 달하는 걸쭉한 액체로 뒤덮였다. 그중 절반은 반감기가 30년인 위험하고 뼈를 호시탐탐 노리는 동위원소인 스트론튬-90과 세슘-137에서 나왔다.[16] 공장 실력자들은 베베에서 벗어나 더 안전한 땅에 새 공장을 건설하는 것에 대해 논의했다. 하지만 이미 너무 많은 돈이 투자되었고, 너무 많이 지체되고 수백만 루블이 소요되었으며, 오염된 원래의 공장을 대체하는 데 절대적으로 필요했다. 결국 실력자들은 그것을 버리기보다는 노동자와 군인들에게 청소를 시키기로 결정했다.[17]

며칠 동안 아무 일도 일어나지 않았다. 장교들은 병사들에게 오염 지대로 들어가라고 명령하는 것을 두려워했다. 마침내 들어가라는 말을 들었을 때 병사들은 처음에는 거부했다.[18] 감독관들은 오염에 대한 두려움 때문에 현장에서 떨어져 지냈다. 노동자들이 현장을 떠나는 것을 막기 위해 순찰대가 만들어졌다.[19] 방사능 지역을 청소해본 사람은 아무도 없었다. 러시아 관리들은 핵 재난 청소를 "청산"이라고 부르지만, 그것은 완곡한 표현이다. 방사성 동위원소를 청산하는 방법은 없다. 피해가 덜할 수 있는 곳으로 옮길 수 있을 따름이다.

"청산"의 시작은 구보로 진행되었다. 병사, 공장 조작자, 건설 노동자들에게 삽을 들고 뛰어드는 데 몇 분간의 시간이 주어졌다. 먼저 병사들이 도로에서 쓰레기들을 치우고 물을 뿌려 먼지를 가라앉혔다. 그들은 무거운 철선솔을 써서 수백 피트에 달하는 공장 건물의 지붕과 벽을 문질러 닦았다. 그들은 땅을 뒤엎고 겉흙을 긁어모아 묻었다. 청소 인부들은 오염된 도구와 기계를 치웠다. 그것들 중 일부는 파묻혔다. 그들은 1,500만 퀴리에 달하는 폭발한 폐기물 격납용기의 늪에 던져 넣었다.[20]

특수 낙하복이 없었던 많은 노동자들은 처음 몇 주 동안 교대 근무를 마치고 더러운 작업복을 그대로 입은 채 도시로 복귀했다.[21]

폭발로 분출된 1,800만 퀴리의 방사능을 어느 정도 차단하는 데 1년이 걸렸다. 건강상의 이유들로 교대 근무 시간이 짧았고 새롭게 채택된 위생 규정을 따랐기 때문에 작업은 더디게 진행되었다. 오죠르스크에서의 거주가 금지된 대부분의 하급 공장 노동자들과 건설 노동자들은 결국 작업에 동참해야 했다.[22] 종종 여성들이었던 방사선 감시 요원들은 초과 근무를 했다. 지역 기관에서 모집된 학생들이 도왔다. 사고 청소에 동원된 병사의 수는 7,500명에서 2만 5,000명으로 추산된다.[23] "청산자들"에 대한 실제적 계산도, 노동 피라미드의 맨 아래에 있는 비숙련 노동자들이 받았던 방사선량에 대한 기록도 없었기 때문에 확실히 말하기는 어렵다. 가장 많이 피폭된 사람들은 감시될 가능성이 가장 낮았다.[24] 건설 관리자들이 높은 이직률 때문에 욕하던 매우 불안정한 징집 노동력이 재난 중에는 쓸모가 있었다. 병사와 죄수들을 일용직으로 동원하는 것은 공장 관리자들에게 이번 사고로 급여를 받는 직원 중 "아무도" 죽지 않았다는 공식적인 방침을 유지할 수 있음을 의미했다.[25] 그러나 목격자들은 병원과 진료소의 모든 병상이 가득찬 모습, 병들고 죽어가는 청산자들의 모습을 묘사했다.[26] 치료 후 병사들은 제대했고 죄수들은 조기 석방되었다.[27] 이후 청산자들 중 92퍼센트의 운명은 의료 기록에 포함되지 않았다.[28]

도시 지도자들에게 가장 골치 아픈 문제는 "인민들 사이에서 오염과 불안을 퍼뜨리는" 이 병사—청산자들이었다.[29] 사실, 시 지도자들은 방사능 오염보다 소문과 불안에 대한 두려움을 더 많이 표출했다. 공장 책임자 데미야노비치는 한 무리의 공산주의자들에게 "많은 인민들이 그 사고를 그들이 해야 하는 바가 아닌 방식으로 이해하고 있소"라고 말했다. "몇몇 노동자들은 공황 상태에 빠져 있소. 공장의 많은 공산주의자들은 사고의 규모와 영향을 몇 배로 과장해서 불안감을 퍼뜨리고 있소." 당 지도자 마르다소프N. P. Mardasov는 "그 도시에 대한 공포를 퍼뜨리고 있는 사람들은 공산주의자가 아니오"라고 동의했다.[30] 마르다소프는 막 발사된 스푸트니크*를 포함해 소련의 위대한 기술적 성취들을 특징으로 하는 위대한 시월혁명** 40주년 기념식을 도시에서 열겠다고 계획하던 중이었다.[31] 사고로 인한 히로시마 규모의 폭발에 대한 소식은 행사의 서사에 들어맞지 않았다.

도시 지도자들의 첫 번째 본능은 밀폐된 구역을 이용하여 정보를 차

---

* 스푸트니크Sputnik는 동반자라는 의미의 러시아어로, 1957년 10월 4일 지구 저궤도로 발사된 인류 최초의 인공위성이다. 스푸트니크의 발사는 소련의 우월한 로켓 기술을 선보인 상징적인 사건으로, 미국을 비롯한 서구 국가들은 소련과의 기술적 차이와 선제 핵공격의 가능성에 충격을 받았는데 이는 스푸트니크 충격Sputnik crisis으로 명명되기도 한다. 이후 미국에서는 1958년 항공우주국NASA이 창설되는 등 본격적인 미소 간 우주 경쟁의 방아쇠를 당긴 사건이다.

** 위대한 시월혁명Great October Revolution은 1917년 블라디미르 레닌이 당수로 있던 볼셰비키당이 당시 러시아 임시정부의 수도 페트로그라드(현 상트페테르부르크)에서 일으킨 무장 혁명을 일컫는 말이다. 이를 기념하는 11월 7일은 소련의 중요한 명절 가운데 하나로, 정식 명칭은 위대한 10월 사회주의 혁명절День Великой Октябрьской социалистической революции이며 1927년부터 1990년까지 공식적으로 기념되었다.

단하는 방식으로 사고에 관한 모든 논의를 억누르는 것이었다. 그러나 핵분열 생성물은 이러한 경계를 인식하지 못했다. 자신들의 피폭에 대한 아무런 정보도 없는 상태에서 직원들은 자신도 모르게 신체, 옷, 신발에 묻은 방사성 동위원소를 집에도 퍼뜨렸다. 트럭과 버스는 도시의 거리를 더럽혔다. 사람들은 다른 사람들이 낚시와 수영을 하던 호수에서 오염된 차를 세차했다.[32] 방사성 동위원소는 불가사의하고 파악하기 힘들어 억제할 수 없었다. 폭발이 있은 지 일주일 만에 시내 식당에서 오염된 여성 종업원들은 오염된 음식을 제공했고, 음식을 먹은 사람들은 오염된 화폐를 지불했다.[33]

지식 또한 차단될 수 없었다. 공식적인 뉴스가 없는 상태에서 사람들은 붐비는 버스 정류장에서 사고에 관한 정보를 교환했다. 소문이 돌자 자신과 가족의 건강을 걱정한 귀중한 노동자들은 직장을 그만두고 오죠르스크를 떠났다. 사고 후 몇 달 동안 거의 3,000명의 직원들이 떠났는데, 이는 전체 노동자의 10명 중 1명꼴이었으며 대다수는 기술자들이었다. 치명적이고 오염도가 높은 25호 공장에서 여러 차례 교대 근무를 했던 노동자들이 한꺼번에 떠났다. 스스로의 자유 의지로 떠날 수 없었던 당원들은 해고되기 위해 결근하거나 규칙을 위반했다. 몇몇은 자신들의 당증을 반납하는 과감한 조치를 취하기도 했다.[34] 이는 확실히 도시와 공장의 부에 심각한 영향을 끼칠 수 있는, 매우 가시적인 부작용이 있는 대규모 혼란이었다.

사고 발생 두 달 후 당서기 마르다소프는 사실을 숨기는 것이 더 큰 피해를 입힐 뿐이라고 주장했다.[35] 그는 시市당위원회가 사고에 대해 성명을 발표할 것을 요구했다. 홍보에 1,100만 루블의 예산을 투입한 마르다소프는 주민들에게 도시의 안전을 확신시키기 위해 강연자를 파견했다. 그들은 사고를 인정하고, 아무도 피해를 입지 않았다고 설명했으며, 소문은 반역에 해당한다고 주장했다.[36] 한편, 기사들은 도시의 수치를 측정한 결과 공장 조작자들이 거주하던 레닌 거리와 학교 거리 School Street가 가장 오염된 지역임을 발견했다. 그 후, 당 지도부는 도시를 사고 이전의 깨끗한 상태로 되돌리는 것을 자신들의 임무로 삼았다. 방사선 감시 요원은 모든 아파트에서 수치를 측정했다. 그들은 직원들이 도시 출입구에서 깨끗한 버스로 갈아탈 수 있도록 준비했다. 사람들은 아파트에 들어가기 전에 신발을 벗으라는 지시를 받았다. 자동차는 매주 세차해야 했다. 오염된 도구, 옷, 신발은 파기되었다.

그리고 이때가 바로 원래 원자력 비밀을 은폐하기 위해 세워진 도시의 출입구들이 방사능 오염을 막는 데 유용해진 순간이었다. 이중으로 된 장벽과 감시탑은 많은 방사성 동위원소 운반자들을 막았다. 물론 바람은 장벽에서 멈추지 않았지만, 다행히도 오죠르스크 거주자들에게 잔잔한 우세풍은 보통 도시를 비껴가 북동쪽으로 불었다. 통제소에서 측정치가 너무 높게 나온 차량, 장비, 임시 노동자들은 퇴출되었다. 격리 시스템은 구획화된 원자력 풍경에 구축되었기 때문에 자연스럽게 작동했다. 오염된 땅에서 일하는 대부분의 병사, 죄수, 건설 노동자들은 오랫동안 오죠르스크에서 수 마일 떨어진 자신들의 요새, 수용소, 마을로 제한되었다. 이러한 별개의 지대는 방사성 동위원소를 폐쇄 도시에 들어오지 못하게 하는 데 위생적으로 중요한 역할을 하게 되었다.

그 결과 인위적으로 만들어진 지대는 비교적 깨끗한 사회주의 도시와 갈수록 더 더럽혀지고 있던 대체 가능한 이주 노동자용 정착지 사이의 삶을 변화시키는 매우 실제적인 경계가 되었다.

12월에 도시 지도자들은 방사성 감염과의 성공적인 전투에 대해 자축했다. 당의 주요 연례 회의에서, 명예가 실추된 데미야노비치를 대체한 새로운 공장 책임자 미셴코프G. V. Mishenkov는 도시는 깨끗하다고 선언했다. 그러나 돌기Dolgii라는 공장 과학자가 일어서서 이 주장을 반박했다. 그는 자신의 동네가 극도로 오염되었다고 말했다. "지금은 얼음과 눈 밑에 다 묻혀 있지만, 봄에 얼음과 눈이 녹으면 우리는 어떻게 해야 합니까?" 미셴코프는 도시의 방사선 수준이 허용 한계보다 낮다고 말하면서 과학자의 말을 일축했다. 미셴코프는 "이 정도 선량이면 이곳에서 우리는 150년을 살 수 있소"라고 주장했다.[37]

그리고 누가 아니라고 말할 수 있었겠는가? 저선량에서 인체를 손상시키는 데 수년이 걸리는, 만질 수 없고 보이지 않는 방사성 동위원소를 부정하는 것은 가장 쉬운 일이었다. 미셴코프에게 그것들이 그곳에 없다고 말하고, 반대 주장에 의문을 제기하고, 다른 주제로 관심을 돌리는 것은 간단한 일이었다. 돌기의 주장을 약화시키기 위해 미셴코프는 그의 과학에 의문을 제기하지 않았다. 오히려 그는 과학자의 정치적 성숙도에 의문을 제기했다. "시市당위원회는 공장 노동자들에게 사고를 과장하려는 충동이 반역죄라고 설명하는 강연을 50회 이상 수행했습니다. 돌기는 분명히 이에 동의하지 않습니다."[38] 이 점에 대해 도시 지도자들은 훌륭한 공산주의자들은 겁에 질리지 않고, 공황과 과장은 플루토늄 생산과 그에 따른 국방을 약화시킴으로써 자본주의 선전선동에 도움을 주는 셈이라는 메시지를 남겼다.[39]

대신 당의 대처는 모스크바로부터 더 많은 자재와 보조금을 받기 위해 이번 사고를 기회주의적으로 이용하는 것이었다. 미셴코프는 다음과 같이 경탄했다. "성省은 우리에게 많은 도움을 주고 있소. 그들은 우리가 10년 동안 얻을 수 없었던 수확용 기계와 소방차를 우리에게 주었소." 당 지도자들은 노동자들이 떠나는 것을 막기 위해 개선된 생활환경 및 도시 서비스뿐만 아니라 처음으로 더 좋고 안전한 노동 환경을 제안했다. 공장에는 인공호흡기와 안전장비가 설치되었다. 그들은 위험한 작업을 자동화하고, 낡고 오염된 작업장을 보수하는 계획도 세웠다. 그들은 노동자들을 위한 훈련 과정에 대해서도 논의했다. 그들은 또한 급수 시설을 점검하고 도시에 대한 방사선 감시 서비스를 구축할 것을 제안했다.[40]

이러한 조치들로, 비상사태는 오죠르스크에서 종결되었다. 주민들에게 도시의 청결을 보장하는 당의 홍보 노력은 효과가 있었다. 직원들은 점차 떠나는 것을 그만두었고, 두려움으로 도시를 떠났던 많은 가정들은 도시 출입구 너머 "큰 세상"의 상대적 빈곤을 경험한 후 복귀 허가를 요청했다. 그들은 재고를 갖춘 상점, 우수한 의료 서비스, 널찍한 아파트가 있는 폐쇄 도시로 돌아가게 해달라고 요청하는 편지를 썼다. 그들은 "우리는 어리석었습니다"라고 썼다. "제발 우리를 다시 데려가 주십시오."[41] 청원자들은 소비에트 지방의 특정한 생명 위험 요소들보다 방사선의 알려지지 않은 위험을 선호했다. 그것은 아마도 현명한 선택이었을 것이다. 도시 주민들은 결국 그들의 지대에 의해 구조되었다. 체제 지대는 도시 지도자들이 외부 세계와의 연결을 차단하고 공격하는 감마선, 베타선, 알파선의 포위로부터 자신들을 방어할 수 있게 해 주었다. 요컨대 도시는 스스로를 돌보았다.

페트루바는 1957년도 재난에 대해 국가가 요구했던 수년간의 침묵을 깨는 데 동의했다. 그녀의 상관, 국가, 그리고 그녀가 받을 자격이 있다고 느꼈던 평화로운 은퇴를 빼앗은 모든 사람들에게 몹시 화가 났기 때문이다. "나는 다른 4명과 한 아파트에서 함께 살고 있어요, 방 두 개짜리 아파트. 참을 수가 없어요. 그들은 내게 다른 방을 주지 않을 거예요. 나는 쥐꼬리만 한 연금으로 살아요." 이야기를 나누는 동안 페트루바는 보상, 연금, 주택과 같은 주제로 몇 번이고 되돌아왔다. 폐쇄 도시에서 보낸 수십 년 동안 그녀는 자신을 특권층으로 생각하는 데 익숙해져 있었다. 페트루바는 자신의 지위를 알리기 위해 관광객으로 방문했던 모든 나라들을 열거했는데, 전체 사회주의권*의 거의 대부분이었다. 소비에트의 관점에서 봤을 때 페트루바는 마을 주민에서 지구적 여행객으로 출세한 셈이었다. 그녀는 노동계급의 성공 이야기 그 자체였다. 그러나 소련의 붕괴와 이로 인한 핵무기 산업의 붕괴는 그녀의 혜택을 박탈했다. 이 상실이야말로 페트루바가 지닌 분노의 원천이었고

---

* 사회주의권Socialist Bloc은 동구권Eastern Bloc 또는 공산권Communist Bloc으로도 불리며, 냉전기 소련의 영향력 아래 있던 사회주의 국가들을 통칭하는 말이다. 여기서는 사회주의권 중에서도 동유럽 부분을 의미한다.

그녀가 내게 이야기한 이유였다. 나는 만약 그녀가 번영의 정반대편에 도달했더라면 과연 그렇게까지 비판적이었을지 궁금했다. 나는 그것이 그렇게 중요했을지 궁금하기도 했다. 이야기를 마치면서 페트루바는 나를 향해 몸을 기울였다. "마지막으로 하고 싶은 말이 하나 있어요." 페트루바의 눈이 커졌다. "그러니까 그건, 내가 그 모든 것을 분명히 봤고 …… 그런데도 그렇게 하는 데 동의했다는 사실 때문에 제가 고통받고 있는 거예요."

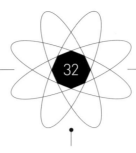

32

체제 지대 너머의 카라볼카

1957년의 긴장된 가을 동안 도시 지도자들은 공장에서 나온 두터운 방사성 가스 구름이 오죠르스크에서 인근 농경지로 향했다는 사실에 대해 어떠한 언급도 하지 않았다. 구름은 이동하면서 너비 4마일, 길이 30마일의 혓바닥 모양의 면적에 걸쳐 200만 퀴리의 방사능을 퍼뜨렸다.[1] 이 흔적 속에서 방사성 낙진은 개천, 들판, 숲에 떨어져 땅 밑으로 거의 1인치가 들어갔고, 87개 마을의 농부들이 풍작으로 바쁘게 추수하던 지역을 완전히 덮어버렸다. 오죠르스크시 지도자들은 회의에서 농부들에 대해 언급하지 않았다. 지대 시스템 덕분에 마을 사람들은 그들의 문제가 아니었다.

굴나라 이스마길로바Gulnara Ismagilova는 그녀의 마을인 타타르스카야 카라볼카Tatarskaia Karabolka*에서 추수 작업이 한창이던 1957년, 그녀와 동급생들이 땅으로 뛰어들었을 정도로 엄청나고 사방에 가득찼던 폭발음을 들었을 때에 대해 이야기한다. 고개를 들어보니 숲에서 검은 구름이 솟아올라 수평으로 퍼져나갔다. 폭발이 새로운 전쟁의 첫 번째 포격이라고 우려한 남자들은 단체로 수레를 몰고 와서 아이들에게 타라고 말하고는 서둘러 마을로 돌아갔다. 아무런 뉴스도 없었다. 그날 저녁 마을 사람들은 나무 위에 드리워진 불투명한 구름이 산들바람에 실려 이동하는 것을 지켜보았다. 다음날 아침 가벼운 비가 마을이 이전에 한 번도 본 적이 없는 두껍고 얇게 벗겨지는 검은 눈을 내려 보냈다.

며칠 후, 낙하복을 입고 방독면을 쓴 우주 비행사처럼 보이는 남성들이 군용 헬리콥터에서 감자밭 위로 강하했다. 남성들은 소비에트 집단농장장들에게 명령을 내렸고, 집단농장장들은 마을의 부녀자와 아이들에게 이전처럼 맨발로 장갑 없이 감자와 사탕무를 계속 수확한 뒤 수확물을 밤사이 외진 타타르 마을에 나타난 불도저들이 판 구덩이에 폐기하라고 했다. 11월에 아이들과 그들의 부모는 밀과 호밀을 수확했고, 그 뒤 그것들이 엄청난 더미로 쌓여 유독한 연기로 타오르는 것을 지켜보았다. 아이들은 가을 내내 이 일을 하면서, 핵 재난의 청산자로 복무한 최초의 어린이로 거듭나게 되었다.[2]

폭발로부터 일주일 후, 구름을 따라 아랫바람 마을로 간 방사선 전문의들은 그곳에서 정상적으로 생활하는 사람들과 맨발로 뛰노는 아이들

* 러시아어로 타타르의 카라볼카라는 뜻이다.

을 발견했다. 그들은 땅, 농기구, 동물, 그리고 사람들을 측정했다. 방사능 수치는 놀라울 정도로 높았다. 감시 요원 오소틴S. F. Osotin은 동료가 아이들에게 다가가 가이거 계수기를 가져다 댔던 것을 기억했다. "너희들이 아침 식사로 얼마나 많은 죽을 먹었는지 이 기계로 정확히 알 수 있지"라고 그는 말했다. 아이들은 행복하게 배를 내밀었고, 계수기는 초당 40~50마이크로뢴트겐에서 딸깍거렸다. 기사들은 충격을 받고 뒷걸음질쳤다. 아이들이 방사선원이 되었던 것이다. 닭의 수치는 사람보다 더 높았다. 낙진으로 오염된 풀을 뜯는 소는 다른 모든 생물을 뛰어넘었다. 소가 점막에서 피를 흘리며 확실한 방사선병 징후를 보이자 병사들은 즉시 발포했다.[3] 과학자들은 그들 자신의 건강과 자신들 주변에서 무리지어 다니는 아이들의 건강을 생각하며 아주 불안해졌다. 그들은 베르댜니쉬Berdianish라는 한 마을에 제곱마일당 9만 퀴리라는 두려운 수치를 가진 지점들이 있다고 추정했다. 초당 최대 350~400마이크로뢴트겐의 자연방사선은 마을에서 한 달 안에 생명을 위협하는 선량을 받을 수 있을 정도로 높은 것이었다.[4] 공장 책임자 데미야노비치는 측정치를 듣고 다음과 같이 말했다. "그럴 리가 없소. 초당 400마이크로뢴트겐이라니! 불가능하오. 다시 확인하시오!" 그들은 다시 확인했고, 그 수치는 정확했다.[5]

모스크바에서 중기계성(핵무기를 책임지는 성省)의 책임자 예핌 슬라브스키Efim Slavskii*는 가장 방사능이 강한 3개 마을 주민을 5일 안으로

---

* 예핌 파블로비치 슬라브스키Ефим Павлович Славский(1898~1991)는 광부 출신으로 1

소개하라고 명령했다. 마을 사람들의 건강을 악의적으로 묵살했던 테차강 재해 당시와 비교했을 때, 슬라브스키의 비상사태 선포는 방사성 풍경의 공중 보건에 대한 고조된 우려를 보여주었다. 마을 사람들을 조사照射된 헛바닥 바깥으로 빨리 나가도록 하는 것은 장기를 노리는 위험한 아이오딘-131, 스트론튬-89, 세슘-137의 선량으로부터 그들, 특히 어린이들을 구하는 것을 의미했다.

소개는 2주 넘게 걸렸는데, 이는 명백히 마을 사람들의 조사照射된 소유물에 대한 배상 자금을 마련하는 과정에서 야기된 일상적인 지연으로 인해 발생했다. 역사가들은 이러한 중대한 지연이 핵 재난에 대처하는 경험 부족 때문이라고 설명한다.[6] 그러나 1957년까지 공장 관리자들은 조사照射된 마을들을 소개하는 데 상당한 경험을 쌓았다. 그들은 지난 4년을 테차강을 따라 자리잡은 마을들을 내보내는 데 썼다. 1957년의 소개는 사실 판에 박힌 패턴을 따랐다. 병사들이 캔버스 천으로 덮인 대형 트럭을 타고 도착했다. 그들은 때로는 문맹이고 대개는 가난하고 많은 아이들이 있는, 대다수가 바슈키르인과 타타르인인 농부들에게 재정착을 위해 소지품을 꾸리라고 명령했다.[7] "산업 오염" 때문에 소개되는 것이라는 말을 들은 농부들은 상당히 저항했다. 수확기

차 세계대전 이후 대학에 진학해 야금 기사가 되었으며, 1945년까지 소련 알루미늄 산업에 종사했다. 1957년부터 1986년까지 중기계건설상相을 지냈다. 소냐 슈미드 Sonja D. Schmid, 《동력 만들기: 체르노빌 이전 소비에트 원자력 산업의 역사Producing Power: The Pre-Chernobyl History of the Soviet Nuclear Industry》, MIT 출판부, 2015, pp. 186~7 참조.

였다. 농작물은 풍성했다. 그들이 알고 있는 한, 공해를 유발하는 공장은 수 마일에 걸쳐 하나도 없었다. 병사들의 행동은 소개보다는 점령처럼 느껴졌다. 병사들은 농부들의 옷가지와 침구, 생활용품을 구덩이에 떨어뜨려 묻었고, 다른 병사들은 그들의 가축을 숲 가장자리로 몰고 가서 사살했다. 최초 소개자들 중 많은 수가 폐쇄 도시의 여름 캠프인 달나야 다차Dal'naia Dacha*로 보내졌다. 그곳에서 그들은 1957~1958년으로 넘어가는 겨울 내내 대기했다. 몇몇은 흐루쇼프에게 편지를 썼다. "폐쇄 도시 첼랴빈스크-40에서 일어난 어떤 사고와 관련하여 우리는 방사선병을 겪었고, 우리 중 많은 이들이 아프며, 우리는 일도 없이 여기 앉아서 마냥 기다리고 있습니다. 우리는 대체 무엇을 기다리고 있는 것입니까?"[8]

몇 달 후, 모스크바의 성省은 1958년 5월 1일까지 3개의 오염된 마을을 추가적으로 소개하라는 명령을 내렸다. 한 마을은 루스카야 카라볼카Russkaia Karabolka**라고 불렸는데, 굴나라 이스마길로바가 살았던 타타르스카야 카라볼카 옆에 위치해 있었다. 러시아와 타타르의 이 두 공동체는 종교와 종족으로 나뉘어졌으나 1마일도 안 되는 거리에 있었다. 이스마길로바가 말한 대로, 그녀와 동급생들은 1958년 어느 봄날 다시 불려와 작업을 하게 되었다. 그들은 루스카야 카라볼카로 향하는 길을 따라 갔는데, 그곳에서 그들은 130가구의 마을이 하룻밤 사이에

* 러시아어로 멀리 있는 별장을 의미한다.
** 러시아어로 러시아의 카라볼카라는 뜻이다.

사라져 평평하고 텅 빈 들판으로 변한 것을 보았다. 다이너마이트로 폭파된 벽돌 교회의 잔해만 남아 있었다. 경찰은 아이들에게 길과 마을이 있던 자리 사이에 가로수를 줄지어 심으라고 했다. 나무는 사라진 마을을 숨기기 위한 것이었다. 그 후 아이들은 무너진 교회에서 벽돌을 꺼내 구덩이를 파서 버렸다.[9] 이스마길로바는 여전히 그것에 대해 씁쓸해한다.

우리는 그 벽돌을 맨손으로 가져갔어요. 우리에겐 장화도 신발도 없었답니다. 당시 할머니의 덧신장화를 신으면 두들겨 맞았습니다. 매일 8명에서 10명이 병에 걸렸어요. 우리 입에서는 피가 나왔고요. 그것이 우리가 일하는 방식이었지요. 우리는 거기서 먹고, 감자를 요리하고, 물을 마시기도 했어요. 지금 사람들이 6,000마이크로뢴트겐이 들어 있었다고 말하는 그 물을요. 우리 마을에서 온 우리들 모두는 방사된 영토에서, 수확물에 대해서, 철거한 곳에서, 경비가 서 있던 오염 지대에서 일했어요. 다른 곳에서는 아무도 일하러 오지 않았지요. 거기엔 꼬맹이들이 많았어요. 경찰이 우리들의 수를 센 다음에 어디로 가야 하는지, 무엇을 해야 하는지 알려주었지요.

1958년 말까지 병사들은 2억 루블이라는 믿기 힘든 비용으로 87개의 오염된 마을 중 7개 마을을 재정착시켰다. 성省의 관리들은 비용 때문에 소개를 최소한으로 유지하려고 했다. 나머지 80개의 마을에서는 국가 조사관이 문턱 이상으로 등록된 농산물을 구입하여 폐기하는 중개 시스템을 구축했다.[10] 위생 관리들은 황소와 농장 가축을 측정했는데, 몇몇 마을에서는 "방사선 영향의 뚜렷한 징후를 보여 조치가 필요한 지경"이 었다.[11] 상처가 아물지 않고 털이 빠지는 가장 오염된 동물들은 몰수되었다. 성省의 관리들은 마을 우물에 "더러운 물, 마시지 말라"는 표지판을 붙였다. 이스마길로바는 그것에 대해서도 씁쓸해한다. "무엇을 마셨어야 했을까요? 이곳에 살면서 어떻게 물을 사용하지 않을 수 있을까요? 그들은 보여주기용으로 그런 표지판을 내걸었지만, 물론 인민들은 계속해서 우물물을 마셨지요. 어디 다른 곳이 있었겠어요?"

농부들은 또한 땅에 묻힌 감자를 파내고 숲속에 감춰두었던 소에서 얻은 오염된 쇠고기를 시장에 내다팔았다. 1년 후, 위생 관리들은 오염된 식품이 주州 전체로 유포되었고, 농부들이 방사성 거름을 비료로 쓰는 것을 막을 수 없다는 사실을 깨달았다.[12]

실제로 농부들을 방사放射된 지역에 남겨두고 청산자로 투입한 결과는 1년 안에 명백해졌다. 1958년까지 방사성 흔적 내의 많은 마을들에 질병이 떠돌았다. 6월, 열두 살의 이스마길로바는 어지럼증에 시달렸고 녹색 가래를 뱉었다. 몇 주 동안 그녀는 의식이 오락가락했다. 마을에는 진료소도 의료 인력도 없었다. 이스마길로바의 어머니는 딸을 무력하게 지켜볼 수밖에 없었다. 그녀의 어머니는 청산자로 일하는 동안 임신했었다. 이스마길로바는 "태어났을 때 갓난아기는 얼룩덜룩하고 까무잡잡하고 이상해 보였어요. 그녀는 겨우 5일밖에 살지 못했지요"라고 회상했다.[13] 약 2,000명의 임산부가 청소 작업에 참여했다.[14] 주州 관리들은 방사선의 고도 집중과 마을 사람들의 질병 증가에 대한 보고

서를 작성했다. 마을 사람들은 이주 허가를 요청했다.[15]

　보건성의 압력으로 소비에트 각료평의회는 1959년 세 번째 재정착 작전을 명령했다. 그들은 문턱을 정했다. 제곱마일당 12퀴리가 넘게 나오는 마을들은 옮겨져야 했다. 1만 명이 살고 있는 23개 마을이 문턱을 넘었다.[16] 1960년, 이 마을들도 우랄 남부 지도에서 사라졌다. 이스마길로바가 살았던 타타르스카야 카라볼카도 그런 마을 중 하나가 될 예정이었다. 이스마길로바는 문서철에서 문서를 꺼내 내게 보여주었다. 거기에는 내가 2009년 8월의 어느 날 방문했을 때 떠들썩한 아이들과 차를 수리하는 남자들이 주말을 맞이해 모였던 타타르스카야 카라볼카가 고스란히 담겨 있었다. 명령에는 방사성 오염으로 인해 거주할 수 없는 지역이 되었기 때문에 타타르스카야 카라볼카의 주민 2,700명은 그 지역 반대편에 위치한 국영농장*으로 옮겨질 것이라고 명시되어 있었다.[17]

　기이하게도 타타르스카야 카라볼카의 소개는 일어나지 않았다. 이 마을은 지역 지도에서 사라졌고 마을의 집단농장은 "먹을 수 없는" 음식을 생산했다는 이유로 폐쇄되었지만, 마을 사람들은 여전히 남아 있었다. 그 이유에 대해서는 몇 가지 이론이 있다. 어떤 사람들은 그것이 비용 때문이라고 말한다. 타타르스카야 카라볼카는 큰 마을이었다. 주州

---

* 소련의 국영농장cовхоз은 국가가 직접 운영하는 농장으로 노동자들은 주로 농촌에서 고용되며 일정한 액수의 급여를 받았을 뿐 생산물에 대한 접근 권한은 없었다. 구성원들이 약간의 사유지와 가축을 소유할 수 있고, 각자의 농사 노력을 반영해 이익을 분배하는 집단농장колхоз과 함께 소련의 사회주의적 농업을 구성하는 중요한 축이었다.

관리들은 재정착 비용이 7,850만 루블에 달할 것이라고 추산했다.[18] 다른 사람들은 실수였다고 말한다. 즉 관리들이 루스카야 카라볼카와 타타르스카야 카라볼카를 혼동하여 둘이 동일한 마을이며 이미 소개되었다고 결론 내렸다는 것이다.[19] 러시아 보건부는 2000년에 타타르스카야 카라볼카가 제곱마일당 6퀴리 미만이어서 문턱을 넘지 못했다고 발표했다. 그것은 맞는 말일 수 없다. 이 마을은 1959년 명령에 따라 제거가 예정되어 있었고, 그 후 몇 년 동안 마을의 질병에 대해 경종을 울린 주州 관리들은 타타르스카야 카라볼카의 오염을 잘 인지하고 있었다.

이스마길로바는 자신이 태어난 통나무 오두막에 앉아 1990년대 토양 방사능 측정 지도를 꺼냈다. "문서고에서 일하는 친구에게서 이 지도를 받았어요"라고 이스마길로바는 말했다. 안경 너머로 나를 보며 그녀는 "이건 내가 가져서는 안 되는 거죠"라고 덧붙였다. 사고의 여파로 소비에트 과학자들은 제곱마일당 약 3분의 1퀴리에 해당하는 허용 문턱을 정했다. 이스마길로바의 지도는 사고 후 30년 동안 그녀의 마을에 제곱마일당 60퀴리까지 측정되는 고방사능 구역들이 기록됐음을 보여주었다. 이스마길로바는 지도에서 고방사능 구역에 있는 자신의 집과 이웃들의 집을 가리켰다. "여기가 바로 우리가 살았던 곳이고, 농사짓고 아이들을 키우면서 아직까지도 살고 있는 곳이에요."

은퇴한 간호사인 이스마길로바는 이 지도가 종양, 암, 갑상선 질환, 당뇨, 순환계 및 신경계 장애, 선천적 결함, 이상하고 강력한 알레르기, 극심한 피로감, 불임 문제 등 그녀 마을이 가진 의료 문제의 "다발 전체"를 설명한다고 말했다. 1991년의 한 의학 연구에 따르면 1~4퀴리를 내뿜는 지역에 사는 사람들은 재정착한 사람들보다 암으로 사망할 확률이 25퍼센트 더 높았다.[20] 이스마길로바는 빽빽한 소나무 숲으로 이어지는 길을 따라 뻗어 있는 통나무집 마을을 손짓으로 가리켰다. 이스마길로바는 간에 생긴 종양 때문에 오래 사는 기대를 할 수 없었다고 말했다. "내가 우리 반의 마지막 학생이에요. 어린이 청산자들이었던 다른 사람들은 모두 죽었어요. 대부분 암이었지요."

이스마길로바는 그녀의 마을이 기회주의적인 실험에서 의학적 피험

타타르스카야 카라볼카에서
굴나라 이스마길로바와 나제즈다 쿠테포바, 2007년
케이트 브라운 촬영.

자들로 쓰기 위해 고의적으로 해를 입게 되었다고 믿는 많은 사람들 중한 명이다. 타타르인이라는 배경을 가진 사람들은 러시아인 마을은 옮겨진 반면 타타르인들은 제자리에 남겨져 있었다는 사실을 지적한다.[21] 그러나 소비에트 관리들은 타타르스카야 카라볼카의 거주자들을 감시하는 데 느렸고, 포괄적인 방식으로 감시하지도 않았다. 그들은 사고가 터진 지 15년이 지난 1972년에야 정기 건강검진을 실시했다.

카라볼카 사례는 수수께끼이다. 카라볼카가 남겨진 이유를 설명해줄 아무런 문서도 발견되지 않았다. 카라볼카를 위해 새로운 주택과 학교를 짓는 일을 맡았던 악명 높은 공장의 부패 건설 기업소에 돈 또는 시간이 없었거나, 자금이 횡령되었거나, 다른 곳에 재투자되었을 것이다. 건설 실력자들은 그들이 테차 마을 사람들을 재정착시켰을 때처럼 시간을 끌었고, 결국 카라볼카의 재정착이 조용히 중단되도록 내버려두었을 것이다. 이는 곧 용인된 간과였다.[22]

원자력 관리들이 사고를 과학적으로 이용하기를 열망했던 것은 사실이다. 1958년 여름, 예핌 슬라브스키는 방사放射된 흔적이 있던 대략 8,000제곱마일 내 어딘가에 새로운 주요 연구기관을 설립하자고 제안했다. 이 기관은 방사생태학을 전문으로 할 것이었다. 기관의 임무는 핵전쟁에서 살아남기 위해 조사照射된 지역에서 사는 법을 배우는 것이었다. 그러나 모스크바 과학자들은 지방에서 그리고 오염된 땅에서 일하는 것이 끔찍하다고 생각했다.[23] 대신, 그들은 실험실 작업을 수행하기 위해 모스크바 근처에 방사선의학연구소Institute of Radiation Medicine를 설립하고 방사放射된 흔적이 있는 지역에는 과거 집단농장이었던 곳에 실험연구기지만 설치했다.[24] 그들은 기관에 현지 연구자를 배치하고 일을 시작했다. 과학자들은 가시에 방사성 동위원소를 저장하는 소나무가 시들고 위황병蔞黃病에 걸렸음을 발견했다. 1959년이 되자 소나무 숲 전체가 죽어서 나중에 체르노빌의 "붉은 숲"처럼 진홍색으로 남았다. 더 단단한 자작나무는 살아남았지만 푸르스름한 색조로 바뀌었고 뒤틀리거나 거대한 잎사귀들을 만들어냈으며 더 적은 수의 씨앗을 생산했다. 한편, 풀은 세 배나 더 많은 생물량을 생산하면서 급격히 성장했다. 과학자들은 가장 취약한 동물이 방사능이 집중된 숲 바닥에서 먹이를 먹는 설치류임을 알아냈다. 그 후 20년 동안 생쥐의 수명과 번식력은 현저하게 떨어졌다.[25]

하지만 좋은 소식도 있었다. 이 기지의 과학자들은 복사輻射된 토양을 되살리는 방법을 알아냈다. 그들은 어떤 채소가 방사성 스트론튬을 더 많이 저장하는지 알게 되었다. 그들은 사람이 먹기에는 잎이 많은 채소보다 오염된 사료를 먹인 동물의 고기가 더 안전하고 돼지와 가금의 고기가 쇠고기보다 더 안전하다는 것을 발견했다. 1960년, 낙관적이고 대담한 공장 관리자들은 오염된 흔적에서 재배한 오이, 감자, 토마토로 식사를 했다. 1967년, 과학자들은 원래의 흔적 중 상당 부분을 출입이 금지된 야생 동식물 보호 구역으로 설정해 공장이 관리하도록 반환했다.[26] 메시지는 분명했다. 대규모 핵 재난 속에서도 삶은 계속된다는 것이었다.

1989년 키시팀 폭발이 뉴스가 된 이후 러시아 정부는 원래 조사照射된 흔적 범위 내에 카라볼카 같은 공동체들이 존재하는 이유를 설명해야 했다. 실험 농장의 긍정적인 결과는 카라볼카가 지속적으로 존재한 것을 정당화하는 데 도움이 되었다.[27] 의료 조사관들은 피폭된 마을 사람들 중 누구도 방사선병을 앓지 않았다고 주장하는 기밀 연구 결과를 공개했다. 그들이 발견한 유일한 역학적 특이점은 그 흔적에서 재정착한 아이들이 갑상선암에 걸릴 확률이 5~10배 더 높다는 것이었다.[28] 서방과 독립적인 러시아인 과학자들은 후속 연구의 소규모 인구 조사(1,059명), 제한된 관찰 기간, 적절한 통제군의 부족을 비판했다.[29] 러시아의 유전학자 발레리 소이페르Valery Soyfer는 소비에트 정부가 조사照射된 지역 마을 주민들의 유전자 연구에 의도적으로 자금을 지원하지 않고 좌절시켰다고 주장한다.[30] 다른 연구자들은 마을 사람들이 먹은 음식이 오염되었고 죽은 사람들의 뼈도 오염되었다는 것을 보여주었다.[31] 일반적으로 보건 연구는 거의 없으며, 그나마 존재하는 것들은 정부에서 발표한 것들로, 사람들이 아프지 않다는 내용이거나 아프다면 방사선 공포증 또는 알코올 중독과 잘못된 식단 때문임이 틀림없다고 확언하는 내용이었다.

결코 이뤄지지 않았던 재정착 이후, 카라볼카 마을 주민들은 소비에트 경제와 사회에서 집단농장도, 수입도, 지위도, 공적 존재도 없는 상태로 남아 있었다. 카라볼카는 기이한 방식으로 오죠르스크라는 유령 도시를 반영했다. 마을 사람들은 세금 제도 외부에서, 지도에서 벗어난 곳에서, 제한된 구역 내에서 살았다. 그러나 소비자 중심의 오죠르스크 주민들과 달리, 카라볼카 가족들은 자경자급 농업에 종사했다. 흔적 안에 위치한 바슈키르 공동체에서는 마을 사람들이 숲에서 산딸기, 버섯,

물고기, 사냥감을 포함한 자연산물을 채집하는 오랜 전통을 가지고 있었다. 이 음식들은 식품 연구자들이 가장 오염되었다고 밝힌 것들이었다. 그들은 지역 농산물 시장에서 그들의 농작물을 판매하는 것이 금지되었지만, 그럼에도 불구하고 옷가지와 다른 생필품을 사기 위한 현금이 필요했기 때문에 어떻게든 농작물을 팔았다. 그러나 농부들은 교활해야 했다. 방사선 감시 요원들이 지역 시장을 돌아다니면서 오염된 식품이 있는지 확인했다. 이스마길로바의 할머니가 방사放射된 쇠고기를 파는 모습을 적발했을 때 그들은 그것을 집으로 가져가서 오랫동안 끓인 다음 먹으라고 말했다.

수년간 카라볼카에는 위생 전문가들도 모습을 드러냈다. 그들은 주민들에게 집을 흰색으로 칠하라는 지침을 내렸다. 그들은 방사성 동위원소를 섭취하지 않을 수 있도록 청소하고 요리하는 방법을 선보였다. 그들은 측정을 했고, 계량기가 딸깍거리는 물건을 발견하면 지역의 작은 핵폐기물 폐기장이나 마찬가지였던 마을 외곽의 구덩이에 던져 넣었다.[32] 마을 사람들은 이 의료 조사관들을 원망했다. 이스마길로바는 "그들은 마스크를 쓰고 하얀 외투차림으로 문을 두드리곤 했지요. 차를 권하면 거절하고, 비닐을 꺼내 그 위에 앉고는 자신들이 가져온 물을 마시곤 했어요"라고 회상했다.

나는 이스마길로바가 나를 위해 마련한 손대지 않은 차와 감자를 힐끗 보면서, 나의 인터뷰 대상자가 나에게 메시지를 보내고 있음을 깨달았다. 나는 이스마길로바의 사생활을 침해하고 그녀와 그녀의 집을 오염되었다고 낙인찍었던 조사관들과 같은 범주에 속했다. 나 또한 그녀의 음식을 거절하고 질문을 던지고 멍하니 바라보고 아무것도 고치지 않은 채 떠났다. 이스마길로바는 그녀가 내게 말할 때, 그녀의 이야기를 다시 전할 때, 마치 그녀가 기괴한 곡예 공연의 한 장章이었던 것처럼 몹시 두려워했다고 내게 말했다.

나는 이스마길로바에게 묘지에 둘러싸인 녹색 물막이판자로 된 작은 건물인 마을 회교 사원까지 같이 걷지 않겠냐고 물었다. 그녀의 얼굴이 창백하게 질렸다. "아니요, 그곳에 가지 않을 거예요. 어두워진 뒤 묘지에는 병든 영혼들이 돌아다녀요. 당신도 안 가는 게 좋을 것 같아요."

내가 떠날 때가 되자 이스마길로바는 돈을 요구했다. 나는 돈을 그녀에게 주었다. 그녀는 암 증상을 치료하기 위한 약을 구하는 데 도움도 요청했다. 나는 처방받은 약의 이름을 받아 적었다. 떠나면서 나는 의도치 않게 이스마길로바를 안내자로 삼은 재난 관광객이 되었다는 사실을 깨달았다.

재난 관광은 카라볼카에서 몇 안 되는 유망한 직업 중 하나였다. 지역 경제가 움츠러들면서 몇몇 사람들은 자신들의 불행을 조달하는 업자가 되어 생계를 꾸릴 방법을 찾아냈다. 이웃들은 다른 사람들이 공통의 재난에서 이익을 얻는다고 비난했고, 지역사회는 종종 심하게 분열되어 방사放射된 땅에서 계속 생존하는 것 외에 해결책을 찾기가 더 어려워졌다.[33]

나는 이스마길로바를 다시는 보지 못했다. 미국이나 캐나다에서 그녀의 약을 찾을 수 없어서 이를 알려주기 위해 연락을 취했다. 2년 후, 그녀와 나를 모두 아는 한 친구가 내게 그녀의 사진을 보내주었다. 나는 이스마길로바를 알아볼 수 없었다. 사진에는 수척하고 엄청나게 나이를 먹은 한 여성이 있었다. 사진은 나의 뇌리에서 떠나지 않았다. 삶을 계속 이어나가면서 나는 우랄 남부의 조사照射된 작은 마을과 그 안에서 사는 아픈 사람들을 잊는 것이 얼마나 쉬운지 깨달았다.

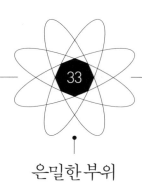

은밀한 부위

1962년 12월 1일, 핸퍼드 실험실에서 피험자 E4와 E5는 120톤의 강철로 안을 댄 방으로 걸어 들어갔다. 피험자들은 육중한 치과용 의자에 앉았다. 한 수행원이 피험자들의 가슴과 목에 아주 정확한 측정이 가능한 감지기를 장착하고 텔레비전을 켠 뒤 육중한 문을 닫으며 방을 나왔다.

열세 살의 남성 E4와 아홉 살의 여성 E5는 워싱턴주 링올드Ringold에 살았다. 링올드는 컬럼비아강을 끼고 있는 작은 농촌 공동체로, 북쪽으로는 원자력 구역과 맞닿아 있고 동쪽과 남쪽으로는 공동체를 비옥한 강가의 평지로부터 고립시키는 400피트 높이의 절벽으로 둘러싸여 있었다. 공동체는 오랜 시간 감시를 받아왔다. 경찰 선박이 강을 순찰했고 경비원이 구역으로 들어가는 인근의 정문에 배치됐다. 링올드는 원자로 하류에서 끌어온 컬럼비아강의 물로 관개를 했다. 이 작은 마을은 화학분리공장, 원자로, 연료가공공장에서 바람이 부는 쪽으로 13마일 떨어진 곳에 위치해 있었다. 이러한 이유로 1962년에 농장 가족들은 또 다른 형태의 감시를 받는 대상이 되었다.

링올드 주민 20명 중 12명은 공장 과학자들이 그들 신체 내부의 감마선을 측정할 수 있도록 핸퍼드 실험실의 전신 계측기에 앉는 데 동의했다. E4와 E5의 부모는 특히 협조적이었다. 그들은 복숭아, 사과, 배를 심은 45에이커의 땅을 소유하고 있었다. 시원한 강물을 먹은 과일들은 햇볕이 쨍쨍 내리쬐는 절벽에서도 잘 자랐다. 가족은 텃밭에서 재배한 것들을 먹었고, 젖소와 식육용 암소를 키웠으며, 사슴, 메추라기, 꿩, 거위 등 소년이 잡은 사냥감으로 저녁 식사를 했다. 링올드의 여섯 가족 중 E-계열 가족만 거의 전적으로 자급자족하며 살았다.[1]

이 식단 선택은 치명적이었다. 12명의 피험자 중 이들 소년과 소녀의 갑상선에서 가장 높은 수치의 방사성 아이오딘-131이 나왔다. 아홉 살짜리 E4는 120피코퀴리(100조분의 120퀴리)를 가지고 있었다. 열세 살짜리 E5는 300피코퀴리를 가지고 있었는데, 이는 "현재까지 어린이의 갑상선에서 관찰된 것 중 가장 많은 양"이었다.[2] 계측기는 감마선만을 측정했다. 갑상선에 집적된 방사성 아이오딘에서 방출되는 베타선은 측정하지 못했다. 두 에너지원 모두 내부 조직을 손상시킬 수 있다. 아이들은 성장하기 때문에 꾸준히 증식하는 세포에서 무기물과 요소를 효율적으로 흡수한다. 비슷한 이유로, 열성적인 사냥꾼과 낚시꾼의 또 다른 가족에서 임신 4개월 차의 19세 여성이 높은 방사성 아이오딘 수치를 보였다.

핸퍼드 과학자들은 아이오딘 측정치를 가지고 아이들의 부모들과 논의했다. 그들은 비록 수치가 올라가긴 했지만, 허용 선량에 한참 못 미친다고 부모들에게 장담했다. 그들은 자신들이 사용한 기준이 방사선 피폭이 예상되는 성인 전문직 종사자들을 대상으로 한 것이라고 말하지는 않았다.[3] 과학자들은 아이들이 신선한 우유 대신 분말 우유를 마셔도 된다고 제안했다. 그러고 나서 과학자들은 놀랍게도 링올드 주민들 사이에서 소수의 방사성 핵종radionuclides*만 검출한 것이 "만족스러운" 결과였다고 결론짓는 논문을 출간했다.[4]

핸퍼드 연구자들의 지칠 줄 모르는 낙관주의는 감탄스러울 정도이다. 연구자들은 링올드 주민 12명의 견본을 동료 시민들에 대한 그들의 물샐 틈 없는 경계이자 공장이 안전하다는 사실을 확신한다는 증거로 사용했다.[5] 이것은 도출해야 할 중요한 결론이었다. 1950년대 말 기자들이 미네소타산 방사성 밀, 방사성 낙진에서 나온 스트론튬-90이 가미된 아이오와산 우유, 그리고 핸퍼드 유출에서 나온 아연-65로 더럽혀진 컬럼비아강 하구에서 채취한 굴을 보도했을 때 폭발한 언론 폭풍 때문이다. 방사능 식품에 대한 공포는 AEC에 대한 대중의 신뢰를 크게 뒤흔들었다.[6] 이러한 두려움은 미국의 암 발병률 증가와 레이첼 카슨의 《침묵의 봄Silent Spring》에서 영감을 받아 광범위한 환경오염이 국민 건강에 미치는 장기적 위험에 대한 각성으로 인해 더욱 악화되었다.

* 동위원소 중에 방사능이 있는 것을 방사성 동위원소放射性同位元素라고 하며, 이런 불안정한 원자핵을 가진 원자를 방사성 핵종放射性核種이라고 한다.

10년 동안 미국 공중보건국은 핸퍼드 과학자들에게 팽창하는 용수로망에 물을 공급하는 컬럼비아강의 오염에 대한 정보를 공개하라고 압력을 가했다. 수로는 동쪽으로는 링올드에, 절벽 너머 북동쪽으로는 메사, 코널Connell, 엘토피아Eltopia의 농장들에 물을 공급했다. 기밀로 분류된 지도는 공장 굴뚝에서 이 지역사회를 통과하는 우세풍을 추적했다. 바람은 때때로 북쪽의 오셀로Othello와 왈루케 경사지를 향해 이동하거나 남동쪽의 파스코와 월러월러를 향해 방향을 바꿨다.[7] 미국 대중이 환경오염에 더욱 민감해짐에 따라 핸퍼드 보건물리학자들은 처음으로 전신 계측기를 사용하여 공장 근처에 사는 사람들의 몸에서 방사성 동위원소를 측정했다. 그들은 통학버스에 이동식 전신 계측기를 설치했다.[8] 연구자들은 리치랜드에서, 인근 농장 공동체에서, 그리고 작은 링올드에서 측정했다. 그러나 그들은 12명의 링올드 피험자에 대한 결과만 발표했다.

2011년, 중년이 된 피험자 E-5는 리치랜드에 거주했으며 핸퍼드 정화를 위한 슈퍼펀드Superfund* 정리 작업에 참여한 계약업체 중 한 곳에서 일하고 있었다. E-5는 내게 자신이 건강하고 이미 성인이 된 자식과

---

* 연방 슈퍼펀드(특별기금) 법안이란 미국 환경보호청United States Environmental Protection Agency이 주관하는 유해 물질로 오염된 부지를 조사하고 정화하기 위해 고안된 계획으로, 공식 명칭은 1980년도 포괄적 환경 대응, 보상, 책무 법안Comprehensive Environmental Response, Compensation, and Liability Act of 1980이며, 당시 미국 대통령이었던 지미 카터 Jimmy Carter가 서명했다. 오늘날 미국 전역에는 이 계획이 관리하는 "슈퍼펀드" 부지가 4만여 곳 존재한다.

손주들이 있다고 말했다. 그녀의 어머니는 90대까지 살았다. 그녀의 형제 중 한 명인 피험자 E-4는 젊은 나이에 베트남에서 사망했다. 또 다른 형제는 60대에 사망했다. E-5의 나머지 일곱 형제자매는 살아 있다. 요컨대 E-5와 그녀의 가족은 링올드 연구의 "만족스러운" 결과를 보여주는 성공적인 예시이다.

그녀와 다른 참가자들은 내게 자신들이 의학 실험 대상처럼 느껴지지 않았다고 말했다. 오히려 그들은 공장 과학자들이 정기적으로 방문하여 전신 계측기로 검사하고 그들의 농산물 견본을 수집했다는 사실에 위안을 얻었다. 과학자들의 관심은 그들이 안전하고 보호받고 있다고 느끼게 했다. 그들은 자신들의 실험 결과가 자신들의 몸에 방사성 원소가 전혀 없음을 보여준다는 말을 들었던 사실을 기억한다.[9] 한 여성은 링올드에서는 아무도 아프지 않았다고 말했다. 그는 핸퍼드 배출이 이 지역에서 질병을 유발했다는 비난을 폄하했고, 지역적으로 "아랫바람 사람들"로 알려진 무리들이 핸퍼드 계약자들에 대해 취한 소송을 일축했다. 그녀는 학창시절부터 아랫바람 활동가들을 알고 있었고, 그들은 불평하는 유형의 사람들에 불과했다고 말했다.[10] 내가 이야기를 나눴던 링올드 피검사자들은 이런 식으로 링올드 연구의 완벽한 대상이었다. 그들은 불안한 대중을 달래고 안심시키기 위해 이 연구가 전달하려는 의미를 그대로 수용했다.

그러나 링올드 연구에는 몇 가지 수수께끼 같은 특성이 있다. 집필자들은 이 연구가 왜 그렇게 늦게 수행됐는지 설명하지 않는다. 그때는 공장이 가동된 지 20년 후이자 최악의 방사성 폐기물 무단 투기가 종식된 지 10년 후였고 공장에서의 플루토늄 생산이 서서히 줄어들고 있던 때였다. 링올드 견본은 아주 작지만, 그들은 중요한 특이 갑상선 측정 값 쌍을 발견했다.[11] 집필자들은 또한 그들이 이 지역의 수많은 농장 가족들을 추적했음에도 불구하고 이 연구의 과학적으로 입증되지 않은 규모를 정당화하려고 시도하지 않는다. 출간된 판본에서 집필자들은 희한하게도 대기의 방사성 아이오딘 중 대부분이 주로 소비에트 핵실험에서 나온 "지구적 낙진"에서 비롯된 것이라고 말한다.[12] 출간된 연구에서 과학자들은 1962년 4월 발생한 440퀴리에 해당하는 아이오딘-131의 의도치 않은 대규모 유출에 대해서도, 9월 추가적인 8퀴리의 의도적인 시험 방출에 대해서도 언급하지 않았다. 이 시험 방출은 링올드가 아니라 구릉지 위와 너머의 코널과 멀리는 에프라타Ephrata와 모세 레이크Moses Lake까지 "매우 높은" 농도의 아이오딘-131 집중을 촉발시켰다.[13] 링올드 연구는 사람들이 선원에 가까울수록 선량이 더 높다는 방사放射 동심원 지도의 가정을 사용했다. 이는 오래 지속된 가정이었지만, 잘못된 것이다.[14]

핸퍼드 주변의 완충 지대는 방사성 크세논과 플루토늄 같은 가장 독성이 강한 기체가 안전하게 흩어지기 위해서는 너비 2마일, 높이 2마일의 정육면체의 공기가 필요하다는 계산에서 비롯된 것이었다.[15] 핸퍼드 지도 위에 부과된 방사放射 원들은 기체의 확산이 선원에서 멀어질수록 동일한 방식으로 줄어들 것이라는 가정에 기초하여 15, 30, 40마일 떨어진 곳의 피폭을 예측했다. 하지만 그것은 허구이다. 수년에 걸쳐 핸퍼드 기상학자들은 방사성 방출물이 어디로 향하고 있고 어디로 떨어질지 예측할 수 없다는 자신들의 무능에 좌절했다.[16] 실험 결과, 공장 굴뚝에서 나온 연기 기둥은 한 방향으로 확대되거나 계속 머무르다가 경로를 바꿔 대지를 찍고 다시 하늘로 튀어올라 수십 마일 떨어진 곳에 떨어졌다는 것이 밝혀졌다. 방사성 연기 기둥은 종종 원천에서 뻗어 나와 뒤틀리고 두터워지는 기괴한 혓바닥 형태를 취했다.[17] 이러한

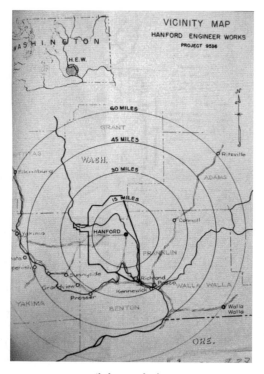

핸퍼드 표적 지도

미국 국립문서기록관리청National Archives 애틀랜타 분관 제공.

다양한 조건은 정상적인 배경 준위 영역에 비해 무작위적인 고방사능 구역의 얼룩덜룩한 패턴을 대지 위에 덮었다. 핵 표적 지도에 표기된 대로 배출물이 균일하게 확산되면서 방사 원들을 형성하는 것은 결코 일어나지 않았다.

1960년대 초, 핸퍼드 연구자들은 갑작스럽게 풍부한 연구 자금을 확보하게 되었다. 가속화되는 반핵 운동에 따른 정치적 폭로 때문에 압력을 받고 있던 AEC는 핸퍼드 실험실에 만성적 저선량이 인간 피험자에게 미치는 생물학적 영향에 대한 연구를 위한 최초 자금을 포함하여 의학 연구를 위한 엄청난 자원을 승인했다.[18] 당시 AEC 관계자들은 인간 피험자들에 대한 연구를 적극적으로 장려했다.[19] 극히 적은 양의 방사능 수치도 계측할 수 있는 새로운 기술의 도움으로, 연구자들은 이러한 실험들을 안전하게 수행할 수 있다고 느꼈다.[20] 저선량이 주변 인구에 끼치는 영향은 이미 한참 전에 수행됐어야 할 매우 중요한 연구 주제였다. 그러나 불행하게도 핸퍼드의 국립연구소로의 이행은 뉘른베르크 재판* 이후 10년 동안 만개했던 AEC, 중앙정보부CIA(Central Intelligence Agency) 및 육군이 수행한 인간에 끼치는 방사선의 영향에 대한 연구 프로그램의 많은 기능을 핸퍼드가 얻게 되었음을 의미했다.

이 기록은 칭찬할 만한 것이 못 되었다. 2차 세계대전 이전, 인간의

---

* 뉘른베르크 재판은 2차 세계대전 이후 연합국이 독일 뉘른베르크 정의궁에서 국제법과 전시법에 의거하여 거행한 일련의 국제군사재판을 일컫는다. 이 재판에서 내려진 결정들은 고전국제법과 현대국제법의 전환점으로 평가받는다.

방사선 실험은 한 자리 숫자였다. 가장 광범위했던 실험은 방사생물학 역사의 터스키기Tuskegee적 순간*에 일리노이주 엘진Elgin의 국립정신 병원에서 행해졌다. 이 실험에서 의사들은 33명의 환자들에게 알려주 지 않고 라듐-226을 먹였고, 환자들은 그 후 수십 년간 모두 암으로 사 망했다.[21] 전후 시기 새로운 자금 조달 기회와 고조되는 군비 경쟁에 힘 입어 인간 실험이 활발해졌다. 1950년대에 연방 연구 보조금을 받는 미국 의사들은 밴더빌트대학Vanderbilt University과 아이오와대학 University of Iowa에서 800명이 넘는 임산부들에게 방사성 비타민 음료 를 제공했다. 네브래스카, 테네시, 미시간의 대학병원에서는 의사들이 신생아들에게 방사성 아이오딘을 투약했다. 방사성 아이오딘은 100명 이 넘는 알래스카 원주민들에게도 공급되었다. 매사추세츠주 월섬 Waltham에서 연구자들은 방사성 칼슘으로 강화된 오트밀을 장애 아동 들에게 먹였다. 버지니아 의학학교Medical College of Virginia에서 의사 들은 화상 환자들에게 방사성 인-32를 주사했다. 아이다호의 국립원 자로시험장National Reactor Testing Station에서 과학자들은 자원자들에게 방사성 우유를 마시고 방사성 기체를 흡입하고 핵분열 생성물이 들어 있는 플라스틱 캡슐을 삼키도록 했다. 국방부 조사관들은 1960년부터

---

* 터스키기 매독 실험Tuskegee Syphilis Study은 1932년에서 1972년 사이에 미국 공중보건 국과 미국 질병통제예방본부Centers for Disease Control and Prevention가 앨라배마의 아프 리카계 미국인 남성을 대상으로 매독을 치료하지 않을 경우 신체에 어떠한 일이 벌어 지는지를 알기 위해 수행한 비윤리적인 생체실험이었다. 실험에 참여한 이들은 연방 정부로부터 무료 의료 검진을 받는 것이라고 기만당했다.

1971년까지 신시내티대학 의료원University of Cincinnati Medical Center 에서 가난한 흑인 암환자들에게 전신 방사선 피폭을 실시했다. 그곳에서 의사들은 동의서를 위조하고 정보가 없는 환자들을 100라드 이상에 피폭시켜 그들이 구토하고 고통으로 몸부림치게 만들었다.[22]

실험 목록은 계속된다.[23] 1960년대까지 AEC는 430건의 연구에 참여한 의사들에게 50만개 이상의 핵분열 생성물 제품을 보냈다.[24] AEC 연구진이 이후 조사했던 사고로 피폭된 마셜 군도 사람들Marshall Islanders 과 네바다 야전 실험에서 고의로 피폭된 미국인 병사들을 추가하면, 방사선 실험으로 사망한 인간 피험자들의 수는 수만 명에 달한다. 대부분의 경우 피험자들은 외딴 지역에서 미국 주류 문화의 주변부로 밀려난 채 살았다. 그들은 가난하고, 아프고, 징집되고, 투옥되고, 무능력하고, 미성년자였다.

1960년대 이전에 핸퍼드 연구자들은 GE 경영진이 생물학 연구에 관심이 없었기 때문에 인간을 대상으로는 몇 가지 실험만 수행했다.[25] 더 많은 자금과 인간을 대상으로 실험하라는 AEC의 명령으로, 핸퍼드 연구자들은 자체 실험을 시작했다. 그들은 새로운 전신 계측기를 교정하기 위해 GE 직원들에게 방사성 프로메튬, 철, 테크네튬, 인을 섭취하거나 들이마시거나 또는 주사를 맞도록 했다. 그들은 포틀랜드Portland와 시애틀의 병원에 있는 5명의 환자에게 동의 없이 방사성 인−32을 주사했다. 직원−자원자들은 방사성 초지에서 풀을 뜯는 젖소의 우유를 마셨다. 그들은 또한 의대생 자원 봉사자와 계약하여 소량의 플루토늄을 섭취하고 매주 0.5파운드의 컬럼비아강 생선을 먹도록 했다.[26]

핸퍼드에서 가장 큰 규모의 연구는 재소자들을 대상으로 한 것이었다. 1965년, 노동자들은 국립 월러월러 교도소Walla Walla State Prison의 지하 창고를 의학 연구실로 개조했다.[27] 지하실에서, 재소자 – 자원자들은 콘크리트와 모래로 만든 거대한 벽으로 강화된 감방으로 들어갔다. 그들은 사다리꼴 모양의 침대에 얼굴을 바닥으로 하고 엎드렸다. 남자들이 침상에 부착된 등자에 다리를 놓자 고환이 음낭 온도에 맞춘 물이 담긴 작은 플라스틱 상자 안으로 들어갔다. 그런 다음 수행원들은 양쪽에서 고환에 엑스선을 쏘는 스위치를 눌렀다.[28] 죄수들은 실험에 참여한 대가로 매월 5달러를, 매 생체 검사마다 25달러를, 그리고 연구 종료 시 유전적 돌연변이를 가진 아이들을 낳지 않도록 하는 의무 정관수술 비용으로 100달러를 지급받았다.

최저 선량 수준인 10라드의 방사선도 손상을 초래했다. 20라드에서 죄수들은 무정자 상태(일반적인 용어로 불임)가 되었다. 저선량으로도 모든 정자가 죽었다는 발견에도 불구하고, 연구자들은 25라드, 40라드, 60라드, 최대 600라드라는 더 높은 선량에서 실험을 계속했다.[29] 워싱턴대학의 앨빈 폴슨Alvin Paulsen과 오리건대학의 칼 헬러Carl Heller는 10년 동안의 계약 갱신을 통해 131명의 죄수들을 대상으로 실험하면서 선량이 아무리 많이 증가하더라도 똑같은 무정자증이라는 결과를 얻었다.[30]

사라진 정자는 의학적으로 새로운 것은 아니었다. 연구자들은 1945년 인간 플루토늄 연구에서 마이크로퀴리 주사 후 환자들의 정자 꼬리가 떨어져 사라졌다는 것을 발견했다.[31] 그러나 1962년, 오랫동안 골치를 썩인 핸퍼드 234-5 시설의 조작자 세 명이 중성자 방사선의 급등에 따라 일어난 의도치 않은 연쇄 반응이자 임계 사고에서 투과하는 푸른 빛을 보았을 때 정자에 관한 문제는 새로운 긴급성을 띠게 되었다. 경보음이 허공을 가르는 가운데, 그 남자들은 이미 달아나는 직원들로 가득찬 출구를 향해 달렸다. 마지 드구이어는 건물 밖으로 쏜살같이 나와 노동자들을 신속히 데려가기 위해 차를 세우고 자리에 앉았다. 쏟아지는 푸른빛에 가장 가까이 있던 해럴드 아달Harold Aardal이 벌벌 떨고 땀을 흘리며 그녀 옆에 앉았다. 방사성 아달 근처 어디에도 있고 싶지 않았던 드구이어는 다른 차를 찾기 위해 차에서 뛰쳐나왔다. 혼자 남겨진 아달은 겁에 질려 있었다. 그는 임계 사고의 푸른 섬광을 본 후에 아무도 살아남지 못했음을 알고 있었다.[32]

카들레츠 병원에서 아달과 그의 동료 두 명은 방사선 상해를 위해 마련된 벽이 두터운 특수 병동에 입원했다. 방호복을 입은 의사들이 그 남자들을 매시간 관찰했고, 혈액, 소변, 정자 견본을 채취했으며, 전신 계측기를 통해 검사했다. 그들은 남자들의 손톱을 다듬고, 가슴, 음부, 엉덩이의 방사성 털을 면도하고, 사고 이후 중성자로 가득해진 금니의 금을 제거했다. 아달은 전신에 123렘, 생식샘에 218렘 등 가장 높은 선량을 받았다.[33] 사고는 그를 불임으로 만들었고, 2년 동안 심각한 빈혈에 시달리게 했으며, 병적으로 공포에 휩싸이게 만들었다.

그러나 핸퍼드 의사들은 전혀 놀라지 않았다. 그들은 공장에서 발생한 최초의 급성 임계 사고를 통해 피폭된 조작자들을 검사할 수 있는 기회를 즐겼으며 그 남자들이 일시적인 증상만을 경험했음을 발견하고 나서 기뻐했다. "8일 동안 병원에서 직원 세 명에 대해 수행된 연구는 공포 외에는 방사선에 의한 어떠한 상해 증상도 발견되지 않았다."[34] 공포는 받아들여질 수 없었고, 그 후 몇 년 동안 아달은 그의 의료진들로부터 "과민한 사내"라고 경멸받았다.[35] 의사들에게 이후 발생한 단 하나의 골칫거리 증상은 환자의 정자 손실이었다. 이는 남자 연구자들로 구성된 실험실에서 걱정스러운 징후였다. 과학자들은 중성자가 어떻게 남성의 정력을 감퇴시키는지 더 알아보기 위해 죄수들의 고환 연구를 고안했다.[36] 그들은 자연스럽게 월러월러 교도소로 눈을 돌렸다. 그 기관과 이미 관계를 맺고 있었기 때문이다. 리치랜드의 한 정신과 의사는 1950년대에 CIA의 "자백 약"을 실험하기 위해 죄수들을 이용한 바 있다. 그때 이후로 교도소장은 리치랜드의 칵테일 파티에서 사교 활동을 펼쳤다.[37]

법적 책무와 언론에의 공개를 우려한 AEC 관리들은 의사들에게 "조심스럽게" 진행하라는 지침을 내렸다.[38] 바텔 기념연구소Battelle Memorial Institute*가 1965년 핸퍼드 실험실의 경영권을 넘겨받아 바텔 서북연구소Battelle Northwest Labs**로 이름을 바꾸었다. 새로운 연구소는 GE의 연구를 계승했다. 초기 계약은 폴슨 박사가 죄수들을 선정하

---

* 바텔 기념연구소Battelle Memorial Institute는 오하이오주 콜럼버스Columbus에 본사를 둔 응용과학 및 기술 개발에 투자하는 민간 비영리 회사이다. 기업가 고든 바텔Gordon Battelle(1883~1923)의 유언에 따라 1929년 출범했다.

** 정식 명칭은 국립서북태평양연구소Pacific Northwest National Laboratory로 미국 에너지부가 관할하는 여러 국립연구소들 가운데 하나이다. 연구소 본부는 리치랜드에 있다.

고 그들에 대한 의료 감시를 관리하는 한편, GE 핸퍼드의 직원들이 조사照射 장비를 설치하고 작동하도록 했다.[39] 그러나 바텔 기술자들은 계약 내용을 들여다보면서 그들이 죄수들의 전립선 및 고환 근처의 다른 장기를 피폭으로부터 완전히 방호할 수 없다고 판단했다.[40] 바텔 변호사들도 회사를 법리적 폭로로부터 완전히 보호할 수 없다고 판단했다.[41] 그래서 법적 책무상의 이유로 바텔 변호사들은 회사 직원들에게 교도소 자원자들과의 직접적인 관여를 금지했다. 이러한 장애를 극복하기 위해 바텔 경영진은 폴슨이 엑스선 기계의 "단추를 누르도록" 해야 한다고 고집했다.[42] 그러나 폴슨 박사도 기꺼이 단추를 누르려 하지 않았다. 대신 그는 "재소자 기사들"에게 돈을 지불하고 동료 죄수들의 고환으로 엑스선을 쏘는 제어장치를 조작하게 했다.[43] 이 해결책에도 문제가 있었다. 죄수들은 방사생물학에 대한 아무런 훈련을 받지 않았다. 때때로 그들은 무지 또는 악의에서 동료 재소자들에게 단추를 너무 오랫동안 눌렀다.[44]

프로그램 전체가 악취를 풍겼다. 1967년, 파커와 그의 동료들은 "기술적 결과들"(의도치 않은 조사照射로부터 죄수들을 보호할 수 없는 무능)과 "행정적 결과들"(법적 책무로부터 바텔을 지킬 수 없는 무능) 때문에 바텔 서북연구소가 해당 연구에서 분리되는 쪽으로 일해야 한다고 결론 내렸다.[45] AEC 관리들도 이에 동의하면서 폴슨에 대한 청문회에서 비공개적으로 "어서 이 일을 끝마치고 나갑시다!"라고 언급했다.[46] 그러나 AEC와 바텔이 가졌던 거리낌에도 불구하고, 폴슨 박사와 헬러 박사는 6년간 계약을 계속해서 갱신했고, 160만 달러의 연방 자금을 썼다.[47]

마침내 월러월러 교도소의 심리학자 오드리 홀리데이Audrey Holliday는 감옥이라는 환경에서 인간 피험자들이 "자원자"가 될 수 있는지에 대해 의문을 제기했다. 홀리데이의 압력으로 교도소 관리들은 1971년 연구를 종결했다.[48]

죄수 고환 조사照射 연구는 핸퍼드 의학 연구의 안 좋은 부분이었고 도덕적 딸꾹질이었다. 그러나 좋은 부분은 많지 않았다. 그 모든 비용을 썼음에도, AEC가 자금을 댄 연구들은 저선량의 방사선에 장기간 피폭된 사람이 받는 보건 효과와 관련된 중요한 질문들에 대해 실질적인 답변을 하나도 내놓지 않았다. 부분적으로 정답의 부재는 훌륭한 과학은 오랜 시간이 걸린다는 사실 때문이었으나, 그곳엔 훌륭한 과학의 문화에 대한 증거가 많지 않았다. 핸퍼드 과학자들은 실험실의 "협소한 연구 지평"과 주류 과학자들로부터의 그들의 고립에 대해 불평했다.[49] 실험실의 친핵親核 분위기는 피해를 끼치는 결과를 산출한 연구를 감독관들이 부정확하거나 결함이 있다고 종종 일축했음을 의미했다.

핸퍼드 과학자들은 또한 핵분열 생성물이 허용 수준 내에서 안전하다는 AEC의 입장을 반박할 수 있는 중요한 질문을 던지는 데도 실패했다. 다음 장에서 더 자세히 설명하겠지만, AEC 과학자들은 컬럼비아 고원의 안전성에 의문을 제기한 독립적 연구들과 맞서 싸우는 데 그들의 연구 의제를 집중시켰다. 링올드 연구는 환상이자, 안전성 주장을 뒷받침하는 완화제 역할을 했고, 죄수 연구는 핸퍼드 실험실의 수입원으로 기능했다. 그러나 두 연구 계획 모두 핸퍼드 폐기물이 오염된 풍경 안에 있던 지역의 신체들과 접촉했을 때 만들어진 방대한 역학 문제를 해결하기 위해 고안되지는 않았다. 반대로, 죄수 연구는 더 많은 사람들을 위험에 빠뜨렸고 더 많은 논쟁을 불러일으키는 지형을 만들었다.

1976년, 다섯 명의 죄수들이 연방정부를 상대로 손해배상을 청구했다.[50] 원고들은 무면허 교도소 재소자들이 자신들의 고환에 다량의 방사선을 조사照射했다고 주장했다. 그들은 허리와 생식샘 통증, 궤양, 종양, 패혈증, 방사선 화상을 포함한 건강상의 문제를 견뎌냈으며, 그들이 약속된 의료적 지원을 요청하는 서한을 폴슨 박사에게 썼을 때 폴슨이 답장을 거부했다고 말했다. 법정은 AEC와 그 계약자들이 "고소할 수 있는" 대상이 아니라고 판결했다.[51] 결국 다섯 명의 원고는 법정 밖에서 총 2,000달러에 합의를 보았다.

놀랍게도, 연구가 끝났을 때 상당수의 죄수-자원자들은 실험 중단에 반대했다.[52] 수년에 걸쳐 몇몇 죄수들은 이 연구를 수입원으로 의존하게 되었다. 재범자들은 종종 다른 형을 선고받아 교도소로 돌아온 후 연구에 다시 서명했다.[53] 연구를 되돌려 달라고 간청한 죄수들이 군비 경쟁 쇠퇴기의 플루토피아에 대한 적절한 비유였던 것도 무리는 아니다.

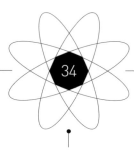

"게부터 캐비아까지, 우리는 모든 걸 가졌었다"

1959년 여름, 소비에트 주석* 니키타 흐루쇼프는 특유의 농담을 할 계획이었다. 7월에 그는 베를린에 있는 서방 점령군에게 철수하라는 최후통첩을 보냈다. "베를린은 서구의 고환이오"라며 그는 낄낄거렸다. "매번 내가 그걸 잡아당길 때마다 그들은 소리를 내지르오." 얼마 지나지 않아 흐루쇼프는 모스크바를 방문 중이던 리처드 닉슨Richard Nixon 부통령과 배를 타고 볼가강Volga을 따라 베풀어진 뱃놀이에 동반했다.

---

* 주석premier은 소련 행정부의 최고 직위를 의미했다. 이때 흐루쇼프가 지녔던 주석직의 정식 명칭은 소련 각료평의회 의장Председатель Совета Министров СССР이었다. 소련에서 당과 행정부의 수반을 겸한 사람은 스탈린과 흐루쇼프 두 명뿐이었다. 한편 영어권에서 이 직위는 대개 주석Premier 또는 총리Prime Minister라고 표현된다.

그들은 순항을 즐기면서 거칠게 손을 흔들며 수영하는 사람들을 지나쳤다. 흐루쇼프는 그들에게 여덟 번이나 "당신은 포로입니까?"라고 소리쳤다. 수영하고 있던 사람들은 웃으며 여덟 번이나 "아니오[Nyet]!"라고 되받아쳤다. 닉슨은 간신히 찡그린 표정만 보일 수밖에 없었다.[1]

미국 국립 박람회American National Exhibition를 위해 모스크바에 있던 닉슨은 개막 연설에서 미국식 번영을 옹호했다. 닉슨은 다음과 같이 주장했다. "미국의 가정집엔 5,000만 대의 텔레비전과 1억 4,300만 대의 라디오가 있습니다. …… 이 통계들은 세계 최대의 자본주의 국가인 미국이 부의 분배라는 측면에서 봤을 때 무계급 사회 내에서 모두를 위한 번영이라는 이상에 가장 근접했다는 것을 극적으로 증명합니다."[2]

1959년, 소비에트의 헤드라인에는 리틀록Little Rock에서의 통합*에 대한 법정 다툼과 미국 철강노동자들 50만 명의 파업**이 실렸다. 안목 있는 비평가들에게 미국은 평등주의적인 무계급 사회로 보이지 않았다. 이러한 비난들을 인지한 닉슨은 정치적 자유와 민권에 대한 논의에

---

* 리틀록 9인Little Rock Nine은 1957년 9월 아칸소 주의 주도 리틀록의 공립학교인 센트럴고등학교에 등교한 아홉 명의 흑인 학생을 일컫는 말이다. 1954년 5월 17일, 연방 대법원은 인종분리 학교가 위헌이며, 전국의 모든 학교에서 인종 차별을 폐지할 것을 결정했다. 이에 탄력을 받은 전미유색인지위향상협회NAACP는 우수한 성적과 태도를 기준으로 흑인 학생 9인을 선발했다. 당시 주지사가 주방위군을 동원해 막는 등 이들의 등교에는 어려움이 많았으나, 결국 드와이트 아이젠하워 대통령의 개입으로 리틀록 9인은 안전하게 교육을 받을 수 있게 되었다.

** 1959년도 강철 파업은 7월 15일부터 11월 7일까지 116일에 걸친 미국철강노동자연합United Steelworkers of America 구성원들에 의한 전국적 파업을 지칭한다.

서 "자유기업 체제"와 소비할 자유에 대한 논의로 토론을 전환하기 위해 노력했다.[3]

사회학자 데이비드 리스먼David Riesman은 군비 경쟁을 소비 경쟁으로 대체하는 것을 최초로 상상했는데, 이를 풍요 작전Operation Abundan-ce이라고 불렀다. 리스먼은 소비에트 시민들이 미국 중산층의 부를 맛볼 수 있다면 곧 그들의 주인을 뒤집어엎을 것이라고 추론했다.[4] 모스크바에서 열린 미국 국립 박람회에서는 교외 목장 주택의 실물 크기 모형을 선보였다. 미국 계획자들은 따끔거리는 양모를 입고 장바구니로 허리가 굽은 소비에트 여성들이 미국 진공청소기와 식기세척기를 살수 있는 자유를 요구하며 공산주의자 지도자들을 무리 지어 공격할 것이라고 미국 언론이 묘사한 것처럼 이 견본 주택이 러시아에서 "소소한 여성주의feminist 혁명"을 촉발시키기를 희망했다.[5] 견본 부엌에서 닉슨과 흐루쇼프는 어느 나라가 가정주부에게 더 나은 서비스를 제공하는지를 두고 유명한 논쟁을 벌였다. 이는 시청자들에게 얼굴을 찡그린 세계 지도자들이 서로 삿대질을 하면서 말다툼하는 것처럼 보였다. 반대로, 자유세계의 특사와 공산주의세계의 지도자는 완전한 합의를 보았다. 그들의 논쟁은 가장 많은 재화 또는 그들이 말한 것처럼 가장 높은 생활수준을 제공하는 쪽이 이기는 이념적 체제라는 메시지를 보냈던 것이다.

"생활수준"이라는 개념은 건강, 안전, 환경, 경제적 형평성, 보안과 같은 삶의 다른 특질들보다 1인당 소비와 구매력을 우선시하는 미국인들이 홍보했던 일련의 기준이었다.[6] 흐루쇼프는 소비재 생산에서 소련이 곧 미국을 추월할 것이라고 선언했을 때 이 기준에 동의했다. 이는 소비에트 경제가 경제 성장에서 서독을 제외한 모든 국가를 능가하는 놀라운 경제 기적을 경험하고 있던 1950년대에는 믿을 만한 주장이었다.[7] 그러나 가전제품 경쟁에 동의함으로써 흐루쇼프는 소비에트의 열망을 인간의 삶을 통계적 평균으로 졸인boiled 자본주의 속물의 그것으로 낮추었다. 볼셰비키 혁명의 구상은 소모품뿐만 아니라 근본적이고 새로운 문화적 가치와 인본주의적 목표를 전하는 것이었다.

풍요 작전에 서명했을 때, 흐루쇼프는 그 혁명을 포기하는 데 동의했다. 하지만 자유가 소비의 자유나 마찬가지라는 새로운 메시지를 소비에트 시민들 대다수는 처음에는 이해하지 못했다. 예컨대 오죠르스크의 공산주의자들은 흐루쇼프의 가전 경쟁을 받아들이는 데 어려움을 겪었다. 1950년대 후반부터 그들은 더 나은 것을 열망했었다. 후일 흐루쇼프가 권좌에서 물러난 후에야 오죠르스크 시민들은 그가 재단장한 혁명에 굴복했다. 세월이 흘러 사회주의적 의식이 시들해지면서 안전에 대한 관심 또한 떨어졌다. 그 시기에 플루토피아 주민들은 자신들의 생물학적 권리를 소비자 권리와 맞바꿨다.

1960년대 초, 주문 받은 플루토늄 납품을 서둘렀던 지배인들은 노동자들을 끌어들이고 머물게 하는 데 어려움을 겪었다. 가동 후 10년이 지나 많은 공장 고참들의 건강이 악화되어 사무직에서조차 일할 수 없게 되면서 노동에 대한 압박은 더욱 심해졌다. 1958년, 30~40대 수천 명이 퇴직하여 병약자 연금으로 생활하게 되었다.[8] 지팡이에 기대어 있던 이 유령 같은 사람들은 공장의 안전성에 관한 성명을 더욱 훼손했다. 사람들은 애매하게 "균"으로 불렸던 이 기이한 질병에 관해, 어디에서 왔고 어떻게 피할 수 있으며 공장 의사들은 왜 치료약을 가지고 있지 않았는지 등을 물었다.[9]

장애인들을 대체하기 위해 지배인들은 새로운 노동자들을 모집해 보안 설명과 직무 교육을 거치게 했으나, 많은 사람들이 일을 시작하자마자 떠났다. 몇몇 단체에서는 모든 훈련생이 국가 기밀과 귀중한 기술을 가지고 떠났다. 그들은 건강 문제에 관한 소문을 들은 데다 벽으로 둘러싸인 도시와 골치 아픈 통행 규칙도 마음에 들지 않았기 때문에 달아났다.[10] 숙련된 노동자들도 공장을 그만뒀다. 작업장이 더욱 위험해질수록 이직률은 더욱 높아졌다.[11] 1960년 10개월 동안 약 6만 명의 주민 중 5,000명이 폐쇄 도시를 떠났다.[12]

공장 실력자들은 직원을 유지하기 위해 많은 노력을 기울였다. 판사들이 범법자들에게 형을 선고하려 하자 감독관들이 개입하여 그들의 직원들이 감옥 대신 근무지에서 보고하게 해달라고 요구했다.[13] 경범죄를 저지른 시민들은 도시에서 나가는 데 필요한 통행증을 상실할 수 있었지만 주민뿐만 아니라 KGB 수장조차도 이러한 형태의 사회적 통제에 강력하게 분노했다. 그들은 통행증을 통제하는 두 명의 관료를 "작은 차르들tsars*"이라고 부르며 맹비난했고 그러한 관행을 제한할 것을 요구했다.[14] 당 간부들이 성가신 주민들을 도시에서 추방하려 하자 공

---

* 차르tsar는 동방 정교회Eastern Orthodox Church를 믿는 남슬라브 및 동슬라브 문화권에서 군주를 일컫는 칭호다. 라틴어 카이사르caesar에서 유래했다.

장 관리자들이 다시 개입하여 모든 인력이 필요하다고 주장했다. 기소 실패의 결과로, 도시의 범죄율은 1950년에서 1962년까지 매년 상승했다.[15] 시市당 지도자는 다음과 같이 물었다. "특별한 여건을 갖추고 바깥세상으로부터의 범죄자 유입에서 안전한 우리 도시에서 범죄율은 왜 이렇게 높은가?"[16] 경찰은 10대들을 관문 밖 청소년 노동 거주지로 추방하는 등 "깡패짓거리hooliganism"*와의 전쟁으로 대응했다.[17] 노동하기에는 너무 어렸던 10대들은 아낄 필요가 없었다. 지배인들은 또한 장애인으로 분류된 고참 노동자들을 내보냄으로써 주택을 확보했다.[18] 반면 건강한 노동자들은 심지어 범죄를 저질렀더라도 거의 내보내지 않았다.[19]

그러나 지배인들이 직원들을 오죠르스크에 남도록 독려하는 가장 중요한 방식은 직원들의 소비 욕구를 채워주고 과도하게 충족시켜주는 것이었다. 1950년대 말에 이르러, (1만 2,000명에서 5만 명 사이의 인구를 가진) 우랄의 폐쇄된 원자력 도시 네 곳은 주州 예산의 39퍼센트를 집어삼켰다. 소비에트 시민들 대부분이 공동 주택에 살면서 아파트 한 채를 얻기 위해 10년을 기다린 반면, 원자력 도시 거주자의 70퍼센트는 개인 아파트에서 살았다. 가장 큰 아파트는 믿기 힘들 정도로 사치스러운 침실 3개짜리였다. "큰 세상"에서 젊은 부부는 시댁 식구들

---

* 사전적인 의미로 훌리건hooligan은 보통 공공장소에서 떼를 지어 난동을 부리는 젊은 이를 의미한다. 여기서는 문제의 소지를 다소 불특정한 청년들, 즉 "깡패들"에게서 찾는 관행을 가리킨다.

과 함께 살았다. 오죠르스크에서 젊은 부부는 1년도 기다릴 필요 없이 아파트 한 채를 얻었다.[20] 1960년대에 공장 지도자들이 플루토늄 생산에 할당된 예산을 도시 서비스, 주택, 학교, 급여로 조용히 전환하는 동안, 도시 지도자들은 닉슨처럼 주민들이 소유한 것들, 즉 1,500대의 텔레비전 수상기, 5,000대의 라디오, 1,400대의 차, 2,500대의 냉장고 등을 나열하면서 오죠르스크의 번영을 되새기는 것을 좋아했다.[21] 그들은 청자들에게 오죠르스크는 "더 많은 상품, 더 많은 서비스, 여러분에게 봉사할 더 많은 직원을 통해 매년 더 나아지고 있다"고 말했다.[22]

1940년대와 1950년대에 도시 실력자들은 주민들에게 그들이 나라를 지키고 있기 때문에 알맞은 자리에 있다고 말했다. 1960년대에 도시의 유일무이한 풍요로움은 주요 장점으로 거듭났다. "우리 도시는 지도에 나와 있지 않지만, 많은 사람들이 우리가 살고 있는 환경을 부러워할 수 있다." 한 여성은 다음과 같이 회상했다. "우리는 이미 공산주의 아래서 살고 있는 것 같았다. 상점에는 게부터 캐비아까지 모든 것이 있었다."[23]

공산주의가 흐루쇼프가 주장했던 것처럼 풍부한 소비재와 그것들을 구입할 수 있는 지갑으로 무장한 노동자들의 융합이라면, 오죠르스크는 실제로 도달했었다. 소비에트 이론가들은 일단 사회가 공산주의를 이룩하면 인간은 다르게 행동할 것이라고 믿었다. 기술의 비약적인 발전에 힘입어 공산주의자들은 새로 발견한 번영을 문명을 진보시키고 종으로서의 인류를 개선하는 데 이용하고자 했다. 한 주민의 말처럼 공산주의 아래 사는 평범한 사람들은 다재다능한 사람이 되어 "값싸고

취향에 맞게 옷을 입고, 건강한 음식을 준비하며, 아이들을 훌륭하게 키우는 법"을 배우게 될 것이었다.[24] 전후 소비에트 문화에서 과학자들, 특히 물리학자들은 헌신적이고 이타적이며 인간의 삶을 향상시키는 기술로 무장한 새로운 사회주의적 인간의 전형이었다.[25] 소비에트 과학은 세계 최초의 원자력발전소(1954), 세계 최초의 인공위성 스푸트니크(1957), 세계 최초의 민수용 원자력 추진 선박(1959), 그리고 우주로 도약하여 작은 대리석 색깔의 지구를 돌아본 최초의 인간(1961) 등 소비에트 실험의 우월성을 증명했다.

1962년 영화 〈1년의 9일Nine Days in One Year〉*에서 핵 과학자 드미트리 구세프Dmitri Gusev는 이러한 새로운 유형의 과학자―영웅으로 인류를 위해 자신의 젊음을 희생하는 플라톤적platonic 전사였다. 영화에서 부유하고 폐쇄된 원자력 도시에서 근무하는 구세프는 자기를 돌보지 않은 채 밤낮으로 일하면서 영화 광고 문구처럼 "그중 어느 것이든 그의 마지막이 될지 모르는" 실험을 계속하기 위해 스스로를 방사선에 피폭시킨다. 물리학자 이고르 쿠르차토프의 복제판인 구세프는 건강이 악화되고 외로운 아내가 아이 없는 집에서 그를 기다리는 동안 계산을 위해 원자로실 안으로 달려 들어간다. 구세프는 건강과 아이를 갖는 일뿐만 아니라 아름다운 아내, 멋진 차, 세련된 가구로 꾸며진 아파트, 우

---

* 〈1년의 9일Nine Days in One Year〉은 1962년에 미하일 롬Михаил Ромм(1901~1971)이 감독한 소비에트 흑백 드라마 영화로 핵입자물리학, 물리학자들, 그리고 그들의 관계를 주제로 했다.

아한 레스토랑에서의 호화로운 식사에도 무관심하다. 그는 오직 "실질적으로 무제한적인 에너지"와 상상할 수 없을 번영을 만들어낼 수 있는 혁신인 세계 최초의 핵융합 원자로를 발명하기만을 원한다.

이상적으로는 젊은 기술관료technocrat들의 예외적인 도시인 오죠르스크는 열정적이고 이타적인 공산주의자들로 가득차 있어야 했다. 1960년대 초 당 지도자들은 사회주의 도시의 전형으로 오죠르스크를 염두에 두고 주민들 사이에서 기밀 여론조사를 수행하기 위해 사회학적 서비스를 설립했다. 여론조사는 선택된 자신의 지위를 알고 있는 주민들을 초청하여 매년 성취도를 측정하도록 했다.[26] 그러나 결과를 읽으면서 도시 지도자들은 우연히 골치 아픈 문제를 발견했다. 그들의 지역사회에 젊은 구세프가 많지 않다는 것을 확인한 것이다. 한 공산주의자는 "우리는 학교, 탁월한 교사, 훌륭한 시설, 문화 단체, 견고한 물질적 기지 등 모든 걸 갖추고 있다"고 표현했지만 "이 가능성들이 완전히 실현되지는 않고 있다"고 모호하게 덧붙였다.[27]

바로 그것이 문제였다. 그들은 사회주의 낙원에서 살았지만 공산주의가 어디에서든 곧 도래할 것 같은 **기분**은 느껴지지 않았다. 절도, 알코올 중독, 폭력, 제멋대로인 노동자들, 비행 청소년들은 계속해서 지역사회를 괴롭혔다. 1950년대 초, 공산주의자들은 방황하는 청소년과 범죄 문제는 붐비는 학교, 과로하는 교사, 아이들을 방치한 바쁜 부모 등 열악한 환경 때문이라고 말했다. 1965년에 이르러 이러한 문제들은 모스크바에서 흘러들어오는 풍부한 예산으로 해결되었다. "다른 도시에서는 영화나 극장표를 사기가 어렵다. 여기는 시설에 사람을 채우는 데 어려움이 있다. 다른 도시에서는 자녀를 좋은 학교나 음악 프로그램에 보내기 어렵다. 여기에는 아이들보다 학교 정원 수가 더 많다"고 시행정가는 지적했다.[28]

한 무리의 젊은이들이 오죠르스크에서 새로운 인간의 실패 사례의 반면교사가 되었다. 이 무리는 스스로를 "고양이 애호가들ailurophiles", 즉 고양이를 사랑하는 사람들이라고 불렀다. 그들은 소비에트의 좋은 교육기관들을 졸업하고 1957년도의 사고 직후 그 도시에 도착했다. 감독관들에 따르면, 그들은 삶에서 어떤 어려움도, 혁명도, 세계대전도 겪지 않았다고 한다. 그들은 "부모들에 힘"입어 학교에 다녔고 공장 취업, 우수한 급여, 승진 등 모든 것을 제공받았지만, 아무런 감사도 하지 않았다. 이 남자들은 자유시간에 연주회나 강연에 참석하지 않았고, 청년 공산주의자 동맹을 공개적으로 깔보았다. 대신 그들은 음식점에 가서 평판이 좋지 않은 여성들과 파티를 벌였다. 이 남성들은 스타일에 너무 신경을 써서 조롱하는 의미의 별칭인 스틸랴기[stiliagi](힙스터들hipsters*)라고 불렸다. 문화원House of Culture에서 그들은 술을 마시고 부끄럼 없이 부기우기boogie-woogie를 추고는 다음날 숙취가 있는 상태로 일터에 나타났다. 이 교육받은 20대들은 소비에트 출판물을 읽지 않았고 대신 〈미국의 소리〉에 귀를 기울였다. 〈미국의 소리〉를 통해 체제

---

* 힙스터는 1940년대 미국에서 사용하기 시작한 용어로서, 유행 같은 대중의 큰 흐름을 따르지 않고 자신만의 고유한 패션과 음악 문화를 좇는 부류를 이르는 말이다. 러시아어 스틸랴기는 우리말의 멋쟁이 정도로 옮길 수 있다.

전복적인 생각을 얻은 뒤 너무 뻔뻔하게 이를 되풀이하자, 한 동정적인 감독관은 그들에게 "그러한 것들을 공개적으로 말하는 걸 그만두시오. 체포될 거요"라고 경고했다.[29]

도시 지도자들은 고양이 애호가들의 행동을 어떻게 설명해야 할지 몰랐다. 소비에트의 교육자들은 10대들의 반란이나 세대 간 갈등을 믿지 않았다. 그들은 이러한 생각들이 "공산당을 중심으로 하는 소비에트 인민의 연대를 약화시키기" 위해 조장된 자본주의적 관념이라고 주장했다.[30] 혼란에 빠진 나이든 공산주의자들은 "왜 그들, 그리고 다른 사람들은 소비에트 인민의 명예와 가치를 외면하는가?"라고 물었다.[31]

열두 명의 고양이 애호가들은 혼자가 아니었다. 도시의 아버지들은 젊은이들을 대상으로 조사한 결과 다른 많은 젊은이들도 "음주, 음악, 춤 등 제한된 관심사"를 가지고 있음을 확인했다.[32] 어른들은 "바보 같은 춤"과 "앵무새 같은 차림새"에 대한 열정을 충성심, 보안, 규율에 대한 위반을 포괄하는 용어인 "깡패짓거리"와 연결시켰다.[33] 1960년, 한 젊은이가 도시의 라디오 방송국에 몰래 잠입해 오손 웰스Orson Welles* 식으로 제니트Zenit 미사일에 둘러싸인 오죠르스크에서 전쟁이 시작됐

---

* 조지 오손 웰스George Orson Welles(1915~1985)는 미국의 배우, 영화감독, 각본가로, 영국 소설가 허버트 조지 웰스Herbert George Wells(1866~1946)의 동명 소설 《우주 전쟁The War of the Worlds》을 원작으로 하여 만든 라디오 드라마 제작자이기도 하다. 이 작품은 1938년 10월 30일, 핼러윈 특집으로 컬럼비아 방송 회사CBS 라디오를 통해 생방송으로 공개되었고, 수많은 청취자들에게 실제로 화성인이 침공했다고 믿게 만들었다는 일화로 유명하다.

음을 방송으로 알려 지역사회를 공황 상태로 몰아넣었다. 몇몇 젊은 공장 조작자들은 모스크바에 있는 동안 미국 국립 박람회에서 젊은 미국인 안내자와 친목을 도모했다. 플루토늄 노동자들은 외국인들, 특히 CIA 정보원일 가능성이 높은 미국인들과 접촉하는 것이 금지되었다.[34]

당원들은 서로에게 물었다. "아이들이 차르도, 혁명도, 대조국전쟁의 궁핍도 겪어보지 않았는데 어떻게 혁명적 의식의 정신으로 키울 수 있습니까?"[35] "왜 이 젊은이들은 얼빠진 사랑 노래를 부르는 건가요?"[36] "어떻게 놈팡이와 기생충들을 기르면서 성공적인 공산주의자일 수 있겠습니까?"[37]

당원들은 점차 발전된 사회주의의 여건들이 완전히 비사회주의적인 시민들을 만들어내고 있음을 깨달았다. 사실 물질적 부의 축적은 치료제가 아니라 결코 채워지지 않을 것 같은 중독이었다. 오죠르스크 주민들은 더 많이 획득할수록 더 까다롭고 분별력이 높아져 미국 국립 박람회의 제작자를 자랑스럽게 만들 수 있었다. 그들은 더 높은 천장과 더 큰 방을 갖춘 더 나은 아파트를 원했다. 도시 거주자들은 다른 지역보다 2배에서 20배 많은 자동차와 가전제품을 소유했지만 더 많은 욕구를 가지고 있었다. 그들은 모스크바나 외국 제조업체의 의류만을 원했다. 그들은 항공사 카운터, 보석 및 모피 상점, 더 나은 텔레비전 화질, 우유와 빵과 리넨과 꽃 배달을 요구했다. "큰 세상"의 일반 시민들보다 두 배나 많은 급여를 받았지만, 그들은 훨씬 더 높은 임금을 원했고 충분한 급여를 받지 못하는 일자리는 거부했다. 그들은 "우리가 신뢰받고 있다는 것을 보여주기 위해" 셀프 계산 식료품점과 검표원 없는 버스라는 형태로 더 많은 품위를 원했다. 그들은 호수에 대리석 정자亭子를, 요트 회관에 더 많은 돛단배를, 휴가를 위한 더 많은 종류의 리조트를 원했다.[38] 도시의 공급을 맡은 책임자는 압도되어 "주민들이 너무나 많은 요구를 하고 있어서 우리가 도저히 만족시킬 수 없다"고 불평했다.[39]

오죠르스크 엘리트들은 그들의 "기회주의적"이고 "물질주의적"인 이웃들에 관해 논의하기 시작했다. 1960년에 한 당 활동가는 다음과 같이 투덜거렸다. "노동과 사회적 책임이 부차적인 사안으로 전락하는 동안 몇몇 인민들은 자신들의 삶의 목적을 자동차, 스위트룸, 텔레비전, 양탄자를 구입하는 데서 찾기 시작했다. 우리는 인민들에게서 이를 치유해야 한다."[40] 플루토피아의 증가하는 중산 계급화는 불안감을 불러일으켰다. 대량 소비가 평준화라는 위험한 특질을 일정 부분 가지고 있었기 때문이다. 더 많은 급여와 더 저렴한 대량 생산품을 가진 블루칼라 노동자들이 소비에트 전문직 계층처럼 옷을 입을 여유가 생기기 시작하자, 엘리트들은 그것이 매우 불온하다는 것을 깨달았다. 그들은 자신들이 평화와 질서를 유지하는 방식으로 취향에 맞춰 자제하면서 소비하는 방법을 어느 정도 알고 있다고 믿었다. 하위 계층들은 방탕하고 난폭하게 탐닉했으며 사회를 탐욕과 욕심에 빠뜨릴 것이었다.[41]

그래서 공산주의자들은 사회주의 유토피아에 쁘띠부르주아적 사고방식이 출현하는 것을 우려했다. "화려한 외투와 부츠, 가구와 자동차를 가진 인민들 …… 몇몇 노동자들은 삶 자체를 보지 못하고 속물 같은 안개 속에 빠져 길을 잃어버렸다." 그러나 흐루쇼프가 소련이 소비재 측면에서 미국을 묻어버릴 것이라고 선언하면서, 이러한 비판은 거의 이치에 맞지 않게 되었다. 한 남자는 "우리가 이것들을·사지 말아야 한다면 왜 상점에서 이 모든 것을 판매하는 겁니까?"라고 자신을 변호했다.[42]

설상가상으로 어떤 사람들은 도시의 유일무이한 풍요로움과 구획된 영토를 이용하여 더 많은 것을 획득했다. 오죠르스크에는 농부들의 출입이 금지되어 있었기 때문에 농산물 직판장이 없었다. 그래서 정원이 있는 사람들은 자녀들에게 거리에서 산딸기와 채소를 비싼 가격에 팔도록 시켰고, "흡협귀들"이라고 불리기도 했다.[43] 방사능 흔적에 위치한 실험 농장의 연구자들은 방사성이라 거부된 농산물을 판매하다가 적발되기도 했다.[44] 주민들은 오죠르스크의 상점에서 희소한 물건들을 사들여 문 바깥으로 실어 나른 뒤, 그곳에서 두세 배 높은 가격으로 팔았다. 평범한 소비에트인들은 구입하는 데 수년이 걸렸던 자동차를 되파는 것은 특히 수익성이 높았다.[45]

당 지도자들은 동지들이 "부르주아"이자 "물질주의자"가 되었다고 비난했다.[46] 그들에게 이는 역설이 아니라 소비에트 시민들을 자본주의적 물질주의로 돌리려는 미국의 계획적인 음모가 맺은 결실이었다. 미국 정부는 특히 의지가 약한 소비에트 여성과 젊은이들을 겨냥한 전시회, 라디오 방송, 영화에 수백만 달러를 쓰지 않았던가?[47]

한편, 멀리 떨어진 수도들*에서 전 세계를 관광하던 흐루쇼프는 허

* 당시 흐루쇼프는 뉴욕과 쿠바의 수도 하바나 등을 방문했다.

풍을 떨었고, 술을 마셨고, 신발을 내려쳤고,* 친구와 적들을 똑같이 힘차게 포옹했다. 그는 서베를린에 장벽을 올리고 쿠바에서 자신의 국가를 핵 종말 직전까지 몰고 가는 한편, 일방적으로 핵폭탄 실험의 중단을 선언했고 영구적인 평화를 약속했다. 1964년 흐루쇼프의 정치국 동료들은 그의 모순과 변덕에 당황하고 불안해하며 그에게 사임할 것을 요청했다.

스탈린이 사망했을 때, 폐쇄 도시에는 눈물과 공포가 있었다. 흐루쇼프가 물러났을 때, 경제 안보, 자치, 지역사회 치안 유지에 대한 그의 관심이 오죠르스크의 일상생활을 엄청나게 개선시켰음에도 불구하고 슬퍼하는 사람은 아무도 없었다. 10년간 증가세에 있던 범죄는 1963년 3분의 1이 줄어들었고 1964년 절반으로 감소했으며, 그 후 3년 동안 강력범죄는 단 한 건도 일어나지 않았다.[48] 1965년에 이르러 대부분의 범죄는 비행을 일삼는 10대와 주정뱅이들이 관련된 "깡패짓거리"로 줄어들었다.[49] 죄수들은 더 이상 장벽을 둘러친 오죠르스크의 건설 현장에서 눈에 띄게 일하지 않고 보이지 않는 작업장에 안전하게 갇혀 있었다. 수년 동안 미움과 두려움을 샀던 전과자 거주자들은 지역사회에 동화되었다. 1960년대 후반에 이르러 마침내 도시는 안전해졌다. 주민들은 현관 깔개 밑에 열쇠를 두고 아이들이 자유롭게 돌아다닐 수 있도

* 흐루쇼프의 신발 사건은 1960년 10월 12일, 유엔 총회 902번째 본회의에서 필리핀 대표 로렌조 수물롱Lorenzo Sumulong(1905~1997)의 도발적 발언을 들은 흐루쇼프가 분노해 연단을 자신의 신발로 내리쳤다는 일화이다.

록 한 것을 기억한다.[50]

브레즈네프 시기*가 지나면서 삶은 훨씬 더 나아졌다. 공장 노동자들의 근무 시간은 6시간으로 단축되었고, 죄수들을 제외한 모든 사람들은 주 5일만 일하게 되었다. 보육원은 토요일에도 문을 열어 엄마들이 쇼핑할 수 있게 해주었다. 태업이나 사고가 벌어지는 동안 노동자들이 급여를 받지 못했다는 것을 의미했던 월간 할당량에 급여를 연계시킨 지 수년이 지난 후, 공장 조작자들은 마침내 보장된 봉급에 더해 후한 상여금과 연금을 받게 되었다.[51] 직원들은 또한 1년에 4주에서 8주의 유급 휴가를 받았고, 그들은 원자력 노동자 전용으로 지정된 고급 휴양지에서 휴가를 즐겼다. 어린 시절부터 계속 일하고 여가가 아닌 휴식만 경험했던 사람들이 일하지 않으면서도 급여를 받는 모습을 상상해보라. 굶주리고 항상 추운 곳에서 신발도 제대로 신지 못한 채 자란 사람들에게 선택지들이 주어지고 의지할 수 있는 임의적 소득으로 풍요롭게 살게 된 것은 놀라운 변화였다. 수년간의 혼란 끝에 그들은 마침내 약속된 번영을 누렸다.

오랫동안 "노동자"로 정의되어왔던 사람들은 여가 시간을 가지게

* 레오니드 일리치 브레즈네프Леонид Ильич Брежнев(1906~1982)는 오늘날 우크라이나 지역에서 태어나 금속 노동자 및 붉은 군대 정치 위원을 거치며 흐루쇼프의 후원에 힘입어 당내 실력자가 되었으며, 1964년부터 1982년까지 소련공산당의 서기장(1966년까지 제1서기)을 지냈다. 브레즈네프 시기는 그가 소련을 통치했던 시기를 일컫는 말로, 국제적으로는 베트남전쟁에 이어 긴장완화를 의미하는 데탕트Détente를 통한 미·중 관계 개선, 소련 국내적으로는 전반적 경제 침체застой로 대표된다.

되면서 새로운 정체성과 취미를 얻었다. 그들은 낚시를 하고, 정원을 가꾸고, 자동차를 만지작거리고, 합창단에서 노래부르고, 다양한 운동을 하고, 새 텔레비전 앞에 앉았다. 학교 모임에서 부모들은 깨끗하게 씻은 아이들이 시를 낭송하고 상을 받는 모습을 자랑스럽게 지켜보았다. 도시가 제공하는 우수한 교육을 통해 부모들은 그들의 아이들에게 선택권이 있다는 것을 알게 되었다. 그들은 처음으로 찾을 수 있는 직업을 택하는 것 외에 삶에서 다른 무언가를 할 수 있었다.

오죠르스크의 성장하는 번영과 평화는 공장 지도부 및 폐쇄 도시의 상태에 대한 새로운 신뢰로 이어졌다. 건축가들은 오죠르스크의 아파

원자로 공장에서 일하는 보수가 좋은 노동자들의 단체 도보
OGAChO 제공.

트 건물, 극장, 호텔 설계로 상을 받았다.[52] 사실 이 도시의 건축은 너무나도 성공적이어서 이제는 특색 있는 건축이 아니다. 똑같은 설계가 수백 개의 소비에트 도시에서 반복되어 오죠르스크에 들어가본 적이 없는데도 사진은 내가 이미 그곳에 살고 있다는 느낌을 준다. 회의에서 사람들은 더 이상 출입문과 경비원에 대해 일종의 도금한 교도소를 만든다고 목소리를 높이지 않았다. 여론조사에서 그들은 그러한 조치가 왜 중요한지 이해했다고 말했다.[53] 도시의 풍요가 주변 시골 지역의 생활수준을 능가할 정도로 성장함에 따라, 출입문은 점점 주민들을 안에 가둔다기보다는 하층민들이 들어오지 못하게 막기 위해 더 필요한 것으로 여겨졌다.[54]

플루토늄 공장은 여전히 사고에 시달렸지만 적어도 플루토늄 공장의 경우 일반적인 사고였다.[55] 굴라그 질서, 건설, 가동, 무서운 납품 시한의 소란으로 가득했던 20년이 지난 후, 1960년대와 1970년대에는 어떠한 비극적인 사고도 일어나지 않았다. 그리고 그것은 좋은 일이었다. 사람들은 안정적이고 변하지 않는 의식, 5월 1일과 시월혁명을 위한 가두 행진에서 위안을 얻었다. 운집한 공동체가 도시 지도자들의 흔들리지 않는 똑같은 연단을, 아무도 읽지 않는 문구들이 적힌 똑같은 깃발들을, 몇 년 동안 한반도*에서의 미 제국주의를 라틴 아메리카, 베

---

* 원문은 'Korea'이지만, 이를 한국으로 옮길 경우 "대한민국에서의 미 제국주의"라는 의미에 가까워진다. 한편, 북한의 용법을 따를 경우 "조선에서의 미 제국주의"가 되겠지만, 이는 한국이 미국의 점령 하에 있다는 것을 암시한다. 따라서 남북한 모두를 포

트남, 중동에서의 미 제국주의로 바꾸는 식의 약간의 변화만 있었던 똑같은 연설들을 지나치면서 말이다. 운율과 새로 만들어진 복합명사들을 사용한 문장이 복잡하게 뒤섞인 지도자들의 연설의 정수는 여름날 해 질 녘에 들려오는 황소개구리들의 개골거리는 소리, 호숫가 물고기들이 나른하게 뻐끔거리는 소리, 신선한 빵을 배달하는 트럭에서 나오는 평온한 엔진 소리, 가을 잎사귀 위에 내리는 빗방울 소리, 얼음 위에서 사각거리는 스케이트 소리, 건조하고 매서운 우랄의 겨울 공기를 가르며 먼 거리를 이동하는 소리만큼이나 사랑스러울 정도로 친숙해졌다. 공휴일의 반복되는 의례와 미사여구와 함께 평범한 아름다움 속에서 순환하는 계절들은 소비에트 사회를 세월이 흘러도 변치 않고 영원한 것으로, 그리고 너무나 적절하고 정의로우며 옳은 것처럼 보이게 만들었다.[56] 이는 마치 카를 마르크스가 약속했던, 역사의 종언 같았다.

물론 브레즈네프 시기에도 불평불만은 있었다. 전문가 계층인 엘리트에 따르면, 모두가 여가 시간을 문명의 진보된 방식으로 잘 보낸 것은 아니었다. 급여 지급일이면 주정뱅이 유치장은 계속해서 채워졌다.[57] 그 도시의 배우와 음악가들은 반쯤 비어 있는 공연장에서 공연을 계속했다. 오죠르스크에는 교회가 없었지만, 정보원들은 매주 일요일 키시팀의 무너져가는 금빛 돔 대성당에서 "대부분 늙은 여성들"이었던

─────────────────────

괄하며 지리적인 의미가 뚜렷한 한반도로 번역하는 것이 적절하다. 뒤이어 등장하는 베트남의 경우도 이와 마찬가지로 미군이 주둔하며 전쟁을 치렀던 베트남공화국(남베트남)과 공산주의 국가 베트남민주공화국(북베트남) 양자를 모두 가리킨다.

오죠르스크 주민들 60여 명을 확인했다. 그들 중 일부는 청소년이었는데, 그 청소년들은 중요한 일에 신경쓰는 것을 지루해하며 거절했다. 그들은 레닌을 읽지 않았고 소비에트 역사를 조금밖에 이해하지 못했다. 그들은 국경일에 가두 행진에 참여하기보다는 집에 남아 텔레비전을 시청했다.[58] 왜 청년 공산주의자 동맹 회의에 참석하지 않느냐는 질

5월 1일 시위, 1950년대 말
OGAChO 제공.

문에 한 청년은 "우리가 가면 그들은 회비를 걷습니다. 그 돈을 차라리 술 사는 데 쓰는 게 낫지요"라고 대답했다. 당 실력자 빅토르 포돌스키 Viktor Podol'skii는 청년들의 계급 증오에 대한 이해가 퇴화했다고 비난했다. 그렇지만 오죠르스크의 부유함 안에서 어떻게 그렇지 않을 수 있었겠는가? 그는 "지주들의 채찍 없이, 삶의 어려움 없이 젊은이들이 방향을 제대로 잡게 하는 것은 불가능했다"라고 불평했다.[59]

그러나 대다수의 10대들은 사회라는 테두리 안에서 사는 것에 동의했다. 시 관리들은 젊은이들의 에너지를 스포츠와 대회로 돌리는 데 성공했다. 그 도시에는 체육관, 수영장, 운동장이 수십 개 있었다. 레크리에이션 체조, 축구, 농구, 하키는 많은 참가자와 관중을 끌어들였다. 주변 소도시의 젊은이들을 정기적으로 그리고 확실하게 패배시킨 그 도시의 스포츠 챔피언들은 지역 유명인사가 되었고 오죠르스크가 지방 이웃들에 비해 우월하다는 것을 확인시켜주었다.[60]

자원 풍기 사범 단속반인 드루쥐니는 점차 해산되었다. 이는 브레즈네프 시기의 부도덕을 아무도 신경을 쓰지 않았음을 의미했기 때문이 아니라 실제로 필요하지 않았기 때문이다.[61] 1960년대 후반까지 젊은이들을 추방시키기 한참 전에 그들을 바로잡아주는 더 효과적이고 비공식적인 중재 기관들이 존재했다. 블라디미르 노보셀로프Valdimir Novoselov는 자신이 롤링 스톤스Rolling Stones*를 얼마나 좋아했는지 말

---

* 롤링스톤스The Rolling Stones는 1962년 영국 런던에서 결성된 록 밴드로, 록 음악의 역사 초기부터 오늘날까지 활동을 지속하는 소수의 밴드 중 하나이며, 가장 위대한 록

했고, 어머니에게 바지를 꽉 끼게 재봉해 달라고 하고는 그걸 입기 위해 다리에 기름을 발랐던 일을 묘사했다. 밖으로 나가 여러 군데서 그에게 손가락질하기 전까지 그는 거울 앞에서 으스대며 자신의 차림새를 마음에 들어 했다. 그 손가락들은 조심성 있는 어른들의 것으로, 그들은 힙스터에게 안으로 들어가 옷을 갈아입으라고 말했다. 노보셀로프는 그 학기에 몇 분간의 옷차림으로 품행에서 D를 받았다. 노보셀로프는 자신이 그런 성적을 더 많이 받으면 학교에서 퇴학당하고 도시에서 쫓겨날 수도 있음을 알고 있었다. 그것은 그가 한 벌의 바지를 위해 기꺼이 감수할 의향이 없었던 위험이었다.[62]

물론, 젊은이들은 여전히 부모의 사회주의권 국가 여행에 따라갔다가 밀수한 서구 밴드들의 해적판 테이프를 거래했다. 청년 공산주의자 동맹 활동가들은 토요일 밤마다 문화원에서 그 음악을 틀었다. 10대들의 부기우기는 포돌스키 같은 당의 충실한 일꾼들만 괴롭혔다. 그에게 록 음악, 나이트클럽, 패션은 소비에트 젊은이들의 관심을 정치에서 게으르고 무모한 기분 전환으로 돌리려는 서구 제국주의 음모의 일환이었다.[63] 포돌스키의 시각은 미국의 음악과 패션이 가지는 전복적이고 반反소비에트적인 힘에 대해 놀라울 정도로 순진한 믿음도 드러냈던 미국의 소비에트학자들*의 그것과 일치했다.[64]

밴드 중 하나로 꼽힌다.

* 소비에트학sovietology은 냉전기, 소련과 공산주의 국가들의 정치 및 정책에 대한 연구를 통칭한다. 이때 크레믈린학Kremlinology은 러시아에 대한 연구를 일컫고, 소련 붕괴

오직 당 관계자들만 여전히 로큰롤이 미국이 설치한 트로이의 목마라고 믿었다. 10대들은 그저 박자와 노래가 그들에게 작은 폐쇄 도시를 넘어 더 큰 세상에 속한다는 느낌을 준다며 좋아했다. 정의와 평화에 대한 가사는 사회주의 사회의 정당성에 대한 젊은이들의 감정을 입증했다.[65] 어쨌든 포돌스키는 걱정할 필요가 없었다. 여론조사 요원들은 젊은 세대가 군비 경쟁을 미국 탓으로 돌리고 핵 방어와 이를 위한 초대형 예산에 압도적인 지지를 표명했음을 확인했다. 젊은 세대는 방위에 관심이 많은 그들의 부모들보다 훨씬 더 호전적이었다.[66]

젊은이와 성인 모두 이 폐쇄 도시 및 지위와 자부심의 원천이었던 도시의 풍요를 자신과 동일시하게 되었다. 그들은 자신들을 "선택받은" 사람으로 보았다. 한 사람이 말했듯이, "우리는 국가가 우리를 오죠르스크에서 거주하고 노동하기에 충분하다고 보고 신뢰한다는 사실에 자부심을 느낀다."[67] 이 메시지는 주민들이 도시를 떠나 지방 상점의 텅 빈 선반을 보았을 때 가슴에 와 닿게 되었다. 그들은 경멸감을 가지고

이전까지 양자는 동의어나 다름없었다. 냉전기, "적"을 이해하는 유망한 분과로 출범한 소비에트학의 핵심적인 모형은 전체주의totalitarian 모형이고, 이는 공산주의 사회가 스탈린과 같은 "위대한 지도자"를 중심으로 하나의 당에 의해 전일적으로 지배를 받는다는 가정을 특징으로 삼는다. 이러한 학문 경향은 1960년대부터 이른바 수정주의 revisionism 학자들에 의해 공격을 받기 시작했고, 냉전 종식 후 사회주의권 국가들의 문서고가 개방되면서 소비에트학의 전제와 가정 가운데 일부는 근거 없는 것으로 드러났다. 이는 소련과 같은 사회주의 국가의 역사를 새롭게 이해할 수 있는 계기를 마련했으나, 아쉽게도 소비에트학의 영향력과 유산이 불식되었다고 볼 수 있는 근거는 어디에도 없는 실정이다.

거들먹거리며 이웃의 빈곤을 보았다.[68] 한 거주자는 도시를 벗어나 있는 동안, 자신감 있고 자율적인 분위기를 가지고 있는 다른 원자력 도시의 주민들을 항상 알아볼 수 있었다고 말했다.[69] 한 여성은 오죠르스크가 얼마나 우월했는지에 대한 예로 자신이 평생 소비에트제 신발을 한 번도 신어본 적이 없다고 잘라 말했다.[70]

오죠르스크 주민들의 우월한 구매력은 초라한 동료 시민들에 대한 우월감뿐만 아니라 충성심, 소속감, 신체적 안전감으로 이어지기도 했다. 소비에트 중산층 전문직들처럼 급여를 받고 생활하면서, 노동계급 주민들은 자신들을 그들의 대장 및 도시 지도자들과 동일시하기 시작했다. 풍요는 공장 관리자와 도시 지도자가 유능하고 신뢰할 수 있으며 배려심이 있다는 확신을 뒷받침했다. 소비자들이 만들어낸 이러한 자신감은 마침내 1960년대에 더욱 안정적인 노동력 공급으로 이어졌다. 이때 직원들은 사고가 발생하기 쉬운 공장에서 위험한 제품을 만들고 있다는 사실을 전반적으로 간과했다. 공장은 안전하지 않았다. 그럼에도 불구하고 사람들은 더 많은 급여를 받기 위해 생산직에서 일자리를 추구했다.[71]

도시 지도자들이 오죠르스크의 탁월한 건강 기록을 표로 작성했기 때문에 공장의 위험성에 대해 잊기 쉬웠다. 그들은 기대수명이 소비에트 평균보다 높았고, 사망률은 낮았으며, 출산율은 전국 평균의 두 배였음을 지적했다.[72] 이러한 통계는 놀라운 일이 아니다. 직원들은 채용되기 전에 엄격한 건강검진을 통과했다. 몸이 약해서 일을 할 수 없는 아픈 사람들은 도시 밖으로 내보내졌다. 주민의 평균 연령은 27세였다.

오죠르스크에는 빈곤이 없었다. 오죠르스크가 건강에 대한 도표에서 전국 1위를 차지한 것은 당연한 일이었다.

소비의 우월함은 또한 더 나은 건강으로도 나타났다. 아랫바람 및 하류 이웃들과 달리 오죠르스크 주민들은 오염된 풍경에서 먹고 살지 않았다. 그들은 감시 요원들이 상품을 검사한 후 상점에서 식품을 구입했다. 그들은 검증된 물을 마셨다. 아이들은 감시 요원들이 휩쓸고 지나간 공원에서 놀았다. 주민들은 정기적으로 건강검진을 받았고 건강상의 문제가 있을 경우 요양원에 입원했다. 한편, 건강한 주민들은 예방 진료소에 가서 쉬고 운동하고 좋은 식사를 할 수 있었다. 장애를 가진 어린이들에게는 특수학교와 하계 프로그램이 제공됐다. 임산부들은 훌륭한 산전 관리를 받았다. 산부인과 의사들은 예방적 임신중절을 위해 제때에 약하거나 비정상적인 태아의 징후를 재빨리 포착했는데, 이는 전국 어디에서보다 오죠르스크에서 더 흔했다.[73] 이러한 임신 중절로 인해 유전적 이상을 가진 아이들의 수가 줄어들었고, 이는 도시의 장밋빛 건강을 보여주는 데 기여했다.

그럼에도 불구하고 1950년부터 1959년까지 오죠르스크에서는 유아 사망률이 급격히 증가했고, 방사능에 피폭된 여성 노동자들이 낳은 아이들은 스무 살이 되기 전에 사망할 확률이 두 배나 높았다.[74] 공장 노동자들은 병에 걸렸고 몇몇은 비정상적으로 젊은 나이에 죽었지만, 전체 인구는 번성했다. 이렇게 만들어진 통계는 사람들이 안전하다고 느낄 수 있게 해주었다. 사실, 주민들이 소도시의 안전에 대해 큰 확신을 가지고 있었기 때문에 1967년에 세 번째 중대 사고가 터져 오염된 먼지가 방사성 카라차이 호수의 말라붙은 제방에서 수 마일 넘게 퍼졌을 때, 오죠르스크에서 1957년도와 같은 공황은 일어나지 않았다. 공장에서 매년 터졌던 여러 건의 사고들에 대한 우려도 크지 않았다.[75] 1968년 임계 사고로 3명의 노동자가 사망하고 1명이 부상당했을 때도 일반적인 경보는 없었다. 부상당한 유리 타타르Yuri Tatar는 사망했어야 할 선량인 860라드에 피폭되어 16번의 수술과 다리 절단, 한쪽 손 절단 후 간신히 살아남았다. 그 후 몇 년 동안 타타르의 긴 수명은 공장이 지닌 위험이 아니라 방사선에 대한 생존 가능성의 증거로 홍보되었다.[76]

1960년대 후반, 공장의 위험 요소들에 대한 우려가 도시 기록에서 점차 사라지면서 골칫거리 마야크 공장의 지배인과 기술자들은 원자력 기술에 정통한 전문가로 명성을 얻었다.[77] 1960년대 중반, 소비에트 지도자들이 나른한 우크라이나의 소도시 체르노빌 인근에 주요 신형 원자력발전소를 지으려고 계획했을 때, 그들은 마야크 기술자들을 선택하여 설계를 맡겼다.[78]

브레즈네프 시기 동안, 서구의 언론인들은 소비에트의 인권과 시민적 자유 침해에 저항하는 움직임을 조사했다. 그러나 소비에트의 반체제 인사들은 소련에서 극소수였다. 대신 서구인들은 더 큰 이야기를 놓쳤다. 그 이야기란 대부분의 사람들이 텔레비전에 나온 굳은 얼굴의 지도자들에 관해 농담하면서도 여전히 러시아의 굶주림 근절, 꾸준한 급여, 유급 휴가, 퇴직 연금에 감탄하면서 말기 국가자본주의state capitalism*의 만족

---

* 국가자본주의란 개인이 생산수단을 소유(즉 자본주의)하지만, 동시에 국가가 계획을 통

스러운 시기를 살았다는 것이었다. 그 결과 대부분의 소비에트 시민들은, 그들이 들었던 것처럼, 자신들이 세계에서 가장 선진적이고 공정하고 정의롭고 평등한 나라에서 살고 있다고 믿었다.[79]

　냉전의 주요 전선인 오죠르스크는 평화와 만족과 평온이 지배하고 있었다. 마치 도시가 플루토늄을 생산하기 위해 존재하는 것이지 그 반대, 즉 도시의 번영을 보장하기 위해 플루토늄이 존재하는 것은 아니라는 집단적 의식에서 벗어난 것처럼 말이다.

해 신용과 투자를 할당하는 등 경제 전반에 걸쳐 개입할 수 있는 엄청난 힘을 보유한 국가 주도의 경제체제를 의미하는 용어이다. 이 개념의 쓰임은 실로 다양하며, 소련을 비롯한 사회주의체제의 경제 운용 방식이 비非사회주의적이었다고 보는 시각에서 주로 차용한다. 소련을 국가자본주의로 보는 시각에 대한 역사학적 비판으로는 노경덕, 〈토니 클리프, 정성진 옮김, 『소련은 과연 사회주의였는가?: 국가자본주의론의 분석』, 《서양사론》114, 2012, 401~406쪽을 참조하라.

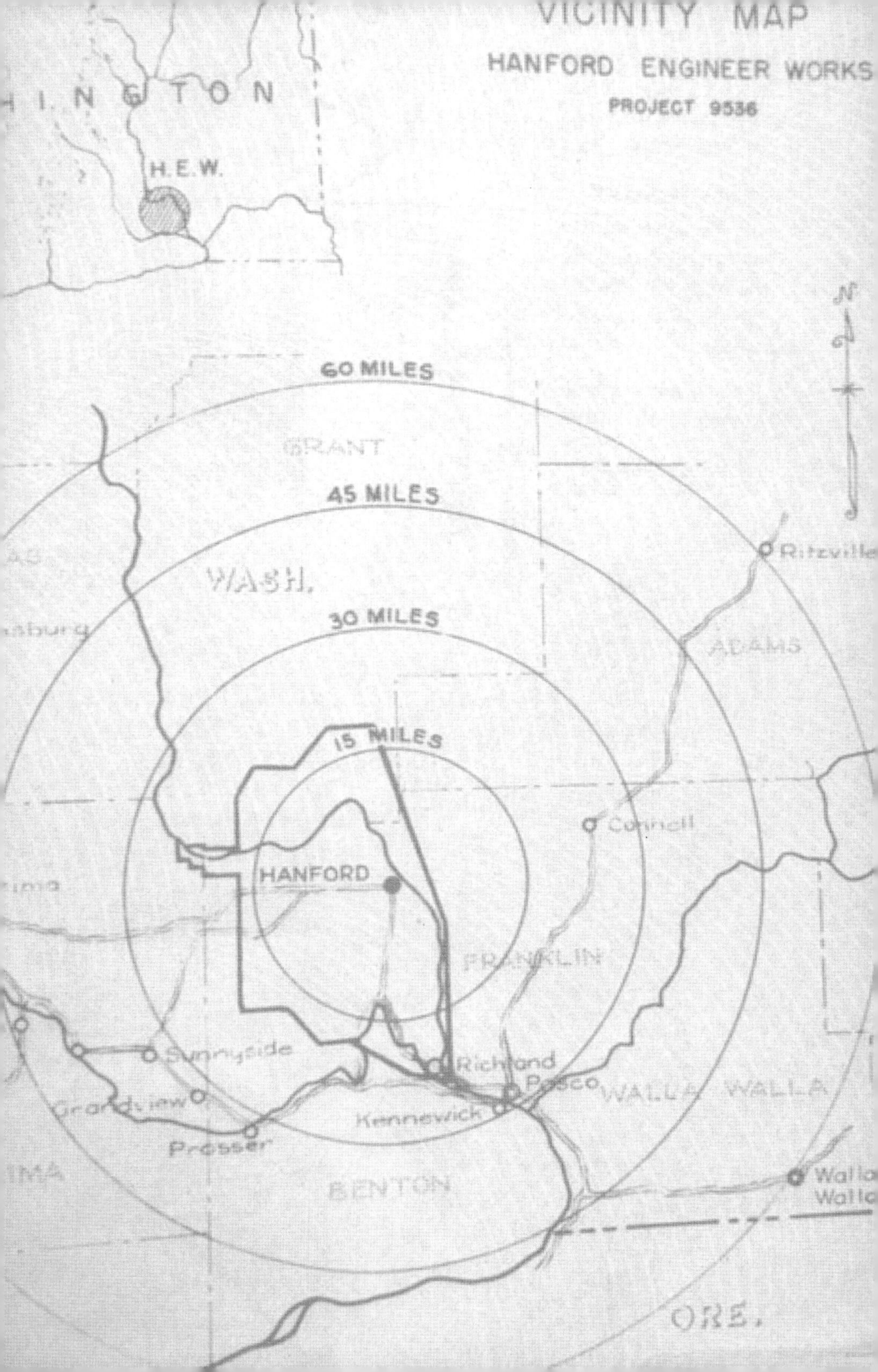
VICINITY MAP
HANFORD ENGINEER WORKS
PROJECT 9536
H.E.W.
60 MILES
GRANT
45 MILES
WASH.
30 MILES
ADAMS
15 MILES
HANFORD
Connell
FRANKLIN
Sunnyside
Richland
Pasco
WALLA WALLA
Grandview
Kennewick
Prosser
BENTON
ORE.

4

플루토늄 장막 해체하기

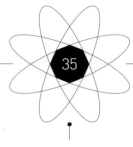

35

투자 증권이 된 플루토늄

1964년, 쿠바 미사일 위기 이후 비축된 플루토늄이 넘쳐나면서 린든 존슨Lyndon Johnson 대통령은 미국 정부가 노후화된 핸퍼드 플루토늄 공장을 점진적으로 폐쇄할 것이라고 발표했다.[1] 몇 주 후, GE 경영진은 핸퍼드에서 철수한다고 선언했다. 이 성명들은 트라이시티에, 특히 리치랜드에 충격을 주었다. 이 단일 산업 도시는 일자리를 위험천만한 공장에 거의 전적으로 의존했다. 이전 몇 년 동안 리치랜드 거주자들은 의회의 명령에 따라 도시에 정부를 설립하고 비록 엄청나게 할인된 가격이지만 그들이 임대했던 주택을 구입해야 했다.[2] 《트라이시티 헤럴드》의 발행인 글렌 리는 이를 두고 "더러운 속임수"라며 부글거렸다. "그들은 이 소도시를 팔았고, 그 후 일자리들을 취소했다."[3] 지역 주민들은 공장이 없으면 지역 경제가 붕괴되고 부동산 가치가 폭락할 것이라며 두려워했다.

선언이 발표되고 나서 얼마 후 리는 AEC 위원장 글렌 시보그Glenn Seaborg*에게 전신을 보냈다.

오늘 아침 워싱턴 언론에 보도된 핵무기 45퍼센트 감축에 관한 기사와 관련된 것임. 이것이 핸퍼드 상황의 미래에 어떠한 영향을 끼칠 것인지에 대해 오늘 중으로 답신을 준다면 대단히 감사하겠음. 트라이시티 지역 대중이 핸퍼드에 미칠 수 있는 영향에 대한 정보를 갖고 있거나 핸퍼드에 영향을 끼치지 않는다는 확신을 갖는 것이 가장 시급하다고 믿음. 그래서 우리는 귀하의 진술이 필요함.[4]

나는 리가 보낸 전신의 위압적인 논조에 충격을 받았다. 리는 지역 신문을 운영하고 있고, 그는 노벨상을 수상한 남자이자 보통 "존경받는Honorable"**이라고 언급되는 강력한 원자력위원회의 위원장에게 전신을 쓰는 중이었다. 그리고 리는 요구를 하고 있었다. 그는 어떻게 그렇게 할 수 있었을까? 리는 시보그에 대한 무언가를 가지고 있었던 것일까?

---

* 글렌 시보그Glenn Theodore Seaborg(1912~1999)는 미국의 화학자로, 캘리포니아대학교 버클리에서 교수로 재직하면서 플루토늄, 아메리슘, 멘델레븀 등 다양한 초우라늄 원소를 발견한 공로를 인정받아 1951년 노벨 화학상을 공동으로 수상했다.
** 외국에서 고위 공직자의 이름 앞에 붙이는 경칭이다.

리는 트라이시티 원자력산업협의회Tri-City Nuclear Industrial Council*
의 창립 멤버였다. 지역 은행가와 사업가들로 이뤄진 협의회 구성원들
은 수년간 지역 경제를 "다양화"하여 리치랜드를 기업 도시로서 지배
하고 있던 GE와 플루토늄을 포기하려고 했다. 리는 보통 간곡한 편지
를 써서 이러저러한 건설 계획들에 대한 자금을 정중하게 요청했다. 협
의회 구성원들은 이런 방식으로 1950년대 후반 AEC가 플루토늄과 전
기 모두를 생산하는 새로운 양용兩用 N원자로에 2억 달러를 지출하도
록 설득했다. 그들은 상원의원 헨리 잭슨과 함께 미국에 더 많은 플루
토늄이 필요하고 북서부에 더 많은 에너지가 필요하다고 비현실적인
주장을 펼쳤다. 그들은 또한 러시아인들이 여러 기의 양용원자로를 보
유하고 있을 뿐더러 더 건설할 계획도 가지고 있으므로 미국은 따라잡
아야 한다고 주장했다.[5] 이 전투에서 트라이시티 옹호자들이 승리를 거
뒀다. 1963년 9월, 존 케네디John Kennedy 대통령은 리치랜드에 한 시
간 동안 모습을 드러냈고, 도시를 빛낸 최초의 미국 대통령이 되었다.
케네디는 우라늄 봉을 흔들었다. 우라늄 봉은 전하電荷를 공급하여 클
램 쉘 굴삭기를 자동화했으며 이를 통해 새로운 N원자로 공사가 시작
되었다. 그리고 나서 그는 헬리콥터에 다시 올라타 날아갔다.[6]

---

* 1963년 창립되어 오늘날 트라이시티 개발 협의회TRIDEC(Tri-City Development Council)
  로 불리는 단체로 리치랜드, 파스코, 케너윅을 포괄하는 벤튼Benton 카운티와 프랭클
  린 카운티의 경제적 힘과 다양성 강화를 목적으로 한다. 트라이시티 개발 협의회 홈페
  이지(https://www.tridec.org) 참조.

원자로의 에너지는 이미 과잉 건설된 컬럼비아 고원 댐들에서 나오는 전류로 가득찬 지역 전력망에 전력을 공급하기 위한 것이었고, 또한 리와 그의 친구 옹호자들에 의해 러시아인들과의 평화적 수력 발전 경쟁에서 앞서나가기 위한 방법으로 언급되며 지지를 받았다.[7] 리와 리치랜드 은행가 샘 볼펜테스트Sam Volpentest와 같은 협의회 구성원들은 지역 경제에 많은 투자를 했고, 이례적으로 상원의원 워런 매그너슨과 헨리 잭슨에게 접근할 수 있었다.[8] 옹호자들은 입법자들과 주지사를 위해 모금하기도 했다. 그들은 지역 정계의 실력자들이었다. 그러나 대조적으로 시보그의 영역은 전국적이면서 국제적이었다.

그럼에도 불구하고 시보그는 워싱턴 동부로의 긴 여정을 떠나 협의회 구성원들과 만났고, AEC는 공장이 보류된 후에도 트라이시티를 방기하지 않을 것이라고 약속했다.[9] 그는 리가 시보그를 필요로 했던 만큼 시보그 또한 리를 필요로 했기 때문에 그렇게 했다. AEC는 신뢰성 문제를 가지고 있었는데, 이는 AEC 관리들이 핵 유출에 대해 우려하여 저항하고 있던 미국 지역사회에 민수용 동력로의 확장을 홍보하고 있었다는 사실로 인해 더욱 악화되었다. 동시에 연방방사선심의회Federal Radiation Council는 민간 방사선 피폭 허용 수준을 낮추고 있었고, 이로 인해 새로 형성된 환경보호기관들은 AEC 시설 주변에서 정보를 캐게 되었다. 시보그에게는 원자력의 만족스럽고 오랜 이웃의 긍정적인 증언이 필요했다. 가장 크고 가장 오래되고 가장 충성스러운 원자력 도시 중 하나였던 리치랜드는 적격이었다. 리와 그의 신문은 원자력과 관련된 모든 것에 대한 확고하고 지칠 줄 모르는 헌신으로 수년간 핸퍼드 공장과 공장의 원자로 여덟 기를 지지했다. 하지만 1964년 폐쇄 소식이 전해지자 리는 불길한 연설들을 했다. 그는 시애틀에서 폐쇄로 인해 리치랜드가 "널빤지로 막힌" "유령 도시"가 될 것이라고 맹렬하게 불평했다. 리는 트라이시티가 AEC의 "노예이자 포로"였다고 말했다. 그는 "플루토늄 장막"이라는 관용구를 만들었고 AEC가 "공장, 그 비밀, 그 사람들을 옴짝달싹 못하게" 했다고 주장했다.[10] 그리고 그것은 시작에 불과했다. 리는 AEC를 논란에 빠뜨릴 수 있는 이야기에 손을 댔다. 시보그는 AEC가 가지고 있던 대중적 이미지 문제 때문에 리를 따랐다. AEC의 이미지는 너무 심각해서 오랫동안 지속되어온 갑을관계를 뒤집고 인질로 잡힌 사람과 잡은 사람의 역할을 전도시킬 정도였기 때문이다. 시보그와 AEC는 결국 리와 트라이시티의 포로가 되었다.

1961년, 미국 공중보건국은 핸퍼드에 인근 하류 거주 주민의 평균 방사선 피폭량이 너무 높으며 몇몇 사람들, 특히 지역 농부들과 인디언들은 강에서 잡은 물고기와 강물로 관개된 지역 농산물을 먹고 허용 한계의 최대 115퍼센트까지 피폭되었다는 사실을 통보했다. 보고서는 "컬럼비아강이 추가적인 방사선 오염을 수용할 능력은 포화 상태인 것으로 보인다"고 밝혔다. 과거에는 자문단이 비공개로 우려를 표명했지만 1961년에는 대중에게 공개하겠다고 위협했다.[11] 1년 후 핸퍼드 과학자들이 이러한 우려에 답하기 위해 링올드 연구를 발표했지만, 소규모 연구는 설득력이 거의 없었다.

1963년, 핵 계측 전문가인 어니스트 스턴글래스Ernest Sternglass는 《사이언스》에 방사성 낙진으로 인한 유아 사망률의 현저한 증가를 발견했다고 주장하는 논문을 게재했다. 미국과학자연맹Federation of American Scientists은 스턴글래스를 지지했다.[12] 그해, 리치랜드시는 컬럼비아강에서 식수를 끌어오기 시작했다. 1964년, 파스코보다 리치랜드의 수질오염도가 더 높은 것으로 나타난 월간 보고서를 보고 염려가 된 공중보건국 관리들은 핸퍼드가 12개월 이내에 컬럼비아강에 투기하는 방사성 폐기물 양을 50퍼센트 줄일 것을 요구했다. 설상가상으로, 그들은 이 권고를 대중에게 알렸다. AEC 관계자들은 1년이 충분한 시간도 아니고 자금도 충분하지 않다고 답하며 머뭇거렸다. 공중보건국 관리들은 핸퍼드가 강을 감시하는 데 연간 190만 달러만 쓴 반면, N원자로에는 2억 달러를 들였다고 응답했다. 확실히 그들은 더 깨끗한 강을 위해 50만 달러를 쓸 수 있었다.[13]

1965년 AEC 관계자들이 리치랜드 위의 컬럼비아강을 수영과 뱃놀이에 개방함에 따라, 콜로라도 환경연구소Colorado Center for Environmental Research 소장 로버트 페이들리Robert Fadeley는 오리건주에서 컬럼비아강에 접한 카운티에 사는 사람들이 주州의 다른 곳보다 더 높은 암 발병률로 고통 받고 있다는 논문을 발간했다.[14] 시보그는 페이들리에게 하나하나 반박하기 위해 재빨리 국립암연구소에 검토를 요청했다. 하지만피해는 이미 발생한 상태했다.[15] 1966년 대기 및 수질 오염 소위원회Subcommittee on Air and Water Pollution는 핸퍼드 인근에 사는 사람들의 연조직과 뼈에서 방사능이 50퍼센트 증가했다고 보고했고, 연방수질오염관리청Federal Water Pollution Control Agency은 컬럼비아강을 "세계에서 가장 방사능 활동이 활발한 강"이라고 불렀다.[16]

1964년과 1965년에 공장은 손실이 크고 위험한 사고들로 몸살을 앓았다. 고준위 방사성 폐기물이 본질적으로 개방된 폐기물 저장고인 "늪지"로 유출되어 제방 부분에서 20라드를 내뿜었다. 과거처럼 화재, 폭발, 슬러그 고장, 광범위한 오염이 있었지만, 보고 요구사항이 더 엄격해지면서 AEC는 더 이상 이러한 일상적인 재난에 대해 침묵을 지킬 수 없었고, 이에 대한 소식은 과학 학회와 언론 보도를 통해 파문을 일으켰다.[17] 건강에 부정적인 영향을 끼친다는 보고에 대응하기 위해 AEC 관리들은 저명한 유행병학자 토머스 맨큐소Thomas Mancuso에게 핸퍼드와 오크리지 직원들의 암 발병률에 대한 연구를 의뢰했다.

이러한 신뢰성 문제의 한가운데서 트라이시티에 지속적으로 연방 지원을 해달라는 글렌 리의 요구는 워싱턴 D.C. 내 한 명의 눈길을 끌었다. AEC 행정부의 어느 누구도 악명 높은 성질과 소송에 대한 충동으로 가득찬 리를 화나게 하고 싶어 하지 않았다. 그래서 리와 그의 동료들은 원하는 것을 얻었다. AEC가 플루토늄 공장의 남은 부분을 운영할 새로운 계약자를 선택하는 것, 즉 "다각화"였다. 그들은 트라이시티에 새로운 산업을 가져오기 위해 자금을 투입하겠다는 민간 사업자들의 약속을 바탕으로 그들이 수익성 좋은 AEC 계약들을 따낼 수 있게 주선하는 로비를 했다.

불행히도 새로운 사업을 위해 노후화된 핸퍼드 공장을 개보수하는 일은 행동보다 말이 쉬웠다. AEC 자문위원들은 핸퍼드의 시설들이 너무 낡았고 플루토늄 생산에 너무 전문화되어 있으며 플로셰어 계획

plowshare project*을 실행하기에는 너무 오염되어 있음을 발견했다. 컬럼비아 고원 자체도 사업에 그다지 매력적이지 않았다. 이 지역에는 교통, 천연자원, 산업, 시장이 부족했다. 한편, 고급 방위−계약의 급여 체계는 지역 임금이 부풀려졌음을 의미했다. 이 상황에 대해 리는 노조에게 비난을 돌렸지만(이 지역은 "노동 칼라"에 "매여 있었다"), 지역 노조들은 법정에서 GE가 정부 건설 계약에 적용되는 현행 임금보다 적게 지불했다고 비난했다. 비대해진 임금은 대체로 화이트칼라와 관리직 급여에 더 많이 반영되었다.[18] 자문위원들은 원자로 폐쇄로 약 2,000명이 일자리를 잃을 것이며 이는 지역 경제에 "심각한 영향"을 미칠 것이라고 예측했다. 암울한 전망을 감안하여 AEC 검토자들은 "결과적으로 생긴 트라이시티의 경제 침체를 완화하기 위해 많은 수의 새로운 일자리를 창출하는 방안을 생각하는 것"은 AEC의 의무라고 결정했다.[19] AEC 관리들은 리와 트라이시티 원자력산업협의회의 지시에 따라 트라이시티에서 가장 많은 돈을 쓰겠다는 기업에 계약을 수여하기로 결정했다.

핸퍼드 옹호자들은 원자력, 미사일, 항공우주 산업과 관련된 매력적이고 수익성 좋은 사업들을 이용하여 이익을 얻을 것으로 기대했다. 핸퍼드 폐기물을 시장성 있는 동위원소로 재포장하기 위해 900만 달러짜

---

* 플로셰어 계획plowshare project은 건설 목적으로 핵폭탄 사용 기술을 개발하려던 미국의 계획을 통칭한다. 평화적 핵폭발PNE(Peaceful Nuclear Explosion)의 중요한 일부로, 1961년부터 1973년까지 미국 내 27곳의 장소에서 31개의 핵탄두가 폭파되었다.

리 공장을 짓기로 한 아이소켐사Isochem Company는 그들이 원하는 유형의 기업체였다. 그러나 이 계획은 중단되었다. 계약 체결 1년 후, 아이소켐은 공장 건설에 반대하기로 결정했다. 화가 난 리는 AEC 관리자들을 설득하여 아이소켐과의 계약을 취소하고 대신 이를 원자력 사업이 아니라 도시의 사막 여관 개조에 300만 달러를 약속한 애틀랜틱 리치필드Atlantic Richfield에 주도록 했다. 다각화 자금은 첨단 기술 산업 대신 가축 사육장 및 정육 시설, 회의장, 강당, 모호한 지역사회 보조금에 사용되었다.[20]

그러나 안정적 고용과 주택 가격 측면에서는 다각화가 효과가 있었다. 존슨이 핸퍼드의 폐쇄를 발표한 지 1년 후, 1964년에 감소했던 리치랜드의 주택 착공 건수는 평상시 수준으로 돌아갔고 케너윅 개발업자들은 대형 신규 실내 쇼핑몰 건설에 자신만만하게 착수했다.[21] 폐쇄되기 전에 GE는 8,277명을 고용했다. 1967년에는 매일 8,140명이 보안문을 통과했다.[22] 3기의 원자로와 1개의 대규모 처리공장이 폐쇄된 후에도 거의 같은 수의 직원들이 공장에서 급여를 받았다. 이해하기 어려운 부분이었다. 만약 그들이 더 이상 플루토늄을 만들지 않았다면, 그 모든 직원들은 과연 무엇을 하고 있었을까?

그것을 알아내는 데는 상당한 시간이 걸렸다. 분명히 필요 없으나 노동력을 놀리지 않기 위한 계획들로 얼마간의 자금이 흘러들어갔다. 한 전직 직원은 회계 보고 기간의 끝에서 초과 근무를 위해 소집되기도 했다고 말해주었다. 노동자들은 출근 시간을 기록하고 서성이다가 해산했으며, 교대 근무 전체에 해당하는 급여를 지급받았다. "그것은 쓰지 않으면 잃는 것과 마찬가지의 상황이었고, 계약자들은 돈을 돌려주는 것을 원하지 않았지요"라고 에드 브리커Ed Bricker는 회상했다.[23] 1960년대 중반 급증한 의료 및 환경 연구 계약에 점점 더 많은 사람들이 고용되었다. 이 연구 중 일부는 과학적 가치가 의심스러웠지만, 연간 예산이 2,000만 달러가 넘고 계속 증가하는 상황에서 새로운 바텔 서북 연구소의 과학은 사람들을 계속 고용했다.[24] 많은 돈과 일자리가 예상치 못한 수혜자, 즉 오랫동안 핵가족의 의붓자식이었던 폐기물 관리에게 돌아갔다. 1959년, 핸퍼드의 연간 폐기물 관리 예산은 고작 20만 달러였다. 1965년에서 1972년까지, 핸퍼드 계약자들은 폐기물 관리에 2,000배 더 많은 4억 3,600만 달러를 지출했거나 지출할 계획이었으며 이 중 대부분은 연구 개발에 사용되었다.[25]

새로운 사업 방향은 노동력의 구성을 변화시켰다. 완전 가동 플루토늄 공장으로서 핸퍼드는 대부분 육체노동직 종사자들을 고용했지만 1964년 이후 노조원들은 해고되었고 감독관, 과학자, 관리자들이 높은 급여를 받고 채용되었다.[26] 리치랜드는 마침내 오랫동안 주장해왔던 기술자와 과학자들의 중산층 도시로 거듭나고 있었다.

1967년, 상원의원 잭슨이 더 이상 폐쇄하지 않겠다고 약속한 지 불과 몇 달 후에, AEC는 또 다른 원자로를 폐쇄한다는 계획을 공표했다. 리는 노후화되고 문제가 많은 D원자로를 유지하기 위해 열심히 로비활동을 벌였다. 리는 상원의원 잭슨에게 "핸퍼드에서의 모든 변화를 멈춰주시오"라고 지시했다. 730억 달러의 국방 예산을 가지고 리는 잭슨에게 "우리 원자로를 계속 가동하려면 몇 백만 달러가 더 필요하니

까?"라고 말했다.[27]

그들이 개발 아이디어를 내놓을 때 트라이시티 옹호자들은 더 많은 사람들을 위험에 빠뜨리는 건설 계획들을 요청했다. 지역 주민들은 AEC에게 왈루케 경사지의 폐쇄된 완충 지대에 더 많은 농지를 개방해 줄 것을 요청했다.[28] 그들은 공장을 가로지르는 고속도로와 공장 경계에 다리를 건설하여 수송망을 가속화시키길 원했다. 옹호자들은 더 많은 원자로를 긴급히 요청했다. 트라이시티 원자력산업협의회는 15~20개의 원자력발전소를 구상하면서 핸퍼드를 "총체적 에너지 센터" 또는 "원자력 단지Nuplex"로 홍보했다. 옹호자들은 그 지역의 바람직하지 않음을 하나의 가치로 만들었다. 그들은 잠재적으로 위험한 원자로를 건설하기에 인구 밀집 도시와 생태계가 취약한 해안에서 멀리 떨어진 사막보다 더 나은 장소가 어디냐고 물었다.[29] AEC 관계자들은 기업식 농업과 관개를 위한 고속도로 건설과 보조금 지급을 승인했지만 핸퍼드 부지를 민간 계약자들에게 넘기는 것을 꺼렸다. 그동안 마지막 퓨렉스 공장은 여전히 플루토늄 단추*를 대량 생산하고 있었다.

리치랜드의 경제 전망이 어두워지면서 관심이 컬럼비아강에서 핸퍼드의 폐기물로 옮겨지자 핸퍼드의 대중적 이미지 문제가 확대되었다.

---

* 플루토늄 단추plutonium button는 플루토늄 생산 시 농축, 침전, 건조 등의 공정을 거친 플루토늄 용액이 환원되는 과정에서 액화되었다가 냉각되어 형성하는 원형의 상태를 일컫는다. 미국 에너지부, 《F-협곡 플루토늄 용액 환경 영향 진술서 최종, 사바나강 부지, 에이킨, 사우스캐롤라이나주Final F-Canyon Plutonium Solutions Environmental Impact Statement, Savannah River Site, Aiken, South Carolina (DOE/EIS-0219)》, 1994 참조.

1968년, 특별회계감사원General Accounting Office은 AEC가 긴 시간 동안 지속되는 방사성 폐기물을 제대로 관리하지 않은 점을 혹평했다. 방사선이 유전자에 미치는 영향과 관련하여 국립과학원NAS(National Academy of Science) 패널은 어떤 선량도 안전하지 않다고 주장하면서 AEC에 방사성 폐기물을 안전하게 저장하기 위한 영구적인 해결책을 고안할 책임을 부과했다.[30] 1970년에 공개된 국립과학원 보고서는 AEC가 수십 년 동안 폐기물 관리 사무소, 폐기물에 대한 장기적 계획 또는 방사성 폐기물에 대한 중앙의 감독 없이 기능해왔다고 전했다. AEC 관계자들은 얼마나 많은 양의 폐기물이 언제 어디서 어떻게 폐기되었는지 정확히 알지 못했다. 그들은 폐기물을 따로 처리하는 것을 계약자에게 맡겼고, 방사성 물질이 환경으로 "안전하게" 방출된 후 계약자들의 책임은 종결되었다.[31]

1970년대 초 베트남과 워터게이트 사건*이 정부에 대한 대중의 신뢰를 산산조각내고 있을 때, 과학자들은 "충격적인" 범위의 핸퍼드 폐기물 관리 문제 관련 문서들을 기자들에게 유출했다.[32] 뒤따른 기사에서

---

* 워터게이트 사건Watergate scandal은 1972년부터 1974년까지 미국에서 닉슨 행정부가 민주당을 저지하려는 과정에서 일어난 불법 침입과 도청 및 이를 부정하고 은폐하려는 미국 행정부의 조직적 움직임 등 권력 남용으로 말미암은 정치 추문이었다. 사건의 이름은 당시 민주당 선거운동 지휘 본부Democratic National Committee Headquarters가 있던 워싱턴 D.C.의 워터게이트 호텔에서 유래한다. 이 사건으로 인해 탄핵안 가결이 확실시되자 1974년 8월 9일, 닉슨은 대통령직을 사퇴하였다. 이로써 그는 미 역사상 최초이자 유일한, 임기 중 사퇴한 대통령이 되었다.

대중은 독소가 고방사성 폐기물을 보관하는 오래된 폐기물 저장고를 부식시켜 구멍을 뚫었다는 것을 기술자들이 발견했을 때, AEC 회계사들이 경비를 절감하는 바람에 GE 관리자들의 요청에도 불구하고 새로운 저장고를 주문하지 않았다는 것을 알게 되었다. 대신 1964년, 모든 저장고가 가득찼을 때, 조작자들은 수용력을 초과하여 고장나서 새는 저장고에 저절로 끓는 고도의 방사성 액체를 그대로 부었다. 기자들은 가장 오래된 격납용기가 고준위 방사성 폐기물 50만 갤런을 토양으로 방출한 반면 다른 저장고는 끓고 "트림을 하여" 저장고 위의 땅이 마치 젤로Jell-O*처럼 떨렸다고 보도했다. 미국 독자들은 핸퍼드 기술자들이 30년 동안 개방된 도랑에 의도적으로 매장한 플루토늄 200파운드를 회수하기 위해 노력하고 있다는 것을 발견했다. 기술자들은 축적된 플루토늄이 임계로 치달아 방사성 진흙의 화산을 수 마일에 걸쳐 날려버릴지도 모른다고 우려했기 때문이다. 기자들은 방사성 유출물 "기둥"이 컬럼비아강과 지역 농부들이 이용하는 지하 대수층으로 향하고 있다는 사실, 컬럼비아강에서 수영하던 10대들은 53밀리렘을 축적했으며 강가에 서 있던 낚시꾼들은 생식샘에 8.5렘의 피폭을 받았다는 사실, 그리고 마지막으로 제어되지 않는 핸퍼드 유출수가 식수에 도달하는 문제는 너무나 명백했기 때문에 1950년대 국제 학술대회에서 러시아 과학자들이 이에 대해 경고했다는 사실을 보도했다.[33]

---

* 미국의 식품 제조 기업 크래프트 하인즈The Kraft Heinz Company가 상표를 보유하고 있는 과일향이 첨가된 젤리형 과자이다.

AEC 관계자들은 이러한 문제들을 인정하고 싶어 하지 않았다. NAS 과학자들은 "방사성 폐기물 관리 관행은 대중, 환경 또는 자원에 어떠한 해로운 효과도 끼치지 않았다"는 식의 입증되지 않은 장밋빛 진술이 난무하는 시보그의 "애매하고 얼버무리며" "지나치게 자신만만한" 응답에 짜증이 났다.[34] 기자회견에서 AEC 관리들은 컬럼비아강과 지하수의 방사선이 허용 수준 내에 있다고 무뚝뚝하게 반복했지만, 그러한 언급들은 걱정만 점점 더 늘렸다.

핵분열 생성물이 유출되었다는 뉴스의 충격은 방사능이 건강에 미치는 영향에 대한 새로운 추정으로 인해 더욱 악화되었다. 1969년 어니스트 스턴글래스가 미국이 낙진으로 인해 40만 명의 초과 사망을 야기했다고 추정했을 때, 점점 더 많은 반핵 활동가들이 그를 옹호했다. AEC 관리들은 신속하게 로렌스 리버모어 연구소Lawrence Livermore Labs*의 신뢰할 수 있는 두 명의 내부자에게 스턴글래스를 반박하도록 지시했다. 재빨리 검토를 마친 후에 존 고프먼John Gofman과 아서 탬플린Arthur Tamplin은 스턴글래스의 수치가 실제로 과장되었음을 발견했다. 하지만 그들은 낙진으로 인해 현재까지 3만 2,000명의 초과 사망이 발생했으며 아마도 원자력 공장의 확산과 함께 수천 명이 더 사망할 것

---

* 로렌스 리버모어 국립연구소Lawrence Livermore National Laboratory는 로스알라모스 국립연구소, 샌디아 국립연구소Sandia National Laboratories와 함께 미국 에너지부 산하 국가핵보안국National Nuclear Security Administration이 관할하는 미국의 3대 핵무기 연구소이다.

이라고 언급하면서 자신들의 추정을 덧붙였다.[35]

이 언급은 재난이나 다름없었다. AEC의 공식 입장은 허용 선량 이하의 방사선은 건강에 영향을 미치지 않는다는 것이었다. AEC 관리들은 고프먼과 탬플린을 침묵시키려고 노력했지만, 두 전직 AEC 계약자들은 거기에 따르지 않고 논란을 공개했다. 과학자들은 텔레비전에서, 라디오에서, 《사이언스》부터 《내셔널 인콰이어러》*까지 다양한 잡지에서 발언했다. 그들은 국민들에게 AEC 관리들이 그들의 연구를 억압하고, 자금을 삭감하고, 그들의 연구 결과 출판을 방해하고, 그들을 강등시키려 했다고 말했다. AEC 관리들은 혐의를 부인했다. 언쟁은 점점 더 격렬해졌다.

AEC의 총괄 부책임자 로버트 잉글리시Robert English는 1970년 메모에서 "환경 '위기'라는 사안에서 AEC가 직면한 가장 큰 문제는 신뢰에 관한 것이다"라고 언급했다. AEC 관리들에게 "위기"는 현실이 아니라 "방사선 위험은 통제 가능하다"는 대중 교육의 필요성에서 파생된 인식의 문제였다. 잉글리시에 따르면, 혐의를 제기하는 사람들은 "프로그램에 대해 무지했고, 어떤 경우에는 고의로 무관심했다"고 한다.[36]

그렇다 한들, 고의적이지는 않았던 것 같다. AEC 관리들은 핸퍼드 부지, 특히 고도로 오염된 처리 구역 및 폐기물 보관 구역에 대한 연방 당국의 접근을 눈에 불을 켜고 통제했다. AEC와 관련된 과학자들은 언론과 자유롭게 이야기할 수 없었고, 만약 그렇게 할 경우 그들은 종종

---

* 미국의 타블로이드 주간지로 1926년 창간되었다.

그들의 이름을 밝히지 않았다. AEC 감독관들이 반대자를 해고시키고 망신거리로 만드는 습관을 가지고 있었기 때문이다.[37] 그들은 1974년 워싱턴주 보건국Washington State Department of Health 소속 유행병학자 샘 밀햄Sam Milham이 핸퍼드 노동자들 사이에서 암이 25퍼센트 증가했다는 것을 알아차렸을 때 다시 한번 그렇게 했다. 과거와 마찬가지로 AEC 경영진은 경쟁 연구를 통해 이 나쁜 소식에 대응하려고 했다. 그들은 AEC가 자금을 대는 핸퍼드 노동자 연구를 진행하고 있던 토머스 맨큐소에게 밀햄의 조사 결과를 반박하는 언론 보도 자료를 보증하도록 압박했다. 맨큐소는 자신의 연구가 건강 기록 확보에 지체를 겪었기 때문에 결론을 내리기 너무 이르다고 답변했는데, 그는 핸퍼드 계약자들이 의도적으로 기록을 보류하거나 조작했다고 의심했다. 이에 AEC 경영진은 맨큐소와의 계약을 취소했다. 그러자 맨큐소는 유행병학자 앨리스 스튜어트Alice Stewart와 협력하여 핸퍼드 노동자들이 비정상적으로 높은 수의 암을 앓고 있음을 보여주는 연구를 발표했다. AEC 관리들은 맨큐소를 핸퍼드 과학자 시드니 마크스Sidney Marks와 에텔 길버트Ethel Gilbert로 대체했는데, 이들은 경쟁 연구에서 핸퍼드 노동자들이 실제로 일반 대중보다 암으로 사망한 비율이 낮다고 주장했다.[38] 맨큐소는 자신의 연금으로 자금을 마련해 연구를 계속했고,《뉴욕타임스》기자를 만나 자신이 일했던 오클라호마의 플루토늄 처리공장의 건강 위험에 대한 서류를 건네주기 위해 가는 길에 의문의 교통사고로 숨진 캐런 실크우드Karen Silkwood와 함께 반핵 운동의 영웅이 되었다.[39] 이러한 시나리오가 전국 언론에 보도되면서 AEC 경영진과 그들의 계약자들은 원자력 시설 관련 환경 및 보건 문제에 대한 무지를 조장하는 것으로 비쳐졌다.[40] 워터게이트 사건으로 인해 이미 의혹을 갖게 된 많은 미국인들에게 정부의 은폐 혐의는 깊은 반향을 불러일으켰다.

이것은 플루토늄이 지은 집이었다. 증가하는 원자로와 그것들의 치명적인 폐기물을 허가하고 관리하는 기관인 AEC는 신뢰성에 큰 타격을 입었다. 심지어 초대 AEC 위원장이었던 데이비드 릴리언솔도 더 이상 이 조직을 믿지 않았다. 한때 미국인들에게 무한한 핵에너지를 약속했던 그 사람은 급증하는 원자력발전소들의 "빈발"을 "미국에 드리워진 가장 추악한 구름"이라고 말했다.[41] 한 회의적인 기자는 다음과 같이 물었다. "핸퍼드와 같은 원자력 요새가 자체 쓰레기조차 처리하지 못하는 상황에서 어떻게 대중에게 새로운 원자로의 안전성을 납득시킬 수 있을까?"[42]

리치랜드에서도 자신감과 희망이 흔들렸지만 그건 다른 이유에서였다. AEC 경영진이 또 다른 원자로의 폐쇄를 공표하면서, 기자회견은 자유세계를 파시즘과 공산주의로부터 구한, 한때 자랑스러웠던 공장에 대한 길고 느릿한 장송곡이 되었다. 1971년, AEC 관리들은 생산하는 전력보다 운영에 더 많은 비용이 드는 수익성 없는 최신 N원자로의 가동을 중지할 것이라고 밝혔다.[43] 원자로 폐쇄는 지역사회에서 1,500개의 일자리를 앗아갈 것이다. 플루토늄 처리가 종료되면 추가적으로 4,500개의 일자리가 날아갈 것이다. 지역민들은 N원자로를 구하기 위해 현지 전력 회사에 넘기는 로비를 했지만, 이상하게도 AEC에서 건설한 이 원자로는 산업용 원자로에 대한 AEC의 허가 요건을 충족하지 못했다.[44] 핸퍼드 설계자들이 차단 구조물을 생략하는 방식으로 수백만 달러를 아꼈던 것으로 밝혀졌는데, 이는 N원자로가 안전 규격을 맞추지 못했음을 의미했다.

폐쇄와 AEC의 환경 문제에 대한 소식에도 불구하고, 리치랜드 주민들은 유난히 애국심을 유지했다. 1960년대에 민권 운동가들은 파스코의 시청으로 행진했다. 하지만 리치랜드 사람들은 소수자가 그리 많지 않았던 그들의 도시가 차별하지 않는다는 사실을 알고 안심하면서 그 싸움에서 빠졌다.[45] 베트남전 기간, 히피들은 징병과 전쟁에 항의하기 위해 파스코에 모여들었다. 그들은 경찰과 몇 차례 충돌했다. 순찰대가 아이들에게 자전거에 둘이서 같이 탔다는 이유로 딱지를 부과했던 리치랜드에서 반대자를 위한 공간은 그다지 크지 않았다. 리치랜드 10대들은 머리를 기르거나 나팔바지를 입지 않았다. 누구도 반전 시위를 벌이지 않았다. 사람들은 정치적 시위에 동참하는 것은 가장이 Q인가와 직장을 잃을 수도 있음을 의미한다는 것을 이해했다.[46] 1970년대 초 전국을 휩쓸었던 환경 운동과 반핵 운동도 리치랜드에서는 아무런 영향을 끼치지 못했다. 오히려 수백 명이 랄프 네이더Ralph Nader*에게 야유를 보냈다.[47] 많은 젊은이들이 군에 입대했다. 요컨대 지역 경제가 좋지

---

* 랄프 네이더Ralph Nader(1934~)는 미국의 변호사, 저술가, 정치인이다. 1955년 프린스턴 대학교를 우수한 성적으로 졸업하고, 하버드 로스쿨에 진학하여 1958년에 법학박사 학위를 취득한 후 변호사 자격을 얻었다. 1960년대에 소비자 보호 운동을 주도하는 변호사로 유명해졌다.

않게 될 때까지 리치랜드에서는 충성심과 보수주의가 지배했다.

마지막으로 가동 중인 N원자로를 중지시키려는 계획은 리치랜드 주민들을 폭발시켰다. 침묵의 다수 위원회Committee of the Silent Majority 라고 불린 단체를 결성한 시위자들은 결코 침묵하지 않았다. 그들은 3만 5,000명의 편지쓰기 캠페인을 조직했다. 교사들은 학생들에게 같은 내용의 편지를 쓰게 했다. "존경하는 닉슨 대통령님, 제발 원자로를 폐지하지 말아주세요. 우리 아빠가 일자리를 갖지 못할 거예요." 심지어 지역 시에라 클럽Sierra Club*의 지부장 진 머피Gene Murphy도 N원자로를 옹호했다. 머피는 핸퍼드 계약자 가운데 하나인 더글러스 유나이티드 원자력사Douglas-United Nuclear에서 통신 전문가로 급여를 받고 일했던 것이 결정적인 요인이었다고 인정했다. 머피는 "때때로 돈지갑이 당신의 양심을 좌우하지는 않을지 모르겠군요"라고 말했다.[48]

1971년 《펜트하우스Penthouse》**조차 "우리나라의 죽음에 대한 바람 Our National Death Wish"과 같은 제목으로 원자력에 관한 기사를 실었지만 리치랜드 주민들은 자신들의 원자로를 구하기 위해 모금을 하고 편지를 쓰고 회의를 조직했다. 그들은 그럴 필요가 있었고 그렇게 해야 한다고 느꼈다. 1972년 핸퍼드의 급여 대상자는 원자로 한 기와 처리

---

* 시에라 클럽Sierra Club은 스코틀랜드 태생의 미국인 자연주의자 존 뮤어John Muir(1938~1914)가 1892년 캘리포니아주 샌프란시스코에서 창립한 환경 보호 단체로, 미국 전역에 지부가 존재한다.
** 1965년, 영국에서 창간된 남성용 월간 잡지이다.

공장 한 개를 가동하는 630명으로 줄어들었는데, 이는 1940년대 후반 이후 가장 낮은 고용률이었다. 실업률이 높아지면서 주택 시장은 둔화되었다. 또 다른 위기에 직면한 리치랜드의 미래는 암울해 보였다.

그러나 리치랜드는 1973년 석유 파동*과 1979년 아프가니스탄 전쟁**으로 구원을 받았다. 케너윅에 본부를 둔 워싱턴 공공 전력 공급 시스템WPPSS(Washington Public Power Supply System)은 향후 에너지 부족을 예측하여 워싱턴주에 다섯 기의 민수용 원자로를 건설하는 계획을 후원했다. 이 중 세 기는 핸퍼드 구역에 건설할 예정이었다. 승인된 예산은 건설에 무려 6억 6,000만 달러를 요구했다. 1974년에 수천 명의 노동자들이 건설 일자리를 위해 트라이시티로 몰려들었다. 1978년까지 이 구역에 1만 2,000명이 고용되었고, 45억 달러 규모의 건설이 진행 중이었다. 《워싱턴포스트》는 핸퍼드의 원자력 개척과 황금빛의 투자 상태에 대해 열심히 기사를 내보냈다. 1970년대 중반 미국 경제가

---

* 1973년 10월 6일(유대교의 속죄일인 욤키푸르Yom Kippur)부터 25일까지 아랍–이스라엘 전쟁이 발발한다. 아랍 석유 수출국 기구Organization of Arab Petroleum Exporting Countries 회원국들은 미국, 캐나다, 영국, 일본 등 이스라엘을 지지하는 나라들에 제재를 가하고자 석유 가격 인상을 단행한다. 이로 인해 세계 경제는 큰 충격을 받는데, 1973년 석유 파동은 바로 이 충격을 의미한다.

** 소련–아프가니스탄 전쟁The Soviet–Afghan War은 1979년 12월부터 1989년 2월까지 지속된 전쟁이다. '무자헤딘'이라 불리는 반군 세력이 친소 정권인 아프가니스탄 민주공화국과 소련군의 연합군에 맞서 싸웠다. 9년 이상 지속된 전쟁 동안 최소 85만 명에서 최대 150만 명에 달하는 민간인들이 목숨을 잃었고, 수백만 명이 난민이 되어 파키스탄과 이란으로 피란을 갔다.

심각한 경기 침체로 어려움을 겪고 있는 동안, 트라이시티는 호황을 누렸다.[49]

국채 보유자들이 자금을 대는 WPPSS 계획은 비용 초과와 지연으로 어려움을 겪었다. 1978년에는 건설이 지연되는 동안 비용이 급증했다. 스리마일섬 사고는 이미 가라앉은 원자력 에너지에 대한 대중의 열의를 약화시켰고, 여러 번의 소송 끝에 1982년 WPPSS가 채권에 대한 채무를 이행하지 않고 절반 정도 지어진 원자로를 방기하자 언론은 이를 "아이고WHOOPS"라고 불렀다. 핸퍼드에서 세 기의 원자로 중 한 기만 완공되었다.[50] 트라이시티 옹호자들은 실망감에 휘청거리며 이 지역을 국립 핵폐기물 저장소로 만들도록 압박했다. 처음부터 지질학자들은 계획이 실패할 것이라고 예측했지만, 그들은 핸퍼드 아래의 현무암 동굴이 영구 저장소로 가능한지를 연구하기 위해 수백만 달러의 연방 자금이 사용되도록 성공적으로 로비를 했다.[51]

결국 리치랜드를 파산으로부터 구해준 것은 소련이었다. 1979년 소련군이 아프가니스탄을 침공했을 때 지미 카터Jimmy Carter 대통령은 비축분을 늘리라고 명령했고, 이는 N원자로의 생산을 무기급 플루토늄으로 개선시켰다. 사용후 연료를 플로토늄으로 처리하기 위해 폐쇄된 퓨렉스 공장을 개조하는 일에 건설 노동자들이 몰려들었다.[52] 데탕트*의 종결 덕분에 핸퍼드는 플루토늄 사업으로 복귀했다.

---

* 데탕트détente는 긴장 완화를 뜻하는 불어로, 1960년대 말부터 1970년대 냉전 양극 체제가 다극 체제로 전환됨에 따라 미소 간의 긴장이 완화된 현상을 일컫는다.

존슨 대통령이 핸퍼드의 첫 폐쇄를 발표한 1964년, 그는 원자로가 "우리의 수요가 충족되었을 때 일자리를 제공하기 위한 WPA*의 원자력 개발 계획"이 되지 않을 것이라고 선언했다.[53] 그러나 정확히 그런 일이 일어났다. 핸퍼드가 실패하려고 할 때마다, 새로운 자금의 흐름이 밀려와 도시를 구했다. 첫 번째 원자로가 폐쇄된 지 10년이 지났지만 핸퍼드에서는 아홉 기의 원자로와 2개의 처리 공장에 8,000명이 투입됐던 전성기보다 더 많은 사람들이 일하고 있었다. 임금 지불과 노동 계약 체결은 세기말까지 지역 경제를 인위적으로 지탱했다.[54]

소설가 존 디디온Joan Didion은 서부가 컬럼비아 고원에 있는 사람들을 그들의 위험한 원자력 시설들에 붙어 있게끔 만든 낙관주의와 경솔한 사리추구의 정신에 사로잡혔다고 주장한다.[55] 그러나 이 이야기에는 그것보다 더 많은 것이 있다. 방사성 오염을 쉽게 부인할 수 있다는 점과 과학에 대한 AEC 관리들의 감독자적curatorial 경계심, 핸퍼드 공장에 의해 피해를 입은 사람이 단 한 명도 없다는 고집스러운 진술이 결합되어 핸퍼드 공장과 원자력발전소와 방사성 쓰레기가 완벽하게 안전하다고 쉽사리 믿게 만들었다. 건강에 미치는 영향에 대한 상반된 설명들은 많은 사람들을 혼란스럽게 하여 전체 사안을 무시하게 했다.

---

* 공공사업진흥국Works Progress Administration은 미국에서 대공황이 한창이던 1935년, 루스벨트 행정부의 뉴딜 기관으로 공공건물과 도로 건설 등을 포함한 공공사업을 수행함으로써 수백만 명의 구직자에게 일자리를 제공했다. 1942년, 전시 생산 등의 이유로 더 이상 필요가 없어져 해체됐다.

1970년대 들어 트라이시티의 사람들은 원자력 안전성에 대한 여론과 관련하여 점점 더 소수가 되었지만, 그들은 지리적으로 규정된 단합된 소수자였으며 시애틀과 스포캔의 외부인에게 느꼈던 조롱은 그들을 더욱 반항적인 자세를 취하도록 몰아갔다. 리치랜드의 대부인 잭슨 상원의원은 환경보호론자들이 나라를 망치고 "새로운 매카시즘New McCarthyism"을 불러일으키고 있다고 비난했다.[56] 지역 주민들은 "어둠 속에서 빛난다"는 농담에 분노했다. 그들은 국가를 지키기 위해 불평 없이 스스로를 희생했지만 연방정부feds, 자유주의자, 생태 운동가들은 그들이 원자력 계약에서 가지고 있는 일부를 파기하고 물러나려 한다고 느꼈다.[57] 지각판이 이동하는 것처럼, 리치랜드는 외롭게 고립되어 미국의 주류 정치에서 바깥으로 떠밀려갔다. 50대처럼 보이는 대통령 후보가 마침내 등장하여 정의로운 대의를 위해 확고한 충성을 바쳤던 시절을 따뜻하게 상기시켰을 때, 트라이시티 사람들은 그들의 도시를 방문했던 적이 있고, 그들의 공장을 알았으며, 그들의 소외를 이해하는 것처럼 보였던 남자인 로널드 레이건을 지지하기 위해 집결했다. 레이건은 냉전의 양극성을 되살리고, 무기 생산을 다시 신성화했으며, 스타워즈Star Wars*를 통해 핵 방위 경제의 밝은 미래를 약속했다.[58] 그렇게 하면서 그는 더 많은 플루토늄을 주문했고, 리치랜드에 1970년대에 빼

---

* 전략방위구상Strategic Defense Initiative은 적국의 핵미사일을 요격하기 위한 미국의 구상이다. 1983년 레이건 대통령에 의해 계획이 수립되었으며, 스타워즈 계획이라고도 불린다.

앗긴 지위와 자부심을 되돌려주었다.

그 모든 세월 동안 국가적 골칫거리이자 지역의 웃음거리가 되었던 것은, 잘못된 판단과 비방을 받았던 것은 분노를 자아내는 굴욕적인 일이었다.[59] 리치랜드 고등학교 동문들의 리스트서브listserve*인 동창생 모래폭풍Alumni Sandstorm은 이러한 감정을 지적했다. 보통 리스트서브에 등록된 동문들은 리치랜드에서 자라난 행복했던 기억을 공유했지만, 1990년대 후반 몇몇 사람들이 건강 문제와 환경오염을 거론했다. 이러한 의견 개진을 달가워하지 않았던 리스트서브 편집자들은 점차 발송을 중단했다. 몇몇 리스트서브 구성원들이 "검열"에 불만을 토로하는 동안, 다른 동문들은 리스트서브가 "다른 사람들과 '좋았던 시절'을 나눌 수 있는 토론의 장"으로 남을 수 있도록 "정치적" 논평을 정화할 필요가 있다는 의견을 옹호했다.[60]

나는 향수 속에 얼마나 많은 슬픔이 깃들어 있는지 미처 깨닫지 못했다. 동창생 모래폭풍에 올라온 기억들을 "좋은 시절"에 대한 진술로 읽으려면 독자는 불임 문제, 심장 수술을 받는 어린이, 암에 걸린 가족에 관한 게시물을 간과해야만 했다. 그런 이야기들은 종종 발랄한 "하지만 나는 단지 '불빛'과 함께 살았지!! 하하하LOL**!"로 묵살되었다.[61] 동문 리스트서브를 검열해야 한다는 애절한 요청은 행복한 어린 시절,

* 전자우편을 통한 통신 방식으로 메일링 리스트와 흡사하다.
** 컴퓨터 채팅에서 쓰이는 약어 가운데 하나로 웃는 모습을 나타내며, 주로 크게 웃다 laugh out loud라는 구의 머리글자이다. 우리말의 ㅋㅋㅋㅋ에 해당된다.

즉 치명적인 풍경에서 이뤄졌던 그 시절에 대한 기억을 보존시켰다. 한 여성이 한탄하듯, "나는 단지 우리의 고향을 안전하게 사랑할 수 있는 곳을 하나[리스트서브] 가지고 싶었을 뿐이에요."[62]

돌아온 체르노빌

나탈리아 만주로바는 오죠르스크에서 태어났고, 그녀가 기억하는 한에서 그녀는 그곳을 떠나고 싶어 했다. 그녀는 울타리 뒤에서 사는 것을 좋아하지 않았다. 18세에 다른 곳에서 살 권리를 주는 여권을 받았을 때, 그녀는 언젠가 떠나 다시는 돌아오지 않겠다고 맹세했다. 그녀는 농업 공학을 공부하기 위해 첼랴빈스크로 갔다. 졸업 후 그녀는 바이칼 Baikal 지역의 한 작은 소도시에서 일하는 임무를 맡았다. 그곳에서 그녀는 상점 진열대에 아무것도 없는 것을 보고 놀랐다. 사람들은 뭘 먹고 살았을까? 그녀는 궁금했다. 만주로바는 대부분의 동료들과 마찬가지로 젊은 나이에 결혼하여 곧 아이를 낳았다. 그러나 시베리아 지방의 식량 공급이 보잘것없어서 식탁에 음식을 올려놓기가 어려웠다. 마침내 1970년대에 만주로바는 남편에게 물자, 의료 서비스, 급여가 풍부한 오죠르스크로 이사하자고 요청했다.

그녀의 남편은 오죠르스크의 문과 경비병에 결코 익숙해지지 않았다. 몇 년 후, 그는 그녀를 떠나 지대 바깥의 다른 여성에게 갔다. 만주로바와 그녀의 딸은 홀로 오죠르스크에 남았다. 만주로바는 1957년도 폭발이 남긴 흔적 위의 실험연구기지에서 일자리를 얻었다. 만주로바는 그 일을 좋아했다. 연구자들은 동물을 기르고 농작물을 심은 다음 방사성 동위원소를 측정했다. 소규모 팀은 먹이 사슬에 도달하는 방사성 동위원소를 줄이기 위한 농법을 실험했다. 그들은 또한 당시 세계에서 유일무이했던 방사성 지형에 사는 동식물의 유전적 진화를 추적했다. 기지의 한 과학자는 이를 다음과 같이 묘사했다. "이곳은 초파리가 페트리 접시*에 격리되어 있는 실험실이 아니다. 우리는 자연에 있는 생물학적 실험 대상이 핵분열 생성물과 상호작용하게 했고, 그것은 이곳을 세계 어느 곳에서도 볼 수 없는 실험기지로 만들었다."[1] 만주로바는 학위논문 작업을 하면서 연구를 수행했다.

1986년 봄 그녀의 학위논문 방어가 예정되어 있었지만 이루어지지 않았다. 1986년 4월, 체르노빌 원자력발전소의 4호 원자로가 과열되어 폭발하면서 방사성 동위원소로 가득찬 원자로의 1,200톤 노심을 우크

---

* 페트리 접시petri dish 또는 샬레schale는 뚜껑이 달린 얇고 둥근 유리 접시로, 생물학, 의학, 세균학 등에서 식물의 씨앗이나 뿌리 보관 및 관찰, 곰팡이나 세균 배양 및 관찰 등 작은 생물을 관찰하는 데 쓰이는 실험 기구이다. 독일의 세균학자인 율리우스 리하르트 페트리Julius Richard Petri(1852~1921)가 1887년에 고안했다.

라이나 북부의 숲으로, 늪으로, 호수로 내던졌다. 만주로바를 비롯한 실험 농장의 연구자들은 방사성 풍경 분야에서 세계 최고의 전문가였다. 우랄의 흔적에서 30년 동안 연구한 후 그들은 오염 확산을 차단하는 방법과 사람 및 동물을 피폭으로부터 보호하는 방법을 알게 되었다. 1986년에 갑자기 그들의 지식에 대한 수요가 늘어났다. 오죠르스크에서 온 과학자들이 오염된 체르노빌 지역에서 첫 측정을 했고 35만 명의 주민들을 소개하는 근거가 된 체르노빌 출입금지구역Chernobyl Zone of Alienation 지도의 윤곽을 그렸다.[2] 1987년 만주로바는 도움을 줘야 한다는 사명감을 가지고 우크라이나로 갔다. 그녀는 국가적 재난의 한가운데서 50만 명 이상의 시민들이 각자의 역할을 수행하는 대중 동원의 일부였다.[3]

재난은 사회를 벗겨 적나라한 진실이 드러나게 한다.[4] 체르노빌 참사는 만주로바를 소비에트 사회의 중핵에 위치한 비밀스러운 핵 안보 국가의 해롭고 권위주의적인 특징에 노출시켰고, 만주로바는 다시는 예전과 같지 않았다.

체르노빌 원자력발전소 조작자들을 위한 구역으로 지어진 현대 도시 프리퍄티는 거주하기에는 너무나 오염되어 있었다. 만주로바의 팀은 대신 체르노빌의 오래된 유대인마을shtetl에 보고했다. 연구팀은 유치원에 임시 실험실을 설치하고 아기 침대와 장난감을 치워서 장비를 놓을 공간을 만들었다. 만주로바는 청산자들이 교대로 이층 침대에서 잠을 잤던 막사에서 살았다. 1980년대 중반, 소비에트 경제는 절뚝거리고 있었고 소비재는 부족했다. 체르노빌 청산자들은 잘 먹었지만 만주로바는 기본 자재를 얻는 데 어려움을 겪었다. 그녀는 유치원의 낡은 담요를 잘라서 안전장갑과 스카프를 만들었다. 그녀와 그녀의 동료들은 오래된 부츠가 오염되면 새 부츠를 살 수 없기 때문에 떼어낼 수 있는 플라스틱 테이프로 부츠를 감쌌다. 그녀는 텔레비전과 라디오를 찾기 위해 체르노빌의 버려진 집들 사이에서 물품들을 뒤지기도 했다.

연구팀의 첫 번째 일은 소개된 구역의 방사선 수치를 측정하는 것이었다. 그들은 버려진 도시 프리퍄티에서 시작했는데, 그곳에서 만주로바는 충격적인 핵 이후의 풍경과 마주쳤다. 병사들은 고층 아파트 창문에서 아래에 있던 덤프트럭으로 가구와 개인 물품을 밀어 넣었다. 소비에트 남성다움의 상징인 모두가 갈망하던 가족용 자동차를 폐기장으로 몰고 가 묻으면서 남자들이 울었다. 피를 흘리는 상처투성이의 배고픈 가정용 애완동물들이 도시를 활보했다. 한 산부인과 병동에서 만주로바는 폭발 후 유산된 태아들이 담긴 용기들을 발견하기도 했다.[5]

만주로바의 팀은 측정을 수행했고 중장비들의 묘지, 불도저로 밀린 농가 오두막들의 무덤, 사고 후 몇 주 동안 사살된 농장 동물들의 대규모 매장지의 위치를 파악했다. 먹이 사슬의 꼭대기에 있는 동물들의 체내에는 오래 지속되는 방사성 동위원소가 집중되어 있었다. 지하에 묻혀 부패가 진행 중인 사체들은 토양과 지하수로 핵분열 생성물을 침출시키고 있었다. 연구팀은 병사들과 함께 사체를 파낸 뒤 시멘트 격납용기에 묻었다. 그들은 결국 구역 내에 대규모 핵 무덤 단지를 조성했다. 시체의 수가 증가함에 따라 방사선도 위험 수준으로 증가했다. 유해한 선량을 피하기 위해 노동자들은 동물 사체를 덤프트럭 뒤쪽에 있는 가

죽 상자에 넣었다. 운전수는 매립지로 후진해서 재빨리 레버를 풀어 사체들을 폐기한 후 서둘러 그곳을 벗어났다. 그런 다음 다른 노동자들은 군용으로 고안된 원격 조종 불도저를 사용하여 사체를 집단 무덤으로 밀어 넣었다. 가득찬 무덤은 뚜껑이 덮였다.

우크라이나에서 청산자들은 마야크 공장과 우랄의 연구기지, 그곳 실험실의 작업에 대해 전혀 알지 못했다. 그들은 재난을 어떻게 관리해야 하는지 알아내려고 노력했지만, 마야크 집단의 기밀 연구에는 접근할 수 없었다.[6] 만주로바는 우크라이나에서 참고용으로 쓸 자신의 학위 논문 사본조차 구할 수 없었다. 그녀는 체르노빌 구역 내에서 방사선에 관한 지식이 어떻게 분류되었는지를 보고 좌절감을 느꼈다. 만주로바는 폭파된 4호 원자로 아래에서 굴을 파는 극도로 위험한 작업을 수행하는 대가로 감형을 제안받은 죄수들을 만났다. 관리들은 그녀가 죄수들에게 그들의 피폭에 대해 알려줄 수 없다고 말했다. 그런데도 만주로바는 그렇게 했다.

위험에 관한 지식은 극비 중의 극비였다. 만주로바는 그녀와 그녀의 동료들에게 자신들조차 읽을 수 없는 개인용 방사선 감지기가 지급된 사실에 경악했다. 판독 가능한 감지기가 없던 청산자들은 작업하는 동안 무심코 고방사능 구역과 방사선장에 발을 들여 놓았다. 유치원에 차려진 임시 실험실에서 만주로바는 손을 책상 위에 놓았고 충격이 그녀의 팔을 타고 올라오는 것을 느꼈다. 작은 방사성 입자를 만졌던 그녀의 손가락은 부풀어 올라 파랗게 변했으며, 피부는 벗겨졌다. 만주로바는 실험실에서 방사선 수준 지도를 만들어 피해야 할 고방사선 구역을 빨갛게 표시했다. 확인을 위해 방사선보안부Department of Radiation Security에 건넨 후 지도는 종적을 감췄다. 그녀는 지도를 다시 그려 두 개의 사본을 만들고 개인용 선량계에 대한 요구를 반복했다. 그녀의 요청은 거부되었고, 보안 관리들은 만일 그녀가 계속하면 "결과가 따를 것"이라고 말했다.[7] 이 공식적인 함구령이 내려진 상태에서 만주로바는 정화를 지시하는 관리들과 그들을 위해 일하는 사람들이 방사선 안전에 대해 아는 바가 거의 없음을 발견하고도 그렇게 놀라지 않았다. 그녀는 조사照射된 지역에서 살아가는 방법, 즉 무슨 음식을 어떻게 준비해야 하는지, 어떻게 먹고 목욕하고 식량과 의복을 보관해야 하는지, 심지어 어떻게 소변을 봐야 하는지(보기 **전에** 그리고 보고 나서 손 씻기)에 대한 비공식적인 수업을 시작했다.[8]

체르노빌 청산자들은 우랄에서 온 전문가들이 이상할 정도로 지식이 많다는 것을 알게 되었다.[9] 그들은 오두막을 구덩이에 묻고, 토양의 표층을 걷어내고, 필수 광물질을 흉내 내는 방사성 물질을 막기 위해 비료를 뿌리고, 피폭으로 붉게 변색된 나무를 잘라내고, 방사성 유출을 위해 고안된 특별한 화학물질로 거리를 씻어내라고 권고했다. 그들은 어떻게 그렇게 많이 알고 있었을까? 우크라이나에서 대부분의 청산자들은 체르노빌이 국가의 첫 번째 핵 참사가 아니라는 점, 또는 과학적 관점에서 봤을 때 체르노빌 정화 작업에서 새로운 것은 거의 없었다는 점에 대해 전혀 알지 못했다. 우크라이나에서의 비상조치는 1951년, 1953년, 1955년, 1957년, 1967년 우랄에서 모두 취해진 바 있었다.

다른 면에서도 체르노빌은 군사용 원자력 산업 창시자들의 경험을 되풀이했다. 체르노빌형 RBMK 원자로*는 전력과 플루토늄을 모두 생산하도록 설계되었다. 체르노빌 발전소는 무책임한 관리, 제대로 훈련되지 않은 노동자들, 성급하고 결함투성이의 설계들, 안전보다 경제성을 강조한 절차 등 수십 년간 마야크 공장을 괴롭혔던 문제들 때문에 폭발했다.[10] 오죠르스크에서처럼 체르노빌 발전소의 유일한 내부 고발자는 기밀 기록에 접근하고 문제를 식별할 수 있는 광범위한 힘을 가지고 있던 KGB 요원들이었다. 그들은 재난이 터지기 전에 걱정스러운 사고 기록들, 불완전한 수리, 너무나 위험해서 노동자들이 진입을 거부했던 작업 구역들, 대중에게 판매된 발전소의 냉각지에서 잡은 조사照射된 물고기들에 대해 불평했지만 대부분 무시되었다.[11] 정보의 구획화, 은밀함, 대중에게 방사능 위험을 알리지 않은 점, 치명적인 지연이 일어났던 소개疏開, 가장 위험한 작업에 소모성 죄수 및 병사 배치, 이러한 "임시직들"과 다른 직원들에게 스스로를 보호하는 방법을 알리지 않은 점, 동심원의 깔끔한 구역 외부에 집중된 고방사선 구역에서의 방사성 낙진의 예측 불가능성 등 모든 것들은 지난 40년 동안 일어났던 플루토늄 재난의 섬뜩한 반복이었다. 1986년의 유일한 특징 하나는 카메라가 돌아가는 동안 참사가 벌어졌다는 점이었다.

* RBMK 또는 흑연감속 비등경수 압력관형 원자로黑鉛減速沸騰輕水壓力管型 原子爐는 소련이 개발한 원자로의 한 형식으로, 러시아어 Реактор Большой Мощности Канальный(채널형 고출력 원자로Reactor Bolshoy Moshchnosti Kanalniy)의 첫 글자를 따서 부르는 말이며, 현재는 소련이 만든 흑연감속 원자로라는 의미로만 사용된다.

4년 반 동안, 만주로바는 구역에서 20일 일하고 10일 쉬는 식으로 작업했다. 연구팀은 토양 및 식물 견본을 그들이 사용할 수 있는 양보다 더 많이 채취하여 한 가옥에 보관했는데 그 가옥은 방사성 활동이 너무 강해져서 결국 파괴해야 했다.[12] 그들은 방사성 동위원소의 축적으로 인해 죽은 소나무들을 벌목해 묻었다. 그들은 방사성 물이 식수 구역 쪽으로 이동하는 것을 추적하기도 했다. 연구팀은 업무 특성상 오염이 심한 지역에 거주해야 했다. 만주로바와 그녀의 동료들은 종종 집에 돌아오자마자 오한, 쇠약, 현기증을 느꼈다. 머리가 지끈거렸다. 구토하기도 했다. 시간이 지남에 따라 과학자들은 건망증이 심해졌고 집중하는 데 애를 먹었다. 그들은 면역 체계가 약화되었고 잦은 감기와 감염으로 고통 받았다. 만주로바는 말이 어눌해졌고 균형을 잡는 데 어려움을 겪었다. 방사선은 청산자들의 신진대사를 가속화하고 성충동을 높였으며, 노동자들은 짝을 지어 "구역 결혼"을 만들어냈다. 수많은 청산자들이 신경계 질환, 우울증 또는 둘 모두에 걸렸다. 일부는 자가 치료를 한다면서 폭음하기 시작했다.

1970년대 만주로바의 사진에는 말괄량이의 자유로운 아름다움을 지닌 유연한 금발이 담겨 있다. 체르노빌 이후 만주로바의 머리카락은 윤기를 잃었고, 반짝이던 눈은 움푹 들어간 볼 위의 그믐달로 둘러싸여 있었다. 그녀는 갑상선 질병을 얻었다. 기진맥진하고 병에 걸린 만주로바는 1992년 체르노빌 구역 일을 그만두고 마야크 공장으로 돌아와 기술자로 일했지만 지속적인 질병 때문에 오래 버티지 못했다. 만주로바는 체르노빌에서 작업했던 그녀의 지도교수가 방사선 관련 질병으로 사망했기 때문에 자신의 학위논문을 방어하지 않았다. 다른 동료들도 뒤따랐다. 소비에트 원자력위원회Soviet Committee for Atomic Energy의 수장 안드라닉 페트로샨츠A. M. Petrosiants*는 사망자에 대한 질문을 받자 "과학은 피해자를 필요로 하지요"라고 대답했다. 2010년, 만주로바는 그녀의 체르노빌 구역 연구팀 20명 중 아직 살아 있는 유일한 사람이었다. 원자력 참사가 소비에트 지도자들과 소비에트 과학이 시민을 보호하고 지켜줄 것이라는 확신을 허물어버렸기 때문에 페트로샨츠는 체르노빌의 가장 큰 희생자가 소비에트 국가일 것이라는 사실을 깨닫지 못했다.

---

* 안드라닉 멜코노비치 페트로샨츠Андраник Мелконович Петросьянц(1906~2005). 예핌 슬라브스키를 이어 원자력활용총국Chief Administration for Utilization of Atomic Energy 국장으로 근무(1957~1962)했던 바실리 예멜랴노프Василий Емельянов(1901~1988)의 후임자로 1986년까지 같은 부서의 국장으로 근무했다. 기계 기술자 훈련을 받았으며, 1953년 중기계건설성에 합류한 뒤 성쑐의 국제적 대변인이자 국제 원자력 협력의 핵심 인사로 거듭났다. 소냐 슈미드, 《동력 만들기》, MIT 출판부, 2015, 184쪽 참조.

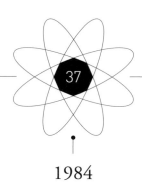

1984

에드 브리커는 워싱턴주 올림피아Olympia에서 버스를 운전한다. 그는 소수의 용기 있는 사람들이 미국의 노후화되고 있는 무기 산업을 문닫게 하기 위해 안간힘을 썼던 것처럼 그러한 무기 산업에 얽매인 삶에 대한 오웰적인 이야기를 가지고 있다. 1984년, 브리커는 레이건이 부활시킨 군비 경쟁으로 새롭게 재개장한 핸퍼드의 Z공장에서 근무하고 있었다. 이 공장은 플루토늄 질산염 용액을 폭탄의 중핵부에 쓰이는 하키용 퍽 크기의 "단추"로 변환시켜 이미 과잉 상태인 미국의 무기 비축량에 추가하기 위해 설계되었다. 브리커는 오랫동안 폐쇄되었던 공장이 가동되는 모습을 10년 동안 들판에 방치되어 녹슬어 있던 탈곡기를 다시 작동시키려고 애쓰는 모습에 비유했다. "공정용 덮개들process hoods은 너무 더러워서 안을 볼 수가 없었어요"라고 브리커는 회상했다. "진공 시스템이 작동하지 않았어요. 이게 작동했을 때 플루토늄 용액이 어디로 갈지 확신할 수 없었지요. 그곳은 아주 엉망진창이었어요." 브리커는 "한 기술자는 어찌나 겁을 먹었는지 자기 일을 하기보다는 이동식 주택에서 종일 나오지 않았어요"라고 덧붙였다.[1]

브리커의 아버지와 할아버지, 그리고 그의 여섯 형제 중 여럿이 핸퍼드에서 일했다. 브리커는 1970년대에 공장의 "저장고 농장들", 즉 폐기물 저장 구역에서 일을 시작했다. 그는 1983년에 Z공장으로 옮겨갔다. "나는 문제점을 똑똑히 볼 수 있었어요. 정말 몸서리가 쳐졌답니다. Z공장은 원래 가동되지 말았어야 했어요." 브리커는 2년제 준학사 학위를 소지한 하급 조작자에 불과했지만, 안전을 진지하게 생각했고 공장의 연방 계약자인 록웰Rockwell의 안전품질보장 부서Safety and Quality Assurance 책임자 짐 알보Jim Albaugh에게 위험 요소 목록을 제출했다.[2] 다음날, 브리커의 상관은 문제를 해결하기보다는 그에게 예정에 없던 부정적인 직무 평가를 건넸다. 브리커는 이에 단념하지 않고 주 및 연방 안전 규정을 인용하며 계속해서 이의를 제기했다.

얼마 지나지 않아 브리커는 플루토늄 정제공장의 고방사능 처리 협곡에서 작업하기 위해 월면 우주복을 입었다. 전날 밤에 확인하고 마련된 우주복에는 브리커의 이름이 새겨져 있었다. 협곡에 들어갔을 때, 브리커의 산소 호스가 갑자기 산소통에서 분리되었다. 브리커는 예비 공기통을 움켜쥐었지만 손잡이가 테이프로 막혀 있었다. 숨이 막힌 브리커는 출구로 뛰쳐나갔고 협곡 문턱 너머 무더기 위로 쓰러졌다. 조사가 뒤따랐다. 에너지부에서 나온 한 조사관은 비공개를 전제로 브리커에게 누가 그의 우주복에 손을 댔지만 범인은 밝혀지지 않았다고 말했다.

　대부분의 사람들은 이런 첫 번째 위협 행위에서 그만두었을 것이다. 하지만 브리커는 신자의 열정을 가지고 있었다. 그는 리치랜드에서 자랐고, 공장에 자부심을 가지고 있었으며, 그 품질을 확신했었다. 브리커는 "안전에 대한 질문을 받았을 때, 나는 충심으로 당의 노선을 되풀이하곤 했죠. '우리는 세계에서 가장 훌륭하고 똑똑한 과학자들을 보유하고 있다. 우리는 상황을 모기의 눈썹 수준에 이르기까지 계산한다' …… 같은 문구들 말이죠"라고 내게 말했다. 그러나 여러 계약자들이 핸퍼드를 관리하던 몇 년 동안 브리커는 불안감을 주는 안전상의 실수를 목격했다. 그는 한 친구가 흔들리는 기중기의 균형추에 깔려 죽는 것을 보았다. 그는 노동자들이 폐기물 저장고를 열고 안면 보호구 없이 유독한 증기를 들이마시는 모습을 지켜보았다. 고방사성 용액이 분사되어 그는 다리에 화상을 입었다. 브리커는 안전 문제가 부분적으로는 경쟁 계약자에게 공장을 분할함으로써 생긴다고 보았다. "여러 계약자들은 모두 '생산이 우선, 안전은 다음'이라는 태도를 가지고 있었지요. 그들은 각자 맡은 일을 하기 위해 그곳에 있었고, 아무도 전체 계획에 대해 어떠한 관점도 가지고 있지 않았어요."

　나는 브리커에게 왜 목숨을 빼앗으려는 시도를 겪은 뒤에도 계속 버텼는지 물었다. 그는 다음과 같이 답했다. "나는 한 개인에 불과하겠지만, 나를, 대중을 또는 납세자의 돈을 다루는 그들의 방식이 마음에 들지 않았어요. 내가 보기에 그들은 자신들이 무엇을 하고 있는지, 어떻게 문제를 해결해야 하는지 몰랐고, 노동자들이 하는 말에는 관심이 없었습니다."

모르몬교도*이자 여섯 자녀의 아버지인 브리커는 포기하지 않았다. 그는 록웰의 최고 책임자에게 서한을 썼고, 미국 에너지부DOE의 핸퍼드 책임자인 마이크 로렌스Mike Lawrence를 계속해서 괴롭혔다. 브리커는 "그들은 내가 미쳤다고 말했지요"라고 회상했다. 이를 입증하기 위해 브리커의 상관들은 그를 공장 심리학자에게 보냈고, 그의 책임자는 브리커가 "트집 잡기"를 계속하면 정신건강 문제로 보안 인가를 취소할 수도 있음을 분명하게 밝혔다. 입 다물기를 거부한 브리커의 행위는 "고자질"이자 동료 노동자들에 대한 배신으로 받아들여졌다. 이에 대한 보복으로 브리커의 감독관과 동료 노동자들은 그를 괴롭히고 거듭 공격했다. 브리커가 오후 교대 근무를 하는 동안 그의 집에 전화를 걸어 아내에게 살해하겠다고 속삭이며 협박했다. 그들은 그를 "투덜이", "더러운 놈", 그리고 "첩자"라고 불렀다. 경영진에게 브리커는 회사와 자신들의 개인적 부에 큰 위협이 되었다. 안전 위반에 관한 보고서는 공장을 일시적으로 폐쇄시킬 수 있었고, 이로 인해 노동자들은 임금을 잃게 되고 최고위층은 계획된 목표 생산량을 달성할 경우 받을 수 있는 엄청나게 후한 보너스를 받지 못할 수 있었다.[3] 이 문제를 너무 몰아붙이면 브

---

* 모르몬교Mormonism는 1820년대와 30년대 뉴욕 서부에서 조셉 스미스 주니어Joseph Smith, Jr.(1805~1844)가 시작한 회복주의Restorationism 기독교 후기성도 운동Latter Day Saint movement의 주요한 종교적 신앙이다. 후기성도들(모르몬교도)은 스미스 사후 서쪽으로 이동해 솔트레이크시티Salt Lake City에 정착, 현재의 예수 그리스도 후기성도 교회Church of Jesus Christ of Latter-day Saints로 대부분 계승되었다.

리커의 보고서는 록웰이 수익성 좋은 연방 계약을 잃게 할 수도 있었다. 요컨대 판돈이 높아 많은 사람들이 브리커에게 앙심을 품었다. 한 록웰 관리자는 나중에 노동부Labor Department 조사관에게 "지금까지 그 사람들 중 아무도 그를 죽이지 않았다는 사실이 놀랍습니다"라고 말했다.[4]

브리커의 내부 고발은 가정에서도 문제를 일으켰다. 록웰의 공학 사무실에서 비서로 일했던 신디 브리커Cindy Bricker는 핵물리학 관련 특별 훈련을 받지 않은 그녀의 남편이 어떻게 옳을 수 있는지, 그리고 그녀가 존경하던 쟁쟁한 기술자들 모두가 어쩌면 그렇게 틀릴 수 있는지 궁금했다. 브리커와 그의 아내는 그것에 대해 수많은 논쟁을 벌였다. 신디의 아버지 하비 얼 파머Harvey Earl Palmer는 핸퍼드 선임 과학자로 근무했고, 1976년도 Z공장 폭발 사건 때 몸에 방사성 아메리슘이 박힌 "원자 인간" 해럴드 맥클루스키Harold McCluskey를 치료하여 전국적인 지명도를 얻었다. 파머는 공장이 안전하다고 말하면서 사위와 논쟁을 벌였다. 마침내 쇠약해진 브리커는 1985년, 저장고 농장으로의 복귀를 요청했다. 인사 부장은 브리커에게 불평불만을 그만두겠다고 약속하면 이직을 허락하겠다고 했다. 옴짝달싹 못하게 된 브리커는 수락했다.

저장고 농장에서 브리커의 첫 번째 업무 중 하나는 중대한 유출로 오염된 지역을 밧줄로 묶어 차단하고 표식을 세우는 것이었지만, 며칠 후 브리커는 워싱턴 주지사 부스 가드너Booth Gardner의 방문을 준비하며 친숙한 노란색 핵 위험 표지판을 철거하라는 명령을 받았다. 브리커는 주지사와 그의 많은 수행원들이 갓 오염된 지대 위로 안내되는 모습을 지켜보며 깜짝 놀랐다.[5] 이 광경을 보면서 브리커는 안전에 관한 무법적인 무시가 Z공장에만 국한된 것이 아님을 깨달았다. 그는 또한 은밀한 원자력 구역이 그것을 운영하는 연방 계약자들에게 연방법과 주법을 과시하고 임금 노동자뿐만 아니라 주지사 자신을 치명적인 오염 물질에 노출시키는 권한을 어떻게 부여했는지 보았다.

노후한 플루토늄 공장의 재가동으로 고민에 빠진 사람은 브리커만이 아니었다. 1984년 스포캔의 《스포크스맨 리뷰*Spokesman Review*》* 기자 캐런 돈 스틸Karen Dorn Steele은 보도국에서 파스코의 한 여성으로부터 전화를 받았다. 그녀는 자신이 핸퍼드의 핵 과학자이며, 어떤 기자와도 이야기해서는 안 되지만 그녀의 상사가 파스코를 날려버리지 않을지 걱정된다고 말했다. 스틸은 그 여성이 미쳤다고 생각했지만, 확실히 하기 위해 파스코로 장거리 운전에 나섰다.[6]

아직 익명의 제보자였던 그 여성은 완전히 제정신인 것으로 판명되었다. 그녀는 1979년 소련의 아프가니스탄 침공 이후 저렴하게 재가동되기 시작한 퓨렉스 화학처리공장의 기술자였다. 스틸의 제보자는 퓨렉스 공장이 엉망진창이고 1950년대 기술과 안전하지 않은 장비로 조잡하게 운영되고 있다고 주장했다. 게다가 그녀는 퓨렉스에 "누락 미계량未計量(missing unaccounted for)"(잘못 배치된 플루토늄 재고의 약자)의 머리글자인 MUF가 많이 있었다고 말했다.[7]

스틸은 전화를 걸기 시작했고, MUF와 핸퍼드의 환경 감시 관련 문

* 1894년 창간된 스포캔시의 일간지이다.

서에 대한 정보자유법FOIA(Freedom of Information Act)* 요청을 제출했다. 스틸은 핸퍼드를 조사한 최초의 《스포크스맨 리뷰》 기자였다. 주요 지역 산업이지만 핸퍼드는 오랫동안 신문사의 레이더에서 벗어나 있었고, 기자들이 핸퍼드 소식을 가볍게 다루었던 《트라이시티 헤럴드》의 보도에만 맡겨져 있었다.[8] 신중한 출세주의자였던 스틸의 편집자는 스틸이 핸퍼드 기사를 쓰고 있는 것에 불쾌해했다. 스틸과 그녀의 편집자는 크게 충돌했고, 결국 스틸은 핸퍼드 취재를 위해 개인 시간을 쪼개야 했다.

그녀의 FOIA 요청이 있은 지 얼마 되지 않아 FBI 요원이 나타나 스틸에게 많은 질문을 던졌다. 특히 왜 플루토늄에 대해 알고 싶어 했는지를 물었다. 스틸은 요원에게 보도국에서 나가 달라고 부탁했다. 그녀는 그의 방문을 자신을 겁줘서 취재를 못하게 하려는 시도로 해석했다. 그러나 몸집이 작은 빨강머리 스틸은 쉽게 겁먹지 않았다. FBI가 그녀를 겁주려 했다는 사실은 그녀가 중요한 조사를 감지했다는 사실을 더욱 확신하게 만들었다.

스틸은 플루토늄이 누락되었다는 제보자의 보고를 확인했다. 한편, 록웰의 안전 검사관 케이시 루드Casey Ruud 또한 핸퍼드의 안전 문제와

* 정보자유법Freedom of Information Act은 정부 기관이 보유하고 있는 자료에 대한 일반 대중의 접근을 허락하는 연방 정보공개법의 하나로 요청이 있을 경우 미국 정부가 통제하는 자료 중 이전에 공개하지 않았던 정보와 문서를 전적으로 또는 부분적으로 공개하는 것을 골자로 한다.

록웰 운영진의 시정 거부에 대해 불안해했다. 그는 감사 보고서를 《시애틀 타임스》 기자에게 흘렸고, 그의 후속 기사는 스틸의 기사를 뒷받침했다.[9] 기자들은 함께 조사를 확대했고, 퓨렉스 공장과 Z공장의 부당 경영 및 오염에 대한 기사를 게재했다.[10] 기자들은 노후화된 공장들이 노동자들뿐만 아니라 주변 지역사회에도 위험하다는 점을 시사했다. 보도를 접한 평화 단체는 스포캔 교회에서 만나 재개된 레이건 시기의 냉전 수사와 국방 예산의 39퍼센트 증가에 대한 불안을 논의했다. 단체 구성원들은 핸퍼드를 군비 경쟁의 지역적 발현으로 겨냥하기로 결정했다.[11] 화학박사 학위를 가진 유니테리언주의* 목사인 빌 허프Bill Hough는 이 단체가 나이키Nike 미사일 기지에서 시위하는 대신 밀폐된 핸퍼드 공장에 대해 알아내는 데 그들의 자원을 집중해야 한다고 제안했다. 그들은 비밀 부지에 대한 지식이 있으면 해당 지역의 핵무기 생산에 대한 발언권을 얻을 수 있을 것이라고 전략을 짰다. 구성원들은 핸퍼드 교육행동연맹HEAL(Hanford Education Action League)을 결성하여 워싱턴 D.C.에 있는 환경정책연구소Environmental Policy Institute의 로버트 알바레즈Robert Alvarez와 함께 공장의 방사성 방출에 대한 정보를 요구하는 대규모 FOIA 요청을 제출했다.[12]

그제서야 스틸의 편집자는 그녀의 핸퍼드 보도가 가진 가치를 알아보고 그녀에게 기사를 쓸 수 있는 시간을 주었다. 스틸과 다른 기자들

---

* 유니테리언주의Unitarianism는 이신론의 영향을 받은 반反삼위일체론 계통의 기독교 운동이다. 이들은 신은 하나라는 유일신 신앙 즉, 단일신론Unitheolism을 주장한다.

은 수십 년간의 침묵 끝에 말하기 시작하거나 때로는 속삭이기 시작한 트라이시티 사람들의 도움을 받았다. 예컨대 스틸은 프랭클린과 벤튼 Benton 카운티의 보건당국 책임자인 허버트 칸Herbert Cahn을 인터뷰했다. 칸은 오랫동안 원자로 사고에 대비해 지역 주민들에게 아이오딘 알약을 배포하고 싶어 했지만, 그렇게 하면 해고될 것이라는 말을 들었다.[13] 기사가 나오자 스틸은 살인 협박을 받기 시작했다. 그녀는 스포캔과 리치랜드 사이의 먼 길을 낮에만 운전하는 데 만전을 기했고, 때로는 동료를 데리고 가기도 했다. 그녀는 집에 두 명의 어린 딸이 있었다. 캐런 스틸은 제2의 캐런 실크우드가 되고 싶지 않았다.

1986년 1월의 **챌린저호** 폭발 사고* 및 우주왕복선 문제가 은폐되었다는 후속 폭로 이후, 에드 브리커는 침묵 서약을 깨기로 결정했다. 신디 브리커는 피고용인이 고용주의 불법 행위나 공중 보건 또는 안전을 위협하는 행위에 대한 정보를 공개할 권리를 가진다는 내부 고발자 보호법Whistleblower Protection Act에 대해 알게 되었다. 법이 자신의 편이라고 생각한 신디는 그녀의 남편과 협력하는 데 동의했다.[14] 저녁에 아이들이 잠자리에 든 후 그들은 공장의 안전 위반에 대한 보고서를 작성하여 위장 정보원을 통해 비영리 감시 단체인 정부책무계획Government

---

* 우주왕복선 챌린저호 폭발 사고Space Shuttle Challenger disaster는 1986년 1월 28일, 미국의 우주왕복선 챌린저호가 발사 73초 후 고체 연료 추진기 이상으로 폭발해 대원 7명이 희생된 사고이다.

Accountability Project*과 여러 하원 위원회에 발송했다.

HEAL의 압력, 언론 노출, 의회 조사관들에게 악영향을 주는 내부 고발자들의 보고는 1977년 AEC가 해체된 후 원자력 부지를 인수한 에너지부에 폭풍을 불러일으켰다. 그 압력으로 마침내 DOE 관리들은 손을 써야 했다. 1986년 2월 기자회견에서 리치랜드 DOE의 책임자 마이클 로렌스Michael Lawrence는 예비 활동가들과 기자들 앞에 기밀 해제된 FOIA 문서 1만 9,000쪽을 떨어뜨렸다. 로렌스는 핸퍼드가 "숨길 것이 아무것도 없다"고 선언하면서 그 문서들이 핸퍼드에 의해 아무도 피해를 입지 않았음을 증명할 것이라고 말했다. 개인적으로 로렌스는 5피트 높이 문서 더미의 엄청난 양과 기술적 복잡성으로 비판자들을 겁주려고 했다.[15]

이 전술은 놀라울 정도로 역효과를 냈다. HEAL 단체와 지역 기자들은 열린사회를 본질적으로 뒷받침하는 것이 정보라고 믿었던 충성스러운 미국인들이었다. 그들은 굴하지 않고 산더미처럼 쌓인 기술 자료를 파고들었다. 스틸과 HEAL 활동가들은 신속하게 작업하면서 스리마일섬 사고를 왜소하게 만드는 유독한 그린 런 관련 문서를 발견했다.[16] 설상가상으로 그들은 그린 런이 사고가 아니라 의도적인 것이었고, 공장이 운영 절차의 일환으로 1940년대와 1950년대에 매일같이 막대한 양의 폐수를 무단 방류했다는 점을 발견했다. 그들은 유출된 방사성 동위원소에 의한 오염의 총량이 당시 알려진 다른 어떤 곳보다 많은 수백만

* 1977년 세워진 내부 고발자 보호 및 옹호를 골자로 하는 미국의 비영리 기관이다.

퀴리에 이르렀다고 결론지었다.[17]

　이 이야기들이 터진 지 불과 몇 주 후에 체르노빌이 폭발했다. 미국인들은 청산자들이 조사照射된 흑연 조각을 치우는 텔레비전 영상을 지켜보았다. 시청자들은 헬리콥터가 강렬한 감마선에 의해 고장나서 연기를 내뿜는 원자로로 추락하는 모습도 보았다. 그들은 중산층 소비에트인들의 한 공동체 전체가 숨 가쁘게 버스에 올라 목숨을 걸고 도망치는 한편, 소비에트 관리들은 안전하게 모스크바에서 평범하고 상투적인 말로 참사를 최소화하는 모습을 목격했다. 체르노빌 사고는 미국 핵 편제 구조에 충격을 주었다. 체르노빌의 흑연감속 수랭식 원자로가 1940년대에 미국에서 훔친 설계에 바탕을 두고 있었기 때문이다. 양용으로 전기와 플루토늄을 생산한 체르노빌 4호 원자로는 핸퍼드 N원자로의 유사 복제품이었고, DOE 관리들은 몇 달 후 그것을 신속하게 폐쇄했다. 당시 의회 조사관이었던 밥 알바레즈Bob Alvarez는 소비에트와 미국의 핵 복합체들 사이의 많은 다른 충격적인 유사성들, 즉 차단 없는 원자로, 더러운 처리공장, 규제위원회의 경계 밖에서 가동되는 공장, 공적 자금의 무분별한 지출, 핵무기 부지를 국가 희생 지대로 취급하는 관행 등이 존재했기 때문에 입법자들이 불안해했다고 말했다.[18]

　불안해진 의회 조사관들은 조사를 강화하고 미국 핵무기 시설에 대한 최초의 외부 안전성 점검을 실시했다.[19] DOE는 자체 안전성 점검을 수행했는데 핸퍼드의 문제가 너무나 심각해서 입법자들이 1986년 가을 그것들을 수리하기 위해 폐쇄를 명령했다.[20] 언론 기사는 노동자들이 근무 중에 마리화나와 헤로인을 사용 및 판매하고 지역 경찰이 조사할 수 없는 핸퍼드 구역 내에서 숨겨둔 무기를 소지하고 다니는 등 무법천지 같은 원자력 지대의 특징을 묘사했다.[21] FOIA 요청에 둘러싸이고 각종 누설과 내부 고발자에 의해 골머리를 앓은 DOE는 비밀 해제된 문서들을 더 많이 공개했다. 1987년, 록웰이 해고되고 웨스팅하우스로 대체되었다. 그러나 전국의 모든 DOE 관할 무기 시설에 심각한 부실 관리와 오염이 있다는 폭로가 이어졌고, 그 이야기는 1988년 9월 말부터 1989년 3월 초까지 《뉴욕타임스》의 헤드라인을 연일 장식했다. 헤드라인은 융단폭격 효과를 가져왔고, 각각은 리치랜드와 같은 지역사회를 수십 년간 하나로 묶었던 용인된 진실에 구멍을 냈다.

트라이시티에서 한 소규모 평화 단체가 무기 생산 재개에 항의하고 내부 고발과 침묵에 대한 논의를 독려했다.[22] 그러나 더 많은 지역 주민들은 전국으로 퍼져나간 부정적인 언론 보도에 분개했다. 내부 고발자들이 계속 불평하고 기자들이 계속해서 그들을 지지한다면 공장은 영구적으로 폐쇄될 수 있다. 그러면 그들의 일자리, 부동산 가치, 그리고 지역사회는 어떻게 될까? 뉴스 보도는 또한 사적인 이야기를 담기도 했다. 일부 논평가들은 쇠락하는 무기공장을 전체적으로 쇠퇴하던 자동차 산업 및 제조업에 비유하면서, 미국인들이 더 이상 자신들이 창안했던 과학과 기술을 숙달할 수 없음을 시사했다.[23] 지역사회의 긴장이 고조되면서 브리커는 직장에서 "그 빌어먹을 브리커"가 되었다. 그는 보잘것없는 업무를 부여받았고 멸시를 받았다. 한 동료는 그의 얼굴을 때렸다. 1987년 1월, 총괄 부책임자 클레그 크로포드Clegg Crawford는 DOE의 안전 및 보안 사무국Safeguards and Security Office 부국장 휘트니

워커Whitney Walker와 만나 "브리커 문제"를 논의했다. 400명의 무장한 사설 보안 요원으로 구성된 대규모 부서를 지휘했던 휘트니는 "특수 항목—두더지Special Item—Mole"라는 메모에서 브리커의 "시기적절한 종료"를 위한 행동 계획을 작성했다.[24] 그러나 브리커를 해고하는 일은 그리 쉽지 않았다. 10년차 고참인 브리커는 상급자였고 노조의 지지를 등에 업고 있었다. 휘트니는 해고를 정당화하거나 협박을 통해 그를 그만두도록 유도하기 위해 브리커에 대한 낯 뜨거운 정보를 구했다.[25]

이 임무를 수행하기 위해 보안 요원들은 브리커의 동료들에게 브리커와의 대화를 녹음하도록 도청 장치를 착용할 것을 요청했다. 그들은 브리커의 친구들을 괴롭히고 그에 대한 정보를 내놓으라고 했다. 브리커 가족은 전화선에서 딸깍거리는 소리를 들었고, 집 앞에 RV* 한 대가 주차된 것을 발견했다. 그들은 자신들이 사진 찍히고 녹음되지는 않았는지 궁금해했다. 보안 관리들이 "브리커 전략 회의실"이라고 부르는 곳에서 그들이 수집한 자료를 분석했지만 교회에 다니는 가정적인 남성 브리커에게서 해고를 정당화할 수 있는 아무것도 찾지 못했다. 1987년 웨스팅하우스가 록웰 계약을 인수했을 때 보안 요원들은 브리커에 관해 열한 권에 달하는 놀라운 양의 정보를 계속 수집했다. 웨스팅하우스 관리자들은 브리커에게 일자리를 지키기 위해 두 차례의 심리 검사를 더 받을 것을 요구했다. "반대자들을 미쳤다고 말하는 것은 러시아에서나 볼 수 있는 행동이죠"라고 신디 브리커는 기억했다. "미국에서

* 레저용 자동차Recreational Vehicle를 의미한다.

이런 일이 일어날 줄은 꿈에도 몰랐습니다."[26]

한편, 리치랜드에서는 주민들이 그들의 공장을 지키기 위해 조직화했다. 그들은 핸퍼드 가족Hanford Family이라는 단체를 결성했다. 그들은 지역 주민들의 우수한 건강과 공장의 안전성을 홍보하는 책자를 찍어냈다. 그들은 집회를 열고 컬럼비아 전역에서 공장과 국방을 위해 연대했다. 그러나 동유럽인들이 자국의 공산당을 분해하고 미하일 고르바초프가 유쾌하게 소비에트의 냉전 무기고를 해체하고 있었다는 사실은 비밀, 방위, 핵 경계에 대한 호소를 한물간 것으로 만들었다. 1989년 베를린 장벽이 무너지면서 노후화된 미국의 핵무기 복합체는 순전히 노후화의 무게로 인해 붕괴했다.

1989년, DOE 관리들은 플루토늄 공장을 폐쇄했고 정화가 필요한 심각한 환경 참사가 발생했음을 인정했다.[27] DOE 관리들은 또한 부분적으로 새로운 어휘로 수정해야 하는 감독과 지도력 문제를 인정했다. 그들은 앞으로 주 및 지역의 "이해 당사자들"과 협력하고 "투명성"과 "환경적 책무"를 실천하겠다고 맹세했다. 빌 클린턴Bill Clinton 대통령은 헤이즐 오리어리Hazel O'Leary를 DOE의 총무로 지명했고, 오리어리는 내부 고발자들을 보호하겠다고 약속했다. 케이시 루드는 DOE의 안전 검사관 자리를 얻었다. 워싱턴주 보건국은 에드 브리커를 고용하여 핸퍼드 부지를 조사하고 규제하도록 했다. DOE 회계 감사관들은 정화 비용이 1,000억 달러에 달하고 50년이 걸릴 것이라고 추정했다.

가격표는 입법자들을 망연자실하게 만든 한편, 트라이시티 사람들이 잘 들리는 안도의 한숨을 내쉬게 했다. 오랜 기간 동안 핸퍼드 옹호자였던 샘 볼펜테스트는 눈치 없이 《월스트리트저널》에 원자력 구역의 방사성 오염이 "금광"이라고 말했다. 그는 "녹색 물질이 하늘에서 그냥 비처럼 쏟아져 내리고 있다"고 열변을 토했다. 실제로 1990년대 초반에 이르러 40년 만에 최고치인 1만 8,000명 이상의 사람들이 핸퍼드에서 정화 작업을 하면서 평균 4만 3,000달러의 봉급을 벌었다. 학교 등록은 30퍼센트 증가했다. 지역사회는 새로운 골프장을 짓고 있었다.[28]

냉전이 끝나고 핸퍼드가 수십 년 동안 숨겨온 비밀이 공개된 후에, 법을 위반한 계약자들이 해고되고 새로운 계약자들이 고용된 후에, 개방성, 지역사회 참여, 환경적 책무라는 완전히 새로운 문화가 핸퍼드에서 시작되었다고 생각하면 좋을 것이다.

그러나 상황은 그렇게 흘러가지 않았다.

그 대신 해외에서 무력화된 국제적 냉전이 미국의 심장부로 되돌아와 정착했다. 에드 브리커에 대한 괴롭힘은 계속되었고 안전 문제에 대해 불평했던 그의 형 빌Bill도 해고되었다.[29] 케이시 루드가 의회에서 증언한 후 웨스팅하우스 관리자들은 그를 해고하고 블랙리스트에 올렸다.[30] 기술자 소냐 앤더슨Sonja Anderson이 폐기물 저장고가 폭발할 수 있다고 경고했을 때, 그녀는 침묵 당했고 저장고는 정말로 터져버렸다.[31] 방사성 폐수가 흐르는 배관에 크기가 작은 밸브를 장착하는 것을 거부했다는 이유로 배관공 직원이 해고되었다.[32] 앤더슨, 브리커, 그리고 이네즈 오스틴Inez Austin, 파울라 나다니엘Paula Nathaniel, 개리 레크볼드Gary Lekvold를 포함한 다른 내부 고발자들은 전화기가 도청당하고 미행당하고 집에 누군가가 침입하고 가족들이 위협을 받고 정보원들이 주변을 에워쌌다. 그들은 안전성에 관한 질문을 제기했다는 이유로 강등되거나 해고되었다. 보안 요원들은 반대자들을 추적하면서 보안 요원들은 냉전기 적들을 겨냥해 갈고닦은 심리전 전술을 사용했다. 이네즈 오스틴은 리치랜드에 있는 그녀의 집으로 돌아와서 누군가 침입한 것을 발견했다. 침입자는 모든 문과 창문을 열어놓고 모든 전등을 켜둔 채 아무것도 가져가지 않았다. 보안 요원들은 레크볼드의 여자 친구에게 그의 성행위에 대해 묻고 세븐일레븐의 점원들에게 그의 맥주와 복권 구매에 관해 질문했다. 레크볼드는 자신의 사생활에 대한 회사의 감시를 KGB의 전술에 비유했다.[33]

웨스팅하우스 핸퍼드 회장 토머스 앤더슨T. M. Anderson은 1991년 기자들에게 "우리는 직원 중 어느 누구도 감시하지 않습니다. 그렇게 할 수 있는 장비도 없습니다"라고 말했다. 노동부의 조사 결과 웨스팅하우스의 소유지에서 스파이 조직 대장이 가지고 있을 법한 무기고를 발견했다. 무기고에서는 공격용 헬리콥터, 생체공학적 보청기, 아주 작은 구멍의 비디오카메라, 저속 촬영 비디오카세트 녹화기, 200대의 전화 네트워크를 도청할 수 있는 청취 장치, 그리고 간첩 본부로 개조된 RV가 발견되었다.[34]

관성은 물체의 질량에 비례한다. 그리고 핵무기 복합체의 질량은 예나 지금이나 막대하다. 계약자들과 총괄 책임자들이 왔다 갔다 하기는 했지만, 대부분의 직원들은 체르노빌 이전부터 남아 있거나 핵 추진 해군*과 같은 여타의 냉전 방위 시설들을 순환했을 뿐이었다.[35] 플루토늄을 사라지게 하는 훈련이 아니라 생산하는 훈련을 받은 이 직원들은 공장의 새로운 정화 임무에 다시 적응하는 데 어려움을 겪었다.[36] 그들은 또한 비밀을 지키고, 사고를 은폐하고, 위험을 최소화하고, 반대자들을 징계하려는 충동과 같은 다른 오래된 습관들을 유지했다. 과거와 마찬가지로 새로운 정화 계약자들도 사기, 비용 초과, 막대한 간접비 및 상여금, 임금 지불 계약, 순응 압력에 시달렸는데, 이 모든 것은 권위, 과학, 기술, 그리고 지속적인 연방 납입금에 대한 차분한 믿음으로 뒷받침되었다.[37]

이러한 선천적인 문제가 없더라도 정화 작업은 작지 않았고 그리로 향하는 경로는 극도로 위험했다. 5,300만 갤런의 다른 독극물과 핵분열 생성물들 사이에 산재된 1,700파운드의 플루토늄-239를 안전하게 차단하는 임무는 이전에 시도된 적이 없었다. 이 과제가 지닌 전인미답의 성격은 기술적 문제를 복잡하게 만들었다. 감사관들은 부지에 원래 보고된 것보다 3배나 더 많은 플루토늄이 있다는 것을 깨달았다.[38] 노동자들은 오염된 실험용 동물 사체를 실은 채 매몰된 기차 차량, 오염된 아기 기저귀 보관실, 접촉 시 사망할 수 있을 정도로 오염된 방사성 토양과 같은 놀라운 발견들을 우연히 찾아냈다.[39] 1990년대에 핸퍼드 계약자들은 수십억 달러를 소진해 놓고도 두 배 더 많은 돈과 시간이

---

* 핵 추진 해군nuclear-powered navy은 원자력을 동력으로 하는 선박들로 구성된 해군을 일컫는 말이다.

필요하다는 것만 인정했다. 1993년, 웨스팅하우스는 쫓겨났고 플루어 Fluor*로 대체되었다.

플루어는 진척이 느렸고, 지연, 초과 비용, 안전 과태료로 인해 궁지에 몰렸다. 그 10년의 말미에 플루어 관리들은 누수가 일어나는 수십 개의 지하 폐기물 저장고를 수리하고, 컬럼비아강 바로 위에 있는 유독성 폐기물 저장소를 정화하고, 45마일에 달하는 방사성 폐수가 폐기된 개방형 도랑을 봉인하거나 임시 저장소의 통과 저장고 안에서 꾸르륵 대는 수백만 갤런의 방사성 폐기물을 유리벽돌 안에 안전하게 차단하는 방안을 고안하는 데 별 진전이 없었다는 것을 인정했다.[40] 2000년 이후, 바텔이 새로운 폐기물 처리장 설계를 맡게 되었다. 그러나 바텔이 설계 문제로 곤경에 빠지자 그 일은 벡텔 제이콥스Bechtel Jacobs**에 재배정되었다. 벡텔은 워싱턴의 상원의원 패티 머레이Patty Murray가 추진한 바락 오바마Barack Obama 대통령의 경기부양책으로 풍부한 자금 지원을 누렸다.[41] 그러나 2011년, 벡텔 또한 지연, 비용 초과, 그리고 회사가 수백만 달러의 상여금을 받기 위해 설계와 안전을 소홀히 한 혐의에 직면했다. 벡텔은 또한 억압된 내부 고발자들의 소송에 직면해 있다.[42] 이러한 내부 고발자 중 한 명인 월트 태모새티스Walt Tamaosaitis는

---

* 1912년 창립됐으며, 텍사스에 본부를 두고 있는 미국의 다국적 공학 및 건설 회사이다.
** 1997년 창립됐으며, 벡텔Bechtel과 제이콥스 엔지니어링 그룹Jacobs Engineering Group 이 소유하는 유한책임회사이다. 테네시주 오크리지의 DOE 관리 연방정부 부지에서 폐기물 처리와 자연 회복 활동을 담당하는 미국 에너지부의 원수급인이다.

전 수석 설계자로, 바텔이 설계하고 벡텔이 신속하게 승인하여 회사가 상여금을 얻을 수 있도록 한 120억 달러 규모의 유리고화固化공장이 제대로 작동하지 않을 것이고, 가동 후에 폭발할 가능성이 높다고 주장한 사람들 중 한 명이다.[43]

2011년, 에드 브리커는 올림피아에서 버스를 운전하고 있었다. 워싱턴주 보건국 소송 합의의 일환으로 더 이상 원자력 산업에 대한 주州의 감시자로 일할 수 없었기 때문이다. 그는 여러 가지 업무 관련 건강 문제에 시달리고 있었다. 피부에는 뚝뚝 떨어지는 폐수에 의한 흑색종과 낭종이, 몸 안에는 폐기물 저장고의 유독한 증기를 흡입하여 얻게 된 만성폐쇄성폐질환이 있었다. 캐런 돈 스틸은 재정 문제로 어려움을 겪고 있던 《스포크스맨 리뷰》가 조사 부서를 축소한 후 조기 퇴직했다.[44] 케이시 루드는 1990년대에 DOE의 안전 검사관으로 일했지만 그의 고위급 보호자였던 헤이즐 오리어리가 사무실을 떠난 직후 해고되었다. 많은 다른 내부 고발자들도 그의 뒤를 따랐다.[45]

이 그림이 암울해 보이더라도 용기를 내야 할 이유가 있다. 플루토늄 장막이 찢어지면서 사기와 안전 위반을 숨기기가 더 어려워졌기 때문이다. 언론인, 감시 단체, 의회 위원회가 계속해서 감시하고 조사하는 한, 나라의 최대 슈퍼펀드 부지를 관리하는 이들에게 책임을 물을 수 있다. 역사가들은 장벽이 무너지고 독재자가 몰락하고 오랫동안 밝혀지지 않았던 진실이 마침내 빛을 발하는 승리의 순간을 축하하는 경향이 있다. 그러나 개혁과 혁명은 너무 오래 걸리고 성가시고 지저분한 일로, 끈질긴 인내와 강철 같은 용기, 확고부동한 결의를 가진 사람들에게 가장 잘 어울리는 일이다. 그리고 다행스럽게도, 그러한 사람들은 존재한다.

기사를 게재한 지 25년이 지난 후에도 캐런 돈 스틸은 핸퍼드에 관한 기사를 계속 수집한다. 정부책무계획의 톰 카펜터Tom Carpenter는 1987년에 처음으로 브리커와 루드를 옹호했다. 그는 여전히 밥 알바레즈처럼 핸퍼드 정화와 안전 및 노동 위반을 지칠 줄 모르고 감시하며 보고하고 있다. 관료제와 보안 규정의 미로를 꿰뚫어본 이들은 감추고 최소화하고 부정하기 쉬운 핵분열 생성물에 초점을 맞추기 위해 국가와 그 계약자들에 대한 감시를 자신들의 사명으로 삼은 사람들 중 일부에 불과하다. 누구의 요청도 받지 않았지만, 이 개인들은 역사가 리처드 로즈Richard Rhodes*가 "어리석음의 무기고arsenal of folly"라고 부르는 40년 역사가 남긴 부담을 짊어진다. 1980년대에 핸퍼드 가족의 구성원들은 성조기를 들고 그들을 비방하는 사람들에 맞서 애국심이 오직 자신들의 것이라고 주장했다. 그리고 수많은 플루토늄 조작자들은 확실히 나라를 지키기 위해 자신의 생명과 건강을 바쳤다. 그러나 플루

---

* 리처드 리 로즈Richard Lee Rhodes(1937~)는 미국의 역사가, 언론인, 소설가로 26권의 책 집필을 통해 다양한 상을 수상했다. 그의 1987년도 작품 《원자폭탄 만들기The Making of the Atomic Bomb》은 초기 핵무기 역사 및 20세기 전반 현대 물리학의 발전에 관한 권위 있는 서술로 인정받아 퓰리처상Pulitzer Prize를 수상하기도 했다. 이 책을 포함해 1995년작 《수소 폭탄 만들기Dark Sun》, 2007년작 《어리석음의 무기고Arsenals of Folly》, 2010년작 《핵폭탄의 황혼The Twilight of the Bombs》은 4부작으로 냉전기 핵무기 경쟁과 그 이후를 다룬 로즈의 대표작들이며 그를 가장 권위 있는 핵무기 역사가의 반열에 오르게 했다. 이 중 처음 두 권은 우리말로 각각 2003년과 2016년에 번역되었다.

토늄 장막 안에서 수십 년간 열심히 일하기 위해서는 민주주의에 대한 확고한 믿음이 필요하다. 비록 거의 알려지지 않았고 전반적으로 칭송받지는 않지만, 국민 건강을 지키는 이 사람들 또한 영웅이었다.

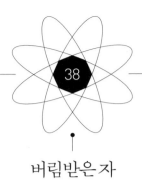

38

버림받은 자

나는 2009년 8월 토요일 아침, 무슬류모보Muslumovo에 모습을 드러냈다. 무슬류모보는 테차강의 구불구불한 L자형 굽이 안쪽에 펼쳐진 큰 마을이다. 마을 중심부에는 기차역, 아파트 건물 몇 채, 그리고 모퉁이 상점이 있다. 마라트 아흐마데예프Marat Akhmadeev는 역에서 움푹 들어간 고풍스러운 고동색 라다Lada*에 탄 채 나를 맞아주었다. 우리는 비포장도로의 일렁이는 바다 위에서 위아래로 흔들렸다. 무슬류모보는 반은 그곳에 있고 반은 사라진 기이한 마을이다. 좌우로 많은 집들이 버려지고 어느 정도 해체되어 풍화된 벽지, 버려진 옷, 뒤집힌 가전제

---

* 소련의 자동차 회사였던 바즈BA3에서 1970년대 초반부터 제작하여 판매한 자동차 브랜드다. 이탈리아 회사 피아트Fiat의 기술적 지원을 받아 제작되었다.

품들이 드러났다.

무슬류모보는 1949~51년 일어났던 방사성 폐기물의 홍수 이후 소개되지 않았던 테차강 주변의 큰 마을 셋 중 하나이다. 마을 사람들은 규모 때문에, 그리고 계약자들이 재건 비용이 많이 들 것이라고 주장했기 때문에 그대로 남아 있었다. 60년 동안 거주자들은 방사성 폐기물 저장고나 다름없는 강 근처에서 살았다.

무슬류모보에는 일자리가 없다. 이곳 사람들은 첼랴빈스크에 가서 일하거나 아니면 오래전에 사라진 무슬류모보 집단농장의 일부 땅을 경작한다. 나를 초대한 마라트는 이 땅에서 농사를 지으며 살고 있는데, 땅에서 산다는 것은 방사선 수준이 놀랄 만큼 높은 무슬류모보에서는 새로운 의미를 갖는 용어이다. 마라트의 집에 차를 세웠을 때 그의 10대 아들이 조용히 우리를 따라왔다. 소년의 발걸음이 움찔하는 것을 눈치채고 나는 그를 바라보았다. 입이 아래로 축 처지고 손가락이 비틀어진 소년은 더듬거리는 인사를 입모양으로만 했다. "우리의 **방사둥이** [*nash luchevik*], 카레옘Kareem입니다"라고 마라트는 모든 가정에 **방사둥이**가 있는 것처럼 직설적으로 말했다.

마라트는 나를 송아지 고기, 거위, 샐러드, 사탕무, 감자 등 음식으로 가득한 식탁으로 안내한 다음, 미국인 손님을 위해 사우나를 데우러 달려 나갔다. 나는 그 나무들이 테차강에서 눈에 보이는 나무들을 자른 것이라고 생각했다. 나는 사우나를 하고 싶지 않다고 했다. 마라트는 불을 지피며 고집을 피웠다. 나는 뜰에서 연기가 우리 쪽으로 굽어지는 모습을 바라보았다. 바로 거기에 작은 체르노빌이 있었다.

마라트*는 "타타르 전통에 따라" 먼저 식사하고 얘기는 나중에 하길 원했다. 나는 먹고 싶지 않았다. 아침 9시였고 배고프지 않았다. 무엇보다 그가 집에서 기른 음식을 먹을 정도로 용감하지 않았다. 이것은 그도, 나도, 조용하게 귀 기울이는 그의 아내도 말하지 않았던, 모두가 알고 있지만 말하기를 꺼리는 방안의 코끼리와 같았다. 매일같이 먹어야 했고, 먹고 살아야 했던 그들의 음식은 내가 한 끼만 먹기에는 너무나 조사照射되어 있었다. 점점 더 초조해진 마라트는 보드카 한 병을 꺼내 내게 권했다. 나는 그 또한 거절했다. 그때는 몰랐지만, 마라트는 그의 오염된 집에 들어서는 나의 건강을 지켜주기 위해 그가 할 수 있는 모든 것을 하던 중이었다. 오죠르스크에서와 같이 마을에서 보드카는 중요한 신체 정화제이자 천연 영약으로 여겨졌다. 마을 사람들은 사우나도 몸을 정화하는 데 필수적인 것으로 보았다.[1] 곧바로 한 이웃이 도착했다. 1990년대 후반 무슬류모보의 버려진 집에 정착한 체첸 전쟁 Chechen War 난민이었다. 두 남자는 술을 마시기 시작했다. 몇 시간 만에 마라트는 술에 취해 울부짖고 있었다.

현재 무슬류모보 사람들의 건강을 놓고 그들이 아픈지 여부, 아프다면 아픈 이유가 강에 폐기된 방사성 동위원소들 때문인지 아니면 나쁜 식습관과 알코올 남용 때문인지를 두고 법적 공방이 진행 중이다. 의학적 증거들은 모순적이었다. 1959년 알렉산드르 마레이A. N. Marei는 테

---

* 저자에 따르면, 마라트는 자신을 무라트Murat라고 불렀다고 한다. 여기서는 일관성을 기하기 위해 마라트라고 썼다.

차강 마을 사람들이 형편없는 식단 때문에 건강이 좋지 않다고 주장하는 학위논문을 썼다.[2] 이와 대조적으로 1960년 첼랴빈스크주州 집행위는 강 거주자들의 질병을 오염된 강과 연결시켰다.[3] 분명히 자연(방사선)과 양육(생활방식) 사이의 이 논쟁은 오랫동안 계속되어왔다.

1962년, 생물물리학 연구소의 첼랴빈스크 지부인 FIB-4는 무슬류모보 주민들에 대한 정기적인 건강 검진을 시작했다.[4] FIB-4 의사들은 길거리에서 놀고 있던 마을 아이들을 진료실로 초대하여 혈액과 치아 견본을 채취했다.[5] 첼랴빈스크에서 그들은 심장, 폐, 간, 뼈 등 조사照射된 신체 부위의 저장소를 설치했다.[6] 그들은 출생 직후 사망한 유전적

감자를 수확하는 무슬류모보의 농부들
로버트 크노스 제공.

으로 기형인 아기들을 모으기 시작했는데, 각각의 아기들은 2쿼트짜리 유리병에 보존되었다. 네덜란드의 사진작가 로버트 크노스는 저장소를 방문하여 병에 담긴 수백 명의 아기들을 보았다. 그는 올이 굵은 거친 삼베 같은 피부를 가진 한 아기를 촬영했다. 또 다른 아기는 개구리처럼 머리 꼭대기에 눈이 달려 있었다.[7] 의사들은 그들이 검사한 사람들에게 피폭이나 방사선 관련 질병에 대한 진단 결과를 알려주지 않았다. 대신 FIB-4 의사들은 환자들에게 식물혈관성 긴장이상이 있다고 말했다. 이것은 아픔과 건강함 사이에 있는 질병이 생기기 전 상태를 모호하게 설명하는 용어였다.[8]

우랄방사선의학연구소
Ural Research Center for Radiation Medicine
(이전 FIB-4)에 보존된 기형아
로버트 크노스 제공.

강의 방사능의 가장 직접적인 목표는 1950년대 초에 MVD 관리들이 강을 지키기 위해 고용했던 마을 남자들이었다. 강둑에서 8시간 교대 근무를 섰던 이 남자들은 일찍 세상을 떠났다. 라밀라 카비로바야 Ramila Kabirovaia의 아버지는 1952년 강을 감시하는 일에 임명되었다. 2년 후 그는 병에 걸렸고, 7년 후에 사망했다. 부양해야 할 7명의 자녀가 있던 카비로바야의 어머니는 주기적으로 방문하는 과학자들을 위해 강에서 강물 시료를 채집하는 쉬워 보이는 일을 얻었다. 그녀는 위험하다고 전혀 생각지 못했던 방사성 견본들을 아이들이 자는 침대 아래 유리병에 보관했다. 그녀의 아이들 중 다섯 명이 방사선 관련 질병을 얻었다. 두 명은 40대에 사망했다.[9]

1990년대 자신들의 피폭과 FIB-4의 장기적 의학 연구에 대해 알게 된 마을 사람들은 흰 생쥐와 원자 인질White Mice and Atomic Hostages이라는 단체를 결성하고 소비에트 정부가 자신들을 비밀 의학 실험의 인간 피험자로 쓰기 위해 강에 방치했다고 비난했다. 그러나 이야기는 그렇게 간단하지 않다. 강가에 사는 사람들은 과학자들이 "자연 실험"이라고 부르는 보건물리학의 역사에서 유일무이한 기회를 제공했다. 보건물리학은 핵 공격에서 살아남는 방법에 대해 염려한 소비에트 지도자들이 제기했던 중요한 민방위 문제에 답하겠다고 약속했다.[10] 무슬류모보에서의 실험은 사전에 계획된 것이 아니었다. 오히려 그것은 경찰 수사관들이 "우발적 범죄"라고 부르는 것이었다.

사실, 자연적인 환경에서 방사성 동위원소에 수 세대가 피폭된 인구를 가진다는 것은 엄청난 금전적 가치를 갖게 되었다. 2001년 러시아

보건부Russian Ministry of Health는 외국 자금을 유치하기 위해 책자를 통해 "무슬류모보 집단"을 "인간에게 만성적 방사선이 끼치는 발암성 및 유전적 영향의 위험성 평가에 있어서 전 세계적인 중요성"을 가진 데이터 집합으로 홍보했다.[11] 미국 에너지부는 우랄의 데이터 집합에 많은 투자를 했다. 그러나 일본 연구자들은 이 선량 측정 기록이 사용하기에는 너무 신뢰할 수 없다고 보았다.[12]

그것은 내게 1998년도 영화 〈트루먼 쇼〉를 생각나게 한다. 〈트루먼 쇼〉는 자신의 삶 전체가 리얼리티 텔레비전 쇼에 상연됐음을 발견한 한 보험 사정인에 관한 영화이다. 어느 날 잠에서 깨어난 후, 당신이 의학 실험의 일환으로 항상 관찰되어왔다는 것을 깨닫고, 그것이 바로 당신이 다른 어떤 곳도 아닌 무슬류모보에 있는 이유이고, 외딴 진료소의 의사들이 당신과 당신의 대가족 이름을 알고 있는 이유이며, 아마도 당신의 기분이 좋지 않은지를 아는 이유임을 상상해보라. 글루파리다 갈리모바Glufarida Galimova 박사는 체르노빌 재난이 일어난 직후인 1986년에 그녀의 고향인 무슬류모보의 한 소아과 병동에서 수석 의사로 일하고 있을 때 그러한 깨달음을 얻었다. 그녀는 지역사회에 질병이 포화 상태에 있다는 사실에 어리둥절했다. 질병은 희귀했고, 기이했으며, 복잡했고, 종종 유전적이었다. 아이들은 뇌성마비, 뇌수종, 사라진 신장들, 추가적인 손가락들, 빈혈, 피로 또는 약한 면역 체계를 가지고 있었다. 많은 아이들이 고아가 되거나 장애인 부모가 있었다.

갈리모바는 다른 의사들에게 그것에 대해 물었다. 그들은 마을 사람들이 형편없는 식사와 술 마시는 그들 자신의 행동 때문에 아픈 것이라고 말했다. 의구심을 가진 갈리모바는 조사에 나섰고 FIB-4가 무슬류모보의 건강 기록과 함께 50년 된 등기부를 가지고 있음을 알게 되었다. 그녀는 그 기록을 대중에게 공개해줄 것을 요청했다. 그녀의 요청은 아무런 답변도 얻지 못했다. 그녀는 언론을 찾았고 시민 단체를 조직하는 데 일조했다. 보안 기관은 그녀가 국가 기밀을 누설했다고 비난했고 그녀는 직장에서 해고되었다. 갈리모바는 이에 굴하지 않고 의학과학원 시베리아 분원Siberian Academy of Medical Science* 유전학 분과의 수장 니나 솔로비예바Nina Solovieva와 팀을 꾸렸다. 두 의사는 무슬류모보에서 신생아와 소아의 건강을 추적했다. 1995년 솔로비예바가 유방암으로 사망하면서 갈리모바는 홀로 연구를 지속했다. 그녀는 1990년대 무슬류모보에서 태어난 아이들의 절반 이상이 여러 병을 앓았음을 발견했다. 1999년에 태어난 아기들의 경우 95퍼센트가 유전적 장애를 가지고 있었다. 한편, 무슬류모보 어린이들의 90퍼센트는 빈혈, 피로, 면역장애에 시달렸다. 갈리모바는 이 도시 성인들의 기록을 조사한 결과 7퍼센트만이 "건강하다"고 말할 수 있음을 발견했다.[13]

1992년, FIB-4 의사들은 마침내 무슬류모보 거주자들의 건강 기록을 기밀 해제했다. 공개 보고에서 연구자들은 만성방사선증후군에 초점을 맞췄고 러시아 연구자들이 오랫동안 방사선 피폭의 가장 걱정스

---

* 1944년 세워진 소련 의학과학원Академия медицинских наук СССР의 시베리아 분원이다. 소련의 해체로 인해 소련 의학과학원의 후신으로 러시아 의학과학원이 1992년 설립됐으며, 이 기관은 2013년부터 러시아 과학원의 일부가 되었다.

러운 결과로 여겨왔던 유전적 건강 영향은 다루지 못했다.[14] FIB-4 의사들은 수년 동안 강가에 거주하던 사람들 중 935명을 만성방사선증후군으로 진단했다.[15] 그들 중 674명은 45년이 지난 후에도 여전히 살아 있었다. FIB-4 연구자들은 CRS 환자들의 사망률이 피폭을 받지 않은 대조군의 사망률과 동일하다고 상세히 설명했다. 유일한 차이는 CRS 환자들이 대조군보다 순환계 장애 및 암 발병률이 더 높았고 통계적으로 백혈병 발병률이 더 높았다는 점이다. 그러나 메시지는 CRS가 회복될 수 있다는 것이었다.[16] 1991년, 체르노빌 관련 건강 문제들을 평가하는 최고 공식 발언권자인 앙겔리나 구시코바 박사는 FIB-4의 결론에 이의를 제기했다. 그녀는 테차강 사람들의 실제 만성방사선증후군 사례가 66건에 불과하다고 주장했다. 나머지 사람들은 열악한 식단과 위생으로 인해 브루셀라병, 결핵, 간염 그리고 류머티즘과 같은 평범한 질병에 시달렸다고 그녀는 주장했다.[17] 한편, 관리들은 많은 사람들이 배상을 청구하기 위해 질병을 꿈꾸기 시작했거나 일상적인 질병을 실제적인 혹은 상상된 방사성 과거와 결부시켰다고 비난했다.[18] 이 사람들은 만성방사선증후군은 없었지만 지원금을 찾는 만성적 복지 사례였다고 그들은 말했다.

마을 사람들이 방사선으로 인해 아프거나 다른 사회문화적 요인 때문에 아프다는 두 가지 입장 모두 하나의 도식에 들어맞을 수 있다. 방사선 질병은 특정한 독립형의 질병이 아니다. 그 징후는 다른 질병들과 관련이 있다. 방사성 동위원소는 면역체계를 약화시키는 것으로 알려져 있다. 방사성 동위원소는 또한 기관 조직과 동맥을 손상시켜 순환계

와 소화계에 질병을 일으킨다. 전후 시기의 강 사람들은 확실히 영양
부족, 간헐적 굶주림, 스트레스로 고통받았고, 어린 나이부터 과중한
육체노동에 종사했다. 이 모든 것들이 그들을 방사선과 다른 질병의 해
로운 영향에 더 취약하게 만들었다.[19]

　이 모순된 연구를 고려하면서 나는 첼랴빈스크에서 만났던 무슬류
모보 태생의 두 자매 로자Rosa와 알렉산드라Alexandra를 계속 생각했다.
내가 만났을 때 알렉산드라는 마흔네 살이었다. 그녀는 이빨로 딱딱거
리는 소리를 내며 내게 4개를 제외하고 모두 의치임을 보여주었다. 그
녀는 서른두 살에 치아를 잃었다. 그녀는 FIB-4의 서식 하나를 꺼냈다.
체내 방사능 세슘 수치가 190이라고 기록되어 있었다. 알렉산드라는
"아버지는 수치가 195였어요"라고 여러 번 말했다. 나는 나중에 그녀
와 그녀의 여동생이 어떻게 아버지가 돌아가셨는지, 그의 뼈가 내부에
서 부서지는 모습을 설명해주기 전까지 이 숫자의 중요성을 이해하지
못했다. 그는 처음에는 절뚝거리기 시작했고, 그 다음에는 도움을 받아
야만 조금씩 걸었고, 마침내는 더 이상 움직일 수 없게 되었다. 의사들
은 그가 상당히 희귀한 푸조병Peugeot's disease을 앓고 있다고 진단했다.
알렉산드라는 그녀의 아버지가 거의 죽음에 이르렀던 나중이 돼서야
FIB-4의 의사들이 그것을 뼈 질환이라 밝히고 무슬류모보를 지나 평
화롭게 흐르던 방사성 테차와 관련이 있다고 결론지었다고 말했다. 알
렉산드라는 말하지 않았지만 나는 그녀가 아버지의 운명을 공유할 것
이라고 예상한다. 그녀가 지적했듯, 그녀는 아버지와 세슘 수치가 비슷
하고 치아가 4개뿐이다.

나는 그들에게 어린 시절 테차에서 헤엄친 적이 있는지 물었다. 두 여자들은 의아해했다. "우리는 강에서 수영하지 않았어요! 우리는 강 근처에도 가지 않았고 동네 소의 우유도 마시지 않았어요. 아버지는 집 단농장에서 트랙터를 몰았고, 사고 후 조사照射된 토양을 갈아엎는 청산 작업을 했지요. 그는 테차의 참사에 관한 모든 것을 알고 있었고, 우리 보고 절대 강 근처에는 얼씬도 하지 말라고 했어요."

"우리는 강을 **원자의**[atomnaia] 강이라고 부르곤 했어요. 모두가 위험하다는 사실을 알았죠."

"그러면 근처에 있는 원자력발전소에 대해서도 아셨겠네요?"라고 내가 물었다.

"그럼요, 물론 알고 있었지요."

이젠 내가 의아해했다. 오죠르스크에서 자랐던 그들 나이대 사람들은 내게 그들의 부모가 일했던 공장이 플루토늄을 만드는지 전혀 몰랐다고 말해주었다. 한 여성은 내게 그녀의 아버지가 사탕 포장지를 만드는 줄 알았다고 말했다.[20]

나는 자매들에게 정원을 가꾸는지 물었다. "네, 그럼요, 모두가 그렇게 했지요. 주변의 소개된 마을에서 불도저로 밀어버린 집들이 있었어요. 아버지가 가서 장작을 얻어오면 우리는 난로에서 땠죠." 나는 조셉 해밀턴의 공격적인 방사능 전쟁에 대한 1943년도 연구를 떠올렸다. 그가 "가장 지독한 전쟁용 독가스보다 100만 배는 더 치명적"일 것이라고 추정했던 스트론튬이 가미된 연기에 대해 얼마나 열성적이었는지를 생각했다.[21]

알렉산드라는 어렸을 때 끔찍한 두통을 앓아 며칠 동안 침대에 누워 있곤 했다고 말했다. 그녀와 로자는 그들이 갑상선 질병과 자가 면역 질환을 가지고 있지만, 가장 큰 문제는 자녀들에게서 발생했다고 말해 주었다.

알렉산드라는 네 명의 자녀를 낳았다. 한 명은 태어난 바로 다음날 사망했고, 딸 한 명은 심각한 당뇨를 앓았다.

로자는 두 명의 자녀를 낳았다. 그녀의 딸 크세니야Ksenya는 유아 시절 의학적 문제를 겪었다. 다리가 자라면서 뒤틀린 것이다. 순환기와 소화계 장애도 있었다. 허약하고 불구가 된 소녀는 걸을 수 없었다. 로자는 크세니야가 열세 살이 될 때까지 어디든 데리고 다녔다. 그녀는 소녀를 무슬류모보의 통근 열차에 태운 다음 첼랴빈스크 기차역에서 버스 정류장으로, 시내버스로, 그리고 마지막으로 FIB-4 진료소까지 데리고 가곤 했다. 로자와 크세니야는 그 피곤한 원정을 여러 번 했지만 의사들은 그들에게 아무런 답변도 주지 않았다. 그들은 그저 딸에게 비타민을 주고 안마를 해주라는 말만 로자에게 건넸다. 타타르스탄Tatarstan*에 친척이 있던 로자는 결국 그곳으로 날아갔다. 거기서 의사들은 크세니야가 다리 수술을 받아야 한다고 말했다. 로자는 수술을 위해 돈을 빌렸다. 첫 번째 수술 후 크세니야는 조금 걸을 수 있었다. 두 번째 수술 이후, 열다섯 살짜리 아이는 보행기로 여기저기 돌아다닐 수 있었다.

---

* 타타르스탄 공화국은 소련과 러시아를 구성하는 자치 공화국으로, 수도는 카잔Казань 이다.

그러던 어느 날, 의학 문제가 전혀 없었던 로자의 아홉 살짜리 아들이 잘 시간이 되어 자러 간 뒤 다시는 깨어나지 않았다. 그는 아프지도 않았고 열도 없었다. 의사들은 그가 면역장애에 의해 악화된 바이러스로 사망했다고 말했다.

로자는 그녀가 결혼하고 아이를 가지기 전에 대학에 다녔고 한 의학도와 연애를 했다고 내게 말해주었다. 1년간의 교제 끝에 그는 그녀와 헤어졌다. 첼랴빈스크 연구소에서 무슬류모보 집단에서의 유전적 문제에 대한 비밀 강연을 그가 들었기 때문이다. 그는 강연을 들은 후 그녀와 아이를 갖고 싶지 않다고 말했다. 그는 그녀에게 절대 아이를 갖지 말라고 충고했다. "그때 나는 너무나 상심했었죠. 나는 그가 잔인하게 구는 것이라고 생각했지만, 이제 보니 그가 나를 도와주려고 했던 것 같아요"라고 로자는 회상했다.

무슬류모보 주민들의 주장을 대변하는 변호사인 나제즈다 쿠테포바는 오죠르스크에서 자라면서 원자력 도시 외곽의 가난한 농촌 마을에 사는 이웃들을 무시하는 법을 배웠다고 말했다. "우리는 그들이 무지하고, 술을 너무 많이 마시고, 서로 결혼했고, 그것이 그들이 항상 아픈 이유라는 말을 들었어요. 근친교배와 태아기 알코올 증후군 때문이라는 말이었지요. 하지만 그들과 함께 일하기 시작하면서 나는 그들이 다른 사람들과 마찬가지로 똑똑하고, 지식이 풍부하고, 냉철하다는 것을 깨달았어요. 물론 몇몇은 엄청나게 많이 마시지만요."[22] 1990년대에 방사放射된 테차가 전국적인 뉴스거리가 되었을 때, 무슬류모보는 종종 주목을 받았다. 텔레비전 카메라는 조사照射된 젖소들에서 우유를 짜고, 선량계가 흥분해서 딸깍거리는 숲에서 버섯을 따는 할머니들을 보여주었다. 다음 장면에는 강으로 신나게 뛰어드는 아이들과 뜨거운 물고기들을 운반하는 남자들이 담겨 있었다. 무지한 마을 사람들이 비밀에 싸인 첨단 기술 핵 복합체에 의해 자신도 모르는 사이에 중독되었다는 뉴스 보도는 언론이 번성하는 토양이나 다름없는 무지와 지식, 부자와 빈자에 대한 극단적인 병치만을 내보냈다.

그러나 이야기는 그보다 더 복잡하다. 마을 가정의 아이들은 기자들에게 20달러를 주면 강에서 수영을 하겠다고 말했고, 기자들은 그렇게 했다. 남자들 또한 돈을 받는 조건으로 낚시하는 모습을 촬영하는 것에 동의했다. 마을 사람들은 생선이나 버섯이 위험하다는 것을 알고 있었기 때문에 그 생선이나 버섯을 거의 먹지 않았다. 대신 그들은 그것들을 첼랴빈스크–예카테린부르크 고속도로로 가져가서 그곳에서 팔았다. 오죠르스크에 있는 많은 사람들처럼, 무슬류모보의 사람들 중 공장의 존재나 지역을 오염시키는 사고에 대해 무지한 사람은 거의 없었다. 그들은 저선량 방사선에 장기간 노출되었을 때의 의학적 결과를 과소평가하지 않았다. 무슬류모보의 사람들이 바로 그 결과를 감수하면서 살았기 때문이다. 그들은 자신들과 친밀한 공동체에서 매일 그것을 목격했다. 공장의 보이지 않는 방사성 오염은 지역사회를 증가하는 질환 목록에 대한 의학적 지식을 추구하는 데 오랫동안 휘말리게 했다.[23] 알렉산드라는 무슬류모보의 약국에서 일했고, 구제책을 찾기 위해 고군분투하는 사람들 사이에서 해결책을 찾기 위한 이러한 탐색을 매일같이 봤다.

무지하고, 유전적으로 결함이 있으며, 술에 취한 마을 사람들이라는 비유는 러시아에서 흔한 것이다. 지난 수십 년 동안 우랄 남부에서 이 같은 진부한 표현은 테차강으로의 통제되지 않는 투기와 관련된 인간의 고통을 얼버무리는 데 유용했다. 체르노빌 사고의 피해자 수를 논의하는 학술대회에서 나는 원자력 로비 단체로부터 급여를 받는 관리들에게 똑같은 비난을 들었다.[24] 사실, 정신적 외상과 공포는 무슬류모보 자매인 로자와 알렉산드라의 삶에서 주요 요소였다. 가족의 질환에서 오는 스트레스는 낮은 임금, 불확실한 교통 및 의료 서비스, 사회적 낙인에 의해 악화되었고 엄청난 피해를 끼쳤다. 환경 훼손은 종종 빈곤과 충돌하여 정신적 외상에 대처하고 쇠퇴하는 미래보다는 더 나은 미래를 보장할 결정들을 만드는 데 필요한 자원을 적게 보유한 지역사회에 타격을 입힌다.[25]

무슬류모보에서는 피폭과 자원 부족이 플루토늄 재난을 악화시켰다. 마라트는 자신의 조사照射된 집과 농지를 어떠한 가격에도 팔 수 없기 때문에 다른 곳으로 이사할 기회도 없고, 환갑의 나이에 다른 직업을 찾을 수 있는 기술도 없다. 장애를 가진 그의 아들 카레옘은 부모가 살아 있는 한 그들에게 의지해 살 것이다. 가족의 다른 아들은 최근 결혼했다. 그 젊은 부부는 마라트와 그의 아내와 함께 살고 있다. 그들은 충분한 돈을 벌자마자 무슬류모보에 있는 집에서 살림을 차릴 계획이라고 말했다. 친구들과 가족과 가까이 있고 싶어서라는 이유에서였다.

그리고 인생은 이렇게 흘러간다. 1990년대에 보리스 옐친은 무슬류모보에 나타나 마을을 옮겨야 한다고 선언했다. 옐친은 떠났고, 아무런 조치도 취해지지 않았다. 마침내 2008년, 무슬류모보의 일부 주민들이 재정착했다. 하지만 정부 관리들이 안전하다고 주장한 강 건너편이었다.[26] 지역 비평가들은 이 움직임이 차후의 의학 연구를 위해 귀중한 무슬류모보 집단을 한데 모아두기 위한 것이었다고 주장했다.[27] 사실, 강의 한쪽이 다른 쪽보다 방사능 활동이 훨씬 덜하다는 것을 믿기는 어렵다. FIB-4의 연구 책임자 알렉산드르 아클레예프Alexander Akleev는 무슬류모보 집단이 적절한 의료적 감시를 받기 위해서는 그대로 있어야 한다고 내게 말했다. "이 사람들은 1950년대에 이미 엄청난 방사선 선량을 받았습니다. 그들은 지금 좋은 치료를 받아야 해요. 그들은 이미 뼈에 스트론튬을 가지고 있는데 우리가 그들을 뉴욕이나 메릴랜드Maryland로 이주시킨다면, 그들을 어떻게 돕겠어요?" 아클레예프에게 그들이 지금 좋은 의료 서비스를 받고 있냐고 묻자, 아클레예프는 "아니오. 물론 그렇지 않습니다. 그리고 전에도 그런 적이 없었고요"라고 대답했다.[28] 한편, 사람들은 가족관계와 필요성 때문에 무슬류모보에서 계속 살아갈 것이다.[29] 그렇게 함으로써, 마을 사람들은 공기, 표면, 우물물, 먼지, 토양, 음식, 주변 감마선에서 나오는 방사성 동위원소의 "다중 매체 선량"에 의해 공격을 받는다. 2005년, 연구자들은 마을 사람들의 머리카락조차도 방사성 베타 방사체임을 발견했다.[30]

내가 마라트가 차린 식사를 제대로 먹지 못한 후에 나제즈다 쿠테포바는 택시 트렁크에서 양념에 재운 돼지고기 한 통을 들고 모습을 드러냈다. 마라트의 큰아들이 석쇠에 고기를 구웠고, 마침내 한낮이 돼서야 우리는 식사를 함께하기 위해 모두 자리에 앉았다. 이후 우리는 걸어서 강으로 산책을 갔다. 우리는 노란색 서양톱풀과 보라색 토끼풀, 그리고 벌들이 꿀을 모으는 높은 풀이 무성한 둑을 내려갔다. 우리는 강둑에 있는 19세기 방앗간의 폐허에 도달했다. 나는 이 오래된 방앗간을 2005년 보고서에서 본 적이 있음을 떠올렸다. 감시 요원들은 우리가 서 있던 방앗간 앞에서 자연방사선보다 83배 높은 방사선 수치를 기록했었다.[31] 때는 한여름이었고, 강은 낮았으며, 맑은 갈색 물줄기가 솜털 같은 풀들을 부드럽게 젖혔다. 물줄기는 인도보다 넓지 않았고, 무릎보다 깊지 않았다. "이게 그것인가요, 아니면 단지 지류인가요?"라고 내가 물었다. 마라트는 우리 앞에 있는 개울이 악명 높고, 모두가 두려워하며, 고방사성인 테차라고 장담했다.

일반적으로 환경 참사를 보면 알 수 있다. 재난은 자연 질서의 모양새와 느낌을 해체한다. 내 마음속에서 재난은 냄새가 나거나 연기가 나거나 흉한 상처를 내는 것이었다. 그러나 이 매력적인 작은 개울 주변에서 어울리지 않는 것은 아무것도 없었다. 공기는 신선했다. 제비는 물살을 가르며 이리저리 날았다. 오후가 되면서 점점 뜨거워졌다. 마치 사이렌이 나를 유혹하는 것처럼 나는 미끄러져 내려가 강바닥의 부드러운 돌 위에 두 발을 딛고 싶었다. 나를 막는 울타리나 경고 표지판은 없었다. 나는 내가 세계에서 가장 방사放射된 강 앞에 서 있었다는 사실을 스스로에게 상기시켜야 했다. 나는 이보다 더 사랑스럽고 유혹적인 재난, 그 이름에 걸맞지 않은 재난을 만나본 적이 없었다.

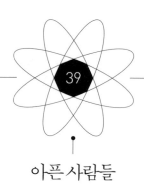

39

아픈 사람들

1980년대 후반, 《스포크스맨 리뷰》의 캐런 돈 스틸의 우편함에 편지가 쇄도했다. 아서 퍼서Arthur Purser는 링올드에 있는 자신의 낙농장에서 갑상선에 종양을 얻게 되었다고 썼다. 라버네 카우츠Laverne Kautz는 10명의 사촌, 5명의 이모, 9명의 친구 그리고 자신의 어머니가 암으로 고통받고 있다고 했다. 메사의 한 농장에 살고 있는 베티 퍼크스Betty Perkes는 1960년에 아기를 잃었고 한 의사는 유치원에 다닐 나이인 딸의 목에서 종양을 제거했다고 말했다. 나머지 가족들은 갑상선 질환을 앓고 있었다. 멜빈 맥아피Melvin McAffee는 1986년 중반 밀밭에 서서 자신의 전립선암, 아내의 갑상선암, 네 자녀들 가운데 두 명이 앓고 있는 갑상선 질환을 떠올렸다. "이곳에서 많은 노인들이 암에 걸렸어요"라고 그는 스틸에게 말했다. "그들은 우리에게 경고했어야 했습니다." 맥아피의 아들 앨런Allen은 더욱 직접적으로 선을 그었다. "그들이 우리를 죽이고 있어요."[1]

이런 장면들은 오리건, 아이다호, 그리고 워싱턴주의 다른 곳에서도 반복되었다. 1980년대 후반 핸퍼드 오염에 관한 신문 헤드라인은 서부 내륙 사람들 수천 명으로 하여금 그들이 집이라고 불렀던 풍경이 눈에 보이지 않는 방사성 동위원소의 폭포를 흘려보내 서서히 그들을 중독시키고 있을지도 모른다고 우려하게 만들었다. 핵분열 생성물이 어떻게 그들의 집으로 들어와 그들의 몸에 침투하여 유전자에 도달하게 되었는지를 이해하게 되면서 분노와 상실감, 소송과 법정 싸움이 뒤따랐고, 핸퍼드 공장을 둘러싼 지역사회를 아픈 이들과 건강한 이들, 피해를 받은 이들과 피해를 가한 이들로 나누었다. 개인적인 차원에서, 이 소식은 많은 사람들이 그들의 전기傳記를 근본적으로 바꾸도록 만들었다.

트리샤 프리티킨Trisha Pritikin은 1950년 리치랜드에서 태어났다. 안전 기사였던 그녀의 아버지는 딸이 도시에서 DDT를 내뿜는 트럭 뒤를 쫓아가는 것을 절대 허락하지 않았던 신중한 남자였다. 프리티킨은 리치랜드에서 보낸 어린 시절을 더없이 행복하고 건강했다고 여겼다. 전직 해군이었던 그녀의 아버지는 쾌속정을 가지고 있었고 그들은 헤엄치고 떠다니기 위해 차가운 컬럼비아강에서 따뜻한 물살을 찾아다니면서 긴 여름날을 보내곤 했다. 1986년 스포캔에 살던 친척들을 방문하는 동안, 프리티킨은 핸퍼드의 오염에 관한 스틸의 기사 중 하나를 읽었다. 갑자기 유쾌할 정도로 따뜻했던 강물 흐름에 대한 그녀의 어린 시절 추억은 원자로 배출관에서 나와 그녀의 젊은 몸을 독성 폐수의 바다로 감쌌던 부자연스러울 정도로 뜨거운 분출물로 변했다. 아마도 프리티킨은 핸퍼드의 핵분열 생성물이 그녀의 어린 남동생의 죽음, 어머니의 유산과 갑상선 질환, 암으로 인한 부모의 조기 사망, 그녀가 가지고 있던 불임 문제에 더해 왜 자신이 거의 대부분의 시간을 편두통, 현기증, 위장 문제, 극도의 피로, 심각한 근육 수축으로 끔찍한 기분을 느껴야 했는지를 설명해줄지도 모른다고 생각했을 것이다. 프리티킨은 갑상선 검사를 받았고 갑상선 기능이 정지되는 최종 단계에 있음을 알게 되었다. 일단 갑상선 약물 치료를 받고 마침내 임신을 할 수 있었지만, 프리티킨은 한 번 유산을 했고 조산아를 낳는데 이것은 아들에게 의학적 합병증을 야기했다.[2]

준 케이시June Casey는 1986년 봄에 핸퍼드에 관한 기사를 읽고 그녀의 인생 이야기를 재구성했다. 그녀는 월러월러의 대학 신입생 학기였던 1949년 12월까지 그린 런을 추적했다. 그녀는 성탄절 휴일을 맞이해 집으로 돌아왔을 때 어머니가 몸서리를 쳤다고 기억했다. 케이시는 마치 쉰 살이 된 것처럼 보였다. 케이시는 몸이 좋지 않았다고 인정했다. 그녀는 머리카락이 뭉텅이로 빠졌고 항상 피곤했다. 주치의는 갑상선 기능 저하증이 그 정도로 진행된 경우를 본 적이 없다고 말했다. 케이시는 어떠한 건강 문제도 겪어본 적이 없었다. 아무도 그것을 이해할 수 없었다. 그녀는 갑상선 치료를 받았고, 머리카락을 모두 잃었으며, 평생 가발을 썼다. 그녀는 결혼하여 가정을 꾸리려고 했지만 유산을 했고 그 후 사산을 했고 1969년에 마침내 신경이 손상된 아들 존John을 출산했다.[3]

컬럼비아 고원 농지 추첨에 당첨됐을 때, 후아니타 앤드류제스키와 한국전쟁 참전용사인 그녀의 남편 레온Leon은 전율을 느꼈다. 그들은 1950년대 초에 세 자녀와 함께 워싱턴 동부로 행복하게 이사했다. 앤드류제스키는 새 농장에서 세 번 유산했지만 대수롭지 않게 생각했다. 많은 수의 이웃 여자들도 비슷한 문제를 겪고 있는 것 같았다. 앤드류제스키는 결국 세 아이를 더 낳았다. 그녀의 여섯 아이들은 모두 농장에서 뛰어놀며 자랐고 컬럼비아강 위의 높은 고원에서 밭일을 거들었다. 나는 앤드류제스키에게 아이들 이름을 말해 달라고 부탁했다. 그녀는 이름에 더해 추가적인 정보도 알려주었다. "밥은 1947년에 태어났지요. 재니스Janice는 1948년. 그녀는 죽었어요. 마크Mark는 1953년에 태어났고요. 그는 사망했지요. 지니Jeannie는 1955년에 태어났어요. 크리시Krissy, 그녀는 1957년에 태어났죠. 죽었고요. 로드Rod를 59년에 낳았어요. 그는 살아 있어요. 지니는 간에 문제가 있어요."[4]

레온 앤드류제스키는 1976년, 50대의 나이에 심장병 진단을 받았다. "이 크고 건장한 농부들 모두 심장병과 암에 걸렸지요"라고 후아니타는 리치랜드에서 저녁 식사를 하며 내게 말해주었다. "이건 정말이지 말이 안 돼요." 그녀는 "레온은 흰 옷을 입은 사람들이 우리 밭에서 견본을 채취하는 모습을 보곤 했다고 말해주었어요. 이런 일을 겪으면 내가 기니피그였나 하는 생각이 들어요."

핸퍼드의 유출에 대한 소식이 퍼지기 전에, 앤드류제스키는 AEC가 배포한 비상대피지도에 표시하기 시작했다. 그녀는 이웃들 중 암에 걸린 경우에는 빨간색 X 표시를, 심장병의 경우에는 검은색 점을 찍었다.

그녀의 지도에는 수많은 X자와 점들이 표시되어 있었다.

핸퍼드가 70만 퀴리에 달하는 방사성 아이오딘을 기류로 날려 보내고, 추가적으로 수백만 퀴리를 물과 땅으로 배출했다는 뉴스는 리치랜드의 사람들까지 공장 관리에 의문을 품게 만들었다. 완고한 핸퍼드 옹호자 샘 볼펜테스트는 언론에 "사람들이 이에 대해 듣지 못했다는 사실은 비극적입니다"라고 말했다.[5]

언론의 주목 문제를 차단하기 위해 DOE의 핸퍼드 책임자 마이크 로렌스는 처음에는 전임자들의 경로를 따랐다. 그는 모든 것을 부인했다. 그는 연방정부가 공중 보건과 환경을 감시하는 데 "수백만"을 썼으며, 공장의 폐수로 인한 건강상의 어떠한 영향도 관찰할 수 없다고 주장했다.[6] 이 주장을 뒷받침하는 자료를 요청했을 때, 핸퍼드의 보건물리학자들은 전리 방사선의 건강 영향 연구에 40년 동안 20억 달러를 투입했음에도 불구하고 만성적인 방사성 오염이 공중 보건에 어떤 영향을 끼치는가라는 가장 기본적인 질문조차 과학적 불확실성의 심연에 걸려 있음을 시인해야 했다. 스포캔 의사들은 핸퍼드 과학자들이 의도적으로 그렇게 많은 방사성 아이오딘을 방출했다면 왜 역학적 연구는 하나도 없었는지에 대해 알려 달라고 했다. 비평가들은 DOE 관리들이 1960년대에 토머스 맨큐소가 수집한 플루토늄 노동자들에 대한 자료를 넘겨주기를 거부했는지 물었다.[7] 화가 난 비평가들은 핸퍼드 관리자들을 "은폐" 혐의로 고발했다.[8]

체르노빌 이후 몇 년 동안 "은폐"와 "기니피그"라는 단어가 자주 등장했지만, 더 슬픈 사실은 공장 연구자들에게 숨길 것이 아무것도 없었다는 점이었다. 수십 년 동안 저선량의, 그리고 몇몇 지역에서는 위험할 정도의 고선량 전리 방사선으로 폭격 받은 지역에 살았던 사람들의 유전적·건강적 영향을 추적한 연구는 거의 없었다. 당시 방사선이 건강에 미치는 영향에 대한 연구의 표준은 일본의 원폭 생존자들을 대상으로 수행된 원폭상해조사위원회ABCC(Atomic Bomb Casualty Commission) 연구였다. 미국이 자금을 지원한 ABCC 연구는 외부 선원에서 감마 방사선의 거대한 충격에 타격을 입은 생존자들을 조사했다.[9] 그러나 핸퍼드 지역사회는 섭취된 방사성 입자에서 나오는 대체로 저선량의 알파선 및 베타선에 장기간 피폭되었으며 그것은 과학자들이 감마선보다 훨씬 더 위험한 것으로 간주했다. 1990년대까지 ABCC 계획은 수많은 비평가들에 의해 연구가 갑상선 이상과 몇몇 종류의 암을 제외한 방사선 관련 질병을 간과하고 생존자들의 유전적 영향과 암 발병률을 크게 과소평가했다고 비난받았다. 비평가들은 또한 ABCC 연구들이 생존자들이 받은 선량, 즉 피폭의 허용 수준에 대한 기준으로 지정된 선량을 과장했다고 비난했다.[10] 수소폭탄 실험의 경로에 있던 마셜 군도 사람들에 대한 연구도 갑상선 이상과 몇 가지 유형의 암종癌腫에만 초점을 맞췄다. 군도 사람들이 "고양이, 쥐, 거북이의 내장"을 닮은 아기를 낳았다고 불평하자 AEC 후원자들은 유전자 연구 요청을 억압했다.[11]

체르노빌 이후, 바텔 연구소의 유행병학자 로웰 세버Lowell Sever는 언론에 "핸퍼드의 아랫바람에서 발생한 선천적 기형과 저준위 방사선 피폭 사이의 연관성을 시사하는 확실한 연구는 이 세상 어디에도 없다"고 말했다. 그러나 세버 자신은 1968년부터 1980년까지 핸퍼드 주변에서 선천적 기형에 대한 연구를 수행했다. 그의 연구는 핸퍼드가 가장 오염이 심했던 1945년에서 1957년 사이의 기간을 생략했기 때문에 약간만 유용했다.[12] 그럼에도 불구하고, 그는 노동자의 자손과 공장 주변 사람들 사이에서 선천적 신경관 장애의 증가를 발견했다. 그러나 세버는 일본의 원자폭탄 생존자들 사이에서 유사한 선천적 결함이 발견되지 않았다는 점을 들어 핸퍼드는 이유가 될 수 없다고 치부했다.[13] 그는 농약이 주범일 수 있다고 암시했다. 하지만 같은 시기에 유행병학자들과 국가 공무원들은 살충제와 건강 문제를 직접적으로 연관시키는 증거가 부족하다면서 살충제를 캘리포니아의 암 다발 지역들의 원인으로 보는 것을 거부했다.[14] 이것은 은폐라기보다는, 1960년대에 AEC와 충돌했던 로렌스 리버모어 연구소의 전 의학 책임자 존 고프먼이 스틸에게 "쳐다보지 않을 때, 관찰할 수 있는 건강 효과를 얻을 수 없는 건 쉽지요"라고 말했을 때 좀 더 진실에 가까웠다.[15]

답변에 대한 절박한 필요성을 해결하기 위해 질병통제센터CDC (Centers for Disease Control)는 에너지부에 핸퍼드 주변의 피폭된 사람들에 대한 연구를 수행할 것을 권고했다. 소송의 압박으로 DOE 관리들은 마지못해 연구에 자금을 지원했지만 방사성 동위원소의 선량을 추정하는 중요한 일을 핸퍼드의 오랜 계약자인 바텔 서북연구소에 맡겼다.[16]

1,800만 달러 규모의 핸퍼드 환경 선량 재구성HEDR(Hanford Environ -mental Dose Reconstruction) 연구의 연구자들은 핸퍼드 공장이 거의 중단되었던 1974~1980년 동안의 추정 선량을 산출하기 위해 컴퓨터 모델에 개인의 나이, 성별, 거주지, 식단 등의 데이터를 입력했다.[17] 이 선

량은 당시 CDC가 자금을 대고 1990년대 시애틀의 프레드 허친슨 암 연구센터Fred Hutchinson Cancer Research Center 연구자들이 수행한 수백만 달러 규모의 두 번째 연구에서 갑상선 질환 발병률을 계산하는 기준치로 쓰였다. 두 연구는 ABCC 연구에서 도출된 가정, 즉 조사 분야를 크게 좁힌 기준에 기초했다. 과학자들은 일본인 생존자들로부터 얻은 추정치를 기반으로 몇 종류의 암종과 갑상선 질병을 유발할 정도로 높은 방사성 아이오딘의 선량을 조사했다. 아랫바람사람들은 눈 없이 태어난 양을 그들 자녀의 선천적 결함과 연결시켰지만, 이 연구들은 유전적 영향을 다루지 않았다. 이 연구들은 또한 러시아 과학자들이 의학 문헌에서 만성방사선증후군이라고 논의했던 다른 건강 문제도 다루지 않았다.[18] 냉전의 잔재 중 일부는 러시아 과학이 국가에 대한 의존 때문에 종종 의심스러운 것으로 간주됐다는 점이다. 프레드 허친슨 암 연구 센터의 수석 과학자 브루스 아문슨Bruce Amundson은 1992년 오죠르스크로의 여정을 떠났는데, 그곳에서 무슬류모보 집단에 대한 방대한 연구 자료를 접한 뒤 경악했다. 그는 캐런 돈 스틸에게 다음과 같이 말했다. "열린사회에서 우리는 의식적으로 우리의 소외된[피폭된] 주민들을 연구하지 않는다는 결정을 내렸습니다. 폐쇄된 사회에서 소비에트인들은 같은 기간 동안 광범위한 비밀 연구를 수행할 수 있었습니다. 그들은 자기네 사람들에게 무슨 일이 일어났는지 이해하는 데 우리보다 훨씬 앞서 있습니다."[19]

마지막으로, 방사성 동위원소와 1950년대 이후 포화 상태에 이를 정도로 풍경에 살포된 농약(제초제, 호르몬 기반 제초제, DDT와 같은 염화

유기 탄화수소)의 치명적인 바다 모두에 노출된 사람들의 상승효과에 대해 의문을 제기한 사람은 아무도 없었다. 연구가 협소하게 구획화된 통제된 연구실에서 실험이 진행된 지 수년 후에, 과학자들은 워싱턴 동부의 환경에 축적된 다양한 독극물을 해결할 수 있는 도구는 물론이거니와 질문조차 없었다.[20]

핸퍼드 연구가 길어지자 5,000명의 사람들은 핸퍼드를 운영했던 연방 계약자들을 상대로 소송을 제기했다. "아랫바람사람들"이라고 불린 원고들은 핸퍼드 갑상선 질환 연구HTDS(Hanford Thyroid Disease Study)의 결과를 초조하게 기다리며 그것이 결정적인 증거를 제공해줄 것이라 기대했다. 그러나 그들이 알고 지냈던 대부분의 사람들이 만성질환을 앓고 있는 지역에 사는 원고들에게 너무나 명백해 보였던 이 사건은 알쏭달쏭한 것으로 드러났다. 20세기의 마지막 수십 년 동안, 제조업체를 대변했던 변호사들은 환경오염으로 인한 피해를 입증하는 데 필요한 증거와 관련하여 매우 제한적인 일련의 규칙을 만들었다.[21] 미국의 지방법원 판사 앨런 맥도널드Alan McDonald는 원고들이 자격을 갖추기 위해서는 그들이 전체 인구에서 발생할 수 있는 암 숫자의 두 배에 달할 정도로 높은 핸퍼드 방사선 선량을 받았음을 증명해야 한다고 판결함으로써 아랫바람사람 사건에서 조건을 갖춘 청구인 수를 심각하게 제한했다.[22]

지역의 정의도 맹목적이지는 않았다. 컬럼비아 고원에 백만 달러 상당의 부동산을 소유하고 있던 맥도널드 판사는 오랫동안 지역의 방위산업을 지지해온 친기업적 태도를 보였다. 맥도널드 판사는 언론에

"정부의 제한된 자원들은 [핵] 청소에 집중되어야 하고 소송으로 전용되어서는 안 됩니다"라고 말하면서 사건을 지연시켰고 방해했다.[23] 공판 없이 10년이 흘렀고, 그 후 5년이 더 흘렀다. 피고 측은 사건을 연기할 충분한 이유가 있었다. 연방정부는 고소당한 5명의 전 계약자들에 대한 모든 법적 비용을 부담하기로 약속했다. 기업 변호인단은 비싼 소송비용을 피하기 위해 법정 밖에서 합의를 이루거나 사건을 신속히 해결할 어떠한 유인도 가지지 않았다. 2003년까지 시카고의 법률회사 커클랜드 앤드 엘리스Kirkland and Ellis*는 6,000만 달러를 수임료로 챙겼다. 이는 납세자들의 돈이었다.[24] 반면에 아랫바람사람들은 시간이 없거나 주머니 사정이 좋지 않았다. 수많은 고소인들은 나이가 많았고 아팠다. 그들은 값비싼 의료비로 어려움을 겪었고 변호사들은 늘어나는 법적 비용에 대해 걱정했다.[25]

마침내 1999년 1월, 프레드 허친슨의 연구자들이 리치랜드의 숨죽인 군중들에게 갑상선 질환 연구 결과를 발표했다. 그들은 연구에서 자신들이 추적한 1940~1946년에 태어난 3,193명의 사람들 가운데 추정선량과 갑상선 질환 및 암 사이에 어떠한 상관관계도 발견하지 못했다고 말했다. 다시 말해서 핸퍼드는 사람들이 아픈 이유가 아니었다.[26] 발

---

* 1909년 시카고에서 창립된 미국의 법률 회사로 세계에서 가장 수입이 많은 초대형 법률 회사이다. 미국 멕시코만에서 2010년 4월 터진 미국 역사상 최악의 해상 기름 유출 사고를 일으킨 브리티시 페트롤륨British Petroleum이나 수십 명의 미성년 소녀들을 성추행 및 성폭행한 제프리 엡스타인Jeffrey Edward Epstein(1953~2019) 등 저명하나 논쟁적인 고객들을 가졌다.

표 후 격노, 고함, 눈물이 터져나왔고, 토지 가치에 대해 걱정하던 부동산 소유주들의 안도감과 수십 년 동안 포위되었다고 느꼈던 핸퍼드 지지자들의 소명감이 번갈아 일어났다.[27]

트리샤 프리티킨은 이 두 가지 감정적 양극 사이에 끼인 자신의 모습을 발견했다. 전 핸퍼드의 안전 기사였던 그녀의 아버지는 공격적인 갑상선암 사례로 죽어가고 있었다. 숨을 헐떡이면서도 그는 자신의 딸에게 말을 걸지 않았다. 그녀가 아랫바람사람들 사건에 연루되어 있었기 때문이다.[28] 말년에 나타난 그의 반항적인 침묵은 사회학자 울리히 벡Ulrich Beck*이 가정했듯이 위협을 이해하는 것에 대한 저항이 근접할수록 커지는 방식을 보여준다. 위험 요소에 가장 심각하게 영향을 받는 사람들은 대개 계속 살기 위해 또는 프리티킨의 아버지처럼 죽음으로 끝내기 위해 위험을 가장 격렬하게 부인하는 사람들이다.[29]

1990년대 후반, 전직 핸퍼드 노동자들은 자신들의 건강 문제에 대해 말하기 시작했다. 노동자들이 필름 배지를 달고 있었기 때문에 그들의 선량은 증명하기가 더욱 쉬웠고, 연구자들은 직원들의 선량을 재구성하기 시작했다. 그러나 연구자들이 찾을 수 있는 기록은 약 25만 명의 노동자 중 10만 명에 불과했다. 여성 노동자, 시간제 근무자, 하청업자처럼 가장 직접적으로 피폭된 유형의 직원들에 대한 기록은 누락되었

---

* 울리히 벡Ulrich Beck(1944~2015)은 독일의 사회학자로 "위험 사회", "제2의 근대성", "성찰적 근대화" 등의 용어에 학술적 지위를 부여하는 데 지대한 기여를 했으며, 현대 사회의 통제 불가능성, 무지, 불확실성에 관한 문제들에 착목했다.

다.[30] 한편, 전직 노동자들의 엑스선에서는 감소된 폐활량과 예상보다 훨씬 높은 발병률을 가진 질병들이 발견되었다.[31] 전 직원인 뷸라 "부츠" 맥컬리Beulah "Boots" McCulley는 핸퍼드 노동자였던 아들이 공장에서 쇠약해지는 사고를 당한 후 "몇 년 동안 나는 내부 고발자들이 전부 말도 안 되는 소리만 내뱉는 자들이라고, 그저 돈을 벌기 위해 애쓴다고 생각하곤 했지요"라고 말했다. "하지만 [지금] 나는 그들이 얻을 수 있는 것은 무엇이든 받을 자격이 있다고 생각해요."[32]

핸퍼드 오염 문제를 둘러싼 열띤 논쟁이 벌어지는 동안, "전문가"의 과학은 종종 농부들과 "문외한들"이 휘두르는 지역의 지식과 맞서 싸웠다. 리치랜드와 파스코에서 열린 분노의 회의에서 과학자들은 차트와 그래프를 꺼내서 사람들이 "평균적으로" 허용 선량 내에 있었기 때문에 공장에 의해 피해를 입는 것이 불가능하다는 것을 보여주었다. 지역 주민들은 과학자들이 말하는 내용이 전혀 아귀가 맞지 않다고 대답했고, 지역사회에서 대부분의 사람들이 건강 문제를 겪는 곳들을 정확히 지적할 수 있다고 말했다. 이에 대한 응답으로 시애틀에 기반을 둔 과학자들은 이온, 라드, 동위원소에 대해 논의했다. 그들은 사랑하는 사람들이 겪고 있는 질병, 종양, 암에 대해 이야기하고 싶어 하는 사람들과 충돌했다. 가족들의 질병에 대한 이야기를 "일화逸話"라고 무시했던 딱딱하고 뻣뻣한 과학자들은 많은 사람들에게 아랫바람사람들이 애초에 자신들의 문제를 유발시켰다고 믿었던 리치랜드의 오만한 과학자들을 상기시켰다.[33] 한편, 과학자들과 수많은 핸퍼드 고참들은 질병에 대한 비난을 개인적·도덕적 고발로 받아들였다. 한 전직 보건물리학자는 그린 런에 대해 언급하면서 "당신은 과학자들이 아이오딘이 사람들에게 해를 끼칠 것을 알면서도 방출했다고 생각하시는 겁니까?"라고 내게 화난 듯이 물었다.[34] 신체, 가족, 그리고 지역사회에 밀집된 질병들은 부인할 여지가 없을 정도로 현실적이었지만 과학자들은 그 원인을 밝혀낼 수 없었고, 이는 후아니타 앤드류제스키의 지도를 단순한 우연처럼 보이게 했다.

전문 지식이든 지역 지식이든 어느 한 유형의 지식이 맞고 다른 유형의 지식은 틀리다는 게 아니다. 그 두 가지 지식 영역은 서로 다른 이해관계를 반영했다. 지역 지식과 전문 지식은 모두 제한적이었고, 섭취된 방사성 동위원소와 주변 방사성 동위원소의 기록은 시간을 거슬러 올라가 추적하는 것이 거의 불가능하기 때문에 두 가지 유형의 지식은 일화적이었고 정황적이었다. 그러나 대부분의 경우 법정 심리와 의회 청문회에서 전문가들이 휘두르는 과학은 "객관적"인 것으로 간주된 반면, 모서리가 가득 접힌 지도에 아픈 자녀와 이웃들을 집계한 앤드류제스키와 같은 여성들에게는 "주관적" 또는 "일화적"이라는 딱지가 붙었다. 이렇듯, 과학자들의 진실 주장은 더욱 진지하게 받아들여졌다.

그러나 과학은 복잡한 과정들을 이해하려는 단순화 과정이다. 방사선 경로 연구는 단일한 동위원소가 단일한 수단을 통해 체내로 들어온다는 간소화된 보기를 사용한 모델, 평균 및 집합적 개체군을 기반으로 했다. 그러나 방사성 방출물의 확산과 환경으로의 통합은 집합적이지 않고 기류, 강의 소용돌이, 지하수와 같은 무작위적인 지점에서 일반화된 양상이 아닌 특정한 양상을 따라 발생했다. 고방사선 구역에서 신체는 평균 수준이 아니라 엄청난 강도의 핵분열 생성물에 의해 흠뻑 젖었다.[35] 시애틀에서 재빠르게 들어온 과학자들은 이 고방사선 구역을 피상적으로만 파악하고 있었다.[36] 그러나 그 구역들이 어디인지 확정하는 일과 피폭을 감지하는 일은 피폭된 7만 5,000제곱마일 영역의 모든 제곱피트를 조사하고 식물, 뿌리, 토양, 지하수, 그리고 지표면에서 2,000피트 상공까지 측정해야 함을 의미할 것이다. 이는 아이들이 뒷마당을 아는 방식이나 농부가 토양의 영양분, 배수 양상, 들판의 넘실거리고 굴곡진 부분, 바람과 날씨의 변덕 등을 이해하는 방식을 아는 것을 뜻할 것이다. 철저한 역학 연구를 수행하기 위해 과학자들은 주민들에 대해, 단지 그곳에 살고 있는 사람들뿐만 아니라 이사를 갔거나 사망한 사람들을 친밀하게 알아야 했을 것이다. 즉 누가 유산을 했는지, 누가 아프고 무엇에 시달렸는지, 어떤 부부가 불임으로 고생했는지, 그리고 어떤 아이들이 정상이 아닌지를 아는 것이 필요했을 것이다. 대가족이나 긴밀히 맺어진 공동체에 속한 사람들이 가지고 있는 유형의 지식을 가져야 했을 것이다. 그러한 유형의 지식을 주간에는 원자력 구역에 외따로 떨어져 있었고 대개는 다른 곳에서 리치랜드로 옮겨져 그곳에서 오만하고 사회적으로 고립된 이들로 여겨졌던 핸퍼드 과학자들은 가지고 있지 않았다.

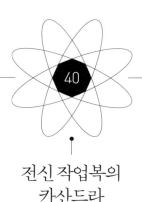

전신 작업복의
카산드라

톰 베일리는 AEC가 컬럼비아 고원 프로젝트를 위해 1950년대에 개방한 메사의 건조한 농장에서 자랐다. "아랫바람 씨"로 알려진 베일리는 종종 그 대의에 대한 비공식 대변인으로 활약했다.[1] 베일리는 핸퍼드에 관한 수십 개의 기사와 거의 모든 책에 등장한다. 그와 이야기를 나누면 그 이유를 쉽게 알 수 있다. 베일리에게는 효과적인 화려한 어구에 묘한 재주로 양념을 친 수다를 떠는 재주가 있다. 그는 또한 외모, 옷차림, 느릿한 말투가 서부 지역의 농부 같아서 좋은 기사 거리가 된다. 역사가들이 이야기를 연구하는 데 오랜 시간이 걸리기 때문에 나는 베일리를 잘 알게 되었다. 세월이 흐르면서 우리는 친구가 되었다.

내가 처음 베일리를 만났을 때, 우리는 그의 집초기*에 올라타 그가 일본으로 수출하기 위해 자르고 있던 자주개자리alfalfa 줄을 오르락내리락했다. 그는 내게 텔레비전 기자 코니 청Connie Chung**이 같은 자리에 탔었다고 말했다. 나는 베일리가 내게 전국적으로 방송될 만한 촬영 기회를 제공하는 것으로 이해했다. 그는 집초기를 몰면서 독백을 이어나갔다.

"꼬맹이였을 때, 나는 벅 로저스Buck Rogers***를 사랑했어요. 어느 날 창밖을 내다보니 우주복을 입은 남자들이 앞마당 흙을 삽으로 퍼서 작은 금속 상자에 넣더라고요. 나는 흥분했지만, 우리 엄마는 겁에 질리셨죠. 엄마는 달려 나가서 과학자들에게 무엇이 잘못되었는지 물었어요. '아닙니다, 부인, 모든 게 괜찮습니다'." 마스크 뒤의 목소리를 흉내 내기 위해 손을 입에 대고 베일리는 말했다. 그리고 나서 과학자들은 아버지가 쏜 거위들의 부리와 발을 달라고 했다. 그리고 그들은 떠났다.

"마침내 이해했어요." 베일리가 다른 날 말했다. "왜 나와 내 친구들

---

* 집초기는 영어로 swather 또는 windrower라고 표기하며, 건초 또는 작은 작물을 잘라 묶거나 결합하거나 둘둘 마는 작업을 용이하게 하도록 잘린 작물을 바람에 말리기 위해 줄 형태로 만드는 농구를 일컫는다.
** 코니 청Connie Chung(1946~)은 미국 언론인으로 NBC, CBS, ABC, CNN 등 다양한 미국 텔레비전 뉴스 네트워크에서 앵커우먼이자 기자로 일했다.
*** 미국인 공상과학소설 작가 필립 프랜시스 노랜Philip Francis Nowlan(1888~1940)이 쓴 중편 소설 《종말 서기 2419년Armageddon 2419 A.D.》의 주인공이다. 1차 세계대전의 참전용사 벅 로저스는 1927년 미국 펜실베이니아의 한 탄광에서 일하던 도중 방사성 기체에 노출돼 492년간 잠이 들었고, 2419년에 깨어나 중국인Hans에 의해 점령된 미국에서 저항 운동의 중심이 된다는 내용이다.

이 여전히 계속 건강하고, 우리와 함께 학교에 다녔던 범생이들이 아프거나 세상을 떠났는지를요."

"왜요, 톰?"

"그들의 어머니가 걔네들에게 우유와 채소를 먹으라고 했을 때, 그들은 그렇게 했고, 나와 내 친구들은 가게에 몰래 가서 탄산음료와 트윙키*를 샀기 때문이죠."

베일리는 1980년대 주州 의회에 출마했을 때 노인들 사이에서 선거운동을 했는데("그들이 투표하기 때문에"), 일부 지역사회에서는 90대 노인들이 여전히 농사를 짓고 있었지만 자신의 지역사회와 다른 지역사회에는 그 연령대가 거의 없다는 것을 알아챘다고 말한다. 베일리는 그의 선거 책임자에게 물었다. "왜 우리 동네에는 어르신들이 없는 거지?"

"그분들은 모두 암으로 돌아가셨죠."

"그건 왜지?" 그는 물었다.

"모르겠어요."

베일리는 노인들에게 그들이 살충제를 사용했는지 물었다. "그래, 공산주의자에다가 여자 동성애자인 레이첼 카슨이 나타나기 전까지는 그랬지."

베일리는 내게 "보세요, 모두가 DDT를 사용했기 때문에 차이가 없었어요"라고 지적했다.

---

* 캐나다인 발명가 제임스 알렉산더 듀어James Alexander Dewar(1897~1985)가 1930년 발명한 제과로, 하얀 크림이 들어간 노란 케이크이다.

베일리는 패턴을 봤다고 말했다. 노인이 없는 공동체는 언덕에 있었고, 노인이 있는 공동체는 계곡에 있었다. 내가 베일리를 멍한 눈으로 빤히 바라보았을 때, 그는 바람이 어떻게 대지의 등고선을 따라 산비탈을 올라 이동하여 계곡을 에워싸는지 연필로 그려 주었다.

나는 베일리의 이야기를 어떻게 받아들여야 할지 몰랐다. 이야기는 일화적이고 비과학적인 것으로 시작해서 완전히 환상적인 것으로 격상되었다. 어느 날 파스코에서 차를 몰던 그는 철도역 근처에 차를 세운 뒤 내게 윤형철조망 뒤에 버려진 낮은 시멘트 벽돌 건물을 둘러보게 해 주었다. 구舊 파스코 도살장이었다. "황갈색 정장을 입은 이 사람들은 연속된 번호판을 단 베이지색 차량을 여기서 멈추곤 했지요. 그들은 우리의 구부정한 양과 송아지를 찾고 있었어요." 베일리는 내가 듣고 있는지 확인하기 위해 몸을 더 가까이 기울였다. "우리 가축의 20퍼센트가 기형이었죠. 연방정부 직원들이 안으로 들어가서 책임자에게 무언가 한마디 하고는 스테인리스강 용기를 들고 나오곤 했지요. 그들은 일반 시체 도둑처럼 장기를 수집하고 있었어요!"

베일리가 말한 것처럼, 그가 번호판이 없는 자동차에 탄 정부 요원들에 대해 항상 의심을 품고 있던 것은 아니었다. 그는 자신이 한때 자유를 사랑하고 받아들이거나 떠나거나 식의 미국인 애국자였다고 말했다. 베트남전이 벌어지는 동안 그는 입대하려고 했지만 선천적 결함 때문에 거부당했다. 그럼에도 불구하고 그는 히피와 평화 운동을 거부했고, 강력한 방위의 가치를 아는 비슷한 생각을 가진 사람들의 공동체에서 플루토늄 공장과 함께 사는 것을 자랑스러워했다. 그러나 핸퍼드 배출에 대해 알게 되면서 베일리가 이전에 가졌던 정치적 확신은 약화되었다. 베일리는 점차 대가족의 병력, 즉 그의 부모, 이모, 삼촌, 누이들이 암에 걸린 역사, 그리고 가슴에 구멍이 뚫린 채 태어나 18세에 불임이라고 들었던 자신의 역사에 집중했다.[2] 어렸을 때 그는 리치랜드의 카들레츠 병원에 오랫동안 머물렀는데, 그곳에서 그는 의문의 마비 증세로 인해 철제 호흡 보조기를 착용했다. 그는 이상한 푸른 빛, 병동으로 들어가는 문을 지키던 병사, 고함소리에 잠에서 깨어나던 모습을 기억했다. 간호사에게 무슨 일이냐고 묻자 그녀는 그를 조용히 하라면서 "들어가 자렴. 저 사람들은 핸퍼드에서 온 남자들일 뿐이란다"라고 말했다.

베일리가 말하는 동안 나는 내가 나가는 것이 허락되지 않는 심야 라디오 토크쇼 스튜디오에 들어와 있는 것 같은 현기증을 느끼곤 했다. 때로는 무례하고 대개는 부적절했던 베일리는 추측에서 소문을 지나 음모론에 이르기까지 횡설수설했다. 그의 이야기는 따라가기 어려웠고, 믿기는 훨씬 더 어려웠다. 그와 이야기를 나눴던 몇몇 기자들도 그렇게 얘기했고 한 명은 그를 "허풍쟁이"라고 불렀다.[3] 베일리는 아마도 미국 역사상 가장 자주 인용되는 신뢰할 수 없는 화자일 것이다.

베일리는 자신이 그다지 믿을 만하지 않다는 것을 알고 있었다. "나는 꼬맹이입니다. 그들은 우리에게 밀크셰이크를 주고 우리의 위장 위로 계량기를 건네죠. 육지로 둘러싸인 파스코에 **해군** 기지가 하나 있어요. 내 친구가 내게 기차역을 운영하는 친구 아버지가 실제로 FBI 요원이라고 말해줬어요. 그런데 나 말고는 근처의 누구도 이 모든 게 이상하다고 생각하지 않는 것처럼 보여요."

나는 종종 대부분의 사람들이 믿지 않는 설명이 일부 있어서 믿을 수 없는 화자들도 잘 들을 가치가 있다는 가정에 의존해왔다. 진실이 아니기 때문이 아니라 신화 속 예언자인 카산드라*와 마찬가지로 사회가 그들에게 저항하기 때문이다. 그래서 나는 믿을 수 없는 화자를 찾았고 이후 사실과 교차 검토한다.

베일리가 내게 말해준 거의 모든 것이 진행되었다.

1960년대 초, 과학자들은 벤튼과 프랭클린 카운티의 농장에서 견본을 수집했고 야생동물과 가축의 생물학적 검사를 수행했다. 그들은 식수를 검사하고 파스코, 모세 레이크, 그리고 멀게는 위냇치Wenatchee의 도살장까지 가서 소의 갑상선을 수집했다.[4] 1949년부터 핸퍼드 연구자들은 연구를 위해 플루토늄 노동자와 이웃 농부들의 장기를 수집했고, AEC의 자금 지원을 받은 조사관들은 방사성 낙진을 측정하기 위해 비밀리에 전 세계 어린이들의 뼈를 모았다.[5] 카들레츠 병원에는 너무 방사능이 강해서 가까이 있을 수 없는 환자의 시신으로부터 직원들을 보호하기 위해 두꺼운 시멘트로 안을 댄 경비병동이 있었다. 트윙키와 영양 부족이 베일리에게 정말로 도움이 되었을지도 모른다. 핸퍼드 연구

* 카산드라Cassandra는 그리스 신화에 나오는 가공의 인물로 트로이Troy의 여사제였다. 태양신 아폴로Apollo는 그녀의 환심을 사기 위해 미래를 볼 수 있는 능력을 주었지만 그녀에게 거절당했고, 이에 진노한 아폴로는 그녀의 말을 아무도 믿지 않게 만들었다. 카산드라는 이후 트로이 전쟁에서 트로이인들에게 그리스의 목마 선물에 관해 경고했으나 그녀의 예언을 믿은 이는 아무도 없었고, 목마 안에 숨어 있던 그리스인들은 손쉽게 트로이를 정복했다.

에 따르면 식료품점에서 구입한 음식을 먹은 사람들이 방사성 부산물 수치가 더 낮았다.[6] 또 다른 연구는 형편없는 사료를 먹은 돼지가 건강하게 사육된 돼지들보다 더 적은 방사성 동위원소를 보유했음을 보여주었다.[7] 구릉지에서 사는 농부들이 그 아래 사는 사람들보다 더 많은 피폭을 받았다는 베일리의 추측 또한 "계곡으로 올라가는" 방사성 아이오딘 기둥에 대한 핸퍼드 연구자들의 서술과 궤를 같이했다.[8] 수년 동안 베일리는 내게 공장 사고에 대해 귀띔해주었고, 지형, 토질, 소화관을 통과하는 방사성 입자의 경로에 대한 작은 강의를 해주었다. "하지만 내가 뭘 알겠어요?" 베일리는 각 독백의 마지막에 결론을 내리곤 했다. "난 그저 아둔한 농부일 뿐이죠."

베일리의 말도 일리가 있었다. 고등학교 교육을 받고, 낡은 셰비 Chevy*를 타고 시골길을 이리저리 다니는 베일리가 어떻게 수백만 달러의 예산을 지원받는 핸퍼드 연구진과 똑같은 결론에 도달하게 되었을까? 베일리는 아랫바람사람들의 대의에 사로잡혀 있었다. 그는 신문 기사와 문서가 가득한 크고 어질러진 문서철을 가지고 다녔으며, 그 지식에 지역의 역사, 지리, 지질, 기상에 대한 농부로서의 이해 및 많은 가십거리, 소문, 가족 이야기, 커피숍에서 할 만한 추측을 뒤섞어 활용했다.

---

* 스위스 태생의 미국 자동차 레이서이자 자동차 설계 제조자인 루이 셰브럴레이Louis Chevrolet(1878~1941)가 1911년 자신의 이름을 따 공동 설립한 자동차 제조사를 시초로 해 오늘날 제너럴 모터스General Motors Corporation의 자동차 브랜드 가운데 하나인 쉐보레의 애칭이다.

베일리는 종종 핸퍼드가 건강에 미치는 영향에 대한 전투의 바로 한 가운데에 착륙했다. 그는 공직에 출마했고 아내와의 이혼 직전까지 그에게 전화를 걸어오는 모든 기자와 이야기를 나눴다. 많은 동료 농부들은 베일리가 그들의 토지와 농작물이 방사성이라고 낙인찍혀 모든 가치를 잃기 전에 입을 다물어주기를 바랐다. 지역사회가 플루토늄 공장을 지지하는 사람들과 자신들이 중독되었다고 의심하는 사람들로 나뉘면서, 베일리는 피뢰침이 되었다. 친구와 가족을 포함하여 많은 사람들이 그에게 말을 걸지 않았다. 그는 마을 은행에서 신용 한도액을 늘리는 데 어려움을 겪었고 농장을 잃었다. 톰은 지역사회에서 욕을 먹는 악한이 되었다. 말을 멈추는 것을 완강하게 거부하면서 육안으로 볼 수 있는 일부 진리가 간과되는 반면, 침묵이 어떻게 확실성을 낳는지를 지적했기 때문이다.

1990년대 보건 연구는 다툼이 있던 컬럼비아 고원의 지역사회에 해답을 제공하고 평화를 가져다주기로 되어 있었지만 오히려 더 많은 의문을 던지고 더 많은 괴로움을 불러일으켰다.[9] 프레드 허친슨 연구자들이 핸퍼드 방사선 선량과 아랫바람사람들의 갑상선 질환 사이에 연관성이 없다고 결론내린 후, 트리샤 프리티킨과 전 HEAL 활동가였던 팀 코너Tim Connor는 질병통제센터의 관리들에게 이 연구를 검토하도록 설득했다. CDC 검토에서 연구자들이 그들의 결론을 과장했음이 발견되었다. 검토자들은 대상 주민들이 예상보다 3배 많은 갑상선 질환 발병률을 보였다고 강조했다. 다른 검토자들은 첫 번째 HEDR 선량 재구성 연구가 주민들의 선량을 전반적으로 과소평가했음을 발견했다.[10] 법률회사 커클랜드 앤드 엘리스의 변호사들이 "소송 방어"를 위한 연구를 설계할 목적으로 논란의 여지가 있는 HEDR 선량 재구성 연구의 원래 회의에 참석했다는 사실을 아랫바람사람들이 발견했을 때 이는 이해가 되었다.[11] 한편 아랫바람사람들의 변호사들은 아랫바람사람들의 소송을 10년 동안 방해하고 지연시켰던 맥도널드 판사가 핸퍼드에서 바로 강 건너편 링올드에 과수원을 소유하고 있다는 사실을 알게 되었다. 맥도널드는 배심원단이 핸퍼드를 위험하다고 판단하면 그가 가진 농업 자산의 가치가 하락할 수 있음을 인정하고 스스로를 구제해야 했었다.[12] 마침내 2000년 연방정부는 원전 종사자들 사이에서 22가지의 다른 암이 증가한 것으로 밝혀진 연구 이후 전 핸퍼드 직원들에게 각각 최대 15만 달러의 보상금을 지급하는 데 합의했다. 아랫바람사람들은 자신들이 재판을 위해 16년을 기다렸음에도 무승부로 종결되었는데 노동자들은 보상을 받게 된 것을 보고 격분했다.[13] 이해하기 힘든 정의, 조작된 의학 연구, 모순된 판결은 많은 아랫바람사람들에게 모든 과정이 부정처럼 느껴지게끔 했다.

그러나 아랫바람사람들은 패배를 인정하기보다는 정말 놀라운 일을 했다. 그들은 자신들의 힘으로 의학적 증명 작업을 맡았고, 새로운 유형의 민중의 역학을 만들어냈다. 의사, 과학자, 사회정의 옹호자들과 힘을 합친 아랫바람사람들은 건강 설문조사를 고안하여 친구, 이웃, 가족 등 방사성 동위원소를 섭취했을 가능성이 있는 사람이라면 누구에게라도 나누어주었다. 이 조사에서 그들은 가족 건강, 식이, 풍경, 바람의 양상 등 방사선에 국소적으로 피폭되는 데 기여했을 수도 있는 일종의 지역적 지식을 요청했다. 그들은 완성된 800개의 조사 결과를 분석하여 질병 비율을 통제군과 비교한 결과, 아랫바람 주민들이 갑상선 질환과 다른 질병에 걸릴 확률이 6~10배 더 높다는 것을 발견했다. 지역사회에 기반을 둔 이 연구는 정부가 자금을 댄 연구들과 상충되었지만, 그 결과는 핸퍼드 과학자들이 수년간 동물에 대해 수행한 연구와 러시아 과학자들이 테차강 주민들에 대해 수행한 연구의 결론과 많은 공통점을 가지고 있었다.[14] 아랫바람사람들의 역학은 또한 자신들의 건강과 풍경에 대한 사람들의 지식을 입증해주었고, 10년 동안 그들이 틀렸고 무지하다는 말을 들은 후라 그들의 기분을 좋게 해주었다.[15]

2009년, 베일리는 코넬고등학교Connell High School 동창회에 나를 데려가주었다. 1968년도 졸업생들은 코넬 시내의 마이클 카페Michael's Cafe에서 모임을 가졌는데, 그곳은 소도시라기보다는 호텔 한 채, 국립 교도소 한 곳, 식품 가공 공장 한 곳, 이동식 주택들이 줄지어 서 있는 고속도로에서 아주 약간 떨어진 장소였다. 지역 주민들이 핸퍼드의 위험한 배출물들에 대해 알게 된 지 25년이 지났다. 그렇다 하더라도, 우리가 들어갔을 때 베일리는 갑상선이나 건강 문제를 언급하는 것은 좋은 생각이 아니라고 말했다. "사람들은 그것에 대해 말하고 싶어 하지 않아요." 베일리는 불안해 보였다. 1990년대에 그의 급우들 대다수는 그의 아랫바람 활동을 조롱했다. 나는 그가 기웃거리는 역사가를 데려왔다는 이유로 질책받을 것을 예상했다고 생각한다.

베일리가 옛 친구들을 맞으러 가는 동안 나는 담소를 나눌 준비를 하고 탁자에 앉았지만, 기회가 없었다. 팻Pat은 휠체어에 몸을 웅크리고 있었다. 그녀는 내게 자신의 여동생처럼 다발성경화증MS을 앓고 있다고 말해주었다. 그녀는 공장에서 강 건너편에 있는 링올드에서 복숭아를 따곤 했으며, 자신의 다발성경화증이 핸퍼드 때문이라고 말했다. 린다Linda는 맞장구를 치며 자신의 어머니가 갑상선에 문제가 있다고 말했다. 늘 날씬하고 활동적이었던 그녀의 아버지는 아주 어렸을 때 심장질환을 앓았다. 크리스털Crystal(갑상선암과 폐암, 흡연한 적 없음)은 건강문제로 고생했을 때는 아랫바람 사업에 신경을 쓰지 않았지만 딸이 암에 걸려 불임 문제를 겪었을 때는 화가 났다고 말해주었다. 그웬Gwen(갑상선 질병)은 안 좋아 보였다. 그녀의 남편은 그녀를 보행기에서 의자로 들어서 옮겨야 했다. 그웬의 부모는 1950년대 초, 토지관리국 추첨에 당첨된 후 캘리포니아에서 워싱턴 동부로 이사했다. 급우들은 모두 관개를 위해 개방된 핸퍼드의 아랫바람 쪽 토지 위에 세워진 농장에서 자랐다. 그들은 과학자들이 그들에게 모든 부셸bushel*의 밀과 모든 파운드의 감자를 기록하라고 준 녹색 장부에 대해 이야기했다. 그 모든 말도 안 되는 세부 사항에 그들은 웃었다.

베일리는 우리와 합류하여 그웬을 바라보며 물었다. "너희 어머니가 그 물 때문에 몸이 편찮다고 말하곤 했던 거 기억나니? 그리고 너희 아버지는 '당신은 미쳤어, 이 여자야! 그건 땅속 1,200피트에서 나오는 자분정自噴井**이야'라고 말하곤 했지. 그거 기억하니?" 베일리는 "당시

---

* 무게를 나타내는 단위로, 밀의 경우, 1부셸은 60파운드, 약 27.2킬로그램이다.
** 지하수가 수압에 의해 저절로 솟아나오는 샘이다.

에는 우리가 핸퍼드의 새는 폐기물 저장고와 대수층을 공유하고 있다는 걸 아무도 몰랐지. 우리는 모두 그 대수층에서 마셨어"라고 말을 이었다. 베일리는 흥분하여 식사용 냅킨 한 장을 뽑더니 시골길을 표시하는 선을 그린 다음 홈즈Holmes라는 가족이 소유했던 농장의 위치를 X자로 표시했다. "그녀는 뼈암에 걸렸어. 두 소녀 모두 갑상선에 문제가 있었고." 베일리의 펜이 45도 각도로 방향을 틀고 멈춰 서서 다른 농장을 가리켰다. "그녀는 자신의 기형아를 욕조에 빠뜨린 다음 자살했어." 베일리의 펜이 다시 멈췄다. "그녀는 백혈병을 앓았고, 이 위쪽에서 아기들은 머리 없이 태어났지."[16] 베일리의 펜은 그웬의 농장에서 멈췄다. 그웬의 어머니는 40대에 백혈병으로 사망했고, 아버지도 암으로 죽었다. 그웬은 평생 갑상선 질환을 앓았다(그리고 동창회 몇 년 후에 사망했다). "그게 바로 우리가 죽음의 마일death mile이라고 불렀던 것이지."

한 남자가 우리 테이블로 걸어왔다. 그는 술을 몇 잔 마신 상태였다. 두 눈은 빨갛게 충혈되어 있었고 말투는 불분명했다. 그 남자는 베일리가 허풍쟁이이고, 자신은 아랫바람 농장에서 자랐지만 멀쩡했다고 말했다. "여기 여든일곱 살 먹은 사람들이 많잖아." 베일리는 이상하게도 침묵한 채 고개를 끄덕였다. 다른 급우들은 자기 무릎을 빤히 쳐다보았다. 나는 베일리가 논쟁에서 물러날 줄은 몰랐기 때문에 놀랐다. 베일리는 나중에 그 비평가가 심각한 건강 문제를 앓고 있었다고 설명해주었다. "언쟁을 할 순 없었어요. 그가 안쓰러웠거든요"라고 베일리는 말했다.

베일리와 다른 아랫바람사람들이 이야기를 시작하기 전에는 핸퍼드가 건강에 미치는 영향에 대한 어떠한 실제적인 논쟁도 벌어지지 않았다. 대신 종종 계산된 혼란과 불확실성을 야기하는 과학적 논쟁의 의양이 있었다. 아랫바람사람들 이전에는 아픈 사람들에 대한 공식적인 기록이 없었기 때문에 논쟁이 없었다. 아픈 핸퍼드 노동자들, 아픈 농부들, 아픈 이웃들은 그들이 수천 명의 다른 사람들과 운명을 공유할 수 있다는 사실을 깨닫지 못한 채 수년 동안 묵묵히 고통을 겪었다. 체르노빌 이후 몇 년 동안, 아랫바람사람들은 이야기하고, 만나고, 운동을 벌이고, 일본과 우크라이나와 오죠르스크를 방문하면서 자신들과 같은 처지의 사람들이 수만 명 있음을 알게 되었다. 자칭 아랫바람사람들의 병든 몸은 서부 내륙에서 수십 년 동안 숨겨져 있던 보이지 않는 오염 지역을 지도로 만드는 데 일조했다. 아랫바람사람들은 자신들의 몸을 증거로 이용하면서 원자력 구역이 1,000억 달러 이상의 비용이 드는 정화 작업이 필요할 정도로 오염되었다고 간주된 반면, 원자력 구역 바로 옆에 살았던 사람들은 해를 입지 않았다고 생각되었던 명백한 모순을 지적했다. 전문가들이 오랫동안 영토와 정보를 구획하고 구분 짓는 데 사용한 장벽에 대한 좌절감 속에서, 아랫바람사람들은 지식을 생산하는 대안적인 방안을 창조했다. 자신들의 의학적 비극을 말하고 다시 말함으로써, 아랫바람사람들은 확립된 확실성을 약화시켰고, 과학이 설득력 있는 결과를 얻기 위해서는 실험실에서 나와 환경, 현장, 그리고 그곳에서 거주하는 신체의 특수성과 복잡성을 파악해야 한다는 새로운 이해를 고무시켰다.

핵의 글라스노스트*

소련에서 체르노빌 사고는 한때 작았던 러시아의 환경 운동을 거대한 들불로 번지게 했다.[1] 신흥 녹색 단체들은 자신들 나라의 핵 과거에 대해 더 많은 것을 알기를 요구했다. 1989년 6월, 중기계건설성의 관리들은 1957년도 키시팀 폭발에 관한 두꺼운 책자를 공개했다. 이 공식적인 인정은 오랫동안 폐쇄되었던 마야크 공장에 대한 뜨거운 관심을 불러왔고, 그러한 관심에 의해 촉발된 신문 기사들이 뒤를 이었다.[2] 얼마

---

* 글라스노스트гласность는 "공개", "공공성" 등의 뜻을 지닌 단어로, 소련의 마지막 주석이었던 미하일 고르바초프가 1985년에 실시한 개방 정책이다. "개축", "재건"의 뜻을 지녔으며 고르바초프가 같은 해에 실시한 개혁 정책을 지칭하는 페레스트로이카пе рестройка와 함께 언급된다.

지나지 않아 미국 의회 대표들과 과학자들이 현장 사찰을 위해 일급비밀 공장을 방문하기 시작했다. 체르노빌 참사에 더해 우랄 지역의 원자력 사고 소식은 공산당 지도부의 신뢰성에 큰 타격을 주었지만 폐쇄 도시 오죠르스크의 기득권층을 흔들지는 못했다. 아름다운 호숫가 도시의 미래를 우려한 도시 거주자들은 공장과 당 지도자들을 옹호했다. 그들에게 냉전의 종식은 불길한 위협이었다.

오랜 시간 보수주의와 애국심의 보루였던 인근 도시 첼랴빈스크에서 반핵 운동이 구체화되었다. 나탈리아 미로노바Natalia Mironova는 이 운동의 창시자 중 한 명이었다. 그녀의 삶이 소비에트 원자력 산업에서 한 번도 떨어진 적이 없었기 때문에 그녀는 반핵 운동에서는 예상밖의 지도자였다. 그녀는 전후 동독에서 자랐고, 그녀의 부모는 소비에트 무기 산업을 위해 해외에서 우라늄 채굴을 목적으로 설립된 기관인 소비에트 비스무트 회사Soviet Vismuth Company*에서 일했다. 그녀는 성인이 된 후 에너지 기사로 일하면서 원자력발전소를 방문했다. 첼랴빈스크에서 그녀는 우랄 남부에 새로운 원자력발전소를 건설하려는 계획에 관심을 갖

---

* 소·독 합자회사 비스무트Sowjetisch-Deutsche Aktiengesellschaft Wismut는 1947년부터 1990년까지 소련의 원자력 및 무기 산업을 위한 우라늄 채굴을 주도한 기업체로, 채굴 시설 및 처리공장은 독일 동부 튀링겐Thüringen주의 소도시 로넨부르크Ronneburg에서 작센Sachsen주의 소도시 쾨니그스타인Königstein에 이르는 영토에 위치해 있으며, 주요 생산 시설들은 오늘날 작센주의 일부를 이루는 14개 동독의 구Bezirk 가운데 하나였던 카를마르크스슈타트Karl-Marx-Stadt구의 체코슬로바키아와의 접경지대 에르츠산맥Erzgebirge[광산 산맥Ore Mountains이라는 뜻]에 소재해 있었다.

게 되었고 초기 반핵 시위에 참여했다. 그곳에서 미로노바는 "돌연변이는 이제 그만"이라고 적힌 포스터를 들고 있는 한 남자를 발견했다. 그녀는 그에게 질문을 했고, 그가 무슬류모보라는 마을에서 왔음을 알게 되었다.[3] 그는 아무도 들어본 적이 없는 핵 재난에 대해 눈이 튀어나올 정도로 놀라운 이야기를 했다. 초등학교를 졸업한 이 농부는 핵분열 생성물이 건강에 끼치는 영향에 대해 많은 것을 알고 있었다.

　장신에 준수한 외모를 갖춘 흑갈색 머리의 백인 여성 미로노바는 자연스럽게 방위 산업에 의존하고 외국인 출입이 허용되지 않는 첼랴빈스크주의 하노이 제인Hanoi Jane*으로 변신했다. 그녀는 내게 충성스러운 소비에트 공무원에서 충실한 시위자로 변모한 날을 묘사했다. 1989년, 제안된 새로운 원자로에 관한 공개 토론이 없었기 때문에 그녀와 몇몇 다른 사람들은 큰 회관을 예약하고 마야크 플루토늄 공장의 책임자와 주州 집행위원회 위원장을 토론에 초대했다. 사람들로 가득한 강당에서 미로노바는 체르노빌 폭발과 1957년 마야크 공장에서 발생한 사고를 증거로 내세우며 자신의 주장을 펼쳤다. 이에 대해 마야크의 책임자 빅토르 페티소프Victor Fetisov는 공장의 안전 기록을 방어하는 대신, 연단을 독점하는 데 익숙한 당 대장들의 일반적인 방식으로 미로노바를 질책했다. 그는 그녀가 전문가가 아니며 마야크 공장에 대해 아무

---

* 제인 세이무어 폰다Jane Seymour Fonda(1937~)는 미국의 배우, 작가, 사회 운동가로 반전 운동 등 정치적 활동을 꾸준히 벌였다. 1972년, 하노이를 방문했을 때는 방공포에 앉아 사진을 촬영했고, 이로 인해 하노이 제인Hanoi Jane이라는 별명을 얻었다.

것도 모르기 때문에 이 주제에 관해 말할 자격을 갖추지 않았다고 말했다. 갑자기 사람들 사이에서 한 노인이 일어섰다. 그 남자는 미로노바가 옳다고 말했다. 자신이 테차강에 살았고, 방사선이 물고기, 동물, 사람들에게 어떤 영향을 미치는지 보았으며, 지금이 당국이 이에 대한 진실을 말하기 시작할 때라고 말했다. 군중은 환호성을 지르며 강력한 공장 책임자를 침묵시켰다.

미로노바는 이 이야기를 들려주며 미소를 지었다. 대기업 사장들을 제압하고, 잘못되었다고 그녀가 느낀 것을 바로잡고, 부주의하게 권력을 휘두르는 사람들에게 저항하도록 군중을 움직이는 것은 기분 좋게 느껴졌다. 미로노바는 원자력 안전성 운동Movement of Nuclear Safety이라는 단체를 설립했는데, 이 단체는 외국인 기부자들의 보조금과 수십 명의 자원봉사자의 도움으로 향후 몇 년 동안 성장했다. 이 비영리 단체는 첼랴빈스크에서 사무실을 임대했다. 미로노바는 1990년 반핵을 발판 삼아 주州의 인민대표대회Council of People's Deputies* 선거에서 승리했으며 새롭게 창설된 방사선안전위원회Committee for Radiation Safety의 위원장이 되었다. 당시 미하일 고르바초프를 반대하던 정치적 경쟁자였던 보리스 옐친은 우랄 지역의 위험한 화학 및 핵무기 생산 관행에

---

* 1989년부터 1991년까지 존재했던 소련의 입법부 및 의회를 지칭하는 말로, 소련 최고 소비에트Supreme Soviet of the Soviet Union를 계승했다. 조선민주주의인민공화국의 최고인민회의最高人民會議나 중화인민공화국의 전국인민대표대회全國人民代表大會를 떠올리면 쉽게 이해할 수 있다.

대한 정보를 공개함으로써 이 대의에 도움을 주었다. 옐친은 몇몇 폐쇄된 원자력 시설과 군사 시설의 본거지인 이웃 스베르들로프스크주의 당 우두머리였다. 그는 그가 뒤집으려 했던 공산당의 명예를 더욱 떨어뜨리는 데 도움이 되는 내부자 정보를 흘렸다.[4] 미로노바의 단체는 처리 및 보관을 위해 이 주州로 핵폐기물이 수입되는 것을 중단시키는 운동을 개시했다. 그들은 새로운 원자로에 대한 계획을 당분간 중단시킬 수 있었다.[5] 이후 1991년, 초대 러시아 대통령으로서 옐친은 환경보호부Ministry of Environmental Protection를 창설하고 러시아 최초의 포괄적인 환경법에 서명했다. 옐친은 첼랴빈스크를 외국인들에게 개방했고, 무슬류모보에 나타나 방사放射된 테차에 살고 있는 사람들이 마침내 이주할 것이라고 발표했다.

원자력 안전성 운동은 세미나를 개최하고 마을 단체들이 러시아 정부에 방사능 관련 건강 문제로 보상을 청구하도록 조언하는 역할을 했다. 미로노바의 단체는 첼랴빈스크(FIB-4)와 오죠르스크에 있던 과거 비밀 보건진료소의 기록을 기밀 해제하기 위해 노력하기도 했다. 놀랍게도 1995년 옐친 행정부는 소비에트 시민들의 부당한 피폭에 대해 공식 사과문을 발표했다.[6] 그 성명서는 1996년 한 가족이 오죠르스크 법정에서 마야크 공장을 상대로 소송을 제기할 수 있도록 만들었다. 부모는 방사성 흔적에서 거주한 3세대에 속하는 자녀의 유전적 기형에 대한 손해를 바탕으로 고소하는 데 성공했다.[7] 이는 러시아 법정이 마야크의 핵분열 생성물과 유전적 손상 사이의 연관성에 대해 인정한, 믿어지지 않는 사건이었다. 이 소송의 성공은 과학적 증거를 평가할 때 역사적 맥락이 얼마나 중요한지에 대해 말해준다. 공산주의 몰락 후 들려온 첫 번째 사례들은 많은 러시아인들이 예나 지금이나 자신들의 정부를 바라볼 때 가졌던 일반적인 의심을 반영했다.

1990년대 초반의 이러한 사건들은 숨이 막힐 정도였다. 과거의 환경적 불의는 바로잡힐 것이다. 러시아는 명령, 변덕, 밀실 거래가 아닌 법에 의해 통치되는 국가로 거듭날 것이다. 미로노바는 1991년부터 1993년까지를 "러시아 민주주의의 영광스러운 나날들"이라고 불렀다.

자신을 억제하면서 그녀는 "오직 그 기간뿐이었죠"라고 덧붙였다.

미로노바에게 민주주의는 1993년 보리스 옐친 대통령이 법과 토론이 아닌 모스크바 거리에서 군인과 탱크를 앞세워 반항적인 의원들을 물리치면서 막을 내렸다. 들이댄 총구에 의해 민주주의가 러시아 정부청사Russian White House* 바깥으로 인도되면서, 새로운 선거는 힘 있고 종종 부패한 사업가들과 전직 당 실력자들이 휩쓸었다.[8] 옐친은 공산당을 권좌에서 밀어내는 그의 큰 목표를 뒷받침하는 동안만 핵의 글라스노스트를 지지했다. 일단 그 임무가 완수되자, 반핵 시위대와 피해자 단체는 점차 방해가 되었다. 페레스트로이카를 지지하고 공산주의 통치를 종식시키는 데 일조했던 원자력 안전성 운동과 같은 시민 단체는

---

* 우리말로 하얀 집을 뜻하는 벨리 돔Белый дом은 모스크바에 위치한 건물로 공식 명칭은 러시아연방 정부청사Дом правительства Российской Федерации이다. 러시아소비에트연방사회주의공화국 최고소비에트Верховный Совет РСФСР를 비롯해 러시아연방 최고소비에트가 있었기 때문에 러시아 최고 회의 건물로 알려져 있다. 아울러 러시아 각 지역의 시청, 군청 같은 하위 정부청사도 벨리 돔이라고 부른다.

대부분 쫓겨났다.

벨웨더 사건*은 마야크 공장과 러시아 정부를 엄청난 법적 책임에 노출시키는 위협이 되었다. 1957년 사고 이후 청산자로 강제 동원된 소년에 관한 사건은 지방법원에서는 승소를 거뒀지만 상급법원에서 뒤집혔다. 그 후 몇 년 동안 청원자들은 사건마다 패소했다. 1998년, 옐친은 모든 정부 사업에 민감한 것으로 간주되는 정보를 기밀로 분류할 수 있도록 하는 명령을 내렸다. 이 칙령은 아마도 이름이 바뀐 러시아 원자력 기업 로사톰Rosatom을 포함한 에너지 및 방위산업계의 로비에 대한 응답이었을 것이다.[9] 1999년, KGB의 더 크고 더 강력한 후신인 연방보안국FSB(Federal Security Bureau) 요원들은 원자력 안전성에 대해 보고한 몇몇 과학자들에게 국가 기밀을 누설했다는 혐의를 제기했다. 일부 과학자들은 음란 전화와 살해 협박을 받았다.[10] 권력 있는 각료들은 공개 조사 없이, 부패, 불법 행위 또는 환경 피해에 대한 두려움 없이 다시 자유롭게 행동할 수 있었다.

공개 조사로부터의 자유는 예산이 빠듯해지고, 임금이 지불되지 않으며, 가장 뛰어나고 똑똑한 러시아 기술자들과 과학자들이 해외 일자리를 위해 러시아의 원자력 시설을 포기했던 기간 동안 낡고 노후화된 마야크 공장이 결코 필요로 하지 않았던 것이었다.[11] 한편, 러시아의 기반 시설

---

* 벨웨더 사건bellwether case은 논쟁적인 사안을 재판하기 위해 법원과 당사자들이 해결을 목표로 재판을 진행하기 위해 각자의 증거를 모아 심의를 거치며, 그 사건의 결과가 향후 재판에서 이용되는 선례가 되는 사건을 일컫는다.

은 무너지고 있었다. 광부들은 파업에 들어갔고, 전력 공급은 산발적으로 되어갔으며, 노동자들은 무급 일자리를 방치한 채 떠났다. 1990년대 마야크 공장에서는 수십 건의 사고가 벌어졌고, 각각의 사고는 더 많은 방사성 펄프, 액체, 연무를 방출했다.[12] 예컨대 2000년 9월 9일 지역의 전기 송전선망이 파손되었을 때, 공장의 남은 원자로의 보조 발전기는 작동하지 않았다 심장이 쿵쾅거리는 45분 동안 발전소 조작자들은 발전기를 고치려고 안간힘을 썼다. 그들은 원자로가 과열되기 2분 전에 가동시켰는데, 이는 체르노빌을 능가하는 폭발을 일으켰을 수도 있었다.[13]

불안감에 휩싸인 우랄 지역에서 "녹색인들greens"이라는 우산 아래 더 많은 단체가 결성되었다. 그들은 전국에서 사용후 핵연료를 처리하는 유일한 장소였던 마야크 공장을 목표로 삼았다. 사용후 핵연료 처리 과정에서 발생한 엄청난 양의 방사성 폐기물은 모두 테차강 위의 개방형 저수지에서 고방사성 폐수를 담고 있던 노후화되는 댐 뒤로 쌓여가고 있었다. 시위자들은 방사放射된 테차 아래로 고무보트를 타고 떠내려가 조사照射된 물고기가 담긴 통을 주지사의 집무실 앞에 놓았다. 그들은 팔다리가 뒤틀리고 둔해 보이는 아이들의 충격적인 사진을 찍었다. 그들은 길가의 식품 판매대에서 800마이크로뢴트겐을 가리키는 휴대용 선량계의 사진을 찍기도 했다.[14] 활동가들은 지하 방사성 호수가 첼랴빈스크 유역으로 이동하고 있다고 주장했다. 공장 창시자들의 아들들인 마야크 지도부는 이에 반발했다. 그들은 녹색인들이 고소와 배상으로 주州에 연간 200만 달러를, 공장 수익 손실로 또 다른 5,000만 달러를, 그리고 수백 개의 지역 일자리들을 희생시켰으며, 이러한 경제적 파괴 행위 중 어느 것도 우발적인 것이 아니라고 비난했다. 그들은 환경운동가들이 러시아의 경제적·방위적 잠재력을 약화시킬 목적으로 외국 정부들을 위해 일했다고 주장했다.[15]

체랴빈스크에서 원자력 안전성 운동에 대한 괴롭힘이 시작되면서 미로노바는 그녀가 러시아 민주주의의 죽음이라고 불렀던 것을 추적했다. 공식적인 괴롭힘은 1990년대 중반에 소송과 세법 위반 혐의와 함께 소규모로 시작되었는데, 이 단체가 기회주의자들이며 순전히 서구가 제공하는 보조금을 위해 전선을 펼친다고 비방하는 언론 보도들과 섞였다. 운동에 참여한 활동가들은 오염된 땅에 있는 마을들을 소개하기 위한 자금, 의료 문제가 있는 가족들에 대한 보상, 그리고 처방과 인공기관과 의료 감시 프로그램을 위한 기금 마련을 목적으로 운동을 벌였다. 마야크와 로사톰 관리들은 불구가 된 아이들과 병든 부모가 등장하는 뉴스 보도와 싸우는 방법을 배웠다. 정부 대변인은 피해자 단체가 보조금을 위해 정부를 빨아먹으려는 "복지 사례"이자 아무짝에도 쓸모없는 사람들이라고 주장했다.[16] 원자력 산업과 직접적인 관련이 없는 다른 사람들은 점차 이 해석을 긍정하게 되었다.

체랴빈스크에서 나는 마야크 공장에 대해 여러 권의 책을 쓴 역사가 블라디미르 노보셀로프와 이야기를 나눴다. 노보셀로프는 오죠르스크에서 자랐다. 1990년대 중반, 마야크 책임자들은 그에게 우랄에서의 플루토늄 생산에 관한 최초의 공인된 역사를 써 달라고 요청했다. 그와 전 당 제1서기 비탈리 톨스티코프Vitalii Tolstikov는 부럽게도 공장 문서고에 대한 접근 권한을 받았다. 그들은 사고와 환경 악화에 대한 공장의 기록에 대해 비판적인 글을 썼다. 그들의 작업은 공장 고참들에게 그들이 목격한 것에 대해 다른 저자들에게도 말할 수 있는 용기를 주었다.[17]

같은 주제에 대한 노보셀로프와 톨스티코프의 두 번째 책은 2년 후에 출판되었으며 훨씬 더 소거된 비판과 많은 변론이 담겨 있었다. 노보셀로프에게 이유를 묻자 그는 공장 경영진이 만약 그가 공장에 대한 동정심 없는 책을 또 쓴다면, 교수로서의 경력은 끝날 것이라고 경고했다고 시인했다. 노보셀로프에게는 그것으로 충분했다. 우리가 만나기 직전에 그는 지역 신문과 인터뷰를 했는데, 테차 지역이 너무나 가난하기 때문에 지역 주민들의 유일한 수입원은 방사선 피해자로서의 배상 청구라고 말했다. 그는 질병의 진짜 원인은 방사선이 아니라 알코올 중독이고, 선천적 결함의 비율이 비정상적으로 높은 이유는 근친교배라고 말했다.[18]

오죠르스크의 아들인 노보셀로프는 핵 안보 국가에서 규정에 따라 행동하는 법을 이해했다. 그의 "전문가적" 증언은 마을 사람들의 주장의 신뢰성을 실추시키는 데 큰 영향을 미쳤다. 노보셀로프는 많은 자유주의자들이 러시아 정부가 소비에트 국가의 잘못을 바로잡기를 바라고 그렇게 함으로써 "우리는 법에 의해 통치되는 국가에 살고 있다"는 점을 보여주기를 희망했을 때 그의 첫 번째 책을 썼다.[19] 그가 두 번째 책을 썼을 때, 그 희망은 거의 사라졌다.

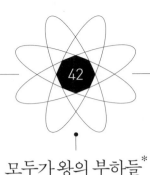

42

모두가 왕의 부하들[*]

러시아 경제는 1998년 붕괴되었다. 러시아 정부가 자주 지불하지 못했던 저축과 급여가 초인플레이션으로 인해 말살되면서 수많은 전문직 및 블루칼라 노동자들은 빈곤의 늪으로 가라앉았다. 대학 교수들은 세탁업으로 돈을 벌었다. 중산층 전문직 종사자들은 거리에서 초콜릿 캔

---

[*] 《모두가 왕의 부하들*All the King's Men*》은 미국의 평론가, 소설가, 시인인 로버트 펜 워런 Robert Penn Warren(1905~1989)이 1946년 쓴 소설로 정치적인 문제에 휘말린 사람들의 모습과 그 안에서 펼쳐지는 윤리적 및 심리적 갈등을 포착한 작품이다. 워런은 이 작품을 포함해 소설과 시 부문에서 퓰리처상을 두 번 수상했고, 미국 최초의 계관시인으로 지명되기도 했다. 책의 제목은 영어권의 전래 동요 험프티 덤프티Humpty Dumpty의 가사에서 따온 것이면서, 동시에 루이지애나 주의 주지사와 상원의원을 지냈던 급진적인 인기영합주의자 민주당 정치인인 휴이 피어스 롱 주니어Huey Pierce Long Jr.(1893~1935)의 표어였던 "모두가 왕Every Man a King"과도 관련이 깊다.

디를 팔았다. 방사생물학자 나탈리아 만주로바도 바닥을 쳤다. 1992년, 그녀는 체르노빌 구역에서 4년 동안 일한 후 장애인으로 돌아왔다. 1990년대 내내 그녀는 침대에 누워 10대 딸의 간호를 받았다. 그녀가 회복됐을 즈음에는 냉전은 끝난 지 오래였고 핵 과학자들을 위한 일자리는 거의 없었다. 수입도 저축도 없이, 만주로바는 쓰레기통을 뒤져서 먹다 남은 음식들과 되팔 수 있는 병들을 찾았다.

어느 날 오후, "나는 당신이 정부에 모든 것을 주면 그 대가로 당신의 정부가 항상 당신을 위해 제공할 것이라고 믿도록 길러졌죠"라고 만주로바는 종양 수술을 기다리고 있던 종양 병동 밖에서 내게 말했다. "이제 내가 얼마나 틀렸었는지 깨달았어요."

신중하게 관리된 2000년도 선거에서 블라디미르 푸틴Vladimir Putin* 이 당선되었다. 그는 붕괴된 경제를 되살리고, 반항적인 체첸 소수민족과의 분쟁을 종식시키며, 러시아를 세계 강국으로 재건하겠다고 약속했다. 그가 권력을 잡은 지 얼마 지나지 않아 러시아의 몇몇 도시에서 폭탄이 터졌다. 푸틴은 첩자와 파괴자 색출을 포함한 테러와의 전쟁을 맹세했다. 여기에는 시민권 및 정보의 자유에 대한 새로운 규제와 정치적 반대자들에 대한 보다 가혹한 접근이 수반되었다. 푸틴의 정책은 유

---

* 블라디미르 블라디미로비치 푸틴Владимир Владимирович Путин(1952~)은 러시아의 정치인으로 2000년부터 2008년까지, 그리고 2012년부터 현재까지 러시아연방의 대통령이다. 1975년, 국립레닌그라드대학교 법학부를 졸업했고, 이후 1991년까지 국가보안위원회 요원으로 레닌그라드 및 동독에서 근무했다.

가 상승에 큰 도움을 받았다. 국가 수입이 늘어나면서 러시아 경제는 다시 살아났다. 이와 함께 푸틴의 인기도 높아졌다. 아무도 빨래로 돈을 버는 때로 돌아가고 싶어 하지 않았다. 아무도 학교에서 인질을 붙잡는 테러리스트들을 원하지 않았다.

2001년 9월 11일, 도둑이 원자력 안전성 운동 사무실에 침입하여 단체의 재무제표와 서신이 담긴 컴퓨터 메모리를 훔쳤다. 그 후 몇 달 동안 러시아의 연방 세무 공무원은 이 단체에 대해 탈세 혐의를 제기했다. 지방 검사들은 불분명한 법률 위반으로 소송을 제기했다. 법대를 갓 졸업한 젊은이들이 운동에 합류하여 사무실 전체를 구성했다. 그러나 압력은 멈추지 않았다. 세무 공무원들은 미로노바를 개인적으로 파산시키려 했다. 단체는 외국 재단들로부터 자금을 받는 것을 중단해야 했다. 임대료를 낼 수 없었던 그들은 회원들의 개인 아파트로 이사했다. 2002년에 이르러 이 비영리 단체는 해산해야 했다.[1]

우랄의 환경 운동은 거기서 끝날 수도 있었다. 하지만 미로노바는 다른 활동가들을 훈련시키고 영감을 불어넣었다. 그중 한 학생이 바로 나탈리아 만주로바였다. 2005년, 만주로바는 마야크 공장의 환경오염에 집중하기 위해 오죠르스크에 비영리 단체를 세웠다. 이는 용감한 행동이었다. 오죠르스크의 주민들은 대부분 글라스노스트 시기가 지나가기만을 기다렸다. 그들은 법령을 무너뜨리거나 당의 유력자들을 몰아내지 않았다. 폐쇄 도시를 둘러싼 이중 철조망은 남아 있었다. 1989년과 1999년, 폐쇄 도시를 개방하는 것에 대한 주민 투표가 있었을 때, 주민들은 범죄적 하층민의 유입을 우려하여 그들의 출입문, 경비원, 통행증

제도를 유지하는 데 압도적으로 투표했다. 투표에 참여한 핵 과학자들의 절반이 도시가 개방되면 이사를 가겠다고 말했다.[2] 1990년대가 지나면서 오죠르스크에는 몇 가지 눈에 띄는 소수의 변화가 있었다. 낫과 망치의 상징이 러시아연방의 삼색기로 바뀌었고, 자본주의의 조짐들은 무한한 시베리아의 서리 속에서 발을 바꿔가며 서 있는 노천 상인의 모습으로 구체화되었다.

나제즈다 쿠테포바는 그러한 상인들 중 한 명이었다. 그녀는 인도의 카드 게임용 탁자에서 여성용 속옷을 팔았다. 경제가 붕괴되기 전에 쿠테포바는 대학에 갔고 소비에트 말기의 일회용 결혼 중 하나로 지역 경찰과 결혼하여 이혼하기 전에 한 명의 자녀를 낳았다. 1990년대 러시아의 많은 젊은이들처럼 그녀는 불확실한 소비에트 이후의 경제 및 정치 풍경에서 이리저리 돌아다니다가, 그녀가 말한 것처럼, 어느 날 한 강연에 참석하게 되었다. 강사는 청중들에게 쿠테포바가 이전에 알지 못했던 것을 말해주었다. 그녀의 소도시가 소비에트 핵무기를 위해 플루토늄을 생산했고, 그녀가 태어나기 전에 도시에서 체르노빌과 같은 중대한 사고들이 발생했으며, 주변을 둘러싼 보석을 박은 것 같은 호수와 자작나무 숲과 소나무 숲 풍경이 오래 지속되는 방사성 동위원소로 심하게 오염되었다는 것이었다. 이 정보는 쿠테포바를 충격에 빠뜨렸다.

어렸을 때 쿠테포바는 종양학자였던 어머니가 전화 통화에서 환자들이 "과잉 피폭되었다"라거나 "방사放射되었다"고 말하는 것을 우연히 들은 적이 있었지만, 그 단어들은 등록되지 않았다. 그녀의 아버지는 항상 그녀에게, 정확히는 그녀가 믿을 만하게 자기 공장에서 사탕

포장지를 만든다고 말했다. 그가 플루토늄 공장에서 일했고 주요 사고 중 하나에서 청소 작업을 했다는 것을 알게 된 것은 암으로 인한 그의 고통스러운 요절을 설명해주었다. 자신이 얼마나 잘 속는가를 느끼며 받은 충격은 쿠테포바를 행동하게끔 만들었다. 그녀는 오죠르스크에서 여성 단체를 설립했고 얼마 지나지 않아 만주로바와 힘을 합쳤다. 두 여성은 강력한 팀을 이루었다. 물리학과 생물학을 공부한 만주로바는 냉철했고 조용했으며 근면성실했고, 사회학과 법학을 전공한 쿠테포바는 말하기를 좋아했고 활력이 넘쳤으며 똑같이 근면성실했다.

여성들은 새로운 비영리 단체에 모습을 나타내 만주로바와 쿠테포바에게 그들의 믿음을 시험했던 이야기를 들려주었다. 마을 사람들은 1950년대와 1960년대에 강제로 방사放射된 영토 정화에 동원되었다고 말했다. 여성들 중 일부는 당시 임신 중이었고, 다른 여성들은 학교에 다니는 어린이들이었다. 러시아 법에 따르면 환경 참사의 "청산자들"은 특별 의료 보조금과 연금을 받을 자격을 얻는다. 그러나 소비에트 법이 위험한 환경에서 어린이와 임산부를 고용하는 것을 금지했기 때문에 소비에트 시민들이 가지고 다니는 노동 장부에 그들의 노동은 기록되지 않았다. 아무런 기록이 없었기에 병든 마을 주민들은 청산자 지위를 거부당했고 의료 혜택과 치료에 대한 보상도 받지 못했다. 쿠테포바와 만주로바는 이전의 사건들은 실패했지만 러시아 법정에서 이 여성들을 대변하는 데 동의했다.[3] 소문이 퍼지자, 더 많은 사람들(대부분 마을 주민)이 쿠테포바와 만주로바에게 타타르스카야 카라볼카 및 무슬류모보와 같은 마을에서 이사해 나갈 수 있는 자금을 얻기 위해 법정에서 자신들을 대변해 달라고 호소했다.

나는 가끔 쿠테포바가 마을로 여정을 떠나 진술을 듣는 과정에 동행했다. 마을 사람들은 여러 세대에 걸쳐 지속된 추정 선량과 건강 문제에 대한 기록으로 무장하고 약속 장소에 오곤 했다. 마을에서 교육을 받은 게 전부인 농부들은 토양, 식물, 인간 장기에서 방사성 동위원소의 흡수에 대해 많은 것을 알고 있었다. 그들은 피폭 정도를 판정하기 위해 지역 문서고와 복잡한 과학 서적들을 뒤졌다. 그들은 체내 피폭과 체외 피폭의 차이점을 제시했다. 그들은 동위원소의 반감기가 어떻게 전신 검사의 유용성을 제한하는지 설명했다. 그들은 가슴 아픈 말로 가족 구성원의 의학적 합병증을 상세히 묘사했다. 마을 사람들은 방사성 풍경에서 "자연 실험"을 살아내며 배운 고통스러운 교훈을 통해 쿠테포바와 나를 교육했다. 이 정보를 가지고 쿠테포바는 보상을 위해 지방 법원에 소송을 제기했다.

쿠테포바와 만주로바는 대부분 오죠르스크 외곽의 마을 사람들을 대표했다. 나는 왜 오죠르스크 주민들은 도움을 청하지 않는지 물었다. 쿠테포바는 다음과 같이 대답했다.

이것이 폐쇄 도시에서 우리가 가지고 있는 그런 사고방식이예요. 외부 마을 사람들은 같은 종류의 교육을 받지 못했고 일부는 문맹이지만 국가와 기업의 홍보 캠페인에 속지 않아요. 손해배상 청구 소송에 동참하더라도 상실을 두려워할 만한 것을 가지고 있지 않죠. 원자력 산업은 연방 보조금으로 원자력 시설에서 일하는 사람들을 망치는 방식으로 기능합니다. 그들은 오죠르스크를 대상으로 홍보에 많은 돈을 썼죠. 이 주민들은 홍보 관리들이 공장의 안전성과 오염의 "과장된" 유산에 대해 퍼뜨리는 신화를 믿는답니다. 아마 나도 그런 사람들 중 하나겠지요. 어찌됐든, 나도 여전히 이곳[오죠르스크]에서 아이들과 함께 살고 있으니까요.[4]

쿠테포바는 학교, 의료, 공공 서비스가 훌륭하기 때문에 관문이 설치된 오죠르스크에 남아 있다. 그녀는 이웃한 키시팀으로 이사하는 것을 고려하기도 했지만, 그곳의 학교들은 열악하고 시 예산은 불충분하며 범죄율은 높다.[5]

지금까지 쿠테포바는 지방법원과 주州법원에서 패소했다. 그녀는 러시아 대법원에서도 패소할 것으로 예상하지만, 자신의 사건을 프랑스 스트라스부르Strasbourg에 있는 유럽인권재판소European Court of Human Rights로 가져갈 계획이다. 1998년 러시아 의회가 유럽인권조약European Convention on Human Rights을 비준한 후 유럽인권재판소의 결정은 러시아 국내법의 지위*를 갖게 되었다.[6]

2005년, FSB 관리들은 쿠테포바를 불러 그녀가 국제 학술대회에서 CIA 요원에게 전했다는 혐의가 제기된 "핵 비밀들"에 대해 심문했다.

---

* 2020년 6월 25일부터 7월 1일까지 진행된 러시아 개헌에 관한 국민투표에서 7,400만여 명의 투표 참여자들 가운데 77.9퍼센트, 5,770만여 명이 개헌에 찬성했고, 그 결과 러시아 헌법이 국제법에 우선한다는 조항이 성문화되었다.

당시 쿠테포바는 모스크바에 근거를 둔 사회학자 올가 체필로바Olga Tsepilova와 오죠르스크에서 계획된 여론조사에 참여하고 있었다. FSB 요원들이 체필로바가 오죠르스크에 도착했을 때 체포했기 때문에 그들은 조사를 실시할 수 없었다.[7] 2008년, FSB 요원들은 수색영장 없이 쿠테포바의 집과 사무실을 수색하려 했다. 2009년, 세무 조사원들은 그녀의 비영리 단체 희망의 행성Planet of Hopes을 탈세로 고발했다.[8] 유죄 판결을 받았다면 네 아이의 미혼모인 쿠테포바는 엄중한 벌금과 30년 징역형을 선고받았을 것이다. 격렬한 법정 공방 끝에 첼랴빈스크의 중재재판소arbitrage court는 사기 혐의에 대해 쿠테포바에게 무죄를 선고했다. 하지만 그녀는 곧 다른 어려움에 직면했다. FSB가 한 동료를 정보원으로 채용하려 한 것이다. 그들은 원자력 기술사인 그녀의 남자친구를 공장에서 해고하겠다고 위협했고, 오죠르스크 관문의 경비원들은 그녀의 도시 출입증을 무효화하려고 애쓰며 악명 높은 "활동가"를 일상적으로 괴롭혔다.

이 같은 차질이 있을 때마다 쿠테포바는 끈질기게 러시아 법에 보호를 요청했다. 그녀는 영장 없이 자신의 집을 수색하려 한 FSB를 경찰 직권 남용 혐의로 고발하고 소송을 제기했다. 그녀는 도시 관문 경비원에게 주민들의 통행증을 압수할 수 있는 권한을 부여한 규정이 있는지 확인해 달라고 요청했다. 규정은 없었다. 단지 오랜 시간에 걸쳐 정착된 관행이자 매월 특정한 숫자의 통행증을 압수해야 한다고 경비들에게 할당된 몫만 있을 뿐이었다. 쿠테포바는 소송을 제기하겠다고 위협했고, 관리들은 불법적인 관행을 끝냈다. 수사 후, FSB는 쿠테포바의 자택을 영장 없이 수색하라고 명령한 경찰관에게 정직 처분을 내렸다.

내가 점수를 매긴다면 쿠테포바가 거둔 2점이 될 것이다.

쿠테포바는 내가 만난 사람 중 가장 소송을 많이 하는 사람이다. 그녀는 "부조리하기 짝이 없는[Absurdovo]" 관료집단을 상대로 제기한 수십 건의 소송을 즐겁게 열거했다. 그녀는 발랄하고 지칠 줄 모르는 방식으로 소비에트 반대자들이 이 핵무기 복합체의 성채에서 1960년대에 수행하려고 했던 일, 즉 관리들이 그들 자신의 법을 지키도록 강제하는 일을 성취하는 중이다.

수년 동안, 오죠르스크 주민들은 지역 언론과 온라인 리스트서브에서 쿠테포바를 골칫거리 기회주의자, 국가에 대항하는 간첩, 지역사회에 대한 배신자로 묘사해왔다. 그러나 공장을 주시하는 독립적 관찰자의 유용성은 점점 더 명백해지고 있다. 2004년, 독립적 조사자들은 테차강에서 나오는 자연방사선이 두 배로 증가한 다음 불과 몇 달 만에 세 배로 증가했음을 발견했다. 국가 조사관들은 공장 기술자들이 방사성 폐기물을 버리고 있던 방사성 저수지를 막고 있는 댐에서 누수를 발견했다. 댐이 약하다는 사실은 10년 전부터 알려져 있었다. 연방정부는 이 문제를 해결하기 위해 자금을 지출했지만 공장 관리자들은 아무런 조치도 취하지 않았다.[9]

마야크의 총책임자 비탈리 사도브니코프Vitalii Sadovnikov는 댐을 재건할 3억 5천만 루블을 가지고 있지 않다고 주장했지만, 마야크 공장은 14억 루블의 이익과 2001~2004년 무단 폐기 기간 동안 외국 파트너로부터의 수익 및 경화 매출로 43억 루블의 추가적인 이익을 기록했다. 사도브니코프는 또한 세련된 모스크바 사무실에 막대한 투자를 했고 스스로에게 상여금으로 170만 루블을 지급했다.[10] 2005년, 한 지방 검사는 사도브니코프를 환경오염 혐의로 형사 고발했다. 로사톰 책임자는 사도브니코프를 정직 처분했지만, 연줄이 튼튼한 사업가이자 지역 의원인 사도브니코프는 가까스로 고소가 취하되도록 만들었다.[11] 사도브니코프는 자신의 위치로 복귀했다.

마야크가 거둔 1점이다.

그러나 2007년 마야크 공장에서 사고가 터졌을 때, 쿠테포바는 사고에 대한 사도브니코프의 공식 보고와 훨씬 더 큰 사건을 다룬 도시 리스트서브에 올라온 노동자의 설명 사이의 중대한 불일치를 언론에 알렸다. 사도브니코프의 이번 은폐는 로사톰 관리에게 마침내 사도브니코프를 해고할 수 있는 명분을 주었다.[12]

쿠테포바가 얻은 1점이다.

시간이 지남에 따라 공장과 쿠테포바 사이의 적대적 관계는 점차 약화되었다. 2010년, 마야크의 한 책임자는 쿠테포바와 만주로바에게 이전 실험연구기지의 큰 건물을 보여주었다. 그곳에는 수십 년 동안 다양한 실험을 위해 방사성 물질을 투여한 실험용 동물들이 우리에 갇혀 있었다. 동물들은 오래전에 사라졌지만, 그 건물과 각각의 작은 칸들은 너무나 방사성 활동이 활발하여 책임자는 어떻게 해야 할지 몰랐다. 그는 만약 자신들이 그 거대한 건물을 파괴한다면, 방사성 먼지가 오죠르스크 쪽으로 바로 갈 것이라고 말했다. 그는 두 여성에게 어떻게 해야 하는지 물었다.

쿠테포바는 그 말을 듣고 웃었다. "여기 그들이 **우리에게** 무엇을 해야 하냐고 묻다니!"

만주로바는 한 가지 해결책을 생각해냈다. 건물을 철거하기 전에 감싸는 것이었다. 이 일에서 영감을 받은 만주로바와 쿠테포바는 다른 제안을 하기 시작했다. 그들은 방사능을 내뿜는 진흙바닥을 차단하고, 홍수를 막으며, 의심하지 않는 행인들의 접근을 막기 위해 러시아 정부가 오염된 테차강에 60마일 길이의 석관을 건설할 것을 제안했다. 그들은 또한 수십 년이 지난 무슬류모보와 카라볼카의 소개疏開를 위한 계획들도 가지고 있다.

나는 누가 플루토늄 복합체의 위험 요소들을 다루고 있는지에 대한 이 질문을 두고 고심했다. 모두가 왕의 부하는 아니다. 오히려 가까스로 고용되어 아파트에서 일하고 건강 문제와 싸우는 만주로바와 어린아이들을 키우는 쿠테포바, 이 두 명의 여성이 소비에트 핵무기 복합체의 막대한 잔해를 짊어지고 있는 이들이다. 거대한 플루토늄 공장의 50년 재난을 청소하기 위한 해결책과 법적 한도를 제안하는 일은 대체 왜 그들과 그들의 마을 협력자들에게 맡겨졌는가?

만주로바와 쿠테포바 그리고 그들을 지지하는 마을 사람들이 이 역사에 들어서면서 수천 명의 자발적인 부하들을 이끄는 뛰어난 과학자들이 특징적인 소비에트 원자력 계획에 대한 일반적인 서사는 갑작스럽게 덜 타당해졌다. 처음에 미나톰Minatom*이었다가 나중에 로사톰으

---

* 러시아 원자력부를 줄여 부르는 말로, 소련 중기계건설성에서 명칭만 바뀌었던 소련

로 거듭났던 강력한 중기계건설성은 그 모든 자금, 정치적 접근 권한, 중장비, 실험실, 과학자, 해외 보조금, 공무원 집단을 가지고도 원자력 개발 계획이 만들어낸 문제들에 대해 어떻게 해야 할지 모른다. 공장 주변을 감도는 공중 보건 문제, 환경 문제, 경제적 문제, 유전적 문제의 소용돌이를 진지하게 다룬다는 것은 먼저 그것들을 보는 것을 의미하기 때문이다. 수십 년 동안 소비에트 원자력 산업을 선도했던 강력한 남자들은 특정한 것만을 보고 들을 수 있는 권한을 부여받았다. "불안"과 "과장"에 반대하는 법률을 제정하면서 그들은 50년에 걸친 폐기물 처리 위기와 심하게 오염된 풍경에서 피폭되었던 수만 명의 사람들에 초점을 맞추는 데 실패했다. 이러한 맹목적인 행동으로 인해 수년간 감시 및 폐기물 관리에 대한 예산을 삭감하는 동시에 환경에 지속적으로 무단 폐기하는 일은 가능했다.

대신 공장 지도부는 모스크바와 소비에트 이후 시기에는 해외의 보조금들에 집중했다. 그런 점에서 복지 정신에 대한 혐의는 피해자들의 단체를 부적절하게 겨냥한 것이다. 복지 정신은 원자력 오죠르스크에서 수십 년 동안 번성했다. 공장 관리자와 주민들은 일찍부터 그리고 자주 자금을 요청하는 법을 배웠다. 이 돈은 폐기물 관리, 공장 안전,

원자력 및 산업성Министерство атомной энергетики и промышленности을 계승한 러시아연방의 부처이다. 2007년, 원자력 국영 기업 "로사톰Государственная корпорация по атомной энергии 《Росатом》"으로 명칭이 변경되었다. 세계 최대의 원자력 기업들 중 단연 선두에 서 있다.

비상 대피 계획에서 전용되어 선택된 플루토늄 인민의 번영을 보장하는 데 쓰였다. 그들의 풍요는 엄청난 침묵과 복종을 불러왔고, 이는 방사성 동위원소의 확산을 더욱 강화했다.

공장 관리자들은 그들이 적어도 2018년까지는 개방된 저수지에 방사성 폐기물을 계속 버릴 것이라고 말한다. 이 투기는 일종의 영구적인 환경적 부채, 즉 마을 사람들이 여러 세대에 걸쳐 자신들의 건강과 복지를 담보로 인수한 부채를 나타낸다. 하지만 지난 20년 동안 러시아와 미국의 납세자들이 정화 비용이라는 형태로 지불해온 빚이기도 했다. 아마도 오죠르스크에 사는 사람들의 관점에서 보면 그것은 좋은 전략이었을 것이다. 오염된 환경은 플루토늄에 대한 열망이 사라진 후에도 이 단일 산업 도시에 대한 보조금의 미래를 보장해주었다. 가장 즉각적인 계획은 수억 퀴리 상당의 방사성 폐기물을 차단하기 위한 또 다른 50년의 개선 계획을 요구한다. 계획이 완료되면 공장 관리자는 공장이 "장기적인 감시, 통제 및 유지 관리"를 필요로 한다는 사실을 확인한다.[13] 만일 다른 일이 벌어지지 않는다면, 2만 4천 년이라는 플루토늄의 반감기는 고용 안정을 보장한다.

쿠테포바, 만주로바, 그리고 그들의 협력자들에 대해 말하자면, 온순한 사람들이 지구를 물려받으려면 먼저 지구를 구해야 한다. 역사가 보여주듯이 모스크바의 실력자들은 마야크의 실력자들이 감독 없이 방사성 폐기물을 관리한다고 믿을 수 없기 때문에 이러한 활동가들이 필요하다. 푸틴 대통령이 러시아의 "원자력 르네상스"라고 언급했던 풍토 안에서 국내 사용 및 해외 수출을 위해 수십 개의 원자력 동력로를 건설한다는 계획이 수립된 이상 로사톰 관리들이 오염된 풍경에 대해 고심할 이념적 여지는 거의 없다. 로사톰의 관점에서 보면 여성들이 그들의 빈약한 자원으로 떠벌리도록 내버려두고 때때로 부도덕한 공장 관리자들을 적발하게 하는 것이 훨씬 쉽다. 마야크 관리자들은 때때로 탈세나 간첩 혐의와 같은 장애물을 활동가의 경로에 던져 그들의 속도를 늦춘다. 그러면 러시아 정치인들은 자신들이 패를 쥐고 있다는 사실을 알면서도 이를 "논쟁" 또는 "민주주의"라고 칭할 수 있다.

어쩌면, 거의 모든 패들이겠다. 쿠테포바, 만주로바, 그리고 그들의 마을 협력자들은 물러서지 않고 있다.* 체르노빌 이후 10년 동안의 핵 글라스노스트 덕분에 이 이야기는 세상에 알려졌고 다른 사람들이 그것을 보기 시작했다.

내가 키시팀에 머무르는 동안 오죠르스크에서 온 루이자 수보로바 Louisa Suvorova가 방문했다. 그녀는 만주로바와 마찬가지로 이전에는 방사성 흔적을 연구하던 핵생물학자였다. 그녀는 남편이 해줄 이야기가 있어서 우리들 면담에 오기를 원했지만 두려움 때문에 집에 남았다고 말해주었다. 나는 수보로바에게 왜 왔는지 물었다.

그녀는 연구기지가 폐쇄되기 전인 1980년대 후반에 방사능 오염이 특히 3세대 자손에게 해를 끼칠 것이라는 과학 페이퍼를 작성했다고

---

* 저자에 따르면, 책이 출간된 이후 쿠테포바는 2015년 미국 요원이라는 혐의를 받아 러시아를 떠났고, 현재 프랑스에서 망명 생활을 하고 있다. 만주로바는 은퇴했고, 같은 주제에 거의 관여하지 않는다.

말했다. 그녀는 페이퍼가 과학이자 연구 자료에 기반을 둔 예측에 불과했다고 말했다. 최근 그녀의 열 살짜리 손녀가 어린이들에게는 매우 드문 크론병Crohn's disease*의 중증 사례에 이르기 전까지는 말이다. 수보로바는 손녀의 질병이 자신이 어린 시절 방사선에 피폭되면서 생긴 유전적 돌연변이 때문이라고 말한다. 손녀의 질병이 진행되는 모습을 보면서 수보로바는 자신의 과학적 예측이 그녀 자신의 전기傳記를 괴롭히게 되었다는 것을 깨달았다. 그러한 인식으로 인해 그녀는 아픈 자녀가 있는 다른 가족을 찾게 되었다. 우리의 만남이 있기 몇 달 전에, 수보로바는 만주로바, 쿠테포바와 협력하기 시작했다.

쿠테포바가 얻은 1점이다.

---

* 크론병Crohn's disease은 유해 박테리아에 지나치게 반응하는 면역체계가 유발하는 만성적인 장 질환이다. 면역체계가 신체의 세포, 조직, 기관 등을 이물질로 인식해 스스로를 공격하여 질병을 유발한다.

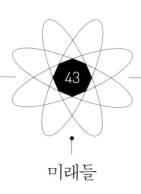

미래들

작은 리치랜드 공항의 개조된 격납고에서 나는 미국 초우라늄 및 우라늄 등록소USTUR(United States Transuranium and Uranium Registries)의 책임자 세르게이 톨마체프Sergei Tolmachev를 방문했다. 홍보 자료에서는 이 등록소가 미국에서 조사照射된 신체 부위를 보관하는 유일한 국립 저장소라고 주장한다.[1] 톨마체프는 용해된 조직과 뼈가 담긴 항아리가 들어 있는 커다란 상자들이 늘어선 선반을 내게 보여주었다. 각 상자에는 기증자와 장기 유형(간, 신장, 심장, 쓸개)을 나타내는 숫자가 암호화되어 있었다. 선반 건너편에는 실험실 기사들이 방사성 동위원소의 증착蒸着을 위해 아직 용해, 회화灰化 및 측정하지 않은 신체 부위가 저장된 대형 냉동고가 있었다. 나는 이 작업의 규모를 이해하기 시작했다. 나도 모르게 기분이 나빠졌다.

수술실에서는 실험실의 시간제 병리학자 카를로스 멘데즈Carlos Mendez가 고무장갑을 끼고 한 남자의 팔을 해부하고 있었다.[2] 그는 팔을 상부와 하부로 분리하여 피부, 지방조직, 뼈, 근육을 나눠서 배치했다. 해부되지 않은 두 번째 손은 명상하는 요가 수행자의 모습처럼 손바닥이 위로 향한 모습으로 탁상 위에 놓여 있었다. 톨마체프는 에너지부가 지난 몇 년 동안 이 저장소의 예산을 대폭 삭감하여 직원이 수십 명에서 4명으로 줄었다고 설명했다. 멕시코에서 멘데즈는 의사로 일했지만 불법으로 미국 국경을 넘어 얼마간 감옥 생활을 했기 때문에 미국 내에서 의료 행위를 할 수 없었다. 멘데즈는 화난 얼굴로 그의 작업을 불편해하는 나를 노려보았다. 나는 그가 조사照射된 시체보다 산 사람을 수술하는 것을 선호한다는 느낌을 받았다.

멘데즈는 전기톱을 집어 들었다. 톨마체프와 내가 방을 나서자 톱날이 뼈를 가는 소리가 우리를 따라왔다. 톨마체프는 돈을 절약하기 위해 등록소의 이전 책임자가 조기 퇴직을 권유받았었다고 내게 말했다. 톨마체프는 가슴팍을 가리키며 매력적인 러시아 억양으로 "그래서 내가 저렴한 새로운 책임자로 왔지요"라고 말했다. 톨마체프는 모스크바 연구소의 기밀 부속기관에서 핵화학 학위를 받았다. 소련에서 그는 제한된 군사 연구 시설인 "상자"에서 근무했다. 보안 규정 때문에 톨마체프는 미국의 원자력 시설을 지휘하는 것은 말할 것도 없고 미국을 방문하는 것조차 꿈에도 생각하지 못했었다.

리치랜드를 자전거로 다니는 톨마체프의 호리호리한 몸매는 다툼으로 점철된 오랜 교제 끝에 미국과 소비에트의 원자력 복합체들이 결혼에 도달했음을 의미한다. 1990년대에 오랫동안 소비에트 탄두에 대한 공포를 배양했던 미국의 군사 전략가들은 소비에트 무기 복합체가 붕괴하여 지구 전역에 원자력 물질과 무기 과학자들이 흩어지게 될 것이라는 더욱 커다란 불안감으로 갑자기 선회했다. 근심에 빠진 DOE 관리들은 러시아인 핵 과학자들을 고용했고 미국 입법자들은 납세자들의 돈을 러시아의 원자력 시설에 쏟아 부었다.[3]

러시아와 미국의 핵무기 슈퍼스타들의 결혼식은 소규모로 치러졌고, 언론 접근은 제한되었다. 냉전기의 벼랑 끝 전술과 거친 자세가 없었기 때문에 대중은 대부분 핵 군비 경쟁이 끝났다고 믿게 되었다. 반대로, 우리는 인류학자 휴 구스터슨Hugh Gusterson이 "제2의 원자력 시대"라고 부르는 시기의 한가운데에 있다. 원자력 연구 및 개발은 냉전이 한창일 때보다 2011년에 더 많은 자금을 지원받았다. 미국에서는 연방정부가 향후 10년간 핵무기 개발에 7,000억 달러를 지출할 계획이다. 이에 앞서 러시아 정부는 화력의 열세를 모면하기 위해 자국의 군사력을 개조하는 데 6,500억 달러의 예산을 투입할 계획인데, 그중 대부분은 전략 핵무기에 사용될 것이다.[4] 레이건 행정부의 전 펜타곤Pentagon 관리 로렌스 코브Lawrence Korb의 말처럼, "냉전은 끝났고, 군산복합체가 승리했다."[5]

톨마체프는 적진에서 훈련을 받았지만 훌륭한 DOE 직원이다. 그는 의학적 차단에 대한 굳건한 신봉자이다. 그는 조사照射된 신체 부위 저장소가 플루토늄이 특정 허용치에 이르기까지 신체에 미치는 양성 효과를 보여주고 있으며 이를 높여야 한다고 믿고 있다고 말했다. 그는 모든 기증자들이 70대와 80대 때 사망했다고 말했다. 톨마체프는 "그들은 플루토늄을 몸에 지니고 40년을 살았고 건강했죠"라고 내게 말했다. 그는 고개를 저으며 "당신네 기자들은 모두 오해하고 있습니다"라고 덧붙였다.[6]

사고로 인한 추정 사망자 숫자가 37명에서 25만 명으로 다양한 체르노빌의 영향에 관한 계속되는 논쟁이 증명하듯, 방사선이 건강에 미치는 영향은 여전히 큰 논란이 되고 있다. 이 논쟁은 놀라운 일이 아니다. 나는 이 역사에서 방사성 동위원소가 인체에 미치는 영향에 대한 고도로 통제된 의학 연구가 다양한 의견을 만들어내는 방식으로 지식, 의심, 이견을 제조했다고 주장해왔다. 하지만 호기심의 이상한 부재 또한 존재했다. 냉전기 미국에서 국립암연구소NCI는 방사선과 암 문제를 다루지 않았다. 전 NCI의 부책임자 앨런 랍슨Allen Rabson에게 그 이유를 묻자 그는 "방사선이 발암물질이라는 것은 진부한 의견이지만, 그것을 계속 추적하는 것은 과학을 떠나 정치판으로 가는 것을 의미했습니다"라고 답했다.[7] 대신 NCI 관계자들은 원자력의 안전을 홍보하는 데 많은 투자를 한 AEC 관계자들에게 의학 연구 분야를 맡겼다.

AEC 관계자들은 "오도하는" 보고서와 "불건전한" 보고서를 "최소한"으로 유지하기 위해 일본 원폭상해조사위원회의 최초 연구에 대한 자금 자원을 장악했다.[8] 후속 연구에서 연구자들은 ABCC의 절충된 연구를 사용하여 표준을 설정했다. 이 표준은 연구를 제한된 선량 범위와 몇 종류의 암에만 협소하게 집중시키는 데 일조한 반면, 방사성 동위원소가 몸 안에서 미칠 수 있는 다른 영향은 대부분 무시했다. 보편적 기준을 만드는 것은 과학이 작동하는 방식이다. 그러나 플루토늄 재해의 경우 이 모델은 대부분 실패했다.

톨마체프는 경계를 초월하고 가장 현대적인 방식으로 자유롭게 유동하는 이동 가능한 지식으로 무장한 지구적 시민을 구현하고 있다.[9] 그러나 현대의 이동성 숭배는 플루토늄 공장을 둘러싼 구체적인 환경적 지형에서 현대 기술이 만들어낸 위험의 현실에 정박되었고 지역적인 특질을 얼버무린다. 핸퍼드와 오죠르스크 인근에서 수행된 의학 연구는 다른 장소에서 계산된 표준의 평균과 추정치에 의존하여 종종 방사성 동위원소가 토지의 풍경과 신체의 풍경에 통합되는 토착적이고 현장 특정적인 방식을 고려하지 못했다. 수십 년간의 실천에도 불구하고, 연구자들은 여전히 가장 명백한 건강 영향을 제외한 다른 것을 알아낼 수 있을 정도로 충분히 민감한 도구를 가지고 있지 않다.

한편, 원자력 산업은 방사성 오염을 상대화하기 위해 노력했다. 1950년대 이후, 미국의 대중은 덴버 같은 도시에서 자연방사선에 대해 많은 것을 들었지만, 자연방사선은 핵분열 생성물을 섭취하는 위험과는 거의 관련이 없다.[10] 미국에서, 대중은 원자력이 "녹색"이라는 말도 들었다. 1960년대에 원자력은 수력 발전 댐에서 죽을 수도 있었던 물고기를 구했다. 21세기에 원자력은 탄소 없는 미래를 약속한다. 후쿠시마 참사가 터지고 얼마 지나지 않아, 홍보 요원들은 석탄 산업의 위험성에 대한 5년 된 보고서에서 먼지를 털어냈다.[11] 이는 전에 봤던 술책이었다. 원자력위원회는 1960년대 중반에 석탄 채굴의 위험성을 처음으로 알렸다.[12] 후쿠시마 재난 이전 수십 년 동안 일본 정부와 기업의 핵발전 옹호자들은 교과서에서 체르노빌 재난을 검열했고 원자력 안전에 대한 이미지를 광고하는 데 수백만을 썼다. 한편, 일본의 전력 회사들은 사고에 대해 얼버무리고 안전 보고서를 조작했으며 노동자에게 원자력 산업의 위험이 알려지는 것을 우려하여 비상 장비를 구입하지 않았다.[13]

플루토늄 재해를 무력화하는 또 다른 중요한 방법은 그것들을 자연스럽게 하는 것이었다. 지난 10년 동안 관리들은 핸퍼드, 마야크, 그리고 체르노빌 영토를 야생동물 보호 구역으로 변경했다. 관광용으로 개방된 체르노빌 구역은 숨이 멎을 정도로 아름다운 숲, 호수, 개울 지형이 특징이다. 언론인과 과학자들은 이곳을 야생동물로 가득찬 곳으로 묘사한다.[14] 그러나 진화생물학자 팀 무쏘Tim Mousseau는 체르노빌 구역에서 새들을 추적했고, 생태학적 재난 지역을 발견했다. 오염도가 중간 정도인 지역에서도 그가 추적한 새들의 18퍼센트가 기형이었고, 수컷 제비의 40퍼센트가 번식 불능이었으며, 제비의 전체 개체 수는 66퍼센트로 감소했다. 무쏘는 고방사선 구역에서 호박벌, 나비, 거미 또는 메뚜기를 찾을 수 없었다. 출입금지구역 내의 모든 구역이 죽은 상태였다.[15] 워싱턴 동부에서 핸퍼드 구역 주변 영토는 컬럼비아 고원 내의 토종 산쑥 관목 서식지의 마지막 보루로 홍보되지만, 주기적으로 사슴과 토끼가 보호 지역을 떠돌며 리치랜드의 잔디밭에 방사성 배설물을 남긴다.[16] 1980년대에 핸퍼드 직선 유역Hanford Reach은 컬럼비아강의 마지막 자유흐름 구간으로 명성을 얻었다. 컬럼비아의 경사진 자갈 강둑에서 뽕나무의 방사능을 측정하면서 포틀랜드의 전력 수요에 따라

강의 수위가 오르내리는 것을 지켜보는 일은 핸퍼드 구간을 확실히 "야생"이라고 부르게끔 했다.[17]

최근 컬럼비아강 지역에서 진행 중인 다양화 계획은 포도주 생산이다. 관광객들은 핸퍼드 원자력 구역 주변의 큰 호 안에 위치한 시음실을 둘러볼 것을 권장받는데, 이곳은 포도원 관광 지도에서 이름 없는 지역으로 표시된다. 포도주 몇 잔을 시음하면서, 나는 포도주 제조업자에게 길 아래의 수많은 와나팜 인디언들이 암으로 고통받고 있고, 질병 통제센터의 연구에 따르면 지역 인디언들이 암에 걸릴 확률이 50분의 1 정도인데 이는 부분적으로 컬럼비아강 물고기를 먹는 그들의 전통적인 식단 때문이었음을 발견했다고 언급했다.[18] 나는 만약 이 연구가 맞다면 보류된 플루토늄 공장의 아주 가까이에서 포도주용 포도를 재배하는 것에 대해 그녀가 어떻게 느꼈는지 물었다. 그녀는 인디언들이 알코올 중독, 근친교배, 그리고 형편없는 식생활로 많은 문제를 가지고 있다며 신랄하게 대답했다. 이는 전에도 들은 적이 있었다.[19]

나는 포도주 제조업자에게 동정심을 느꼈다. 핵폐기물은 엄청나게 거대한 문제라 직면하기 어렵다. 2011년 후쿠시마 노심 용융은 재난이라는 측면에서 체르노빌과 어깨를 겨루었다. 전력 회사 텝코TEPCO*의 관리자들이 원자로 바로 옆에 있는 웅덩이를 제외하고 막대한 양의 핵폐기물을 저장할 장소가 없었기 때문이다. 이는 가스공장에 화약을 집

* 도쿄 전력 홀딩스 주식회사The Tokyo Electric Power Holdings, Inc는 1951년 세워진 전력 회사로, 일본 수도권에 전기를 공급한다.

어넣는 것과 유사한 행위였다.[20] "원자력 르네상스"를 추진하는 러시아 관리들은 아시아와 중동의 개발도상국에 원자로를 수출하기 위해 동업하는 GE-히타치*와 경쟁하고 있다.[21] 러시아의 판매 광고의 큰 부분은 이미 과부하가 걸린 마야크 재처리 공장을 폐기장으로 사용하여 사용후 연료를 재처리하겠다는 약속이다. 지리학자 쉴로 크루파Shiloh Krupar는 핵폐기물을 살아있는 시체들 사이에 있는 것으로 묘사한다. 1950년대 영화에 나오는 좀비들처럼 그들을 죽일 방법도, 그들이 돌아오지 못하게 할 방법도 없다.[22]

플루토늄 생산은 미국인들과 소비에트인들이 정치적으로 만족할 만한 비민주적이고 안전하지 않은 결정과 정책을 필요로 했다. 세계 최초의 플루토늄 공장이 일시적 노동자 및 이주 노동자 공동체와 부유한 정규직 노동자로 구성된 공동체를 별개로 구획된 풍경에 싹틔워서 거대한 원자력 시설뿐만 아니라 그것들이 생산한 환경 및 건강 문제도 효과적으로 보이지 않게 만들었기 때문이다. 플루토피아의 공간적 구획은 소비에트와 미국 사회의 자유 노동과 강제 노동, 다수의 백인과 소수자 비백인 주민, 그리고 종종 안전하다고 생각되는 사람들과 방사선 경로에 남겨진 사람들 사이의 분열을 반영했기 때문에 자연스러운 것처럼 보였다. 20세기 역사는 풍경에 새겨진 인종과 계급을 중심으로 전개된다. 플루토늄 구역에서 이러한 경계는 국가 기밀을 보장하고 하위 노동

---

* 2007년 6월 설립된 GE 히타치 원자력GE Hitachi Nuclear Energy은 진보된 원자로들과 원자력 관련 서비스를 제공하는 업자로, 본사는 미국 노스캐롤라이나의 윌밍턴에 있다.

자들의 접근이 제한된 도시 내에서 그들에게 부여된 소비자 특권과 사회 복지 혜택을 유지하는 데 점점 더 관심을 갖도록 했다.

플루토피아는 또한 지역적으로 인기가 있었다. 플루토피아가 선택된 노동자들에 대한 정부 보조금으로 가능해진 끝없이 상승하는 생활수준을 위해 지속적으로 증가하는 소비재를 공급하면서 유례없이 성장하는 경제를 제공했기 때문이다. 플루토피아 주민들은 과학적 진보와 경제적 효율성에 대해 환상적인 믿음을 보여주었다. 많은 사람들이 자신들 도시의 보편적이고 무계급적인 풍요를 아메리칸 드림이나 공산주의적 이상향의 구체화로 이해했는데, 이는 자신들의 국가적 이념이 옳았다는 확언이었다. 자기 확신과 자신감은 애국심, 충성심, 복종, 침묵을 낳았다.

이 특별한 공동체들은 그것들을 낳은 핵 기술만큼 빠르게 확산되었다. 리치랜드와 같은 공동체는 캘리포니아, 텍사스, 조지아, 아이다호 및 뉴멕시코에서 재현되었다. 오죠르스크와 같은 공동체는 우랄, 카자흐스탄, 시베리아 및 유럽 러시아의 일부 지역에서 반복되었다. 그것은 지구적인 전망을 가진 매력적인 모델이었다. 1960년대에 비밀 조약을 통해 미국 CIA 요원과 자문 위원들이 GE의 상표가 박힌 원자력발전소를 일본에 설치하는 것을 도왔다. GE 기술자들은 애초에 후쿠시마의 최초 원자로를 미국 핵잠수함을 위해 설계했었다. 해당 원자로의 설계는 물이 많고 사람은 적은 환경을 위한 것이었다. 즉 해수면 아래라는 조건에는 적합하지만 육지에서 민수용으로 쓰기에는 적합하지 않았다.[23] 그 결과 일본의 원자력 개발자들은 원자로들을 위해 가난하고 외진 해안 지역을 선택한 다음 새로운 "원자력 마을"에 보조금을 후하게 지급하는 관행을 차용했다. 일본의 원자력 마을 사람들은 원자로를 환영했다. 그것이 일자리와 세금 수입, 새로운 주민센터, 학교, 테마파크, 수영장, 심지어 무료 기저귀를 의미했기 때문이다.[24]

군비 경쟁이 원자력 공동체를 먹여 살리면서, 그들이 생산한 문화와 삶의 방식은 군비 경쟁에 영양을 공급했다. 보조금을 많이 받는 원자력 공동체는 정치적으로 매우 해체하기 어려운 "만족의 우주"를 구축했다. 아이젠하워 대통령은 군산복합체의 완고한 특성에 이의를 제기한 최초의 인물이었다. 전 5성 장군이었던 그는 자신이 상대가 되지 않는다고 인정했다. 비핵을 발판으로 삼아 집권한 버락 오바마 대통령은 핵무기 지출의 가속화를 억제할 수 없었다.[25] 소련에서 흐루쇼프는 핵무기 생산을 축소하려고 노력했다. 미하일 고르바초프도 마찬가지였다. 두 소비에트 지도자들은 군 장교 및 보안 요원의 힘으로 완전히 쫓겨났다.

플루토늄 도시들은 단순히 기술과 과학의 산물이 아니라 그것들을 창조한 더 큰 문화의 산물이었다. 그것들은 자신들의 나라가 핵가족을 수용하기 위한 새로운 유형의 공동체를 만들도록 인도했다. 그리고 플루토피아의 주민들은 욕망이라는 측면에서 혼자가 아니었다. 플루토피아 밖에서 미국인들과 소비에트인들은 또한 배타적이고 인종 차별적이며 연방 보조금을 받는 지역사회에서 주거 공간의 형태로 물리적·재정적 안정을 확보하기 위해 서두르고 있었다. 시간이 지남에 따라 플루토피아는 이례적이고 고립된 사회적 배치로서가 아닌, 미국과 소비에트의 풍경을 가로질러 퍼져 있는 교외 주택지의 출세 지향적인 형태로 보이게 되었다. 이러한 방식으로 공간적 실천은 시야에서 숨겨진 거대한 원자력 시설들을 정상화했고 보이지 않게 만들었다.

　나는 오죠르스크에 들어간 적은 없지만, 사진을 보면 그곳은 고층 건물과 널찍한 거리, 광활하고 텅 빈 공공 광장을 갖춘, 소비에트 시기 많은 도시들의 매우 쾌적한 형태로 보였다. 나는 리치랜드에서 많은 시간을 보냈다. 그곳에서 나는 예외가 없다는 사실에 압도당했다. 리치랜드는 냉전의 전초기지처럼 보이거나 느껴지지 않았다. 그곳은 대부분의 전후 미국의 교외 마을과 거의 다르지 않았다. 리치랜드의 넓고 곧은 대로를 따라 몇 에이커의 주차 공간을 확보하기 위해 도로 뒤쪽에 위치한 대형 상점들을 지나치면서 나는 고향에 온 것 같은 기분을 느꼈다. 대로가 대피 경로이고 주차장이 방화벽 역할을 하고 창문 없는 쇼핑센터가 재난 발생 시 피난처로 쓰이기 위해 두 배로 커졌다는 점은 거의 깨닫지 못했다.[26]

　리치랜드와 오죠르스크는 쉽게 알아볼 수 있다. 핵종말의 그라운드 제로에 있는 플루토늄 성채에서 선택권을 가진 사람들이 그들의 동료 시민들이 국가적으로 그렇게 했던 것처럼 소비자로서의 보장 및 재정적인 보안을 시민적 권리 및 정치적 자유와 맞바꾸는 똑같은 유형의 거래를 수행했기 때문이다. 차등적인 위계에 따른 영토의 보이지 않는 구획은 평등한 기회와 이동성에 대한 미국과 소비에트의 약속이 거짓임을 보여주었지만, 그것은 간과하기 쉬운 거짓말이었다. "소수의 좋은 사람들" 또는 "선택받은 인민들"의 배타성을 오랫동안 지속되어온 보편적 평등의 목표와 바꾸면서, 미국인들과 러시아인들은 접근 가능하

고 공평한 공공주택을 기피하게 되었고 소비에트의 경우에는 접근이
제한된 도시를, 미국의 맥락에서는 단일계급 전원주택을 선호하게 되
었다. 이러한 풍요로운 지대를 만들면서 방위와 진보의 옹호자들은 또
한 그들 스스로가 결코 살지 않았을 황폐하고 환경이 희생당한 지대를
만들었다. 21세기에 이르러 많은 러시아인과 미국인은 빗장 공동체
gated community에서 살기를 원했다. 역설적이게도 그곳은 감금의 오명
이 아닌 욕망의 대상이 되었고, 선구적인 핵가족들이 반세기에 걸쳐 이
리저리 다니면서 수행한 보안, 건강, 행복 추구의 목적이 되었다.[27]

핸퍼드와 오죠르스크를 만든 장군, 기술자, 과학자들은 국가와 이
념, 지도자와 대중, 원자력 구역과 비핵 구역, 신체와 환경, 인간과 동
물, 자연과 문화 사이의 분명한 경계에 의존함으로써 안전과 안보를 보
장했다.[28] 이러한 구분은 대부분 허구였다. 가족과 번영에 대한 미국과
소비에트의 생각이 서로 바뀌면서 과학적 발견이 적의 경계를 넘어섰
던 것처럼, 핵분열 생성물 또한 산업 구역에서 주거 구역으로, 토양에
서 음식으로, 대기에서 폐로, 혈류로, 골수로, 그리고 마지막으로 DNA
로 이동하여 이제 신체 자체가 핵폐기물 저장소 역할을 하게 되었다.
하지만 허구라고 해도 경계는 그 나름대로 쓸모가 있다. 그로브스 장군
과 베리야는 구획화가 비밀을 지키고 나쁜 소식을 억누르는 중요한 기
술임을 알고 있었다. 생각을 "공산주의"와 "자본주의"로 분류하는 것
은 사람들이 적이라는 딱지가 붙을 것을 두려워해 자신들의 상관에게
이의를 제기하지 못하도록 했다. "과학", "환경", "문화", "건축" 등으
로 세분화된 역사도 과학적 연구, 문화적 조류, 도시화 추세, 영토 구

획, 정책, 재정 등이 우리가 집이라고 부르는 풍경을 어떻게 만들어냈는지, 동시에 점점 더 감당할 수 없는 탄두, 미사일, 방위 예산을 어떻게 생산했는지에 대한 더 큰 이야기를 풀지 못하고 있다.

핵무기 복합체들은 플루토늄 공장의 인접 지역 훨씬 너머에서 만개했던 군사화된 풍경을 조성했다. 미국의 경우, 트라이시티 옹호자들은 국가 안보와 자립을 보장하기 위해 고속도로, 교량, 댐, 학교, 주택, 농업 보조금 로비를 벌였고 이를 따냈다. 이러한 할당은 또한 냉전기의 보편적 풍요에 대한 약속의 결과로 점점 더 자격이 있다고 느끼는 시민들에게 재정적 안보를 제공했다. 군사화된 미국 전역에 걸쳐 빈곤과의 전쟁, 마약과의 전쟁, 암과의 전쟁, 테러와의 전쟁 등 복수의 전쟁이 벌어졌다. 이 전쟁들은 황폐화된 도시를 치우기 위한 불도저, 기밀 재정 담보 지도, 식량 생산과 화학요법 모두에 쓰이는 화학 무기, 식량 보존과 의약품용으로 개조된 핵 기술, 그리고 원주민을 대상으로 한 감시 무기와 같은 통상적인 전쟁 기술로 수행되었다.

복합적으로 받아들여진 군사화된 풍경은 또한 보건 유행병을 발생시키는 데도 일조했다. 1950년부터 2001년까지 미국에서는 전체 연령 보정 암 발병률이 85퍼센트 증가했다. 한때 의학적으로 희귀했던 소아암은 미국 어린이들의 가장 흔한 질병 살인자가 되었다.[29] 암 발병률은 당뇨, 심장병, 천식, 비만을 포함한 미국이 가진 건강 문제 연속체의 일단에 불과하다. 신체에 기록된 이러한 사회·문화·경제적 문제들은 또한 미국 사회 전반에 새겨져 있는데, 그중 4분의 1은 플라스틱, 화학 용제, 살충제, 핵폐기물, 그리고 소비 사회의 원치 않는 모든 쓰레기로 가득찬 슈퍼펀드 부지에서 4마일 이내에 위치해 있다.[30] 이것도 플루토늄이 지은 집이다.

러시아도 결코 나은 편이 아니다. 1960년부터 1985년까지 소련의 암 발병률은 인구 10만 명당 115명에서 150명으로 증가했다.[31] 1990년대 중반에 이르러 러시아의 사망률은 20세기 동안 가장 높은 평시 수준에 도달했다. 러시아 유아 중 3분의 1만이 건강하게 태어난다. 러시아는 기대수명, 출산율, 영아사망률을 포함한 여러 부문에서 국가들 가운데 매년 최하위를 기록하고 있다.[32] 미국 무기 제조업체들을 따라잡기 위해 안간힘을 쓰면서, 소비에트 지도자들은 공산주의적 이상향에 대한 약속들이 거주 등록증을 필요로 하는 공급이 잘 되는 도시에 거주하는 시민들로 옮겨간 반면, 배후 지역에서 법적으로 이동이 불가능했던 마을 사람들은 빈곤과 열악한 건강에 시달리는 풍경을 만들어냈다.

플루토피아의 문제가 사라지지 않고 있기 때문에 리치랜드와 오죠르스크의 역사는 이야기되기를 간절히 원한다. 2011년 후쿠시마 원자로 세 기의 용융은 플루토늄 지대에서 확립된 양식을 따랐다. 안전에 취약한 군사적 설계, 사고 후 뒤따랐던 부인과 최소화, 마찬가지로 오염된 지대로의 대피 지연, 가장 더러운 작업을 하기 위한 최저 임금의 단기 "임시직" 배치가 바로 그것이다.[33] 민간기업이 원자력 생산으로 이익을 거두는 미국, 러시아, 일본에서 연방정부는 원자력 사고에 대해 원자력 기업에 배상하는 방식으로 원자력 모험의 재정적 위험을 사회화했다.

다행스럽게도, 이 이야기는 거기에서 끝나지 않는다. 말이 없고 마비된 지도자들과 마주한 일본 시민들은 우랄의 마을 사람들과 워싱턴 동부의 농부들이 했던 것처럼 일을 스스로 해결했다. 그들은 소셜 미디어 네트워크와 지역 단체를 통해 조직하고 가이거 계수기를 구입하고 자신들의 음식, 공기, 토양을 측정하여 구체적인 오염 지도를 자체적으로 만들었다. 이러한 지식을 바탕으로 그들은 기업 경영진과 정부 관계자들에게도 조치를 취하도록 했다.[34]

나는 핵 안보 국가의 선구자들에 대해 알길 원했기 때문에 이 연구에 착수했다. 나는 핵 군비 경쟁의 최전선에 있던 플루토피아 시민들을 지구상의 사람들이 반테러를 위한, 재정적인, 의학적인 감시 대상으로 거듭난 21세기 초의 문화적 창시자로 간주했다. 새천년의 시민으로서 우리는 때때로 우리 자신의 즐거운 공모를 통해 도청되고, 주시되며, 추적된다.

하지만 이 책을 쓰는 과정에서 나는 의학적인 식단 제약 때문에 나와 식사를 같이할 수 없는 사람들을 알게 되었다. 나는 여러 번의 수술로 생긴 흉터들이 교차 배치되어 있는 것을 보여주기 위해 윗옷을 들어 올리는 개인들을 만났다. 질문 던지기를 고수하고, 스스로 답을 찾고, 상관이 그들을 침묵시키려 했을 때에도 말을 한 이 용감한 사람들을 보면서 나는 다른 유형의 원자력 선구자를 마음속에 그리게 되었다. 이 단체는 행진 중이다. 일부는 방호 낙하복을 입고 방호 마스크를 쓰고 있다. 일부는 마르고 창백하다. 일부는 아이들이다. 소수는 산소통과 함께 느릿느릿 움직이거나 휠체어를 타고 다닌다. 자원, 부, 권력을 두고 벌어지는 갈등이 위험, 건강, 안전을 둘러싼 투쟁과 합쳐지면서, 이 사람들은 정치적 권리와 소비자 권리 외에 생물학적 권리를 요구하는 새로운 유형의 시민권을 정의하고 있다. 그들은 욕망으로부터의 그리고 폭정으로부터의 자유와 함께 위험과 오염으로부터의 자유를 주장한다. 다시 말해, 이 결연한 사람들은 우리들 가운데 얼마든지 있다. 우리는 모두 플루토피아의 시민이기 때문이다.

감사의 말

무엇보다 먼저 자신의 역사를 나와 공유해준 사람들에게 감사드리고 싶다. 대부분의 이야기들이 다시 언급하기에는 고통스러운 것이었음에도 그러한 이야기를 말해준 이들에게 진심으로 감사드린다. 세르게이 아글루셴코프Sergei Aglushenkov, 알렉산드르 아클레예프Aleksander Akleev, 밥 알바레즈Bob Alvarez, 후아니타 앤드류제스키Juanita Andrewjesky, 다샤 아르부가Dasha Arbuga, 유진 애쉴리Eugene Ashley, 톰 베일리Tom Bailie, 산드라 배티Sandra Batie, 존 블랙클로John Blacklaw, 신디 브리커Cindy Bricker, 에드 브리커Ed Bricker, 렉스 벅Rex Buck, 톰 카펜터Tom Carpenter, 밥 콜리Bob Collie, 마지 드구이어Marge Degooyer, 아네트 헤리포드Annette Heriford, 로저 후서Roger Heusser, 크리스털 홉스Crystal Hobbs, 굴나라 이스마길로바Gulnara Ismagilova, 스테파니 재니섹Stephanie Janicek, 조 조던Joe Jordan, 로자 카잔체바Rosa Kazantseva, 라시드 하키모프Rashid Khakimov, 로버트 크노스Robert Knoth, 안나 콜리노바Anna Kolynova, 미라 코센코Mira Kossenko, 스베틀라나 콧첸코Svetlana Kotchenko, 나제즈다 쿠테포바Nadezhda Kutepova, 류보프 쿠즈미노프Liubov Kuzminov, 블라디슬라브 라린Vladyslav Larin, 나탈리아 만주로바

Natalia Manzurova, 예브도키아 멜니코바Evdokia Mel'nikova, 팻 메릴Pat Merrill, 안나 밀류티나Anna Miliutina, 나탈리아 미로노바Natalia Mironova, 씨. 제이. 미첼C. J. Mitchell, 랄프 미릭Ralph Myrick, 블라디미르 노보셀로프Vladimir Novoselov, 파벨 올레우니코프Pavel Oleynikov, 나제즈다 페트루스키나Nadezhda Petrushkina, 트리샤 프리티킨Trisha Pritikin, 키이스 스미스Keith Smith, 캐런 돈 스틸Karen Dorn Steele, 짐 스토펠스Jim Stoffels, 리처드 수치Richard Sutch, 루이자 수보로바Louisa Suvorova, 로버트 테일러Robert Taylor, 세르게이 톨마체프Sergei Tolmachev, 비탈리 톨스티코프Vitalii Tolstikov, 갈리나 우스티노바Galina Ustinova, 그리고 옐레나 뱌트키나Elena Viatkina.

낯선 이에게 친절함을 보여준 줄리아 흐멜레프스카야Julia Khmelevskaia, 이고르 나르스키Igor Narskii, 디앤 테일러Dianne Taylor, 돈 소렌슨Don Sorenson, 미셸 거버Michelle Gerber, 나탈리아 멜니코바Natalia Mel'nikova, 갈리나 키비트키나Galina Kibitkina, 줄리 키언스Juli Kearns, 세르게이 쥬라블레프Sergei Zhuravlev에게 감사를 전하고 싶다. 연구와 문서고 이용에 도움을 준 마리나 마테예스키Marina Mateesky, 도로시 케니Dorothy Kenney, 예브게니 예브스티그녜프Evgenii Evstigneev, 크리스티안 오스터만Christian Oestermann, 머레이 페시백Murray Feshback, 실로 크라우파Shiloh Krupar, 폴 조셉슨Paul Josephson, 스티브 윙Steve Wing, 로버트 바우만Robert Bauman, 존 핀레이John Findlay, 제인 슬러터Jane Slaughter, 코니 에스텝Connie Estep, 피터 베이컨 헤일스Peter Bacon Hales, 제니스 파트리Janice Parthree, 테리 페너Terry Fehner에게 고맙다. 물리학, 공학, 화학과 관련해 안내자이자 튜터

로 차분하게 가르침을 준 해리 윈서Harry Winsor에게 특별한 감사를 전한다. 사라 라진Sarah Lazin, 수잔 퍼버Susan Ferber, 캐서린 예브투호프 Catherine Evtuhov, 로자 매그너스도티어Rosa Magnusdottir, 매기 팍슨 Maggie Paxson, 마이크 파예Mike Faye, 데이비드 앵거만David Engerman, 이 선 폴락Ethan Pollock, 초이 채터지Choi Chatterjee, 베스 홀름그렌Beth Holmgren, 앤드류 피셔Andrew Fisher, 폴리나 브렌Paulina Bren, 네링가 클 룸비테Neringa Klumbyte, 굴나즈 샤라푸트디노바Gulnaz Sharafutdinova는 이 연구를 위해 사려깊이 원고를 읽고 편집해주었다. 이 연구와 관련해 워크숍과 강연에 초대해준 미시건대학University of Michigan의 캐틀린 캐 닝Kathleen Canning, 노스캐롤라이나대학 채플힐캠퍼스University of North Carolina, Chapel Hill의 돈 랄레이Don Raleigh와 루이즈 맥레이놀즈Louise McReynolds, 텍사스대학 오스틴캠퍼스University of Texas, Austin의 매리 노 이어버거Mary Neuburger, 마이애미대학Miami University의 카렌 다위샤 Karen Dawisha와 스티픈 노리스Stephen Norris, 미시건주립대학Michigan State University의 루이스 시겔봄Lewis Siegelbaum, 뉴멕시코대학University of New Mexico의 캐틀린 케힐Cathleen Cahill, 멜리사 보코보이Melissa Bokovoy, 사무엘 트루엣Samuel Truett, 펜실베이니아주립대학Pennsylvania State University의 캐서린 와너Catherine Wanner와 유리즈 비훈Yurij Bihun, 메릴랜드대학 칼리지파크캠퍼스University of Maryland, College Park의 에 리카 밀람Erika Milam, 웨슬리언대학Wesleyan University의 피터 루틀란드 Peter Rutland와 빅토리아 스몰킨-로스록Victoria Smolkin-Rothrock, 윌리 엄 & 매리 칼리지College of William and Mary의 프레더릭 코니Frederick

Corney와 히로시 기타무라Hiroshi Kitamura, 컬럼비아대학Columbia University의 리처드 워트만Richard Wortman과 타릭 아마르Tarik Amar, 미국 국립보건원National Institutes of Health의 데이비드 캔토David Cantor, 스탠 퍼드대학Stanford University의 캐런 위겐Karen Wigen, 케난 연구소Kennan Institute의 블레어 루블Blair Ruble, 워싱턴주립대학Washington State University 의 제프 샌더스Jeff Sanders, 캘리포니아대학 버클리캠퍼스University of California, Berkeley의 리아논 도울링Rhiannon Dowling과 빅토리아 프레드 Victoria Frede, 노스캐롤라이나대학의 돈 랄레이와 루이즈 맥레이놀즈, 뉴 욕대학New York University의 몰리 놀란Molly Nolan과 앤드류 니덤Andrew Needham, 베이츠 칼리지Bates College의 제인 코스틀로Jane Costlow와 짐 리 치터Jim Richter, 캘리포니아대학 산타크루스캠퍼스University of California, Santa Cruz의 애나 칭Anna Tsing, 레이첼 카슨 센터Rachel Carson Center의 디 애나 민시테Diana Mincyte와 크리스토프 마우츠Christof Mauch에게 감사를 보낸다.

재정적 지원을 해준 메릴랜드대학 볼티모어캠퍼스University of Maryland, Baltimore County, 존 사이먼 구겐하임재단John Simon Guggenheim Founda-tion, 미국 국립인문학재단National Endowment for the Humanities, 미국 국 립유라시아동유럽연구협의회National Council for Eurasian and East European Research, 국제연구교환위원회IREX, 케난 연구소에 진심으로 감사드린다. 지도를 해준 마이클 벤슨Michael Benson, 레베카 보얼링Rebecca Boehling, 빌 체이스Bill Chase, 워런 코헨Warren Cohen, 죠프 엘리Geoff Eley, 존 제프 리스John Jeffries, 크리스티 린덴마이어Kristy Lindenmeyer, 로버트 셀프

Robert Self, 낸시 번코프 터커Nancy Bernkopf Tucker, 린 비올라Lynne Viola 와 리처드 화이트Richard White에게 특별한 감사를 표한다. 마지막으로 친구들과 가족은 이 연구를 진정으로 보살펴주었다. 샐리 브라운Sally Brown, 윌리엄 브라운William Brown, 리즈 마스턴Liz Marston, 애런 브라운Aaron Brown, 줄리 호프마이스터Julie Hofmeister, 데이비드 뱀포드David Bamford, 카마 개리슨Kama Garrison, 리사 하드마이어Lisa Hardmeyer, 레슬리 루가버Leslie Rugaber, 브루스 그레이Bruce Gray, 프렌티스 헤일Prentis Hale, 트레이시 에드몬즈Tracy Edmonds, 라일라 코코란Leila Corcoran, 샐리 훈스버거Sally Hunsberger, 알리 이그멘Ali Igmen, 미셸 페이지Michelle Feige, 제목을 지어준 샤샤 뱀포드-브라운Sasha Bamford-Brown, 그리고 낱말 하나하나를 모두 읽어준 마졸레인 카스Marjoleine Kars에게 진심으로 감사를 보낸다.

옮긴이의 글

이 책은 미국과 소련이 만든 플루토늄 재난에 관한 것이자 보이지 않는 방사선의 지구적 참사를 몸소 살아내는 사람들에 대한 기록이기도 하다. 지구적 감염병 재난 속 두 번째 역서를 내는 과정에서 많은 분들께 큰 도움을 받았다. 이를 되돌아보며 진심어린 감사의 마음을 표하고자 한다.

먼저 도서출판 푸른역사의 박혜숙 대표에게 감사를 드린다. 대표님의 추진력과 지지가 없었더라면 이 책을 번역하지 못했을 것이다. 정호영 편집팀장을 비롯해 부족한 원고를 매끄럽게 다듬어준 편집진에게도 감사하다. 이분들을 구성원으로 갖춘 출판업계의 사정이 전반적으로 나아져 훌륭한 학술서가 더 많이 국역될 수 있길 바란다(주변에서 쉽게 볼 순 없지만, 입자 에너지가 아주 높은 곳에서는 푸른빛이 나온다. 푸른역사도 이 같은 긍정의 고에너지를 독자들에게 계속 전달하지 않을까).

러시아에서 필드워크를 진행하는 동안 이 책을 번역했다. 핀란드만에서 온 매서운 추위가 상트페테르부르크를 뒤덮은 2020년 12월 1일에 시작해 거친 눈발이 북구의 새해를 알리는 2021년 1월 11일에 초역을 완료했다. 아내 타뉴샤는 여느 때처럼 작업을 전적으로 지지하고 응원해주었다. 그녀의 사랑으로 종일 걸린 번역 작업을 버틸 수 있었다. 처가를 방문할 때마다 받은 식구들의 애정 어린 격려와 번역 작업에 대한 관심("*Какой процент?*")은 차려주신 맛있는 식사만큼이나 큰 힘이 되었다. 처외조부 비알렌 루반Виолен Рубан과 처외조모 발렌티나 이바노브나Валентина Ивановна는 책의 배경인 소련에서 훈장을 받은 전기 기술자와 교육가로 떳떳하게 사셨고, 2차 세계대전 당시의 기억부터 오늘날 러시아-우크라이나 관계에 이르기까지 나의 다양한 질문에 언제나 사려 깊은 답을 주셨다. 장인어른 세르게이 세르게예프Сергей Сергеев와 장모님 이리나 비알례노브나Ирина Виоленовна도 소련에서의 청년 시절을 바탕으로 언제나 영감을 불러일으키는 정보를 전해주셨다. 처가 식구들 모두 내게 작업할 공간을 마련해주시고 이역만리에서도 집의 푸근함을 느낄 수 있도록 최선을 다해주셨다. 《플루토피아》가 세상에 나올 수 있도록 물심양면 도와준 아내와 처가 식구들에게 감사하다.

저자 케이트 브라운 교수는 이번 번역 과정에서도 나의 질문에 언제나 정중하고 신속하게 답을 주었고, 나에게 한국어판 서문을 같이 쓰자고 제안했다. 세계적 학자로부터 뜻밖의 제안을 받아 신나고 기대되기도 했지만, 누군가와 글을 같이 써본 적이 없었기에 다소 긴장도 되었다. 다행히 서로의 전공을 살려 유의미한 글을 생산하기 위해 의기투합했다. 《플루토피아》를 읽고 서문에 담긴 우리의 논지에 독자가 수긍하게 된다면 역자로서 최고의 기쁨이겠다.

번역 과정은 지구적 핵역사를 연구하는 학자들의 저작을 참고하며 영감과 자극을 받는 계기였다. 그중 세 권을 짧게나마 소개한다.

- 소냐 슈미드Sonja Schmid, 《동력 만들기: 체르노빌 이전 소비에트 원자력 산업의 역사*Producing Power: The Pre-Chernobyl History of the Soviet Nuclear Industry*》(MIT Press, 2015).
- 제이콥 햄블린Jacob Hamblin, 《우물 안의 독: 원자력 시대의 여명기 바다 속 방사성 폐기물*Poison in the Well: Radioactive Waste in the Oceans at the Dawn of the Nuclear Age*》(Rutgers UP, 2008).
- 토시히로 히구치Toshihiro Higuchi, 《정치적 낙진: 핵무기 실험과 지구적 환경위기의 형성*Political Fallout: Nuclear Weapons Testing and the Making of a Global Environmental Crisis*》(Stanford UP, 2020).

슈미드는 폴 조셉슨Paul Josephson과 더불어 소련 원자력 산업에 관한 가장 권위 있는 역사학자이다. 그녀의 책은 소련의 원자력 발전 산업의 형성과 체르노빌 사고의 직접적 원인으로 거론되는 RBMK형 원자로가 어떤 과정을 통해 선택됐는가를 재구성한다. 햄블린과 히구치의 책은 핵분열 생성물인 방사성 폐기물과 낙진을 각각 주제로 삼아 다양한 행위자(정치인, 전문가, 과학자)가 방사성 폐기물 투기 장소로 바다를 이용한 역사와 핵실험을 부분적으로 금지한다는 결정에 도달하는 역사를 재구성한다. 세 권의 책 모두 다양하고 폭넓은 문서고 자료에 기초해 핵무기 보유국nuclear club(특히 미국, 영국, 소련)의 핵 관련 결정과 그것의 지구적 파급을 보여주고, 새로운 시기구분법인 인류세Anthropocene의 렌즈로 냉전기를 이해하는 데 중요한 도움을 주기 때문에 그 가치가 매우 높다. 《플루토피아》의 독자들에게도 일독을 권한다.

언제나 큰 지지와 영감을 주는 동료, 친구, 가족들에게 감사하다. 국내 냉전사학계의 권위자이자 다수의 역사서를 번역하신 김남섭 교수님(서울과학기술대학교)께서는 이 책의 번역에 큰 관심과 지지를 보여주셨고 추천의 글 작성 부탁에도 흔쾌히 응해주셨다. 국내 과학기술사학계의 권위자이신 최형섭 교수님(서울과학기술대학교)께서는 촉박한 일정에도 불구하고 추천의 글 작성에 흔쾌히 응해주셨다. 존경하는 학형인 김동혁 교수(광주과학기술원)는 언제나처럼 격려와 지지를 아끼지 않았다. 번역뿐 아니라 나의 학문적 여정에 귀감이 돼주시는 이분들께 감사를 드린다. 에모리대학Emory University에서 극동의 도시 콤소몰스크나아무레Комсомольск-на-Амуре를 주제로 소련사 박사학위논문을 쓰고 있는 존경하는 학형이자 친구 권경택은 《플루토피아》가 가진 도시사와 비교사로서의 진가를 내게 가장 먼저 알려주었다(번역서의 뒷표지 문구는 그에게서 영감을 얻은 것이다). 그의 강의에 이 책이 유용하게 쓰인다면 기쁘겠다. 5년 전, 이 책의 번역을 지지해준 도서출판 두더지의 사장이자 친구 김원기에게 감사를 드린다. 부모님 우명상, 박광희, 아내 타뉴샤, 동생 우동희Dawson Woo는 지구적 감염병 재난과 인문학도의 지구적 구직난이라는 어려움을 버티게 해주는 힘의 원천이다. 감사를 드린다. 올해는 번역이 역자와 출판사의 공동 작업일 수밖에 없음을 다시금 깨닫는 시간이었다. 도서출판 푸른역사에 다시 한번 감사의 마음을 전한다.

2021년 11월
우동현

문서고와 약어

AOKMR	쿠나샤크 군 문서고 부서, 쿠나샤크, 러시아
BPC	보리스 파쉬 컬렉션, 후버 연구소, 스탠퍼드대학, 팔로알토, 캘리포니아
CBN	《컬럼비아 고원 뉴스*Columbia Basin News*》
CREHST	컬럼비아강 역사, 과학, 기술 전시회, 리치랜드, 워싱턴
DOE Germantown	미국 원자력위원회 사무국 문서철, 1958~1966, 에너지부, 저먼타운, 메릴랜드
DOE Opennet	에너지부 오픈넷 시스템, 온라인, https://www.osti.gov/opennet
EOL	어니스트 O. 로렌스 문서, 특수 컬렉션,
	밴크로프트 도서관Bancroft Library, 캘리포니아대학, 버클리
FCP	프레드 클라겟 문서, 특수 컬렉션, 워싱턴대학, 시애틀
FTM	프랭크 T. 마티아스 일기, 에너지부 공공 열람실, 리치랜드, 워싱턴
GWU	조지워싱턴대학, 국가안보문서고
	http://www.gwu.edu/~nsarchiv/radiation/dir/mstreet/
	commeet/%20meet5/brief5/tab_fb%20r5f3m.txt
HMJ	헨리 M. 잭슨 문서, 특수 컬렉션, 워싱턴대학, 시애틀
HML	해글리 박물관 및 도서관, 윌밍턴Wilmington, 델라웨어Delaware
JPT	제임스 P. 토마스 문서, 특수 컬렉션, 워싱턴대학, 시애틀
LKB	레오 K. 버스타드 문서, 워싱턴주립대학 특수 컬렉션
NAA	국립문서기록관리청, 애틀랜타, 조지아
NARA	국립문서기록관리청, 컬리지 파크, 메릴랜드
NYT	《뉴욕타임스*New York Times*》
OGAChO	국립합동 첼랴빈스크州 문서고, 첼랴빈스크, 러시아
PRR	에너지부 공공 열람실, 리치랜드, 워싱턴
RPL	리치랜드시 역사 컬렉션, 리치랜드 공립 도서관, 리치랜드, 워싱턴
RT	로버트 테일러Robert Taylor의 개인 수집품, 파스코, 워싱턴
SPI	《시애틀 포스트 인텔리젠서*Seattle Post-Intelligencer*》
SR	《스포크스맨 리뷰*The Spokesman Review*》
TCH	《트라이시티 헤럴드*Tri-City Herald*》
UWSC	특수 컬렉션, 워싱턴대학, 시애틀

주석

한국어판 서문

1 이은정, 〈피폭된 신체와 고통: 한국인 원폭피해자를 중심으로〉, 《민족연구》 73, 2019, 165~185쪽.

2 김승은, 〈재한在韓원폭피해자 문제에 대한 한일 양국의 인식과 교섭태도(1965~1980)〉, 《아세아연구》 55(2), 2012, 104~135쪽.

3 박중석, 〈'핵피아', 그들만의 잔칫상 … 20조 원전 산업〉, 《뉴스타파》 2014년 9월 18일. https://newstapa.org/article/g1Gc8

4 김명성, 〈풍계 核실험장 주변 주민들, 두통·체중감소·귀신병 소문〉, 《조선일보》 2016년 8월 1일. https://www.chosun.com/site/data/html_dir/2016/08/01/2016080100181.html

5 이미아, 〈최경희 샌드연구소 대표 "북한 풍계리 주민 고통받는 삶부터 관심 가져야"〉, 《한국경제》 2017년 11월 21일. https://www.hankyung.com/society/article/2017112146051

6 Bruce Harrison, "North Korean defectors say nuclear tests have ravaged their health", *NBC* 2017년 12월 3일. https://www.nbcnews.com/news/north-korea/north-korean-defectors-say-nuclear-tests-have-ravaged-their-health-n824521

7 권혜정, 〈北, '풍계리 귀신병' 주장에 "모략에 쩌든 자들의 악담질"〉, 《뉴스1》 2016년 9월 26일. https://www.news1.kr/articles/?2784499

8 김동표, 〈핵실험 길주군 탈북민 방사능 검사 … 피폭 의심 결과〉, 《아시아경제》 2017년 11월 21일. https://www.asiae.co.kr/article/2019100115531185624

9 김명성·김경화, 〈풍계리 출신 탈북민 몸에서 치사량 수준 방사능 검출〉, 《조선일보》 2019년 10월 2일. https://www.chosun.com/site/data/html_dir/2019/10/02/2019100200141.html

[10] 목용재, 〈"피폭 의심 탈북자들, 풍계리·길주군 출신 … 피폭 관련 직업도 아냐"〉,《자유아시아방송》2019년 10월 10일. https://www.rfa.org/korean/in_focus/nk_nuclear_talks/nemy-10102019083126.html

[11] 통일부, 〈탈북민 방사선 피폭검사 관련 보도에 대한 통일부 입장〉, 2019년 10월 2일. https://www.korea.kr/news/pressReleaseView.do?newsId=156354061

[12] 통일부, 〈탈북민 방사선 피폭검사 관련 보도에 대한 통일부 입장〉, 2019년 10월 17일. https://www.korea.kr/news/pressReleaseView.do?newsId=156356205

[13] Christopher Summers, "North Korean Christians are suffering under the 'ghost disease' of COVID-19", *OpenDoors* 2020년 8월 28일. https://www.opendoorsusa.org/christian-persecution/stories/north-korean-christians-are-suffering-under-the-ghost-disease-of-covid-19

서론

[1] R. E. Gephart, *Hanford: A Conversation About Nuclear Waste and Cleanup*(Columbus, OH: Battelle Press, 2003), 5.25. 마야크 공장에서의 추산치는 약 10억 퀴리로 훨씬 높다. Vladislav Larin, "Neizvestnyi radiatsionnye avarii na kombinate Maiak", www.libozersk.ru/pbd/mayak/link/160.htm(accessed March 19, 2012).

[2] Yoshimi Shunya, "Radioactive Rain and the American Umbrella", *Journal of Asian Studies* 71, no. 2 (May 2012): 319~31.

[3] Jack Metzgar, *Striking Steel: Solidarity Remembered*(Philadelphia: Temple University Press, 2000), 7, 156.

[4] John M. Findlay and Bruce William Hevly, *Atomic Frontier Days: Hanford and the American West*(Seattle: University of Washington Press, 2011), 84.

[5] T. C. Evans, "Project Report on Mice Exposed Daily to Fast Neutrons", July 18, 1945, NAA, RG 4nn-326-8505, box 54, MD 700.2, "Enclosures".

[6] Adriana Petryna, *Life Exposed Biological Citizens After Chernobyl*(Princeton, NJ: Princeton University Press, 2002).

[7] 가장 최신 저작은 다음을 포함한다. Gabrielle Hecht, *Being Nuclear: Africans and the Global*

Uranium Trade(Cambridge, MA: MIT Press, 2012); Richard Rhodes, *Twilight of the Bombs*: *Recent Challenges, New Dangers, and the Prospects for a World Without Nuclear Weapons*(New York: Vintage, 2011); Findlay and Hevly, *Atomic Frontier Days*; Jonathan Schell, *The Seventh Decade*: *The New Shape of Nuclear Danger*(New York: Metropolitan Books, 2007); Sharon Weinberger and Nathan Hodge, *Nuclear Family Vacation*: *Travels in the World of Atomic Weaponry*(New York: Bloomsbury, 2008); Max S. Power, *America's Nuclear Wastelands*(Pullman: Washington State University Press, 2008); V. N. Kuznetsov, *Zakrytye goroda Urala*(Ekaterinburg: Akademiia voenno-istoricheskikh nauk, 2008).

1부
서부 핵변경의 감금된 공간

01_마티아스 씨 워싱턴으로 가다

[1] FTM, December 16~22, 1943.

[2] Katherine G. Morrissey, *Mental Territories*: *Mapping the Inland Empire*(Ithaca, NY: Cornell University Press, 1997), 32~35.

[3] Michele Stenehjem Gerber, *On the Home Front*: *The Cold War Legacy of the Hanford Nuclear Site*(Lincoln: University of Nebraska Press, 1992), 22.

[4] Paul C. Pitzer, *Grand Coulee*: *Harnessing a Dream*(Pullman: Washington State University Press, 1994), 341~43.

[5] Ibid., 116.

[6] FTM, January 5, 1943.

[7] Robert S. Norris, *Racing for the Bomb*: *General Leslie R. Groves, the Manhattan Project's Indispensable Man*(South Royalton, VT: Steerforth Press, 2002), 214.

[8] FTM, December 17 and 22, 1943.

[9] 다음에서 인용되었다. Gerber, *On the Home Front*, 12. 또한 다음을 보라. George Hopkins to Nichols et al., December 26, 1942, NAA, RG 326-8505, box 41, 600.03 "Location";

"Completion Report: Hanford Engineer Works, Part I", April 30, 1945, NAA, RG 326–
8505, box 46, 400.22 "General".

[10] D. W. Meinig, *The Great Columbia Plain: A Historical Geography, 1805–1910*(Seattle:
University of Washington Press, 1968), 6.

[11] John M. Findlay and Bruce William Hevly, *Atomic Frontier Days: Hanford and the American
West*(Seattle: University of Washington Press, 2011), 60.

[12] Patricia Nelson Limerick, "The Significance of Hanford in American History", in *Terra
Pacifica: People and Place in the Northwest States and Western Canada*(Pullman: Washington
State University Press, 1998), 53~70.

[13] Ted Van Arsdol, *Hanford: The Big Secret*(Vancouver, WA: *Ted Van Arsdol, 1992*), 13~15; Peter
Bacon Hales, *Atomic Spaces: Living on the Manhattan Project*(Urbana: University of Illinois Press,
1997), 47~70.

[14] FTM, March 26, 1943.

[15] Norris, *Racing for the Bomb*, 217~21.

02_달아나는 노동

[1] "Photographs and Films from the Hanford Engineer Works E. I. Du Pont de Nemours &
Company", HML.

[2] 1943년부터 1945년까지 건설 노동자의 추산치는 9만 4,000명에서 13만 2,000명에 이른
다. Harry Thayer, *Management of the Hanford Engineer Works: How the Corps, DuPont and the
Metallurgical Laboratory Fast Tracked the Original Plutonium Works*(New York: ASCE Press,
1996), 93.

[3] "The Manhattan District History", PRR, HAN 10970, 58.

[4] "Daily Employment During Construction Period" and "Total Daily Terminations", HML,
acc. 2086, folder 20.13; "Completion Report: Hanford Engineer Works, part I", April 30,
1945, NAA, RG 326–8505, box 46, folder 400.22 "General".

[5] Crawford Greenewalt Diary, vol. 3, August 7, 1943 and January 13, 1944, HML.

[6] "Semi-Monthly Report for Hanford Area", August 5, 1943, and "Progress Reports", 3/43–

12/43, NAA, RG 326-8505, box 46, MD 600.914.

[7] Groves to Nichols, telegram, November 16, 1943, Groves to Ackart, November 19, 1943, NAA, RG. 326-8505, box 41, MD 600.1, "Construction and Installation".

[8] Nell Macgregor, "I Was at Hanford", 17, UWSC, acc. 1714-71, box 1, folder 1; Ted Van Arsdol, *Hanford: The Big Secret*(Vancouver, WA: Ted Van Arsdol, 1992), 24.

[9] Peter Bacon Hales, *Atomic Spaces: Living on the Manhattan Project*(Urbana: University of Illinois Press, 1997), 103.

[10] Michele Stenehjem Gerber, *On the Home Front: The Cold War Legacy of the Hanford Nuclear Site*(Lincoln: University of Nebraska Press, 1992).

[11] Van Arsdol, *Hanford*, 37.

[12] Groves, "Memorandum", November 9, 1943, NAA, RG 326-8505, box 52, MD 624, "Housing".

[13] Hales, *Atomic Spaces*, 117-25.

[14] 다음을 보라. "Field Progress Report, Part f, Maps and Plans", March 31, 1944, NAA, RG 326-8505, box 46, 600.914.

[15] James W. Parker Memoirs, HML, acc. 2110, 5.

[16] Pap A. Ndiaye, *Nylon and Bombs: DuPont and the March of Modern America*(Baltimore: Johns Hopkins University Press, 2007), 167.

[17] S. L. Sanger and Robert W. Mull, *Hanford and the Bomb: An Oral History of World War II*(Seattle: Living History Press, 1989), 96.

[18] Parker Memoirs, 15.

[19] Sanger, *Hanford and the Bomb*, 96.

[20] Ibid, 93.

[21] Van Arsdol, *Hanford*, 44.

[22] Ibid.

[23] T. B. Farley, "Protection Security Experience to July 1, 1945", October 2, 1945, PRR, HAN 73214; Leslie R. Groves, *Now It Can Be Told: The Story of the Manhattan Project*(New York: Da Capo Press, 1983), 139; Hales, *Atomic Spaces*, 177.

[24] Sanger, *Working on the Bomb*, 140.

[25] Farley, "Memorandum", October 2, 1945, PRR, HAN 73214, 17; W. B. Parsons,

"Surveillance Logs", October 4, 1944, NAA, RG 326 8505, box 103.

[26] Mary Catherine Johnson-Pearsall, Alumni Sandstorm(on-line archives), www. alumnisandstorm.com, November 9, 1998.

[27] Sanger, *Working on the Bomb*, 138~39.

[28] "Richland, Atomic Capital of the West", *Bosn's Whistle*, November 16, 1945.

[29] Sanger, *Working on the Bomb*, 95. 침습에 관해서는 다음을 보라. Matthias to Friedell, October 16, 1944, NAA, RG 326-87-6, box 16, folder "Telegrams".

[30] "Total Daily Terminations", HML, acc. 2086, folder 20.13.

03_"노동력 부족"

[1] George Q. Flynn, *The Mess in Washington: Manpower Mobilization in World War II*(Westport, CT: Greenwood Press, 1979), 165.

[2] Cindy Hahamovitch, "The Politics of Labor Scarcity: Expediency and the Birth of the Agricultural 'Guestworkers' Program", Center for Immigration Studies, December 1999.

[3] Harry Thayer, *Management of the Hanford Engineer Works: How the Corps, DuPont and the Metallurgical Laboratory Fast Tracked the Original Plutonium Works*(New York: ASCE Press, 1996), 27.

[4] 1944년, 마티아스는 육군에서 증기 배관공steamfitter 150명을 징발했다. Peter Bacon Hales, *Atomic Spaces: Living on the Manhattan Project*(Urbana: University of Illinois Press, 1997), 185.

[5] Carl Abbott, *The Metropolitan Frontier: Cities in the Modern American West*(Tucson: University of Arizona Press, 1993), 20.

[6] John M. Findlay and Bruce William Hevly, *Atomic Frontier Days: Hanford and the American West*(Seattle: University of Washington Press, 2011), 27.

[7] FTM, February 18, 1944.

[8] FTM, September 23, 1943.

[9] FTM, February 26, 1944.

[10] FTM, February 26, 1944.

[11] Matthias, "Field Progress Report", March 31, 1944, NAA, RG 326−8505, box 46, 600.914, "Progress Reports HEW".

[12] "Spanish−American Program", April 1944, HML, acc. 2086, folder 20.13.

[13] Robert Bauman, "Jim Crow in the Tri−Cities, 1943−1950", *Pacific Northwest Quarterly*, Summer 2005, 126.

[14] Memo from Richland Human Rights Commission to Richland City Council, August 6, 1969, Human Rights Commission folder, RPL.

[15] Otto S. Johnson, "Manpower Meant Bomb Power", September 1945, HML, acc. 2086, folder 20.13.

[16] James W. Parker Memoirs, HML, acc. 2110, 1.

[17] Pap A. Ndiaye, *Nylon and Bombs: DuPont and the March of Modern America*(Baltimore: Johns Hopkins University Press, 2007), 121.

[18] Administration Personnel, HML, acc. 2086, folder 20.10. 맨해튼 프로젝트 관계자들은 테네시 오크리지에서도 분리를 도입했다. Russell B. Olwell, *At Work in the Atomic City: A Labor and Social History of Oak Ridge, Tennessee*(Knoxville: University of Tennessee Press, 2004), 21.

[19] Flynn, *Mess in Washington*, 149~71.

[20] Church, "HEW Policy Recommendations", April 17, 1943, NAA, RG 326−8505, box 42, f. 600.18, "HEW Operations".

[21] Draft, "Federal Prison Industries Operating Contract", 1947, RT; FTM, June 10, June 11, July 5, August 4, 1943.

[22] Herbert Taylor, March 24, 1944, RT.

[23] Draft, "Federal Prison Industries Operating Contract".

[24] Herbert Taylor, March 24 and April 2, 1944, RT.

[25] Draft, "Federal Prison Industries Operating Contract".

[26] Frank T. Matthias, "Hanford Comes of Age", January 1946, HML, acc. 2086, folder 20.10.

[27] James W. Parker Memoirs, HML, acc. 2110, 9.

[28] Nell Macgregor, "I Was at Hanford", 17, UWSC, acc. 1714~71, box 1, folder 1, 8~9.

[29] Otto S. Johnson, "Manpower Meant Bomb Power", September 1945, HML, acc. 2086, folder 20.13; Thayer, *Management of the Hanford Engineer Works*, 82.

30 Bradley Seitz to E. H. Marsden, January 8, 1944, NAA, RG 326–8508, box 54, MD 700.2.

31 FTM, December 18~22, 1943.

32 Macgregor, "I Was at Hanford", 54.

33 FTM, December 18~22, 1943.

34 Yuletide Festival programs, December 1944, HML, Matthias Photo Collection.

35 "Completion Report", April 30, 1945, NAA, RG 326–8505, box 46, 400.22, "General".

36 Groves to E. G. Ackart, November 16, 1943, Groves to Nichols, November 16, 1943, NAA, RG 326–8505, box 41; MD 600.1, "Construction and Installation"; E. DeRight to Nichols, December 14, 1943, NAA, RG 326–8505, box 46, MD 600.914, "Progress Reports HEW".

04_나라 지키기

1 Buck to Matthias, April 1944, HML, acc. 20.15.

2 "WACs Visit Indian Tribe", *Sage Sentinel*, April 28, 1944, 1.

3 Click Relander, *Drummers and Dreamers: The Story of Smowhala the Prophet and His Nephew Puck Hyah Toot, the Last Prophet of the Nearly Extinct River People, the Last Wanapams*(Caldwell, ID: Caxton Printers, 1956), 51~55.

4 FTM, September 15, 1943.

5 와나팜의 땅은 자신들이 합의했거나 참여하지 않았던 조약에 의해 미국에 할양되었다. Andrew H. Fisher, *Shadow Tribe: The Making of Columbia River Indian Identity*(Seattle: University of Washington Press, 2010), 83.

6 FTM, April 2, 1944.

7 Ibid.

8 Author interview, Rex Buck, May 8, 2008, Priest Rapids Dam, Washington.

9 FTM, April 2, 1944; Norman G. Fuller to Matthias, September 20, 1945, HML, acc. 2086, folder 20.15.

10 FTM, September 15, 1943, April 2, 1944.

11 Fred Foster to Matthias, September 4, 1945, HML, acc. 2086, folder 20.15.

05_플루토늄이 지은 도시

[1] FTM, March 2, 1943.

[2] "Memorandum of Conference", April 1, 1943, NAA, RG 326-8505, box 60, folder "Meetings DuPont".

[3] 다음을 보라. Peter Bacon Hales, *Atomic Spaces: Living on the Manhattan Project*(Urbana: University of Illinois Press, 1997), 120~26 and Charles O. Jackson, *City Behind a Fence: Oak Ridge, Tennessee, 1942-1946*(Knoxville: University of Tennessee Press, 1981), 71.

[4] T. B. Farley, "Protection Security Experience to July 1, 1945", October 2, 1945, PRR, HAN 73214.

[5] Hardy Green, *The Company Town: The Industrial Edens and Satanic Mills That Shaped the American Economy*(New York: Basic Books, 2010), 56.

[6] Hales, *Atomic Spaces*, 99.

[7] FTM, June 24, 1943.

[8] FTM, June 21 and 27, 1945.

[9] Crawford Greenewalt Diary, July 8 and January 9, 1943, HML.

[10] FTM, June 28, 1945; Greenewalt Diary, March 1944, HML.

[11] Wendy L. Wall, *Inventing the "American Way": The Politics of Consensus from the New Deal to the Civil Rights Movement*(New York: Oxford University Press, 2008), 51.

[12] Pap A. Ndiaye, *Nylon and Bombs: DuPont and the March of Modern America*(Baltimore: Johns Hopkins University Press, 2007), 118~19; Barton J. Bernstein, "Reconsidering the 'Atomic General': Leslie R. Groves", *Journal of Military History* 67 (July 2003): 895.

[13] Robert F. Burk, *The Corporate State and the Broker State: The du Ponts and American National Politics, 1925-1940*(Cambridge, MA: Harvard University Press, 1990), 295~96.

[14] 2차 세계대전 동안, 듀폰은 미국에서 제조된 모든 폭발물의 70퍼센트를 생산했다. Ndiaye, *Nylon and Bombs*, 111; quote from 152.

[15] Matthias, "Notes on Village", April 17, 1943; Church Sawin to Daniel Haupt, April 17, 1943; Matthias to Yancey, April 19 and April 23, 1943, HML, acc. 2086, folder 20.63.

[16] Matthias to Yancey, April 23, 1943; Yancey to Matthias, April 24, 1943, April 26, 1943; "Memo from General Groves to Matthias", April 27, 1943, HML, acc. 2086, folder 20.63.

[17] "Conference Notes", April 1, 1943, Wilmington, NAA, RG 326 8505, box 183, f MD 319.1, "Report—Hanford Area"; FTM, June 24and September 11, 1943, and October 12, 13, and 15, 1944.

[18] 듀폰은 다른 계획들보다 고급 주택 비율이 더 높아지기를 원했다. Travis to Nichols, April 19, 1943, NAA, RG 326-8505, box 52, folder MD 624, "Housing".

[19] FTM, October 18, 1943.

[20] 다음에서 인용되었다. Hales, *Atomic Spaces*, 96.

[21] 1930~1940년대 저밀도 외곽 지대의 비용에 관해서는 다음을 보라. Kenneth T. Jackson, *Crabgrass Frontier: The Suburbanization of the United States*(New York: Oxford University Press, 1985), 131, and Howard L. Preston, *Automobile Age Atlanta: The Making of a Southern Metropolis, 1900~1935*(Athens: University of Georgia Press, 1979).

[22] "History of the Project", vol. 1, PRR, HAN 10970, and FTM, November 16, 1943.

[23] *Richland Villager*, February 6, 1947.

[24] K. D. Nichols, *The Road to Trinity*(New York: Morrow, 1987), 107~8.

[25] J. S. McMahon, "Village Administration Experience", July and August 1946, PRR, HAN 73214, Bk.-17.

[26] DuPont to District Engineer, "Monthly Report, August 1944", September 20, 1944, NAA, RG 326-8505, box 182, MD 319.1, "Reports-DuPont".

[27] Wall, *Inventing the "American Way"*, 49~55.

[28] Jack Metzgar, *Striking Steel: Solidarity Remembered*(Philadelphia: Temple University Press, 2000), 156; Joan Didion, *Where I Was From*(New York: Knopf, 2003), 115.

[29] "중산층"으로서의 리치랜드에 대한 묘사는 다음을 보라. Paul John Deutschmann, "Federal City: A Study of the Administration of Richland", M.A. thesis, University of Oregon, 1952, 301~5, and John M. Findlay and Bruce William Hevly, *Atomic Frontier Days: Hanford and the American West*(Seattle: University of Washington Press, 2011), 98.

[30] Groves to Philip Murray, CIO, April 19, 1946, Robert Norris Papers, box 41, folder "Labor Relations", Hoover Institution Archives, Palo Alto, CA. 첩보 대상으로서의 노동 갈등과 노조에 관해서는 다음을 보라. FTM, September 8, 1944, and W. B. Parsons, "List of Unions", May 23, 1944, NAA, RG 326 8505, box 103, Folder, "Policy Books of Intelligence Division".

[31] James W. Parker Memoirs, HML, acc. 2110, and "Monthly Report, July 1944", August 18, 1944, NAA, RG 326–8505, box 182, MD 319.1, "Reports–DuPont".

[32] Peter Bacon Hales, "Building Levittown: A Rudimentary Primer", University of Illinois at Chicago, http://tigger.uic.edu/~pbhales/Levittown/building.html.

[33] FTM, June 24, 1943.

[34] FTM, June 28 and July 15, 1943, February 7, 8, and 9, 1944.

[35] M. T. Binns, "Housing Experience to July 1, 1945", August 3, 1945, in "Village Operations, Part I", PRR, acc. 3097, 4~6, 9~10.

[36] FTM, December 21, 1943.

[37] FTM, August 18, 1943.

[38] Hales, *Atomic Spaces*, 194.

[39] 다음에서 인용되었다. Michele Stenehjem Gerber, *On the Home Front: The Cold War Legacy of the Hanford Nuclear Site*(Lincoln: University of Nebraska Press, 1992), 61.

[40] Leroy Arthur Sheetz, "Richland—the Atomic City", *Christian Science Monitor*, January 18, 1947; *Business Week*, December 18, 1948, 65~70; George W. Wickstead, "Planned Expansion for Richland, Washington", *Landscape Architecture* 39(July 1949): 167~75.

[41] 칼 애봇Carl Abbott은 리치랜드가 고전적인 기업 도시도, 그린벨트Greenbelt 같은 뉴딜 소도시들을 만들었던 녹색 도시 운동Green City movement의 표상도 아닌 새로운 유형의 미국적 공동체였다고 주장한다. Maryland. Abbott, "Building the Atomic Cities: Richland, Los Alamos, and the American Planning Language", in Bruce Hevly and John M. Findlay, eds., *The Atomic West*(Seattle: University of Washington Press, 1998), 90~115.

[42] 전후 미국의 전원 지대 역사를 구체적으로 서술한 작품으로는 다음을 보라. Robert O. Self, *American Babylon: Race and the Struggle for Postwar Oakland*(Princeton, NJ: Princeton University Press, 2003); Elaine Tyler May, *Homeward Bound: American Families in the Cold War Era*(New York: Basic, 1999); Amanda I. Seligman, *Block by Block: Neighborhoods and Public Policy on Chicago's West Side*(Chicago: University of Chicago Press, 2005); Beryl Satter, *Family Properties: Race, Real Estate, and the Exploitation of Black Urban America*(New York: Metropolitan, 2009). 루이스 멈포드Lewis Mumford에 영감을 얻어 전적으로 엘리트와 백인들을 위한 전원 지대라는 비평에 대한 중요한 수정으로는 다음을 보라. Matthew D. Lassiter, *The Silent Majority: Suburban Politics in the Sunbelt South*(Princeton, NJ: Princeton

University Press, 2006) and Kevin Michael Kruse and Thomas J. Sugrue, eds., *The New Suburban History*(Chicago: University of Chicago Press, 2006).

06_노동 그리고 플루토늄을 떠맡게 된 여자들

[1] Groves to Area Engineer, HEW, September 1, 1944, NARA, RG 77, entry 5, box 41.

[2] Pap A. Ndiaye, *Nylon and Bombs: DuPont and the March of Modern America*(Baltimore: Johns Hopkins University Press, 2007), 136.

[3] W. O. Simon, "Census Survey Tabulation", August 16, 1944, HML, box 2, folder 20.63.

[4] P. W. Crane, "Technical Department Functions and Organization to July 1, 1945", PRR.

[5] Author interview with Joe Jordan, May 17, 2008, Richland, WA.

[6] G. W. Struthers, "Procurement and Training of Non-Exempt Personnel", September 6, 1945, PRR.

[7] "Questions Asked of Dr. Chet Stern in Conference by Dr. Warren", NAA, June 24, 1943, RG 326-8505, box 12, I.E.2, "General Correspondence"; Nichols to Daniels, April 24, 1943, NAA, RG 326-66A-1405, box 9, folder 600.1, "Hanford".

[8] "Completion Report", April 30, 1945, NAA, RG 326-8505, box 46, folder 400.22, "General".

[9] "HW Radiation Hazards for the Reactor Safeguard Committee", July 27, 1948, PRR, HW 10592.

[10] "Minutes of Richland Community Council", meeting no. 20, May 9, 1949, Richland Public Library, 1.

[11] Struthers, "Procurement and Training".

[12] Ted Van Arsdol, *Hanford: The Big Secret*(Vancouver, WA: Ted Van Arsdol, 1992), 64.

[13] Williams to Groves, August 29, 1944, and De Right to Williams, August 25, 1944, NAA, RG 326-8505, box 55, MD 729.3 "Radiation, Book 1".

[14] Struthers, "Procurement and Training".

[15] Ibid.; Peter Bacon Hales, *Atomic Spaces: Living on the Manhattan Project*(Urbana: University of Illinois Press, 1997), 117.

[16] Author interview with Marge DeGooyer, May 16, 2008, Richland, WA.

[17] Ruth Howes and Caroline L. Herzenberg, *Their Day in the Sun: Women of the Manhattan Project*(Philadelphia: Temple University Press, 1999), 142.

[18] Laurie Williams, "At Hanford Plutonium Lab, She Could Really Cook", *TCH*, October 31, 1993, C8.

[19] Author interview, DeGooyer.

[20] Michele Stenehjem Gerber, *On the Home Front: The Cold War Legacy of the Hanford Nuclear Site*(Lincoln: University of Nebraska Press, 1992), 45; Ian Stacy, "Roads to Ruin on the Atomic Frontier: Environmental Decision Making at the Hanford Reservation, 1942−1952", *Environmental History* 15, no. 3 (July 2010): 415~48.

[21] Howes and Herzenberg, *Their Day in the Sun*, 142, 195.

07_위험들

[1] Barton C. Hacker, *The Dragon's Tail: Radiation Safety in the Manhattan Project, 1942−1946*(Berkeley: University of California Press, 1987), 44, 52~53; J. Samuel Walker, *Permissible Dose: A History of Radiation Protection in the Twentieth Century*(Berkeley: University of California Press, 2000), 9.

[2] Walker, *Permissible Dose*, 7~8.

[3] Stafford Warren, "Case of Leukemia in Mr. Donald H. Johnson", February 7, 1945, NAA, RG 326−8505, box 54, MD 700.2, "Enclosures".

[4] Christopher Sellers, "Discovering Environmental Cancer: Wilhelm Hueper, Post−World War II Epidemiology, and the Vanishing Clinician's Eye", *American Journal of Public Health* 87, no. 11(November 1997): 1824~35; Devra Lee Davis, *The Secret History of the War on Cancer*(New York: Basic Books, 2007), 97~102.

[5] Robert Proctor, *Cancer Wars: How Politics Shapes What We Know and Don't Know About Cancer*(New York: Basic Books, 1995), 36~44.

[6] Hacker, *The Dragon's Tail*, 53.

[7] Greenewalt to Compton, April 2, 1943, reference in Stone to Compton, April 10, 1943,

NAA, RG 326–8505, box 55, MD 729.3, "Radiation Book 1".

[8] "Questions Asked of Dr. Chet Stern in Conference by Dr. Warren", June 24, 1943, NAA, RG 326–8505, box 12, I.E.2, "General Correspondence".

[9] Peter Bacon Hales, *Atomic Spaces: Living on the Manhattan Project*(Urbana: University of Illinois Press, 1997), 284.

[10] Hymer Friedell to Nichols, February 14, 1945, NAA, RG 326–8505, box 54, MD 700.2, "Essays and Lectures".

[11] Bradley Seitz, "Manhattan District Health Program", January 8, 1944, 1944, NAA, RG 326–8508, box 54, MD 700.2.

[12] Hales, *Atomic Spaces*, 281.

[13] Nichols to DuPont Co., October 30, 1943, and Traynor to Williams (draft), October 30, 1943, NAA, RG, 326–8505, box 55, MD 729.3, "Radiation Book 1"; Compton to Warren, October 28, 1944, box 54, MD 700.2, "Essays and Lectures".

[14] Davis, *The Secret History*, 21, 31.

[15] R. E. Rowland, *Radium in Humans: A Review of U.S. Studies*(Argonne, IL: Argonne National Lab, 1994), 25; Eileen Welsome, *The Plutonium Files America's Secret Medical Experiments in the Cold War*(New York: Dial Press, 1999), 49~50, 66. 또한 다음을 보라. Ross M. Mullner, *Deadly Glow: The Radium Dial Worker Tragedy*(Washington, DC: American Public Health Association, 1999).

[16] Robley Evans, "Protection of Radium Dial Workers and Radiologists from Injury by Radium", *Industrial Hygiene and Toxicology* 25, no. 7(September 1943): 253~69.

[17] Williams to Nichols, October 7, 1943, NAA, RG 326–8505, box 55, MD 729.1, "Radiation, Book 1".

[18] H. M. Parker, "Status of Health and Protection at the Hanford Engineer Works", in I*ndustrial Medicine on the Plutonium Project*(New York: McGraw–Hill, 1951), 476~84.

[19] David Goldring, "Draft of Report", October 2, 1945, NAA, RG 326–87–6, box 15, "Miscellaneous".

[20] Greenewalt to Nichols, April 14, 1943, and Greenewalt to Compton, April 14, 1943, NAA, RG 326–8505, box 54, MD 700.2 "Fish Research".

[21] Crawford Greenewalt Diary, January 22, 1943, HML; William Sapper, "Conference with

Ichthyologist", NAA, June 12, 1943, RG 326–8505, box 60, "Meetings and Conferences".

[22] Williams, "Radioactivity Health Hazards—Hanford", June 26, 1944, NAA, RG 326–8505, box 55, MD 729.1, "Radiation, Book 1".

[23] Nichols to Groves, September 8, 1944, NARA, RG 77 5, box 83, "General Correspondence 1942–1948".

[24] Hamilton to Dr. Herman Hilberry, September 29, 1944, EOL, reel 43 (box 28), folder 40.

[25] Welsome, *Plutonium Files*, 27, 29~30.

[26] William Moss and Roger Eckhardt, "The Human Plutonium Injection Experiment", *Los Alamos Science* 23(1995): 194.

[27] J. G. Hamilton, "Review of Research upon the Metabolism of Long–life Fission Products October 1, 1942–April 30, 1943", July 13, 1943, EOL, reel 43(box 28), folder 40.

[28] Hales, *Atomic Spaces*, 291.

[29] R. S. Stone to J. G. Hamilton, 1943, EOL, reel 43 (box 28), folder 40; Williams to Nichols, October 7, 1943; Marsden to Nichols, October 18, 1943; Traynor to Williams (draft), October 25, 1943.

[30] Hamilton, "A Review"; Hamilton to Compton, July 28 and October 6, 1943; Hamilton to Stone, October 7, 1943; Hamilton, "A Brief Review of the Possible Applications of Fission Products in Offensive Warfare", May 27, 1943, EOL, reel 43 (box 28), folder 40.

[31] H. J. Curtin to R. L. Doan, October 19, 1943, EOL, reel 43 (box 28), folder 40.

[32] Ibid.

[33] Hamilton, "Survey of Work Done by the 48–A Group at Berkeley", April 24, 1945, EOL, reel 43 (box 28), folder 41.

[34] Hamilton, "A Review".

[35] Williams, "Radioactivity Health Hazards—Hanford", June 26, 1944, NAA, RG 326–8505, box 55, MD 729.1, "Radiation, Book 1".

[36] J. E. Wirth, "Medical Services of the Plutonium Project", in *Industrial Medicine on the Plutonium Project*(New York: McGraw–Hill, 1951), 32.

[37] Greenewalt Diary, January 29, 1944, HML; Norwood to Stone, September 9, 1944, NAA, RG 326–8505, box 54, MD 700.2, "Medical Correspondence"; Compton to Hamilton, April 8, 1944, EOL, reel 43 (box 28), folder 40.

[38] Stone to Norwood, October 25, 1944, NAA, RG 326-8505, box 54, MD 700.2, "Medical Correspondence".

[39] Compton to Warren, October 28, 1944, NAA, RG 326-8505, box 54, MD 700.2, "Essays and Lectures".

[40] Stone to Hamilton, December 13, 1943, EOL, reel 43, (box 28), folder 40.

[41] Hamilton to Stone, January 4, 1944, EOL, reel 43, (box 28), folder 40.

08_먹이 사슬

[1] "Radiation Hazards", September 1, 1944, NAA, RG 326-8505, box 55, MD 729.3.

[2] Hamilton, "Decontamination Studies with the Products of Nuclear Fission", 1944; Hamilton, "Progress Report for March 1945", April 6, 1945, EOL, reel 43 (box 28), folders 40-41.

[3] Stone to Hamilton, January 30, 45, EOL, reel 43 (box 28), folder 41; Finkel and Brues, "The Shift of Strontium 89 from the Mother to the Fetus and Young", NAA, RG 326-87-6, box 24, "Summary Medical Research Program". 이 문건들을 번역하는 데 도움을 준 해리 윈서 Harry Winsor에게 감사하다.

[4] Wirth, "Medical Services", 32.

[5] Eileen Welsome, *The Plutonium Files America's Secret Medical Experiments in the Cold War*(New York: Dial Press, 1999), 68, 79.

[6] 고속 중성자들은 음속보다 훨씬 더 빠른 속도를 지닌 중성자들이다. 그것들은 매 핵분열마다 생성되지만, 일반적인 원자로 내에서 감속되거나 둔화된다. 이 설명을 해준 해리 윈서에게 감사하다.

[7] T. C. Evans, "Project Report on Mice Exposed Daily to Fast Neutrons", July 18, 1945, NAA, RG-326-8505, box 54, MD 700.2, "Enclosures".

[8] Stone to Norwood, "Exposures Exceeding Tolerance", October 25, 1945, NAA, RG 326-8505, box 54, MD 700.2, "Essays and Lectures".

[9] "Chronic Radiation Program", NAA, RG 326-87-6, box 24, "Summary Medical Research Program".

[10] 면역 장애에 관해서는 다음을 보라. Peter Bacon Hales, *Atomic Spaces: Living on the*

Manhattan Project(Urbana: University of Illinois Press, 1997), 290.

[11] Susan Lindee, *Suffering Made Real: American Science and the Survivors at Hiroshima*(Chicago: University of Chicago Press, 1994), 62.

[12] Ibid., 59.

[13] "Experiments to Test the Validity of the Linear R-Dose/Mutation Rate Relation at Low Dosage", n.d., NAA, RG 326-87-6, box 24, "Summary Medical Research Program".

[14] Ibid. 이 보고서는 전시 동안 로체스터대학에서 근무했던 도널드 찰스Donald Charles가 작성했을 것이다. 다음을 보라. Lindee, *Suffering Made Real*, 65.

[15] Herman Muller, "Time Bombing Our Descendants", *American Weekly*, November 1946.

[16] Crawford Greenewalt Diary, January 22 and February 12, 1943, HML.

[17] 핸퍼드의 기상학 연구에 관한 더욱 충실한 논의로는 다음을 보라. Hales, *Atomic Spaces*, 144~48.

[18] FTM, February 21, 1944; Matthias to Groves, October 24, 1960, HML, acc. 2086, 20.92.

[19] Jacobson and Overstreet to Stone, February 15, 1944, EOL, reel 43 (box 28), folder 40.

[20] Hamilton to Hilberry, September 29, 1944, and Hamilton, "Progress Report for month of December 1944", January 4, 1945, EOL, reel 43 (box 28), folder 40.

[21] Hamilton to Hilberry.

[22] Michele Stenehjem Gerber, *On the Home Front: The Cold War Legacy of the Hanford Nuclear Site*(Lincoln: University of Nebraska Press, 1992), 147.

[23] Ibid., 162; "Monthly Report, December 1956", DOE Opennet, HW-47657; "Release of Low-Level Aqueous Wastes", DOE Germantown, RG 326/1359/7, 6~7.

[24] Jacobson and Overstreet to Stone, November 15, 1944; Hamilton to Stone, November 15, 1944, EOL, reel 43, (box 28), folder 40.

[25] Jacobson and Overstreet, "Absorption and Fixation of Fission Products and Plutonium by Plants", June 1945, EOL, reel 43 (box 28), folder 40.

[26] Stone to Hamilton, April 28, 1944, EOL, reel 43 (box 28), folders 41.

[27] H. M. Parker to S. T. Cantril, July 10, 1954, PRR, HW-7-1973.

[28] 연어의 상징적 중요성으로는 다음을 보라. Richard White, *The Organic Machine*(New York: Hill and Wang, 1995). * 같은 책의 국역으로는 리처드 화이트, 이두갑·김주희 옮김, 《자연 기계》, 이음, 2018을 참조하라.

[29] 기밀 보고서가 언급했듯, "컬럼비아강에서 행해지는 대규모의 수익성이 좋은 연어 산업에 대한 피해와 관련된 어떠한 주장이든 정부와 떼어내는 것이 필요하다". "Summary Medical Research Program", NAA, 326-87-6, box 24, "Fish Program".

[30] Greenewalt to Nichols, April 14, 1943, NAA, RG 326-8505, box 54, MD 700.2, "Fish Research".

[31] Untitled photos and "Hanford Thayer to Warren", August 19, 1944, NAA, RG 326-8505, box 54, MD 700.2, "Fish Research".

[32] Hanford Thayer, "Fisheries Research Program", March 12, 1945, NAA, RG 326-8505, box 54, MD 700.2, "Fish Research"; "Fish Program", RG 326-87-6, box 24, "Summary Medical Research Program".

[33] Hanford Thayer to Warren, July 18, 1944, NAA, RG 326-8505, box 54, MD 700.2, "Fish Research".

[34] 폐수가 강으로 방류되기 전에 냉각되는 저수조 내부에서 폐수의 방사능은 1945년, 1.8에서 2.4라드로 측정됐다. H. M. Parker to S. T. Cantril, September 11, 1945, PRR, HW 7-2346.

[35] Hanford Thayer, "Site W Hazards to Migratory Fishes", May 22, 1943, NAA, RG 326-87-6, box 24, G-36.

[36] Warren to Harry Wensal, OSRD, October 5, 1943, and C. L. Prosser and K. S. Cole, "Biological Research: Fish", 1944, NAA, RG 326 8505, MD 700.2, "Fish Research".

[37] Richard Foster, "Weekly Report, 146 Building", October 14, 1945, NAA, RG 326-8505, box 54, MD 700.2, "Fish Research".

[38] Gerber, On the Home Front, 117~8.

[39] 또 다른 살해는 1945년 10월 11일 발생했다. Foster, "Weekly Report, 146 Building".

[40] 의학 연구의 분류에 관해서는 다음을 보라. Russell B. Olwell, At Work in the Atomic City: A Labor and Social History of Oak Ridge, Tennessee(Knoxville: University of Tennessee Press, 2004), 119~20.

09_파리와 생쥐와 사람들

[1] Parker to Cantril, PRR, HW-7-1973; J. E. Wirth, "Medical Services of the Plutonium Project", in *Industrial Medicine on the Plutonium Project*(New York: McGraw-Hill, 1951), 20.

[2] Roger Williams, "Radioactivity Health Hazards—Hanford", June 26, 1944, NAA, RG 326-8505, box 55, MD 729.1, "Radiation, Book 1".

[3] Russell B. Olwell, *At Work in the Atomic City: A Labor and Social History of Oak Ridge, Tennessee*(Knoxville: University of Tennessee Press, 2004), 52~53.

[4] Stone, "Exposures Exceeding Tolerance", October 25, 1945, NAA, RG. 326-8505, box 54, MD 700.2, "Essays and Lectures".

[5] 이러한 의견차에 관해서는 다음을 보라. Hymer Friedell, "Comment on Tolerance Values for Radium and Product", May 11, 1945, EOL, reel 43 (box 28), folder 41.

[6] Matthias, "Reports for Week Ending 29 April", May 12, 1944, NAA, RG 326-87-6, box 15, "Teletypes and Telegrams", and "Obstetrical and Gynecological Statistics from Discharged Patients", March, April, May, June (etc.) 1945, RG 326-8505, box 54, MD 701, "Medical Attendance".

[7] R. S. Stone, "General Introduction", in *Industrial Medicine*, 14.

[8] Foster, "Fish Life Observed in the Columbia River on September 27, 1945", NAA, RG 326-8505, box 54, MD 700.2, "Fish Research".

[9] Lauren Donaldson, "Fisheries Inspection on the Columbia River in the Area Above Hanford, Washington, October 25 and 26, 1945", NAA, RG 326-8505, box 54, MD 700.2, "Fish Research".

[10] Olwell, *At Work in the Atomic City*, 49~63.

[11] Warren to Groves, "Report on Beri-Beri", NAA, RG 326-8505, box 54, MD 700.2, "Reports, Book 1".

[12] Matthias to Warren, 1945, NAA, RG 326-87-6, box 16, "HEW Reports".

[13] P. C. Leahy to District Engineer, January 7, 1946, NAA, RG 326-8505, box 54, MD 702, "Medical Examinations".

[14] Robert Fink to Friedell, December 5 and December 27, 1945; Hamilton to Stone, July 7, 1946, NAA, RG 326-8505, box 54, MD 700.2, "Essays and Lectures"; Peter Bacon Hales,

Atomic Spaces: Living on the Manhattan Project(Urbana: University of Illinois Press, 1997), 273~300.

[15] Hamilton, "Progress Report for the Month of June and October 1945", EOL, reel 43 (box 28), folder 41.

[16] Hales, *Atomic Spaces*, 284.

[17] Testimony of Elmerine Whitfield Bell, granddaughter of Elmer Allen or "Cal-3", US Advisory Committee on Human Radiation Experiments, March 15, 1995, George Washington University, National Security Archive.

[18] Stone to Norwood, October 25, 1944, NAA, RG 326-8505, box 54, MD 700.2, "Medical Correspondence".

[19] W. B. Parsons, "Employment of Barbardians and Jamacians", November 23, 1944, NAA, RG 326 8505, box 103.

[20] Williams to Groves, August 24, 1944, and Yancey to Matthias, August 1, 1944, NARA, RG 77, entry 5, box 41.

[21] R. E. De Right to Roger Williams, August 25, 1944, NAA, RG 326 8505, box 55, MD 729.3, "Radiation Book 1".

[22] Groves to Williams, August 26, 1944, Groves to Williams, September 7, 1944, Williams to Groves, August 30, 1944, and Warren to Groves, "Trial Evacuation of Site "W"", September 13, 1944, NARA, RG 77, entry 5, box 41; Friedell, "Comment on Tolerance Values".

[23] Hymer Friedell to Morris E. Daily, May 10, 1944, and J. N. Tilley, "Richland Medical Plan", February 19, 1945, NAA, RG 326 8508, box 54, MD 700.2, "Specimens"; MD 701, "Medical Attendance".

[24] R. L. Richards to Nichols, April 10, 1944, NAA, RG 326 8505, box 54, MD 701, "Medical Attendance".

[25] H. M. Parker, "Report on Visit to Site W by G. Failla", July 10, 1945, PRR, HW-7-1973.

[26] Groves to Naylor, September 24, 1945 NARA, RG 77, entry 5, box 83.

[27] "Memorandum for the Chief, Military Intelligence, December 12, 1945", NARA, RG 77, box 85, folder "Goudsmit".

[28] Williams, "Radioactivity Health Hazards-Hanford", June 26, 1944, NAA, RG 326 8505, box 55, MD 729.1, "Radiation, Book 1".

[29] DuPont, "Monthly Report, May 1943", June 5, 1943, NAA, RG 326 8505, box 182, MD 319.1, "Reports—DuPont"; Groves to Nichols, telegram, November 16, 1943, Groves to Ackart, November 19, 1943, NAA, RG 326 8505, box 41, MD 600.1, "Construction and Installation"; DeRight to Nichols, December 14, 1943, RG 326 8505, box 46, MD 600.914, "Progress Reports HEW"; Greenewalt Diary, vol. 3, January 13, 1944, HML.

[30] Williams, "Radioactivity Health Hazards—Hanford".

[31] Hamilton to Compton, April 24, 1945, EOL, reel 43 (box 28), folder 41.

[32] Joshua Silverman, "No Immediate Risk: Environmental Safety in Nuclear Weapons Production, 1942—1985", PhD diss., History Department, Carnegie Mellon University, 2000, 60.

[33] H. M. Parker to S. T. Cantril, July 10, 1945, PRR, HW—7—1973.

[34] H. M. Parker, "Radiation Exposure Data", February 8, 1950, PRR, HW—19404.

[35] Silverman, "No Immediate Risk", 96.

[36] Matthias to Groves, October 24, 1960, HML, acc. 2086, 20.92.

[37] Parker, "Report on Visit to Site W".

[38] 동위원소에 따라 체내에 축적된 물질의 절반을 제거하는 데 소요되는 시간은 몇 초에서 2주까지 다양하다. R. S. Stone, "General Introduction", in *Industrial Medicine on the Plutonium Project*(New York: McGraw—Hill, 1951), 11.

[39] Williams to Nichols, April 12, 1945 and Warren to Wirth, Norwood, and Groves, February 10, 1945, NAA, RG 326 8505, box 54, MD 700.2, "Enclosures". 논쟁의 여지가 있는 다른 사망에 관해서는 다음을 보라. Fred A. Bryan, "Transmittal of Blood Smears", February 14, 1946, in the same file, and Olwell, *At Work in the Atomic City*, 118.

[40] "Insurance Agreement Covering the Hanford Engineer Works", June 17, 1943, JPT, 5433—001, 11.

[41] 예컨대, 맨해튼 프로젝트의 우수한 의료 기록에 관한 주장으로는 다음을 보라. Wirth, "Medical Services of the Plutonium Project", 19~35.

2부
소비에트 노동계급 원자原子와 미국의 반응

10_잡지 체포

[1] N. I. Kuznetsova, "Atomnyi sled v VIET", in *Istoriia Sovetskogo atomnogo proekta: Dokumenty, vospominaniia, issledovaniia*(Moscow: Ianus-K, 1998), 64.

[2] Yuli Khariton and Uri Smirnov, "The Khariton Version", *Bulletin of the Atomic Scientists*, May 1993, 22.

[3] Kuznetsova, "Atomnyi sled", 62~81.

[4] Alexandr Kolpakidi and Dmitrii Prokhorov, *Imperiia GRU: Ocherki istorii Rossiiskoi voennoi razvedki*(Moscow: Olma Press, 2001), 2:174.

[5] Alexander Vassiliev, "Black Notebook #35", in *The Vassiliev Notebooks: Cold War International History Project Virtual Archive*, www.cwihp.org. 또한 다음을 보라. Allen Weinstein and Alexander Vassiliev, *The Haunted Wood: Soviet Espionage in America—the Stalin Era*(New York: Random House, 1999), 37; John F. Fox Jr., "What the Spiders Did: U.S. and Soviet Counterintelligence Before the Cold War", *Journal of Cold War Studies* 11, no. 3(Summer 2009): 206~24.

[6] Alexander Vassiliev, "Yellow Notebook #4", in *The Vassiliev Notebooks*, 5~6; Michael R. Dohan, "The Economic Origins of Soviet Autarky 1927/28-1934", *Slavic Review* 35, no. 4(December 1976): 603~35.

[7] Weinstein and Vassiliev, *Haunted Wood*, 28.

[8] Kolpakidi and Prokhorov, *Imperiia GRU*, 174.

[9] Weinstein and Vassiliev, *Haunted Wood*, 67.

[10] Max Holland, "I. F. Stone: Encounters with Soviet Intelligence", *Journal of Cold War Studies* 3(Summer 2009): 159.

[11] L. D. Riabev, *Atomnyi proekt SSSR: Dokumenty i materialy*, vol. I, bk. 1 (Moscow: Nauka, 1999), 22, and vol. II, bk. 6 (2006), 754~62.

[12] Riabev, *Atomnyi proekt SSSR*, vol. I, bk. 1, 239~40.

[13] Campbell Craig and Sergey Radchenko, *The Atomic Bomb and the Origins of the Cold*

War(New Haven, CT: Yale University Press, 2008), 44.

[14] Riabev, *Atomnyi proekt*, vol. I, bk. 1, 242~43.

[15] Anatoli A. Iatskov, "Atom i razvedki", *Voprosi istorii estestvoznaniia i tekhniki* 3 (1992): 105.

[16] Riabev, *Atomnyi proekt*, vol. I, bk. 1, 244~45.

[17] V. Chikov, "Ot Los—Alamosa do Moskvy", *Soiuz* 22, no. 74 (May 1991): 18.

[18] Riabev, *Atomnyi Proekt*, vol. I, bk. 2, 259.

[19] 물리학자 플레우로프G. N. Fleurov는 서구의 원폭 개발 계획에 관한 자신의 의구심을 담은 편지를 스탈린에게 보냈다. B. V. Barkovskii, "Rol' razvedki v sozdanii iadernogo oruzhiia", in *Istoriia Sovetskogo atomnogo proekta: Dokumenty, vospominaniia, issledovaniia*(Moscow: Ianus—K, 1998), 87~134.

[20] Riabev, *Atomnyi proekt*, vol. I, bk. 1, 265~66.

[21] Vassiliev, "Yellow Notebook #1", 192.

[22] Ibid.

[23] E. A. Negin, *Sovetskii atomnyi proekt: Konets atomnoi monopolii*(Nizhnii Novgorod: Izd—vo Nizhnii Novgorod, 1995), 59.

[24] Riabev, *Atomnyi proekt*, vol. I, bk. 1, 244~45.

[25] Ibid., 276.

[26] Campbell and Radchenko, *The Atomic Bomb*, 51; Jeffrey Richelson, *Spying on the Bomb: American Nuclear Intelligence from Nazi Germany to Iran and North Korea*(New York: Norton, 2006), 64.

[27] Riabev, *Atomnyi proekt*, vol. I, bk. 1, 276~79, 363~64.

[28] Negin, *Sovetskii atomnyi proekt*, 59.

[29] Riabev, *Atomnyi proekt*, vol. I, bk. 1, 348~50.

[30] Ibid., 276~79.

[31] Ibid., 368~73.

[32] J. Dallin, *Soviet Espionage*(New Haven, CT: Yale University Press, 1955), 457; Conant to Gromyko, July 16, 1942, NARA, RG 227 169, box 33, "B—2000 Russia".

[33] Campbell and Radchenko, *Atomic Bomb*, 12; Kai Bird and Martin Sherwin, *American Prometheus: The Triumph and Tragedy of J. Robert Oppenheimer*(New York: Knopf, 2005), 164.

[34] Vassiliev, "Yellow Notebook #4", 116~18.

[35] Anonymous, "Diary of Visits to Germany, March–July, 1945 (private)", BPC, box 2, folder 7, 22; "Memorandum for the Chief", December 12, 1945, NARA, RG 77, box 85, "Goudsmit", 96; "Memorandum to the Chief of Staff", April 23, 1945, and John Lansdale, "Capture of Material", July 10, 1946, Hoover Institute, Robert Norris Papers, box 38. 그들의 지대에서 미국인들의 행동에 관한 소비에트의 지식에 대해서는 다음을 보라. *Atomnyi proekt*, vol. II, bk. 2, 339, and Pavel Oleynikov, "German Scientists in the Soviet Atomic Project", *Nonproliferation Review* 7, no. 2 (2000): 4~5. 독일인 과학자들의 미국행에 관해서는 다음을 보라. Linda Hunt, *Secret Agenda: The United States Government, Nazi Scientists, and Project Paperclip, 1945 to 1990*(New York: St. Martin's Press, 1991), 20.

11_굴라그와 폭탄

[1] Vladimir Gubarev, "Professor Angelina Gus'kova", *Nauka i zhizn'* 4 (2007): 18~26; E. A. Negin, *Sovetskii atomnyi proekt: Konets atomnoi monopolii*(Nizhnii Novgorod: Izd–vo Nizhnii Novgorod, 1995), 64.

[2] G. A. Goncharov and L. D. Riabev, *O sozdanii pervoi otechestvennoi atomnoi bomby*(Sarov: RFIATS–VNIIEF, 2009), 44~45.

[3] I. Afanas'ev and V. A. Kozlov, *Istoria Stalinskogo gulaga: Konets 1920–kh–pervaia polovina 1950–kh godov*(Moscow: ROSSPEN, 2004), 1:30.

[4] V. P. Nasonov and B. L. Vannikov, *B. L. Vannikov: Memuary, vospominaniia, stat'i*(Moscow: TSNIIatominform, 1997), 89~90; Mikhail Vazhnov, *A. P. Zaveniagin: Stranitsy zhizni* (Moscow: PoliMEdia, 2002), 9~11.

[5] Nasonov and Vannikov, *B. L. Vannikov*, 92. 대안적인 판본에 관해서는 다음을 보라. Negin, *Sovetskii atomnyi proekt*, 61~62.

[6] 9887호 결의안은 1945년 8월 20일 통과되었다. Abram Isaakovich Ioirysh, *Sovetskii atomnyi proekt: Sudby, dokumenty, sversheniia*(Moscow: IUNITI–DANA, 2008), 187.

[7] Arkadii Kruglov, *Kak sozdavalas atomnaia promyshlennost' v SSSR*(Moscow: TSNIIatominform, 1994), 54; Michael Gordin, *Red Cloud at Dawn: Truman, Stalin, and the End of the Atomic Monopoly*(New York: Farrar, Straus and Giroux, 2009), 85, 99.

[8] V. Vachaeva, *A. P. Zaveniagin: K 100-letiiu so dnia rozhdeniia*(Noril'sk: Nikel, 2001), 25–26; Vazhnov, *A. P. Zaveniagin*, 6.

[9] Career NKVD officers included Sergei Kruglov, Victor Abakumov, Vasilii Chernyshev, and Pavel Meshik. A. Volkov, "Problema no. 1", *Istoriia otechestvennykh spetsluzhb*, http://shieldandsword.mozohin.ru/index.html.

[10] O. V. Khlevniuk, *The History of the Gulag: From Collectivization to the Great Terror*(New Haven, CT: Yale University Press, 2004), 182.

[11] A. B. Suslov, *Spetskontingent v Permskoi oblasti, 1929–1953 gg*(Ekaterinburg: Ural'skii gos. universitet, 2003), 118~21, 125.

[12] Oleg Khlevniuk, "Introduction", in *Istoriia stalinskogo Gulaga*, 3:46~47.

[13] V. A. Kozlov and O. V. Lavinskaia in *Istoriia stalinskogo Gulaga*, 6:59~64.

12_원자 시대의 청동기

[1] V. Chernikov, *Osoboe pokolenoe*(Cheliabinsk: V. Chernikov, 2003), 19.

[2] L. D. Riabev, *Atomnyi proekt SSSR: Dokumenty i materialy*, vol. I, bk. 1 (Moscow: Nauka 1999), 46.

[3] Paul R. Josephson, *Red Atom: Russia's Nuclear Power Program from Stalin to Today*(New York: W. H. Freeman, 2000), 89.

[4] O. V. Khlevniuk, *The History of the Gulag: From Collectivization to the Great Terror*(New Haven, CT: Yale University Press, 2004), 35.

[5] A. P. Finadeev, *Togda byla voina, 1941~1945: Sbornik dokumentov i materialov*(Cheliabinsk: n.p., 2005), 65.

[6] Wilson T. Bell, "The Gulag and Soviet Society in Western Siberia, 1929~1953", PhD diss., University of Toronto, 2011, 246, 306.

[7] Riabev, *Atomnyi proekt*, vol. II, bk. 2, 354~55, 358; V. Chernikov, *Za zavesoi sekretnosti ili stroitel'stvo No. 859*(Ozersk: V. Chernikov, 1995), 17.

[8] Mark Bassin, "Russian Between Europe and Asia: The Ideological Construction of Geographical Space", *Slavic Review* 50, no. 1(Spring 1991): 1~17.

[9] Rapoport, "Prikaz", January 14, 1946, and February 12, 1946, OGAChO, 1619/2c/43, 2, 3.

[10] Chernikov, *Za zavesoi*, 17.

[11] Ibid., 8.

[12] Donald A. Filtzer, *Soviet Workers and Late Stalinism: Labour and the Restoration of the Stalinist System After World War II*(Cambridge: Cambridge University Press, 2002), 22.

[13] V. N. Kuznetsov, *Zakrytye goroda Urala*(Ekaterinburg: Akademiia voenno-istoricheskikh nauk, 2008), 86~87.

[14] Boris Khavkin, "Nemetskie voennoplennye v SSSR i Sovetskie voennoplennye v Germanii", *Forum noveishei vostochnoevropeiskoi istorii i kul'tury* no. 1(2006): 2.

[15] Chernikov, *a zavesoi* 25.

[16] V. Novoselov and V. S. Tolstikov, *Taina "Sorokovki"*(Ekaterinburg: Ural'skii rabochii, 1995), 65.

[17] Efim P. Slavskii, "Kogda strana stoila na plechakh iadernykh titanov", *Voenno-istoricheskii zhurnal* 9(1993): 13~23.

[18] "Vypolnenie proizvodstvennogo plana" (1949), OGAChO, 1619/1/363, 1.

[19] 1947년 1월 1일부로 부지에는 9,000명의 죄수가 있었고, 첼랴빈스크 야금건설 NKVD 기업소ChMS NKVD는 더 많은 죄수들을 들여오려고 했으나 주택 부족으로 그렇게 하지 못했다. 4개월 후, ChMS NKVD는 1만 3,000명의 죄수, 7,000명의 특별 정착자, 8,200명의 포로들을 보유했는데, 그중 오직 47퍼센트만이 노동할 수 있을 정도로 건강했다. 다음을 보라. Kazverov to A. N. Komorovskii, 1946, OGAChO, R-1619/2/48, 46~59 and 80~91.

[20] Rapoport, "O resul'tatakh [sic] proverki lagernogo uchastka", March 15, 1946, OGAChO, 1619/2/44, 42-43; Rapoport, "Rasporiazhenie", February 28, 1946, OGAChO, 1619/2/43, 36.

[21] Kuznetsov, *Zakrytye goroda*, 90.

[22] Rapoport, "Vcem nachal'nikam podrazdelenii ChMS i SY 859", September 16, 1946, OGAChO, R-1619/2/51, 6-8.

[23] Kazverov to A. N. Komarovskii, 1946, OGAChO, R-1619/2/48, 46~59.

[24] Richard Rhodes, *Dark Sun*(New York: Simon and Schuster, 1995), 276.

[25] Mikhailov nachal'nikam laguchastkov ChMS MVD, January 18, 1947, OGAChO, R-1619/2/51, 5~6.

[26] Chernikov, *Za zavesoi*, 84.

[27] Kazverov to Komarovskii, 46~59.

[28] Zakharov Beloborodovu, 1949, OGAChO, 288/42/33, 4~15.

[29] Rapoport, "O merakh uvelicheniia potoka posylok", October 31, 1946; Liutkevich Rapoportu, December 11, 1946, and Divbunov, "Po prevlecheniiu posylok—peredach", December 11, 1946, OGAChO, R-1619/2/45, 25~26, 31~32.

[30] Filtzer, *Soviet Workers*, 41~43; S. Kruglov, "O razdelenii stroitel'stva no. 859", October 11, 1946, OGAChO, 161/2/41, 10~14.

13_비밀 지키기

[1] V. N. Novoselov and V. S. Tolstikov, *Atomnyi sled na Urale*(Cheliabinsk: Rifei, 1997); N. V. Mel'nikova, *Fenomen zakrytogo atomnogo goroda*(Ekaterinburg: Bank kul'turnoi informatsii, 2006); Vladimir Gubarev, *Belyi arkhipelag Stalina*(Moscow: Molodaia gvardiia, 2004).

[2] Rapoport, "Prikaz", April 13, 1946, OGAChO, 1619/2c/43, 42~43; Rapoport, "Ob organizatsii otpravki rabsily spetsposelentsev v SU-859", July 16, 1946, OGAChO, 1619/2/43, 66.

[3] A. B. Suslov, *Spetskontingent v Permskoi oblasti, 1929~1953 gg*(Ekaterinburg: Ural'skii gos. universitet, 2003), 130.

[4] Kazverov, "Dokladnaia zapiska za IV kvartal 1946 goda" and "Dokladnaia zapiska za 1 kvartal 1947 goda", OGAChO, R-1619/2/48, 46~59, 80; Saprikin, "V sviazi s postupleniem novogo spets. kontingenta", June 17, 1946, 1619/2/43, 66~67; Rapoport, "Ob organizatsii laguchastka no. 9 pri Stroiupravlenii no. 859, ChMS MVD", May 27, 1946, 1619/2/43, 63~64. 위험한 죄수들에 관해서는 다음을 보라. V. N. Kuznetsov, *Zakrytye goroda Urala*(Ekaterinburg: Akademiia voenno-istoricheskikh nauk, 2008), 61.

[5] Rapoport, "Prikaz o sniatii s ucheta", July 26, 1946, OGAChO, 1619/23/48, 86~87; Rapoport, "Vcem nachal'nikam", 6~8. 또한 다음을 보라. Lynne Viola, *The Unknown Gulag: The Lost World of Stalin's Special Settlements*(New York: Oxford University Press, 2007), 95.

[6] Kazverov to Komarovskii, 1946, OGAChO, R-1619/2/48, 46~59.

[7] Rapoport, "Prikaz ob organizatsii shtrafnoi kolonnii zakliuchennykh", February 26, 1946, OGAChO, 1619/2/434, 27; Rapoport, "O meropriiatiiakh dal'neishego usileniia okhrany", April 22, 1946, OGAChO, 1619/2/44, 54~57.

[8] Kazverov, "Dokladnaia zapiska", 1947, 46~59.

[9] "Mikhailov nachal'nikam laguchastkov ChMS, MVD", January 18, 1947, OGAChO, R-1619/2/51, 5~6.

[10] V. Chernikov, *Za zavesoi sekretnosti ili stroitel'stvo No. 859*(Ozersk: V. Chernikov, 1995), 145.

[11] Riabev, *Atomnyi proekt SSSR*, vol. II, bk. 4 (Moscow: Fizmatlit, 2004), 198.

[12] Chernikov, *Za zavesoi*, 145.

[13] Ibid., 130, 145.

[14] Alexandr Isaevich Solzhenitsyn, *One Day in the Life of Ivan Denisovich*(New York: Signet Classics, 2008).

[15] Rapoport, "O resul'tatakh [*sic*] proverki", March 15, 1946, OGAChO, 1619/2/44: 42~43; "Prikaz po upravleniiu Cheliabmetallurgstroiia MVD SSSR", April 5, 1946, OGAChO, 1619/1/39, 256; "O merakh usileniia rezhima", April 947, OGAChO, R-1619/2/50, 53~54.

[16] Kuznetsov, *Zakrytye goroda*, 13.

[17] V. Novoselov and V. S. Tolstikov, *Taina "Sorokovki"*(Ekaterinburg: Ural'skii rabochii, 1995), 124.

[18] Vladyslav B. Larin, *Kombinat "Maiak"—Problema na veka*(Moscow: KMK Scientific Press, 2001), 199; "Protokol no. 1, politotdela Bazy no. 10", January 5, 1949, OGAChO, P-1137/1/15, 1~5.

[19] "Dokladnaia zapiska", no earlier than November 1946, OGAChO, P-288/1/141, 12.

[20] Ibid., 13.

[21] Ibid.

[22] Rapoport, "O vvedenii vremennogo propusknogo rezhima na stroitel'stve MVD SSSR no. 859", July 23, 1946, OGAChO, R-1619/2/44, 79~80; I. P. Zemlin and I Gashev, *Desant polkovnika P. T. Bystrova*(Ozersk: Po Maiak, 1999), 16. 특수 군사 체제 지대를 위한 규정은 1934년 최초로 만들어졌다. Irina Bystrova, *Voenno-promyshlennyi kompleks SSSR v gody kholodnoi voiny: Vtoraia polovina 40-kh-nachalo 60-kh godov*(Moscow: IRI RAN, 2000), 16.

[23] Chernikov, *Za zavesoi*, 39; Rapoport, "Rasporiazheniia po Cheliabmetallurgstroiu MVD SSSR", October 17, 1946, OGAChO, 1619/1/39, 300.

[24] Novoselov and Tolstikov, *Taina "Sorokovki"*, 126; Ia. P. Dokuchaev, "Ot plutoniia k plutonievoi bombe", in *Istoriia Sovetskogo atomnogo proekta: Dokumenty, vospominaniia, issledovaniia*(Moscow: IAnus–K, 1998), 279~312.

[25] David Holloway, *Stalin and the Bomb: The Soviet Union and Atomic Energy, 1939~1956*(New Haven, CT: Yale University Press, 1994), 185.

[26] Rapoport, "Prikaz nachal'nikam", September 19, 1946, OGAChO, 1619/1/39, 146.

[27] D. Antonov Beloborodovu, August 21, 1949, OGAChO, 288/42/35; Rapoport, "O zapreshchenii zakupki produktov", September 5, 1946, OGAChO, 1619/2/43, 79~80.

[28] Rapoport, "Rasporiazhenie", February 28, 1946, and "Ob organizatsii 7 laguchastka", August 1, 1946, OGAChO, 1619/2/43, 36, 75. On lack of an urban plan, "Protokol no. 3 partiinogo sobraniia partorganizatsii UKSa, Bazy no. 10", June 3, 1949, OGAChO, P–1167/1/4, 35~39.

[29] "Protokol no. 3, zakrytogo partiinogo sobraniia partorganizatsii", January 27, 1948, OGAChO, 1142/1/4, 1~7.

14_베리야의 방문

[1] E. A. Negin, *Sovetskii atomnyi proekt: Konets atomnoi monopolii*(Nizhnii Novgorod: Izd–vo Nizhnii Novgorod, 1995), 67.

[2] Michael Gordin, *Red Cloud at Dawn: Truman, Stalin, and the End of the Atomic Monopoly*(New York: Farrar, Straus and Giroux, 2009), 153.

[3] Iu. I. Krivonosov, "Okolo atomnogo proekta", in *Istoriia Sovetskogo atomnogo proekta: Dokumenty, vospominaniia, issledovaniia*(Moscow: IAnus–K, 1998), 354.

[4] N. V. Mel'nikova, *Fenomen zakrytogo atomnogo goroda*(Ekaterinburg: Bank kul'turnoi informatsii, 2006), 26.

[5] Ibid., 24.

[6] A. V. Fateev, *Obraz vraga v Sovetskoi propaganda, 1945~1954 gg.*(Moscow: RAN, 1999), 70.

Ibid., 63.

Vladislav Zubok, "Stalin and the Nuclear Age", in *Cold War Statesmen Confront the Bomb*(New York: Oxford University Press, 1999), 58.

L. D. Riabev, *Atomnyi proekt SSSR: Dokumenty i materialy*, vol. II, bk. 6 (Moscow: Nauka, 2006), 236~37, 246~47, 248, 302, 350~52.

Riabev, *Atomnyi proekt*, vol. II, bk. 3(Moscow: Nauka, 2002), 128, 199, 214.

"Mikhailov nachal'nikam laguchastkov ChMS MVD", January 18, 1947, OGAChO, R-1619/2/51, 5~6; Riabev, *Atomnyi proekt*, vol. 1, bk. 1, 195.

Kruglov, "O razdelenii stroitel'stva no. 859", October 11, 1946, OGAChO, 1619/2/41, 10~14.

V. Chernikov, *Za zavesoi sekretnosti ili stroitel'stvo No. 859*(Ozersk: V. Chernikov, 1995), 44~45.

V. Novoselov and V. S. Tolstikov, *Taina "Sorokovki"*(Ekaterinburg: Ural'skii rabochii, 1995), 132~33, 142.

Riabev, *Atomnyi proekt*, vol. II, bk. 2, 488-89; bk. II, vol. 3, 199, 260~61.

Francis Sill, "Manhattan Project: Its Scientists Have Harnessed Nature's Basic Force", *Life*, August 20, 1945.

Novoselov and Tolstikov, *Taina "Sorokovki"*, 132.

Gordin, *Red Cloud at Dawn*, 82.

"O narusheiiakh zemlepol'zovaniia kolkhozov", August 24, 1946, OGAChO, 274/20/10, 38; "O stroitel'stve baraka", August 8, 1946, OGAChO, R 274/20/10, 34.

"Chertezh zemel'nykh uchastkov", April 5, 1947, and "Soveshchania u nachal'nika stroitel'stva no 859", May 7, 1947, OGAChO, R 274/20/18, 120~22.

V. A. Kozlov, *Massovye besporiadki v SSSR pri Khrushcheve i Brezhneve: 1953—nachalo 1980-kh gg*(Moscow: Rosspen, 2010); Iu. N. Afanas'ev et al., eds., *Istoriia stalinskogo Gulaga*, vol. 7.

Anatoli A. Iatskov, "Atom i razvedki", *Voprosi istorii estestvoznaniia i tekhniki* 3 (1992): 103~32; B. V. Barkovskii, "Rol' razvedki v sozdanii iadernogo oruzhiia", in *Istoriia Sovetskogo atomnogo proekta*, 87~134.

David Holloway, *Stalin and the Bomb: The Soviet Union and Atomic Energy, 1939-1956*(New Haven, CT: Yale University Press, 1994), 56, 185.

[24] Alexander Vassiliev, "Yellow Notebook #1", in *The Vassiliev Notebooks: Cold War International History Project Virtual Archive*, www.cwihp.org, 23, 39, 146; Vizgin, *Istoriia Sovetskogo atomnogo proekta*, 120.

[25] Vassiliev, "Yellow Notebook #1", 287, 79.

[26] Weinstein and Vassilliev, *Haunted Wood*, 208.

[27] Novoselov and Tolstikov, *Taina "Sorokovki"*, 137.

[28] Riabev, *Atomnyi proekt*, vol. 1, bk. 1, 188~89; vol. II, bk. 3, 203~7.

[29] Kotkin, *Magnetic Mountain Stalinism as a Civilization*(Berkeley: University of California Press, 1995); Katherine A. S. Siegel, *Loans and Legitimacy: The Evolution of Soviet–American Relations, 1919–1933*(Lexington: University Press of Kentucky, 1996), 128~30; Lennart Samuelson, *Plans for Stalin's War Machine: Tukhachevskii and Military–Economic Planning, 1925~1941*(New York: St. Martin's, 2000), 16.

[30] Harris, *The Great Urals: Regionalism and the Evolution of the Soviet System*(Ithaca, NY: Cornell University Press, 1999), 156, 167.

[31] L. P. Sokhina, *Plutonii v devich'ikh rukakh: Dokumental'naia povest' o rabote khimiko– metallurgicheskogo plutonievogo tsekha v period ego stanovleniia, 1949~1950 gg*(Ekaterinburg: Litur, 2003), 32.

[32] Chernikov, *Za zavesoi*, 48~49.

[33] Leonid Timonin, *Pis'ma iz zony: Atomnyi vek v sud'bakh tol'iattintsev*(Samara: Samarskoe knizhnoe izd–vo, 2006), 12; Nikolai Rabotnov, "Publitsitsika—Sorokovka", *Znamia*, July 1, 2000, 162; author interview with Natalia Manzurova, August 11, 2009, Cheliabinsk.

[34] Riabev, *Atomnyi proekt*, vol. II, bk. 3, 316~18.

[35] Timonin, *Pis'ma iz zony*, 10.

[36] Novoselov and Tolstikov, *Taina "Sorokovki"*, 140.

[37] "Protokol no. 3, zakrytogo partiinogo sobraniia partorganizatsii Zavodoupravelniia", January 27, 1948, OGAChO, 1142/1/4, 1~7.

[38] V. N. Kuznetzov, *Atomnyi proekt za koliuchei provolokoi*(Ekaterinburg: Poligrafist, 2004), 24.

15_임무를 보고하기

[1] N. V. Mel'nikova, *Fenomen zakrytogo atomnogo goroda*(Ekaterinburg: Bank kul'turnoi informatsii, 2006), 37.

[2] L. D. Riabev, *Atomnyi proekt SSSR: Dokumenty i materialy*, vol. 1, bk. 1, (Moscow: Nauka, 1999), 176~77, 226~28, 250~52; B. Muzrukov, "Ob otkomandirovanii na Bazu-10", April 24, 1950, OGAChO, 288/42/40, 32~33.

[3] V. Chernikov, *Za zavesoi sekretnosti ili stroitel'stvo No. 859*(Ozersk: V. Chernikov, 1995), 57~59. 사란스키Saranskii는 신원 조회의 완벽성을 과장했다. 이에 대한 수정으로는 다음을 보라. "Zasedanie partiinogo aktiva", January 8, 1953, OGAChO, P-1137/1/48, 84~85.

[4] N. I. Ivanov, *Plutonii, A Bochvar, Kombinat "Maiak"*(Moscow: VNII neorganicheskikh materialov, 2003), 8.

[5] V. Novoselov and V. S. Tolstikov, *Taina "Sorokovki"*(Ekaterinburg: Ural'skii rabochii, 1995), 125.

[6] Vladimir Gubarev, "Professor Angelina Gus'kova", *Nauka i zhizn'* 4(2007): 18~26.

[7] Nikolai Rabotnov, "Publitsistika-Sorokovka", *Znamia*, July 1, 2000, 162.

[8] Author interview with Natalia Manzurova, August 11, 2009, Cheliabinsk.

[9] 지대 바깥으로의 여행에 관한 증거로는 다음을 보라. "Sobranie partiinogo aktiva politotdela bazy-10", April 19, 1951, OGAChO, P-1137/1/31, 68~70, and Fokin, "Ob'iasnenie po delu o kraze moikh dokumentov", July 25, 1952, OGAChO, 288/42/51, 96~97.

[10] "O neotlozhnykh meropriiatiakh", August 1946, OGAChO, 1619/2/41, 9; Riabev, *Atomnyi proekt*, vol. 1, bk. 1, 203~7, 210, 282, 320~21.

[11] Sekretariu Cheliabinskogo Obkoma VKP/b F. N. Dadonovu, July 19, 1948, OGAChO, 288/43/30, 4.

[12] "Postanovlenie Politotdela Bazy no. 10", June 29, 1949, OGAChO, P-1167/1/15, 76~81; Beloborodov, April 7, 1948, and "Uralets, nachal'nik ob'ekta B, MVD Matveistevy", April 24, 1948, OGAChO, 288/42/29, 2~10.

[13] Meshik Beloborodovu, June 7, 1949, OGAChO, 288/42/34, 16; Riabev, *Atomnyi Proekt*, vol. II, bk. 3, 324~25 and bk. 4, 198.

[14] Riabev, *Atomnyi proekt SSSR*, vol. 1, bk. 1, 250~52.

[15] Novoselov and Tolstikov, *Taina "Sorokovki"*, 100.

[16] Chernikov, *Za zavesoi*, 77.

[17] Dol'nik Beloborodovu, May 27, 1949, and Likhachev Beloborodovu, June 7, 1949, OGAChO, 288/42/35.

[18] "Ob'iasnenie", 1946, OGAChO, 1619/1/161, 23, 44.

[19] Gubarev, "Professor Angelina Gus'kova", 18~25.

[20] Novoselov and Tolstikov, *Taina "Sorokovki"*, 143~46.

[21] "Stenogramma sobraniia partiinogo aktiva, politotdela no. 106", January 30, 1952, OGAChO, P-1137/1/38, 67~69.

[22] Riabev, *Atomnyi proekt*, vol. 1, bk. 1, 206.

[23] Mel'nikova, *Fenomen*, 51~54.

[24] Chernikov, *Za zavesoi*, 90.

[25] Arkadii Kruglov, *Kak sozdavalas atomnaia promyshlennost' v SSSR*(Moscow: TSNIIatominform, 1994), 66.

[26] Novoselov and Tolstikov, *Taina "Sorokovki"*, 107.

[27] Riabev, *Atomnyi proekt*, vol. II, bk. 4, 431, 633~37.

[28] Chernikov, *Za zavesoi*, 131.

[29] Ibid., 116, 96; "Ob usilenii bditel'nosti i rezhima sekretnosti", March 26, 1953, OGAChO, P-1137/1/48, 79~85; "Protokol #8, Biuro Ozerskogo Gorkom", October 2, 1956, OGAChO, 2469/1/4, 1-12. 대규모 소비에트 핵폭탄 시설들에서의 유대인 숙청에 관해서는 다음을 보라. Mikhail Vazhnov, *A. P. Zaveniagin: Stranitsy zhizni*(Moscow: PoliMEdia, 2002), 95~97.

[30] Chernikov, *Za zavesoi*, 57.

[31] "Protokol no. 32, zasedeniia biuro Ozerskogo Gorkoma", September 24, 1957, OGAChO, 2469/1/121, 173.

[32] "Spisok kandidatov i deputatov", 1957, OGAChO, 2469/1/120.

[33] Novoselov and Tolstikov, *Taina "Sorokovki"*, 100~101.

[34] Chernikov, *Za zavesoi*, 116.

[35] V. V. Alexeev, ed., *Obshchestvo i vlast': 1917-1985, vol. 2: 1946-1985*(Cheliabinsk: UrO RAN, 2006), 93; L. P. Kosheleva, E. Iu Zubkova, and G. A. Kuznetsova, *Sovetskaia zhizn,'*

1945~1953(Moscow: Rosspen, 2003), 198.

36 "O vyselenii iz osobo–rezhimnoi zony", February 8, 1948; "Ob otselenii grazhdan iz rezhimnoi zony ob'ekta no. 859" (1948), OGAChO, 23/1/22, 4~5, and "Tkachenko Beloborodovu", March 2, 1948, OGAChO, 288/43/21, 1~2.

37 Sh. Khakimov, *Neizvestnaia deportatsiia*(Cheliabinsk: Kniga, 2006), 16. 돌아가길 간청하는 청원들에 관해서는 다음을 보라. OGAChO, R–274/20/30, 50~53, 66~67, 78, and 87.

38 Tkachenko T. Smorodinskomu, OGAChO, 288/42/34, 5~6.

39 "Ganichkin Belobordovu", April 4, 1946, OGAChO, 288/42/34, 7.

40 "Protokol no. 9, zakrytogo bioro Kyshtymksogo Gorkoma", May 15, 1948, OGAChO, 288/42/34, 6~9.

41 David R. Shearer, *Policing Stalin's Socialism: Repression and Social Order in the Soviet Union, 1924–1953*(New Haven, CT: Yale University Press, 2009); Gijs Kessler, "The Passport System and State Control over Population Flows in the Soviet Union, 1932–1940", *Cahiers du monde russe* 42, nos. 2~4(April~December 2001): 478~504.

42 키시팀과 오죠르스크 사이의 긴장 섞인 관계에 대해서는 다음을 보라. Viktor Riskin, ""Aborigeny" atomnogo anklava", *Cheliabinskii rabochii*, April 15, 2004.

16_재난의 제국

1 L. D. Riabev, *Atomnyi proekt SSSR: Dokumenty i materialy*, vol. II, bk. 2 (Moscow: Nauka, 2000), 83~85.

2 Ibid., 451~56.

3 Paul R. Josephson, *Red Atom: Russia's Nuclear Power Program from Stalin to Today*(New York: W. H. Freeman, 2000), 88~90.

4 Vladyslav B. Larin, *Kombinat "Maiak"—Problema na veka*(Moscow: KMK Scientific Press, 2001), 77.

5 Vladimir Gubarev, *Belyi arkhipelag Stalina*(Moscow: Molodaia gvardiia, 2004), 302~3.

6 Riabev, *Atomnyi proekt*, vol. II, bk. 4, 459~60.

7 Ibid., 461–62; V. Novoselov and V. S. Tolstikov, *Taina "Sorokovki"*(Ekaterinburg: Ural'skii

rabochii, 1995), 149~53.

[8] Sergei Parfenov, "Kaskad zamedlennogo deistviia", *Ural* 8, no. 3(2006).

[9] Alexei Mitiunin, "Natsional'nye osobennosti likvidatsii radiatsionnoi avarii", *Nezavisimaia gazeta*, April 15, 2005.

[10] Parfenov, "Kaskad".

[11] Ia. P. Dokuchaev, "Ot plutoniia k plutonievoi bombe", in *Istoriia Sovetskogo Atomnogo Proekta: Dokumenty, Vospominaniia, Issledovaniia*(Moscow: IAnus−K, 1998): 291.

[12] Larin, *Kombinat*, 27~28.

[13] Ibid., 87~88.

[14] Vladimir Gubarev, "Glavnii ob'ekt derzhavy: po stranitsam 'Atomnogo proekta SSSR'", *Vsiakaia vsiachina: bibliotechka raznykh statei*, May 2010, http://wsyachina.com.

[15] Riabev, *Atomnyi proekt*, vol. II, bk. 4, 425; L. P. Sokhina, *Plutonii v devich'ikh rukakh: Dokumental'naia povest' o rabote khimiko−metallurgicheskogo plutonievogo tsekha v period ego stanovleniia, 1949−1950 gg*(Ekaterinburg: Litur, 2003), 40~42. 체내 섭취에 대한 늦은 인식에 관해서는 다음을 보라. A. K. Gus'kova, *Atomnaia otrasl' strany glazami vracha*(Moscow: Real'noe vremia, 2004), 101.

[16] Nikolai Rabotnov, "Publitsitsika−Sorokovka", *Znamia*, July 1, 2000, 165.

[17] L. P. Sokhina, "Trudnosti puskogovo perioda", in *Nauka i obshchestvo, istoriia Sovetskogo atomnogo proekta (40e−50−e gody)*(Moscow: Izdat, 1997), 138; Novoselov and Tolstikov, *Taina "Sorokovki"*, 160.

[18] Larin, *Kombinat*, 83.

[19] Riabev, *Atomnyi proekt*, vol. II, bk. 4, 338~39.

[20] Vladyslav B. Larin, "Mayak's Walking Wounded", *Bulletin of the Atomic Scientists*, September/October 1999, 23.

[21] Larin, *Kombinat*, 85~87.

[22] Ibid.

[23] Dokuchaev, "Ot plutoniia", 291.

[24] Larin, *Kombinat*, 86.

[25] Ibid., 87.

[26] "Zasedanie partiinogo aktiva", July 6, 1951, OGAChO, P−1137/1/31, 162~68.

[27] Larin, *Kombinat*, 47.

[28] Sokhina, "Trudnosti", 139~40.

[29] Larin, *Kombinat*, 113.

[30] Mikhail Gladyshev, *Plutonii dlia atomnoi bomby: Direktor plutonievogo zavoda delitsia vospominaniiami*(Cheliabinsk: n.p., 1992), 6.

[31] Sokhina, *Plutonii*, 97.

[32] Ibid., 71~74.

[33] Larin, "Mayak's Walking Wounded", 22, 24.

[34] Sokhina, "Trudnosti", 144.

[35] Sokhina, *Plutonii*, 92~93.

[36] Novoselov and Tolstikov, *Taina "Sorokovki"*, 148~49.

[37] Larin, *Kombinat*, 26.

[38] Sokhina, *Plutonii*, 37~38.

[39] V. N. Novoselov and V. S. Tolstikov, *Atomnyi sled na Urale*(Cheliabinsk: Rifei, 1997), 148.

17_아메리카의 영구전쟁경제를 추구하는 "소수의 좋은 사람들"

[1] 다음에서 인용되었다. Paul John Deutschmann, "Federal City: A Study of the Administration of Richland", M.A. thesis, University of Oregon, 1952, 20.

[2] "Memorandum to the File", April 24, 1946, PRR, HAN 73214, Bk.−17.

[3] "Transcript of Press Conference", April 18, 1949, HMJ, 58/3; Walter Williams to Carroll Wilson, October 7, 1947, NARA, RG 326 67A, box 71, 600.1 (HOO); Rodney P. Carlisle with Joan M. Zenzen, *Supplying the Nuclear Arsenal: American Production Reactors, 1942~1992*(Baltimore: Johns Hopkins University Press, 1996), 56~57.

[4] 정부 독점에 관해서는 다음을 보라. "Terms of Reference for Security Survey Panel", 1950, NARA, RG 326 8505, box 6, "Security and Intelligence, 1947~1963".

[5] Carlisle, *Supplying*, 162.

[6] "Managers' Data Book", JPT, 5433−001, box 25; J. Gordon Turnbull, *Master Plan of Richland, Washington*(1948), 56.

[7] Author interview with Ralph Myrick, August 19, 2008, Kennewick, WA; Richland Community Council Minutes, meeting #21, June 20, 1949, RPL.

[8] 찰스 에드워드 윌슨은 제너럴 모터스GM의 최고경영자이자 후일 아이젠하워 행정부에서 국방장관을 지냈던 찰스 어윈 윌슨Charles Erwin Wilson과 혼동되지 않아야 한다.

[9] Charles E. Wilson, "For the Common Defense: A Pleas for a Continuing Program of Industrial Preparedness", *Army Ordnance* XXVI, no. 143(March−April 1944): 285~287.

[10] Ibid., 287.

[11] Garry Wills, *Reagan's America: Innocents at Home*(New York: Doubleday, 1987), 281.

[12] W.F. Tompkins to V. Bush, March 28 and May 9, 1944; Bush to Tompkins, April 27, 1944; Colonel Rising, "Memorandum", July 24, 1944, NARA, OSRD General Records, RG 227, entry 13, box 36.

[13] "Research Board for National Security" (Draft), July 24, 1944, NARA, RG 227, 13, box 36, 2; Charles Vanden Bulck, "Remarks for Presentation at the Atomic Industrial Forum Symposium", March 3, 1958, NARA, RG 326 A1 67A, box 8, folder 10.

[14] M. A. Tuve, "Suggested Pattern for Stable Contracting Agencies", September 12, 1944, and Tuve to Bush, September 29, 1944, NARA, RG 227 13, box 36.

[15] Tuve, "Suggested Pattern".

[16] Ibid., 12.

[17] 1946년부터 1975년까지 GE가 원자력위원회와 맺었던 계약들은 최종적으로 합산해 42억 달러에 달했다. INFACT, *Bringing GE to Light: How General Electric Shapes Nuclear Weapons Policies for Profits*(Philadelphia: New Society Publishers, 1988), 97~98.

[18] 다음을 보라. Peter Galison and Bruce William Hevly, *Big Science: The Growth of Large−Scale Research*(Stanford, CA: Stanford University Press, 1992).

[19] Caroll L. Wilson to Robert Oppenheimer, February 10, 1948, NARA, RG 326 1A 67A, box 71, 600.1 (HOO); Richard Rhodes, *Dark Sun*(New York: Simon and Schuster, 1995), 280.

[20] "Directive for Type B Production Unit Areas", November 6, 1947; "Kellex Contract with General Electric", September 23, 1947, and Fred C. Schlemmer to Carroll Wilson, July 18, 1947, NARA, RG 326 67A, box 71, 600.1 (HOO).

[21] Walter J. Williams, October 8, 1948, JPT, 5433−1, box 24; "Excerpts from Delbert Meyer's Thesis on History of Tri−Cities" (1959), CREHST, Acc. 2006.1 box 2, folder 6.1.

[22] *Villager*, October 21, October 28, and November 4, 1948.

[23] Schlemmer to Wilson, July 14, 1947, NARA, RG 326 67A, box 71, 600.1 (HOO); "Russ Atom Blast to Speed New Projects at Hanford", *TCH*, October 11, 1949, 1.

[24] "Report on Building Project 234~35", NARA, RG 326 67A, box 71, 600.1 (HOO).

[25] Williams to Wilson, July 16, 1947, NARA, RG 326 67A, box 71, folder 600.1 (HOO).

[26] "Report by Falk Architectural Consultants", September 4, 1949, NARA, 326, entry 67A, box 71, folder 600.1.

[27] 10년 후, 이웃한 케너윅은 고등학교 하나를 100만 달러에 지었다. *TCH*, October 10, 1958, 1.

[28] "Report on Building Project 234~35", RG 326−1A−67A, box 71, folder, 600.1 (HOO).

[29] David Inglis, "Atomic Profits and the Question of Survival", *Bulletin of the Atomic Scientists* IX, no. 4 (1953): 118; Christopher Drew, "Pentagon Changes Rules to Cut Cost of Weapons", *NYT*, September 15, 2010.

[30] Roy B. Snapp, August 15, 1951, NARA, RG 326−67A, box 8, folder 10~14, 23.

[31] Paul John Deutschmann, "Federal City: A Study of the Administration of Richland", MA thesis, University of Oregon, 1952, 149~50; *TCH*, 16, October, 1949, 1~2. 또한 다음을 보라. Michael Gordin, *Red Cloud at Dawn: Truman, Stalin, and the End of the Atomic Monopoly*(New York: Farrar, Straus and Giroux, 2009), 250~51.

[32] *TCH*, October 15, 1950, 4.

[33] *TCH*, September 1 and October 4, 1949, 4, 1; October 30, 1950, 4.

[34] *Villager*, October 28, 1948, 1; *TCH*, September 30, 1949, 24; *CBN*, May 4 and 11, June 2, July 3, 1950, 1.

[35] 국방에서 옹호자들의 역할에 관해서는 다음을 보라. Roger W. Lotchin, *Fortress California, 1910~1961: From Warfare to Welfare*(Urbana: University of Illinois Press, 2002).

[36] Maria E. Montoya, "Landscapes of the Cold War West", in Kevin J. Fernlund, ed., *The Cold War American West, 1945−1989*(Albuquerque: University of New Mexico Press, 1998), 15~16.

[37] Patricia Nelson Limerick, "The Significance of Hanford in American History", in *Terra Pacifica: People and Place in the Northwest States and Western Canada*(Pullman: Washington State University Press, 1998), 53~70.

[38] *TCH*, October 24, 1950, 1. 다음을 보라. *CBN*, October 18, 1952, 2.

[39] 다음을 보라. *CBN*, September 2 and June 7, 1950, 1. 워싱턴 동남부에서 연방 개발 계획들의 정당화에 관한 사례들로는 다음을 보라. Glenn Lee Papers, Washington State University Libraries, series ten, eleven, and fourteen.

[40] Gordin, *Red Cloud*, 43.

[41] 리치랜드의 방어 불가능성에 관해서는 다음을 보라. Harold D. Anamosa, "Passive Defense Survey", May 7, 1953, NARA, RG 326 67B, box 154, folder 9, 4~7; W. F. Libby to Douglas McKay, March 25, 1955, NARA, RG 326 67B, box 154, folder 11.

[42] Paul Loeb, *Nuclear Culture: Living and Working in the World's Largest Atomic Complex*(Philadelphia: New Society, 1986), 70.

[43] Thomas W. Evans, *The Education of Ronald Reagan: The General Electric Years and the Untold Story of His Conversion to Conservatism*(New York: Columbia University Press, 2006), 92~99; Wendy Wall, *Inventing the "American Way": The Politics of Consensus from the New Deal to the Civil Rights Movement*(Oxford ; New York: Oxford University Press, 2008), 207.

[44] "Monthly Report of Hanford District Civil Defense", July 9, 1951, CREHST, 2006.001 box 1, folder 3.1.

[45] *TCH*, September 1, 1950, 7.

[46] *CBN*, December 13, 1952, 1; *TCH*, November 17, 1957, 1; *TCH*, November 27, 1957, 1.

[47] 애국적인 합의에 관해서는 다음을 보라. Russell B. Olwell, *At Work in the Atomic City: A Labor and Social History of Oak Ridge, Tennessee*(Knoxville: University of Tennessee Press, 2004), 3.

18_스탈린의 로켓 엔진: 플루토늄 인민에게 보상하기

[1] Jeffrey Richelson, *Spying on the Bomb: American Nuclear Intelligence from Nazi Germany to Iran and North Korea*(New York: Norton, 2006), 93.

[2] Paul R. Josephson, "Atomic-Powered Communism: Nuclear Culture in the Postwar USSR", *Slavic Review* 55, no. 2(Summer 1996): 297~324; V. P. Vizgin, "*Fenomen 'kul'ta atoma' v CCCP (1950~1960e gg.) in Istoriia Sovetskogo atomnogo proekta*(Moscow: IAnus-K, 1998), 439~40.

[3] Yuli Khariton and Uri Smirnov, "The Khariton Version", *Bulletin of the Atomic Scientists*, May

1993, 27~29.

4 Riabev, L. D. Riabev, Atomnyi proekt SSSR: Dokumenty i materialy, vol. II, bk. 6 (Moscow: Nauka, 2006), 748, and bk. 4, 755.

5 "Sobranie partiinogo aktiva politotdela bazy-10", April 19, 1951, OGAChO, P-1137/1/31, 31~39.

6 출세로서의 모스크바에 관해서는 다음을 보라. Vera Dunham, In Stalin's Time: Middleclass Values in Soviet Fiction(Cambridge: Cambridge University Press, 1976), 49.

7 Vladimir Bokin and Marina Kamys, "Posledstviia avarii na kombinate 'Maiak'", Ekologiia 4, April 2003.

8 Riabev, Atomnyi proekt, vol. II, bk. 4, 379~80, 570~71; Elena Zubkova, Russia After the War: Hopes, Illusions and Disappointments, 1945~1957(Armonk, NY: Sharpe, 1989), 86.

9 다음에서 인용되었다. David Holloway, Stalin and the Bomb: The Soviet Union and Atomic Energy, 1939-1956(New Haven, CT: Yale University Press, 1994), 148.

10 Dunham, In Stalin's Time, 4.

11 Author interview with Vladimir Novoselov, June 26, 2007, Cheliabinsk, Russia.

12 Holloway, Stalin and the Bomb, 186.

13 Anita Seth, "Cold War Communities: Militarization in Los Angeles and Novosibirsk, 1941~1953", PhD diss., Yale University, 2012, 161~224.

14 "Postanovlenie Politotdela Bazy no. 10", June 29, 1949, OGAChO, P-1167/1/15, 76~81.

15 Wendy Goldman, Terror and Democracy in the Age of Stalin: The Social Dynamics of Repression(Cambridge: Cambridge University Press, 2007), 45~47, 116; Jeffrey J. Rossman, Worker Resistance Under Stalin: Class and Revolution on the Shop Floor(Cambridge, MA: Harvard University Press, 2005); Donald A. Filtzer, Soviet Workers and De-Stalinization: The Consolidation of the Modern System of Soviet Production Relations, 1953~1964(Cambridge: Cambridge University Press, 1992), 155.

16 Elena Zubkova, et al., Sovetskaia zhizn', 1945-1953(Moscow: Rosspen, 2003), 81-82, 625; A. V. Fateev, Obraz vraga v Sovetskoi propaganda, 1945-1954 gg.(Moscow: RAN, 1999), 178~79.

17 "Svodki, Cheliabinsksogo Obkoma", March 5, 1948, OGAChO, P-288/12/194, 3~5.

18 M. E. Glavatskii, ed., Rossiia, kotoruiu my ne znali, 1939~1993(Cheliabinsk: Iuzhnoe-ural'

skoe knizhnoe izdatel'stvo, 1995), 59~62.

[19] Kosheleva, *Sovetskaia zhizn'*, 209.

[20] "O vypolnenii postanovleniia biuro obkoma", September 18, 1948, OGAChO, 288/42/29;
"Postanovlenie politotdela bazy no 10", March 30, 1954, OGAChO, P-1137/1/15, 32~41.

[21] "O khode zhilishchnogo stroitel'stva", June 18, 1948, OGAChO, 288/42/29; V. Chernikov,
Za zavesoi sekretnosti ili stroitel'stvo No. 859(Ozersk: V. Chernikov, 1995), 211.

[22] "Protokol no. 3", June 3, 1949, OGAChO, P-1167/1/4, 35~39.

[23] Riabev, *Atomnyi proekt*, vol. II, bk. 3, 393-94; "Morkovin Beloborodovu", September 15,
1949, and "Dol'nik Beloborodovu", no earlier than October 1949, OGAChO, 288/42/35.

[24] "Protokol no. 1, politotdela Bazy no. 10", January 5, 1949, OGAChO, 1137/1/15, 1~5.

[25] "Uralets Beloborodovu", September 30, 1949, OGAChO, 288/42/35.

[26] "Protokol no. 10, politotdela Bazy no. 10", April 1, 1949, OGAChO, 1137/1/15: 76~81;
"Semenov Beloborodovu", September 29, 1949, OGAChO, 288/42/35.

[27] "Zasedanie partiinogo aktiva", April 19, 1951, OGAChO, 1137/1/31, 27.

[28] "Protokol no. 2", October 10, 1956, OGAChO, 2469/1/2, 9~10.

[29] "Protokol No. 3, zasedanie biuro Ozerskogo gorkoma KPSS", August 29, 1956, OGAChO,
2469/1/3, 45~55.

[30] "Protokol no. 3", 35~39.

[31] "Sobranie partiinogo aktiva", April 10, 1952, OGAChO, P-1137/1/38, 171~72.

[32] Riabev, *Atomnyi proekt*, vol. II, bk. 4, 248-50; Chernikov, *Za zavesoi*, 80, 30.

[33] "Sobraniia partiinogo aktiva", 142~46.

19_미국 중심부의 빅브라더

[1] "Utopian Life Only a Mirage in Atom Town", *Chicago Tribune*, July 24, 1949, 4.

[2] "The Atom: Model City", *Time*, December 12, 1949.

[3] David Stevens, Rex E. Gwinn, Mark W. Fullerton, and Neil R. Goff, "Richland,
Washington: A Study of Economic Impact", 1955, CREHST, 2006.001, 1, Folder 3.1.

[4] Stevens et al., "Richland, Washington"; "JCAE Hearings 'Free Enterprise in Richland", June

23, 1949, HMJ, acc. 3560−2/58/29.

[5] R. W. Cook, July 27, 1951, NARA, RG 326 67B, box 8, folder 10~4.

[6] George W. Wickstead, "Planned Expansion for Richland, Washington", *Landscape Architecture* 39(July 1949): 174.

[7] "Atomic Cities' Boom", *Business Week*, December 18, 1948, 65~70.

[8] *TCH*, February 11, 1950.

[9] Paul Nissen, "Editor's Life at Richland Wasn't an Easy One!" part II, *TCH*, October 25, 1950, 1~2.

[10] "Exhibit D, Villagers, Inc. Balance Sheet", July 10, 1945, PRR, Han 73214, bk. 17.

[11] Nissen, "Editor's Life", part II, 2.

[12] Nissen, "Editor's Life", part III, October 26, 1950, 1.

[13] Ibid.

[14] Author interview, Annette Heriford, May 18, 2008, Kennewick, WA.

[15] W. B. Parsons, "List of Unions", May 23 1944, NAA, 326 8505, box 103, folder "Policy Books of Intelligence Division".

[16] Robert Michael Smith, *From Blackjacks to Briefcases: A History of Commercialized Strikebreaking and Union Busting in the United States*(Athens: Ohio University Press, 2003)

[17] Carleton Shugg to General Manager, September 10, 1947, NARA, RG 326 67A, box 16, folder 231.4.

[18] Claude C. Pierce Jr., "Reorganization of the Intelligence and Security Division", September 6, 1945, NAA, RG 326 8505, box 103, folder "Policy Books of Intelligence Division"; "AEC Security Costs", December 4, 1953, NARA, RG 326 67B, box 154, folder 11.

[19] Stevens et al., "Richland, Washington", 55; "JCAE Hearings 'Free Enterprise in Richland,'" June 22, 1949, HMJ, 3560−2/58/29.

[20] David Witwer, "Westbrook Pegler and the Anti−Union Movement", *Journal of American History* 92, no. 2(September 2005): 527~52.

[21] F. A. Hayek, *The Road to Serfdom*(Chicago: University of Chicago Press, 1994).

[22] "Minutes of Richland Community Council", meetings no. 20 and 21, May 9 and June 20, 1949, RPL.

[23] *TCH*, October 26, 1950, 1; Carroll Wilson to Joint Commission on Atomic Energy, April

11, 1947, NARA, RG 326 67A, box 39, folder 352.9.

[24] Deutschmann, "Federal City", 143, 268~74; *TCH*, January 12, 1950, 1.

[25] *TCH*, October 24, 1950, 1.

[26] Prout to Fred Schlemmer, December 20, 1948, and Schlemmer, "AEC Rental Rates", January 26, 1949, NARA, RG 326 67A, box 57, folder 480.

[27] *TCH*, February 1, 8, 17, and 25, 1950.

[28] R. W. Cook, July 27, 1951, NARA, RG 326 67B, box 8, folder 10−4; Gordon Dean to Brien McMahon, February 19, 1951, HMJ, acc. 3560−2/58/58−26.

[29] "Minutes of Richland Community Council", meeting no. 26, November 14, 1949, RPL; Sumner Pike to Estes Kefauver, February 23, 1951, NARA, RG 326 67B, box 8, folder 9.

[30] J. A. Brownlow to Brien McMahon, February 15, 1951, HMJ, acc. 3560−2/58/58−26; "Richland Community Council", September 20, 1952, RPL; K. E. Fields to Oscar S. Smith, January 22, 1957, NARA, RG 326, 67B, box 81, folder 11, "Labor Relations".

[31] 624th AEC Meeting, November 7, 1951, NARA, RG 326 67B, box 8, folder 9.

[32] *TCH*, February 7, 1951, 4.

[33] Ibid.

[34] "Numbers in Each Craft", 1952, NARA, RG 326, 67B, box 81, folder 11.

[35] David E. Williams to Henry Jackson, April 26, 1951; M. W. Boyer to William L. Borden, June 12, 1951, HMJ, acc. 3560−2/58/58−22; "S. Robert Silverman and KAPL Guards Union", November 1952, NARA, RG 326, 67B, box 81, folder 11, "Labor Relations".

[36] Frances Pugnetti, *Tiger by the Tail: Twenty−Five Years with the Stormy Tri−City Herald*(Kennewick, WA: Tri−City Herald, 1975), 140~41; William Border to Marion Boyer, March 12, 1952, NARA, 326 67B, box 81, folder 11; *TCH*, October 19, 1958, 1.

[37] Thomas W. Evans, *The Education of Ronald Reagan: The General Electric Years and the Untold Story of His Conversion to Conservatism*(New York: Columbia University Press, 2006), 91~95. Quotes from "Regulations for Hanford Works Security Patrolmen, GE, February 20, 1958", PRR, HAN 22970, 8~9.

[38] Dick Epler, January−February 1998, Alumni Sandstorm (online archives) http://alumnisandstorm.com.

[39] Jack Metzgar, *Striking Steel: Solidarity Remembered*(Philadelphia: Temple University Press, 2000),

7, 156.

[40] Glenn Crocker McCann, "A Study of Community Satisfaction and Community Planning in Richland, Washington", PhD diss., Department of Sociology, State College of Washington, 1952, 69~71, 115~17, 124; "Report of the Survey on Home Ownership" (1951), FCP, acc. 3543-004/4/19.

[41] Bob DeGraw, August 10, 1998, Alumni Sandstorm (online archives), http://alumnisandstorm. com.

[42] Carl Abbott, "Building the Atomic Cities: Richland, Los Alamos, and the American Planning Language", in Bruce Hevly and John M. Findlay, eds., *The Atomic West*, 90~115.

[43] Author interview, Stephanie Janicek, July 14, 2010, Richland, WA.

[44] *TCH*, October 7, 1949.

[45] Tom Vanderbilt, *Survival City: Adventures Among the Ruins of Atomic America*(New York: Princeton Architectural Press, 2002).

[46] *TCH*, July 8, 1956.

[47] Ibid.; Richland Community Council minutes, June 11, 1951, May 20, 1957, November 4, 1957, December 4 and 30, 1957, January 6, 1958, RPL.

[48] Rebecca Lester, "Measures for the Prevention of Juvenile Delinquency in the City of Richland, WA", April 7, 1964, *Sociology*, 132, in FCP, 6/7.

[49] McCann, "A Study of Community Satisfaction", 57.

[50] Elaine Tyler May, *Homeward Bound: American Families in the Cold War Era*(New York: Basic Books, 1988), 153.

[51] "Monthly Report, July 1954, Radiation Monitoring Unit", PRR, HW 32571.

[52] *TCH*, November 3, 1951, 2.

[53] A. Fred Clagett, "Richland Diary", October 13, 1972, CREHST, acc. 2006.001, box 1, folder 3.1; minutes of Richland Community Council, February 7, 1955, RPL; "Excerpts from Delbert Meyer's Thesis", CREHST, acc. 2006.1, box 2, folder 6.1, 120.

[54] *TCH*, February 7, 1951, 4.

[55] Mathew Farish, "Disaster and Decentralization: American Cities and the Cold War", *Cultural Geographies* 10 (2003): 125~48.

[56] *CBN*, August 8 and September 22, 1950.

[57] Lizabeth Cohen, *A Consumers' Republic: The Politics of Mass Consumption in Postwar America*(New York: Knopf, 2003).

20_이웃들

[1] Author interview with C. J. Mitchell, August 19, 2008, Richland, WA.

[2] *TCH*, October 2, 1949, 1~2.

[3] Charles P. Larrowe, "Memo on Status of Negroes in the Hanford, WA Area", April 1949, HJM, acc. 3560-2, box 58, folder 29.

[4] Robert Bauman, "Jim Crow in the Tri-Cities, 1943-1950", *Pacific Northwest Quarterly*, Summer 2005, 124~31.

[5] "Negro Relations in the Atomic Energy Program", March 7, 1951, NARA, RG 326 67A, box 16, folder 291.2.

[6] James T. Wiley Jr., "Race Conflict as Exemplified in a Washington Town", M.A. thesis, Department of Sociology, State College of Washington, 1949, 56.

[7] Wiley, "Race Conflict", 61; Larrowe, "Memo on Status of Negroes".

[8] *CBN*, May 8, 1950.

[9] Larrowe, "Memo on Status of Negroes".

[10] 1947~48년, 193건의 체포 가운데 125건이 "부랑" 및 "조사"에 해당했다. Wiley, "Race Conflict", 8.

[11] *TCH*, December 26, 1947, and February 25, 1948; *William J. Gaffney, Appellant, v. Scott Publishing Company et al., Respondents*, no. 30989, en banc, Supreme Court of Washington, December 14, 1949.

[12] FHA, *FHA Underwriting Manual*(1938), sect. 911, 929, 937.

[13] Wiley, "Race Conflict", 124.

[14] Larrowe, "Memo on Status of Negros".

[15] Ibid.

[16] *TCH*, January 12, 1950, 6.

[17] 다음에서 인용되었다. Bauman, "Jim Crow in the Tri-Cities".

[18] John M. Findlay and Bruce William Hevly, *Atomic Frontier Days: Hanford and the American West*(Seattle: University of Washington Press, 2011), 130~32.

[19] *CBN*, April 18 and 20, 1950.

[20] *TCH*, September 11 and October 6, 1949.

[21] "AEC Negro Relations in the Atomic Energy Program", and Seattle Urban League papers, UWSC, acc. 607, 681, 36/6, especially "Report on Atomic Energy Commission at Richland".

21_보드카 사회

[1] Nikolai Rabotnov, "Publitsistika−Sorokovka", *Znamia*, July 1, 2000, 160.

[2] Ibid., 164.

[3] "Protokol no. 10", April 1, 1949, OGAChO, P−1137/1/15, 49~50.

[4] "Ob izzhitii faktov khuliganstva", March 20, 1954, OGAChO, P−1137/1/65, 1~3.

[5] Ibid. ; "Protokol no. 31", June 22, 1951, OGAChO, 288/42/43.

[6] "Sobranie partiinogo aktiva politotdela bazy−10", April 19, 1951, OGAChO, P−1137/1/31, 68~70.

[7] Ibid.

[8] Author correspondence with Ervin Polle, February 12, 2012.

[9] L. D. Riabev, *Atomnyi proekt SSSR: Dokumenty i materialy*, vol. II, bk. 5 (Moscow: Nauka, 2007), 170, 183, 187, and bk. 3, 245−46, 368 ; V. N. Kuznetsov, *Zakrytye goroda Urala*(Ekaterinburg: Akademiia voenno−istoricheskikh nauk, 2008), 96.

[10] "Spravka o rabote nabliudatel'noi komissii", January 9, 1960, OGAChO, 2469/3/3, 59~64.

[11] "Sobranie partiinogo aktiva politotdela bazy−10", 31~39.

[12] Ibid., 37.

[13] N. V. Mel'nikova, *Fenomen zakrytogo atomnogo goroda*(Ekaterinburg: Bank kul'turnoi informatsii, 2006), 92; Jack S. Blocker, David M. Fahey, and Ian R. Tyrrell, *Alcohol and Temperance in Modern History: An International Encyclopedia*(Santa Barbara, CA: ABCCLIO, 2003), 15.

[14] "Ob faktov khuliganstva", 142; G. N. Kibitkina, "Informatsia o sostave i soderzhanii dokumentov fonda P-2469 Ozerskii gorkom KPSS za 1961-1965 gody" (unpublished).

[15] "Zasedanie partiinogo aktiva", July 6, 1951, OGAChO, P-1137/1/31, 168~72.

[16] "Protokol no. 1", August 18, 1956, OGAChO, 2469/1/3, 42.

[17] "Protokol no. 4", August 15, 1951, OGAChO, 1181/1/2, 24.

[18] "Protokoly sobranii", October 21, 1954, OGAChO, 1596/1/43, 52.

[19] Kuznetsov, Zakrytye goroda, 67.

[20] Author interview with Anna Miliutina, June 21, 2010, Kyshtym.

[21] "Spravka", 1959, and "Spravka", January 7, 1960, OGAChO, 2469/3/3, 5, 8; "Protokol no. 7 plenumov gorodskogo komiteta KPSS", May 23, 1967, OGAChO, 2469/6/405, 48~51.

[22] Author interview with Galina Petruva (pseudonym), June 26, 2010, Kyshtym.

[23] "Sobranie partiinogo aktiva", April 10, 1952, OGAChO, P-1137/1/38, 179.

[24] Ibid., 170~71.

[25] 수많은 예로 다음을 보라. OGAChO, 288/42/43, 7~8, 96~97; P-1137/1/65, 1-3; 2469/1/119, 159~70; 2469/2/1, 28~33; 2469/3/3, 59~64, 이에 더해 1962년부터 1967 년까지 시 집행위원회 회동에 관해서는 in fond 2469, opis' 6.

[26] "Spravka", 1959, and "Spravka", January 7, 1960, OGAChO, 2469/3/3, 5, 8; "Protokol no. 7 plenumov gorodskogo komiteta KPSS", 48~51.

[27] Lazyrin Malyginoi, 1957, OGAChO, 2469/1/118, 106~8.

[28] "Sobranie partiinogo aktiva", 171~72.

[29] Tamara Belanova, "S chego nachinalsia Obninsk", Gorod, April 1995, 52; Vladimir Bokin and Marina Kamys, "Posledstviia avarii na kombinate 'Maiak,'" Ekologiia 4, April 2003; Vladimir Gubarev, "Professor Angelina Gus'kova", Nauka i zhizn', no. 4 (2007), 18~26; Lawrence S. Wittner, The Struggle Against the Bomb (Stanford, CA: Stanford University Press, 1993), 1:146.

[30] Rabotnov, "Publitsistika", 161.

[31] Mel'nikova, Fenomen, 67.

[32] Ibid., 68.

3부
플루토늄 재난

22_위험 사회 관리하기

[1] Michele Stenehjem Gerber, *On the Home Front: The Cold War Legacy of the Hanford Nuclear Site*(Lincoln: University of Nebraska Press, 1992), 216.

[2] 다음을 보라. Ulrich Beck, *World Risk Society*(Cambridge: Polity Press, 1999), 72.

[3] H. M. Parker, "H.I., Plant Control Activities to August 1945", PRR.

[4] Parker to S. T. Cantril, December 11, 1945, PRR, HW−7 31057.

[5] K. Herde, "I−131 Accumulation", March 1, 1946, PRR, HW 3−3455; "I−131 Deposition in Cattle Grazing", August 29, 1946, PRR, HW 3−3628.

[6] Parker, "Tolerable Concentration of Radio−Iodine", January 14, 1946, PRR, HW 7−3217; "Radiation Exposure Data", February 8, 1950, PRR, HW 19404.

[7] "HW Radiation Hazards", July 27, 1948, PRR, HW 10592.

[8] M. S. Gerber, "A Brief History of the T Plant Facility at the Hanford Site", 1994, DOE Opennet, 29.

[9] Ian Stacy, "Roads to Ruin on the Atomic Frontier: Environmental Decision Making at the Hanford Reservation, 1942−1952", *Environmental History* 15, no. 3 (July 2010): 415~48.

[10] B. G. Lindberg, "Investigation, no. 333", January 28, 1954, PRR, HW 30764.

[11] Minutes, Advisory Committee for Biology and Medicine (ACBM), October 8~9, 1948, NAA, RG 326 87 6, box 30, folder "ACBM"; Parker, "HW Radiation Hazards".

[12] Parker, "Action Taken, Particle Hazard", October 25, 1948, PRR, HW 11348.

[13] Walter Williams, "Certain Functions AEC Hanford Operations", October 8, 1948, JPT, 5433−1, box 24, 11.

[14] Minutes, ACBM, October 8~9, 1948; Parker, "Report on Staff Action Taken and Planned", October 8~9, 1948, NARA, RG 326, Biology and Medicine, box 1, Folder 5.

[15] *Villager*, October 14, 1948, 1.

[16] Parker, "Report".

[17] R. E. Gephart, *Hanford: A Conversation About Nuclear Waste and Cleanup*(Columbus, OH:

Battelle Press, 2003), 2,3.

[18] Kenneth Scott, "Some Biological Implications", June 30, 1949, NAA, RG 326 87 6, box 4, "Research and Development".

[19] Forrest Western, "Problems of Radioactive Waste Disposal", *Nucleonics*, August 1948, 42~48.

[20] Gerber, "Brief History of the Site", 30.

[21] HWS Monthly Report for June 1952, July 21, 1952, PRR, HW 24928.

[22] Monroe Radley, "Distribution of GE Personnel in Hanford Works 'AEC'", May 15~24, 1948, JPT, 5433−1, box 24.

[23] Parker, "Status of Ground Contamination Problem", September 15, 1954, DOE Opennet, HW 33068; R. H. Wilson, "Criteria Used to Estimate Radiation Doses", PRR, BNWL−706 UC−41, July 1986.

[24] Herbert Parker, "Summary of HW Radiation Hazards for the Reactor Safeguard Committee", July 27, 1948, PRR, HW 10592.

[25] J. W. Healy, "Dissolving of Twenty Day Metal at Hanford", May 1, 1950, DOE Opennet.

[26] Karen Dorn Steele, "Hanford's Bitter Legacy", *Bulletin of the Atomic Scientists*, January−February 1988, 20; Daniel Grossman, "A Policy History of Hanford's Atmospheric Releases", PhD diss., Massachusetts Institute of Technology, 1994.

[27] Healy, "Dissolving"; John M. Findlay and Bruce William Hevly, *Atomic Frontier Days: Hanford and the American West* (Seattle: University of Washington Press, 2011), 57~58.

[28] Gerber, "Brief History of the Site", 32.

[29] Ibid., 40, 41~56, 65, 68, 70.

[30] Gerber, *On the Home Front*, 125.

[31] "Summary of AEC Waste Storage Operations", September 21, 1960, DOE Germantown, RG 326/1309/6; Gephart, *Hanford*, 5.3; "Kellex Contract with General Electric", September 23, 1947, NARA, RG 326 67A, box 71, folder 600.1 (HOO). On school budget, *TCH*, October 4, 1949, 1~2.

[32] "722nd AEC Meeting", J 11uly, 1952, NARA, RG 326 67B, box 88, folder 17.

[33] C. C. Gamertsfelder, "Effects on Surrounding Areas", March 11, 1947, PRR, HW 7−5934.

[34] K. Herde, "Check of Radioactivity in Upland Wild−Fowl", December 7, 1948, PRR, HW−11897.

[35] 다음에서 인용되었다. John M. Findlay and Bruce William Hevly, *Atomic Frontier Days*: *Hanford and the American West*(Seattle: University of Washington Press, 2011), 57.

[36] "Study of AEC Radioactive Waste Disposal", November 15, 1960, DOE Germantown, RG 326/5574/9, 19.

23_걸어 다니는 부상자

[1] Vladyslav B. Larin, *Kombinat "Maiak"—Problema na veka*(Moscow: KMK Scientific Press, 2001), 119~20.

[2] Alexei Mitiunin, "Natsional'nye osobennosti likvidatsii radiastionnoi avarii", *Nezavisimaia gazeta*, April 15, 2005.

[3] Vladyslav B. Larin, "Mayak's Walking Wounded", *Bulletin of the Atomic Scientists*, September–October 1999: 25.

[4] Larin, *Kombinat*, 113.

[5] L. D. Riabev, *Atomnyi proekt SSSR*: *Dokumenty i materialy*, vol. II, bk. 4 (Moscow: Nauka, 2004), 206~8.

[6] V. Chernikov, *Osoboe pokolenoe*(Cheliabinsk: V. Chernikov, 2003), 67.

[7] Riabev, *Atomnyi proekt*, vol. II, bk. 4, 656~58; B. Emel'ianov, *Raskryvaia pervye stranitsy*: *k istorii goroda Snezhinska*(Ekaterinburg: IPP Uralskii rabochii, 1997).

[8] Riabev, *Atomnyi proekt*, vol. II, bk. 4, 762~65.

[9] 원자력 첩보는 감마선 관련 정보를 수집했다. Riabev, *Atomnyi proekt*, vol. II, bk. 4, 431.

[10] Sokhina, *Plutonii*, 106~7, 133~35.

[11] V. Chernikov, *Za zavesoi sekretnosti ili stroitel'stvo No. 859*(Ozersk: V. Chernikov, 1995), 53.

[12] Riabev, *Atomnyi proekt*, vol. II, bk. 4, 392~98.

[13] N. V. Mel'nikova, *Fenomen zakrytogo atomnogo goroda*(Ekaterinburg: Bank kul'turnoi informatsii, 2006), 98; Riabev, *Atomnyi proekt*, vol. II, bk. 7, 589~600.

[14] Vladimir Bokin and Marina Kamys, "Posledstviia avarii na kombinate 'Maiak,'" *Ekologiia* 4, April 2003; Victor Doshchenko et al., "Occupational Diseases from Radiation Exposure at the First Nuclear Plant in the USSR", *Science of the Total Environment* 142 (1994): 9~17.

[15] G. I. Reeves and E. J. Ainsworth, "Description of the Chronic Radiation Syndrome in Humans Irradiated in the Former Soviet Union", *Radiation Research* 142 (1995): 242~44.

[16] Nikolai Rabotnov, "Publitsistika–Sorokovka", *Znamia*, July 1, 2000, 168.

[17] Vladimir Gubarev, "Professor Angelina Gus'kova", *Nauka i zhizn'* 4 (2007): 18~26.

[18] Efim P. Slavskii, "Kogda strana stoila na plechakh iadernykh titanov", *Voenno–istoricheskii zhurnal* 9 (1993): 20.

[19] Gubarev, "Angelina Gus'kova".

[20] Ibid., 20.

[21] Larin, *Kombinat*, 84~89.

[22] A. K. Gus'kova, *Atomnaia otrasl' strany glazami vracha*(Moscow: Real'noe vremia, 2004), 87.

[23] Adriana Petryna, *Life Exposed: Biological Citizens After Chernobyl*(Princeton, NJ: Princeton University Press, 2002), 39~41.

[24] Author interview with Vladimir Novoselov, June 26, 2007, Cheliabinsk, Russia.

[25] Larin, *Kombinat*, 214, 195, and table 6.25, 412.

[26] A. N. Nikiforov, "Severnoi siianie nad Kyshtymom", *Dmitrovgrad–panorama* 146 (September 27, 2001): 7~8.

[27] "Protokol 1–oi gorodkoi partiinoi konferentsii", August 16~17, 1956, OGAChO, 2469/1/1; Komykalov Efremovu, January 5, 1962, OGAChO, 288/42/79, 1~2.

[28] Evgenii Titov, "Likvidatory, kotorykh kak by i ne bylo", *Novaia gazeta*, February 15, 2010.

[29] "O rabote nabliudatel'noi komissii", January 9, 1960, OGAChO, 2469/3/3, 59~64.

[30] Ivanov, *Plutonii*, 8; Mel'nikova, *Fenomen*, 98~99; "Protokol No. 7", May 23, 1967, OGAChO, 2469/6/405, 51.

[31] "Sobranie partiinogo aktiva politotdela bazy–10", April 19, 1951, OGAChO, P–1137/1/31, 31~34.

[32] "Sobranie partiinogo aktiva", January 30, 1952, OGAChO, 1137/1/38, 31~39, 59; "Reshenie politicheskogo upravleniia MSM", February 15, 1954, OGAChO, 1138/1/22, 47; "O rabote politotdela bazy no. 10", October 25, 1949, OGAChO, 288/43/30, 38~42; "Postanovlenie Cheliabinskogo obkoma", April 21, 1950, OGAChO, 288/42/38.

[33] Ulrich Beck, *Ecological Enlightenment: Essays on the Politics of the Risk Society*(Atlantic Highlands, NJ: Humanities Press, 1995), 20~21.

24_두 차례의 부검

[1] "Press Release of AEC", December 9, 1953, NARA, RG 326 67B, box 50, folder 13.

[2] Marie Johnson, June 14, 1952; Russell to Norwood (undated); Jurgenson to M. Johnson, August 14, 1952, all in JPT, acc. 5433−001/11; Karen Dorn Steele, *Spokesman Review*, September 9, 1990, A14.

[3] P. A. Fuqua, "Report of Fatality", July 26, 1952, JPT, acc. 5433−001/11.

[4] Carter to Johnson, August 5, 1952, JPT, acc. 5433−001/11. 피폭으로 사망했을지도 모르는 노동자들의 압수된 신체 부위들에 대한 보고에 관해서는 다음을 보라. Kristen Iversen, *Full Body Burden: Growing Up in the Nuclear Shadow of Rocky Flats*(New York: Crown, 2012), 185.

[5] Smyth to McClean, December 23, 1952, and Fuqua to McClean, December 31, 1952, JPT, acc. 5433 001/11.

[6] Boyer to LeBaron, January 10, 1951, GWU.

[7] McClean to Carter, January 6 and February 2, 1953, JPT, acc. 5433 001/11.

[8] McClean to Smyth, November 5, 1952, and Jurgensen to McLean, October 28, 1952, JPT, acc. 5433 001/11.

[9] Author interview, KR, August 16, 2011, Richland, WA.

[10] "HWS Monthly Report, June 1952", July 21, 1952, PRR, HW 24928.

[11] L. V. Barker, "Radiation Incident", June 20, 1952, PRR, HW 24806.

[12] D.P.E., handwritten note, January 4, 1955 (filed under B. G. Lindberg, "Special Hazards Incident Investigation, No. 205", April 16, 1952), PRR, HW 24270.

[13] F. P. Baranowski, "Contamination of Two Waste Water Swamps", June 19, 1964, DOE Germantown, RG 326/1362/7.

[14] "1153rd AEC Meeting", December 6, 1955, NARA, RG 326 67B, box 50, folder 14; "HEW Monthly Report", January 30, 1956, PRR, HW 40692.

[15] Lindberg, "Special Hazards Incident Investigation"; "Incident Report", June 4, 1951, PRR, HW 20892.

[16] W. V. Baumgartner, "Report of Incident", November 4, 1953, PRR, HW 18221, 1950.

[17] "Separations Section Radiation Hazards Incident Investigation", June 7, 1952 (HW 24746), in

JPT, acc. 5433–001/11; Lindberg, "Special Hazards Incident Investigation, No. 194", March 12, 1952, PRR, HW 23801; "HEW Monthly Report", March 18, 1955, PRR, HW 35530; "HEW Monthly Report, January 30, 1956, PRR, HW 40692; Monthly Report–November 1955–Separations", December 12, 1955, PRR, HW 40248.

[18] Lindberg, "Radiation Incident Investigation", April 1, 1952, and March 10, 1952, PRR, HW 24000, HW 23753; "Radiation Incident Class II, No. 29~32", February 4, March 20, and March 26, 1952, JPT, acc. 5433 001/11.

[19] Charles Perrow, "Normal Accident at Three Mile Island", *Society* 18, no. 5 (July/August 1981): 17~26.

[20] Herb Parker, "HW Radiation Hazards for the Reactor Safeguard Committee", July 27, 1948, PRR, HW 10592.

[21] Jonathan Schell, *The Seventh Decade: The New Shape of Nuclear Danger*(New York: Metropolitan Books, 2007), 38.

[22] Cook to Anderson, April 27, 1956, NARA, RG 326 67B, box 50, folder 14.

[23] HEW Monthly Report, December 1954, DOE Opennet, HW 31267; B. G. Lindberg, "Radiation Sciences Department Investigation, No. 295", July 7, 1953, PRR, HW 28707.

[24] "Monthly Operations Report, November 1955", DOE Opennet, HW 40182.

[25] A. R. McGuire, "Management Report", December 23, 1955, HW 39967 RD, as cited in Sonja I. Anderson, "A Conceptual Study of Waste Histories, Project ER4945", September 29, 1994, unpublished, in possession of author.

[26] "HEW Monthly Report", January 30, 1956, PRR, HW 40692.

[27] "Incident Report", July 1956, HW 44580, as cited in Anderson, "A Conceptual Study".

[28] Myers, "Special Hazards Incident", March 24, 1953, PRR, HW 18575.

[29] 측정치는 분당 8만 계수에서 최고치를 기록한 뒤 유지됐다. Lindberg, "Special Hazards Incident Investigation, No. 243", October 3, 1952, PRR, HW 26099; HWS Monthly Report, July 21, 1952, HW 24928.

[30] "Special Hazards Incident Investigation, No. 204", April 28, 1952, PRR, HW 24269.

[31] Hofmaster to Jackson, July 24, 1951, HMJ, box 28, folder 23; "Monthly Report, December 1956", DOE Opennet, HW 47657.

[32] K. R. Heid to W. F. Mills, July 30, 1979; Michael Tiernan, August 10, 1979, PRR,

RLHT595−0013−DEL.

[33] Author correspondence with Don Sorenson, January 12, 2008.

[34] "Monthly Report, December 1956", and Parker, "Component of Radiation Exposure", April 20, 1951, DOE Opennet, HW 47657 and HW 20888, 1~10.

[35] "Quarterly Progress Report, April−June 1960", DOE Opennet, HW 66306, 19.

[36] Lindberg, "Radiation Sciences Department Investigation, No. 352", April 7, 1954, PRR, HW 31394.

[37] Author interview with William Bricker, August 16, 2011; author interview with Al Boldt and Keith Smith, August 15, 2011, Richland.

[38] Perrow, "Normal Accidents", 19.

[39] Lindberg, "Radiation Sciences Department Investigation, No. 335", March 15, 1954, PRR, HW 31344.

[40] Mary Manning, "Atomic Vets Battle Time", *Bulletin of the Atomic Scientists*, January−February 1995, 54~60.

[41] Author interview with BE, August 15, 2011, Richland.

[42] State of Washington, Order and Notice, December 20, 1972; Schur to Hames, re: Smith and Patrick Radiation Reports, June 7, 1973; "Complaint of Blanche McQuilkin, Executrix of the Estate of Adelbert McQuilkin, Deceased", May 12, 1968, all in JPT, acc. 5433−001/11.

25_왈루케 경사지: 위해危害로의 길

[1] "The Wahluke Slope, Secondary Zone Restrictions", 1951, NARA, 326 67B, box 84, folder 2, vol. 2; "Effect of Hanford Works on Wahluke Slope", April 16, 1949, JPT, 5433−001, box 25.

[2] W. P. Conner to C. Rogers McCullough, April 18, 1952, and "Decision on AEC 38/12", January 12, 1953, NARA, 326 67B, box 84, folder 2, vol. 2, 25~26.

[3] Parker, "HW Radiation Hazards", July 27, 1948, PRR, HW 10592; report from manager, "The Wahluke Slope", 21~23, and Raul Stratton to Rogers McCollough, April 16, 1952, NARA, 326 67B, box 84, folder 2, vol. 2.

[4] "Effect of Hanford Works on Wahluke Slope"; Lum, "Potential Hazards", 1947, NAA, RG 326 87 6, box 7, folder "Hazards and Control"; C. C. Gamertsfelder, "Effects on Surrounding Areas", March 11, 1947, PRR, HW 7-5934.

[5] 예컨대, 다음을 보라. Richard White, *Railroaded: The Transcontinentals and the Making of Modern America*(New York: W. W. Norton, 2011).

[6] Hubert Walter to David Shaw, October 10, 1951, NARA, 326 67B, box 84, folder 2, vol. 2; Kenneth Osborn, "Wahluke Slope Problem", April 18, 1952, NARA, 326 67B, box 84, folder 2, vol. 2.

[7] "Transcript of Wahluke Meeting", April 19, 1949, HMJ, acc. 58/50-32.

[8] K. Herde, "I-131 Accumulation", March 1, 1946, PRR, HW 3-3455.

[9] Bugher, "Wahluke Slope", October 27, 1952, DOE Opennet, AEC 38/14.

[10] Gamertsfelder, "Effects on Surrounding Areas"; report from manager, "The Wahluke Slope", 23.

[11] "Annual Percentage Frequency of Wind Directions", 1951, NARA, 326 67B, box 84, folder 2, vol. 2.

[12] "Roles of AEC and ACRS with Respect to Wahluke Slope Problem", 1958, NARA, 326 67B, box 84, folder 2, vol. 2.

[13] "Decision on AEC 38/12".

[14] Ibid.

[15] Katherine L. Utter, "In the End the Land: Settlement of the Columbia Basin Project", PhD diss., University of Washington, 2004, 190-92.

[16] 베일리는 수익의 일부를 가지고 베일리 기념 소년 목장Bailie Memorial Boys' Ranch을 세웠다.

[17] Marion Behrends Higley, *Real True Grit: Stories of Early Settlers of Block 15, 1953~1960*(Pasco, WA: B & B Express Printing, 1998).

[18] Blaine Harden, *A River Lost: The Life and Death of the Columbia*(New York: W. W. Norton, 1996), 128~31.

[19] Rodney P. Carlisle with Joan M. Zenzen, *Supplying the Nuclear Arsenal: American Production Reactors, 1942-1992*(Baltimore: Johns Hopkins University Press, 1996), 91.

[20] William Thurston, "Land Disposal of Radioactive Wastes", and W. B. McCool, "Land

Disposal", October 27, 1960, DOE Germantown, RG 326 1309, box 6; John M. Findlay and Bruce William Hevly, *Atomic Frontier Days: Hanford and the American West*(Seattle: University of Washington Press, 2011), 8.

26_테차강은 고요히 흐른다

[1] "Chertezh zemel'nykh uchastkov v/ch 859", April 5, 1947, OGAChO, 274/20/18, 121~22.

[2] Thomas B. Cochran, Robert S. Norris, and Oleg Bukharin, *Making the Russian Bomb: From Stalin to Yeltsin*(Boulder, CO: Westview Press, 1995), 103~8.

[3] "Protokol No. 164", September 19, 1949, OGAChO, 288/13/105; "O Kaslinskoi raionnoi partiinoi konferentsii", February 18, 1950, and January 27~28, 1951, OGAChO, 107/17/510 and 658; "Protokol No. 164", September 19, 1949, OGAChO, 288/13/105; "Spravka", no earlier than 1949, OGAChO, 288/13/84. 치명적으로 오염된 2호 농장은 1947년에서 1951년에 걸쳐 파괴되었다. 다음을 보라. OGAChO, 107/17/444.

[4] Leonid Timonin, *Pis'ma iz zony: Atomnyi vek v sud'bakh tol'iattintsev*(Samara: Samarskoe knizhnoe izd−vo, 2006), 14.

[5] Author interview with Alexander Akleev, Urals Research−Clinical Center of Radiation Medicine, Cheliabinsk, June 26, 2007.

[6] V. Chernikov, *Osoboe pokolenoe*(Cheliabinsk: V. Chernikov, 2003), 1:179.

[7] "Interview with Tom Carpenter, Executive Director of the Hanford Challenge", 2009, www.youtube.com/watch?v=jg_zw38G7Ms.

[8] L. D. Riabev, *Atomnyi proekt SSSR: Dokumenty i materialy*, vol. II, bk. 4 (Moscow: Nauka, 2004), 762~65, and bk. 6, 350~52.

[9] Ibid., bk. 4, 679.

[10] Timonin, *Pis'ma iz zony*, 16.

[11] Zhores A. Medvedev, *The Legacy of Chernobyl*(New York: W. W. Norton, 1990), 111.

[12] V. N. Novoselov and V. S. Tolstikov, *Atomnyi sled na Urale*(Cheliabinsk: Rifei, 1997), 35.

[13] Timonin, *Pis'ma iz zony*, 16; Vladimir Novikov, Alexander Akleev, and Boris Segerstahl, "The Long Shadow of Soviet Plutonium Production", *Environment*, January 1, 1997.

[14] Zubkova, *Poslevoennoe sovetskoi obshchestvo*, document 240, and "Partorganizatsii kontrarazvedki MVD v/ch 0501", August 18, 1951, OGAChO, 1181/1/12, 26~30.

[15] D. Kossenko, M. Burmistrov, and R. Wilson, "Radioactive Contamination of the Techa River and Its Effects", *Technology* 7 (2000): 553~75.

[16] M. O. Degteva, N. B. Shagina, M. I. Vorobiova, L. R. Anspaugh, and B. A. Napier, "Reevaluation of waterborne releases of radioactive materials from the Mayak Production Association into the Techa River in 1949−1951", *Health Physics*, 2012 Jan; Vol. 102 (1): 25~38.

[17] Fauziia Bairamova, *Iadernyi arkhipelag ili atomnyi genotsid protiv Tatar*(Kazan': Nauchno− populiarnoe izdanie, 2005), 1~5.

[18] Author interview with Anna Miliutina, June 26, 2010, Kyshtym, Russia.

[19] Author interview with Liubov Kuzminova, June 26, 2010, Kyshtym, Russia; "Tkachenko Smorodinskomu" and "O peredache zemel'", December 17, 1949, OGAChO, 288/42/34, 5~6, 59~60; "Reshenie", April 24, 1946, OGAChO, 274/20/10, 26~27; "Soveshchanie u nachal'nika Stroitel'stva no 859", May 7, 1947, OGAChO, 274/20/18; Riabev, *Atomnyi proekt*, vol. II, bk. 3, 370.

[20] "Podgotovki zhilfonda", June 26, 1951, OGAChO, P−1137/1/31, 85.

[21] Vladyslav B. Larin, *Kombinat "Maiak"—Problema na veka*(Moscow: KMK Scientific Press, 2001), 39~40.

[22] Novoselov and Tolstikov, *Atomnyi sled*, 38~39.

[23] 최초의 소개는 1951년 10월 말에 일어났다. 다음을 보라. "B. G. Muzrukov A. D. Zverevu", October 26, 1951, as reproduced in Novoselov and Tolstikov, *Atomnyi sled*, 218~19.

[24] Ibid.

[25] Riabev, *Atomnyi proekt*, vol. II, bk. 5, 94~96.

[26] Larin, *Kombinat*, 41.

[27] Novoselov and Tolstikov, *Atomnyi sled*, 65.

[28] E. Ostroumova, M. Kossenko, L. Kresinina, and O. Vyushkova, "Late Radiation Effects in Population Exposed in the Techa Riverside Villages (Carcinogenic Effects)", paper presented at the 2nd International Symposium on Chronic Radiation Exposure, March 14−16, 2000, Cheliabinsk.

[29] Author interview with Akleev.

[30] Larin, *Kombinat*, 40.

[31] Muzrukov Aristovu, February 9, 1952, OGAChO, 288/42/50.

[32] Novoselev and Tolstikov, *Atomnyi sled*, 220~21.

[33] Chernikov, *Osoboe pokolenoe*, 1:23.

[34] "Dokumenty o stro−vy kolodtsev v blizi r. Techa", 1952~1955, Arkhivnyi otdel Kunashakskogo munitsipal'nogo raiona, 23/1/38.

[35] 예컨대, 다음을 보라. Leon Gouré, *War Survival in Soviet Strategy: USSR Civil Defense*(Miami: University of Miami, 1976).

[36] "O khode stroitel'stva kolodtsev", March 17, 1953, OGAChO, 274/20/33, 22.

[37] Novoselov and Tolstikov, *Atomnyi sled*, 39~40.

[38] 이 문제는 적어도 1960년까지 지속됐다. 다음을 보라. "No. 28 ot 19 Maia 1960 g", May 20, 1960, OGAChO, R−1644/1/4a, 127.

[39] A. Burnazian, I. E. Slavaski, N. V. Laptevu, November 15, 1952, OGAChO, 288/42/50, 1.

[40] "Muzrukov Bezdomovu" and "Udostoverinie", February 10 and 12, 1953, OGAChO, 274/20/33, 24~25.

[41] "O resul'tatakh proverki" and "O khode stroitel'stva kolodtsev", March 14 and 17, 1953, OGAChO, 274/20/33, 30~31, 22.

[42] "O Kaslinskoi raionnoi partiinoi konferentsii" and "Komissii po proverke kolkhoz 'Zvezda,'" March 21, 1953, OGAChO, 107/18a/389, 70~71.

[43] Novoselov and Tolstikov, *Atomnyi sled*, 65~69.

[44] "Rasporiazhenie no. 282cc", March 23, 1954, OGAChO, 274/20/38, 13.

[45] "O meropriiatiakh po uluchsheniu meditsinskogo obsluzhivaniia", October 30, 1953, OGAChO, 274/30/20, 155−57.

[46] Novoselov and Tolstikov, *Atomnyi sled*, 68.

[47] Evgenii Titov, "Likvidatory, kotorykh kak by i ne bylo", *Novaia gazeta*, February 15, 2010, 16.

[48] Author interview with Miliutina.

[1] V. V. Litovskii, "Ural—radiatsionnye katastrofy—Techa", 1995, unpublished, http://techa49. narod.ru.

[2] Ibid.

[3] Ibid.

[4] 질병의 원인과 서사 양자에 관해서는 다음을 보라. Adriana Petryna, *Life Exposed*: *Biological Citizens After Chernobyl*(Princeton, NJ: Princeton University Press, 2002), 13.

[5] 연구자들은 학업성취도를 방사선 질병의 표지로서 이용했다. Author interview with Alexander Akleev, June 26, 2007, Cheliabinsk, Russia.

[6] 재정착 명령에 관한 회고적 검토에 관해서는 다음을 보라. "Po voprosu vydeleniia dopolnitel'nykh assignovanii na raboty po otseleniiu ot reki Techa", September 12, 1962, OGAChO, 1644/1/4a, 197~99, 180~81.

[7] Author interview with Anna Miliutina, June 26, 2010, Kyshtym; Alexandra Teplova, "Molchali do Chernobylia", *Cheliabinskii rabochii*, October 9, 2007.

[8] 마을 사람들은 소유물에 대해서 평균 1,000루블을 보상받았다. 다음의 물품 목록 대장을 보라. AOKMR, 23/1/45–b and 23/1/38a.

[9] "Ot pereselentsev s. Kazhakul", June 13, 1959, OGAChO, R–1644/1/4a, 49.

[10] Teplova, "Molchali do Chernobylia".

[11] A. N. Komarovskii, A. V. Sitalo, and P. T. Shtefanu, November 19, 1954, OGAChO, 11381/22, 142~43.

[12] 과학자들은 1949년에서 1951년까지의 기간에 테차의 성인들이 평균 4,600마이크로퀴리를 받았고 200렘에서 최고치를 기록한 뒤 유지되었다고 추산한다. V. N. Novoselov and V. S. Tolstikov, *Atomnyi sled na Urale*(Cheliabinsk: Rifei, 1997), 39, 72.

[13] Author interview with Dasha Arbuga, June 21, 2010, Sludorudnik.

[14] Author interview with Evdokia (Dusia) Mel'nikova and Anna Kolynova, June 21, 2010, Sludorudnik.

[15] Petryna, *Life Exposed*, 126~28; Natalia Manzurova, "Techa Contamination Report", unpublished, in possession of the author; Elizabeth Vainrub, "Twenty Years After the Chernobyl Nuclear Power Plant Accident", http://radefx.bcm.edu/chernobyl/english/links.htm.

[1] Lynne Viola, *The Unknown Gulag: The Lost World of Stalin's Special Settlements*(Oxford: Oxford University Press, 2007); Kate Brown, *A Biography of No Place: From Ethnic Borderland to Soviet Heartland*(Cambridge, MA: Harvard University Press, 2004); Katherine Jolluck, *Exile and Identity: Polish Women in the Soviet Union During World War II*(Pittsburgh, PA: University of Pittsburgh Press, 2002); J. Otto Pohl, *Ethnic Cleansing in the USSR, 1937–1949*(Westport, CT: Greenwood Press, 1999).

[2] "Ob uvelichenii shtata politotodela bazy 10", April 21, 1950; "Spravka", March 17, 1951, OGAChO, 288/42/42, 47–49; "Aristov Malenkovu", 1950, OGAChO, 288/42/38, 48.

[3] Meshik Beloborodovu, June 7, 1949; "Spravka o rabote politotdela bazy no. 10", October 25, 1949, OGAChO, 288/42/34, 16, 38~44.

[4] 인용으로는, "Stenogramma, Politotdela no. 106", January 30, 1952, OGAChO, P–1137/1/38, 59. 또한 다음을 보라. "O neudovletvoritel'nom rukovodstve Politotdela ORSom", December 22, 1951, OGAChO, 288/45/51, 85. 방과 후 활동에 할당된 금액에서 횡령한 90만 루블에 관해서는 다음을 보라. "Sobranie partiinogo aktiva", April 10, 1952, OGAChO, P–1137/1/38, 163.

[5] "Stenogramma, Politotdela no. 106", 67~69.

[6] Ibid.

[7] Ibid., 68~75.

[8] "Zasedanie partiinogo aktiva", January 8, 1953, OGAChO, P–1137/1/48, 78.

[9] "Spravka o massovykh besporiadkov zakliuchennykh", August 21, 1953, OGAChO, 288/42/56, 135~37.

[10] "Prikaz MVDa o merakh ukrepleniia voinskoi ditsipliny", April 17, 1954, OGAChO, 1138/1/22, 114–48; V. N. Kuznetsov, *Zakrytye goroda Urala*(Ekaterinburg: Akademiia voenno–istoricheskikh nauk, 2008), 29.

[11] "Sobranie partiinogo aktiva", April 10, 1952, OGAChO, 1137/1/38, 234~35.

[12] "Zasedanie partiinogo aktiva", January 8, 1953, OGAChO, 1137/1/48, 80~84.

[13] 다음을 보라. Juliane Furst, *Stalin's Last Generation: Soviet Post–War Youth and the Emergence of Mature Socialism*(Oxford: Oxford University Press, 2010), 4.

[14] Yoram Gorlizki and O. V. Khlevniuk, *Cold Peace: Stalin and the Soviet Ruling Circle, 1945–1953*(Oxford: Oxford University Press, 2004), 167.

[15] L. D. Riabev, *Atomnyi proekt SSSR: Dokumenty i materialy*, vol. II, bk. 5 (Moscow: Nauka, 2007), 65.

[16] "사면으로 인한" 노동력 부족에 관해서는 다음을 보라. "Protokol sed'moi konferenstii stroitel'stva no. 247 MSM", February 6~7, 1954, OGAChO, 1138/1/29, 21~31, 58~64; "Spravka", July 6, 1953, OGAChO, 274/20/33, 65~67. 베리야의 개혁에 관해서는 다음을 보라. Amy W. Knight, *Beria, Stalin's First Lieutenant*(Princeton, NJ: Princeton University Press, 1993), 185.

[17] Kuznetsov, *Zakrytye goroda*, 103.

[18] "Reshenie politicheskogo upravleniia MSM SSSR", February 15, 1954, OGAChO, 1138/1/22, 47; "Akt", March 17, 1954, OGAChO, 1138/1/25, 7~23.

[19] Kuznetsov, *Zakrytye goroda*, 105.

[20] "O ser'eznykh nedostatkakh ⋯ sredi kontingentov stroitelei", August 26, 1954, OGAChO, 1138/1/22, 125~28.

[21] Kuznetsov, *Zakrytye goroda*, 105.

[22] "O merakh uluchsheniia raboty ITL i kolonii MVD", September 3, 1954, OGAChO, 1138/1/18, 11~23; "Plan meropriiatii Kuznetskogo ITL MVD SSSR", September 17, 1954, OGAChO, 1138/1/18, 171~80.

[23] M. Steven Fish, "After Stalin's Death: The Anglo–American Debate over a New Cold War", *Diplomatic History* 10, no. 4 (1986): 333~55.

[24] Knight, *Beria*, 194~97.

[25] "Ot Kytergina, nachal'nika Politotdela no 201", January 12, 1954, OGAChO, 1138/1/26, 6~7.

[26] Irina Bystrova, *Voenno–promyshlennyi kompleks SSSR v gody kholodnoi voiny: Vtoraia polovina 40–kh–nachalo 60–kh godov*(Moscow: IRI RAN, 2000), 307.

[27] V. Novoselov and V. S. Tolstikov, *Taina "Sorokovki"*(Ekaterinburg: Ural'skii rabochii, 1995), 195~96.

[28] Ibid., 39~40.

[29] Miriam Dobson, *Khrushchev's Cold Summer: Gulag Returnees, Crime, and the Fate of Reform*

After Stalin(Ithaca: Cornell University Press, 2009), 34~35.

30 "Nachal'niku politupravleniia MSM, S. Baskakovu", December 17, 1953, OGAChO, 1138/1/29, 21~31 and 58~64; "O faktov khuliganstva", March 20, 1954, and "O merakh uluchsheniia raboty ITL i kolonii MVD", April 20, 1954, OGAChO, 1138/1/22, 56~63, 85~89; "Akt", March 11, 1954, OGAChO, 1138/1/25, 117~23.

31 "Sitalo Nachal'niku politotdela Glavpromstroiia MVD SSR", November 26, 1954, OGAChO, 1138/1/20, 35~36.

32 "Protokol 1–oi gorodkoi partiinoi konferentsii", August 16~17, 1956, OGAChO, 2469/1/1.

33 "7–oi partiinoi konferentsii stroitel'stva no. 247, MSM SSSR", February 6~7, 1954, OGAChO, 1138/1/29, 27~28, 59; "O rabote ofitserskikh sudov chesti", March 27, 1954, OGAChO, 1138/1/22, 56; "O sostoianii voinskoi distsipliny", April 20, 1954, OGAChO, 1138/1/22, 25; "Protokoly sobranii komsomol'skogo aktiva stroitel'stva i ispravitel'nom trudovykh lagerei", October 21, 1954, OGAChO. 1596/1/43, 47; "Nachal'niku politupravleniia MSM S. Baskakovu", 21~31 and 58~64.

34 "7–oi partiinoi konferentsii stroitel'stva no. 247, MSM", 22.

35 Ibid., 58~63.

36 "Ob osnovnykh zadachakh MVD SSSR", March 29, 1954, OGAChO, 1138/1/22, 104, 114~20.

37 "Protokoli no. 17 i 22, zasedaniia biuro Ozerskogo Gorkoma KPSS", December 13, 1956, July 2, 1957, OGAChO, 2469/1/3, 167~75, and 2469/1/120, 250~75.

38 A. N. Komarovski, A. V. Sitalo, and P. T. Shtefanu, November 19, 1954, OGAChO, 11381/22, 142~43.

39 "Protokol no. 17, zasedaniia biuro Oserskogo Gorkoma KPSS", December 13, 1956, OGAChO, 2469/1/3, 167~75; Zaveniagin, "O zavershenii pereseleniia zhitelei iz likvidiruemykh naselennykh punktov", January 20, 1956, OGAChO, R–288/42/67, 59.

40 Antonov Sitalo, December 9, 1954, OGAChO, 1138/1/22, 157~61.

41 "Protokol 1–i gorodskoi partiinoi konferentsii", August 16~17, 1956, OGAChO, 2469/1/1, 93.

42 "Kruglov nachal'nikam stroitel'stv glavpromstroiia MVD SSSR", March 11, 1954, and "Usloviia", 1954, OGAChO, 1138/1/22, 81~83.

[43] "Protokol no. 1 and no. 2", August 16~17, 1956, and October 10, 1956, OGAChO, 2469/1/1, 54 and 2469/1/2, 8.

[44] "Akt", March 11, 1954, and "Reshenie politicheskogo otdela no. 201", October 2, 1954, OGAChO, 1138/1/25, 117~23, 66~68; "7-oi partiinoi konferentsii stroitel'stva no. 247", 28~29, 59~61.

[45] "Protokol no. 2", 18.

[46] Batin Volkovu, October 11, 1955, and Batin, October 18, 1955, OGAChO, 107/22/67, 49~50, 52~53; Kuznetsov, *Zakrytye goroda*, 29.

[47] A. Komarovskii and P. T. Shtefanu, November 19, 1954, OGAChO, P-1138/1/22, 142~43; Shtefan Greshinovu i Sitalo, November 27, 1954, OGAChO, 1138/22/1.

[48] "Protokol no. 2", 10~11.

[49] Ibid., 13.

[50] "Protokol 1-oi gorodskoi partiinoi konferentsii", OGAChO, 2469/1/1, 91, 63~66. 원자력 시설에서의 횡령에 관해서는 다음을 보라. Bystrova, *Voenno-promyshlennyi kompleks*, 314, 318.

[51] "Protokol 1-oi gorodskoi partiinoi konferentsii", 107~10.

[52] Bystrova, *Voenno-promyshlennyi kompleks*, 178.

[53] "Protokol 1-oi gorodskoi partiinoi konferentsii", 53~54; "Protokol no. 8, Biuro Ozerskogo gorkoma", October 2, 1956, OGAChO, 2469/1/4, 1~12.

[54] "Dostanovlenue, IV-ogo plenuma GK KPSS", July 19, 1960, OGAChO, 2469/3/3, 126~65.

[55] "Tolmadzhev A. V. Sitalo", December 15, 1954, OGAChO, 11138/1/22, 155; "7-oi partiinoi konferentsii stroitel'stva no. 247, MSM SSSR", February 6~7, 1954, OGAChO, 1138/1/29, 28; "Kamorin Aristovu", September 12, 1952, OGAChO, 288/42/51, 105; "Protokoly sobraniia komsomol'skogo aktiva stroitel'stva i ispravitel'nom trudovykh lagerei", April 10, 1954, OGAChO, 1596/1/43, 15.

29_사회주의 소비자들의 공화국

[1] "Postanovleniia biuro Cheliabinskogo obkoma KPSS", September 1, 1956, OGAChO, 288/42/65, 34.

[2] Ibid.

[3] "Protokol 1-oi gorodskoi partiinoi konferentsii", August 16~17, 1956, OGAChO, 2469/1/1, 80.

[4] Ibid., 104.

[5] "Spravka zabolevaemosti rabotaiushikh",1959, OGAChO, 2469/3/2, 113~14.

[6] "Protokol 1-oi gorodskoi partiinoi konferentsii", 91.

[7] "Spravka o potrebnosti v zh/ploshadi po zavodu na 1957 god", OGAChO, 2469/1/5, 173.

[8] "Protokol no. 2", October 10, 1956, OGAChO, 2469/1/2, 10~11.

[9] "Stenogramma zasedaniia biuro gorkoma KPSS", December 7, 1956, OGAChO, 2469/1/5, 18~37.

[10] 소비에트의 이상향 모델에서 건축의 중심성에 관해서는 다음을 보라. Katerina Clark, "Socialist Realism and the Sacralizing of Space", in E. A. Dobrenko and E. Naiman, *The Landscape of Stalinism: The Art and Ideology of Soviet Space*(Seattle: University of Washington Press, 2003), 3~18.

[11] "Protokol no. 3, biuro Ozerskogo Gorkoma KPSS", August 29, 1956, OGAChO, 2469/1/3, 15.

[12] "Protokol no. 17, biuro Ozerskogo Gorkoma KPSS", December 13, 1956, OGAChO, 2469/1/3, 167~75.

[13] "Stenogramma zasedaniia biuro Ozerskogo Gorkoma KPSS", December 8, 1956, OGAChO, 2469/1/5, 43~44.

[14] "Stenogramma Zasedaniia biuro Gorkoma KPSS s uchastiem chlenov biuro pervichoi partorganizatsii TsZL", December 7, 1956, OGAChO, 2469/1/5, 18.

[15] Ibid., 55.

[16] "Protokol no. 2 zasedaniia biuro Ozerskogo Gorkoma", December 17, 1957, OGAChO, 2469/1/121, 287.

[17] V. Novoselov and V. S. Tolstikov, *Taina "Sorokovki"*(Ekaterinburg: Ural'skii rabochii, 1995),

190.

[18] "Protokol no. 22, zasedaniia biuro Ozerskogo Gorkoma", July 2, 1957, OGAChO, 2469/1/122, 250~305.

[19] "Reshenie 353", November 19, 1959, OGAChO, 2469/3/3, 51; "O rabote piatoi gorodskoi partinoi konferentsii", December 16~17, 1960, OGAChO, 2469/1/3, 43~44; "O perestroike raboty narodnoi druzhiny goroda" May 22, 1962, OGAChO, 2469/4/3, 257~75; "Zasedanii biuro gorkoma KPSS protokol no 46", October 23, 1962, OGAChO, 2469/4/5, 110~55; "Protokoly zasedaniia biuro gorkoma KPSS", January 12, 1965, OGAChO, 2469/5/292, 5~6.

[20] "Dostanovlenie, iv-ogo Plenuma GK KPSS", July 19, 1960, OGAChO, 2469/3/3, 153; Mardasov, "Protokol sobraniia", November 3, 1957, OGAChO, 2469/1/119, 121.

[21] "O povyshenii roli obshchestvennosti v bor'be s prestupnost'iu", January 12, 1960, OGAChO, 2469/3/3, 30~32; "Dostanovlenie, iv-ogo Plenuma GK KPSS".

[22] "O sostoianii i merakh usileniia bor'by s detskoi beznadzornostiu", November 19, 1959, OGAChO, 2469/3/2, 51~53.

[23] Brian Lapierre, "Making Hooliganism on a Mass Scale", *Cahiers du monde russe 1-2* (2006): 359, 374; Edward D. Cohn, "Disciplining the Party: The Expulsion and Censure of Communists in the Post-War Soviet Union, 1945-1961", PhD diss., University of Chicago, 2007, 5; Oleg Kharkhordin, *The Collective and the Individual in Russia: A Study of Practices*(Berkeley: University of California Press, 1999).

[24] 한 비평에 관해서는 다음을 보라. Alexei Yurchak, "Soviet Hegemony of Form: Everything Was Forever, Until It Was No More". *Comparative Studies in Society and History* 45, no. 3 (2003): 482.

[25] 탁아에 관해서는 다음을 보라. "Zasedanie plenumov gorkoma KPSS", July 6, 1963, OGAChO, 2469/4/244a, 156. 생산 작업을 남자들에게 국한시키는 것에 관해서는 다음을 보라. "Stenogramma 3-oi gorodskoi partiinoi konferentsii", December 14~15, 1958, OGAChO, 2469/2/1, 26, and "Materialy proverki raboty, proforganizatsii ob'ekta-20", no later than May 1959, OGAChO, 2469/3/2, 167~76.

[26] 예컨대 다음을 보라. "Zasedanie plenumov gorkoma KPSS", July 6, 1963, OGAChO, 2469/4/244a, 130~51; "Protokol no. 10 zasedaniia biuro gorkoma KPSS za 1965 god",

March 2, 1965, OGAChO, 2469/5/292, 221~23.

27 사례들은 셀 수 없이 많다. 다음 자료의 "개인 사건" 항목을 보라. "Zasedanie biuro gorkoma KPSS protokoly no. 26~50", OGAChO, 2469/4/5, 82~256.

28 "Zasedanie plenumov gorkoma KPSS", July 6, 1963, OGAChO, 2469/4/244a, 151.

29 "Spravka", January 1960, OGAChO, 2469/3/3, 84~87.

30 "Protokol sobraniia aktiva gorodskoi partiinoi organizatsii", November 3, 1957, OGAChO, 2469/1/119 ll. 159~70; "Protokol no. 30, zasedaniia biuro Ozerskogo Gorkoma", September 9, 1957, OGAChO, 2469/1/121, 100~115; "Stenogrammy na vtoroi Ozerskoi gorodskoi partkonferentsii", November 30, 1957, OGAChO, 2469/1/117, 1~40; "Postanovlenie", January 22, 1957, OGAChO, 2469/1/121, 68~70; "Protokol no. 4, zasedaniia biuro Ozerskogo Gorkom", January 29, 1957, OGAChO, 2469/1/121, 108~10; "Zasedanie III-oi gorodskoi partiinoi konferentsii", December 14~15, 1958, OGAChO, 2469/2/1, 1~200.

31 "Protokol no. 2", October 10, 1956, OGAChO, 2469/1/2, 17 and "Protokol no. 1", August 16~17, 1956, OGAChO, 2469/1/1, 63~66.

32 "Spravka o vypolnenii postanvleniia SM SSSR ot 20 Marta 1957 goda" and "Bezdomov Kozlovu", June 23, 1960, and May 18, 1959, OGAChO, R-1644/1/4a, 105~6, 8.

33 "Bezdomov Churinu", July 6, 1959, "Poiasnitel'naia zapiska", December 8, 1959, and "Spravka po otseleniiu iz zony reki Techa", March 29, 1962, OGAChO, R-1644/1/4a.

34 "Spravka o vypolnenii postanovleniia SM SSSR", 116~18.

35 "Na no. 021-102 ot 15/VI-s.g".. July 25, 1959, "Spravka", October 5, 1959, Kaprenko Polianskomu, November 26, 1959, and "Spravka", January 1960, OGAChO, R-1644/1/4a, 105, 81, 77, 62, 92~94.

36 Zaveniagin, "O zavershenii pereseleniia zhitelei", January 20, 1956, OGAChO, 288/42/67, 59.

37 "E. Mamontov i Dibobes, gossaninspektor zony zagriazneniia Nadykto", May 23, 1961, OGAChO, R-1644/1/4a, 153~54, 149.

38 "Spravka Cheliabinskogo oblispolkoma", February 6, 1960, OGAChO, R-1644/1/4a, 193~95. 지역 관리들은 1962년도에 재정착을 위한 더 많은 자금을 요구했다. 같은 문서철의 다음 자료를 보라. Karapol'tsev, September 12, 1962, 180~1.

39 "Stenogramma 3-oi gorodskoi partiinoi konferentsii", December 14~15, 1958, OGAChO,

2469/2/1, 26.

[40] "K spravke po otseleniiu zhitelei", July 7, 1959, OGAChO, R-1644/1/4a, 29~33.

[41] Elena Efremova, "Zhiteli Musliumovo nachnyt pereseliat' na drugoi bereg radioaktivnoi reki", *Ekologiia i pravo* 27 (2008): 12~14.

[42] "Protokol no. 49, zasedaniia biuro gorkoma KPSS", April 18, 1967, OGAChO, 2469/6/406, 137. 위험한 여건에 처한 병사들에 관해서는 다음을 보라. Guseev, "Otchetnii doklad", December 8, 1964, OGAChO, 2469/5/1, 51~53.

[43] Zhores Medvedev, "Krepostnye spetzkontingenty krasnoi armii", *Ural'*, May 1995, 221~22.

[44] Shmygin Efremovu, March 1962, and Churin Efremovu, June 14, 1962, OGAChO, 288/42/79 5~7, 30~31.

[45] "Doklad VIII-oi gorodskoi partiinoi konferentsii", December 8, 1964, OGAChO, 2469/5/1, 96~100.

30_열린사회 사용법

[1] "General Electric Theater", Museum of Broadcast Communication, www.museum.tv/archives/etv/G/htmlG/generalelect/generalelect.htm.

[2] May 1999, Alumni Sandstorm (online archive), alumnisandstorm.com.

[3] *TCH*, October 14, 1949, and *CBN*, July 3 and May 8, 1950.

[4] Herbert Parker, "Status of Ground Contamination Problem", September 15, 1954, DOE Opennet, HW 33068.

[5] *CBN*, September 8, 1950; "27 Questions and Answers About Radiation", September 1951, NARA, RG 326, 67A, box 55, folder 461.

[6] "Managers' Data Book", June 1949, and "Community Data Book", 1952, JPT, acc. 5433-001, box 25; Ralph R. Sachs, MD, "Study of 'Atomic City'", *Journal of the American Medical Association* 154, no. 1(1954): 44~49.

[7] 과학자들은 이를 "건강한 노동자 증후군healthy worker syndrome"이라고 부른다. Jan-Olov Liljenzin, Jan Rydbert, and Gregory Choppin, *Radiochemistry and Nuclear Chemistry*(Oxford: Butterworth-Heinemann, 2002), 496.

[8] Bernard Bucove, "Vital Statistics Summary" (Olympia: Washington State Department of Health, 1959). 이 자료를 정리해준 도로시 케니Dorothy Kenney에게 감사하다.

[9] Michael D'Antonio, *Atomic Harvest*(New York: Crown, 1993), 66.

[10] "HWS Monthly Report, June 1952", July 21, 1952, PRR, HW 24928, G-10.

[11] Rebecca Nappi, "Grave Concerns", *SR*, October 17, 1993, F1.

[12] Kristoffer Whitney, "Living Lawns, Dying Waters: The Suburban Boom, Nitrogenous Fertilizers, and the Nonpoint Source Pollution Dilemma", *Technology and Culture* 51, no. 3 (2010): 652~74.

[13] Walter J. Williams, "Certain Functions of the Hanford Operations Office—AEC", October 8, 1948, JPT, acc. 5433-1, box 24.

[14] DDT의 양에 관해서는 다음을 보라. *Villager*, March 27, 1947 and *TCH*, January 18, 1950. 모기 퇴치에 관해서는 다음을 보라. Fred Clagett Papers, CREHST, acc. 3543-004, 6/2, "Mosquitos".

[15] Siddhartha Mukherjee, *The Emperor of All Maladies: A Biography of Cancer*(New York: Scribner, 2010), 92.

[16] "Birth Defect Research for Children, Fact Sheet", www.pan-uk.org/pestnews/Actives/ddt.htm.

[17] F. Herbert Bormann, Diana Balmori, Gordon T. Geballe, and Lisa Vernegaard, *Redesigning the American Lawn: A Search for Environmental Harmony*(New Haven, CT: Yale University Press, 1993), 83.

[18] J. Samuel Walker, *Permissible Dose: A History of Radiation Protection in the Twentieth Century*(Berkeley: University of California Press, 2000), 10.

[19] J. N. Yamazaki, "Perinatal Loss and Neurological Abnormalities Among Children of the Atomic Bomb", *Journal of the American Medical Association* 264, no. 5 (1990): 605~9; F. A. Mettler and A. C. Upton, *Medical Effects of Ionizing Radiation*(Philadelphia: W. B. Saunders, 1995), 323.

[20] Gregory L. Finch Werner Burkart and Thomas Jung, "Quantifying Health Effects from the Combined Action of Low-Level Radiation and Other Environmental Agents", *Science of the Total Environment* 205, no. 1 (1997): 51~70.

[21] Linda Lorraine Nash, *Inescapable Ecologies: A History of Environment, Disease, and*

Knowledge(Berkeley: University of California Press, 2006), 185.

[22] Ulrich Beck, "The Anthropological Shock: Chernobyl and the Contours of the Risk Society", *Berkeley Journal of Sociology* 32 (1987): 153~65.

[23] "Hanford Laboratories Operation Monthly Activities Report", February 1957, DOE Opennet, HW-48741.

[24] Paul F. Foster to James T. Ramey, August 12, 1958, and General MacArthur to Secretary of State, August 13, 1958, DOE Germantown RG 326, 1360, folder 1.

[25] Daniel P. Aldrich, *Site Fights: Divisive Facilities and Civil Society in Japan and the West*(Ithaca, NY: Cornell University Press, 2008), 124~25.

[26] Walker, *Permissible Dose*, 19.

[27] 다음 문서군에 담긴 서한들을 보라. DOE Germantown RG 326, 1360, folder 1.

[28] "Role of Atomic Energy Commission Laboratories", September 17, 1959, DOE Opennet, 8, 11; S. G. English, "Possible Reorganization of the Environmental Affairs Group", March 6, 1970, DOE Germantown, RG 326/5618/15.

[29] "Regarding Hidden Rules Governing Disclosure of Biomedical Research", December 8, 1994, DOE Opennet, NV 0750611.

[30] Dunham to Bronk, December 20, 1955; "Minutes of the 66th Meeting Advisory Committee for Biology and Medicine (ACBM)", January 10~11, 1958, DOE Opennet, NV 0411748 and NV 0710420.

[31] Susan Lindee, *Suffering Made Real: American Science and the Survivors at Hiroshima*(Chicago: University of Chicago Press, 1994); David Richardson, Steve Wing, and Alice Stewart, "The Relevance of Occupational Epidemiology to Radiation Protection Standards", *New Solutions* 9, no. 2 (1999): 133~51.

[32] Parker, "Control of Ground Contamination", August 19, 1954, PRR, HW 32808.

[33] Author phone interview with Juanita Andrewjeski, December 2, 2009.

[34] Parker, "Control of Ground Contamination".

[35] Parker, "Status of Ground Contamination Problem".

[36] E. R., Irish, "The Potential of Wahluke Slope Contamination", June 11, 1958, PRR, HW 56339.

[37] 다음에서 인용되었다. E. J. Bloch, "Hanford Ground Contamination", September 17, 1954,

DOE Opennet, RL-1-331167.

[38] Parker, "Control of Ground Contamination".

[39] Bloch, "Hanford Ground Contamination".

[40] Herbert Parker, "Columbia River Situation", August 19, 1954, NARA, RG 326 650 box 50, folder 14.

[41] "Hanford Works Monthly Report", June 21, 1951, DOE Opennet, HW 21260.

[42] Parker, "Columbia River Situation".

[43] Ibid.

[44] L. K. Bustad et al., "A Comparative Study of Hanford and Utah Range Sheep", HW 30119, LKB, box 14; "Biology Research Annual Report, 1956", PRR, HW 47500.

[45] "Bulloch v. Bustad, Kornberg, General Electric et al"., LKB, ms 2008-19, box 7, folder "Bustad Personal".

[46] Michele Stenehjem Gerber, *On the Home Front: The Cold War Legacy of the Hanford Nuclear Site*(Lincoln: University of Nebraska Press, 1992), 97~98.

[47] Leo K. Bustad, *Compassion: Our Last Great Hope*(Renton, WA: Delta Society, 1990), 4.

[48] Gerber, *On the Home Front*, 69.

31_1957년 키시팀의 트림

[1] Author interview with Galina Petruva [pseudonym], June 6, 2010, Kyshtym, Russia.

[2] Paul Josephson, "Rockets, Reactors and Soviet Culture", in Loren R. Graham, ed., *Science and the Soviet Social Order*(Cambridge, MA: Harvard University Press, 1990), 168~91.

[3] "Protokol", August 1957, OGAChO, 2469/1/121, 62; "Protokol 3-oi gorodskoi partiinoi konferentsii", December 14-15, 1958, OGAChO, 2469/2/1, 15.

[4] 로사톰Rosatom 관리들은 이 폭발이 화학폭발이었다고 말한다. 블라디슬라브 라린 Vladyslav Larin은 이것이 핵폭발이었다고 주장한다. Author interview with Larin, August 19, 2009, Moscow.

[5] Valery Kazansky, "Mayak Nuclear Accident Remembered", *Moscow News*, October 19, 2007, 12.

[6] N. G. Sysoev, "Armiia v ekstremal'nykh situatsiiakh: Soldaty Cheliabinskogo 'Chernobylia,'" *Voenno–istoricheskii zhurnal* 12 (1993): 39~43.

[7] "II–oi gorodskoi partinoi konferentsii gorkoma Ozerska", November 30–December 1, 1957, OGAChO, 2469/1/117, 168, 234; "Protokol piatogo plenuma gorkoma", October 8, 1957, OGAChO, 2469/1/118, 105.

[8] V. N. Novoselov and V. S. Tolstikov, *Atomnyi sled na Urale*(Cheliabinsk: Rifei, 1997), 93.

[9] "Protokol piatogo plenuma gorkoma", 104; Sysoev, "Armiia v ekstremal'nykh situatsiiakh", 39.

[10] Author interview with Petruva.

[11] Kazansky, "Mayak", 12.

[12] "Protokol piatogo plenuma gorkoma", 97, 101; Leonid Timonin, *Pis'ma iz zony: Atomnyi vek v sud'bakh tol'iattintsev*(Samara: Samarskoe knizhnoe izd–vo, 2006), 11.

[13] "Protokol piatogo plenuma gorkoma", 104.

[14] Ibid., 105.

[15] Sysoev, "Armiia v ekstremal'nykh situatsiiakh", 40~43.

[16] Zhores Medvedev, "Do i posle tragedii", *Ural* 4 (April 1990): 108.

[17] "Kriticheskie zamechanie", August 15, 1958, OGAChO, 2469/2/4, 21~29.

[18] Vladyslav B. Larin, *Kombinat "Maiak"—Problema na veka*(Moscow: KMK Scientific Press, 2001), 48~49.

[19] "Kriticheskie zamechanie", August 15, 1958, OGAChO, 2469/2/4, 21~29.

[20] V. Chernikov, *Osoboe pokolenoe*(Cheliabinsk: V. Chernikov, 2003), 148~58; Larin, *Kombinat*, 162.

[21] "Protokol piatogo plenuma gorkoma", 100.

[22] Ibid., 101~3.

[23] Alexei Mitiunin, "Natsional'nye osobennosti likvidatsii radiatsionnoe avarii", *Nezavisimaia gazeta*, April 15, 2005; Timonin, "Pis'ma iz zony", 123.

[24] Mira Kossenko, "Where Radiobiology Began in Russia", Defense Threat Reduction Agency, Fort Belvoir, VA, 2011, 50.

[25] "Zasedanie II–oi gorodskoi partinoi konferentsii gorkoma Ozerska", November 30–December 1, 1957, OGAChO, 2469/1/117, 1~3; Novoselov and Tolstikov, *Atomnyi sled*, 126.

[26] Author interview with Petruva and Sergei Aglushenkov, June 26, 2010, Kyshtym; Bokin, "Posledstviia Avarii". Prisoners later complained of illnesses: "Spravka o rabote nabliudatelnoi komissii", January 9, 1960, OGAChO, 2469/3/3, 59~64.

[27] Kazansky, "Mayak", 12.

[28] Kossenko, "Where Radiobiology Began", 50.

[29] "Protokol piatogo plenuma gorkoma", 101~2.

[30] Ibid., 104.

[31] "Postanovlenie", October 8, 1957, OGAChO, 2469/1/118, 107.

[32] "Zasedanie II—oi gorodskoi partinoi konferentsii gorkoma Ozerska", 168.

[33] "Protokol piatogo plenuma gorkoma", 102~3; Zhores A. Medvedev, The Legacy of Chernobyl(New York: W. W. Norton, 1990), 105.

[34] "Stenogrammy na vtoroi ozerskoi gorodskoi partkonferentsii", November 30, 1957, OGAChO, 2469/1/117, 19~40; "Spravka po vyseleniiu", May 9, 1958, OGAChO, 2469/2/3, 23.

[35] V. Novoselov and V. S. Tolstikov, Taina "Sorokovki"(Ekaterinburg: Ural'skii rabochii, 1995), 187.

[36] "Protokol sobraniia aktiva gorodskoi partiinoi organizatsii", November 3, 1957, OGAChO, 2469/1/119, 156.

[37] "Zasedanie II—oi gorodskoi partiinoi konferentsii gorkoma Ozerska", 201.

[38] "Stenogrammy na vtoroi ozerskoi gorodskoi partkonferentsii", 19~40.

[39] "Protokol sobraniia aktiva gorodskoi partiinoi organizatsii" and "3—oi gorodskoi partiinoi konferentsii", December 14—15, 1958, OGAChO, 2469/2/1, 159~70, 25.

[40] "Stenogrammy na vtoroi ozerskoi gorodskoi partkonferentsii", 205, 238.

[41] N. V. Mel'nikova, Fenomen zakrytogo atomnogo goroda(Ekaterinburg: Bank kul'turnoi informatsii, 2006), 99~100.

32_체제 지대 너머의 카라볼카

[1] N. G. Sysoev, "Armiia v ekstremal'nykh situatsiiakh: Soldaty Cheliabinskogo 'Chernobylia'",

Voenno—istoricheskii zhurnal 12 (1993): 39~43.

[2] Author interview with Gulnara Ismagilova, August 17, 2009, Tatarskaia Karabolka.

[3] V. N. Novoselov and V. S. Tolstikov, *Atomnyi sled na Urale*(Cheliabinsk: Rifei, 1997), 117.

[4] Vladyslav B. Larin, *Kombinat "Maiak"—Problema na veka*(Moscow: KMK Scientific Press, 2001), 52.

[5] Novoselov and Tolstikov, *Atomyi sled*, 110.

[6] Ibid., 120; V. Chernikov, *Osoboe pokolenoe*(Cheliabinsk: V. Chernikov, 2003), 9.

[7] Author interview with Dasha Arbuga, June 20, 2010, Sludorudnik, Russia.

[8] Novoselov and Tolstikov, *Atomnyi sled*, 121.

[9] Larin, *Kombinat*, 291.

[10] "Ob organizatsii vspashki zagriaznennikh zemel'", April 9, 1958, and "O perevode zagriaznennykh zemel", May 27, 1958, AOKMR, 23/1/37a, 1, 2, 11, 12, 30, in personal archive of Gulnara Ismagilova.

[11] Novoselov and Tolstikov, *Atomnyi sled*, 138; Alexei Povaliaev and Ol'ga Konovalova, "Ot Cheliabinska do Chernobylia", *Promyshlennye vedomosti*, October 16, 2002.

[12] "Ob usilenii okhrany zony zagriazneniia", November 14, 1958, OGAChO, R–274/20/48, 159~62.

[13] Author interview with Ismagilova.

[14] Planet of Hopes press release, ""Mayak" Used 2,000 Pregnant Women in Dangerous Clean Up of Nuclear Disaster", October 30, 2006, Moscow.

[15] E. Rask, "Spravka", February 6, 1960, OGAChO, R–1644/1/4a, 193~95.

[16] Vladyslav B. Larin, *Kombinat "Maiak"—Problema na veka*(Moscow: KMK Scientific Press, 2001), 55.

[17] "O provedenii dopolnitel'nykh meropriiatii v zone radioaktivnogo zagriazneniia", September 29, 1959, personal archive, Gulnara Ismagilova.

[18] Rask, "Spravka", 193~95.

[19] Kh. Tataullinaia, April 18, 2000, personal archive, Gulnara Ismagilova.

[20] Larin, *Kombinat*, table 6.27, 412.

[21] Fauziia Bairamova, *Iadernyi arkhipelag ili atomnyi genotsid protiv Tatar*(Kazan': Nauchno—populiarnoe izdanie, 2005).

[22] 계약자들의 부패에 관해서는 다음을 보라. "O rabote piatoi gorodskoi partiinoi konferentsii", December 16~17, 1960, OGAChO, 2469/1/3, 127.

[23] Novoselov and Tolstikov, *Atomnyi sled*, 140~43.

[24] 러시아어로 실험과학연구기지ONIS(Opytnaia nauchno issledovatel'skaia stantsiia)였다.

[25] V. N. Pozolotina, Y. N. Karavaeva, I. V. Molchanova, P. I. Yushkov, and N. V. Kulikov, "Accumulation and Distribution of Long-Living Radionuclides in the Forest Ecosystems of the Kyshtym Accident Zone", *Science of the Total Environment* 157, no. 1-3 (1994): 147; Tatiana Sazykina and Ivan Kryshev, "Radiation Effects in Wild Terrestrial Vertebrates—the EPIC Collection", *Journal of Environmental Radioactivity* 88, no. 1 (2006): 38; Larin, *Kombinat*, 148~51.

[26] Nadezhda Kutepova and Olga Tsepilova, "Closed City, Open Disaster", in Michael R. Edelstein, Maria Tysiachniouk, and Lyudmila V. Smirnova, eds., *Cultures of Contamination: Legacies of Pollution in Russia and the U.S.*(Amsterdam: JAI Press, 2007), 14:156.

[27] Institut global'nogo klimata i ekologii, "Karta zagriazneniia pochv strontsiem-90", 2005.

[28] Novoselov and Tolstikov, *Atomnyi sled*, 127.

[29] Robert Standish Norris, Kristen L. Suokko, and Thomas B. Cochran, "Radioactive Contamination at Chelyabinsk-65, Russia", *Annual Review of Energy and the Environment* 18 (1993): 522.

[30] Valery Soyfer, "Radiation Accidents in the Southern Urals (1949~1967) and Human Genome Damage", *Comparative Biochemistry and Physiology* Part A, no. 132 (2002): 723.

[31] T. G. Sazykina, J. R. Trabalka, B. G. Blaylock, G. N. Romanov, L. N. Isaeva, and I. I. Kryshev, "Environmental Contamination and Assessment of Doses from Radiation Releases in the Southern Urals", *Health Physics* 74, no. 6 (1998): 687; E. Tolstyk, L. M. Peremyslova, N. B. Shagina, M. O. Degteva, I. M. Vorob'eva, E. E. Tokarev, and N. G. Safronova, "The Characteristics of 90-Sr Accumulation and Elimination in Residents of the Urals Region in the Period 1957-1958", *Radiatsionnaia biologiia, radioekologiia* 45, no. 4 (2005): 464~73.

[32] "O perevode zagriaznennykh zemel", 30.

[33] Natalia Mironova, Maria Tysiachniouk, and Jonathan Reisman, "The Most Contaminated Place on Earth: Community Response to Long-term Radiologial Disaster in Russia's Southern Urals", in Michael R. Edelstein, Maria Tysiachniouk, and Lyudmila V. Smirnova,

eds., *Cultures of Contamination: Legacies of Pollution in Russia and the U.S.*(Amsterdam: JAI Press, 2007), 14: 179~80.

33_은밀한 부위

[1] Iral C. Nelson and R. F. Foster, "Ringold—A Hanford Environmental Study", April 3, 1964, PRR, HW−78262 REV.

[2] "Internal Dosimetry Results—Ringold", January 30, 1963, PRR, PNL 10337.

[3] "Letter to Subject", and memo to A. R. Keene, December 14, 1962, PPR, PNL−10335; "Status of Columbia River Environmental Studies for Hanford Works Area", July 31, 1961, DOE, Germantown, RG 326, 1360, 3.

[4] Nelson and Foster, "Ringold", 12.

[5] 작은 연구에서 총 영향을 판정하는 일의 비개연성에 관해서는 다음을 보라. Morris H. DeGroot, "Statistical Studies of the Effect of Low Level Radiation from Nuclear Reactors on Human Health", *Mathematics, Statistics and Probability* 6 (1972): 223~34.

[6] A. R. Luedecke to all Managers of Operations, April 6, 1959; Willard F. Libby, "Statement on Strontium 90 in Minnesota Wheat Made Before the JCAE", February 27, 1959; "Statement, John A. McCone, Chairman AEC", March 24, 1959, DOE Germantown RG 326, 1360, 1; Joseph Lieberman to A. R. Luedecke, December 11, 1959, and Luedecke, "Dispersal of Radioactive Materials into the Pacific via the Columbia River", December 31, 1959, RG 326, 1359, 7.

[7] R. H. Wilson and T. H. Essig, "Criteria Used to Estimate Radiation Doses Received by Persons Living in the Vicinity of Hanford", July 1968, JPT, BNWL−706 UC−41; "Evaluation of Radiological Conditions in the Vicinity of Hanford for 1967", March 1969, JPT, BNWL−983 UC−41.

[8] W. E. Johnson, "Expanded Use of Whole Body Counter", January 26, 1962, DOE Opennet, NV0719090.

[9] "Letter to Subject".

[10] Author interview, LH, September 2011.

[11] 분석을 수행한 해리 윈서에게 감사하다.

[12] 한 국립암연구소 연구는 워싱턴주의 낙진 수준이 전국에서 가장 낮은 수준임을 발견했다. *SR*, August 10, 1997, B1.

[13] R. W. Perkins et al., "Results of a Test of Sampling in I-131 Plumes", April 18, 1963, PRR, HW 77387.

[14] "Atmospheric Pathway Dosimetry Report, 1944-1992", October 1994, DOE Opennet, PNWD-2228 HEDR; Patricia P. Hoover, Rudi H. Nussbaum, Charles M. Grossman, and Fred D. Nussbaum, "Community-Based Participatory Health Survey of Hanford, WA, Downwinders: A Model for Citizen Empowerment", *Society and Natural Resources* 17 (2004): 551.

[15] Sonja I. Anderson, "A Conceptual Study of Waste Histories from B Plant and Other Operations, Accidents, and Incidents at the Hanford Site Based upon Past Operating Records, Data, and Reports, Project ER4945", September 29, 1994, unpublished, in possession of author. 이 자료로 도움을 준 해리 윈서에게 감사하다.

[16] Senior Engineer to R. F. Foster, September 20, 1962, PRR, PNL 9724.

[17] 다음 자료의 도표 2와 도표 3을 보라. R. W. Perkins et al., "Test of Sampling in I 131 Plumes", April 18, 1963, PRR, HW 77387, 16.

[18] Jackson, "On Authorizing Appropriations for the AEC", August 6, 1958, HMJ, acc. 3560-6 51c/11.

[19] "AEC Plan for Expansion of Research in Biology and Medicine", August 4, 1958, DOE Germantown RG 326, 1360, 1; "Role of Atomic Energy Commission Laboratories", October 1, 1959, DOE Opennet, NV 0702108.

[20] Ibid.; Arthur S. Flemming, Secretary of Health, Education and Welfare, Press Release, March 16, 1959, DOE Germantown RG 326, 1360, 1.

[21] H. Schlundt, J. T. Nerancy, and J. P. Morris, "Detection and Estimation of Radium in Living Persons", *American Journal of Roentgenology and Radium Therapy* 30 (1933): 515~22; R. E. Rowland, *Radium in Humans: A Review of U.S. Studies*(Argonne, IL: Argonne National Lab, 1994).

[22] Thomas H. Maugh II, "Eugene Saenger, 90", *Los Angeles Times*, October 6, 2007; "DOE Facts, Additional Human Experiments", GWU.

[23] AEC 의학 연구에 관한 문서철 가운데 다음을 보라. NAA, files in No. 116, series 16, 4DO-326-97-001. 개요에 관해서는 다음을 보라. W. J. Bair to P. K. Clark, December 6, 1985, DOE Opennet, PNL-9358; Eileen Welsome, *The Plutonium Files: America's Secret Medical Experiments in the Cold War*(New York, N.Y.: Dial Press, 1999); Andrew Goliszek, *In the Name of Science: A History of Secret Programs, Medical Research, and Human Experimentation*(New York: St. Martins Press, 2003), 135~65.

[24] Goliszek, *In the Name of Science*, 155.

[25] "Minutes of the 66th Meeting Advisory Committee for Biology and Medicine", January 10-11, 1958, DOE Opennet.

[26] R. F. Foster and J. F. Honstead, "Accumulation of Zinc-65 from Prolonged Consumption of Columbia River Fish", *Health Physics* 13, no. 1 (1967): 39~43; "Internal Depositions of Radionuclides in Men", February 1967, PRR, PNL 9287; "Whole Body Counting, Project Proposal", March 1966, PNL 9293; "Excretion Rates vs. Lung Burdens in Man", April 1966, PNL 9294; J. F. Honstead and D. N. Brady, "Report: The Uptake and Retention of P32 and Zn65 from the Consumption of Columbia River Fish", document BNSA-45, October 7, 1969, http://guin.library.oregonstate.edu/specialcollections/coll/atomic/catalogue/atomic-hanford_1-10.html.

[27] K. L. Swinth to W. E. Wilson, April 11, 1967, PRR, PNL 9669.

[28] Ralph Baltzo to Richard Cunningham, April 6, 1966, PRR, PNL 9086.

[29] Alvin Paulsen, "Study of Irradiation Effects on the Human Testes", March 12, 1965, PRR, PNL 9081 DEL.

[30] Carl Heller, "Effects of Ionizing Radiation on the Testicular Function of Man", May 1972, DOE Opennet, HW 709914, 3.

[31] Fink to Friedell, December 5, 1945, NAA, RG 326 8505, box 54, MD 700.2.

[32] Linda Roach Monroe, "Accident at Nuclear Plant Spawns a Medical Mystery", September 10, 1990, *Los Angeles Times*; author interview with Marge DeGooyer, May 16, 2008, Richland, WA.

[33] "Accidental Nuclear Excursion, 234-5 Facility", 1962, PRR, HW 09437.

[34] Ibid.

[35] "Oral History of Health Physicist Carl C. Gamertsfelder, Ph.D.", January 19, 1995, DOE

Opennet.

[36] Parker, "Assistance to Dr. Paulsen", May 1, 1963, PRR, PNL 9074.

[37] Author interview with Richard Sutch, San Francisco, May 11, 2012.

[38] D. K. Warner to William Roesch, July 2, 1963, PRR, PNL 9076.

[39] Holsted to Parker, "Assistance to Dr. Paulsen", July 9, 1963, PRR, PNL 9077.

[40] Baltzo to Newton, May 28, 1968, PRR, PNL 9104; W. E. Wilson to Baltzo, June 14, 1968, PNL 9107.

[41] R. S. Paul to S. L. Fawcett, "Experiments with People—Policy Need?" September 23, 1965, PRR, PNL 9082.

[42] "Case No. 3", November 17, 1967, PRR, PNL 9315; E. E. Newton to P. T. Santilli, July 27, 1967, PNL 9092; S. L. Fawcett to C. L. Robinson, "Agreement with Human Volunteers in Research Programs", November 22, 1966, PNL 9290; "Minutes of Meeting, Research Program Administration of Radioisotopes Study", November 14, 1966, PNL 9291; "Human Subjects Committee Meeting", November 16, 1967, PNL 9254; R. S. Paul, "Agreement with Human Volunteers in Research Programs", July 26, 1966, PNL 9295; P. T. Santilli to H. M. Parker, November 4, 1968, PNL 9106.

[43] Carl G. Heller and Mavis J. Rowley, "Protection of the Rights and Welfare of Prison volunteers", 1976, PRR, RL 2405−2.

[44] TCH, April 9, 1976.

[45] C. E. Newton, "Human Subject Research", November 20, 1967, PRR, PNL 9099.

[46] C. E. Newton, "Trip Report—Review of Dr. Paulsen's Project", December 18, 1967, PRR, PNL 9316.

[47] "AEC Human Testicular Irradiation Projects in Oregon and Washington State Prisons", March 22, 1976, PRR, PNL 9114.

[48] Research Review Committee to Audrey Holliday, March 13, 1970, Advisory Committee on Human Radiation Experiments, No. WASH−112294−A−5, www.gwu.edu/~nsarchiv/radiation/dir/mstreet/commeet/meet8/trsc08a.txt.

[49] "Minutes of the 66th Meeting Advisory Committee for Biology and Medicine", January 10−11, 1958, DOE Opennet, NV 0710420.

[50] S. J. Farmer to J. J. Fuquay, May 5, 1976, PRR, PNL 9066.

[51] S. J. Farmer to J. J. Fuquay, November 1, 1976, PRR, PNL 9219; Karen Dorn Steele, "Names Given in Cold War Tests", *SR*, June 8, 1997.

[52] *TCH*, April 9, 1976.

[53] Mavis J. Rowley, "Effect of Graded Doses of Ionizing Radiation on the Human Testes", 1975~1976, PRR, RLO 2405-2.

34_"게부터 캐비아까지, 우리는 모든 걸 가졌었다"

[1] Peter Carlson, *K Blows Top: A Cold War Comic Interlude Starring Nikita Khrushchev, America's Most Unlikely Tourist*(New York: Public Affairs, 2009), 34.

[2] "The Two Worlds: A Day-Long Debate", *NYT*, July 25, 1959, 1.

[3] Susan Reid, "Cold War in the Kitchen: Gender and the De-Stalinization of Consumer Taste in the Soviet Union Under Khrushchev", *Slavic Review* 61, no. 2 (2008): 115~223.

[4] Ibid., 221~23.

[5] Rosa Magnusdottir, "Keeping Up Appearances: How the Soviet State Failed to Control Popular Attitudes Toward the United States of America, 1945-1959", Ph.D. diss., University of North Carolina, 2006, 221.

[6] Victoria De Grazia, *Irresistible Empire: America's Advance Through Twentieth-Century Europe*(Cambridge, MA: Harvard University Press, 2005), 5, 102~3.

[7] G. I. Khanin, "The 1950s: The Triumph of the Soviet Economy", *Europe-Asia Studies* 55, no. 8 (2003): 1199.

[8] "Spravka zabolevaemosti rabotaiushchikh", 1959, and "Proverka raboty proforganizatsii ob' ekta-20", no later than May 1960, OGAChO, 2469/3/2, 113~14, 167~76; "Stenogramma 3-oi gorodskoi partiinoi konferentsii", December 14~15, 1958, OGAChO, 2469/2/1, 74; L. P. Sokhina, *Plutonii v devich'ikh rukakh: Dokumental'naia povest' o rabote khimiko-metallurgicheskogo plutonievogo tsekha v period ego stanovleniia, 1949~1950 gg*(Ekaterinburg: Litur, 2003), 116.

[9] "Stenogramma 3-oi gorodskoi partiinoi konferentsii", 78; "Protokol zasedaniia biuro gorkoma KPSS", January 12, 1965, OGAChO, 2469/5/292, 5~6.

[10] "Protokol no. 7, plenumov gorodskogo komiteta KPSS", May 23, 1967, OGAChO, 2469/6/405, 43.

[11] "Otchetnii doklad gorodskogo komiteta", December 8, 1964, OGAChO, 2469/5/1, 58~59; "Stenogramma 3−oi gorodskoi partiinoi konferentsii", 132.

[12] "O rabote piatoi gorodskoi partiinoi konferentsii", December 16~17, 1960, OGAChO, 2469/1/3, 18, 124~25.

[13] "Doklad na 3−m Plenume gorkoma VLKSM", April 10, 1957, OGAChO, 2469/1/118, 5−24; "O sudakh", 1957, OGAChO, 2469/1/112, 209−18; "Zasedanie Gorkom", 1960, OGAChO, 2469/3/3, 13.

[14] "Stenogramma 3−oi gorodskoi partiinoi konferentsii", 77; "O rabote piatoi gorodskoi partinoi konferentsii", 43~44.

[15] "Spravka", January 7, 1960, OGAChO, 2469/3/3, 8; "O perestroike raboty narodnoi druzhiny goroda" May 22, 1962, OGAChO, 2469/4/3, 257~75.

[16] "Zasedanie Gorkoma", 1960, OGAChO, 2469/3/3, 13.

[17] "O merakh usileniia borʹby s detskoi beznadzornostʹiu", November 19, 1959, OGAChO, 2469/3/3, 61; "Doklad pri plenuma Gorkoma KPSS", 31~40.

[18] "O vyselenii … iz domov i zhilykh poselkov predpriiatii MSM", August 20, 1956, referenced in "Spravka po vyseleniiu", May 9, 1958, OGAChO, 2469/2/3, 23.

[19] 다음을 보라. Gorkom transcripts: "Protokol no. 1", August 18, 1956, OGAChO, 2469/1/3, 42; "Personalʹnye dela", May 8, 1962, OGAChO, 2469/4/3, 231; "Protokol no 37", August 7, 1962, OGAChO, 2469/4/4, 135−53; "Protokol no 4", September 27, 1966, OGAChO, 2469/6/2, 57~100; "O merakh po usileniiu borʹby s narusheniiami obshchestvennogo poriadka", July 23, 1966, OGAChO, 2469/6/3, 118~37.

[20] "Zakliuchenie", 1957, OGAChO, 2469/1/121, 200~206.

[21] "Protokol IX−oi Ozerskoi gorodskoi partiinoi konferentsii", December 25, 1965, OGAChO, 2469/5/292, 64; "Tezisy", 1960, OGAChO, 2469/2/289, 119; "Itogi", December 2, 1958, OGAChO, 2469/2/4, 60~80.

[22] "Po dalʹneushemu uluchsheniiu bytovogo obsluzhivaniia naseleniia", February 12, 1963, OGAChO, 2469/4/244a, 6~10.

[23] 인용에 관해서는 다음을 보라. N. V. Melʹnikova, *Fenomen zakrytogo atomnogo*

goroda(Ekaterinburg: Bank kul'turnoi informatsii, 2006), 78, 84.

[24] "Sobrannia aktiva gorodskoi partiinoi organizatsii", November 3, 1957, OGAChO, 2469/1/119, 134.

[25] V. P. Vizgin, "Fenomen 'kul'ta atoma' v CCCP (1950~1960e gg.)", *Istoriia Sovetskogo atomnogo proekta*, 423.

[26] Mel'nikova, *Fenomen*, *87*: "Zasedanii plenumov gorkoma KPSS", February 12, 1963, OGAChO, 2469/4/244a, 144.

[27] "Protokol no. 1, Ozerskoi gorodskoi partiinoi organizatsii", February 7, 1958, OGAChO, 2469/2/4, 14.

[28] "Doklad ob usilenii partiinogo rukovodstva komsomolom", February 15, 1966, OGAChO, 2469/6/1, 42.

[29] "Protokoly sobranii gorodskogo partiinogo aktiva", February 19, 1959, OGAChO, 2469/2/290, 78, 53.

[30] "Stenogramma partiino–khoziaistvennogo aktiva", June 4, 1963, OGAChO, 2469/4/245, 77~78.

[31] Ibid.

[32] "Protokol no. 7 plenuma gorodskogo komiteta KPSS", May 23, 1967, OGAChO, 2469/6/405, 98~99.

[33] "Protokoly sobranii gorodskogo partiinogo aktiva", February 19, 1959, OGAChO, 2469/2/290, 72.

[34] "Protokol IV–ogo plenuma gorodskogo komiteta KPSS", July 19, 1960, OGAChO, 2469/3/3, 114.

[35] "Doklad na 3–m Plenume gorkoma VLKSM", 5~24.

[36] "Zasedanie plenumov gorkoma KPSS", February 12, 1963, OGAChO, 2469/4/244a, 144~45.

[37] "Protokol no. 3 plenuma Gorkom KPSS", May 31, 1966, OGAChO, 2469/6/2, 17.

[38] "Po dal'neushemu uluchsheniiu", 6~34; "O povyshenii roli obshchestvennosti v bor'be s prestupnost'iu", January 12, 1960, OGAChO, 2469/3/3, 44.

[39] Mel'nikova, *Fenomen*, 101.

[40] "Dostanovlenue, IV–ogo plenuma GK KPSS", July 19, 1960, OGAChO, 2469/3/3, 160;

"Otvety na voprosy", January 22, 1963, OGAChO, 2469/4/244, 89~91.

[41] DeGrazia, *Irresistible Empire*, 16, 472.

[42] Mel'nikova, *Fenomen*, 102~3.

[43] "Zasedanie Gorkoma", 1960, OGAChO, 2469/3/3, 14.

[44] "Protokol no. 7 plenuma", 91.

[45] "O povyshenii roli", 21~26; "Dostanovlenue, IV–ogo Plenuma GK KPSS"; Mel'nikova, *Fenomen*, 85.

[46] "Protokol sobraniia aktiva gorodskoi partiinoi organizatsii", November 3, 1957, OGAChO, 2469/1/119 ll. 159~70.

[47] "Protokol no. 7 plenuma", 43.

[48] "Zasedanie plenumov gorkoma KPSS", July 6, 1963, OGAChO, 2469/4/244a, 128~35; "Protokol IX–oi Ozerskoi gorodskoi partiinoi konferentsii", December 25, 1965, OGAChO, 2469/5/292, 76; "Protokol no. 7", 48.

[49] "Doklad VIII–oi gorodskoi otchetno vybornoi partiinoi konferentsii", 56~60; "Protokol no. 7", 100.

[50] V. Chernikov, *Osoboe pokolenoe*(Cheliabinsk: V. Chernikov, 2003), 115.

[51] Podol'skii, "Doklad", December 8, 1964, OGAChO, 2469/5/1, 7~24.

[52] Novoselov and Tolstikov, *Taina Sorokovki*, 182.

[53] "Protokol zasedaniia biuro gorkoma KPSS", January 12, 1965, OGAChO, 2469/5/292, 28~35; Natalia Mel'nikova, "Zakrytii atomnii gorod kak subkul'tura", unpublished, in possession of author.

[54] Author interview, Vladimir Novoselov, June 27, 2007, Cheliabinsk.

[55] "Otchetnii doklad gorodskogo komiteta KPSS VIII\ ii gorodskoi otchetno vybornoi partiinoi konferentsii", December 8, 1964, OGAChO, 2469/5/1, 51~53.

[56] Alexei Yurchak, "Soviet Hegemony of Form: Everything Was Forever, Until It Was No More", *Comparative Studies in Society and History* 45, no. 3 (2003): 480~510.

[57] "O merakh po usileniiu bor'by", 123.

[58] "Protokol no. 7", 54~55, 72~74; "Protokol no 2, vtorovo plenuma ozerskogo gorkoma KPSS", February 15, 1966, OGAChO, 2469/6/1, 5~7.

[59] Ibid., 11, 20.

[60] Gennadii Militsin, "Ni o chem ne zhaleiu", *Zhurnal samizdat*, 12~24, 2010; "Spravka", May 17, 1957, OGAChO, 2469/1/118, 51.

[61] "O merakh po usileniiu bor'by", 123.

[62] Author interview with Vladimir Novoselov, June 26, 2007, Cheliabinsk, Russia.

[63] "Doklad ob usilenii partiinogo rukovodstva komsomolom", February 15, 1966, OGAChO, 2469/6/1, 1~23.

[64] 논평에 관해서는 다음을 보라. Uta G. Poiger, *Jazz, Rock, and Rebels: Cold War Politics and American Culture in a Divided Germany*(Berkeley: University of California Press, 2000), 168~206.

[65] S. I. Zhuk, *Popular Culture, Identity, and Soviet Youth in Dniepropetrovsk, 1959–84*(Pittsburgh, PA: University of Pittsburgh, 2008).

[66] Mel'nikova, *Fenomen*, 106.

[67] "Dostanovlenue, IV—ogo plenuma GK KPSS", 165.

[68] Viktor Riskin, "Aborigeny' atomnogo anklava" and "Sezam, otkroisia!", *Cheliabinskii rabochii*, April 15, 2004, and February 21, 2006.

[69] Author interview with Novoselov.

[70] Author interview with Svetlana Kotchenko, June 21, 2007, Cheliabinsk, Russia.

[71] Author interview with Anna Miliutina, June 21, 2010, Kyshtym.

[72] Vladyslav B. Larin, *Kombinat "Maiak"—Problema na veka*(Moscow: KMK Scientific Press, 2001), tables 7.5 and 7.9, 415~16; Viktor Doshchenko, "Ekvivalent Rentgena", *Pravda*, March 28, 2003.

[73] N. P. Petrushkina, *Zdorov'e potomkov rabotnikov predpriiatiia atomnoi promyshlennosti PO "Maiak"*(Moscow: Radekon 1998); Bryan Walsh, "The Rape of Russia", *Time*, October 23, 2007.

[74] Igor' Naumov, "Rabota roditelei na 'Maiake' skazalas' na potomstve", *Meditsinskaia gazeta* 68, no. 12 (September 2007): 11.

[75] Angelina Gus'kova, "Bolezn' i lichnost' bol'nogo", *Vrach* 5 (2003): 57~58.

[76] Ivan Larin, "Atomnyi vzryv v rukakh", *Komsomol'skaia Pravda*, February 3~6, 1995.

[77] Author interview with Vitalii Tolstikov, June 20, 2007, Cheliabinsk, Russia.

[78] Paul R. Josephson, *Red Atom: Russia's Nuclear Power Program from Stalin to Today*(New York: W.

H. Freeman, 2000), 252~54.

79 Mark Harrison, "Coercion, Compliance, and the Collapse of the Soviet Command Economy", *Economic History Review* 55, no. 3 (2002): 298~99.

4부
플루토늄 장막 해체하기

35_투자 증권이 된 플루토늄

1 "AEC Identified Three Hanford Reactors for Shutdown", January 1964, DOE Germantown, RG 326/1401/7.

2 *TCH*, October 10, 1962; Mrs. E. T. (Pat) Merrill and Lucille Fuller, "'Atomic City' Celebrates Year of Independence", *Western City Magazine*, January 1960.

3 Cassandra Tate, "Letter from 'the Atomic Capital of the Nation'", *Columbia Journalism Review* 21 (May—June 1982): 31.

4 Glenn Lee to Glenn Seaborg, April 18, 1964, DOE Germantown, RG 326/1401/7.

5 Jackson, "President's Criticism of Atomic Authorization Bill", August 6, 1958, HMJ, acc. 3560—6 51c/11.

6 "Hanford Ground Breaking Ceremony", 1963, CREHST, box 37, folder 508.

7 Jon S. Arakaki, "From Abstract to Concrete: Press Promotion, Progress and the Dams of the Mid—Columbia (1928-1958)", PhD diss., School of Journalism and Communication, University of Oregon, 2006, 98.

8 Tate, "Letter", 31~35.

9 Seaborg to Jackson, March 25, 1964, DOE Germantown, RG 326/1401/7.

10 Rodney P. Carlisle with Joan M. Zenzen, *Supplying the Nuclear Arsenal: American Production Reactors, 1942-1992*(Baltimore: Johns Hopkins University Press, 1996), 154.

11 Leonard Dworsky to James Travis, May 22, 1961, and "Contamination of the Columbia River", June 20, 1961, DOE Germantown, RG 326/1362/7.

[12] E. J. Sternglass, "Cancer: Relation of Prenatal Radiation to Development of the Disease in Childhood", Science 140, no. 3571 (June 7, 1963): 1102~4; "Revised Draft Statement on Low Level Radiation and Childhood Cancer", June 7, 1963, DOE Germantown, RG 326/1360/6.

[13] "Feasible Procedures for Reducing Radioactive Pollution of the Columbia River", May 12, 1964, "Status Report in Regard to Abatement of Radioactive Pollution of the Columbia River", October 14, 1964, and W. B. McCool, "Water Pollution at Hanford", November 17, 1964, DOE Germantown, RG 326/1362/7.

[14] Robert C. Fadeley, "Oregon Malignancy Pattern Physiographically Related to Hanford Washington Radioisotope Storage", Journal of Environmental Health 27, no. 6 (May–June 1965): 883~97.

[15] Glenn Seaborg to Maurine Neuberger, August 13, 1965, and Neuberger to Seaborg, July 23, 1965, DOE Germantown, RG 326/1362/7.

[16] "Staff Comments on a Statement by Dr. Malcolm L. Peterson", May 3, 1966, DOE Germantown, RG 326/1362/7.

[17] F. P. Baranowski, "Contamination of Two Waste Water Swamps", June 19, 1964, DOE Germantown RG 326/1362/7; Lee Dye, "Nuclear Wastes Contaminate River", Los Angeles Times, July 5, 1973, 2A. AEC는 콜로라도 로키 플래츠Rocky Falts 플루토늄 완성 공장 인근에서도 비슷한 신뢰성 문제와 보건 논쟁을 겪었다. 다음을 보라. Kristen Iversen, Full Body Burden: Growing Up in the Nuclear Shadow of Rocky Flats(New York: Crown, 2012), 59, 77, 122~23.

[18] Glenn Lee to Glenn Seaborg, June 1, 1964, DOE Germantown, RG 326/1401/8; Paul Loeb, Nuclear Culture: Living and Working in the World's Largest Atomic Complex(Philadelphia: New Society Publishers, 1986), 163.

[19] "Prospects for Industrial Diversification of Richland, Washington", December 20, 1963, DOE Germantown, RG 326/1401/10.

[20] D. G. Williams, "Report on RLOO Diversification Program", April 27, 1966, DOE Germantown, RG 326/1402/5; Roger Rapoport, "Dig Here for Doomsday", Los Angeles Times, June 18, 1972, X5.

[21] D. G. Williams to R. E. Hollingsworth, April 27, 1966, DOE Germantown, RG

326/1402/5.

22 John M. Findlay and Bruce William Hevly, *Atomic Frontier Days: Hanford and the American West*(Seattle: University of Washington Press, 2011), 186.

23 Author telephone interview with Ed Bricker, August 24, 2011; Paul Shinoff, "Hanford Reservation's Economic Boom", *Washington Post*, May 21, 1978, A1. 비슷한 행위에 대한 이후의 고발로는 다음을 보라. *SR*, April 8, 1998, A1.

24 *SR*, May 19, 1964.

25 "Summary of AEC Waste Storage and Ground Disposal Operations", September 21, 1960, DOE Germantown RG 326/1309/6; Elmer Staats to John O. Pastore, January 29, 1971, RG 326/5574/8.

26 Author interview with Keith Smith, August 15, 2011, Richland.

27 Findlay and Hevly, *Atomic Frontier Days*, 184.

28 James T. Ramey to Rex M. Whitton, June 17, 1964, DOE Germantown, RG 326/1401/7; Floyd Domini to Glenn Seaborg, May 4, 1964, RG 326/1401/8; Findlay and Hevly, *Atomic Frontier Days*, 67.

29 Loeb, *Nuclear Culture*, 111.

30 W. B. McCool, "Land Disposal of Radioactive Wastes", October 27, 1960, and "AEC Statement on 1968 GAO Waste Report", no earlier than 1970, DOE Germantown, RG 326/1309/6 and RG 326/5574/8; M. King Hubbert to Abel Wolman, December 29, 1965; John E. Galley to Abel Wolman, December 11, 1965, RG 326/1357/7.

31 "Study of AEC Radioactive Waste Disposal", November 15, 1960, DOE Germantown, RG 326/5574/9, 19; "Release of Low-Level Aqueous Wastes", DOE Germantown, RG 326/1359/7, 6~7.

32 Lee Dye, "Thousands Periled by Nuclear Waste", *Los Angeles Times*, July 5, 1973, A1.

33 Joel Davis, "Hanford Adjusts to New Public Awareness", *SR*, May 27, 1979; Rapoport, "Dig Here"; Dye, "Thousands Periled" and "Nuclear Wastes"; R. F. Foster and J. F. Honstead, "Accumulation of Zinc-65 from Prolonged Consumption of Columbia River Fish", *Health Physics* 13, no. 1 (1967): 39~43.

34 Glenn Seaborg to Fred Seitz, November 1, 1965; M. King Hubbert to Abel Wolman, December 29, 1965, DOE Germantown, RG 326/1357/7.

[35] J. Samuel Walker, *Permissible Dose: A History of Radiation Protection in the Twentieth Century*(Berkeley: University of California Press, 2000), 64; Brian Balogh, *Chain Reaction: Expert Debate and Public Participation in American Commercial Nuclear Power, 1945~1975*(Cambridge: Cambridge University Press, 1991), 221~25.

[36] S. G. English, "Possible Reorganization of the Environmental Affairs Group", March 6, 1970, DOE Germantown, RG 326/5618/15; "Study of AEC Radioactive Waste Disposal", 20.

[37] Carlisle and Zenzen, *Supplying*, 136; Rapoport, "Dig Here"; Dye, "Nuclear Wastes". 외부 검토자들에게 정보를 제한하는 AEC 논의에 관해서는 다음을 보라. "AEC Statement on 1968 GAO Waste Report".

[38] Sidney Marks and Ethel Gilbert, "Press Conference, Mancuso/Milham Studies", November 17, 1977, DOE Opennet; Tim Connor, "Radiation and Health Workers at Risk", *Bulletin of the Atomic Scientists*, September 1990.

[39] David Burnham, "A.E.C. Finds Evidence", *NYT*, January 8, 1975, 17.

[40] Robert Proctor, *Agnotology: The Making and Unmaking of Ignorance*(Stanford. CA: Stanford University Press, 2008), 18~20.

[41] Donald M. Rothberg, "2 Scientists, AEC at War on Radiation Limits", *Eugene Register-Guardian*, July 22, 1970; Walker, *Permissible Dose*, 37~44.

[42] Rapoport, "Dig Here".

[43] N원자로의 낮은 출력은 "대중 권력"에 반대하는 보수주의자들을 수용하기 위한 정치적 절충이었다. Author interview with N reactor designer Eugene Ashley, August 18, 2006, Richland.

[44] Rapoport, "Dig Here".

[45] Loeb, *Nuclear Culture*, 98.

[46] Author interviews with Ralph Myrick, August 19, 2008, Kennewick, WA, and with Pat Merrill, August 15, 2007, Prosser, WA; Alumni Sandstorm (online archive), www.alumnisandstorm.com, May 1999.

[47] Tate, "Letter", 31~35.

[48] Rapoport, "Dig Here".

[49] Shinoff, "Hanford".

[50] Loeb, *Nuclear Culture*, 114; Daniel Pope, *Nuclear Implosions: The Rise and Fall of the*

Washington Public Power Supply System(Cambridge: Cambridge University Press, 2008).

[51] Dennis Farney, "Atom—Age Trash", *Wall Street Journal*, January 25, 1971, 1; Michael Wines, "Three Sites Studied for Atom Dump", *Los Angeles Times*, December 20, 1984, SD3.

[52] Loeb, *Nuclear Culture*, 200~202.

[53] Joan Didion, *Where I Was From*(New York: Knopf, 2003), 150~51; Farney, "Atom—Age Trash".

[54] "Hanford's New Contractors", *SPI*, August 11, 1996, E2.

[55] Didion, *Where I Was From*, 150~51.

[56] Nicholas von Hoffman, "Prosperity vs. Ecology", *Washington Post*, March 1, 1971, B1.

[57] Jay Mathews, "Community That Embraced the Atom Now Fears for Its Livelihood", *Washington Post*, December 22, 1987, A23.

[58] "Big 'Star Wars' Role Expected for Hanford", *SR*, November 22, 1985, A1.

[59] Paul Shukovsky, "Hanford Veterans Want a Little Respect", *Seattle PI*, October 8, 1990, A1.

[60] "Alumni Sandstorm", October 1998.

[61] Hobson, Taylor, and Stordahl, "Alumni Sandstorm", January 2001, May 1998, and December 1998.

[62] "Alumni Sandstorm", October 1998.

36_돌아온 체르노빌

[1] Author interview with Louisa Suvorova, June 22, 2010, Kyshtym, Russia.

[2] David R. Marples, *The Social Impact of the Chernobyl Disaster*(New York: St. Martin's Press, 1988), 11~12, 27.

[3] Sonja D. Schmid, "Transformation Discourse: Nuclear Risk as a Strategic Tool in Late Soviet Politics of Expertise", *Science, Technology, and Human Values* 29, no. 3 (2004): 370.

[4] Susanna Hoffman and Anthony Oliver—Smith, *Catastrophe and Culture: The Anthropology of Disaster*(Santa Fe, NM: School of American Research Press, 2002), 27.

[5] Natalia Manzurova and Cathie Sullivan, *Hard Duty: A Woman's Experience at Chernobyl*(Tesuque, NM: Sullivan and Manzurova, 2006), 28.

[6] Alexei Povaliaev and Ol'ga Konovalova, "Ot Cheliabinska do Chernobylia", *Promyshlennye vedomosti*, October 16, 2002.

[7] Manzurova and Sullivan, *Hard Duty*, 35.

[8] Author interview with Natalia Manzurova, June 24, 2010, Cheliabinsk, Russia.

[9] Povaliaev and Konovalova, "Ot Cheliabinska do Chernobylia".

[10] Paul R. Josephson, *Totalitarian Science and Technology*(Atlantic Highlands, NJ: Humanities Press, 1996), 308.

[11] "Dopovida zapiska UKDB", March 12, 1981, and N. K. Vakulenko, "O nedostatochnoi nadezhnosti kontrol'no-izmeritel'nykh proborov", October 16, 1981, *The Secrets of Chernobyl Disaster*(Minneapolis, MN: Eastview, 2004).

[12] Manzurova and Sullivan, *Hard Duty*, 32.

37_1984

[1] Author telephone interview with Ed Bricker, August 24, 2011.

[2] 책임자를 역임하는 동안, 알보Albaugh는 면담 요청을 거절했다.

[3] Keith Schneider, "Operators Got Millions in Bonuses Despite Hazards at Atom Plants", *NYT*, October 26, 1988, A1; Karen Dorn Steele, "'Excessive' Bonuses Given Hanford Firm", *SR*, March 23, 1997, B1.

[4] Eric Nalder, "The Plot to Get Ed Bricker", *Seattle Times*, July 30, 1990.

[5] "Gardner Asks Why Hanford Radiation Signs Came Down", *SPI*, August 7, 1986.

[6] Author interview with Karen Dorn Steele, November 6, 2010, Spokane, WA.

[7] 브리커Bricker는 같은 기간 동안 Z공장에서 누락된 플루토늄에 관해 보고했다. Author correspondence, February 17, 2012.

[8] Paul Loeb, *Nuclear Culture: Living and Working in the World's Largest Atomic Complex*(Philadelphia: New Society Publishers, 1986), 88.

[9] *Houston Chronicle*, September 26, 1993, A22; Michael D'Antonio, *Atomic Harvest: Hanford and the Lethal Toll of America's Nuclear Arsenal*(New York: Crown, 1993), 95~115.

[10] Karen Dorn Steele, "Seven Workers Contaminated", *SR*, December 14, 1986, 22A; "Scientists

Seek to Solve Hanford Flake Emission", *SR*, June 4, 1985, A5; "Big Rise in Hanford 'Hot' Water", *SR*, March 8, 1985, A1; "Hanford Cleanup: Huge Task Looms", *SR*, February 17, 1986, A1; "Hanford Called National Sacrifice Zone", *SR*, April 5, 1986, A22; "Wastes Could Reach River Within Five Years", *SR*, May 7, 1986, A6.

[11] D'Antonio, *Atomic Harvest*, 30, 43.

[12] Steele, "Coalition Seeks Data on Radiation", *SR*, January 30, 1986, A3.

[13] *SR*, July 22, 1990, A1.

[14] Tom Devine, *The Whistleblower's Survival Guide*(Washington, D.C.: Government Accountability Project, 1997).

[15] D'Antonio, *Atomic Harvest*, 116~17.

[16] Steele, "In 1949 Study Hanford Allowed Radioactive Iodine into Area Air", *SR*, March 6, 1986.

[17] 기록물로 밝혀진 바에 대한 훌륭한 개요에 관해서는 다음을 보라. Steele, "Hanford's Bitter Legacy", *Bulletin of the Atomic Scientists*, January—February 1988, 20.

[18] Author interview, November 29, 2011, Washington, DC; Matthew L. Wald, "Nuclear Arms Plants: A Bill Long Overdue", and "Waste Dumping That U.S. Banned Went on at Its Own Atom Plants", *NYT*, October 23 and December 8, 1988, A1.

[19] Fox Butterfield, "Nuclear Arms Industry Eroded as Science Lost Leading Role", *NYT*, December 26, 1988, A1.

[20] Lonnie Rosenwald, "DOE Shuts Down Two Hanford Plants", *SR*, October 9, 1986, 3A.

[21] "Drugs Said Hidden at Plutonium Plant", *Washington Post*, November 14, 1986, A10; Eric Nalder, "Hanford Security Reported Lax", *Pullman Daily News*, April 10, 1987, 3A.

[22] Author interview with Jim Stoffels, August 17, 2007, Richland, WA.

[23] Jay Mathews, "Community That Embraced the Atom Now Fears for Its Livelihood", *Washington Post*, December 22, 1987, A23; Butterfield, "Nuclear Arms Industry Eroded".

[24] Whitney Walker to R. E. Heineman Jr., "Special Item—Mole", January 16, 1987, Bricker personal papers.

[25] Author interview with Ed Bricker, November 28, 2011.

[26] Cindy Bricker, "Where One Person Can Make a Difference", unpublished essay. 또한 다음을 보라. John Wilson and Larry Lange, "Whistle—Blower Was a Target for Reprisals", July 31,

1990, *SPI*, B1.

[27] Matthew Wald, "Watkins Offers a Plan to Focus on Atom Waste", *NYT*, March 25, 1989, 9.

[28] 다음에서 인용되었다. John M. Findlay and Bruce William Hevly, *Atomic Frontier Days: Hanford and the American West*(Seattle: University of Washington Press, 2011), 258; Deeann Glamser, "N−Cleanup Turns Bomb Town to Boom Town", *USA Today*, March 25, 1992, 8A.

[29] Larry Lang, "Clan's Second Whistle−Blower Also in Battle with Hanford", August 9, 1996, *SPI*, C4.

[30] "Clampdown: The Silencing of Nuclear Industry Workers; Four Who Spoke Out", *Houston Chronicle*, September 26, 1993, A22.

[31] "Siberian Fire Foreshadowed; Blasts Rocked Hanford Site, Letters Say", *St. Louis Post− Dispatch*, April 10, 1993, 1B; "Energy Chief Meets with 3 Dismissed Hanford Whistle− Blowers", *SPI*, April 18, 1996; Heath Foster, "Hanford Blast Not Unique, Probe Finds", *SPI*, June 7, 1997, A3.

[32] Steele, "'Safety First' Melts Down at Hanford; Contractor Targets Workers Who Raise Concerns, Supervisor Says", *SR*, August 1, 1999, A1; "High Court Backs Pipefitters Fired for Raising Safety Issue", *SR*, September 8, 2005, B2.

[33] Keith Schneider, "Inquiry Finds Illegal Surveillance of Workers in Nuclear Plants", *NYT*, July 31, 1991; Jim Fisher, "Still Seeing No Evil at Westinghouse Hanford", *Lewiston Morning Tribune*, August 7, 1991, 10A; Dori Jones Yang, "Slowly Reclaiming a Radioactive Wasteland", *BusinessWeek*, April 22, 1991; Eric Nalder and Elouise Schumacher, "Hanford Whistle−Blower—Breaking the Code—Citing Harassment", *Seattle Times*, December 2, 1990.

[34] Keith Schneider, "Inquiry"; Larry Lange, "Hanford Surveillance Charge Cleared Up, Westinghouse Claims", *SPI*, August 2, 1991, B1; "Looking for Mr. Whistle−blower", *Spy*, June 1996, 40−43.

[35] Matthew Wald, "Trouble at a Reactor? Call In an Admiral", *NYT*, February 17, 1989, D1.

[36] Larry Lange, "Hanford Jobs Shift Toward Site Cleanup; Nuclear Workers Must Be Retrained, Officials Say", *SPI*, September 18, 1993, A1; "Hanford Waste Tank Incidents Prompt Shutdown, Safety Training", *SPI*, August 13, 1993, C9.

[37] Karen Dorn Steele, "'Excessive' Bonuses Given Hanford Firm", *SR*, March 23, 1997, B1; "Whistleblower Says Westinghouse, Fluor Daniel Made Off with 85 Million in Federal Funds", *SR*, April 8, 1999, A1; Rob Taylor, "EPA Alleges Fraud in Lab's Waste Tests", *SPI*, April 26, 1990, A1; Angela Galloway, "11 Hanford Workers to Sue, Allege a Cover-Up", *SPI*, March 31, 2000, A1; Michael Paulson, "Hanford Violations Will Bring Hefty Fine", *SPI*, March 31, 1998, A1; Sarah Kershaw and Matthew L. Wald, "Lack of Safety Is Charged in Nuclear Site Cleanup", *NYT*, February 20, 2004, A1; Tom Sowa, "Hanford Violations Will Bring Hefty Fine", *SR*, May 2, 2010; Sarah Kershaw and Matthew Wald, "Workers Fear Toxins in Faster Nuclear Cleanup", *NYT*, February 20, 2004; Wald, "High Accident Risk Is Seen in Atomic Waste Project", *NYT*, July 27, 2004; Blaine Harden, "Nuclear Plant's Medical and Management Practices Questioned", *Washington Post*, February 26, 2004, A1; Rusty Weiss, "The Case of CH2M Hill: 2 Billion in Crony Stimulation", November 30, 2011, Accuracy in Media, www.aim.org/special-report/the-case-of-ch2m-hill-2-billion-in-crony-stimulation/print.

[38] Matthew Wald, "A Review of Data Triples Plutonium Waste Figures", *NYT*, July 11, 2011, A16.

[39] Annette Cary, "Workers Uncover Carcasses of Hanford Test Animals Dogs, Cats, Sheep, Others Exposed to Radiation", *TCH*, January 15, 2007; Justin Scheck, "Toxic Find Is Latest Nuclear-Cleanup Setback", *Wall Street Journal*, December 10, 2010, A3.

[40] Complex Clean-up", *Environmental Health Perspectives* 107, no. 2 (February 1999); Mathew Wald, "Nuclear Site Is Battling a Rising Tide of Waste", *NYT*, September 2, 1999, A12; Karen Dorn Steele, "Get Moving on Cleanup, Hanford Told Environmental; Officials Critical of Delays, Cost Overrun", *SR*, June 6, 1998; Karen Dorn Steele, "Salmon Close to Radiation; Plutonium Byproduct Found Near Hanford Reach Spawning Beds", *SR*, June 7, 1999, B1; Solveig Torvik, "Hanford Cleanup; Over Four Years, 5 Billion Spent and a 'Black Hole,'" *SPI*, April 25, 1993, E1; "Hanford's New Waste Contractors", *SPI*, August 11, 1996, E2; "Hanford Responsible for Contaminated Fish In River", *SPI*, August 5, 2002, B5.

[41] Kimberly Kindy, "Nuclear Cleanup Awards Questioned", *Washington Post*, May 18, 2009.

[42] "GAP Exposes Errors, Cover-up at Hanford", press release, 2006, http://whistle blower.org/press/press-release-archive/2006/1281-gap-exposes-errors-cover-up

—at—hanford.

[43] Matthew Wald, "High Accident Risk Is Seen in Atomic Waste Project", *NYT*, July 27, 2004, A13; Craig Welch, "No Proof Hanford N—Waste Mixers Will Work", *Lewiston Morning Tribune*, January 30, 2011.

[44] Tim Connor, "Outside Looking Back", October 12, 2010, www.cforjustice.org/2009/07/04/outside—looking—back.

[45] "Energy Chief Meets with 3 Dismissed Hanford Whistle—Blowers", *SPI*, April 18, 1996.

38_버림받은 자

[1] Michel R. Edelstein and Maria Tysiachniuk, "Psycho—social Consequences Due to Radioactive Contamination in the Techa River Region of Russia", in Maria Tysiachniuk, Lyudmila V. Smirnova, and Michel R. Edelstein, eds., *Cultures of Contamination: Legacies of Pollution in Russia and the U.S.*(Amsterdam: JAI Press, 2007), 14: 192.

[2] A. N. Marei, "Sanitarnie posledstviia udaleniia v vodoemy radioaktivnykh otkhodov predpreiiatii atomnoi promyshlennosti", PhD diss., Moscow, 1959.

[3] "Na vash no. 28", May 20, 1960, Mamontov Burnazian, June 20, 1961, and "Prikaz SM USSR no 1282~587", November 12, 1957, OGAChO, R—1644/1/4a, 5, 127~28, 153~54, 193~95.

[4] V. N. Novoselov and V. S. Tolstikov, *Atomnyi sled na Urale*(Cheliabinsk: Rifei, 1997), 175~76.

[5] Fauziia Bairamova, *Iadernyi arkhipelag ili atomnyi genotsid protiv Tatar*(Kazan': Nauchno—populiarnoe izdanie, 2005), 35.

[6] A. K. Gus'kova, *Atomnaia otrasl' strany glazami vracha*(Moscow: Real'noe vremia, 2004), 92.

[7] Author interview with Robert Knoth, August 2, 2011, Amsterdam.

[8] M. Kossenko, D. Burmistrov, and R. Wilson, "Radioactive Contamination of the Techa River and Its Effects", *Technology* 7 (2000): 560—75; Adriana Petryna, *Life Exposed: Biological Citizens After Chernobyl*(Princeton, NJ: Princeton University Press, 2002), 226 n. 18.

[9] Bairamova, *Iadernyi arkhipelag*, 53.

[10] L. D. Riabev, *Atomnyi proekt SSSR: Dokumenty i materialy*, vol. II, bk. 7 (Moscow: Nauka, 2007), 589~600.

[11] Ministry of Health of Russia, *Muslyumovo: Results of 50 Years of Observation*(Cheliabinsk, 2001).

[12] Author interview with Mira Kossenko, May 13, 2012, Redwood City, CA; "The Russian Health Studies Program", Office of Health, Safety and Security, U.S. Department of Energy, www.hss.energy.gov/healthsafety/ihs/hstudies/relationship.html.

[13] Bairamova, *Iadernyi arkhipelag*, 47~50, 68; M. D. David Rush, "Russia Journal, July 1995", *Medicine and Global Survival* 2, no. 3 (1995); author interview with Alexander Akleev, June 26, 2007, Cheliabinsk. 일반유전자연구소Institute of General Genetics의 1968년도 보고서 는 무슬류모보에서 염색체 이상이 정상보다 약 25배 빠른 속도로 발생한다는 증거를 발견 했다. V. A. Shevchenko, ed., *Cytogenetic Study of the Residents of Muslumovo*(Moscow, 1998). 불임 문제에 관한 연구에 대해서는 다음을 보라. A. V. Akleev and O. G. Ploshchanskaya, "Incidence of Pregnancy and Labor Complications in Women Exposed to Chronic Radiation", paper presented at the 2nd International Symposium on Chronic Radiation Exposure, March 14-16, 2000, Cheliabinsk. 선천적 이상의 증가는 포착하지만 발생률이 결론을 내릴 만하지 않다고 판명한 문헌의 검토에 관해서는 다음을 보라. Kossenko, Burmistrov, and Wilson, "Radioactive Contamination".

[14] I. E. Vorobtsova, "Genetic Consequences of the Effect of Ionizing Radiation in Animals and Humans", *Medical Radiology*, 1993, 31~34.

[15] A. V. Akleev, P. V. Goloshapov, M. M. Kossenko, and M. O. Degteva, *Radioactive Environmental Contamination in South Urals and Population Health Impact*(Moscow: TcniiAtomInform, 1991).

[16] Author interview with Akleev; E. Ostroumova, M. Kossenko, L. Kresinina, and O. Vyushkova, "Late Radiation Effects in Population Exposed in the Techa Riverside Villages (Carcinogenic Effects)", paper presented at the 2nd International Symposium on Chronic Radiation Exposure, March 14~16, 2000, Cheliabinsk, 31~32.

[17] Gus'kova, *Atomnaia otrasl'*, 111.

[18] "Zakon o sotsial'noi zashchite grazhdan, no. 99-F3", July 30, 1996, reproduced in Novoselov and Tolstikov, *Atomnyi sled*, 226~27.

[19] Vladyslav B. Larin, *Kombinat "Maiak"—Problema na veka*(Moscow: KMK Scientific Press, 2001), 235.

[20] Author interviews with Nadezhda Kutepova, June 19, 2010, and Louisa Suvorova, June 22, 2010, Kyshtym.

[21] Hamilton to Compton, October 6, 1943, EOL, reel 43 (box 28), folder 40.

[22] Author interview with Kutepova.

[23] 다음을 보라. Marton Dunai, "Warning on the way to Russia's Mayak Nuclear Waste Processing Plant", *Green Horizon Bulletin* 12, no. 1 (June 2009).

[24] Natalia Karchenko with Vladimir Novoselov, "Musliumovo sgubila ne radiatsiia, a alkogolizm", *MK-Ural*, June 20–27, 2007, 25; Didier Louvat, "The Health Perspective", paper presented at the Commemoration of the Chernobyl Disaster: The Human Experience Twenty Years Later, Washington, DC, 2006, 27. 우라늄 광부들 사이에서 암의 원인으로 흡연에 대한 비슷한 기인에 관해서는 다음을 보라. Peter Hessler, "The Uranium Widows", *New Yorker*, September 13, 2010. 건강 관련 청구를 핵과 관련되지 않았다고 묵살하는 것에 대한 논의로는 다음을 보라. Gabrielle Hecht, *Being Nuclear: Africans and the Global Uranium Trade*(Cambridge, MA: MIT Press, 2012), 183.

[25] Selim Jehan and Alvaro Umana, "The Environment–Poverty Nexus", *Development Policy Journal*, March 2003, 54~70.

[26] "Contaminated Village to Be Resettled After 55 years", *Itar-Tass News Weekly*, November 3, 2006.

[27] Elena Efremova, "Zhiteli Musliumovo nachnyt pereseliat' na drugoi bereg radioaktivnoi reki", *Ekologiia i pravo* 27 (2008): 12~14.

[28] Author interview with Akleev.

[29] 2001년, 테차에는 2만 2,000명의 인구를 가진 19개의 정착지가 있었다. Larin, *Kombinat*, 232.

[30] Elena Pashenko, Sergey Pashenko, and Serega Pashenko, "Non-Governmental Monitoring-Past, Present and Future of Techa River Radiation", Boston Chemical Data Corp., 2006, 3.

[31] Ibid., 7~8.

39_아픈 사람들

[1] Karen Dorn Steele, "Hanford's Bitter Legacy", *Bulletin of the Atomic Scientists*, January—February 1988, 20; Keith Schneider, "U.S. Studies Health Problems Near Weapon Plant", *NYT*, October 17, 1988.

[2] Author interview with Trisha Pritikin, March 2, 2010, Berkeley, CA, and May 3, 2010, Washington, DC.

[3] INFACT, *Bringing GE to Light: How General Electric Shapes Nuclear Weapons Policies for Profits*(Philadelphia: New Society Publishers, 1988), 118.

[4] Author telephone interview, December 2, 2009.

[5] Jim Camden, "New Report Means Another Exercise in Damage Control", *SR*, July 22, 1990, A8.

[6] Keith Schneider, "Release Sought on Health Data in Atomic Work", *NYT*, November 24, 1988, A18.

[7] 에너지부는 1990년 마침내 해당 자료를 포기했다. 다음을 보라. Connor Bass, "Radiation and Health Workers at Risk", *Bulletin of the Atomic Scientists*, September 1990.

[8] Michael Murphy, "Cover-up of Hanford's Effect on Public Health Charge", *SR*, September 20, 1986; Dick Clever, "Hanford Exposure Area Widened", *SPI*, April 22, 1994, A1.

[9] P. P. Hoover, R. H. Nussbaum, and C. M. Grossman, "Community-Based Participator Health Survey of Hanford, WA, Downwinders: A Model for Citizen Empowerment", *Society and Natural Resources* 17 (2004): 547~59.

[10] "Gofman on the Health Effects of Radiation", *Synapse* 38, no. 16 (1994): 1~3; David Richardson, Steve Wing, and Alice Stewart, "The Relevance of Occupational Epidemiology to Radiation Protection Standards", *New Solutions* 9, no. 2 (1999): 133~51.

[11] Glenn Alcalay, testimony, U.S. Advisory Committee on Human Radiation Experiments, March 15, 1995, www.gwu.edu/~nsarchiv/radiation/dir/mstreet/commeet/meet12/trnsc12a.txt.

[12] Quote from Blaine Harden, *A River Lost: The Life and Death of the Columbia*(New York: W. W. Norton, 1996), 180; Gerald Petersen to Nancy Hessol, June 5, 1985, PRR, PNL-10469-330; Larry Lange, "Hanford Parents Stirred Up", *SPI*, June 28, 1994.

13 Lowell E. Sever et al., "The Prevalence at Birth of Congenital Malformations in Communities near the Hanford Site" and "A Case–Control Study of Congenital Malformations and Occupational Exposure to Low–Level Ionizing Radiation", *American Journal of Epidemiology* 127, no. 2 (1988): 243~54, 226~42.

14 Linda Lorraine Nash, *Inescapable Ecologies: A History of Environment, Disease, and Knowledge*(Berkeley: University of California Press, 2006), 192.

15 Steele, "Hanford's Bitter Legacy", 22.

16 Jack Geiger and David Rush, *Dead Reckoning: A Critical Review of the Department of Energy's Epidemiologic Research*(Washington, DC: Physicians for Social Responsibility, 1992); Dick Clever, "Hanford Exposure Area Widened", *SPI*, April 22, 1944, A1. 연구의 최초 한도에 관해서는 다음을 보라. R. H. Wilson and T. H. Essig, "Criteria Used to Estimate Radiation Doses Received by Persons Living in the Vicinity of Hanford", July 1986, PRR, BNWL–706 UC–41.

17 Washington State Department of Health, Hanford Health Information Network, "Radiation Health Effects: A Monograph Study of the Health Effects of Radiation and Information Concerning Radioactive Releases from the Hanford Site: 1944~1972", Module 9, Sept. 1996.

18 For example, N. P. Bochkov, V. B. Prusakov, et al, "Assessment of the Dynamics of the Frequency of Genetic Pathology, Based on Numbers of Miscarriages and Congenital Developmental Defects", *Cytology and Genetics* 16, no. 6 (1982): 33~37.

19 Karen Dorn Steele, "U.S., Soviet Downwinders Share Legacy of Cold War", *SR*, July 13, 1992, A4.

20 Nash, *Inescapable Ecologies*, 142.

21 Devra Lee Davis, *The Secret History of the War on Cancer*(New York: Basic Books, 2007), 42.

22 Steele, "Doe 'Pleased' by Hanford Ruling", *SR*, August 27, 1998, B1; Teri Hein, *Atomic Farm Girl*(New York: Houghton Mifflin, 2003), 247.

23 Steele, "Doe 'Pleased'".

24 Steele, "Judge out of Hanford Case", *SR*, March 11, 2003, A1.

25 Jenna Greene, "In Hanford Saga, No Resolution in Sight", *National Law Journal*, June 20, 2011.

[26] Steele, "Thyroid Study Finds No Link", *SR*, January 29, 1999, A1.

[27] Steele, "Downwinders Blast Study on Cancers", *SR*, May 6, 1999, B1; "Scientists Get Earful on Hanford", *SR*, June 20, 1999, B1.

[28] Author interview, January 26, 2011, Washington, DC.

[29] Ulrich Beck, *Ecological Enlightenment: Essays on the Politics of the Risk Society*(Atlantic Highlands, NJ: Humanities Press, 1995), 3.

[30] Steele, "Downwinders List Illnesses at Hearing", *SR*, January 26, 2001; "Hanford Not as Safe a Workplace as Thought", *SPI*, November 5, 1999, A20; Gerald Petersen to Nancy Hessol, June 5, 1985, PRR, PNL-10469-330.

[31] Robert McClure and Tom Paulson, "Hanford Secrecy May Be at an End, Doctors Say", *SPI*, January 31, 2000, A5.

[32] Florangela Davila, "Grim Toll of Bomb-Factory Workers' Illness Explored", *Seattle Times*, February 5, 2000.

[33] William J. Kinsella and Jay Mullen, "Becoming Hanford Downwinders", in Bryan C. Taylor et al., eds., *Nuclear Legacies: Communication, Controversy, and the U.S. Nuclear Weapons Complex*(Lanham, MD: Lexington Books, 2007), 90.

[34] Author interview with KR, August 16, 2011, Richland.

[35] *SR*, July 22, 1990, A1, A8.

[36] 예컨대, 프레드 허친슨의 연구자들은 애초에 핸퍼드 인근 지역사회에 대한 대조군으로 엘렌스버그Ellensburg를 선정했으나, 아랫바람사람인 아이다 호킨스는 엘렌스버그 또한 핸퍼드 방사선 경로에 위치해 있다고 지적했다. Kinsella and Mullen, "Becoming Hanford Downwinders", 90. HEDR 과학자들이 기후 양상에 관해 더 나은 이해를 해야 한다고 인정한 존 틸John Till에 관해서는 다음을 보라. Bill Loftus, "Deposited in the Wild Longer Half-Life Iodine-129 Found in Deer Thyroids", *Lewiston Morning Review*, March 31, 1991, 1A.

40_전신 작업복의 카산드라

[1] Michael D'Antonio, *Atomic Harvest*(New York: Crown, 1993), 36~42.

[2] "They Lied to Us", *Time*, October 31, 1988.

[3] Blaine Harden, *A River Lost: The Life and Death of the Columbia*(New York: W. W. Norton, 1996), 174~75.

[4] R. F. Foster, "Evaluation of Radiological Conditions in the Vicinity of Hanford from 1963", February 24, 1964, DOE Opennet, HW−80991.

[5] "Description of Proposed HARC Research Involving Human Subjects", n.d., PRR, PNL− 9236; "Internal Depositions of Radionuclides in Men", February 1967, PRR, PNL 9287; Advisory Committee on Human Radiation Experiments, "Documentary Update: Fallout Data Collection", February 8, 1995, GWU.

[6] "Atmospheric Pathway Dosimetry Report, 1944~1992", October 1994, DOE Opennet, PNWD−2228 HEDR.

[7] "Quarterly Progress Report, Activities in the Field of Radiological Sciences, July−September 1956", DOE Opennet, HW 46333, 9.

[8] R. W. Perkins et al., "Test of Sampling in I 131 Plumes", April 18, 1963, PRR, HW 77387, 16.

[9] S. Torvik, "Study Further Muddies Hanford Waters", *Seattle Times*, February 28, 1999.

[10] Academy of Sciences, *Review of the Hanford Thyroid Disease Study Draft Final Report*(Washington, DC: National Academy Press, 2000); Steele, "Judge Unseals Evaluation of Hanford Study", *SR*, March 11, 2003; Trisha Thompson Pritikin, "Insignificant and Invisible: The Human Toll of the Hanford Thyroid Disease Study", presentation at the conference "Ethics of Research on Health Impacts of Nuclear Weapons Activities in the United States", Collaborative Initiative for Research Ethics and Environmental Health at Syracuse University, October 27, 2007.

[11] Steele, "Jury Rejects Rhodes' Lawsuit", *SR*, November 24, 2005, 1.

[12] Steele, "Judge out of Hanford Case", *SR*, March 11, 2003, A1.

[13] Steele, "Radiation Compensation Proposal Includes Hanford", *SR*, April 13, 2000, A1; Robert McClure and Tom Paulson, "Hanford Secrecy May Be at an End", *SPI*, January 31, 2000, A5; Florangela Davila, "Grim Toll of Bomb−Factory Workers' Illness Explored", *Seattle Times*, February 5, 2000.

[14] Seth Tuler, "Good Science and Empowerment Through Community−Based Health Surveys",

Perspectives on Nuclear Weapons and Community Health, February 2004, 3~4; J. R. Goldsmith, C. M. Grossman, W. E. Morton, et al., "Juvenile Hypothyroidism Among Two Populations Exposed to Radioiodine", *Environmental Health Perspectives* 107 (1999): 303~8; C. M. Grossman, W. E. Morton, and R. H. Nussbaum, "Hypothyroidism and Spontaneous Abortion Among Hanford, Washington Downwinders", *Archives of Environmental Health* 51 (1996): 175~76.

[15] Stephen M. Smith Gregory D. Thomas, and Joseph A. Turcotte, "Using Public Relations Strategies to Prompt Populations at Risk to Seek Health Information: The Hanford Community Health Project", *Health Promotion Practice* 10, no. 1 (2009): 92~101.

[16] 희귀한 선천적 결함인 무두증acephaly에 관해서는 다음을 보라. Devra Lee Davis, *The Secret History of the War on Cancer*(New York: Basic Books, 2007), 345.

41_핵의 글라스노스트

[1] Robert G. Darst Jr., "Environmentalism in the USSR: The Opposition to the River Diversion Projects", *Soviet Economy* 4, no. 3 (1988): 223~52; David R. Marples, "The Greening of Ukraine: Ecology and the Emergence of Zelenyi Svit, 1986-1990", in Judith B. Sedaitis and Jim Butterfield, eds., *Perestroika from Below: Social Movement in the Soviet Union*(Boulder: Westview, 1991), 133~44.

[2] *Komsomol'skaia pravda*, July 15, 1989; *Cheliabinskii rabochii*, August 23, 1989; *Argumenty i fakty* 41 (October 1989); *Sovetskaia Rossia*, November 26, 1989.

[3] Author interview with Natalia Mironova, March 3, 2011, Washington, DC.

[4] "Rakety i stiral'nye mashiny", *Ural* 4 (April 1994): 52~53.

[5] Maria Tysiachniuk, Lyudmila V. Smirnova, and Michel R. Edelstein, eds., *Cultures of Contamination: Legacies of Pollution in Russia and the U.S.*(Amsterdam: JAI Press, 2007), 14: 500.

[6] "Zakon o sotsial'noi zashchite grazhdan, no. 99-F3", July 30, 1996, reproduced in V. N. Novoselov and V. S. Tolstikov, *Atomnyi sled na Urale*(Cheliabinsk: Rifei, 1997), 226~27.

[7] Vladyslav B. Larin, *Kombinat "Maiak"—Problema na veka*(Moscow: KMK Scientific Press,

2001), 288.

[8] 다음을 보라. Andrew Wilson, *Virtual Politics: Faking Democracy in the Post–Soviet World*(New Haven, CT: Yale University Press, 2005).

[9] David Rush, "A Letter from Chelyabinsk—April, 1998: The End of Glasnost or the Beginning of a Civil Society?", *Medicine and Global Survival* 5, no. 2 (1998): 109~12.

[10] Richard Stone, "Duo Dodges Bullets in Russian Roulette", *Science* 387, no. 5459 (October 3, 2000): 1729; David Rush, "A Letter from Krasnoyarsk: Disarmament, Conversion, and Safety After the Cold War", *Medicine and Global Survival* 2, no. 1 (1995): 24.

[11] Dmitrii Zobkov and German Galkin, "Uralu grozit iadernaia katastrofa", *Kommersant–daily*, April 8, 1998; Boris Konovalov, "Atomnyi bombi Urala teper' ugrozhaiut ne SShA, a Rossii", *Izvestiia*, August 30, 1995.

[12] V. M. Kuznetsov, "Osnovnie problemy i sovremennoe sostoianie bezopasnosti predpriiatii IaTTs RF", *Iadernaia bezopasnost'*, 2003, 231~35.

[13] Amelia Gentleman, "Nuclear Disaster Averted", *Observer*, September 17, 2000; Viktor Riskin, "Tainy 'Maiaka'", *Cheliabinskii rabochii*, October 26, 2000, 1.

[14] Greenpeace, "Half–Life: Living with the Effects of Nuclear Waste: Mayak Exhibition", http://archive.greenpeace.org/mayak/exhibition/index.html.

[15] Irina Sidorchuk and Dmitrii Zobkov, "Voina protiv atoma", *Kommersant*, August 17, 2000; Marina Latysheva, "Russia's Nuclear Sites Worry Ecologists, FSB", *Moscow News*, March 9–15, 2005.

[16] Anna Il'ina and Anatolii Usol'tsev, "Khozhdenie po mukam", *Rossiskaia gazeta*, September 30, 1997; Alexander Neustroev, "VURS stal 'vzroslym'", *Panorama*, October 21, 1999.

[17] Author interview with Alexander Novoselov, June 26, 2007, Cheliabinsk, Russia.

[18] Natalia Karchenko with Vladimir Novoselov, "Musliumovo sgubila ne radiatsiia, a alkogolizm", *MK–Ural*, June 20~27, 2007, 25.

[19] Il'ina and Usol'tsev, "Khozhdenie po mukam".

[1] Viktor Kostiukovskii, "U nas shpionom stanovitsia liuboi", *Russkii Kur'er*, November 25, 2004, 1.

[2] Viktor Riskin, "'Aborigeny' atomnogo anklava", and "Sezam, otkroisia!", *Cheliabinskii rabochii*, April 15, 2004, and February 21, 2006.

[3] "Maiak protiv beremennykh likvidatorov iadernoi avarii", Ekozashchita, press release, Cheliabinsk, January 17, 2007.

[4] Author telephone interview with Nadezhda Kutepova, November 11, 2009.

[5] 2007년, 오죠르스크시 정부는 개별 거주자들에게 키시팀보다 세 배를 더 썼다. Rizkin, "Sezam, otkroisia!"

[6] Valerie Sperling, *Altered States: The Globalization of Accountability*(Cambridge: 2009), 221~76.

[7] Marina Latysheva, "Russia's Nuclear Sites Worry Ecologists, FSB", *Moscow News*, March 9~15, 2005.

[8] Mikhail Moshkin, "Zarubezhnii grant—eto ne pribyl", *Vremia*, June 15, 2009.

[9] Boris Konovalov, "Atomnyi bombi Urala teper' ugrozhaiut ne SShA, a Rossii", *Izvestiia*, August 30, 1995.

[10] Marina Smolina, "Maiaku vernuli direktora", *Izvestiia*, May 30, 2006.

[11] Cheliabinsk Regional Court Judge S. B. Gorbulin, "Decision to Terminate a Criminal Case", May 22, 2006, document provided by Nadezhda Kutepova.

[12] Mikhail V'iugin, "Radiopassivnost", *Vremia novostei*, 2007; Gennadii Iartsev and Viktor Riskin, "Atomshchiki priniali dozu", *Cheliabinskii rabochii*, July 28, 2007.

[13] Yu. V. Glagolenko, Ye. G. Drozhko, and S. I. Rovny, "Experience in Rehabilitating Contaminated Land and Bodies of Water Around the Mayak Production Association", in Glenn E. Schweitzer, Frank L. Parker, and Kelly Robbins, eds., *Cleaning Up Sites Contaminated with Radioactive Materials: International Workshop Proceedings*(Washington, DC: National Academies Press, 2009).

43_미래들

[1] "Human Tissue, Organs Help Scientists Learn from Plutonium and Uranium Workers", press release, Washington State University, October 1, 2010, http://www.sciencedaily.com/releases/2010/10/101006114450.htm.

[2] 멘데즈는 가명이다.

[3] Hugh Gusterson, *People of the Bomb: Portraits of America's Nuclear Complex*(Minneapolis: University of Minnesota Press, 2004), xvii.

[4] Adam Weinstein, "We're Spending More on Nukes Than We Did During the Cold War?", *Mother Jones*, November 9, 2011; "Time to Rethink and Reduce Nuclear Weapons Spending", *Arms Control Association* 2, no. 16 (December 2, 2011); Lawrence Korb, "Target Nuclear Weapons Budget", *Plain Deal*, November 19, 2011; "Russia's Military Spending Soars", February 25, 2011, http://rt.com/news/military-budget-russia-2020/print.

[5] Gusterson, *People of the Bomb*, xvii.

[6] Interview with Sergei Tolmachev, November 5, 2010, Richland, WA.

[7] Author interview with Allen Rabson, January 27, 2011, Bethesda, MD. 암의 환경적 원인에 대한 연구의 억제에 관해서는 다음을 보라. Robert Proctor, *Cancer Wars: How Politics Shapes What we Know and Don't Know About Cancer*(New York: Basic Books, 1995), 43~48.

[8] Dunham to Bronk, December 20, 1955, DOE Opennet.

[9] Katrin Anna Lund and Karl Benediktson, "Inhabiting a Risky Earth", *Anthropology Today* 27, no. 1 (2011): 6.

[10] Harry Stoeckle, "Radiation Hazards Within A.E.C"., February 15, 1950, NAA, 326 87 6, box 29, MHS, 3-3.

[11] David Brown, "Nuclear Power Is Safest Way to Make Electricity", *Washington Post*, April 2, 2011.

[12] Daniel J. Flood to Glenn Seaborg, August 23, 1963, and "AEC Air Pollution in New York City", AEC 506/6, June 22, 1965, DOE Germantown, RG 326, 1362/7.

[13] Norimitsu Onishi, "'Safety Myth' Left Japan Ripe for Crises", *NYT*, June 24, 2011; McCormack, "Building the Next Fukushimas".

[14] Mary Mycio, *Wormwood Forest: A Natural History of Chernobyl*(Washington, DC: Joseph Henry

Press, 2005); D. Kinley III, ed., *The Chernobyl Forum*(Vienna: International Atomic Energy Agency, 2006).

[15] Timothy Mousseau, "The After Effects of Radiation on Species and Biodiversity", Pennsylvania State University, September 30, 2011; Timothy Mousseau and Anders P. Moller, "Landscape Portrait: A Look at the Impacts of Radioactive Contaminants on Chernobyl's Wildlife", *Bulletin of the Atomic Scientists* 67, no. 2 (2011): 38~46.

[16] *TCH*, November 5, 2010, A1.

[17] Josh Wallaert, dir., *Arid Lands*[documentary] (United States, 2007).

[18] Helen A. Grogan, Arthur S. Rood, Jill Weber Aanenson, Edward B. Liebow, and John Till, "A Risk-Based Screening Analysis for Radionuclides Released to the Columbia River", Centers for Disease Control, 2002, table 7-5.

[19] 형편없는 개인적 습관을 암의 원인으로 비난하는 행위의 지속성에 관해서는 다음을 보라. Proctor, *Cancer Wars*, 188~89.

[20] Andrew Horvat, "How American Nuclear Reactors Failed Japan", and Gavan McCormack, "Building the Next Fukushimas", in Jeff Kingston, ed., *Tsunami: Japan's Post-Fukushima Future*(Washington, DC: Foreign Policy, 2011), 195~203, 230~35.

[21] Chico Harlan, "Japan's Contradiction on Nuclear Power", *Washington Post*, November 17, 2011, A8.

[22] Shiloh R. Krupar, "Where Eagles Dare: An Ethno-Fable with Personal Landfill", *Environment and Planning D: Society and Space* 25 (2007): 194~212.

[23] McCormack, "Building the Next Fukushimas".

[24] Daniel P. Aldrich, *Site Fights: Divisive Facilities and Civil Society in Japan and the West*(Ithaca, NY: Cornell University Press, 2008), 126~32.

[25] Craig Campbell and Jan Ruzicka, "The Nonproliferation Complex", London *Review of Books*, February 23, 2012, 37~38.

[26] Tom Vanderbilt, *Survival City: Adventures Among the Ruins of Atomic America*(New York: Princeton Architectural Press, 2002), 169; I. A. Shliakhov, P. T. Eborov, and N. I. Alabin and P. T. Egorov, *Grazhdanskaia oborona*(Moscow, 1970), 166.

[27] 이러한 공식화에 관해 루이스 시겔봄Lewis Siegelbaum에게 감사하다.

[28] Bruno Latour, *We Have Never Been Modern*, trans. Catherine Porter (Cambridge, MA: Harvard

University Press, 1993).

[29] Sandra Steingraber, *Living Downstream: An Ecologist's Personal Investigation of Cancer and the Environment*(Cambridge, MA: Da Capo Press, 2010), 44.

[30] Ibid., 69.

[31] Vladyslav B. Larin, *Kombinat "Maiak"—Problema na veka*(Moscow: KMK Scientific Press, 2001), table 6.25, 412.

[32] Murray Feshbach, "Scholar Predicts Serious Population Decline in Russia", January 29, 2004, public lecture, Woodrow Wilson Center, Washington, DC; Galina Stolyarova, "Experts: Russia Hit by Cancer Epidemic", *St. Petersburg Times*, February 5, 2008.

[33] Hiroko Tabuchi, "Economy Sends Japanese to Fukushima for Jobs", *NYT*, June 8, 2011; Eric Johnston, "Key Players Got Nuclear Ball Rolling", *Japan Times Online*, July 16, 2011.

[34] Christian Caryl, "Leaks in All the Wrong Places", and Lawrence Repeta, "Could the Meltdown Have Been Avoided?" in Jeff Kingston, ed., *Tsunami: Japan's Post−Fukushima Future*(Washington, DC: Foreign Policy, 2011), 90~92, 183~94; Hiroko Tabuchi, "Radioactive Hot Spots in Tokyo Point to Wider Problems" and "Japanese Tests Find Radiation in Infant Food", *NYT*, October 14 and December 6, 2011; Edwin Cartlidge, "Fukushima Maps Identify Radiation Hot Spots", *Nature*, November 14, 2011; Mousseau, "The After Effects of Radiation".

찾아보기

플루토피아

핵 재난의 지구사

2021년 11월 29일 1판 1쇄 발행
2022년 10월 11일 1판 2쇄 발행
- ◉ 지은이   케이트 브라운
- ◉ 옮긴이   우동현
- ◉ 펴낸이   박혜숙
- ◉ 책임편집   정호영
- ◉ 디자인   이보용
- ◉ 펴낸곳   도서출판 푸른역사
           우) 03044 서울시 종로구 자하문로8길 13
           전화: 02) 720-8921(편집부) 02) 720-8920(영업부)
           팩스: 02) 720-9887
           전자우편: 2013history@naver.com
           등록: 1997년 2월 14일 제13-483호

ISBN   979-11-5612-204-3   93900